Land und Leute
Prakt. Hinweise
Dublin
Tour 1
Tour 2
Tour 3
Tour 4
Tour 5
Tour 6
Tour 7
Tour 8
Nordirland
Anhang

Reise Know How im Internet

Aktuelle Reisetips und Neuigkeiten
Ergänzungen nach Redaktionsschluß
Büchershop und Sonderangebote
Weiterführende Links zu über 100 Ländern

WWW

http://www.reise-know-how.de/

Der
Reise Know-How Verlag Peter Rump GmbH
ist Mitglied der
Verlagsgruppe
Reise Know-How

Hans-Günter Semsek
Irland-Handbuch

The air was filled with the fragrance of wild flowers
and the eye wherever it turned
beheld a region of delight,
in which nature seemed to have unlocked
all her treasures.

Lewis Dillwyn, 1809

Inhalt

Land und Leute

Praktische Hinweise

Dublin

Nördlich von Dublin Tour 1

Von Dublin nach Wexford Tour 2

Von Wexford nach Cork Tour 3

Der Südwesten Tour 4

Von Limerick nach Galway Tour 5

Von Galway nach Sligo — Tour 6

Der Nordwesten — Tour 7

Entlang des River Shannon — Tour 8

Nordirland — Tour 9

Anhang

Exkurse

Hinweise zur Benutzung

Dieses Irland-Reisehandbuch gliedert sich in drei Abschnitte. Am Anfang steht eine umfangreiche allgemeine Landeskunde, die den Leser mit der Grünen Insel vertraut machen soll. Dazu zählen Kapitel wie Klima, Wirtschaft und Politik, Umweltschutz, Flora und Fauna, Kunst und Kultur sowie eine kommentierte Zeittabelle zu Irlands Geschichte.

Der zweite Teil liefert dem Leser alle praktischen Reiseinformationen, die er für die Vorbereitung seiner Irland-Tour benötigt.

Über die Anreisemöglichkeiten und das Reisen im Lande selbst sowie über Unterkünfte und ihre Klassifizierung, über Restaurants, Pubs, Sport- und Urlaubsaktivitäten ist eine Vielzahl von allgemeinen Hinweisen und Tips zusammengetragen worden.

Im dritten Abschnitt schließlich sind die Orte, die landschaftlich herausragenden Regionen, die Sehenswürdigkeiten - kurz: alle jene Städte und Stätten, die einen Besuch lohnen, in Form von Rundreisen detailreich beschrieben und erläutert. Darüber hinaus sind im Anschluß an jeden genannten Ort die Unterkünfte vom besten Hotel am Platze bis zu den preisgünstigen Hostels, Restaurants, Pubs, in denen abends die Folk-Musiker aufspielen, aufgeführt, außerdem Wandermöglichkeiten in die Umgebung, Fahrradvermietungsstellen, Informationsbüros und Verbindungen mit öffentlichen Verkehrsmitteln, so daß der Besucher vor Ort mit seinen praktischen Anliegen nicht alleine gelassen wird.

Die vorgeschlagenen Routen lassen sich natürlich am günstigsten mit einem Kraftfahrzeug erkunden. Jedoch wurden als Alternative auch jeweils die Verbindungen mit öffentlichen Verkehrsmitteln angegeben.

Eingestreute Exkurse, beispielsweise zur Zerstörung der letzten Moorlandschaften Europas durch intensiven Torfabbau, zu den Hintergründen der Großen Hungersnot von 1845 oder zu den großen irischen Dichtern, möchten zusätzliche Hintergrundinformationen zu bestimmten Bereichen geben und so zu einem tieferen Verständnis der irischen Gesellschaft beitragen.

Dem zu Großbritannien gehörenden Teil der Insel - Nordirland - ist ein eigenes Kapitel (Tour 9) gewidmet, das die Rundreise entlang der Küste abschließt.

Ein umfangreicher Anhang mit Register und einer Liste der Ortschaften mit ihren gälischsprachigen Namen geben dem Besucher der Grünen Insel die Möglichkeit, sich alle gewünschten Informationen aus diesem Buch schnell zu erschließen.

Land und Leute

Geographie

Irland - Land des Regenbogens oder auch die Grüne Insel genannt - erstreckt sich vor der Westküste Großbritanniens, von der britischen Insel durch die ca. 200 m tiefe und daher oft sehr rauhe ***Irische See*** getrennt; die kürzeste Entfernung zum einstigen Mutterland beträgt nur 18 km, die längste 220 km. So weit nördlich, wie viele Leute vermuten liegt die Insel gar nicht: Galway und Bremen sowie Cork und Münster befinden sich auf dem gleichen Breitengrad.

Das Staatsgebiet der Republik Irland bedeckt eine ***Fläche*** von 70.285 km^2 (Nordirland, das zu Großbritannien gehört, hat eine Größe von 14.120 km^2) und ist damit in etwa so groß wie das Bundesland Bayern. Von Norden nach Süden mißt das Land 465 km, von Westen nach Osten 285 km. Die Küstenlinie der Republik ist 3170 km lang; kein Ort der Insel liegt weiter als 110 km vom Meer entfernt.

Entlang der Küste ragen Gebirgszüge auf und umschließen eine zentrale Kalksteintiefebene im ***Inselinnern.*** Hier ist das Landschaftsbild geprägt von Mooren, vielen kleineren und größeren Seen sowie dem ausgedehnten Flußsystem des Shannon, das ein Fünftel des Landes bedeckt.

Irlands ***höchster Berg*** ist mit 1041 m der Carrantuohill (Macgillycuddy's Reek) im Südwesten der Insel, ***längster Fluß*** ist der stark mäandrieren-

Die irische Landschaft ist eine Komposition aus Grün, Ginster, Wasser und Bergen

de Shannon, der nach 358 km bei Limerick in den Atlantik mündet und mittels vieler Schleusen auf 220 km schiffbar gemacht wurde. Die ***größten Seen*** sind der Lough Derg, der Lough Ree, der Lough Mask und der Lough Corrib in Connemara.

Klima

Irlands Beiname „Grüne Insel" kommt nicht von ungefähr. Die Einflüsse des Atlantischen Ozeans sowie des Golfstroms prägen das Wetter auf der Insel, das durch milde Winter und kühle Sommer bestimmt wird. Nahezu gleichmäßig geht ***Regen,*** an der Westküste mehr als im Landesinnern oder im Osten, das ganze Jahr über nieder.

Die regenärmsten Monate auf der Insel sind Mai und Juni - sonst hängen die Regenwolken immer tief

Die ***Temperaturen*** sind auf der gesamten Insel in etwa gleich, sie differieren zwischen dem äußersten Nordwesten und dem Südosten nur um 3 °C. Der Januar ist im Südosten mit ca. 7 °C der kälteste Monat, im Juli und August steigt das Thermometer auf rund 16 °C (dies sind Tagesdurchschnittstemperaturen, keineswegs handelt es sich hierbei um Minimal- bzw. Maximaltemperaturen). Die sonnigsten und ***regenärmsten Monate*** sind Mai und Juni, und wer es einrichten kann, sollte seinen Irlandurlaub in dieser Zeit verbringen. Überall blüht gelb der Ginster, relativ wenig Regen mindert den Feriengenuß, nur wenig Besucher zieht es zu den landschaftlichen Höhepunkten, und überall erhält man problemlos Unterkunft.

Vom Atlantik her treiben die Seewinde feuchte Luftmassen auf die gebirgige Westküste zu, die dort in kältere Luftschichten aufsteigen und als ***Steigungsregen*** niedergehen. Hier fallen das ganze Jahr hindurch ca. 3000 mm Niederschlag, während es im Osten der Insel nur 750 mm sind. Es kommt jedoch selten zu dem gerade bei Besuchern gefürchteten ergiebigen Dauerregen, zumeist klart es nach kurzer Zeit wieder auf, der Himmel ist blau, und ein Regenbogen kündet vom Ende des feuchten Gusses. Dies ist die Zeit, in der Fotografen stimmungsvolle Lichtwirkungen auf den Film bannen können.

Four Seasons on a Monday heißt es im irischen Volksmund, das Wetter aller vier Jahreszeiten kommt an einem einzigen Tag vor.

Tip: Unter der Service-Nummer 0190/116348 erfährt man das aktuelle Irland-Wetter.

Flora

Die Grüne Insel wurde am Ende der letzten Eiszeit von Großbritannien getrennt, und eine Vielzahl von Pflanzen „erreichte" Irland nicht mehr. So findet man in Irland „nur" etwa 1000 Pflanzenarten, in England sind es schon 1500, und auf dem Kontinent gibt es je nach Land einen weitaus größeren Artenreichtum. Zusammen mit den westeuropäischen Küstengebieten und den Britischen Inseln gehört Irland zur Florenregion des atlantischen Gebiets. Doch kommen auch arktisch-alpine Pflanzen sowie solche aus dem Mittelmeerraum vor.

Zu den ***atlantischen Arten*** zählen die Botaniker das Nabelkraut *(Umbilicas rupestris),* die Stechpalme *(Ilex*

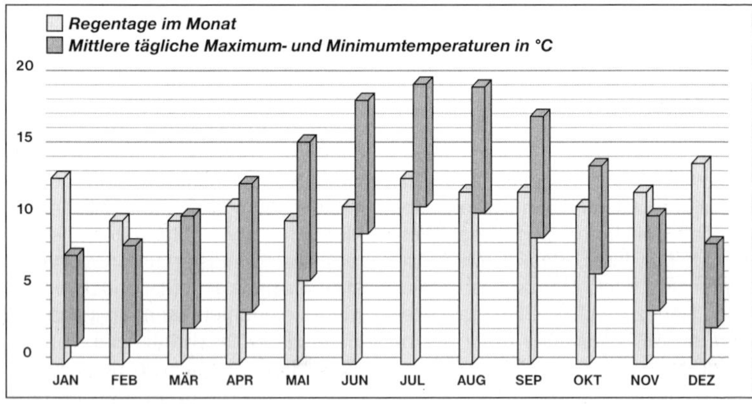

Stechpalme

aquifolium), den Stechginster *(Ulex europaeus),* den Efeu *(Hedera helix hibernica),* die Glockenheide *(Erica tetralix),* die Graue Heide *(Erica cinerea)* und den Roten Fingerhut *(Digitalis purpurea).*

Zur Gruppe der ***mediterranen Pflanzen*** gehören der Frauenhaarfarn *(Adiantrum capillus veneris),* die Porzellanblume *(Saxifraga umbrosa),* die sehr selten gewordene Irische Wolfsmilch *(Euphorbia hiberna),* die Irische Heide *(Daboecia cantabrica),* der Erdbeerbaum *(Arbutus unedo),* die Mittelmeerheide *(Erica mediterranea)* und das Großblütige Fettkraut *(Pinguicula grandiflora).*

Eine Anzahl von eigentlich ***in Nordamerika beheimateten Pflanzen*** kommt im europäischen Raum ausnahmslos nur in Irland vor, ist allerdings auch dort äußerst selten. Dazu zählen beispielsweise die amerikanische Orchidee, genauer gesagt das Kanadische Johanniskraut *(Hypericum canadense)* sowie das Bermudagras *(Cynodon dactylon).*

Arktisch-alpine Arten treten - wie ihre Bezeichnung schon andeutet - an den Fels- und Berghängen im Nordwesten Irlands auf. Reich vertreten sind unter anderem der Knöllchenknöterich *(Polygonum viviparum),* der Alpensäuerling *(Oxyria digyna),* das Norwegische Sandkraut *(Arenaria norvegica),* die Alpenwiesenraute *(Thalictrum alpinum),* der Rote Steinbrech *(Saxifraga o. oppositifolia),* die Silberwurz *(Dryas octopetala),* die Echte Bärentraube *(Arctostaphylos uvaursi)* und das Alpenrispengras *(Poa alpina).*

Zu den nur in Irland vorkommenden, also zu den sogenannten ***endemischen Arten,*** zählen die Irische Weide *(Salix hibernica),* der Irische Ampfer *(Rumex hibernica)* und die Irische Mehlbeere *(Sorbus hibernica).*

Bäume oder gar Wälder sieht man in Irland wenig. Wenngleich die Insel in grauer Vorzeit dicht bewaldet war, so haben Brandrodung und Kahlschlag über die Jahrhunderte ihre Spuren hinterlassen. Nur 5% der irischen Landmasse sind von Bäumen bestanden, der weitaus größte Teil davon, 280.000 ha, gehört zum ***Staatsforst*** und ist mit langweiligen Monokulturen - Nutzholz eben - bepflanzt. In Regierungskreisen wird immer wieder überlegt, Teile dieser

Graue Heide

Wälder zu privatisieren, um mit der Hege und Pflege den Staatssäckel nicht weiter zu belasten.

Richtige Laub- und Mischwälder sieht der Besucher nur selten. Diese ***Mischbewaldung*** wurde zumeist vor 1900 angelegt, heute brechen in jedem Jahr mehr von diesen alten Baumriesen in den winterlichen Weststürmen weg oder werden aufgrund fehlender Gesetze einfach gefällt - irische Bauern haben kein Verhältnis zu Bäumen auf ihrem Land. Nach irischem Recht kann man nämlich nur einen einzelnen Baum schützen, nicht jedoch einen ganzen Wald. Das ***irische Waldsterben*** beruht nicht auf dem sauren Regen, sondern liegt an der Ignoranz der Menschen und das, obwohl die gälischen Vorfahren der heutigen Iren in den Liedern und Sagen immer wieder dazu aufriefen, Bäume und Wälder zu schützen.

The Boglands - Europas letzte noch intakte Moorlandschaft

Zu über 14% bedecken Moore die irische Landfläche, der dort gewonnene Torf wurde über die Jahrhunderte traditionell als Brennmaterial verfeuert. So sind die *Boglands,* die Moorgebiete, und der *Peat,* der Torf, ganz untrennbar mit der irischen Lebensweise verbunden.

Auch heute noch wird der Torf - vor allem im Nordwesten der Grünen Insel - mit der Hand gestochen, zum Trocknen auf dem Land verteilt und dann in kleinen Haufen am Straßenrand gestapelt. Zum Spätsommer hin bringt man die Soden dann in die heimische Miete. Zum ***Torfstechen*** verwendet man einen speziellen Spaten (gälisch: *Slean),* der ein langes, schmales Blatt hat. Die getrockneten Torfstücke brennen im Kamin oder im Küchenherd - beißend-herb liegt dann der Geruch des Torffeuers über dem Cottage.

Die ausgedehnten ***Hochmoore*** *(Raised Bogs)* entstanden dadurch, daß die Natur immer wieder Pflanzenreste übereinanderhäufte und festpreßte. Diese Hochmoore sind an der Oberfläche mit Torfmoosen bedeckt, deren abgestorbene Teile eine Torfbasis bilden, die nach und nach immer dicker wird. Im Ersten Weltkrieg übrigens verwendete man das irische Torfmoos als desinfizierende Wundauflage.

Bei den ***Flachmooren*** *(Blanket Bogs)* dagegen ist die Torfbasis nur wenig mehr als 2 m tief. Diese - wie der englische Name schon sagt - Deckenmoore findet der Besucher hauptsächlich im gebirgigen Westen der Grünen Insel. Die Flachmoore beziehen ihre Feuchtigkeit in der Regel aus dem Grundwasser, Hochmoore dagegen bilden sich dort, wo hohe Niederschlagsmengen vorkommen und das Regenwasser nicht durch einen porösen Untergrund versickern kann.

Natürlich gibt es noch eine ganze Reihe von ***Zwischenformen,*** die sich entsprechend dem Untergrund, der Feuchtigkeitsintensität und dem Wasserabfluß bilden. Betrachtet man die irische Landschaft in dieser Hinsicht genauer, so muß man zwischen den Nieder- und Flachmooren des Westens, den Berg-Flachmooren, den Zwischenmooren, den Hochmooren der zentralen Ebene, dem Sumpfland ohne Torfbildung und der Berg- und Küstenheide unterscheiden.

Bis vor einigen Jahren lohnte sich ein ***industrieller Abbau*** der flachen Deckenmoore oder der in ungünstigen, gebirgigen Regionen liegenden *Bogs* nicht. Mittlerweile werden aber auch schon kleine und kleinste Moore mit modernen Torfabbaumaschinen leergeräumt. Der Staat nämlich gewährt dafür großzügige Unterstützungsgelder. So werden die letzten intakten Moorgebiete Europas - Refugien für seltene Pflanzen und Tiere - zunehmend schneller vernichtet.

Das vor über 40 Jahren gegründete Torfabbauunternehmen *Bord na Mona* stellt alljährlich mehr als 4 Mio. t Brennstofftorf und rund 1 Mio. t Düngetorf her. Der ***Brennstofftorf*** geht vor allem in die Kraftwerke, wo er der Elektrizitätsgewinnung dient, und spart dem irischen Staat die teuren Ölimporte, was sich wiederum günstig auf die Zahlungsbilanz auswirkt. Auf der anderen Seite verliert Irland mehr und mehr das Image von unberührter Natur und ökologisch intakten Landschaften.

In der EG-Zentrale in Brüssel überlegt man, ob Zuschüsse an Irland zukünftig mit der Auflage versehen werden, wenigstens einen Teil der Hochmoore unter ***Naturschutz zu*** stellen. Nach Untersuchungen der Mitarbeiter des *Forest and Wildlife Service* gibt es in einigen Grafschaften bereits keine intakten Moorgebiete mehr und pro Jahr verschwinden weitere acht Moore. Die Wissenschaftler verlangen, daß insgesamt 48 Sumpflandschaften mit einer Größe von 28.000 ha unter staatlichen Schutz gestellt werden.

Was man mit den nun abgeräumten, ***einstigen Moorgebieten*** machen kann, ist den Agrarwissenschaftlern noch immer ein Rätsel. Einerseits hat man die Flächen mit schnellwachsendem Nutzholz aufgeforstet, andererseits versucht man, durch großangelegte Drainageprojekte neues Farmland zu gewinnen. Doch haben die beiden Methoden bisher nicht die gewünschten Ergebnisse gebracht.

Neben dem intensiven Torfabbau ist es vor allem das bei den Bauern beliebte ***Abbrennen von Heidelandschaften,*** was das ökologische Gleichgewicht weiter aus dem Tritt bringt. Diese „Brandrodung" soll das Sprießen frischer Heidekrauttriebe verhindern sowie auch das Heidegestrüpp möglichst in Gänze vernichten. Die Farmer wenden diese Methode an, damit sich die Wolle der freilaufenden Schafe nicht in dem knorrigen Geäst verfängt. Seltene Pflanzen und Moose fallen dabei dem Feuer zum Opfer und die Lebensräume vieler Vögel, Insekten und Kleinnager gehen unwiederbringlich verloren.

In den ausgedehnten Sumpflandschaften wachsen vor allem Torfmoose, Heidekräuter und Riedgräser. Der botanisch erfahrene Besucher entdeckt das Gemeine Heidekraut *(Calluna vulgaris),* die purpurn blühende Glockenheide *(Erica tetralix),* die vor allem in Hochmooren vorkommende Rosmarinheide *(Andromeda polifolia),* Beinbrech *(Narthecium ossifragum)* und das Schmalblättrige Wollgras *(Eriophorum angustifolium),* das mit seinen weißen Büscheln im Sommer leuchtend über den Mooren steht. Vier gelbe Blütenblätter zeigt von Mai bis September das Aufrechte Fingerkraut *(Potentilla erecta),* ebenfalls von Mai bis September blüht blau die Gemeine Kreuzblume *(Polygala vulgaris),* von Juni bis August erstrahlt das Sumpfherzblatt *(Parnassia palustris)* sowie der wilde Thymian (Thymus *serpyllum).*

Elf verschiedene Karnivoren-Arten, die sogenannten fleischfressenden Pflanzen, kommen in den irischen Moorgebieten vor. Darunter sind beispielsweise der Rundblättrige Sonnentau *(Drosera rotundifolia),* das Gewöhnliche Fettkraut *(Pinguicula vulgaris)* und das Alpen-Fettkraut *(Pinguicula alpina).*

Fauna

Vögel

Eisvogel
(Kingfisher, Alcedo atthis)

Ornithologen oder solche, die es erst noch werden wollen, finden in Irland Vögel aller Couleur. Hier kann man gefiederte Freunde beobachten, die auf dem Kontinent nicht mehr oder nur noch in kleinen Populationen vorkommen. Ein Fernglas gehört daher unbedingt ins Reisegepäck. Nach Schätzungen gibt es auf der Grünen Insel rund 200 ***Vogelarten*** sowie etwa weitere 180 Arten, die ab und an die Insel anfliegen. Von diesen 200 Arten sind 35 nur im Sommer und 40 nur im Winter zu beobachten, 30 verweilen nur kurzfristig auf der Insel, und 100 Vogelarten sind in Irland seßhaft, darunter vier, die ***originär irische Spezies*** sind: der Irische Eichelhäher *(Jay, Garrulus glandarius hibernicus),* die Wasseramsel *(Dipper, Cinclus cinclus hibernicus),* die Tannenmeise *(Coul-Tit Mouse, Parus ater hibernicus)* und das Moorschneehuhn *(Lagopus lagopus hibernicus).*

Überall da, wo Wasser reichlich vorkommt, also an See- und Flußufern, in Bächen und Teichen, kann der Besucher leicht den ***Graureiher*** *(Grey Heron, Ardea cinerea)* ausmachen, der reglos im Wasser steht, bereit, mit seinem langen Schnabel zuzustoßen, sobald ein Fisch in die Nähe kommt. Wo einer ist, ist ein zweiter, ein dritter und ein vierter nicht weit, denn Graureiher sind gesellige Vögel.

An glasklaren, sauberen Flüssen sieht man häufig den exotisch bunten ***Eisvogel*** *(Kingfisher, Alcedo atthis)* mit seinem blaugrünen Rücken und dem gelbroten Bauch, sehr zu recht häufig als „fliegender Edelstein" charakterisiert. Wie der Reiher auch, ist der Eisvogel ein sogenannter Lauerjäger; man findet ihn reglos verharrend auf einem Ast ein Stückchen über der Wasseroberfläche; sichtet er seine Beute, so stürzt er kopfüber in die Fluten und greift mit seinem langen, kräftigen Schnabel den Fisch.

Weit verbreitet ist in Irland die ***Löffelente*** *(Northern Shoveler, Anas clypeata),* ein Schwimmvogel, der in Deutschland stark vom Aussterben bedroht ist. Lustig ist es, den hintereinander im Kreis schwimmenden Enten bei der Nahrungsaufnahme zuzusehen: Mit dem löffelartigen Schnabel filtert jede Ente – mit vorgerecktem Hals und den Kopf seitlich schwenkend – Kleinstlebewesen aus dem Wasser und das unter unaufhörlichem Geschnatter. Leider hat man jedoch nur selten das Vergnügen, da die Löffelente zumeist des nachts auf Nahrungssuche geht.

Ganz besonders vogelreich sind die steil ins Meer abfallenden Felsen im Westen Irlands, beispielsweise die Cliffs of Moher oder die Slieve Leagues. Hier sieht man vor allem die ***Dreizehenmöwe*** *(Rissa tridactyla)*, die unentwegt ihren englischen Namen ruft: *Kittiwake, Kittiwake.* Abertausende von Kittiwakes sitzen dicht an dicht in der steilen Felswand. Ihnen tun es die ***Baßtölpel*** *(Northern Gannet, Sula bassana)* gleich, die ebenfalls in großer Population an den Felsklippen nisten. Ihren Namen haben diese Vögel von der unbeholfenen Gangart auf dem Land, in der Luft dagegen sind sie hervorragende Flieger und stoßen, wenn sie ihre Beute entdeckt haben, mit eng angelegten Flügeln senkrecht ins Wasser ab.

Freude kommt auf bei groß und klein, wenn die ***Papageientaucher*** *(Puffin, Fratercula arctica)* ins Blickfeld des Feldstechers kommen; die bunten, lustig aussehenden Vögel nisten in kleinen Höhlen und Nischen. Weitere Bewohner der Vo-gelfelsen sind die Trottellumme *(Guillemot, Uria aalge)*, der Tordalk (*Razorbill, Alca torda)*, die Sturmschwalbe *(Storm Petrel, Hydrobates pelagicus)* und der Große Sturmtaucher *(Great Shearwater, Puffinus gravis)*.

Papageientaucher
(Puffin, Fratercula arctica)

Löffelente
(Northern Shoveler, Anas clypeata)

Auch viele ***Singvögel*** sind auf der Grünen Insel beheimatet und erfreuen mit ihrem Gesang die Herzen der Besucher. Traditionell kündet der Kuckuck *(Cuckoo, Cuculus canorus)* vom Beginn der Touristensaison, und die Iren sind begeistert, wenn sie schon im März seinen Ruf hören. Auch Schwalben – häufig vorkommende Arten sind die Rauchschwalbe *(Common Swallow, Hirundo rustica)* und die Mehlschwalbe *(House Martin, Delichon urbica)* - sind gern gesehen, künden sie doch den nahenden Sommer an.

Sperber
(Eurasian Sparrowhawk, Accipiter nisus)

Auch an ***Greifvögeln*** ist Irland nicht arm. Über die ganze Insel verbreitet sind der Sperber *(Eurasian Sparrowhawk, Accipiter nisus)* und der Turmfalke *(Old World Kestrel, Falco tinnunculus),* der in der Luft „steht", von oben sein Opfer ausmacht und dann niederstößt. Der Merlin *(Merlin, Falco columbarius),* ein Zwergfalke, ist hauptsächlich im Moorland heimisch, und auch in Irland selten geworden ist der Wanderfalke *(Peregrine Falcon, Falco peregrinus).*

Säugetiere

Nicht nur die Pflanzenvielfalt ist gering in Irland, nach der letzten Eiszeit blieben auch recht wenig Säugetiere auf der Insel zurück. Von den weltweit über 4000 vorkommenden Säugetieren zählt Europa 150 Arten, auf der Grünen Insel kommen jedoch nur 28 vor. Das ***Irische Hermelin*** *(Mustela erminea),* für kontinentale Ohren fälschlich als *Weasel* bezeichnet, ist braun und hat einen weißen Bauch. Häufig erblickt man das auch tagsüber jagende Tier in freier Wildbahn. Der Besucher, der es näher ansehen möchte, sei davor gewarnt, die Hand auszustrecken. Hermeline sind recht aggressive Angreifer, die zudem auch in Gruppen jagen.

Zu den Insektenfressern gehört das kleinste Säugetier der Insel, die überall vorkommende ***Zwergspitzmaus*** *(Lesser Shrew, Sorex minutus),* die nur 4 cm lang und 6 g schwer ist. ***Rote Eichhörnchen*** *(Squirrel, Sciurus vulgaris)* sowie die grauschwarze Art *(Sciurus carolinensis)* sind ebenfalls weit vertreten; die possierlichen Tierchen bauen nicht nur hoch oben in den Bäumen, sondern auch in Hecken ihre Behausungen. Ebenfalls gerne in Hecken lebt der ***Igel*** *(Erinaceus europaeus),* der deshalb zutreffend auch als *Hedgehog,* als Heckenschwein bezeichnet wird.

Aus England stammt der Feldhase *(Hare, Lepus europaeus),* originär irisch dagegen ist der Irische ***Hase*** *(Lepus timidus hibernicus).* Der *Irish Hare* ist eine Unterart des Schneehasen.

Trotz intensiver Bejagung ist der ***Rotfuchs*** *(European Fox, Vulpes vulpes)* noch mit beträchtlichen Populationen vorhanden, selten dagegen ist der ***Baummarder*** *(Pine Marten, Martes martes)* geworden, dessen letzte

Dachs
(Badger, Meles meles)

Exemplare in Irland wohl nur noch im Burren (vgl. Tour 5) ihr Leben fristen. Erfreulich dagegen, daß es noch eine ganze Menge **Dachse** *(Badger, Meles meles)* gibt; auch große, mehr als 20 kg schwere Tiere sind darunter.

In der Regel auf die Gelände der Nationalparks beschränkt kommen **Damwild** *(Dama d. dama),* der japanische **Sika-Hirsch** *(Sika Deer, Cervus n. nippon)* und Irisches **Rotwild** *(Cervus elaphus hippelaphus)* vor.

Noch hat Irland den größten **Otterbestand** in ganz Europa, doch heißt dies wenig, da die putzigen Tiere auf dem Kontinent vor dem Aussterben stehen. Leider versucht man auch in Irland, dem Otter *(Common Otter, Lutra lutra)* den Garaus zu machen; entweder verenden die Tiere in den Reusen, oder aber die Angler machen gezielt Jagd auf sie. Da sich der Otter auch von Fischen ernährt, nimmt er den Anglern die Sportgrundlage.

Meerestiere

Vor der über 3000 km langen irischen Küste tummeln sich natürlich eine ganze Anzahl von Meeresbewohnern. Auf einen Bestand von

Seehunde

2000 bis 3000 Tieren schätzt man die beiden **Seehund-Arten:** der Gemeine Seehund *(Common Seal, Phoca vitulina)* und die Kegelrobbe *(Horsehead Seal, Halichoerus grypus).* Die Fischer sind nicht gut auf diese Tiere zu sprechen, denn angeblich zerreißen sie die Netze, und da sie sich von Fischen ernähren, dezimieren sie angeblich den Bestand. Daß dafür allerdings die Überschreitung der Fangquoten und illegale Fangmethoden verantwortlich sind, wollen die Fischer nicht wahrhaben. 1982 richteten die Fischer von Achill Island ein Blutbad auf der Robbeninsel Inishkea Island an und erschlugen Hunderte von Seehunden; seitdem halten die

Hummer und Languste

sogenannten *Sea Shepherds* Wacht auf dem Robbeneiland.

Immer wieder werden tote, im Wasser verendete ***Wale*** *(Whale)* an die Küste gespült, doch zu Gesicht bekommt man die Riesensäuger so gut wie nie. Dagegen zeigen sich ***Tümmler*** *(Bottle-nosed Dolphin, Tursiops truncatus)* und vor allem die neugierigen, in sozialen Verbänden lebenden ***Delphine*** *(Dolphin, Delphinus delphis).*

Alle möglichen Arten von ***Fischen*** kommen vor der Küste vor. Wohl fühlen sich im warmen Golfstrom der Seebarsch *(Bass, Roccus labrax)* und die Meeräsche *(Grey Mullet, Mugil spec.).* In den etwas kälteren Gefilden schwimmen Hering *(Herring, Clupea spec.),* Kabeljau *(Cod, Gadus morua),* Scholle *(Plaice, Pleuronectes platessa),* Seezunge *(Sole, Solea solea),* Schellfisch *(Haddock, Melanogrammus aeglefinus)* und Sprotte *(Sprattus sprattus).*

Für all diese Arten werfen die irischen Fischer - und nicht nur sie - ihre Netze aus. Selbst spanische Trawler „wildern" in den irischen Hoheitsgewässern, machen gute Fänge und zahlen daher die Strafen, wenn sie einmal von einem der kleinen Kriegsschiffe der irischen Marine aufgebracht werden.

Obwohl die Hochseeangler Jagd auf ***Haie*** *(Shark)* machen, muß der Schwimmer keine Sorge vor einer Hai-Attacke haben. Zwar kommt sogar der über 9 m lang werdende Riesenhai *(Cetorhinus maximus)* vor, doch der ernährt sich von pflanzlicher Rohkost. Auch die fünf anderen hier vorkommenden Hai-Arten gelten als ungefährlich.

Alle Arten von ***Krustentieren*** sind vor der Küste vertreten, so etwa Langusten *(Spiny Lobster, Palinurus elephas),* Taschenkrebse *(Rockdwelling Crab, Cancer pagurus)* und Hummer *(Lobster, Homarus vulgaris).*

Süßwasserfische

In den vielen Binnenseen und dem Flußsystem des Shannon findet der Besucher gute Bestände an Forellen *(Salmo trutta lacustris),* Lachs *(Salmo salar),* Hecht *(Esox lucius),* Brasse *(Abramis brasa)* und die Schleie *(Tinca tinca)* - kein Wunder, daß es die Hobby-Angler auf die grüne Insel zieht.

Umweltschutz

Um es gleich vorweg zu sagen: Irland ist unter ökologischen Gesichtspunkten sicherlich das intakteste Land Europas - doch muß man mittlerweile fragen: Wie lange noch? Denn schenkt man Umfragen Glauben, so sind die Iren von allen Europäern innerhalb der EU am wenigsten am Umweltschutz interessiert, und entsprechend ignorant verhalten sie sich auch.

Da verkommen EU-Normen zur Ökologie - innerhalb Europas ohnehin nicht gerade ein Parkett, auf dem Europa-Politiker Furore machen - schon zur Farce, wenn die Regierung in Dublin höhere ***Ausnahmeregelungen*** mit dem Hinweis fordert, daß Irland bekanntermaßen ja keine Umweltbelastung habe. So akzeptierten die Brüsseler Beamten doch tatsächlich - offensichtlich beeindruckt von diesem Argument - einen höheren Bleigehalt im Treibstoff. Mit ähnlich perfider Strategie schafften es die politischen Drahtzieher, daß das Kohlekraftwerk Moneypoint am Shannon einen höheren Schwefeldioxyd-Ausstoß in die Luft ablassen darf, als es die EU-Richtlinien vorsehen; die irische Delegation hatte damit argumentiert, daß die Luft auf der Grünen Insel - wie ja jedermann wisse - noch sauber sei.

So kann man es tatsächlich auf den Punkt bringen: Daß Irlands Natur noch weitgehend gesund ist, verdanken die Bewohner der Grünen Insel nicht ihrem Umwelt-Engagement, sondern der in der Vergangenheit mangelnden Gelegenheit, ihr Land zu zerstören. Und es hat den Anschein, daß die Iren diesem Manko nun verstärkt beikommen wollen. Fabriken stoßen ihre Emissionen ungefiltert in die Luft und leiten die Abwässer in Seen und Flüsse, auf dem Lande verschandelt der sogenannte *Bungalow Blitz,* eine Welle von einförmigen Flachbauten, die Natur und zersiedelt die Landschaft, und die Hochleistungslandwirtschaft überdüngt die Böden und läßt die Silagebrühe einer Intensiv-Großviehhaltung in Bäche und Seen laufen.

Vor allem die ***Intensivierung im Agrarsektor*** steht nicht mehr im Einklang mit den Erfordernissen der Natur. Noch in den 60er Jahren gingen die irischen Farmer mit ihrer rezyklierenden Form der Landwirtschaft und mit naturschonenden Bewirtschaftungsmethoden sorgsam mit dem verfügbaren Boden um. Schaut man sich an, was in den letzten 30 Jahren geschehen ist, so muß man sich doch ernsthaft Sorgen um das ökologische Musterland Irland machen. Denn seitdem hat sich der Verbrauch von Stickstoff vervierzehnfacht; über die Bodenauswaschungen gelangt dieses Düngemittel in Flüsse und Seen, von denen manche bereits von der Eutrophierung (Nährstoffanreicherung in einem Gewässer und damit verbundenes übermäßiges sowie schädliches Pflanzenwachstum) bedroht sind.

Kommen Einleitungen von großen Tierfarmen hinzu, so hat sich an diesen Stellen in den letzten zehn Jahren die Wasserqualität dramatisch verschlechtert.

Pestizide und Insektizide werden in Irland reichlich und intensiv gespritzt; es gelangt heute noch ein Teufelszeug in den Handel, das hierzulande längstens verboten ist. Viele Tier- und Pflanzenarten sind durch die chemische Keule in Bedrohung geraten.

Insgesamt wurden in den letzten 30 Jahren 1,2 Mio. ha feuchter Flächen drainiert, so daß viele Lebensräume von Tieren und Pflanzen restlos zerstört wurden. Besonders diese Maßnahme war höchst unsinnig, da eine Ertragssteigerung der Landwirtschaft aufgrund der schlechten Böden so gut wie gar nicht stattgefunden hat. Häufig wurden auch Bäche und Flüsse begradigt, wodurch die Futterzufuhr der Fische und ihre geschützten Brutstätten vernichtet wurden. Auch durch die intensive Ausbeutung der

Moore ist der Wasserhaushalt örtlich aus dem Tritt geraten.

Glücklicherweise gibt es - unter ökologischen Gesichtspunkten gesehen - kaum eine umweltzerstörende Schwerindustrie auf der Grünen Insel, doch auch die ***Leichtindustrie*** hinterläßt jährlich eine Abfallmenge von über 2,5 Mio. t, des weiteren fallen derzeit Jahr für Jahr 90.000 t an Giftmüll an.

Irland verzehrt sich derzeit in einem ***Spannungsfeld zwischen Ökonomie und Ökologie.*** Bei den hohen Arbeitslosenzahlen wird von der Regierung und den von der Sozialhilfe abhängigen Männern und Frauen jedes neue Industrieprojekt vorbehaltlos bejubelt. Die im Tourismussektor arbeitenden Angestellten sowie die Lobbyisten der Angler laufen Sturm gegen jede umweltzerstörende Maßnahme und versuchen zu retten, was zu retten ist.

Denn der ***Irland-Tourismus*** boomt, die Grüne Insel entwickelt sich zu einem Lieblingsziel der Deutschen, die dort genau das suchen, was es hier kaum noch gibt: unberührte, intakte Natur. Kamen 1990 noch 160.000 deutsche Urlauber in das Land des Regenbogens, so waren es 1995 schon 319.000. Da tut eine gezielte Umweltpolitik wahrlich Not, will die Grüne Insel ihre Ressourcen - saubere Luft, reine Gewässer und unberührte Natur - nicht verlieren.

Besonders augenfällig zeigte sich die Umweltbelastung jeden Winter in der irischen Metropole Dublin. Dann nämlich herrschte ***Smog,*** und die Stadt lag unter einer kolossalen Giftglocke, so z. B. im Dezember 1989, als die Bewohner für sage und schreibe zwei Wochen auch tagsüber die Hand nicht vor den Augen sehen konnten. Verantwortlich für diese jährlich wiederkehrende Katastrophe war die billig importierte polnische Kohle, mit der viele Haushalte heizten. Dieses Brennmaterial enthielt ungewöhnlich hohe Schwefelanteile, die über die Schornsteine ins Freie gelangten. Trotz mannigfacher Proteste von Umweltschützern und einer Vielzahl von Erkrankungen der Atemwege sprach die Regierung erst 1993 ein Verbot dieser Kohle aus.

Wer mehr über die Umweltverschmutzung in Irland erfahren möchte, dem sei das Buch von *Robert Allen* und *Tara Jones,* „Guests of the Nations - People of Ireland versus the Multinationals" (London, Earthscan, 1990, 320 Seiten, 7,95 Pfund, 3, Endsleigh Street, London WC 1 H ODD), wärmstens empfohlen. Der Journalist Allen und ein unter dem Pseudonym Tara Jones auftretender Beamter der Dubliner Stadtverwaltung zeigen, wie das irische Wirtschaftswachstum der letzten Jahre durch die Anbiederung der Regierung an die ***Chemie-Multis*** erreicht wurde. Die multinational operierenden Konzerne Merck, Sandoz, Dow Chemicals und Merrel Dow wurden durch Steuerfreibeträge, billige Arbeitskräfte und kaum oder gar nicht existierende Umweltbestimmungen auf die Grüne Insel gelockt, wo die Regierung den potentiellen Ökologiesündern freie Hand läßt, ja sogar noch Geheimabsprachen mit ihnen trifft.

Gott sei Dank sahen sich die Multis der kleinen, aber verbissen kämpfenden irischen ***Umweltbewegung*** ausgesetzt, die nach langem und zähem Ringen immerhin einige Erfolgsmeldungen zu verbuchen hatte (vgl. Tour 3, Cork). Die beiden Autoren widmen sich jedoch nicht nur den Chemie-Giganten, sondern untersuchen auch die Umweltschäden durch Massentierstallungen, Fischfarmen, Giftmüllbeseitigung etc. Quintessenz des Buches ist die Erkenntnis, daß die exorbitant hohen Gewinne der Multis nicht einmal ansatzweise in Irland verbleiben und daß die wenigen gewonnenen Arbeitsplätze in keinem Verhältnis zur Zerstörung der Umwelt und deren Kosten stehen.

Ebenfalls unbedingt lesenswert ist der Band von *John Gormley,* „The Green Guide of Ireland" (Dublin, Wolfhound Press, 1990, 334 Seiten, 4,95 Pfund). Der Autor kandidierte bei den letzten Wahlen als Mitglied der *Green Party;* in seinem Buch erläutert er kompetent die Probleme des Umweltschutzes in Irland und klammert auch den Tourismus nicht aus. Wie das periodisch erscheinende Irland-Journal ganz richtig feststellte, gehört dieses Buch in jedes Reisegepäck.

Anfang '97 wurde der Autor von *Malcolm Coxall* und *Conny Feij* aus dem County Mayo auf einen weiteren Mißstand hingewiesen: die ***bakteriologischen Verunreinigungen des Trinkwassers*** in den ländlichen Gebieten. In diesen Regionen beziehen die Bewohner ihr kostbares Naß aus sogenannten *Group Water Schemes,* aus Gemeinschaftsreservoiren. Etliche hundert von diesen kleinen Wasserwerken halten die Trinkwasserversorgung in den bäuerlichen Gebieten Irlands aufrecht. Zumeist erfolgt die Kontrolle und Wartung durch nicht ausgebildete, freiwillige Helfer.

Das Wasser für diese Gemeinschaftszisternen stammt aus den umliegenden Seen, Flüssen und Brunnen, es ist chemisch unbehandelt, also nicht chloriert. Per EU-Richtlinien sind die irischen Behörden nun aufgefordert worden, die Wasserqualität in den *Group Water Schemes* zu prüfen, dies geschieht in der Regel einmal pro Jahr. Allerdings sind die Autoritäten nicht verpflichtet, Maßnahmen zu ergreifen, wenn das Wasser eines Resevoirs von schlechter Qualität ist. Die Öffentlichkeit muß vom Betreiber eines lokalen *Water Scheme* infomiert werden; dabei ist zu bedenken, daß es sich hierbei fast immer um eine kleine, ungenügend finanzierte und mangelhaft informierte Organisation handelt.

Bis zum Beginn der 90er Jahre war aufgrund der häufigen Regenfälle sowie der weitgehend intakten Natur das Wasser aus diesen Reservoirs bedenkenlos trinkbar. Seitdem hat sich trotz der prüfenden Behörde die Qualität in vielen ländlichen *Group Water Schemes* rapide verschlechtert. Die festgestellten Wasserkontaminationen zeigen anorganische und bakteriologische Verschmutzer, die zum größten Teil aus der ***intensiven Landwirtschaft*** stammen, in der Nähe von größeren Städten aber auch auf industrielle Einflüsse zurückzuführen sind.

Die Verschlechterung der Wasserqualität geht indirekt auf die großzügigen EU-Subventionen für Schaffarmer zurück. Die ***Überweidung*** durch die zahlenmäßig stark angestiegenen Herden hat mittlerweile die natürliche Vegetation, die bisher wie ein Filter für organische Verschmutzungen diente, weitgehend zerstört. Daraus resultiert auch eine größere Verschmutzung des Wassers durch Torfreste und Erde. Schlimmer aber noch ist, daß jetzt Schafsfäkalien, die in hohem Maße ***Kolibakterien*** und Streptokokken enthalten, in die Seen und Flüsse gespült werden, aus denen die *Group Water Schemes* ihr Wasser erhalten. Da auch Salmonellen und anderere Parasiten bei irischen Schafen vorkommen, sind auch sie potentielle Verschmutzer von Trinkwasser in den ländlichen Gebieten.

Die Weltgesundheitsorganisation (WHO) und auch die EU haben für E. Coli im Trinkwasser einen Grenzwert von „0“ (Null) festgelegt. Bakteriologische Untersuchungen der *Group Water Schemes* haben nun gezeigt, daß eine ganze Reihe von ihnen mit Kolibakterien kontaminiert sind. Aufgrund privater Initiative wurde das Problem der EU und der Weltgesundheitsbehörde gemeldet. Die Europa-Kommission der EU hat nun eine formelle Beschwerde aufgrund der Verstöße gegen die Wasserqualität an die irische Regierung gerichtet (Complaint No 95/4078). Denn die *Group Water Schemes* sind nur in den seltensten Fällen vor Verunreinigungen durch Schafsherden oder industrielle Abfälle geschützt.

Wie nicht anders zu erwarten haben sich die staatlichen Stellen bisher überhaupt nicht zu diesem Problem geäußert, und die Bewohner der bäuerlichen Regionen des Landes nicht aufgeklärt, so daß sich nur wenige

Menschen über die gesundheitliche Bedrohung klar sind. Bakteriologische Untersuchungen des *University College Hospital of Galway,* die von *Malcolm Coxall* und *Conny Feij* dem Autor zugänglich gemacht wurden, zeigen Wasserverrschmutzungen, die einen E.-Coli-Wert zwischen 18 und 54 pro 100 Milliliter aufwiesen.

Die Besucher sollten in den ländlichen Gebieten Irlands, in denen eine besonders intensive Schafzucht betrieben wird, folgende ***Vorsichtsmaßnahmen*** beachten:

Wasser sollte vor dem Genuß mindestens ***zehn Minuten abgekocht*** und unabgekochtes Wasser auf keinen Fall getrunken werden. Wann immer möglich, sollte zum Waschen von Obst und Gemüse, zum Zähneputzen oder Säubern kleinerer Verletzungen ***Mineralwasser*** genommen werden. Auch auf Eiswürfel sollte man verzichten, und beim Baden oder Waschen von kleinen Kindern ist höchste Sorgfalt geboten.

Bevölkerung

Irland dürfte wohl das Land Europas sein, das innerhalb der letzten 150 Jahre einen Bevölkerungsrückgang ohnegleichen erlebt hat. Schuld daran trug ganz wesentlich die Große Hungersnot (1845-1851; vgl. Kap. Geschichte), in der über 1 Mio. Menschen ums Leben kamen und eine weitere Million in den „schwimmenden Kartoffelsärgen" hauptsächlich nach Amerika auswanderte. Und bis heute ist die Grüne Insel ein Migrationsland geblieben. Lebten 1845, am Vorabend der *Great Famine,* 8,5 Mio. Menschen auf der Insel, so zählte die Statistik sechs Jahre später, 1851, nur noch 6,5 Mio. Einwohner; 1971 waren es noch 4,4 Mio. Iren, und heute leben gerade mal 3,6 Mio. Iren in der Republik. Bedenkt man, daß in den USA fast 40 Mio. irischstämmige Personen eine neue Heimat gefunden haben (in Kanada übrigens ca. 1 Mio.), so wird das gigantische Migrationsausmaß mehr als deutlich. Der leichte Geburtenüberschuß wird durch die Auswanderung mehr als wettgemacht.

Jung sind die Iren im Vergleich zu den Deutschen: 43% der Bevölkerung sind unter 25 Jahre alt. Seit 1970 ist die ***Geburtenziffer*** leicht nach unten gegangen und rangiert nun bei 14 Geburten pro 1000 Einwohner (vorher 22); aufgrund besserer medizinischer Versorgung sank auch die ***Sterbeziffer*** entsprechend. Bei der Säuglingssterblichkeit hat Irland weltweit einen der geringsten Werte: 0,7%! Die statistische ***Lebenserwartung*** liegt bei den Männern bei 72 Jahren, Frauen leben statistisch fünf Jahre länger.

Entgegen den gängigen Klischees haben auch die Iren in der Hauptsache ***braune Haare,*** rothaarige Iren und Irinnen sind nur mit 4% an der Gesamtbevölkerung vertreten, wenngleich sie im Straßenbild - wohl weil der ausländische Besucher genauer hinsieht - häufiger auffallen als hierzulande.

Vor rund 150 Jahren ***heiratete*** der irische Mann aufgrund der Landverhältnisse statistisch erst im Alter von 39 Jahren, heute zählt er bei der Heirat 27 Jahre, und die Frau, die ihm sein Ja-Wort gibt, ist nach den Zahlen der Statistiker 24,7 Jahre alt.

Durchschnittlich leben 51 Iren pro Quadratkilometer, doch das Stadt-Land-Gefälle zeigt auch in Irland einen hohen ***Urbanitätsgrad;*** insgesamt wohnen mehr als 60% aller Bewohner in den Städten. Während im Nordwesten der Insel, in Irlands Alaska, beispielsweise in Connemara, nur 25 Einwohner pro Quadratkilometer zu verzeichnen sind, erhöht sich die Dichte in Dublin auf 4495 Einwohner pro Quadratkilometer. In der Metropole konzentrieren sich die Sitze von Handel, Banken, Dienstleistungsbranchen und Versicherungen, der Großraum zählt mittlerweile über 1 Mio. Menschen. Weitere 36% der Bevölkerung leben in den vier größten Städten Cork, Limerick, Waterford und Galway.

Mehr als zwei Drittel aller Bewohner der Grünen Insel wohnen in ihren eigenen vier Wänden, und weltweit verbrauchen die Iren die meisten Kalorien. Innerhalb der EG bzw. EU,

Dispensing Chemists
PASTA PASTA Restaurant
27 EXCHEQUER STREET
HOT Soups £1:50
with 2 Toppings

der die Republik seit 1973 angehört, zählt Irland zu den ärmeren Staaten, innerhalb der UNO jedoch zu den 30 reichsten der Welt.

Bildungswesen

Während des 17. und des 18. Jh., als die Briten mit ihren drakonischen Strafgesetzen *(Penal Laws)* die katholischen Iren politisch auf das härteste unterdrückten, war es den Bewohnern der Grünen Insel auch verboten, ihre Kinder in die Schulen zu schicken. So wanderten die sogenannten ***Heckenlehrer*** über Land und unterrichteten die Jungen und Mädchen der armen Bauern und Tagelöhner heimlich im Schutz der vielen Wallhecken. Nach einer zeitgenössischen Chronik trugen die wandernden Pädagogen ein Tintenfaß an einer Kette um den Hals, hatten in der einen Tasche einen Text von Homer und in der anderen ein gälisches Lesebuch. Nachdem die Iren wieder ganz offiziell ein Schulsystem errichten durften, machte sich vor allem die Kirche um die Ausbildung der Kleinen verdient; die sogenannten ***Christian Brothers*** sorgten vordringlich für die schulische Erziehung der Armen.

Heute besteht für alle 6-15jährigen eine ***allgemeine Schulpflicht,*** wobei die Eltern ihre Kleinen in der Regel schon im Alter von vier bis fünf Jahren in eine staatliche Vorschule schicken. Später wechseln die Jungen und Mädchen - die übrigens nur in den seltensten Fällen zusammen erzogen werden - an die ***Secondary Schools,*** die sich zumeist in kirchlicher Trägerschaft befinden; das *Department of Education* stellt jedoch den landesweit gültigen Lehrplan auf und finanziert weitgehend diese Schulform.

So kämpft sich denn der kleine Ire über die Jahre - wie die anderen Zöglinge auch in einer einheitlichen Schuluniform - bis zu seinem *Leaving Certificate,* vergleichbar unserem Abitur, durch die von 9 Uhr bis gegen 15 Uhr dauernden harten Schultage. Wichtig zu erwähnen ist noch, daß ***Gälisch*** Pflichtfach an allen irischen Schulen ist und daß in rund 30 *Secondary Schools* der Unterricht teilweise oder sogar überwiegend in dieser Sprache erteilt wird.

Wer von den Jugendlichen mit 15 Jahren die Schule verläßt und einen Beruf ergreift, muß natürlich auch noch weiter lernen; für ihn sorgen nun die ***Berufsschulen*** sowie eine Anzahl von *Technical Colleges,* in denen berufsspezifische Kenntnisse erworben werden. In Limerick gibt es darüber hinaus seit 1972 eine technisch ausgerichtete Gesamthochschule, das *National Institute for Higher Education,* 1980 eröffnete in Dublin ein zweites ***Polytechnikum*** dieser Art.

Eine akademische Ausbildung erlangen unsere Schulabsolventen an den zwei Universitäten der Grünen Insel. Die älteste Hochschule des Landes, das ***Trinity College*** in Dublin, wurde 1591 von der englischen Königin *Elisabeth I.* gegründet und stand in jenen Tagen natürlich nur den anglo-irischen und protestanti-

Das Trinity College in Dublin

schen Studenten offen. Echte Iren durften erst 1793 in die Hörsäle und noch für weitere 70 Jahre fanden sie zu Stipendien und Studienabschlüssen keinen Zugang. Dennoch hat das *Trinity College* für die Befreiungsgeschichte des Landes eine große Rolle gespielt. Hier bekam eine ganze Anzahl von politisch aktiven Studenten, die später dann gegen die Briten kämpften, eine fundierte Ausbildung. Heutzutage sind über 5000 Studenten am *Trinity College* eingeschrieben.

Zu Beginn dieses Jahrhunderts entwickelte sich aus einem College die ***National University of Ireland,*** die Bildungseinrichtungen in Dublin (9000 Studenten), Cork (6000) und Galway (4000) besitzt. An der Universität von Galway übrigens wurde

- da die Stadt Zentrum eines großen Gaeltacht-Gebietes ist - in den Anfangsjahren nur in der gälischen Sprache unterrichtet; sogar die naturwissenschaftlichen Fächer lehrten die Professoren in diesem Idiom. Hochschulstatus haben auch die medizinischen Fakultäten *Royal College of Surgeons* und *Royal College of Physicians,* beide in Dublin.

Irische Sportarten

Fußball

Nachdem sich die irische ***Fußballnationalmannschaft*** 1994 zum zweitenmal für die Weltmeisterschaft qualifizieren und wie auch schon 1990 große Achtungserfolge erringen konnte, wird *Soccer* immer beliebter auf der Grünen Insel. Allen Ernstes forderten vor der Fußball-WM das Bildungs- und Arbeitsministerium sowie natürlich die gewerkschaftliche Vertretung der Lehrer, die Arbeitszeiten nach den Spielplänen der WM-Kicker auszurichten. So kurios wie dies klingt, ist es gar nicht, denn während internationaler Begegnungen bricht in Dublin ohnehin der öffentliche Nahverkehr zusammen, weil auch die Busfahrer das Fußballspiel vor dem Fernseher verfolgen möchten.

Mit der neuerlichen *Soccer*-Begeisterung kommen leider auch die negativen Auswirkungen auf die Grüne Insel zu. Fehlgeleitete ***Fußballfans*** randalieren nun auch in Irland und liefern sich Straßenschlachten mit den Ordnungshütern. Eher ein Bonmot am Rande ist es da, daß die italienische Zeitung *La Republicca* herausgefunden haben will, woher sich der englische Begriff des gewalttätigen Fußballfans, *Houligan,* ableitet. Nämlich angeblich nach einer – für alles Schlechte in England müssen noch immer die Iren herhalten – berüchtigten Straßenbande namens *Hooley's Gang,* die gegen Ende des letzten Jahrhunderts das Londoner Armen- und Einwandererviertel East End unsicher machte ...

Hurling

Wenngleich also der Fußball auf dem Vormarsch ist, so stehen die Iren doch in erster Linie zu zwei ganz eigenen Sportarten, dem *Hurling* und dem *Gaelic Football.* Das *Hurling-Spiel* reicht bis in die ***mystische Vergangenheit*** der Kelten zurück. Schon der große Held *Cu Culainn (vgl.* Tour 6, Irlands Sagen) soll es nicht nur gespielt, sondern in jungen Jahren auch als Kampftechnik angewandt haben. Und in dem Liebesepos „Grainne und Diarmuid" wird erzählt, daß Grainne den magischen Liebesfleck an Darmuid sah, während dieser *Hurling* spielte – da war es um ihre Gefühle geschehen.

Im Jahre 1884 wurde die ***Gaelic Athletic Association*** (GAA) mit dem Ziel gegründet, die alten irischen Sportarten vor dem Vergessen zu retten, um damit natürlich auch die kulturelle Eigenständigkeit gegenüber den englischen Besatzern zu demonstrieren. Kein geringerer als *Charles Stewart Parnell (vgl.* Tour 2, Exkurs) übernahm die Schirmherrschaft über den Verband – ein Zeichen dafür, welch ein Politikum die GAA darstellte. Worum also geht es beim *Hurling* und beim *Gaelic Football?*

Hurling ist ein dem Rasenhockey verwandtes ***Mannschaftsspiel*** und soll angeblich der schnellste Ballsport überhaupt sein. Zwei Mannschaften mit jeweils 15 Spielern stehen sich gegenüber und versuchen, einen Ball (innen ein Korkkern, außen mit Leder überzogen, 4 cm Durchmesser) ins nicht bewachte gegnerische Tor zu treiben. Wichtigstes Hilfsmittel ist eine Art Hockeyschläger, *Camamans* oder auch *Hurley* genannt, ein etwa 1 m langer Schläger, der am unteren Ende eine abgerundete Vertiefung für den Ball aufweist. Mit dem *Hurley,* aber auch mit der Hand oder dem Fuß versuchen die Spieler nun, durch die Korkkugel Tore und damit Punkte zu erzielen. Ein Tor besteht aus zwei ca. 6 m hohen und 7 m auseinanderstehenden Pfosten, die in einer Höhe von 2,4 m eine Querlatte aufweisen. Fliegt der Ball über dieser Querlatte durch das Tor, so gibt es einen Punkt, bringt die Mannschaft aber die Korkkugel unter der Latte durchs Ziel, so hat sie drei Punkte auf ihrem Konto. Das verletzungsintensive Spiel hat zwei Halbzeiten zu jeweils 35 Minuten.

Auch Frauen sind dem *Hurling* zugetan, das - schwingen die Damen den Schläger - *Camogie* heißt, die gleichen Regeln aufweist, aber nur 25 Minuten pro Halbzeit dauert.

Gaelic Football

Auch beim gälischen Fußball *(Gaelic Football),* einer irischen Variante des englischen Rugby, stehen sich jeweils 15 Akteure auf einem Hurling-Spielfeld gegenüber und versuchen mit Händen und Füßen, den Ball ins gegnerische, nun allerdings bewachte Tor zu bringen. Die Punkte erreicht man auf die gleiche Weise wie beim *Hurling.*

Cricket-Spieler

Es ist verboten, den Ball mit den Händen vom Boden aufzunehmen, auch darf man ihn nicht länger als vier Schritte in den Händen halten, dann muß der Spieler ihn werfen, weiterkicken oder aber die Technik des *Toe-to-Hand* anwenden. Dabei wird der Ball - während des Laufes und unter den Attacken der Gegner - auf die eigene Fußspitze geworfen und von dort in die Hände zurückgekickt. Das komplizierte Regelwerk hat man erst im Jahre 1989 vereinheitlicht.

Jedes Jahr im September finden die *Hurling-* und die *Gaelic-Football-***Endausscheidungen** im Croke-Park-Stadion von Dublin statt; die Karten dafür sind freilich schon Monate vorher ausverkauft.

Medien

Printmedien

Selbstverständlich garantieren die irischen Gesetze eine Presse- und Meinungsfreiheit. Zu bemängeln ist allerdings, daß es auf der Grünen Insel kein Geheimhaltungsrecht für Journalisten gibt.

In Irland erscheinen acht große ***Tageszeitungen*** mit nationaler Verbreitung, sechs Blätter kommen aus Dublin, zwei aus Cork, siehe Kasten (in Klammern: Gründungsjahr, Erscheinungsort und Auflagenhöhe).

Zusätzlich zu diesen national verbreiteten Tageszeitungen kommen noch einmal 44 lokale ***Tages- und***

Irische Tageszeitungen

- *Irish Independent* (1905, Dublin, 144.000) ,
- *Evening Herald* (1891, Dublin, 94.000),
- *The Irish Times* (1859, Dublin, 93.000),
- *The Star* (Dublin, 71.000)
- *Evening Press* (1954, Dublin, 56.000)
- *Cork Examiner* (1841 , Cork, 52.000),
- *Irish Press* (1931 , Dublin, 38.000),
- *Cork Evening Echo* (1892, Cork, 25.000).

Wochenblätter in den Handel, von denen der 1766 gegründete *Limerick Chronicle* die älteste Zeitung auf der Insel ist.

Von den erwähnten landesweit vertriebenen Zeitungen ist der **Independent** mit Abstand das konservativste Blatt und gilt als Sprachrohr des rechten Flügels der konservativen *Fine Gael* Partei .

Die Meinung der eher sozialdemokratischen *Fianna Fail* Partei gibt zuverlässig die **Irish Press** wieder, die sich zudem der republikanischen Sache ganz besonders verpflichtet fühlt.

Bestes Blatt auf der Grünen Insel ist ganz eindeutig die **Irish Times,** die es aufgrund ihrer liberalen Haltung auch wagt, heiße Eisen anzufassen und gesellschaftliche Tabus kontrovers zu diskutieren. Für die *Times* arbeiten Irlands beste Journalisten. Dem Besucher sei dieses Blatt zum täglichen Studium wärmstens empfohlen, will er etwas über die aktuelle politische, soziale und gesellschaftliche Lage Irlands erfahren.

Wie in Großbritannien auch, konkurriert am Wochenende eine große Anzahl von **Sonntagsblättern** um die Publikumsgunst, und ebenso wie in Großbritannien sind sie zumeist inhaltlich recht schlecht. Noch weit unter Bildzeitungsniveau rangiert die *Sunday World;* nicht verwunderlich ist es da, daß dieses Revolverblatt Sonntag für Sonntag die höchste Auflage in den Markt preßt, nämlich 270.000 Exemplare. Die *Sunday Independent* (Auflage 253.000) gehört zur Verlagsgruppe der Tageszeitung *Independent,* die *Sunday Press* (Auflage 158.000) kommt unter der Redaktionsmeinung der *Irish Press* zu den Lesern. Bestes Sonntagsblatt ist die *Sunday Tribune* (Auflage 81.000), die wie auch die *Irish Times* kontroverse Themen ausführlich kommentiert; in jüngster Zeit jedoch mußte sich die *Tribune* ein wenig mehr an die Erfordernisse des Marktes anpassen.

Unerfreulich ist der Vorstoß der **britischen Massenblätter** auf dem irischen Zeitungsmarkt. Von allen Tageszeitungen hat der englische *Star* die höchste Auflage, die *Sun, Daily Mail* und *Daily Mirror* stehen kaum nach und versorgen die Leser mit Ekelnachrichten. Hinzu kommt, daß diese der *Gutter Press* (Gossenpresse) zugehörigen Druckerzeugnisse weitaus billiger sind als z. B. die *Irish Times,* für die man einen Preis von 70 Pence zahlen muß.

Auch bei den ***Magazinen*** dominiert in Irland der englische Einfluß, vor allem die Frauenzeitschriften sind äußerst miserabel und kreisen um die Themenbereiche Kochen und Kinder. Keineswegs wird hier das staatlich verordnete Verbot der Abtreibung diskutiert, die Blätter stehen betont zum Status Quo.

Ein „Muß" für jeden Dublin-Besucher ist das 14tägig erscheinende ***Stadtmagazin*** *In Dublin,* das ausführliche Veranstaltungshinweise gibt.

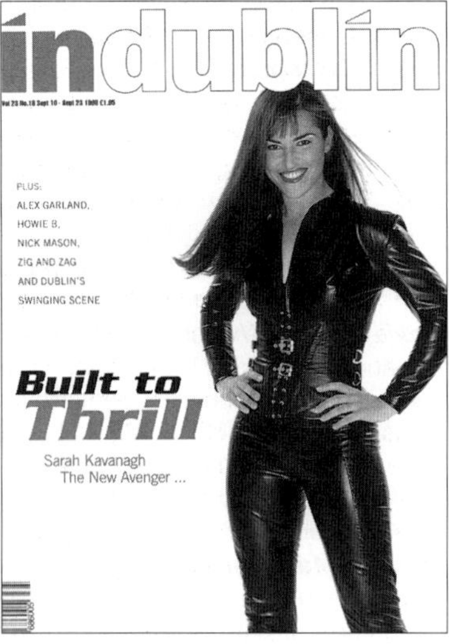

Radio und Fernsehen

Die staatliche Rundfunk- und Fernsehgesellschaft ***Radio Telefis Eireann*** (RTE) unterliegt nach dem *Broadcasting Authority Act* aus dem Jahre 1960 recht stark der Kontrolle von Parlament und Regierung, doch gehören die unerfreulichen Zensurmaßnahmen der 50er Jahre glücklicherweise der Vergangenheit an. RTE ist eine öffentliche Körperschaft und finanziert sich durch Gebühren sowie durch Einnahmen aus Werbung.

Trotzdem ist der Etat des Senders chronisch defizitär, und so flimmern kaum Eigenproduktionen über die Mattscheibe. Stattdessen muß der Fernsehzuschauer mit englischen und vor allem amerikanischen *Soap Operas* vorliebnehmen, die weitreichenden Einfluß auf die irische Gesellschaft genommen haben. Glaubt man den Soziologen der Grünen Insel, so ist der in den letzten Jahren ausufernde sogenannte *Bungalow Blitz,* die Zersiedelung der Landschaft durch amerikanisch inspirierte Flachbauten, eine Reaktion auf die amerikanischen Serien.

Sehr gut dagegen ist die Hauptausgabe der Nachrichten von RTE, die leider, wie die Serien und Spielfilme, von Werbespots unterbrochen wird. Selbstverständlich lassen sich auch sämtliche ***britischen Fernsehsender*** auf der Grünen Insel empfangen.

Gut und kurzweilig sind auch die ***Radioprogramme*** von RTE Radio 1. 90% der insgesamt 19stündigen Sendezeit nimmt bei RTE Radio 2 die aktuelle Popmusik der Charts ein. Daneben tummelt sich eine Vielzahl von kleineren und größeren privaten Stationen. *Raidio na Gaeltacht* produziert gälischsprachige Radiosendungen für die Gaeltacht-Gebiete.

Staat und Verwaltung

Irland ist seit dem Jahr 1921 ein von Großbritannien unabhängiger Staat, seit 1949 Republik (gäl.: *Poblacht Na hEireann)* und entsprechend der Verfassung von 1937 eine parlamentarische Demokratie.

Staatsoberhaupt ist der ***Präsident*** *(Uachtaran na hEireann),* der für sieben Jahre und maximal zwei Amtsperioden direkt vom Volk gewählt wird. In der Vergangenheit ist dies jedoch erst viermal vorgekommen; in Einklang mit der Verfassung hat man in den anderen Fällen auf die Volksmeinung verzichtet, da nur ein Kandidat nominiert war. Große politische Machtbefugnisse hat der irische Präsident ohnehin nicht. Wie in Deutschland auch, wird für dieses Amt in der Regel ein verdienter Parteifunktionär aufgestellt, der nach seiner Wahl hauptsächlich repräsentative Aufgaben ausübt.

Sensationell gestalteten sich die Präsidentschaftswahlen von 1990. Zum ersten Mal in der Geschichte Irlands gewann eine Frau, zudem noch eine parteilose Politikerin, das höchste Amt im Staate. Obwohl die katholische Kirche vehement Front gegen die liberale Kandidatin machte, gewann *Mary Robinson* wohl mit den Stimmen der Frauen und mit denen der gesellschaftlichen Minderheiten überraschend die Wahl.

Das ***Parlament*** *(Oireachtas)* setzt sich aus dem Abgeordnetenhaus und dem Senat zusammen. Im Abgeordnetenhaus *(Dail Eireann)* sitzen 166 auf fünf Jahre gewählte Parlamentarier *(Teachtai Dala,* Kurzform: TD).

Im Senat *(Seanad Eireann)* kommen 60 Senatoren zu Wort; elf davon ernennt der Regierungschef (so daß zumeist sichergestellt ist, daß die Regierung auch im Senat über eine Mehrheit verfügt), sechs Senatoren schicken die Universitäten, und 43 Mitglieder der Kammer werden nach berufsspezifischen Kandidatenlisten gewählt. Für maximal 90 Tage kann der Senat Gesetzesvorhaben der Regierung blockieren, faktisch also liegt die Macht im Staate beim Abgeordnetenhaus und der Regierung.

Der ***Premierminister*** *(Taoiserach)* ernennt die Minister seines Kabinetts und verfügt über eine äußerst starke politische Autorität. Lediglich die Verfassung beschränkt die Machtbefugnis dieser Exekutive. Opposition und Parlament haben keinen sonderlich starken Status innerhalb der politischen Alltagsarbeit, parlamentarische Ausschüsse existieren nicht, und für die Annahme einer Gesetzesvorlage genügt die einfache Stimmenmehrheit (Abstimmungsniederlagen der Regierung sind somit außerordentlich selten). Die irische Regierungsform folgt also fast ganz der politischen Struktur des einstigen Unterdrückers Großbritannien.

Schon im 17. Jh. verabschiedeten die Briten das ***gälische Brehonenrecht*** („Recht der Richter"), in dem die Gesetze durch die ländlich geprägte Sippenstruktur, die überlieferten keltischen Vorstellungen sowie nach einem mündlich tradierten Gewohnheitsrecht eingesetzt wurden, und führten ihren eigenen Rechtsko-

Der Osteraufstand von 1916

Das herausragende Ereignis der jüngeren irischen Geschichte ist ganz zweifellos der Osteraufstand von 1916, der bis zum heutigen Tag ein einigendes Element der irischen Gesellschaft ist.

Initiiert wurde die Rebellion für eine unabhängige irische Republik von einer kleinen Gruppe innerhalb der *Irish Volunteers,* die Unterstützung vom sozialistischen Führer der *Irish Citizen Army, James Conolly,* bekamen. Zur ***Führungsgruppe*** gehörten *Patrick Pearse, Thomas MacDonagh, Joseph Plunkett* und *Tom Clarke.* Sie alle hatten jedoch keine militärische Ausbildung, sondern waren Lehrer oder wie *Pearse* Dichter.

Vom ersten Tag an stand die gesamte ***Planung*** unter keinem guten Stern. Die Verschwörer - es war mitten im ersten Weltkrieg - wurden von Deutschland unterstützt; die Briten hatten jedoch den Funkcode des Gegners geknackt und wußten aus aufgefangenen Meldungen, daß in Irland große Ereignisse ihre Schatten vorauswarfen. Als die englische Marine dann vor der Küste von Kerry einen Frachter aufbrachte, der bei Nacht und Nebel 20.000 deutsche Gewehre und die entsprechende Munition löschte, glaubte die britische Führung allerdings nicht mehr, daß Gefahr im Verzuge sei. Da die außerhalb von Dublin stationierten Truppen nun nicht mit Waffen versorgt werden konnten, war der eigentliche militärische Führer der *Irish Volunteers, Eoinn MacNeill,* gegen einen Aufstand und mußte von den Verschwörern um *Pearse* festgesetzt werden. Schwere Bedenken äußerte auch ein weiteres Führungsmitglied, *Michael O'Rahilly,* der dann aber die Haltung einnahm: „Ich habe mitgeholfen, die Uhr aufzuziehen, jetzt will ich sie auch schlagen hören!" (*William Butler Yeats* hat ihm Jahre später diese Worte in den Mund gelegt).

Am Ostermontag, dem ***Tag des Aufstandes,*** zogen aus allen Himmelsrichtungen irische Truppen nach Dublin ein; eine Gruppe von rund 50 Aktivisten kaperte eine Straßenbahn, und einer hielt dem Fahrer eine Pistole an den Kopf, damit er sie auf schnellstem Weg in die Innenstadt brachte. Der Anführer des Trupps zahlte inzwischen den korrekten Fahrpreis für seine Männer beim Schaffner. Während die Iren in der ganzen Stadt Schlüsselstellungen besetzten, verlas *Patrick Pearse vor* dem Hauptpostamt von Dublin die ***Unabhängigkeitsproklamation.***

Die Briten brachten am nächsten Tag Truppen auf die Insel, die nach Dublin vorrückten und in den folgenden Tagen die Stadt zurückeroberten. Am Freitag beschossen sie das Postamt, *Michael O' Rahilly* unternahm mit einigen Männern einen Ausfall und wurde dabei getötet. Danach gab *Patrick Pearse* auf. 300 Zivilisten, 60 Aufständische und 130 englische Soldaten waren ums Leben gekommen.

Der Osteraufstand hätte bis heute nicht so ein Echo in der Öffentlichkeit gefunden, wenn die ***Reaktion der Briten*** nicht dermaßen brutal gewesen wäre. Drei Tage nach dem Ende der Revolte wurden *Patrick Pearse, Tom Clarke* und *Thomas MacDonagh* im Hof des Gefängnisses *Kilmainham* erschossen. Einige Wochen später starben *Willie Pearse,* der Bruder von Patrick, der nichts mit dem Aufstand zu tun hatte, *Joseph Plunkett* und zwei weitere prominente Anführer der Rebellion unter den Kugeln des Erschießungskommandos. *Plunkett* hatte wenige Stunden zuvor in der Gefängniskapelle seine Jugendliebe geheiratet, ein privates Abschiednehmen von 10 Minuten war beiden nicht gestattet worden.

Diese ***Hinrichtungen*** reichten den Briten noch nicht; in den folgenden Tagen kamen weitere 70 Männer - viele davon, die wie *WilIie* Pearse unschuldig waren - vor die Erschießungskommandos im Hof des Dubliner Gefängnisses. Als letzter starb dort am 12. Mai 1916 *James Conolly;* er war während der Kämpfe schwer verwundet worden, konnte nicht stehen und wurde in einem Stuhl erschossen.

Solch rabiater ***Haß einer Staatsgewalt*** gegen eine kleine Gruppe von Idealisten schuf in der irischen Bevölkerung die Grundlage für die Unabhängigkeit von 1921.

dex in Irland ein. Auch heute noch folgt das ***Rechtswesen*** auf der Grünen Insel fast ganz dem britischen Vorbild. Nach einem ausgeklügelten Berufungssystem gehen die Straf- und Zivilprozeßfälle vom *District Court* weiter zum *Circuit Court,* zum *High Court* in Dublin und landen schließlich beim Obersten Gericht, dem Su*preme Court.* Sieht man einmal von unbedeutenden Zivilrechtsfällen ab, so setzt sich das Gericht aus dem Richter und zwölf Geschworenen zusammen.

Wie sehr der Einfluß der katholischen Kirche in das politische Leben der Iren eingreift, verdeutlicht das in der ***Verfassung*** festgeschriebene Verbot der Abtreibung. Ebenfalls festgeschrieben ist eine Wiedervereinigungsklausel, die die sechs Grafschaften von Ulster (Nordirland) als zum republikanischen Territorium gehörig erklärt.

Politisch gliedert sich Irland in vier historische ***Provinzen:*** Leinster, Munster, Ulster und Connaught. Nachdem im Jahre 1921 der Freistaat Irland gegründet wurde, verblieb der größte Teil der Provinz Ulster beim einstigen „Mutterland" Großbritannien. Die vier Provinzen gliedern sich wiederum in *Counties* (Grafschaften); 26 Counties gehören zur Republik Irland, sechs zu Nordirland; diese zuletzt genannten sechs Grafschaften wurden 1973 durch 26 Distrikte ersetzt.

Irlands Nationalflagge ist grün, weiß, orange (von links nach rechts) gestreift, das nationale Symbol ist die Harfe; daneben sieht man häufig das dreiblättrige Kleeblatt, das an den *hl. Patrick* und seine Dreifaltigkeitsdeutung erinnert. Aus der Zeit der Unabhängigkeitsbewegung (1907) datiert die Nationalhymne, die folgerichtig in ihrem Text sehr kämpferisch daherkommt: „Soldaten sind wir, mit unserem Leben treten wir für Irland ein."

Heutzutage besitzt Irland jedoch nur eine kleine ***Freiwilligenarmee*** von rund 30.000 Mann. Der Verteidigungshaushalt beträgt - erfreulich zu erfahren - gerade einmal 5% des gesamten Etats, und in der NATO ist die Republik auch nicht - wenngleich konservative irische Strategen eine Aufstockung der Streitkräfte und eine Mitgliedschaft im nordatlantischen Verteidigungsbündnis fordern. Von viel größerer Bedeutung sind die Armeekontingente, die Irland für die UN-Friedenstruppen ins Ausland entsendet. Für die innere Sicherheit sorgt eine rund 100.000 Mann starke ***Polizeitruppe*** *(Garda Siochana).*

Fast 19% der Gesamtbevölkerung sind in einer der rund 80 ***Einzelgewerkschaften*** organisiert; im Jahre 1990 haben sich die beiden größten Arbeitnehmerverbände zusammengeschlossen und vertreten nun ein Drittel aller irischen Arbeiter und Angestellten. Das aufgrund der jahrhundertelangen Unterdrückung durch die Briten stark ausgewiesene Geschichtsbewußtsein in der Bevölkerung findet seinen Ausdruck in dem griffigen Slogan „Erst Ire, dann Arbeiter".

In der irischen Parteienlandschaft dominiert seit 1950 unverändert ein starkes ***Dreiparteiensystem,*** wovon zwei Parteien in der Regel über 70% der Wählerstimmen auf sich vereinigen. Die *Fine Gael* (Familie der Gälen), 1933 aus der zehn Jahre zuvor entstandenen *Treaty Party* hervor-

A President with a purpose – Mary Robinson, die erste Präsidentin Irlands

Mary Robinson wurde im Mai 1944 in Ballina geboren und wuchs mit vier Brüdern auf. Ihr Vater, der Arzt Aubrey Burke, sorgte für eine fundierte Erziehung und schickte seine Tochter auf gute Privatschulen. In Dublin nahm sie am Trinity College ihr Studium auf, wechselte für einige Zeit an die amerikanische Elitehochschule Harvard und wurde mit nur 25 Jahren ***jüngste Rechtsprofessorin*** des Trinity College. Wenig später erlangte sie einen Sitz ***im Senat,*** in der zweiten Kammer des irischen Parlaments. Erst agierte sie dort als parteiunabhängige Senatorin, dann als Mitglied der irischen Labour Party, die sie jedoch im Jahre 1985 aus Protest gegen ein anglo-irisches Abkommen verließ.

Mary Robinson engagierte sich ab nun in verschiedenen Organisationen und machte sich einen Namen als ***Verfassungs- und Menschenrechtsexpertin.*** Sie wurde auf Vorschlag Mitglied der Internationalen Juristenkommission, einer Vereinigung von Menschenrechtsfachleuten, und setzte sich dort vor allem für Frauenfragen und Probleme von Minderheiten ein.

Über den Europäischen Gerichtshof sorgte sie für die Auflösung von einigen rigiden irischen Gesetzen. Der irischen Frau sicherte sie mit diesen Maßnahmen eine Gleichbehandlung bei der Sozialhilfe zu. Sie kämpfte für die Einführung von Verhütungsmitteln, für die Möglichkeit der Abtreibung, gegen das bis vor kurzem in der irischen Verfassung festgeschriebene Verbot der Ehescheidung sowie für eine Anerkennung der Homosexuellen.

Mit der Devise *A President with a purpose* (eine ***Präsidentin*** mit einem Anliegen) zog sie 1990 in den Wahlkampf und gewann – trotz vielfältiger Anfeindungen durch die katholische Kirche – überraschend das Amt. *„We have passed the threshold of a new pluralist Ireland".* („Wir haben die Türschwelle zu einem neuen pluralistischen Irland überschritten"), postulierte sie in ihrer Antrittsrede am 3. Dezember 1990. In ihrer Amtszeit hat sie sich mit einer minderheitenorientierten Politik und sozialem Engagement das Vertrauen weiter Teile der Bevölkerung erarbeitet. 1997 wechselte Mary Robinson als Hochkommissarin für Menschenrechte zu den Vereinten Nationen.

gegangen, befürwortete die Teilung der Insel. Vehement dagegen lehnt sich die *Fianna Fail* (Soldaten des Schicksals) auf, die 1926 von dem überlebenden Führer des Osteraufstandes von 1916, *Eamon de Valera,* gegründet wurde. Über viele Jahre und auch heutzutage war und ist die *Fianna Fail* die beherrschende Partei auf der Grünen Insel.

Weniger Wählerstimmen kann die *Labour Party* auf sich vereinigen, die es aufgrund der Einflüsse der katholischen Kirche, des damit verbundenen Konservatismus und der agrarischen Struktur des Landes besonders schwer hat. Die irische Arbeiterpartei spielt eine der FDP. vergleichbare Rolle. Dreimal gelang es ihr, zusammen mit der *Fine Gael* eine Regierungskoalition zu bilden und die beherrschende politische Macht der *Fianna Fail* wenigstens ansatzweise zu brechen.

Wirtschaft

Wirtschaftspolitik

Nachdem Irland im Jahre 1921 die Unabhängigkeit von Großbritannien erreicht hatte, war zwar die politische Souveränität erkämpft, doch in wirtschaftlicher Hinsicht blieb die Grüne Insel weiter ein ***Kolonialland.*** Das weitaus meiste Kapital lag in den Händen weniger Anglo-Iren, die Iren selbst verfügten kaum über die finanziellen Mittel zum Aufbau einer unabhängigen Industrie.

Als 1932 die *Fianna-Fail-Partei* des charismatischen *Eamon de Valera* an die Regierung kam, postulierte sie die ***Politik der wirtschaftlichen Selbstversorgung*** und schützte die kleine produzierende Industrie durch hohe Zölle. Mit klaren Worten umriß *de Valera* seine ökonomischen Zukunftsvisionen: „... daß so viele Familien wie möglich auf dem Lande leben können, so daß die Lebensmittel, die wir essen, die Kleidung, die wir tragen, die Häuser, in denen wir leben, und die Artikel des täglichen Gebrauchs im Leben unseres Volkes alle so weit, wie vernünftigerweise möglich mit irischer Arbeitskraft und aus irischen Materialien hergestellt werden. Ein vereinigtes Irland, ein freies Irland, das sich selbst versorgt und auf sich selbst vertraut."

Valeras Regierung weigerte sich auch, die im Vertrag von 1921 ausgehandelten *Land Annuities,* das Pachtgeld der irischen Grundbesitzer, an die britische Regierung, abzuführen. Die Engländer reagierten prompt und belegten irische Importe mit einer 40%igen Einfuhrsteuer, so daß der Handel mit der einstigen Besatzermacht praktisch zum Erliegen kam. Dieser *Wirtschaftskrieg* wurde einige Jahre später durch eine Übereinkunft ein wenig abgemildert; Irland konnte seine Quoten für nach Großbritannien importierte Rinder unter der Voraussetzung erhöhen, daß die irische Regierung ihren gesamten Kohlebedarf durch Käufe in England decken würde. Im Jahre 1938 dann räumte Großbritannien sämtliche Militärstützpunkte auf der Grünen Insel und beendete auch den Wirtschaftsbann.

Bis nach dem Zweiten Weltkrieg förderte die irische Regierung mit aller Macht die industrielle Entwicklung durch ***die Einrichtung halbstaatlicher Organisationen*** wie beispielsweise der *Agricultural Credit Corporation* oder des *Electricity Supply Board.* 1949 verließ Irland dann auch den *Commonwealth,* was weitere ökonomische Freiheiten mit sich brachte.

All diese Anstrengungen führten zwar zu einer schrittweisen Verbesserung, von realem wirtschaftlichen Wachstum und einer Anhebung des Lebensstandards konnte jedoch immer noch nicht die Rede sein. Zu Tausenden emigrierten die jungen Iren ins Ausland; 1961 zeigten die Bevölkerungzahlen einen absoluten Tiefststand von nur 2,8 Mio. Einwohnern.

Ein ***neues Wirtschaftskonzept*** mußte her, wollte der Staat nicht innerhalb kürzester Zeit von innen her ausbluten. Die von *Eamon de Valera* forcierte Selbstversorgung wurde aufgegeben, und die Grüne Insel öffnete sich den Weltmärkten. Parallel dazu lief ein Industrieansiedlungsprogramm mit starken Steuervorteilen an und lockte ausländische Kapitalgeber ins Land.

Die 60er Jahre bescherten den Iren ein ***Wirtschaftswunder*** und damit auch endlich einen höheren Lebensstandard. 500 neue Industriebetriebe, davon allein 350 ausländische, hatten sich erfolgreich etabliert, Jahr für Jahr stieg die industrielle Produktion um rund 7% an, und das verarbeitende Gewerbe beschäftigte die zuvor nie erreichte Zahl von über 213.000 Menschen.

Auch der Export hatte sich verfünffacht, Großbritannien blieb nicht mehr das einzige Empfängerland irischer Waren; die kontinentaleuropäischen Staaten sowie auch die USA und Kanada kamen hinzu, und Irland war nur zu sehr bereit, in die noch junge ***EWG*** einzutreten. In einem Referendum sprachen sich 83% der Bevölkerung für einen Beitritt aus, und im Jahre 1973 wurde Irland (im gleichen Jahr übrigens auch Großbritannien) Mitglied im gemeinsamen europäischen Markt.

Wie nicht anders zu erwarten, ***boomte die Wirtschaft*** noch einmal: Das Bruttosozialprodukt stieg Jahr für Jahr um 4%, die industrielle Produktion gar um 40%, die Beschäftigungszahlen erreichten in der Industrie einen Spitzenwert von über 270.000, und im Dienstleistungssektor fanden über 600.000 Menschen Arbeit. Auch in der Landwirtschaft stiegen die Erträge dank verbesserter Anbaumethoden und zunehmender Mechanisierung. Die Emigration wurde gestoppt, und vorsichtig kamen die ersten Rückwanderer in die Heimat. Die Bevölkerung stieg wieder an, und die Überalterung der irischen Gesellschaft nahm ab – 43% der Bevölkerung sind heute unter 25 Jahren jung.

Bekanntlich entwickelt sich jedoch die Wirtschaft in zyklischen Wechseln von ***Rezession*** und Aufschwung, und in den 80er Jahren war es erst einmal aus mit den fortschreitenden Wachstumszahlen. Irland erreichte die höchste Inflationsrate in Europa (20%), und auch die Arbeitslosigkeit nahm wieder zu und damit auch die Bereitschaft der jungen Iren zur Emigration.

Die Wirtschaftskrise war vor allem dadurch entstanden, daß die Staatseinnahmen in keinem Verhältnis zu den wachsenden Ausgaben standen; dieses Defizit wurde von der Regierung über Jahre mit Krediten gestopft.

Mitte der 80er Jahre verlor die *Fianna-Fail-Partei* ihre Führungsrolle, und die neue Regierung leitete das Ende der sogenannten ***Guinness-Ökonomie*** ein, unter der man folgendes zu verstehen hat: Der weitaus größte Teil der staatlichen Ausgaben floß dabei in die Sozialfürsorge und die Arbeitslosenunterstützung. Diese an die Bedürftigen ausgezahlten Gelder wurden wiederum zum größten Teil in Guinness angelegt, so daß ein großer Teil der Sozialfürsorge in Form der Alkoholsteuer in den Staatssäckel zurückfloß.

Seit Mitte der neunziger Jahre erlebt Irland ein Wirtschaftswachstum sondergleichen. Pro Jahr wuchs die Inselökonomie um 6 bis 8 %; einmalige Zahlen in Westeuropa. Die Iren konnten mittlerweile ihren Lebensstandard auf das nordeuropäische Niveau anheben. Für den Beginn des neuen Jahrtausend nimmt die Bank of Ireland allerdings an, daß sich das Wachstum auf 5 % abschwächen könnte. Allerdings soll diese Rate über mehrere Jahre stabil bleiben und würde damit mehr als doppelt so hoch liegen wie die auf dem Kontinent. Aufgrund dieser ökonomischen Prosperität ist auch die Arbeitslosenquote auf einen der niedrigsten Stände in der jüngeren irischen Geschichte gesunken. Während Anfang der neunziger Jahre noch über 20 % der Iren erwerbslos waren, sind es heute nur noch 9,1 %.

Bodenschätze

Irland ist arm an Bodenschätzen. In relativ geringen Mengen werden Erz, Blei, Zink und Silber sowie Kupfer, Quecksilber und Pyrit abgebaut; ein kleines Erdgasvorkommen im Süden bei Kinsale trägt einen Teil der Energieversorgung; auch Erdöllagerstätten sind mittlerweile vor der Küste entdeckt worden.

Industrie

Die Industrie trägt mit 38% zum Bruttosozialprodukt bei und konnte in den letzten Jahrzehnten große Produktivitätssteigerungen erzielen.

Viele ***ausländische Investoren*** ließen sich in Irland nieder, das immer wieder mit seinen Standortvorteilen - gelegen zwischen Europa und Nordamerika - warb. Deutsche Unternehmen in Irland liegen mit 150 Betrieben nach den USA und Großbritannien an dritter Stelle der ausländischen Investoren. So verwundert es nicht, daß die Industrie auf Kapitalimport basiert und dabei stark ***exportorientiert*** ist; 1995 wurden Waren in einem Wert von 23 Mrd. Pfund ausgeführt.

Hauptproduktionszweige sind die Nahrungs- und Genußmittelindustrie, Metallverarbeitung und Maschinenbau, die chemische sowie die elektronische Industrie. Die weitaus meisten Produktionsanlagen reihen sich vor allem rund um die Metropole Dublin, aber auch Cork sowie die Areale rund um den Shannon-Flughafen (bei Limerick) gehören zu den ***expandierenden Standorten.*** Zunehmende Probleme bereitet der irischen Ökonomie die ***Kapitalabwanderung*** der einstigen Investoren in renditeträchtigere Länder.

Das nationale ***Elektrizitätsunternehmen*** versucht zuallererst einmal, die heimischen Torfvorkommen auszubeuten und für die Stromgewinnung in Torfkraftwerken zu nutzen (vgl. Kap. Flora). Auf der Basis von Torf und kleineren Erdgaslagerstätten (die aber um das Jahr 2000 ausgebeutet sein dürften) deckt Irland 38% seines Energiebedarfs. Importierte Kohle und auf den Weltmärkten teuer erkauftes Erdöl vervollständigen die Energieversorgung des Landes.

Glücklicherweise gibt es ***kein*** einziges ***Atomkraftwerk*** in Irland; die Gründe dafür liegen jedoch nicht in einer besonders ausgeprägten Form des Umweltschutzes, sondern gehen auf die chronisch defizitäre Staatskasse zurück. Erfolgversprechend verliefen erste Tests zur Nutzung der ***Windenergie.*** Vor einigen Jahren hat man vor den Küsten Irlands ***Erdöllager*** entdeckt. Mangels staatlicher Finanzkraft werden sie jedoch noch nicht ausgebeutet.

Landwirtschaft

Obwohl Irland heutzutage beileibe kein Agrarland mehr ist, hat die Landwirtschaft doch noch immer großen Anteil am Bruttosozialprodukt, zu dem die irischen Bauern mit fast 9 % beitragen. 80 % der Staatsflächen werden agrarisch genutzt, und die ***Intensivierung*** der Landwirtschaft schreitet stetig fort, wie die rapide steigenden Düngemittelzahlen beweisen.

Dennoch ist Irland noch weit von einer hochindustrialisierten Agrarproduktion, wie sie beispielsweise in Holland oder auch in der Bundesrepublik zu beobachten ist, entfernt. Dazu tragen auch die im ***Verhältnis***

Auf Schafe trifft man in Irland überall

kleinen Betriebsgrößen bei: 60% aller Farmer beackern nur zwischen 10 und 50 ha große Flächen; auf dem Kontinent gelten 30 bis 80 ha erst als gewinnbringend.

Im Westen der Insel floriert die ***Rinderzucht,*** wobei die auf den kargen Böden aufgewachsenen Kälber ihre Endmast auf den satten Weiden im Osten bekommen. Im Süden dominiert die ***Milchviehhaltung*** und die damit verbundene Molkereiwirtschaft. Angebaut werden hauptsächlich Kartoffeln, Zuckerrüben, Futter- und Braugerste; von dieser Braugerste nimmt die Guinness-Brauerei jährlich den weitaus größten Teil ab. Weit über die Hälfte der landwirtschaftlichen Produktion geht in bereits verarbeiteter Form in den ***Export.***

Irlands Landwirtschaft sind vor allem die Zahlungen der ***EU-Bürokratie*** zugute gekommen. Viele Bauern bewirtschaften heute ihren eigenen Grund und Boden, die weitaus meisten haben sich in teils recht großen ***Genossenschaften*** zusammengeschlossen, so z. B. in der über 6000 Mitglieder zählenden *Golden-Vale-Kooperative.*

Fischerei

Noch immer rückständig ist die Fischerei. Dies mag vor allem mit der traditionellen ***Abneigung der Iren*** zu tun haben, die Fisch seit den Tagen der Großen Hungersnot als ein Arme-Leute-Essen betrachten. Bis zum Ende des Zweiten Weltkriegs übten fast nur die Kleinbauern eine ***periodische Fischerei*** aus, die jeweils von November bis April dauerte. In dieser Zeit konnten die Felder nicht bestellt werden.

Erst durch die Gründung eines Fischereiamtes *(Bord Iascaigh Mhara),* durch den damit verbundenen Ausbau der Fischerhäfen und durch die Förderung moderner Fangmethoden ist in den letzten Jahren eine ***Steigerung der Fangergebnisse*** erzielt worden. Leider „wildern“ vor allem spanische Trawler in den irischen Hoheitsgewässern, überfischen mit ihren hochmodernen Fabrikschiffen die Bestände und müssen immer wieder von der kleinen irischen Marine abgedrängt werden.

Gefangen werden vor allem Heringe und Makrelen, weiterhin Kabeljau, Schellfisch und Scholle. Fast vollständig in den Export gehen Leckerbissen wie Seezunge, Seeteufel, Hummer, Garnelen und Austern.
Da der Atlantik vor der irischen Westküste als noch weitgehend ökologisch intakt eingestuft wird, haben die irischen Meeresfrüchte weithin einen guten Ruf.

Von der kleinen ***Binnenfischerei,*** die ohnehin von den Sportanglern dominiert wird, kommen Lachs, Forellen und Aal in die Angebotspaletten der Restaurants und Geschäfte.

Dienstleistungssektor

Die weitaus meisten Iren - fast 60% - finden Arbeit und Lohn im Dienstleistungssektor. Der Staat ist natürlich der größte Arbeitgeber; 60.000 Menschen schaffen in der öffentlichen Verwaltung, weitere 65.000 Beschäftigte zählen die staatlichen und halbstaatlichen Unternehmen.

Tourismus

Ein ganz wesentlicher ***Devisenbringer*** für die Grüne Insel ist der Tourismus. Stetig wird auch die ***touristische Infrastruktur*** ausgebaut, vor allem in den strukturschwachen Gaeltacht-Gebieten ist der Tourismus oftmals die einzige Hoffnung für die armen Bewohner.

1995 besuchten insgesamt ***4,2 Mio. Touristen*** die Republik Irland, hinzu kamen noch einmal 590.000 aus Nordirland. Von den 2,3 Mrd. Pfund, derzeit etwa 6 Mrd. DM, die sie alle zusammen ausgaben, trugen die Besucher mit 6,4 % zum Bruttosozialprodukt bei, und 1 Mrd. Mark kassierte der arme irische Staat an Steuereinnahmen.

Somit war das Jahr 1995 das erfolgreichste in der Tourismus-Geschichte der Grünen Insel. Wenngleich die US-Amerikaner irischer Herkunft noch immer das größte Kontingent stellen, so kamen 1995 aber erstmals mehr als 1 Mio. Menschen aus Europa in das Land des Regenbogens, und hier stellten die Deutschen mit 319.000 Besuchern die größte Gruppe. Die ***irlandversessenen Bundesbürger*** gaben im Schnitt pro Person 383,70 Pfund aus, was rund 1000 DM sind, und waren damit spendierfreudiger als andere europäische Besucher.

Bord Failte, die irische Fremdenverkehrsbehörde, schrieb über die Bedeutung des deutschen Marktes: „Unser größter Markt auf dem Festland (also die Bundesrepublik) gehört auch zu den am schnellsten wachsenden. Nur Nordamerikaner geben im Durchschnitt mehr Geld in ihrem Irland-Urlaub aus. Fast 30 % aller Besucher und 35 % der reinen Urlauber vom europäischen Festland kommen aus Deutschland. Die letzteren sind weitgehend jung und aktiv; zwei Drittel von ihnen sind zwischen 19 und 44 Jahre alt, fast die Hälfte sind jünger als 35 Jahre. Damit bieten sie Entwicklungsmöglichkeiten für einen Wiederkehrer-Markt." Diese Hoffnung der Iren hat sich erfüllt, denn zwischen 1990 und 1995 stieg die Zahl derjenigen, die ein zweites Mal nach Irland reisten von 30 % auf 40 % an.

Mehr als die Hälfte aller Deutschen kommt zwischen Juni und August auf die Grüne Insel. Der Süden und der Südwesten, also die ***Regionen Cork und Kerry,*** sind die beliebtesten Ziele, dicht gefolgt von Dublin. Selbstverständlich erweisen sich die Deutschen auch in Irland zum einen an Kultur interessiert, zum anderen – als die stärksten Alkoholtrinker Europas – an den Pubs. 29 % aller trinkfesten Bundesbürger stürmte allabendlich in die *Popular Music Pubs,* 70 % stürzten ihr Lager oder Guinness in einem *Traditional Music Pub* durch ihre Kehlen.

Religion

Geschichte

In der Mitte des 5. Jh. kam der *hl. Patrick* auf die Grüne Insel und bekehrte die keltischen Iren zum neuen Glauben. Seiner ***Missionierung*** war großer Erfolg beschieden, innerhalb weniger Jahre betete fast die gesamte Bevölkerung zu Jesus Christus. Es war keine Seltenheit, wenn ein gesamter Clan Gottes Glauben annahm und sich ab nun dem Mönchsleben zuwandte.

Die vielen ***frühchristlichen Klosteranlagen,*** wie etwa Glendalough oder Monasterboice, mit ihren charakteristischen Rundtürmen, zeigen dem Irland-Besucher noch heute die schnelle Verbreitung des Christentums in Irland. Das Mönchsdasein muß in jenen frühen Tagen recht attraktiv gewesen sein, denn aus kleinen, unbedeutenden Abteien entwickelten sich oftmals innerhalb weniger Jahrzehnte ausgedehnte und reichbevölkerte Klosterstädte; Studierende aus ganz Europa fanden ihren Weg in die großen Abteien, in denen nicht nur die heiligen Schriften, sondern auch die großen Philosophen der Antike gelesen wurden.

Da die Bekehrung friedlich verlief und den Missionaren kein „rotes Martyrium" drohte, unterzogen sich viele fromme Männer dem sogenannten „grünen Martyrium" und erbauten auf den der Küste vorgelagerten kleinen und einsamen Eilanden ***Einsiedeleien,*** um sich dort ganz dem Gebet an Gott zu widmen. Die rauhe Felseninsel Skellig Island bewahrt noch heute guterhaltene Sakralgebäude sowie die Bienenkorbhütten der Eremiten aus jener Zeit (vgl. Tour 4).

Nachdem ganz Irland zum Christentum bekehrt war, setzte unter den gläubigen Brüdern ein ***Missionierungsdrang*** ein; im Zuge des „weißen Martyriums" wanderten viele Mönche nach England und auf den Kontinent, um Gottes Wort über das ganze alte Europa zu bringen. Überall gründeten sie neue kirchliche Zentren und brachten neben dem neuen Glauben den bekehrten Brüdern und Schwestern auch die klassischen Philosophen und ihre Schriften nahe. Ab dem 9. Jh., nachdem die Bekehrungswelle abgeebbt war, dienten viele irische Mönche den kontinentalen Herrschern als geistliche wie auch als weltliche Berater.

Irische Heilige

Unter den vielen frühchristlichen Mönchen befindet sich eine ganze Anzahl heiliger Männer, auf deren Name der Irland-Besucher immer wieder stoßen wird:

Schutzpatron der Grünen Insel und *bekanntester Heiliger* der Iren ist ***St. Patrick.*** Den 16jährigen *Padraig,* wie sein Name auf gälisch lautet, entführten um das Jahr 400 irische Piraten aus dem damals römischen Britannien. Nach sechs Jahren gelang ihm die Flucht, *Patrick* begann eine lange Reise durch Europa, während der er unter anderem die Tyrrhenischen Inseln besuchte und eine fundierte geistige Ausbildung in Auxerre erhielt. Um 431/32 dann kam er als Bischof

St. Patrick

auf die Grüne Insel und bekehrte rasch die keltische Bevölkerung.

Um das Jahr 490 zog sich als einer der ersten frommen Brüder der ***hl. Enda*** auf die damals nur dünn besiedelte Aran-Insel Inishmore (vgl. Tour 5) zurück, um ein Leben in Entsagung und Einsamkeit zu führen. Seine große Gelehrsamkeit war jedoch nur allzu bekannt, und so folgten ihm viele Schüler nach, die Abtei entwickelte sich zu einer theologischen Lehrstätte, deren Ruhm bis auf den Kontinent drang.

Viele hervorragende Schüler des *hl. Enda* taten es ihrem Ziehvater nach und gründeten ebenfalls neue kirchliche Zentren. So auch der ***hl. Claran,*** der sich um das Jahr 548 am Shannon niederließ und die bekannte Klosterstadt Clonmacnoise (vgl. Tour 8) ins Leben rief, die rasch derartig berühmt werden sollte, daß man sie als die „Universität des Westens" bezeichnete.

Nicht minder erfolgreich war der ***hl. Kevin,*** der in den Wicklow Mountains die Einsiedelei Glendalough (vgl. Tour 2) gründete. Auch ihm folgten zahlreiche Schüler, so daß der heilige Ort rasch zu einer bedeutenden Klosterstadt anwuchs und den Beinamen „Rom des Westens" bekam.

Auch Frauen taten sich im neuen Glauben hervor. So gründete die ***hl. Brigid*** um das Jahr 490 in Kildare ein großes Doppelkloster für fromme Brüder und Schwestern. Schenkt man der Überlieferung Glauben, so soll in dem *Firehouse* der Abtei fast 1000 Jahre lang ein ewiges Feuer gebrannt haben (was wohl auf einen vorchristlichen Kult zurückging). Noch heute flechten die Iren aus Stroh die sogenannten Brigittenkreuze, die als schützendes Symbol gelten, in vielen Haushalten zu finden sind, aber auch Autos zieren.

Zu recht berühmt für seine Missionierungsreisen ist der ***hl. Brendan,*** der im 5. Jh. in einem Lederboot gen Westen aufbrach, den Atlantik überquerte und möglicherweise die Küste Kanadas erreichte; so wenigstens teilt es eine Chronik aus dem 9. Jh. über die neun Jahre dauernde Reise von *Brendan, the Navigator* mit (vgl. Tour 4).

Ebenfalls weithin bekannt sind zwei frühchristliche Männer mit Namen *Columban.* ***Columban der Ältere*** (um

521 oder um 543 - 597), von vielen Gläubigen auch *Columcille* (Taube der Kirchen) genannt, entzweite sich mit dem irischen Hochkönig und führte seine Mannen gegen ihn in die Schlacht. *Columban* siegte zwar, doch forderte der Kampf 3000 Tote. Um Buße zu tun, begab sich der gläubige Mann auf Missionierungsreise und landete um das Jahr 563 auf der schottischen Insel Iona, wo er ein Kloster gründete und eine erfolgreiche Bekehrungsarbeit aufnahm.

Columban der Jüngere (um 540-615) reiste von Irland aus auf den Kontinent, ließ sich vorübergehend am Hofe von Burgund nieder und gründete dann die Klöster Annegray und Luxeuil. Zusammen mit seinen wenigen treuen Gefährten zog es ihn dann den Rhein hinauf bis zum Bodensee, von dort über die Alpen nach Norditalien. In der Lombardei rief er die Abtei Bobbio ins Leben, wo er auch starb.

Katholische Bevölkerung

Beeindruckend sind heutzutage die Zahlen, die die irische katholische Kirche vorlegen kann: 95% der Iren in der Republik sind katholisch, fast 90% davon besuchen einmal wöchentlich die Messe, 30% gehen gar mehrfach in der Woche zum Gottesdienst. Die ***starke Religiosität*** wird auch dem Besucher auffallen, wenn er an Sonntagvormittagen die Ortskerne menschenleer findet, rund um die Kirche von Autos zugeparkte Bür-

Erziehung zur Frömmigkeit: Kinder in einer Prozession

gersteige erkennt und am Ende der Messe eine Masse an Kirchgängern im besten Tuche aus dem Gotteshaus strömen sieht.

Auffallend ist es dann auch, daß die kleinen, fünf- bis zehnjährigen Mädchen fast ausnahmslos weiße, bodenlange Spitzenkleider, weiße Strümpfe und eine weiße Stoffkrone im Haar tragen und so die Reinheit und Jungfräulichkeit der Muttergottes symbolisieren. Auch bei einer Fahrt über Land blickt man immer wieder auf große Marienstatuen oder Kreuzigungsszenen. Nicht selten knien dann zumeist Frauen vor den heiligen Statuen und sind tief im Gebet versunken.

Kirche und Staat

Die Iren sind gläubig, und Kirche und Staat sind auf das engste verknüpft. So heißt es in der Präambel zur ***Verfassung:*** „Im Namen der Allerheiligsten Dreifaltigkeit, in der jede Autorität ihren Ursprung hat und auf die sich, als dem letzten Ziel unseres Lebens, alle Handlungen von Menschen und Staaten zu beziehen haben; in Demut eingedenk aller Verpflichtungen gegenüber unserem göttlichen Herrn, Jesus Christus, der unsere Vorväter durch die Heimsuchungen vieler Jahrhunderte hindurch am Leben gehalten hat."

Solche Sätze werden denjenigen mehr als erschrecken, der von einer Trennung von Staat und Kirche überzeugt ist. 1937 wurde in der irischen Verfassung die „besondere Position" der Kirche festgehalten und als „Religion der großen Mehrheit ihrer Bürger" sowie als „Wächter des Glaubens" beschrieben. Dieser heftig umstrittene Verfassungsartikel erfuhr dann 1972 eine Änderung.

Wie tief die Kirche in das private und intime Leben der irischen Männer und Frauen eingreift und wie eng sie dabei mit dem Staat verbunden ist, zeigt sich mehr als deutlich bei den Gesetzen zur Familienplanung. Erst 1985 wurde entgegen der vehementen Attacke der Kirchenväter der ***Verkauf von Verhütungsmitteln*** freigegeben, über 45 Jahre war die Weitergabe gesetzlich verboten. So revolutionär war der Schritt, das sich viele Apotheker auf dem Lande weigerten, in ihrem Laden Kontrazeptiva zu führen.

Erschwerend kommt noch hinzu, daß die Regierung für den Verkauf von Verhütungsmitteln eine Lizenz verlangt, die der Händler beim Gesundheitsministerium beantragen muß; selbst die vielen privaten Familienplanungskliniken sind von diesem unsinnigen Procedere nicht ausgenommen.

Die irischen Frauenbewegungen beklagen, daß es noch schlimmer in be-

zug auf öffentliche Informationen zur ***Abtreibung*** aussieht. Nach staatlichen irischen Vorstellungen nämlich gilt die Telefonnummer einer englischen Abtreibungsklinik als Mordwerkzeug und ihre Weitergabe als vorsätzliche Tatbeihilfe, die ebenfalls unter Strafe steht. Irland ist neben Chile das einzige Land der Welt, in dem die Abtreibung von der Verfassung verboten wird.

So werden wohl weiter Jahr für Jahr nach Schätzungen zwischen 4000 und 10.000 Frauen die einsame Reise nach England in eine Abtreibungsklinik antreten müssen.

Um ungewollte Schwangerschaften zu verhüten, gab die *Irish Independent* ihren Lesern den folgenden guten Ratschlag: „Be good - and if you can't be good be careful". Mit anderen Worten: „Sei brav, aber wenn es dir nicht gelingt, dann paß wenigstens auf."

Ebenfalls war es laut irischer Verfassung bis vor kurzem verboten, eine Gesetzgebung einzuführen, die die ***Ehescheidung*** zuläßt. Dieses Verbot ist 1995 aufgehoben worden.

Der 1990 verstorbene Kardinal *O' Fiaich* nannte kurz vor seinem Tod die Ehescheidung eine „Seuche". Die Haltung der Kirche bleibt - wie nach den Erfahrungen der letzten 2000 Jahre nicht anders zu erwarten - rigide und erzkonservativ.

Die gälische Sprache

Im 3. Jh. v. Chr. erreichten die Kelten Irland und setzten sich schnell gegen die einheimische Bevölkerung durch. Das ***keltische Idiom*** **–** ein Zweig der indoeuropäischen Sprachfamilie – hatte sich bis zum 1. Jh. v. Chr. nicht nur auf der Grünen Insel, sondern auch in England und auf dem Kontinent als weitverbreitete Sprache etabliert. Mit der römischen Expansion jedoch wurde das Keltische langsam vom Lateinischen verdrängt, nur in Irland, das *Caesars* Truppen ja nie erreichten, lebte die Sprache weiter.

Während bis zur Christianisierung im 5. Jh. Texte in dem sogenannten ***Ogham-Alphabet*** – Striche und Kerben auf einem Holzstück oder einem Stein - geschrieben wurden, setzte sich dank der Missionierungsarbeit des *hl. Patrick* und seiner Glaubensbrüder langsam das ***lateinische Alphabet*** beim Keltischen durch, und im 7. Jh. war die Ogham-Schrift bereits weitgehend verschwunden.

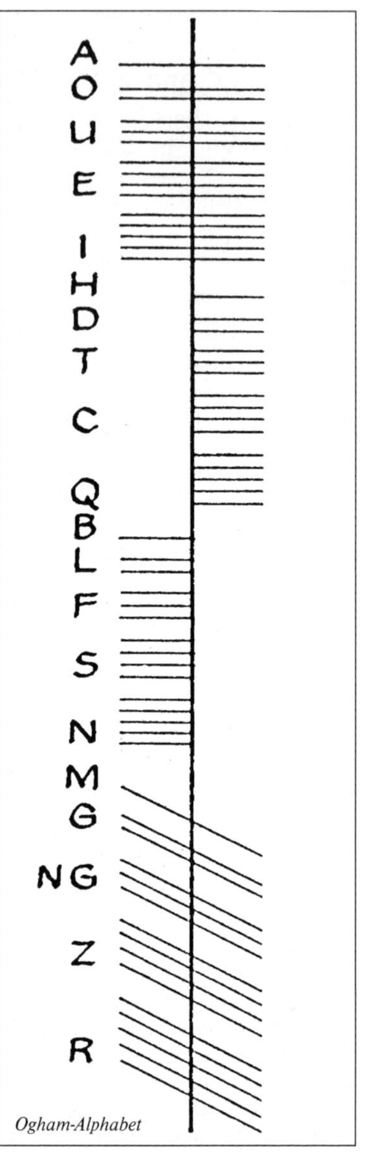

Ogham-Alphabet

In den folgenden Jahrhunderten entstanden viele keltische Texte, vor allem große Legenden- und Sagenepen sowie Naturschilderungen. Wie eingeführt die Sprache auf der Insel war, vermag man an der Tatsache zu ermessen, daß die ab dem 9. Jh. einfallenden ***Wikinger*** und die im 12. Jh. auf die Insel kommenden ***Anglo-Normannen*** dieses Idiom bald übernahmen und dadurch rasch assimiliert wurden. Über einige Jahrhunderte gelang es den Iren, mittels ihrer Sprache die englische Vorherrschaft immer wieder zu unterminieren – zu schnell verschmolzen die Besatzer mit der einheimischen Bevölkerung.

Mit Beginn der Tudor-Herrschaft in England (16. Jh.) erkannten die damaligen Machthaber den Fehler ihrer Kolonialpolitik und nahmen sich nun energisch des Keltischen an. Viele irische Schriften wurden vernichtet, und als um 1608 viele adlige Iren nach der Etablierung einer englischen Zentralgewalt die Insel verließen, waren die gesellschaftlichen Rahmenbedingungen für den Erhalt einer eigenen Sprache nicht mehr gegeben. In der Administration, vor Gericht, überhaupt in allen Teilen des alltäglichen Lebens hielt innerhalb nur weniger Jahre ***das Englische*** Einzug, und bereits um das Jahr 1800 sprachen über zwei Drittel der Bevölkerung Englisch. Doch es sollte alles noch schlimmer kommen!

Im Jahre 1831 öffneten aufgrund eines neuen Bildungsgesetzes viele Schulen ihre Pforten, in denen die alleinige Unterrichtssprache das Englische war; wer von den kleinen Schülern in seine Muttersprache verfiel, wurde bestraft. Und so unterhielten sich alsbald nur noch die Ärmsten der Armen, die, die nicht einmal ihre Kinder zur Schule schicken konnten, in der irischen Sprache. Diese Bevölkerungsschichten wurden von der Großen Hungersnot (1845–1851) ganz besonders getroffen, starben an Unterernährung und Mangelkrankheiten oder wanderten aus. 1851 beherrschte nur noch gut ein Fünftel der Iren das alte Idiom, 1911 waren es weniger als 17%.

Mit Beginn der Unabhängigkeit im Jahre 1921 wurde ***Irisch*** sofort als

„Cathleen O'Neill"

Damit man sich eine Vorstellung von der ***gälischen Sprache*** machen kann, findet der Leser hier einige Zeilen aus dem Liebeslied „Cathleen O'Neill". Der Text stammt aus der Autobiographie „The Islandman" von *Thomas O'Crohan,* dem Dichter der Blasket Islands.

Wie *Thomas* in seinem Buch mitteilt, sang er dieses Lied am Vorabend seiner Hochzeit still für sich alleine. Der Text ist nicht noch einmal aus dem Englischen übersetzt, um weitere Verfremdungen zu vermeiden.

Mo shlan chun na hoiche areir,
is mo lean nach ii anocht ata ann,
Mo bhuachaillin seimh deas
a bhreagfadhme seal ar a ghlun
Da neosfainn mo sceal duit
is baolach na deanfa orm run
Go bhfuil mo ghra ban dom
threigean, is a Dhia ghleigil
is a Mhuire nach dubbach.

Farewell to last night,
I am sorry that it's not tonight
My tender lovely boy
who could coax me upon his knee
If I told you my story
I'm afraid you would not keep it
That my dear love is forsaking me,
o dear God and Mary is not sad.

die ***offizielle Landessprache*** eingeführt. Bereits seit 1893 pflegte die *Galic League* das alte Sprachgut und organisierte Kurse. 1901 kam zum ersten Mal ein irischsprachiges Theaterstück auf die Bühne, und 1913 wurde Irisch Pflichtfach an allen Schulen des Landes.

Mit der wirtschaftlichen Förderung der sogenannten Gaeltacht-Gebiete (vgl. Route 4, Dingle-Halbinsel), jener Regionen also, in denen sich die alten Sitten und Gebräuche am längsten erhalten haben, hat auch die irische Sprache ***neuen Aufschwung*** bekommen. Grammatik und Orthographie sind standardisiert worden, eine moderne Terminologie macht das Idiom in allen technisch-naturwissenschaftlichen Bereichen konkurrenzfähig, und die irische Literatur erlebte in den letzten Jahren einen nicht für möglich gehaltenen Aufschwung. Die Sprache der Kelten hat überlebt!

Wer sich näher mit Gälisch beschäftigen möchte, kann an speziellen ***Sprachkursen*** für Ausländer teilnehmen (Kontaktadressen s. Route 4, Dingle Halbinsel). Für das Selbststudium empfiehlt sich der Kauderwelsch-Sprachführer Band 90 „Irisch-Gälisch Wort für Wort“ (auch mit Begleitkassette erhältlich) aus dem Reise Know-How Verlag Peter Rump.

ábcdéfgílṁ
nóṗRṡṫú⁊

Baukunst

Vorchristliche Ära

Zu den ältesten Zeugnissen der Grünen Insel zählen die in der Zeit von 7000–2000 v. Chr. aus großen Steinblöcken errichteten ***Megalithgräber.*** Mehrere aufrecht stehende, tonnenschwere Steine bilden einen kleinen Raum, der von einem schweren, nach hinten sich absenkenden Deckstein überdacht wird. Bei den größeren Kammergräbern führt ein von Steinblöcken gesäumter Gang ins Innere einer Grabkammer; berühmt ist das Grab von Newgrange (vgl. Tour 1).

Aus der Bronzezeit (2000–500 v. Chr.) datieren einige wenige ***Steinkreise,*** die wohl zu kultischen Zwekken errichtet wurden. Auch die ab und an zu findenden einzeln stehenden Blöcke, die ***Menhire*** (gäl.: *Gallain),* hatten wohl eine religiöskultische Bedeutung.

Während der Eisenzeit und in der ersten christlichen Epoche (500 v. Chr. – 400 n. Chr.) entstanden auf der gesamten Insel zum Schutz vor Überfällen die ***Steinforts*** *(Ring Forts;* gäl.: *Rath);* mehr als 30.000 dieser Anlagen hat man in Irland gezählt. Zu den eindrucksvollsten Befestigungen dieser Art gehört zweifellos das gut restaurierte Grainach an Aileach im Norden Irlands (vgl. Tour 7).

Ebenfalls der Verteidigung dienten sogenannte ***Landzungenbefestigungen*** *(Promontary Forts;* gäl.: *Dun),* auf einer ins Meer ragenden kleinen Halbinsel oder auf einer Steilklippe (*Promontary* = Vorgebirge) errichtete Schutzanlagen. Im Süden der Dingle-

Hochkreuz in Monasterboice

Halbinsel vermittelt das Dunbeg Fort (vgl. Tour 4) eine Vorstellung von dieser Befestigungstechnik, und, spektakulär auf einer Klippe gelegen, beeindruckt das Dun Aenghus auf der Aran-Insel Inishmore den Besucher (vgl. Tour 5). Auch die sogenannten ***Crannogs,*** auf Pfählen errichtete künstliche Inseln mit einem Palisadenzaun, dienten dem Schutz eines Clans.

Frühchristliche Ära

Aus der frühchristlichen Ära Irlands (400–1170 n. Chr.) ist eine ganze Reihe von Bauten erhalten geblieben, wenngleich die vielen ***Bienenkorbhütten*** der frommen Brüder aus vergänglichem Material errichtet wurden und daher kaum noch erhalten sind. Aus Flechtwerk, Lehm und Holz errichteten die Mönche ihre Klausen, und nur dort, wo diese Materialien nicht zur Verfügung standen, baute man die Bienenkorbhütten *(Beehive Huts;* gäl.: *Clochan)* aus Stein.

Die ***ersten Kirchen,*** eher kleine Bethäuser *(Oratory),* erinnern an auf den Kopf gestellte Boote und hatten neben der Eingangstür und einem schmalen Fenster an der Altarseite keinerlei Lichtöffnungen; gut erhalten ist das Gallarus Oratory auf der Dingle-Peninsula (vgl. Tour 4).

Aus einfachen Standsteinen, in die im oberen Drittel ein Kreuz eingeritzt war, haben sich die berühmten ***irischen Hochkreuze*** entwickelt, die etwa ab dem 9. Jh. mit reichem Figurenschmuck ausgestattet wurden. Die in rechteckigen Feldern angeordneten Reliefszenen zeigen Begebenheiten aus dem Alten oder Neuen Testament, sehr häufig wundersame Heilungen oder die Errettung aus einer Notsituation. Häufig sieht man *Paulus* und *Antonius,* die frommen Einsiedler, die in der östlichen Wüste Ägyptens ein nur dem Herrn dienendes Leben führten und große Vorbilder der irischen Eremiten waren. Im Mittelpunkt der Darstellungen steht jedoch immer die christliche Erlösungsbotschaft: Auf der Westseite sieht man *Jesus* am Kreuze, auf der Ostseite am Tage des Jüngsten Gerichts.

Die Hochkreuze wurden zumeist aus feinem Sandstein hergestellt, dort, wo harter Granit genommen werden mußte, sind die Figurengruppen weniger detailgetreu ausgearbeitet und haben in Ansätzen fast abstrakt anmutenden Charakter.

Während man Hochkreuze vereinzelt auch in Großbritannien antrifft, ist der ***Rundturm*** eine originär irische Architekturform. Diese in der Regel inmitten von Klosteranlagen stehenden *Round Towers* sind schmale, runde und sich nach oben zum konisch geformten Spitzdach verjüngende, elegante Türme, die bis zu 30 m aufragen. Die Türme entstanden wahrscheinlich nach den ersten Wikingereinfällen, dienten als Ausguck und letzte Zufluchtsstätte. Die Eingangstür lag etwa 3 m über dem Bodenniveau, schmale Leitern führten zu in der Regel fünf Stockwerken. In Friedenszeiten rief man die Mönche mittels einer Glocke im Turm zur heiligen Messe. Nachdem das monastisch geprägte Christentum auf der Grünen Insel von den Prinzipien der römischen Kirche abgelöst worden war – nicht mehr Äbte standen einer Klostergemeinschaft vor, sondern Bischöfe leiteten die Gläubigen - setzten sich die ***Einflüsse der Romanik*** langsam durch. Den Iren war dieser Stil jedoch zu monumental, so daß sie ihn abwandelten und einen eigenen, zurückhaltenderen ***iro-romanischen Baustil*** pflegten. Im 12. Jh. rief der Bischof von Armagh die Zisterzienser ins Land, die mit einer Reihe von Klosterneugründungen wiederum veränderte Bauweisen einführten. Burgundische Architekten gestalteten nach kontinentalen Maßstäben beispielsweise die Abtei Mellifont (vgl. Tour 1), in der sich die europäischen Klosterprinzipien wiederfinden: Neben dem Wohntrakt und der Kirche - in der Regel als *Cathedral* bezeichnet - befinden sich ein Refektorium und ein Kreuzgang.

Normannische Epoche

Nach der Eroberung Irlands durch die Anglo-Normannen entstanden auf der Insel erste Burgbefestigungen. Aus der einfachen ***Motte*** - ein künstlich aufgeschütteter, ovaler Hügel mit hölzernem Wohnturm und durch Palisaden geschützt -, der Schutzanlage des frühnormannischen Adels, entwickelten sich die gedrungenen, von dicken Steinmauern geschützten ***Turmbauten,*** die man heute allerorten noch findet.

Die Normannen brachten auch die ***gotischen Einflüsse*** ins Land, doch zeigt die irische Gotik im Verhältnis zu den kontinentalen Bauten bescheidene Ausmaße.

Die gewaltsame Unterdrückung der Iren während der folgenden Jahrhunderte ließ keine bedeutende Entwicklung in Architektur und Kunst zu. Erst im ***17. Jh.*** setzte in Dublin mit der verstärkten Etablierung der Engländer eine ***neue Bautätigkeit*** ein, in den folgenden zwei Jahrhunderten entstanden prachtvolle Stadtpaläste im georgianischen Stil sowie eine ganze Anzahl öffentlicher Bauten, und Dublin wandelte sich zur zweitgrößten Stadt des britischen Empire.

Epoche des Freiheitskampfes

Mit dem beginnenden Freiheitskampf der Iren gegen die englischen Unterdrücker und der damit verbundenen Emanzipation des katholischen Glaubens wurden im 19. Jahrhundert viele neue Kirchen erbaut, in denen vor allem die ***Glasmalkunst*** dominierte. Architekten verschiedener Nationalitäten arbeiteten in Irland und brachten auch den Jugendstil auf die Grüne Insel.

Gegenwart

In den letzten Jahren machten vor allem die ***Kahlschlagsanierer*** von sich reden, die beispielsweise aus Dublin eine autogerechte Stadt machen wollten und in ihrem Eifer historisch gewachsene Stadtviertel mit intakten sozialen Beziehungen einfach vernichteten.

Irische Musik

Im kulturellen Bereich ist es zuallererst die irische Musik, die die vielen Besucher der Grünen Insel interessiert - hat doch die *Irish Folk Music* längst ihren Siegeszug auch in Deutschland angetreten. Gleiches gilt für Rock-Musik irischer Provenienz, die regelmäßig an der oberen Spitze der Charts zu finden ist.

Die ***klassische irische Musik*** ist zum einen eine reine Instrumentalmusik, die als Begleitung für Tänze gespielt wird, zum anderen ein zumeist unbegleiteter Gesang.

Folk Music dagegen umfaßt eine ganze Reihe von Musikstücken und Liedern, die aus unterschiedlichen Epochen stammen, unterschiedliche Inhalte transportieren und sowohl in Gälisch als auch in Englisch gesungen werden. Eine klare Abgrenzung zu finden ist schwierig, aber wohl auch nicht nötig.

Viele alte, noch heute gesungene Lieder und Melodien gehen auf die Barden des Mittelalters zurück, die häufig beißende Ironie in ihre Stücke einflochten. Natürlich werden diese vielfach über die Jahrhunderte nur mündlich überlieferten Lieder in gälischer Sprache vorgetragen; englische Texte sind erst seit Mitte des 19. Jh. bekannt.

Begleitet wird der Gesang vom Spiel auf den folgenden ***traditionellen Musikinstrumenten:*** die mehr als 40saitige Harfe, der mit dem Ellbogen betriebene Dudelsack *(Uillean Pipes),* Violine *(Fiddl),* Blechflöte *(Tin Whistle)* und die Bodhran-Trommel, ein runder, mit Ziegenfell bespannter Holzrahmen; Gitarre, Banjo und Akkordeon vervollständigen ein Ensemble. Auch heute noch werden viele Lieder ohne Musikbegleitung vorgetragen.

Am letzen Augustwochenende eines jeden Jahres findet jeweils in einer anderen Stadt das ***All Ireland Fleadh*** (sprich: fla), ein großes, drei Tage währendes Folk Festival statt; in den Pubs und auf den Straßen wird getanzt, gesungen und musiziert - nicht nur Profis sind geladen mitzumachen. Jedes Jahr im Frühsommer findet ein ähnlich großes Festival in Ennis statt, und im Verlauf eines Sommers bietet Irland seinen Besuchern mehr als 30 solcher Veranstaltungen in unterschiedlichen Städten und Dörfern.

Das ***Nationale Volkstheater*** *Siamsa* in Tralee bringt mehrmals wöchentlich während der Saison irische Stücke auf die Bühne. Und ebenfalls während des Sommers finden in 49 Zentren sogenannte ***Seisiun-Folkabende*** statt.

Ausführliche Informationen erhält man beim ***Dachverband der irischen Folklore-Vereinigungen:***

- ***Comhaltas Ceoltoiri Eireann***
Culturlann nah Eireann, 32 Belgrave Square
Monkstown, Co. Dublin

Bei dem reichen Musikangebot in den vielen *Singing Pubs* ist es verwunderlich zu hören, daß noch vor rund 40 Jahren die irische Musikszene in einem desolaten Zustand war. Ausgerechnet die irische Regierung war für diese Situation verantwortlich. Im Zuge der Unabhängigkeit bemühte man sich auf allen Ebenen, die kulturellen Wurzeln zu finden und neu zu beleben. Eine regierungsamtliche Kommission legte fest, welche Tänze, Lieder und Melodien als „irisch" und welche als „unirisch" zu bezeichnen wären. Genauso erging es verschiedenen Instrumenten - Schlagzeug, Banjo und Klavier fanden nicht das Wohlwollen der offiziellen Musikexperten. Solche Maßnahmen waren natürlich nicht geeignet, eine Musiktradition neu und innovativ aufleben zu lassen.

1951 gründete eine Anzahl von Künstlern den ***Verband der irischen Musiker*** *(Comhaltas Ceoltoiri Eireann,* CCE) und machte sich daran, ein erstes Festival zu organisieren. Der Erfolg dieses *Fleadh Cheoil* (Musikfest) verblüffte die Initiatoren genauso wie die Zuhörer, und in einer freieren Atmosphäre entwickelten junge wie alte Musiker neue Stile und Arrangements. Hinzu kam nun der ***Einfluß irischstämmiger Amerikaner,*** die, von den Songs eines *Woody Guthrie* und des jungen *Bob Dylan* inspiriert, dazu übergingen, amerikanische Musikelemente mit den alten heimatlichen Balladen zu verknüpfen. Großen Erfolg damit hatten die *Clancy Brothers,* und auch in Irland machte ihre Musik Furore.

Auf der Grünen Insel begann der leider früh verstorbene Komponist *Sean O'Riada* (1931-1971) mit ausgesuchten traditionellen Musikern, ***neue Stilelemente*** zu entwickeln; aus dieser Vereinigung von Musikern ging die spätere, sehr erfolgreiche Gruppe *The Chieftains* hervor. Unermüdlich begannen nun Künstler wie *Davy Spillane, Christie Moare* und Gruppen wie *Planxty* und die in

Deutschland sehr bekannten *Dubliners,* weitere Elemente - teilweise aus der Rockmusik - in ihre Arrangements einfließen zu lassen. Die Musiker entdeckten das Schlagzeug, ließen ihre Klänge über Verstärker laufen und entnahmen aus dem Jazz das Saxophon.

In den achtziger Jahren dann beeinflußte eine sehr erfolgreiche originär ***irische Rockmusik*** die kontinentale Musikszene: Gruppen und Interpreten wie *Van Morrison, Rory Gallagher,* die *Boomtown Rats,* die *Crainberries* und vor allem *U2* sowie die von *Prince* gesponserte Sängerin *Sinead O'Connor* eroberten die Plattengeschäfte.

Bildende Künste

Hervorragende künstlerische Leistungen erbrachten die keltischen Mönche bei der Gestaltung der heiligen Schriften. Ein Meisterwerk der ***irischen Buchkunst*** stellt das *Book of Kells* dar, in dessen Illustration erstmalig im Abendland die Muttergottes mit dem Christuskind abgebildet wurde. Mehrere Schreiber haben wahrscheinlich zwischen 790 und 820 im Columban-Kloster auf der schottischen Insel Iona mit der Arbeit an diesem Band begonnen und sind dann vor den räuberischen Wikingern nach Kells in Irland geflohen. Bei den Darstellungen befreiten sich die frommen Künstler weitgehend von einer realistischen Darstellungsweise und gaben ihren Glaubensvorstellungen freien Ausdruck.

Aufgrund der englischen Überfremdung haben die bildenden Künste in Irland ansonsten noch eine ***recht junge Tradition*** und gehen auf die Zeit von 1850 bis in die Tage des ersten Weltkriegs zurück. Damals verließen viele irische Maler und Bildhauer die Grüne Insel und ließen sich vor allem in Frankreich und Belgien nieder, um dort in einer losen Gruppe Studien zu betreiben und eigene Stile zu entwickeln.

Unter der Bezeichnung ***The Irish Impressionists*** sind diese Künstler heute bekannt; dazu gehören u. a. *Roderic O'Connor (1863*-1940) , *John Lavery* (1856-1941), *Walter Osborne* (1859-1903), *Mainie Jellet* (1896-1943) und *Evie Hone* (1894-1955). Trotz ihrer Arbeiten gelangte die kontinental-europäische, speziell die französisch beeinflußte Malerei nur langsam nach Irland.

Heutzutage lassen sich die irischen Künstler sowohl von einem starken Geschichtsbewußtsein als auch von einem tiefen Gegenwartsverständnis leiten und richten ihre Arbeiten nicht unbedingt auf ein internationales Publikum aus. Die 1990/91 stattgefundene Ausstellung ***Irish Art of the Eighties*** machte deutlich, wie die zeitgenössischen Meister irische Probleme der achtziger Jahre in ihren Arbeiten thematisierten. Zu den bedeutenden zeitgenössischen Künstlern zählen u. a. *Patrick Hall* (1935), *Michael Cullen* (1946), *Patrick Graham* (1943), *Brian Bourke* (1936), *Ann Madden* (1932) und *Brian Maguire* (1951).

Irische Schriftsteller von Weltruhm

James Joyce

Als einer der ganz großen irischen Literaten gilt natürlich *James Joyce,* dessen Monumentalwerk „Ulysses“ eine literarische Revolution hervorrief.

Geboren am 2. Februar 1882, kam der Knabe bald in die Zucht eines Jesuitenkollegs, weigerte sich jedoch nach Abschluß seiner Schulausbildung, dem Orden beizutreten und studierte statt dessen Literatur und Sprachen in Dublin. Nachdem er seinen Magisterabschluß gemacht hatte, begann er 1902 ein Medizinstudium, das er jedoch nicht beendete. 1904 verließ er zusammen mit seiner Lebensgefährtin *Nora Barnacle* (die er erst 1931 heiratete) Irland und schlug sich in Triest, Rom, Paris und Zurich als Sprachlehrer und Schriftsteller durchs Leben. 1907 erschien der Gedichtband „Kammermusik“.

Um 1913 wurde *Ezra Pound* auf *Joyce* aufmerksam, förderte intensiv das literarische Genie und sorgte für die Publikation der Werke. Ein Jahr später erschienen die „Dubliner Geschichten“. Zwischen 1914 und 1922 schrieb *Joyce* sein Meisterwerk „Ulysses“ nieder. Nicht so sehr der Romaninhalt - die Wünsche, Vorstellungen und Sorgen von drei Personen im Ablauf eines einzigen Tages -, sondern die schriftstellerische Montagetechnik aus Vor- und Rückblenden sowie ständig wechselnden Erzählweisen fasziniert den Leser. Aufgrund der rückhaltlosen Offenheit des Dichters stand das Werk im englischsprachigen Raum zeitweise auf dem Index. 1939 erschien „Finnegans Wake“ („Finnegans Erwachen“), das Alterswerk von *Joyce.*

Schwere Depressionen und ein fast lebenslanger exzessiver Alkoholkonsum ruinierten die körperliche und seelische Verfassung des großen irischen Schriftstellers, der am 13. Januar 1941 in Zurich starb.

Werke in deutscher Übersetzung:

- ***Gesammelte Werke.*** Frankfurter Ausgabe, Redaktion K. Reichert, 1969.
- ***Dubliner Geschichten.*** Übersetzt von D. E. Zimmer, 1969.
- ***Briefe.*** Hg. von R. Ellmann, übersetzt von K. H. Hansen, 3 Bd., 1969-1974.
- ***Stephen der Held.*** Ein Porträt des Künstlers als junger Mann.
Übersetzt von K. Reichert, 1971.
- ***Kleine Schriften.*** Übersetzt von K. Marschall, 2 Bd., 1974-1981.
- ***Ulysses.*** Übersetzt von H. Wollschläger, 2 Bd., 1975.

George Bernard Shaw

Nicht minder berühmt ist der Satiriker *George Bemard Shaw,* der am 26. Juli 1856 als protestantischer Ire in Dublin das Licht der Welt erblickte. In seinen „16 selbstbiographischen Skizzen“ gab er die folgende Betrachtung seiner Herkunft: „Herabkömmling; Landedelleute verarmt; Vater mittellos und erfolglos; pensionierter Beamter, der Getreidehändler wird, ohne kaufmännische Kenntnisse. Außerdem Trinker.“ Folgerichtig mied *Shaw* den Alkohol und lebte absolut abstinent. (Dies war den Textern einer deutschen Werbeagentur offensichtlich unbekannt, als sie Ende 1990 in einem großen deutschen Wochenmagazin eine ganzseitige Anzeige für irischen Whiskey schalteten; darauf sah man *Shaw,* wie er sich gedankenversunken über den weißen Bart strich, und in der Werbebotschaft - ein Zitat andeutend - hieß es: „Whiskey ist flüssiger Sonnenschein!“ Woher mag er das wohl gewußt haben?)

Erzogen in einer Proletarierschule, flüchtete er 1876 vor einer Kontorlehre und ar-

beitete als Journalist in London, ein „Pfuscherberuf", wie er einmal feststellte. *Shaw* war Mitbegründer der Fabian Society, die einen gemäßigten Sozialismus propagierte.

1889 wurde er als Kritiker entdeckt und begann mit seiner literarischen Arbeit. Mittels Ironie und Satire entlarvte er die Moral der Gesellschaft und forderte einen vom *Common Sense* geprägten Menschen. 1925 ehrte man ihn für sein Werk mit dem Nobelpreis für Literatur.

Shaw starb am 2. November 1950 in Ayot St. Lawrence, Hertfordshire.

Werke in deutscher Übersetzung:
- Bisher nur einzelne Dramen übersetzt von A. und H. Böll, M. Walser, H. G. Michelsen.

William Butler Yeats

Am 13. Juni 1865 wurde in Sandymount bei Dublin *William Butler Yeats* geboren. Aufgewachsen unter der Obhut der Großeltern in der rauhen Landschaft Nordwest-Irlands und inmitten von Bauern und kleinen Grundbesitzern lebend, blieb er sein Leben lang dem irischen Volksglauben verbunden.

1902 erschien sein Drama „Cathleen ni Houlihan", in dem die Schutzgöttin Irlands für die Befreiung des Landes kämpft; der Einakter hatte Einfluß auf die Gründung des irischen Nationaltheaters *(Abbey Theatre)* in Dublin (vgl. Kap. Dublin), das *Yeats* bis zu seinem Tod leitete. 1923 bekam der Dichter den Nobelpreis. Am 28. Januar 1939 starb er in einem kleinen Dorf bei Nizza.

Werke in deutscher Übersetzung:
- ***Gesammelte Werke.*** Hg. von W. Vordtriede, 1970.

Samuel Becket

Samuel Becket, einer der Hauptvertreter des absurden Theaters, wurde am 13. April 1906 in Dublin geboren und wuchs beschützt in einem bürgerlich-protestantischen Elternhaus auf. 1923 begann er am Trinity College mit dem Studium der Romanistik, 1928 siedelte er nach Paris über und arbeitete als Englischlehrer an der Ecole Normale Supérieure. In der französischen Metropole lernte er *James Joyce* kennen, der ihn zum Schreiben ermutigte; es entstanden erste Gedichte und Kurzgeschichten sowie zwei Essays über *Joyce* und *Marcel Proust.* Nach einem längeren Aufenthalt in Deutschland ließ er sich 1937 endgültig in Paris nieder, lebte dort am Rande des Existenzminimums unter schweren Depressionen und Alkoholexzessen, bis er die Pianistin *Suzanne Dechevuax-Dumesnil* kennenlernte.

1940 trat er der Résistance bei, mußte sich aber alsbald auf der Flucht vor der Gestapo nach Südfrankreich zurückziehen. In Roussillon begann er mit der Arbeit an seinem Roman „Watt", den er 1946 in Paris abschloß. Ende der 40er Jahre entstanden seine Hauptwerke (zuerst übrigens in französischer Sprache): die Romantrilogie „Molloy" sowie die Theaterstücke „Warten auf Godot" und „Endspiel" (das *Becket* als sein bestes Werk ansah).

Mit „Warten auf Godot" ist der Dramatiker weltberühmt geworden und hat dem absurden Theater zum Durchbruch verholfen. Dargestellt wird das taten- und sinnlose Warten zweier Menschen auf einen vermutlich gar nicht existierenden Godot; *Becket* reduziert das Verhalten seiner Protagonisten auf Handlungsunfähigkeit und zeigt, wie Passivität zum Verfall führt.

1969 erhielt der große irische Dramatiker den Nobelpreis „für eine Dichtung, die in neuen Formen des Romans und des Dramas aus der Verlassenheit des modernen Menschen ihre künstlerische Überhöhung

erreicht". *Becket* nahm an der Verleihung jedoch nicht teil und verschenkte das Preisgeld. Er starb am 22. Dezember 1989 in Paris.

Werke in deutscher Übersetzung:
- ***Gesammelte Werke.*** Hg. von E. Tophoven und K. Birkenbauer, 1976.

Jonathan Swift

Als Kinderbuchautor heutzutage mißverstanden wird *Jonathan Swift,* am 30. November 1667 ebenfalls in Dublin geboren. Seine Mutter, eine fast mittellose Witwe, konnte den Sohn nur unter großen finanziellen Belastungen auf die Universität schicken, wo *J. Swift* Theologie studierte. Dort wurde ihm nur per Gnadenakt das Baccalaureat zuerkannt - der streitbare und eigensinnige Student hatte sich geweigert, scholastische Logik zu büffeln, die er schlichtweg für Unsinn hielt.

Zehn Jahre arbeitete *Swift* als Sekretär für den englischen Politiker Sir *William Temple,* kehrte dann nach Irland zurück und übernahm eine Stelle als Vikar von Laracor. Hier publizierte er nun seine ersten satirischen Schriften, in denen er aktuelle Konflikte und ihre Akteure ironisch attackierte.

Ab 1710 lehnte er sich politisch an die englischen Torys an und leitete die Zeitung „The Examiner". Drei Jahre später erhielt er das Amt des Dekans der St.-Patrick-Kathedrale in Dublin. Ab 1724 setzte er seine spitze Feder für das unterdrückte Irland ein und wurde deshalb vom irischen Volk hoch geachtet.

1726 erschien der vierte Teil von „Gullivers Reisen". Als Reisebericht verschlüsselt und im Stil kindlicher Naivität geschrieben, geißelt *Swift* die Niederträchtigkeit der Menschen. Alle vier Bände, die zwischen 1721 und 1726 publiziert wurden, erschienen zunächst anonym, da der Autor Repressalien befürchtete. Später überarbeiteten verschiedene Verlagslektoren den „Gulliver" und stellten die rein abenteuerliche Seite in den Vordergrund, das anklagende Werk avancierte zur beliebten Jugendlektüre. Swift starb am 19.10.1745 in Dublin.

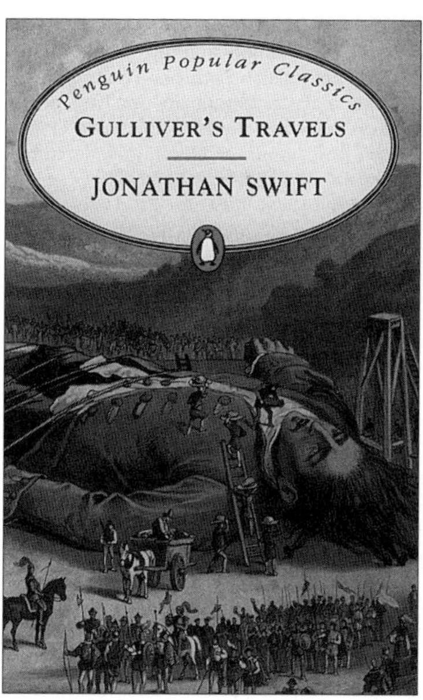

Werke in deutscher Übersetzung:
- ***Ausgewählte Werke.*** Übersetzt von G. Graustein und O. Wilck, hg. von A. Schlösser, 3 Bd., 1982.
- ***Gullivers Reisen.*** Übersetzt von H. J. Real und H. J. Vienken, 1987.

Sean O'Casey

Von allen irischen Autoren hat wohl *Sean O'Casey* (eigentlich *John Casey*) das stärkste politische Engagement an den Tag gelegt und es dennoch verstanden, seine literarischen Ambitionen in einem künstlerischen Freiraum anzusiedeln.

O'Casey wurde 1880 als Kind protestantischer Eltern in Dublin geboren. Der Vater starb früh, und die Mutter hielt die Familie wirtschaftlich in einigermaßen geordneten Bahnen. Nach nur drei Jahren Schulbesuch verdiente Sean sein Geld als Hilfsarbeiter und bildete sich anhand der Bibel, *Shakespeares* Werken und den Publikationen von *Darwin* und *Shaw* autodidaktisch weiter.

Im Jahre 1903 schloß er sich der Gälischen Liga an, die jedoch aufgrund ihrer bürgerlichen Einstellung nicht zu seiner politischen Heimat werden konnte. 1913 unterstützte *O'Casey* den Streik der irischen Transportgewerkschaft und avancierte zum ersten Sekretär der *Irish Citizen Army.* Am Osteraufstand von 1916 beteiligte er sich nicht, da *O'Casey* eine internationale, vom Proletariat getragene Lösung anstrebte. Folgerichtig schloß er sich bald der Sozialistischen Partei Irlands an.

1918 publizierte er die satirischen Lieder „Songs of the Wren", großen Erfolg hatte er 1923 mit seinem fünften Theaterstück „The Shadow of the Gunman". Im Stil der Tragikomödie geschrieben, brachten ihm die Stücke „Juno and the Paycock" und „The Plough and the Stars" internationalen Ruhm.

Beim letztgenannten Stück kam es zu einem Theaterskandal, und *O'Casey* ging nach Großbritannien ins Exil. Dort heiratete er 1927 die irische Schauspielerin *Eileen Reynolds.* In England entstanden weitere agitatorische Stucke. *O'Casey* starb 1964 im Alter von 84 Jahren.

Werke in deutscher Übersetzung:

- ***Autobiographie.*** 6 Bd., übersetzt von W. Beyer und G. Goyert, 1965 - 1969.
- ***Purpurstaub.*** Übersetzt von H. Bauerl und G. Simmgen, 1971.
- ***Dubliner Trilogie.*** Der Schatten eines Rebellen. Juno und der Pfau. Der Pflug und die Sterne. Übersetzt von W. Canaris, 1972.

Daten zur Geschichte

Vorchristliche Zeit (7000 v. Chr. – um 400 n. Chr.)

um 7000– um 2000 v. Chr.	Die ersten Siedler erreichen – vermutlich aus Schottland kommend – die Insel, machen das Land urbar. Erste Siedlungen entstehen im Nordosten des Landes, von dort dringen die Einwohner langsam ins Inselinnere vor. Jagd und Fischfang bilden die Lebensgrundlagen.
um 4000	Eine zweite Einwanderungswelle bringt neue Volksgruppen auf das Eiland, die Wälder roden sowie Ackerbau und Viehzucht betreiben.
um 3000	Die ersten Megalith-Gräber entstehen.
um 2000– 500 v. Chr.	Bronzezeit. Die „Glockenbecherleute", weitere Einwanderer vom Kontinent, bringen die Kunst der Metallverarbeitung nach Irland; Gebrauchsgegenstände und Waffen aus Bronze entstehen.
um 500– um 400 n. Chr.	Eisenzeit. Ein keltischer Stamm, die Gälen, erreicht Irland und bringt die Technik der Eisenherstellung auf die Insel; die neuen Waffen sind den Bronzeschwertern weit überlegen. Die Gälen unterwerfen die bis dato herrschenden *Tuatha De Danann,* das Volk der Göttin Danu. Aufgrund der unruhigen Lage entstehen erste Festungsbauten. Das Land wird in vier Provinzen aufgeteilt, in denen es rund 150 Kleinkönigreiche *(Thuat)* gibt. Der „Kleinkönig" *(Ri)* steht in einem Loyalitätsverhältnis zu einem höheren Herrscher *(Ruiri),* der wiederum an einen Hochkönig *(Ri Ruirech)* gebunden ist. Dem König untergeordnet sind die adligen Krieger *(Flaithi),* Künstler und Wissenschaftler *(Aes Dana),* die Priester *(Drui)* sowie die Bauern, die in einer vier Generationen umfassenden Großfamilie *(Derfhine)* organisiert sind.

Frühchristliche Zeit (um 400–1170)

um 431	Irische Piraten verschleppen den *hl. Patrick* aus dem römischen Britannien nach Irland; nach erfolgreicher Flucht kehrt er einige Jahre später auf die Insel zurück und christianisiert die Bewohner.
5.–9. Jh.	Nach dem Tod des *hl. Patrick* entstehen zahlreiche Klöster, in deren innerer Organisation sich die frühere gesellschaftliche Struktur widerspiegelt: Die meist adligen Äbte gründen weitere Tochterklöster und haben somit faktisch das Amt des *Ri Ruirech* inne. Viele Mönche verlassen ihre Konvente und missionieren in England, Schottland und auf dem Kontinent.
um 800	Aufgrund zahlreicher Wikinger-Einfälle bildet sich ein Hochkönigtum *(Ri co Fesabra)* heraus. Die Wikinger setzen sich an der Ostküste fest, gründen zahlreiche Siedlungen (Dublin, Wexford, Waterford), führen die Geldwirtschaft ein und vermitteln den Iren die Technik des Schiffbaus.
1014	In der Schlacht von Clontarf (bei Dublin) siegen die Iren unter ihrem Hochkönig *Brian Boru* über ein Wikinger-Heer. *Brian Boru* kommt bei den Kämpfen ums Leben. Die Einfälle der Wikinger werden ein für allemal gestoppt.
1152	In der Synode von Kells/Mellifont kommt es zu einer Neuorganisation der irischen Kirche; Bistümer werden gegründet.

Normannische Epoche (1170–1534)

Die Normannen, die 1066 mit Wilhelm dem Eroberer *(William the Conqueror)* die Macht in England übernommen haben, setzen von Wales nach Irland über und erbeuten weite Landstriche.

um 1155 Der englische König *Heinrich II.* (1154–1189) erhält aufgrund der päpstlichen Bulle „Laudabiliter" das Recht, die irische Kirche zu reformieren und zu diesem Zweck in Irland einzugreifen. Heinrich setzt normannische Adlige als Lehnsherren ein. Die Normannen erbauen viele Festungen, gründen Klöster und errichten im Inland zahlreiche neue Städte als Marktflecken und Machtzentren.

1169 Um seine lokale Vorherrschaft zu sichern, ruft der irische König *Dermot Macmurrough von Leinster Heinrich II.* um Hilfe an; der schickt unter dem Kommando von *Richard le Clare,* genannt *Strongbow,* ein Heer auf die Insel, das den Osten Irlands erobert.

1171 *Heinrich II.* besucht Irland und versucht, seine Position auf der Insel zu stärken.

1172 Auf der Synode von Cashel wird *Heinrich* als Herrscher über Irland anerkannt.

1210 *Heinrichs* Sohn *Johann Ohneland (John Lackland),* Bruder von *Richard Löwenherz,* besucht Irland, um den englischen Einfluß weiter zu stärken. Während der folgenden 50 Jahre fallen mehr als zwei Drittel des Landes unter die Herrschaft des englischen Adels, in den restlichen Teilen der Insel regieren die irischen *Ris.* Jedoch werden die neuen Herren rasch assimiliert, und während der zweiten Hälfte des 13. Jh. verlieren die Engländer an Gewicht.

1261 In der Schlacht von Calann (bei Kenmare) setzen die Iren Zeichen für einen erfolgreichen Widerstand gegen die Normannen. Diese werden darüber hinaus noch durch eine Pestepidemie geschwächt.

1315–1318 *Eduard Bruce,* der Bruder des schottischen Königs, marschiert in Irland ein und läßt sich zum Hochkönig ausrufen - deutliches Zeichen für die Schwäche der englischen Krone.

1366 Mit den Statuten von Kilkenny versuchen die Engländer, die Gälisierung der anglo-irischen Oberschicht zu stoppen; u. a. werden die gälische Sprache sowie Mischehen verboten. Diese Diskriminierungsversuche scheitern jedoch.

15. Jh. Untergang der normannischen Herrschaft und gleichzeitiges Erstarken des irischen Nationalgefühls.

Englische Herrschaft (1534–1782)

1534 *Heinrich VIII.* (1509–1547) von England dehnt seine Macht auf die ganze Insel aus. Durch seine Loslösung von der römischen Kirche werden in Irland an die 400 Klöster säkularisiert.

1541 Heinrich nimmt den Titel „König von Irland" an.

1558–1603 Unter Heinrichs Tochter *Elisabeth I.* werden die Iren weiterhin religiös und politisch unterdruckt. 1598 siegt der Widerstandskämpfer *Hugh O'Neill* mit seinen Anhängern in der „Schlacht an der gelben Bucht" über die verhaßten Engländer, aber schon 1603 müssen sich die Iren *Jakob I.* unterwerfen. Das soziale und politische Gefüge auf der Insel wird durch die Engländer vollständig zerschlagen; in Dublin etabliert

	sich eine britische Zentralgewalt, das englische Recht wird auf der Insel eingeführt.
1608	In Ulster (dem heutigen Nordirland), der letzten gälischen Widerstandsregion, siedeln sich schottische und englische Protestanten an, die das von den Iren konfiszierte Land bebauen. Dies ist der historische Ursprung des derzeitigen nordirischen Bürgerkriegs.
1649	Der englische *Lord Protector, Oliver Cromwell,* schlägt den seit 1641 gärenden Aufstand der Iren brutal und grausam nieder.
1690	Schlacht am River Boyne, in der sich zwei britische Könige gegenüberstehen; *James II.* kämpft auf Seiten der Iren gegen *Wilhelm von Oranien,* der die siegreichen Truppen befehligt; die Engländer etablieren sich noch stärker auf der Grünen Insel.
1691	Englische Strafgesetze *(Penal Laws)* schließen irische Katholiken vom Recht auf Landbesitz aus; englische Protestanten übernehmen weite Teile der Insel und reißen die politische Macht an sich *(Protestant Ascendancy).* Viele Iren verzweifeln und wandern aus; für die in der Heimat Verbliebenen übernimmt die katholische Kirche die Führung. Verschärfte Handelsgesetze (Ausfuhrverbot für Wollwaren) machen aus Irland das Armenhaus Europas.
1782–1800	Großbritannien erkennt ein irisches Parlament mit mehr Selbständigkeit an; allerdings sitzen nur Protestanten in dieser Versammlung, die von *Henry Grattan* geführt wird; die protestantische Freiwilligenbewegung *(Volunteers' Movement)* erreicht handelspolitische und verfassungsrechtliche Verbesserungen für das irische Volk.
1798	Unter dem Einfluß der Französischen Revolution verlangen die „Vereinigten Iren" *(United Irishmen)* unter Führung von *Theobald Wolfe Tone* die Einführung der Republik in Irland. *Tone* wird von den Engländern verhaftet, verübt Selbstmord und geht als Märtyrer in die irische Geschichte ein.
1800	Das irische Parlament löst sich selbst auf; die Briten haben die meisten Abgeordneten bestochen.
1801	Der *Act of Union* tritt in Kraft; Irland hat nun 100 Abgeordnete im Londoner Parlament zu Westminster. Viele Grundbesitzer verlassen die Insel und lösen damit eine ökonomische Krise aus.
1803	*Robert Emmet,* Führer einer Widerstandsbewegung, wird hingerichtet; Geheimbünde *(Blackfeet, Whitefeet)* kämpfen gegen die verbliebenen Grundbesitzer.
1823	***Daniel O'Connell*** gründet die *Catholic Association* und schafft damit eine Massenbewegung; bei den sogenannten *Monster Meetings* artikulieren bis zu 250.000 Menschen ihren Protest.
1829	*O'Connell,* mittlerweile Parlamentsabgeordneter, erreicht die Aufhebung der anti-katholischen Gesetze; auch Katholiken können nun ins Parlament einziehen.
1845–1851	The Great Famine, die Große Hungersnot, fordert 1 Mio. Opfer, eine weitere Million Menschen wandert in die USA aus.

Kampf um nationale Unabhängigkeit

1848	Der Aufstand des *Young Ireland Movement,* dessen protestantische Mitglieder einen Staat mit religiöser Toleranz fordern, scheitert.
1858	Irische Einwanderer gründen in den USA den Geheimbund der *Irish*

Republican Brotherhood mit dem Ziel, Irlands Unabhängigkeit von Großbritannien zu erreichen.

1870 *Isaac Butt* gründet die *Home-Rule-Bewegung,* die eine irische Selbstverwaltung fordert.

1879 *Michael Davitt* gründet die „Land-Liga" *(Land League),* um irische Bauern vor Wucherzinsen zu schützen.

1885 *Charles Stewart Parnell,* seit 1875 Abgeordneter im britischen Unterhaus, avanciert zum Führer der Iren. Seine Forderung nach einem eigenen Parlament wird - obwohl bereits vom britischen Unterhaus abgesegnet - vom Oberhaus torpediert. Viele Protestanten in den nördlichen Grafschaften der Insel sind der Ansicht, daß die Union mit Großbritannien langfristig Vorteile für sie bringt, dementsprechend sind sie gegen die Ziele der *Home-Rule-Bewegung.*

1893 Gründung der *Gaelic League* (Gälische Liga), die sich um die gälische Sprache und die gälische Literatur bemuht.

1905 Gründung der Gruppe *Sinn Fein* (Wir selbst), die eine politische und ökonomische Selbstverantwortung fordert und den passiven Widerstand gegen die Briten organisiert.

1913 In Dublin konstituieren sich die *Irish Volunteers* (Irischen Freiwilligen) mit der Forderung nach *Home Rule.*

1916 Am 24. April rufen die „Irischen Freiwilligen" in Dublin die Republik aus; die Briten schlagen diesen als „Osteraufstand" bekannten Unabhängigkeitsversuch brutal nieder und exekutieren die Führer des Freiheitskampfes.

1919 Die irischen Unterhausabgeordneten gründen in Dublin ein eigenes Parlament *(Dail Eireann),* rufen die Unabhängigkeit der Insel aus und etablieren eine Regierung unter *Eamon de Valera* (1882-1975).

1919-1921 Unabhängigkeitskrieg gegen die Briten, getragen von der legendären *Irish Republican Army* (IRA).

1920 Das englische Parlament schafft eine Gesetzesvorlage, die zwei unterschiedliche *Home-Rule-Systeme* vorsieht, eins für die sechs nördlichen Grafschaften (das heutige Nordirland) und eins für den restlichen Teil der Insel.

1921 Am 6. Dezember unterzeichnen die Führer der Unabhängigkeitsbewegung einen Vertrag, wonach Irland ein Freistaat innerhalb des britischen Reiches (später des Commonwealth) wird. Nach der Teilung der Insel in einen irischen Freistaat und den bei Großbritannien verbleibenden Teil im Norden nimmt am 22. Juni das nordirische Parlament in Belfast seine Arbeit auf. Die Protestanten beherrschen das öffentliche Leben in Verwaltung und Wirtschaft, die katholische-irische Bevölkerungsmehrheit ist von ökonomischen und administrativen Aktivitäten ausgeschlossen.

1922 *Arthur Griffith* (1871 - 1922) wird erster Ministerpräsident; nach seinem Tod im gleichen Jahr übt *William Thomas Cosgrave* (1880-1965) das Amt bis zum Jahre 1932 aus.

1921-1923 Bewaffneter Kampf der Freistaatgegner um *Eamon de Valera* gegen die Regierung *Cosgrave;* mehr als 4000 Menschen kommen ums Leben; die Regierung überlebt die Rebellion politisch, läßt jedoch mehr politische Gegner hinrichten als die Briten während des Unabhängigkeitskrieges; ein breiter Riß zieht sich durch die irische Gesellschaft.

1926 Gründung der *Fianna-Fail-Partei* (Schicksalskameraden) unter Führung von *de Valera.*

1932 Wahlsieg der *Fianna Fail, Eamon de Valera* hat das Amt des Ministerpräsidenten bis 1948 inne.

Das unabhängige Irland

1937 Irland gibt sich eine neue Verfassung und erklärt sich zu einem souveränen, unabhängigen und demokratischen Staat mit der Bezeichnung *Eire,* dem ab nun ein Staatspräsident vorsteht.

1939–1945 Im Zweiten Weltkrieg bleibt Irland neutral unter dem Motto: *England's Difficulty is Ireland's Opportunity.*

1949 Irland erklärt sich zur Republik (irisch: *Poblacht Na h'Eireann)* und tritt aus dem Verbund des *Commonwealth* aus.

1955 Irland wird Mitglied bei den Vereinten Nationen (UNO).

1967 Nach dem Vorbild der amerikanischen Bürgerrechtsbewegung formiert sich auch in Nordirland ein *Civil Rights Movement,* das von der herrschenden Minderheit massiv bekämpft wird. Bei Protestaktionen schützt die RUC, die *Royal Ulster Constabulary,* die Katholiken so gut wie gar nicht gegen die Übergriffe von militanten Protestanten.

1969 Bei einem provozierenden Marsch der protestantischen *Apprentice Boys* durch die katholischen Stadtviertel von Derry brechen Aufstände aus. Die katholischen Quartiere werden im wahrsten Sinne des Wortes belagert; die irische Republik schickt Armee-Einheiten an die Grenze zu Nordirland und läßt Feldlazarette errichten, um den verwundeten Nord-Iren medizinische Hilfe zu leisten. Am 14. August schickt die Londoner Regierung Soldaten nach Nordirland.

1972 Bei dem berüchtigten Blutsonntag von Derry erschießen britische Truppen am 31. Januar 13 friedliche und unbewaffnete Katholiken, der Bürgerkrieg in Nordirland bricht aus. Die Regierung der Republik Irland deklariert für den 2. Februar einen Volkstrauertag und in Dublin setzen wütende Bürger Feuer an die britische Botschaft. Nordirland wird nun direkt von London aus regiert.

1973 Über 80% der Iren sind für einen Beitritt zur europäischen Gemeinschaft (EG), der am 1. Januar erfolgt. In Sunningdale kommt es zu einer Konferenz, an der Vertreter der britischen und irischen Regierung sowie Abgesandte des katholischen und protestantischen Lagers teilnehmen. Vereinbart werden Machtteilungen zwischen den beiden Religionsgruppen, auch Katholiken sollen jetzt öffentliche Ämter innehaben können.

1974 Das *United Ulster Unionist Council* organisiert einen Streik, der durch Straßenblockaden der UDA *(Ulster Defence Association)* unterstützt wird. In Dublin töten drei Autobomben der UDA 33 Iren. Die Vereinbarungen der Sunningdale-Konferenz werden von der britischen Regierung aufgelöst und seitdem herrscht London über Nordirland. Die Untergrundgruppe der Katholiken, die IRA *(Irish Republican Army),* legt in Großbritannien mehrere Bomben; 28 Personen kommen bei Anschlägen in Pubs in Birmingham, Woolwich und Guildford ums Leben. Die britische Regierung antwortet mit einem neuen Gesetz, dem *Prevention of Terrorism Act,* das die demokratischen Rechte von Verhafteten weitgehend beschneidet. Zehn mutmaßliche Täter der Bombenanschläge werden trotz magerer Beweise lebenslang ins Gefängnis geschickt. Jahre später müssen alle zehn freigelassen werden - Justizskandale von erschreckendem Ausmaß.

1978 Der Europäische Gerichtshof spricht die Regierung von Großbritannien schuldig, gegen die Menschrechte zu verstoßen, und prangert die inhumane Behandlung von IRA-Häftlingen in den Gefängnissen an.

1979 Weithin grassierende Arbeitslosigkeit, 10% aller Iren sind ohne Beschäftigung.

1981 In Long Kesh, dem Gefängnis südlich von Lisburn, in dem gefangene IRA-Aktivisten einsitzen, kommt es zu Hungerstreiks gegen die unzumutbaren Haftbedingungen. *Bobby Sands,* einer der Führer der IRA, verweigert die Nahrungsaufnahme. Am 11. April wird er als Abgeordneter von Fermanagh und South Tyrone ins Parlament von Westminster gewählt; am Tag seiner Wahl treten weitere neun Mithäftlinge in den Hungerstreik ein - alle zehn Männer sterben.

1985 Mit knapper Mehrheit entscheiden sich im Parlament die Abgeordneten für die Einführung empfängnisverhütender Mittel und widersetzen sich damit dem Einfluß der katholischen Kirche.

1986 Die Einführung und Legalisierung der Ehescheidung wird in einem Referendum mit großer Mehrheit abgelehnt.

1987 Die Arbeitslosigkeit steigt weiter, und eine Auswanderungswelle - die größte seit Jahrzehnten - rollt an.

1990 *Mary Robinson* wird gegen den Einfluß der Kirche zur ersten irischen Präsidentin gewählt. Die Arbeitslosigkeit erreicht die 20%-Marke.

1994 Im Herbst 1994 erklärt *Gery Adams,* Führer der *Sinn-Fein-Partei* und damit der politische Kopf der IRA, einseitig einen Waffenstillstand; in den folgenden Wochen finden zum erstenmal Gespräche zwischen der britischen Regierung und Sinn-Fein-Mitgliedern statt.

1995/96 Das Verbot der Ehescheidung wird in der Republik aufgehoben. Die IRA kündigt wegen der halbherzigen Haltung der englischen Regierung in den Friedensgesprächen den Waffenstillstand auf und legt mit einer gigantischen Bombe das Stadtzentrum von Manchester in Schutt und Asche. Im Sommer 1996 kommt es in Nordirland zu den schlimmsten Auseinandersetzungen zwischen Protestanten und Katholiken seit Jahren. Die Polizei hat radikalen Protestanten politische Umzüge durch katholische Wohngebiete gestattet.

1997 Die bei den Iren sehr beliebte linksliberale Präsidentin *Mary Robinson* wechselt als Hochkommissarin für Menschenrechte zu den Vereinten Nationen. Ihre Nachfolgerin wird die fundamentalkatholische *Mary MacAleese.* Nach dem Wahlsieg *Labour Party* in Großbritannien werden Allparteiengespräche über Nordirland aufgenommen. Zum ersten Mal sitzen Vertreter der Protestanten und Katholiken an einem Tisch. Trotz dieser Verhandlungen kommt es zu Mordanschlägen der beiden verfeindeten Gruppen.

1998 Zu Ostern gelingt ein Durchbruch bei den Friedensverhandlungen. Die weitere Umsetzung des Friedensabkommens, das unter anderem eine größere Autonomie Nordirlands von der Regierung in London und eine funktionstüchtige Regionalregierung vorsieht, wird in einem Referendum in Nordirland und in der Republik mit überwältigender Mehrheit gebilligt. Im Juni wird das erste nordirische Regionalparlament gewählt. Trotz einiger Terrorakte militanter Splittergruppen wird der neue Frieden von allen maßgeblichen Parteien getragen.

Die Kartoffel und die Große Hungersnot

Als sicher gilt, daß im Jahre 1577 dem englischen Freibeuter *Sir Francis Drake* in Peru die ersten Kartoffeln angeboten wurden. Elf Jahre später, 1588, spülten die Wellen aus einigen Wracks der geschlagenen Spanischen Armada ***die ersten Knollenfrüchte*** an die Küste Westirlands, und bereits um 1625 war die Kartoffel das Hauptnahrungsmittel auf der Grünen Insel. Die nahrhafte Knolle aus dem südamerikanischen Hochland entpuppte sich als ideale Feldfrucht für die Iren. Da die Böden fast auf der gesamten Insel äußerst schlecht waren, die Engländer die Bevölkerung zudem in die unfruchtbarsten Gebiete abgedrängt hatten, konnte nur mit dieser genügsamen Knolle eine Nahrungsmittelsteigerung vorgenommen werden.

Die Kartoffel, *Solanum tuberosum,* wuchs ursprünglich in hohen Bergregionen, war an karge Böden, lange Nächte mit niedrigen Temperaturen und an trockene Zeiten gewöhnt. Auch im feuchten und kalten Irland mit seinen relativ langen Tagen und den armen Böden fand die Knolle ideale Wachstumsbedingungen.

Hinzu kam, daß man für den ***Kartoffelanbau*** keinerlei Werkzeuge benötigte, denn notfalls reichten zum Ernten die eigenen Hände aus, die Feldfrucht mußte nicht, wie beispielsweise das Getreide, gedroschen werden, ein Torffeuer und ein Wassertopf waren alles, um direkt eine nahrhafte Mahlzeit auf den Tisch zu bringen.

Schnell hatten die Iren auch die effektivste und zeitsparendste Art herausgefunden, wie man die Knolle pflanzt: In einem ***Hügelbeet*** nämlich, das auf jedem beliebigen Boden anlegbar ist. Das Gelände muß nicht flach und eben sein, auch Steine stören nicht, und da sich das Beet selbst entwässert, ist ein Berghang ebenso geeignet wie eine sumpfige Region. Auf einen Streifen Land legt man irgendeinen Dünger, Seetang oder Torf, verteilt darauf die Knollen und gräbt rechts und links einen Graben, dessen Erde man über die Kartoffeln häuft - fertig ist das Hügelbeet.

Schon die ***Erträge*** eines halben Morgens reichten aus, eine Familie über das Jahr zu bringen, vorausgesetzt, daß zusätzlich Milch, ab und an Fleisch oder Fisch, Speck und Käse zur Verfügung standen. Des weiteren war solch ein Hügelbeet gegen Frost immun, und wenn keine Lagermöglichkeiten vorhanden waren, diente es auch noch als Miete für die ausgewachsenen Knollen, die täglich nach Bedarf herausgeholt wurden und in den Kochtopf wanderten.

Die Anlage eines Lazy Bed

Da die Iren ihre Felder also nicht beackerten, sondern die ausgegrabene Grasnarbe einfach umgekehrt auf die Knollen und den Dünger häuften, nannten die Engländer diese Beetanlage *Lazy Bed* und drückten damit ihre Verachtung gegenüber den „faulen" Inselbewohnern aus. Die arroganten Briten wußten natürlich nicht, daß im peruanischen Hochland diese Hügelbeettechnik schon vor Jahrhunderten entwickelt worden war und als besonders ideal für die Zucht von Kartoffeln galt.

Mit dem neuen Nahrungsmittel begann eine ***Bevölkerungsexplosion,*** die in Europa ihresgleichen suchte. 1660, rund 35 Jahre nach Einführung der Kartoffel, lebten 500.000 Iren auf der Grünen Insel, 28 Jahre später hatte sich die Bevölkerung auf 1,25 Mio. mehr als verdoppelt. Von 1760 dann bis zum Jahre 1840 wuchs die Bevölkerung von 1,5 Mio. auf 9 Mio. an - eine Steigerung von 600% in nur 80 Jahren. (Eine schier unglaubliche Zahl, wenn man sich vor Augen hält, daß Irland heutzutage gerade einmal 3,5 Mio. Einwohner zählt.)

Ohne die Kartoffel hätte das Land maximal 5 Mio. Iren mit Nahrung versorgen können, das jedoch auch nur, wenn es einen organisierten Getreidehandel gegeben hätte, den man in jenen Tagen auf der Grünen Insel jedoch nicht kannte. Zudem waren in diesen Jahren die Preise für Weizen und Roggen sehr hoch, die armen Iren hätten die hohen Forderungen gar nicht bezahlen können.

Da nun also ein ganzes Volk von einer einzigen Feldfrucht abhängig war, brachte eine Mißernte die Bevölkerung in eine ***lebensbedrohliche Situation,*** und die irischen Chroniken berichten von schlimmen Zeiten: Zwischen 1724 und 1749 kam es fünfmal zu einem Ernteausfall, die Jahre zwischen 1750 und 1774 waren ebenfalls von fünf Mißernten betroffen, in zwei Jahren war es gar so schlecht, daß man von einer Hungersnot sprach; Hilfsmaßnahmen wurden unternommen, und die wenigen Getreideexporte stellte man ein.

Zwischen 1775 und 1799 kam es wiederum in fünf Jahren zu Mißernten und zwischen 1800 und 1824 forderten neun Hungerjahre ihren Tribut. Allein 1821 starben 250.000 Menschen aufgrund fehlender Nahrungsmittel sowie durch Cholera und Typhus. Zwischen 1829 und 1845, dem Jahr, in dem die Große Hungersnot begann, hatte es in einem Zeitraum von 17 Jahren nur fünf normale Ernten gegeben. Die irische Bevölkerung stand permanent am Rande des Hungertodes.

Wie kam es zu solcherart verheerenden Ernteausfällen? Wie jede andere Feldfrucht, so konnte auch die Kartoffel von Schädlingen befallen werden. Um das Jahr 1750 tauchte zum erstenmal die ***Trockenfäule*** auf. Die eingelagerten, scheinbar gesunden Knollen wurden von einem Pilz, dem *Fusarium caeruleum,* befallen; die Kartoffeln trockneten aus, schrumpften zusammen und waren schließlich nur noch eine ungenießbare holzähnliche Masse. Man stelle sich das Entsetzen der Bauern vor, die im Juli/August zufrieden ihre scheinbar gesunde Ernte einlagerten und dann um Weihnachten feststellten, daß sie bis zum nächsten Herbst nichts mehr zu essen hatten.

1770 kam zu diesem Pilzbefall die ***Kräuselkrankheit*** hinzu, die sich die folgenden 40 Jahre epidemisch ausbreitete. Hierbei handelte es sich um eine Virusinfektion, die von Blattläusen übertragen wurde. Der Virus verhinderte das Wachstum der Pflanzen, und ohne daß es erkennbar gewesen wäre, konnten bis zu 70% eines Feldes infiziert sein. Auch hier muß das Entsetzen der Bauern groß gewesen sein, wenn sie auf dem scheinbar gesunden Acker ernten wollten.

1795 machte der ***Schimmelpilz*** *Botrytis cinerea* die Hoffnungen der Farmer zunichte; der Pilz schlug sich auf den Pflanzen nieder und entzog ihnen die Feuchtigkeit, so daß sie austrockneten und schrumpften.

Es sollte jedoch noch schlimmer kommen. 1833 trat die ***Schwarzfäule*** auf, deren Erreger erst die Blätter befiehl und dann die Knolle vernichtete; wenn kranke und gesunde Kartoffeln gemeinsam gelagert wurden, so steckten die infizierten Knollen auch die noch nicht befallenen Früchte an.

Die wahre Katastrophe aber, die Große Hungersnot der Jahre 1845-1851, verursachte die ***Braunfäule*** oder auch der sogenannte ***Brand,*** ausgelöst durch den Pilz *Phrytophthora infestans.* Im Juni 1845 sichtete man diesen Kartoffelkiller erstmals auf der Isle of Wight, am 1. August waren bereits alle europäischen Länder betroffen, Irland selbstverständlich auch.

Wie bei den anderen Kartoffelkrankheiten auch, deutete bei der Braunfäule im Juni, Juli und August des Jahres 1845 nichts auf einen möglichen Ernteausfall hin. Die Bauern hatten hinzugelernt, inspizierten regelmäßig ihre Pflanzen und sahen einem guten Ertrag entgegen. Keine der gefürchteten Krankheiten war bisher aufgetreten, und die Iren schauten voller Optimismus in die Zukunft. Da jedoch wurden die Felder innerhalb weniger Tage plötzlich braun, dann schwarz und stanken entsetzlich, die gesamte Ernte war auf einen Schlag vernichtet. In den folgenden sechs Jahren starben über eine Million Menschen an Hunger, eine weitere Million wanderte aus und schiffte sich auf den überfüllten „Kartoffelsärgen" nach Amerika ein.

Im schlimmsten Jahr der großen Hungersnot kam auch noch die ***Cholera*** hinzu, 36.000 Menschen starben an der Seuche. „Die Sterbenden trugen die Toten", so heißt es in einem Bericht. Dem Ausmaß der Katastrophe konnte sich auch der britische Premier *Robert Peel* nicht verschließen, und er erklärte öffentlich: „Wieviel Diarrhoe, blutigen Ausfluß, Dysenterie muß ein Volk ertragen, bis man beschließt, ihm mit Nahrung zu helfen?" Diese Worte kosteten ihn sein Amt, Ende des Jahres 1845 mußte er, gezwungen vom Parlament, seinen Hut nehmen. Der Schatzmeister seiner Majestät allerdings, *Charles Trevelyan,* blieb auf seinem Posten; er hatte die Hungersnot als eine Strafe Gottes für ein rebellisches und undankbares Land bezeichnet und die Hilfsgelder so weit wie eben möglich heruntergedrückt.

Der Schock der Hungersnot war so groß, daß die ***Massenauswanderung*** über viele Jahrzehnte weiter anhielt und die Bevölkerungszahlen dramatisch nach unten gingen.

Friedrich Engels, der im Jahre 1856 eine Reise durch Irland unternahm, zeigte sich von den ***Auswirkungen der Hungersnot*** mehr als betroffen. In einem Brief an *Marx* schrieb er: „Eigentümlich sind in dem Land die Ruinen. Im ganzen Westen, besonders aber in der Gegend von Galway, ist das Land mit solchen verfallenen Bauernhäusern bedeckt, die meist erst seit 1846 verlassen sind. Ich habe nie geglaubt, daß eine Hungersnot eine so handgreifliche Realität haben könne. Ganze Dörfer sind verödet, und dazwischen dann die prächtigen Parks der kleinen Landlords, fast die einzigen, die dort noch wohnen. Hungersnot, Auswanderung und *Clearances* zusammen haben das fertiggebracht. Dabei nicht einmal Vieh auf den Feldern; das Land ist eine komplette Wüste, die niemand haben will."

John Redmond führte die Irish Party im Parlament zu Westminster Anfang des 20. Jh.

Das Irland-Bild der Engländer

IRISH.

SCENE—*Cottage in West of Ireland during a rain-storm.*

Tourist. "WHY DON'T YOU MEND THOSE BIG HOLES IN THE ROOF?"

Pat. "WUD YOUR HONOUR HAVE ME GO OUT AN' MEND IT IN ALL THIS RAIN?"

Tourist. "NO. BUT YOU COULD DO IT WHEN IT IS FINE."

Pat. "SHURE, YOUR HONOUR, THERE'S NO NEED TO DO IT THIN!"

Praktische Hinweise

Information

Vor der Reise

Bei den folgenden Institutionen kann man Broschüren und Informationsmaterial über Irland bekommen:
- ***Irische Fremdenverkehrszentrale***
Untermainanlage 7, 60329 Frankfurt/a. M.
Tel. (069) 236492, Fax (069) 234692

Spezielle Informationen zu ***Überlandbussen*** und der ***Eisenbahn*** erhält man in Deutschland bei:
- ***C.I.E. Tours International GmbH***
Unternehmen der Staatlichen Irischen Transportgesellschaft
Worringerstr. 4, 40211 Düsseldorf
Tel. (0211) 173260, Fax (0211) 324426

Ein auf Irland-Reisen spezialisiertes ***Reisebüro*** ist:
- ***Gaeltacht Irland Reisen***
Schwarzer Weg 25, 47447 Moers
Tel. (02841) 930111, Fax. 30665

In ***Österreich*** erhält man Informationen bei der irischen Botschaft in Österreich, Adresse s. u.

In der Schweiz:

- ***Irland Informationsbüro***
Neumühle Töss
Neumühlestraße 42, 8406 Winterthur
Tel. (052) 2026906/7, Fax (052) 2028908
- ***Aer Lingus - Irish Airlines***
Lintheschergasse 17, 8001 Zürich
Tel. (01) 2112850/51

Goethe-Institut

- ***German Cultural Institute***
37 Merrion Square, Dublin 2,
Tel. (01) 6611155,
Fax. 66111358

Touristen-Informationen in Irland

In allen größeren Ortschaften gibt es Touristen-Informationsbüros, in denen sachkundige Mitarbeiter/innen hilfreiche Auskünfte geben; auch Broschüren aller Art - häufig gegen eine geringe Gebühr - können hier erstanden werden. Viele Tourist Offices verfügen auch über eine Wechselstube. Gegen einen geringen Obolus vermitteln die Mitarbeiter auch Hotels und nehmen verbindliche Buchungen in B & B vor.

Generelle ***Öffnungszeiten:*** Montag bis Freitag 9-18 Uhr; Samstag von 9-13 Uhr. In kleinen Dörfern sind die Büros nur in der Saison von April bis September geöffnet.

Informationen aus dem Internet

Wer sich über sein Reiseziel im Internet informieren möchte, findet auf der Homepage dieses Verlages Informationen und weiterführende Links:
http://www.reise-know-how.de/

Noch mehr Informationen vermittelt die bei Reise Know-How erschienene ***CD-Rom „Die ganze Welt im Internet“*** mit 15.000 bewerteten und geordneten Hyperlinks zu allen Ländern der Erde (Windows ab 3.11 oder Power-Mac).

Zeitungen

Deutsche Zeitungen und Zeitschriften - hier vor allem „Spiegel“, „Stern“, „FAZ“ und die „Zeit“ - sind nur in größeren Städten wie Dublin, Waterford, Cork, Limerick, Galway und Sligo zu bekommen oder aber in den Touristenzentren wie Killarney. Hauptvertriebsstelle ist die Buchhandelskette Eason's, die in allen genannten Städten Dependancen besitzt.

Diplomatische Vertretungen

In Deutschland

- ***Botschaft der Republik Irland***
Godesberger Allee 119, 53175 Bonn
Tel. (0228) 959290, Fax. 373500
- ***Konsulat der Republik Irland***
Ernst-Reuter-Platz 10, 10587 Berlin
Tel. (030) 34800822, Fax. 34800863
- ***Konsulat der Republik Irland***
Mauerkirchner Str. 1 a, 81679 München
Tel. (089) 985723/4, Fax. 984219

In Österreich

- ***Botschaft der Republik Irland***
Hilton Centre (16. Etage)
Landstraßer Hauptstr. 2, 1030 Wien
Tel. (01) 7154246, Fax. 7136004

In der Schweiz

- ***Botschaft der Republik Irland***
Kirchfeldstr. 68, 3005 Bern
Tel. (031) 3521442, Fax (031) 3521455

In Irland

- ***Deutsche Botschaft***
German Embassy
31 Trimleston Av., Booterstown, Co. Dublin
Tel. (01) 2693011, Fax 2693946
- ***Österreichische Botschaft***
15 Ailesbury Court, 93 Ailesbury Road
Dublin 4, Tel. (01) 2694577, Fax 2830860
- ***Schweizer Botschaft***
6 Ailesbury Road, Dublin 4
Tel. (01) 2692515, Fax 2830344

Beste Reisezeit

Die beste Reisezeit reicht von Anfang Mai bis Mitte September. Zwar gibt es vor- und nachher auch schöne Tage, die Regenstatistik jedoch spricht eine eindeutige Sprache (vgl. Kapitel „Klima"). Die trockensten Monate sind Mai und Juni, die sonnigsten Juli und August.

Allerdings sind in den beiden letztgenannten Monaten nicht nur die vielen ausländischen Touristen auf der Grünen Insel unterwegs, auch die Iren selbst sind dann *very busy,* wie sie selbst sagen, reisen also auch im Lande umher. In dieser Zeit sind alle Unterkünfte belegt und in den Restaurants bekommt man keinen Tisch. Die empfehlenswertesten Urlaubstage liegen deshalb von Anfang Mai bis Mitte Juni. Außerhalb der Saison, von Oktober bis April, bieten viele Reiseveranstalter Vorzugsangebote zu stark verbilligten Preisen an (vergl. Kapitel „Anreise" „Organisierte Reisen").

Ein- und Ausreisebestimmungen

Reisedokumente

Für eine Aufenthaltsdauer unter drei Monaten benötigt man nur den heimischen Personalausweis; mit einem Reisepaß kann man selbstverständlich auch einreisen. Ein Visum ist nicht erforderlich. Wer sich länger als sechs Monate in Irland aufhalten möchte, muß sich bei der *Garda* (Polizei), Aliens Office, Dublin Castle (Lower Yard), Dublin 2, anmelden.

Für ***Fahrzeuge*** sowie auch für mitgeführte Wohnwagen reicht der nationale Führerschein aus; eine grüne Versicherungskarte sollte man vorsichtshalber ebenfalls mitführen.

Haustiere

Haustiere dürfen nicht mit in den Urlaub genommen werden, es sei denn, sie haben eine sechsmonatige Quarantäne hinter sich gebracht. In Irland gibt es keine Tollwut, entsprechend streng sind die Gesetze, wenn man den Familienhund dennoch ins Land schmuggelt: Das Tier wird eingeschläfert!

Zollbestimmungen

Frische und konservierte Milch-, Geflügel- und Fleischprodukte dürfen ebenfalls nicht eingeführt werden. Das gleiche gilt für alle Arten von Waffen (es sei denn, man hat einen Jagdurlaub gebucht und verfügt über entsprechende, vom Veranstalter besorgte Genehmigungen). Bei der Einreise darf man Irische Pfund in unbegrenzter Höhe einführen, bei der Ausreise jedoch dürfen nur 150 Irische Pfund mit ausgeführt werden. Für deutsche Besucher sind Reiseandenken bis zu einer Höhe von 300 Irischen Pfund (ca. DM 830,-) mehrwertsteuerfrei. Österreicher und Schweizer müssen in ihren Heimatländern jedoch bei der Rückreise die Mehrwertsteuer entrichten.

Mehrwertsteuererstattung für Schweizer

Für Besucher aus Deutschland und Östereich entfällt seit 1993 mit der Einführung des Europäischen Binnenmarktes eine Mehrwertsteuerrückerstattung. Für Schweizer ist diese noch möglich.

Fast alle irischen Geschäfte wenden das sogenannte Cashback-Verfahren an. Dabei erhält der Käufer im Geschäft einen Cashback-Gutschein, der auf den Flughäfen bzw. den Fährhäfen vom Zoll abgestempelt werden muß. Diesen Gutschein schickt man dann an das Geschäft zurück und die Mehrwertsteuer wird abzüglich einer Bearbeitungsgebühr erstattet. Bei Geschäften, die ihr eigenes Verfahren anwenden, bekommt der Käufer eine Rechnung, die ebenfalls vom Zoll abgestempelt werden muß und an den Verkäufer zurückgeht. Ebenfalls gegen eine Bearbeitungsgebühr erfolgt die Rückerstattung.

Reisegepäck

Warme Kleidung und gutes Regenzeug gehören unbedingt ins Reisegepäck, des weiteren feste Schuhe und Gummistiefel. Gute Wanderstiefel sollte man für die vielfältigen Wandermöglichkeiten nicht vergessen, dazu gehört auch die entsprechende

Wanderausrüstung wie Tagesrucksack, Erste-Hilfe-Set, Survival Kit etc. (s. a. Kapitel „Urlaubsaktivitäten"). Eine Taschenlampe ist im Urlaub immer nützlich, und das multifunktionale Schweizer Offiziersmesser sowie das sehr intelligent konstruierte Mehrzweckwerkzeug Leatherman gehören ohnehin in jedes Gepäck. Auch wenn man kein Ornithologe ist, sollte man trotzdem ein Fernglas mitnehmen, denn viele geschützte Vogelbeobachtungsstellen lohnen einen Besuch.

Neben sportlicher ***Kleidung*** benötigt der Herr für den abendlichen Restaurantbesuch ein Sakko nebst Krawatte, und die Dame braucht ein etwas eleganteres Kleid. In guten Hotels besteht häufig am Abend Krawattenzwang. Die Iren machen sich chic, wenn sie ausgehen.

Filme und Kamerazubehör gibt es in allen größeren Städten sowie natürlich in den Touristenzentren. Das Angebot ist reichhaltig, auch hochempfindliche Filme sind überall vorhanden, jedoch ein wenig teurer als auf dem Kontinent.

An- und Rückreise

Mit dem Flugzeug

Von allen größeren ***Flughäfen*** Deutschlands (Ausnahme Köln) sowie Österreichs und der Schweiz fliegen Aer Lingus, Britisch Airways, Lufthansa, Austrian Airlines und Swiss Air direkt nach Dublin.

Die deutschen Reiseveranstalter bieten in der Zeit von April bis Oktober ***Charterflüge*** an, die Schweizer tun dies nur in den Monaten Mai bis August. Gegen eine geringe Gebühr kann man auch sein ***Fahrrad*** im Flugzeug transportieren.

Alle Fluglinien haben verbilligte ***Sondertarife,*** die man u. U. schon lange vor der Reise buchen muß. Daneben gibt es Last-Minute-Angebote und andere Sonderkonditionen, durch die man einiges einsparen kann. Günstige Flüge vermittelt u.a. die Firma *Travel Overland* in München, Tel. (089) 272760, Fax. 3073039.

Mit der Bahn

Um mit dem Zug auf die Grüne Insel zu gelangen, muß man von Wien, Zürich, Frankfurt und Köln schon recht früh am Morgen nach London losfahren (Ankunft Victoria Station).

Seit Ende 1994 kann man nun auch von Paris und Brüssel mit Personenzügen durch den ***Chunnel*** nach Großbritannien gelangen; nach Beendigung der Einführungsphase soll dann alle zwei Stunden ein Eurostar von Paris Nord und Brüssel Midi nach London Waterloo fahren. Ein Zug faßt 800 Passagiere, die 500 km lange Strecke wird in drei Stunden zurückgelegt.

Vom Londoner Bahnhof Euston Station (von Victoria Station mit der U-Bahn erreichbar; Victoria Line über Green Park, Oxford Circus und Warren Street) geht dann täglich um 18.50 Uhr der Zug nach Holyhead (Wales) ab. Von dort setzt dann die Fähre nach Dublin über; Ankunft in Dublin am frühen Morgen.

Mit dem Bus

Von Dortmund, Düsseldorf, Köln, Frankfurt, München, Hannover, Hamburg, Stuttgart und Berlin gelangt man mit Linienbussen über London (ein Besichtigungstag eingeschlossen) nach Dublin. Dies ist die mit Abstand preisgünstigste Möglichkeit, in die irische Metropole zu gelangen – allerdings ist man auch drei Tage unterwegs.

Mit dem Auto

Direkte Fährverbindungen mit der Irish Ferries vom Kontinent nach Irland sind von den Normandie-Städten Le Havre (nach Rosslare und Cork) und Cherbourg (nach Rosslare) möglich sowie, nur in den Sommermonaten, mit Brittany Ferries von Roscoff in der Bretagne (nach Cork). Irish Ferries setzen von Oktober bis April dreimal wöchentlich, während der Hauptsaison täglich nach Irland über. Auf der fast 23stündigen Fahrt muß man das Auto natürlich verlassen und sollte, wenn man die Nacht nicht auf unbequemen Sesseln verbringen will, eine Kabine buchen. Verpflegung nimmt man ebenfalls am besten mit, will man nicht auf die überteuerten Angebote der Fähren zurückgreifen.

Wählt man den Weg über die sogenannte Landbrücke – gemeint ist damit die ***Fahrt durch England*** – so setzt man zumeist aus dem belgischen Hafen Ostende (vier Stunden bis Dover) oder im französischen Calais (zwei Stunden bis Dover) über. Von Dover geht die Fahrt dann weiter zu den südwalisischen Häfen Pembroke, Fishguard (nach Rosslare), Swansea (nach Cork) oder in das nordwalisische Holyhead (nach Dublin bzw. Dun Laoghaire; alle Verbindungen mehrmals täglich). Zur Einreise nach Großbritannien genügt der nationale Personalausweis; für Deutsche, Schweizer und Österreicher ist kein Visum erforderlich. Auch nach Großbritannien dürfen keine Haustiere mitgenommen werden, es sei denn, sie haben eine Quarantäne von sechs Monaten über sich ergehen lassen.

Da die Anreise nach Irland über die englische Landbrücke die längste Anfahrt darstellt, ist sie eigentlich nur für Leute interessant, die einen Besuch der Grünen Insel mit den landschaftlichen Schönheiten und den Städtchen Südenglands verbinden möchten. Lohnenswerte Abstecher sind dann z. B. Canterbury, Oxford, Cambridge, Stratford-on-Avon, Bath und, nicht zu vergessen, natürlich London. Unbedingt sollte man sich dann aber mit einem Reiseführer über diese Region ausstatten.

Wer jedoch von Dover zu den oben erwähnten Fährhäfen „in einem Rutsch" durchfahren will, muß mit Fahrtzeiten zwischen acht und elf Stunden rechnen.

Die billigste, aber auch zeitraubendste Möglichkeit ist die sogenannte ***Rainbow-Route;*** dafür fährt man dann allerdings von Dover bis Cairnryan in Südschottland und setzt nach Belfast in Nordirland über.

Das irische Fremdenverkehrsamt verschickt auf Wunsch die ***aktuelle Broschüre*** „Autofähren nach Großbritannien und Irland" und/oder

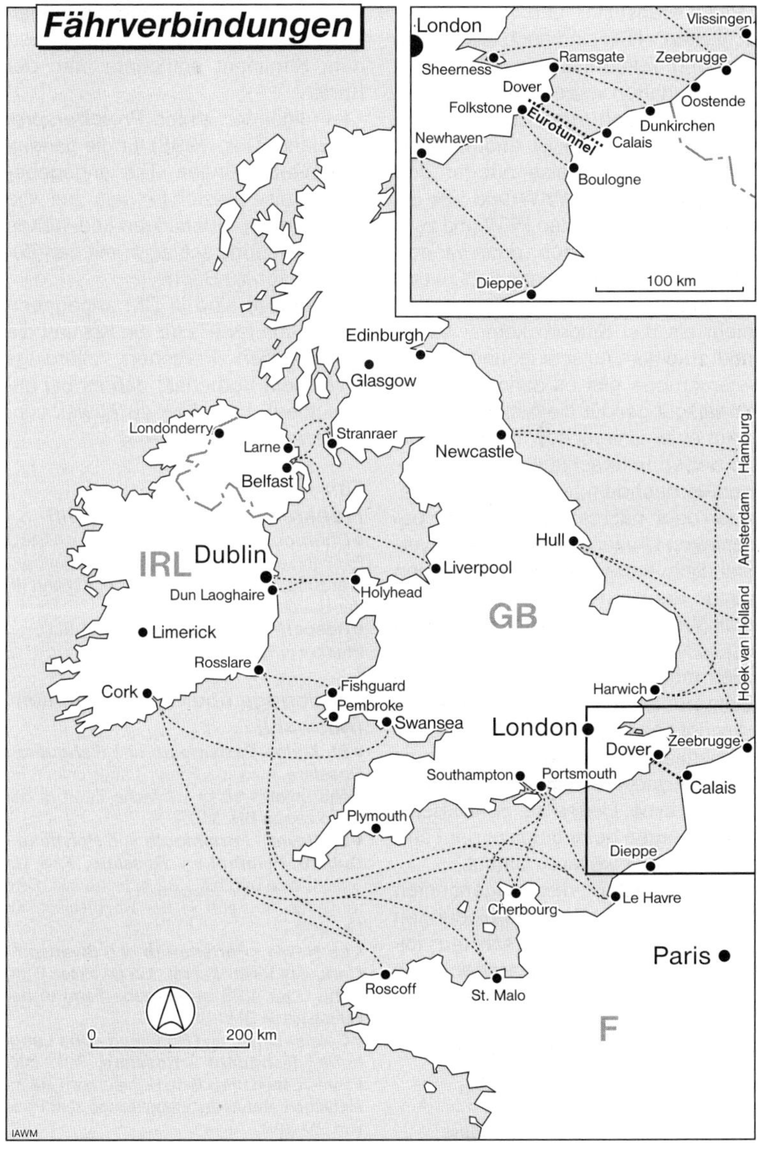
Fährverbindungen
London
Vlissingen
Sheerness
Ramsgate
Zeebrugge
Dover
Oostende
Folkstone
Eurotunnel
Dunkirchen
Calais
Newhaven
Boulogne
Dieppe
100 km
Edinburgh
Glasgow
Londonderry
Stranraer
Larne
Belfast
Newcastle
Hamburg
Amsterdam
Hoek van Holland
Hull
IRL
Dublin
Liverpool
Dun Laoghaire
Holyhead
GB
Limerick
Rosslare
Fishguard
Harwich
Cork
Pembroke
Swansea
London
Dover
Zeebrugge
Southampton
Portsmouth
Calais
Plymouth
Dieppe
Le Havre
Cherbourg
Paris
Roscoff
St. Malo
0
200 km
F
IAWM

„Reiseveranstalter und Anreisemöglichkeiten". Hier sind auch alle Adressen und Telefonnummern der Fährgesellschaften verzeichnet.

Der ***Tarifdschungel*** auf den unterschiedlichen Linien ist enorm dicht. Mal gelten die Preise nur für den PKW, mal für den PKW und vier Erwachsene, mal für den PKW und zwei begleitende Personen, dann wiederum gibt es Familienspartickets, wenn die eigenen Kinder dabei sind; bei mehr als drei Kindern kommt es erneut zu einem Aufschlag, und je nach Altersgruppe gibt es dann wiederum Ermäßigungen für die Kleinen.

Auf einer Linie gelten manchmal bis zu sieben unterschiedliche Tarifgruppen, je nachdem, ob die Fähre tagsüber oder nachts oder auch zu bestimmten Uhrzeiten ablegt. Selbstverständlich haben die meisten Linien auch Senioren- und Studentenermäßigungen in ihrem Programm, und schließlich machen sie sich noch mit allen möglichen Spezial- und Supertarifen untereinander Konkurrenz. Alle möglichen Arten von Aufpreisen – Einbettkabine, Zweibettkabine, mit Dusche und WC, mit Waschbecken, Außenkabine, Liegesitze, Schlafsessel etc. – sorgen beim Studium der Fährbroschüre für weiteren Unmut.

Wichtig sind die sogenannten ***Landbridge-Tarife,*** Verbindungen via Großbritannien, wo man u.a. folgende Strecken zu günstigen Preisen untereinander kombinieren kann:

- ***Calais – Dover***
- ***Dieppe – Newhaven***
- ***Cherbourg – Southampton***
- ***Fishguard – Rosslare***
- ***Holyhead – Dun Laoghaire.***

Die wichtigsten Fährverbindungen zwischen Irland, Großbritannien und dem Kontinent entnehme man der Karte.

Im folgenden einige ***Preisbeispiele*** (Stand: Dez. 1998) für die gängigsten Verbindungen. Die angegebenen Preise beziehen sich auf die Hauptsaison. Überlängen und -höhen des Fahrzeugs schlagen mit den Zusatzpreisen zu Buche.

Die Preise sind in DM angegeben und gelten jeweils für ein Kfz und die mitfahrenden Personen, allerdings unter dem Vorbehalt, daß es bei unterschiedlichem Alter zu Abweichungen kommen kann.

Fährverbindungen Frankreich – Irland (Auswahl)

- ***Cherbourg - Rosslare,*** Fahrtzeit 16 Std., Ein Fahrzeug bis 6,50 m , keine Höhenbegrenzung, zwei Personen, einfache Fahrt in der Hauptsaison DM 825,-
- ***Roscoff - Rosslare,*** Fahrtzeit 14 Std., Preise wie Cherbourg - Rosslare

Landbridge über Großbritannien (Auswahl)

- ***St. Malo - Portsmouth*** und ***Fishguard - Rosslare,*** Auto inkl. Fahrer, Länge unter 6 m, Höhe unter 1,98 m, einfache Fahrt in der Hauptsaison DM 360,-
- ***Le Havre - Portsmouth*** und ***Holyhead - Dublin/ Pembroke - Rosslare,*** Pkw bis 6,50 Länge und bis 1,82 m Höhe inkl. Fahrer, einfache Fahrt in der Hauptsaison für DM 400,-
- ***Le Havre - Portsmouth*** und ***Swansea - Cork,*** Auto inkl. Fahrer, Länge unter 6 m, Höhe unter 1,98 m, einfache Fahrt in der Hauptsaison DM 280,-
- ***Calais - Dover*** und ***Holyhead - Dun Laoghaire/ Fishguard - Rosslare,*** Auto inkl. Fahrer, Länge unter 6 m, Höhe unter 1,98 m, einfache Fahrt in der Hauptsaison zum Preis von DM 388,-

Eurotunnel

Der Shuttle-Zug fährt in Spitzenzeiten alle 15 Min., nachts mindestens einmal stündlich; Fahrtzeit 35 Min. Bei einem nur fünf Tage gültigen Ticket zahlt man für die Hin- und Rückfahrt mit PKW inkl. max. 5 Pers. von 6-22 Uhr DM 320, von 22-6 Uhr DM 250. Ein unbegrenzt gültiges Ticket für diegleichen Leistungen kostet tagsüber DM 520, nachts DM 400. Mit dem Motorrad (2 Personen) kostet die Hin- und Rückfahrt von 6-22 Uhr DM 180, von 22-6 Uhr DM 160.

Organisierte Reisen

Weit über 100 Reiseveranstalter bieten Pauschalarrangements zu unterschiedlichen Urlaubsaktivitäten an. Da kann man einen Studien-, Sprach-, Angel-, Golf-, Wander-, Fahrrad- und Reiturlaub buchen, seine Touren im Pferdewagen durchführen oder mit Booten auf dem Shannon kreuzen. Viel Gebrauch wird von den Fly-&-Drive-Angeboten gemacht; dabei bucht man einen Leihwagen mit, der am Flughafen bereitsteht (keine Kilometerbegrenzung).

Außerhalb der Saison, von Oktober bis April, gibt es viele Vorzugsangebote zu stark verbilligten Preisen. Es empfiehlt sich, beim Irischen Fremdenverkehrsamt die aktuelle Broschüre „Grüne Seiten" sowie für die Nebensaison das Angebotsblatt „Grüne Zeiten - Milde Preise" zu ordern; hier kann man dann alle Angebote der Veanstalter miteinander vergleichen.

Unterwegs in Irland

Mit dem Flugzeug

Innerirische Flüge verkehren zwischen den vier internationalen Flughäfen Dublin, Shannon, Cork und Knock sowie auch zwischen den Regional-Airports Kerry County, Galway, Sligo, Carrickfinn und Waterford. Allerdings lohnen sich bei den relativ geringen Entfernungen Flüge nur dann, wenn man wirklich in Eile ist.

Mit Bahn und Bus

Busse und Züge betreibt die staatliche Transportgesellschaft C.I.E. *(Coras Iompair Eireann).* Während noch in den fünfziger Jahren ein dichtes ***Eisenbahnnetz*** die Grüne Insel überzog, sind bis heute viele unrentable Strecken - vor allem im strukturschwachen Westen und Norden - stillgelegt worden. Nördlich von Sligo gibt es keine Eisenbahnverbindungen mehr.

Überlandbusse mit dem Namen *Expressway* verbinden alle wichtigen Ortschaften miteinander, mit der Bahn sind praktisch nur größere Städte zu erreichen. Während der Sommermonate fahren die *Expressways* auch kleinere Dörfer an. Im Reiseteil werden jeweils im Anhang zu einem besprochenen Ort unter der Rubrik „Verbindung" die Bus- und Bahnverbindungen genannt.

Die ***Fahrpreise*** sind hoch; wenn man zu zweit unterwegs auf den öffentlichen Fernverkehr angewiesen ist, so lohnt durchaus die Überlegung, ob man nicht einen Leihwagen nimmt. So kostet ein Rückfahrkarte von Dublin nach Cork 16 £ (noch teurer ist die Bahn); ein Leihwagen schlägt pro Tag ohne Kilometerbegrenzung mit 24 Pfund zu Buche, ist also für zwei Personen nur wenig teurer als der Bus. Zwar kommt nun noch das Benzin hinzu, doch dafür hat man eine wesentlich größere Bewegungsfreiheit.

Auf der anderen Seite darf man die ***Vergünstigungen der C.I.E.*** nicht vergessen; da gibt es z. B. das *Boomerang*-Ticket, bei dem Hin-und Rückfahrten am Di., Mi. und Do. preismäßig als einfache Fahrt gelten (gültig einen Monat). Da Besucher in der Regel jedoch von Ort zu Ort reisen und nur in den seltensten Fällen ein *Return Ticket* benötigen, schlägt diese Ermäßigung nicht sonderlich zu Buche. Besser sind die sogenannten *Rambler Tickets,* mit denen man alle Busse und Bahnen benutzen kann und die drei, acht oder 15 Tage gültig sind.

Ermäßigungen für Studenten und Schüler bieten natürlich alle Bus-, Bahn-, Fähr- und Fluggesellschaften. Für Jugendliche unter 16 Jahren kosten die Tickets für Bahnen und Busse in Irland nur die Hälfte. Viel Geld spart man auch, wenn man sich unter Vorlage des Internationalen Studentenausweises ein *Travelsave Stamp* zum Preise von 6 Pfund bei USIT Travelshop, USIT Head Office, 19 Aston Quay, Dublin 2 oder bei Dublin Tourism, Group and Educational Department, 14 Upper O'Connell Street, Dublin 1, kauft. Die Marke berechtigt zu 50% verbilligten Tickets auf allen Bahnen und Bussen sowie den Fähren, die zur Aran-Insel übersetzen.

Ein ***Bus- und Bahnfahrplan*** ist unerläßlich, wenn man auf diese Art und Weise die Grüne Insel kennenlernen möchte; *Timetables* bekommt man an allen Bus- und Bahnstationen für einige wenige Pence. Will man sich bereits in Deutschland gut auf die Reise vorbereiten, so erfährt man die wichtigen An- und Abfahrtszeiten auch bei ***C.I.E. Tours International GmbH,*** Unternehmen der Staatlichen Irischen Transportgesellschaft, Worringerstr. 4, 40211 Düsseldorf, Tel. (0211) 173260, Fax (0211) 324426.

In vielen Regionen verkehren auch kleine ***Privatunternehmen*** und halten dort die Infrastruktur aufrecht. Informationen darüber bekommt man in den Tourist Offices oder im örtlichen Post Office.

Mit eigenem Auto oder Leihwagen

Verkehrsvorschriften

Wie in Großbritannien auch, herrscht in Irland ***Linksverkehr*** (Achtung: wer von rechts kommt, hat trotz allem Vorfahrt). Auf die Briten gehen auch die *Roundabouts* zurück; anstelle einer Kreuzung gibt es einen ***Kreisverkehr,*** bei dem der Verkehr wesentlich besser fließt; man kann getrost so lange im Kreis herumfahren, bis man seine Ausfahrt gefunden hat. Der im Kreis Fahrende hat immer Vorfahrt.

Im wesentlichen gelten die gleichen Verkehrsvorschriften wie auf dem Kontinent. Die ***Höchstgeschwindigkeit*** in geschlossenen Ortschaften beträgt 30 Meilen (48 km/h), auf Landstraßen 55 Meilen (89 km/h).

Autobahnen gibt es - sieht man einmal von einem winzigen, im Ausbau befindlichen Stück um Dublin ab - in Irland derzeit noch nicht. Die ***Promillegrenze*** liegt bei 1,0. Auf den Vordersitzen herrscht ***Anschnallpflicht,*** Kinder unter zwölf Jahre müssen auf die rückwärtigen Sitze, und für Motorradfahrer besteht ***Helmpflicht.***

Verkehrssituation

Die ***Ausschilderung*** ist gut, wenngleich gewöhnungsbedürftig; zum einen erscheinen alle Ortsnamen gleich zweifach, einmal in englisch und zusätzlich noch in gälisch, und dann befindet sich nicht selten ein Dutzend Hinweisschilder an einem einzigen Pfahl, verdeckt sich gegenseitig und zeigt in alle Himmelsrichtungen. Entfernungsangaben wechseln dabei zwischen Meilen und Kilometern hin und her. Die Entfernungen sind auf den Schildern der Fernstraßen in Kilometern angegeben (weiße Schrift auf grünem Grund), auf allen übrigen Schildern (schwarze Schrift auf weißem Grund) in Meilen. Fernstraßen tragen die Bezeichnung „N" (mit einer Zahl dahinter), Landstraßen die Bezeichnung „R" (mit Zahl). Häufig sind noch viele Hinweisschilder in Gebrauch, die die alte Bezeichnung „L" tragen.

Unerläßlich ist ein guter ***Autoatlas,*** so z. B. der „O.S. Road Atlas of Ireland" (1:250.000), der in jedem Buchladen sowie in den Tourist Offices zu bekommen ist.

Alle Straßen sind durchweg asphaltiert. Vor allem Landstraßen, aber auch die unklassifizierten Straßen sind sehr schmal und vor allem kurvenreich; Hecken, Mauern und Zäune machen die ***Kurven*** uneinsehbar, und ***Tiere*** weiden am Straßenrand - unbedingt empfiehlt sich eine defensive Fahrweise, will man nicht ein

Denken Sie daran: Für Fahrer und Beifahrer auf dem Vordersitz besteht Gurtpflicht. Kinder unter 12 Jahren müssen grundsätzlich hinten sitzen. Für Motorradfahrer besteht Helmpflicht. Die Höchstgeschwindikgeit beträgt derzeit noch 55 m.p.h. = 88 km/h.

Lamm oder einen Esel ums Leben bringen. Esel, Rinder und Schafe - so führt sehr richtig die Broschüre des irischen Fremdenverkehrsamtes aus - sind gleichberechtigte Verkehrsteilnehmer, nur sind ihnen die einschlägigen Vorschriften weniger bekannt. In ländlichen Gegenden stehen viele Häuser direkt am Straßenrand, hier muß man mit ***spielenden Kindern*** rechnen!

Vor allem in Dublin, aber auch auf den Parkplätzen der Touristenzentren grassieren ***Einbrüche und Diebstähle.*** Man sollte keine Wertgegenstände im Wagen zurücklassen.

Hilfe und Information

Ist man mit dem eigenen Auto in Irland unterwegs, so hilft bei ***Pannen*** ein Auslandsschutzbrief der deutschen Automobilclubs. Vor allem auf dem Lande sind Ersatzteile nicht immer sofort lieferbar und müssen häufig in Dublin angefordert werden. Allerdings ist dafür die Improvisationsbereitschaft der Mechaniker weitaus höher als in großen, gutbestückten Werkstätten.

Die folgenden Institutionen leisten ***Hilfe*** bei allen Problemen rund ums Auto.:

Irish Visiting Motorist Bureau:
- ***Dublin 2,*** 3 South Frederick Street, Tel. (01) 6797233;

Automobile Association (AA):
- ***Dublin,*** Headquarter, 23 Rock Hill, Blackrock, Co., Tel. (01) 2833555;
- ***Dublin 2,*** 23 Suffolk Street, Tel. (01) 6779481;
- ***Cork,*** 12 Emmett Place, Tel. (021) 276922;

Entfernungen (in Kilometern)

Dublin - Cork	256
Dublin - Donegal	220
Dublin - Galway	217
Dublin - Killarney	307
Dublin - Shannon-Airport	220
Dublin - Rosslare	160
Dublin - Limerick	197
Dublin - Sligo	214
Dublin - Belfast	166
Belfast - Galway	306
Belfast - Sligo	206
Dublin - Londonderry	232
Londonderry - Cork	428
Londonderry - Sligo	135
Sligo - Galway	138
Galway - Limerick	104
Limerick - Killarney	111
Rosslare - Killarney	275
Rosslare - Limerick	211

Wichtige Verkehrshinweise

bend	Kurve
cattle/sheep	Kühe/Schafe
concealed exit	unübersichtl. Ausfahrt
creamery exit	Molkereiausfahrt
fallen rock	Steinschlag
heavy lorries	schwere Lastwagen
keep right	rechts halten
keep left	links halten
levels crossing	Eisenbahnübergang
loose chippings	Rollsplitt
no entry	keine Einfahrt
no through road	keine Durchfahrt
quarry	Steinbruch
road blocked	Straße gesperrt
road works	Bauarbeiten
slippery	Schleudergefahr
slow	langsam
speed limit	Geschwindigkeitsbegrenzung
traffic lights	Ampelanlage
uneven surface	Unebenheiten

Wichtige Begriffe rund ums Auto

Abblendlicht	*dipped lights*
abschleppen	*to tow*
Abschleppseil	*tew rope*
Anlasser	*ingnition*
Antenne	*aerial*
Auspuff	*exhaust pipe*
Batterie	*battery*
Benzin	*Petrol*
Benzinpumpe	*fuel pump*
Beule	*dent*
bleifrei	*unleaded*
Bremsen	*brakes*
Bremslicht	*brake light*
dest. Wasser	*destilled water*
Dichtung	*gasket*
Ersatzteile	*spare parts*
erster Gang	*first gear*
Federung	*suspension*
Fernlicht	*main beam*
Gas geben	to *accelerate*
Gaspedal	*accelerator pedal*
Gepäckträger	*roof rack*
Getriebe	*gear box*
Handbremse	*hand brake*
Hupe	*horn*
Kanister	*can*
Karosserie	*body*
Keilriemen	*fan belt*
Kofferraum	*boot*
Kühler	*radiator*
Kupplung	*clutch*
Lenkung	*steering gasket*
Lichtmaschine	*dynamo*
Motorhaube	*bonnet*
Öl	*oil*
Ölstand	*oil level*
Ölwechsel	*oil change*
Panne	*breakdown*
Rad	*wheel*
Reifen	*tyre*
Reifenpanne	*puncture*
Reifendruck	*tyre pressure*
Reifenventil	*tyre valve*
Reparatur	*repair*
Rückleuchte	*rear lights*
Schaltung	*gears*
Scheibenwischer	*wiper*
Scheinwerfer	*headlights*
Schraube	*screw*
Schraubenschl.	*spanner*
Schraubenzieher	*screwdriver*
Sicherheitsgurt	*safety belt*
Standlicht	*parking lights*
Tank	*patrol tank*
Türgriff	*door handle*
Unfall	*accident*
Vergaser	*carburettor*
Wagenheber	*jack*
Werkstatt	*garage*
Windschutzscheibe	*windscreen*
Zündkerze	*spark plug*
Zündverteiler	*distributor*
Zylinder	*cylinder*
Zylinderkopfdicht.	*cylinder head*

- **Galway,** Headford Road, Tel. (091) 564438;
- **Waterford,** Meaghers Quay, Tel. (051) 73765;
- **Limerick,** Arthurs Quay, Tel. (061) 418241;
- **Sligo,** O'Connell Street Arcade, Tel. (071) 62065:

Tanken

Das Tankstellennetz ist auch auf dem Lande dicht genug, an Sonntagen sind allerdings nur wenige *Petrol Stations* geöffnet. Mehrere ***Benzinarten*** stehen zur Verfügung:

Top Grade	= 99 Oktan (Super)
Middle Grade	= 95 Oktan (Mix)
Lower Grade	= 90 Oktan (Normal)
Unleaded	= Bleifrei

Der ***Reifendruck*** wird nach *Pound per square inch* (pps) gemessen.

atü	pps
1	14
1,2	17
1,4	20
1,6	23
1,8	26
2,0	28,5
2,2	31,5
2,4	34,5

Unfall

Bei Unfällen mit Personenschäden Sollte man unbedingt sofort die Polizei *(Garda)* unter der zentralen Notfallnummer 999 rufen.

Handelt es sich nur um einen kleinen Blechschaden, sollte man mit dem Unfallgegner die Personalien sowie die Adresse der Versicherung austauschen; auch irische Autobesitzer müssen über eine Haftpflichtversicherung verfügen. Sollte es Probleme geben, so wende man sich an die oben aufgeführten Adressen der Automobilclubs. Auch die eigene Versicherung sollte man so schnell wie möglich benachrichtigen.

Leihwagen

Um einen Leihwagen zu mieten, muß man mindestens 21 Jahre alt sein. Es reicht der nationale Führerschein. Eine Kilometerbegrenzung gibt es nicht. Will man mit dem Leihwagen auch Nordirland besuchen, so muß man dies vorher mit der Verleihfirma klären. Folgende Verleihfirmen operieren in Irland:

- ***Argus Automobiles Ltd,*** 59 Terenure Road East, Dublin 6,(01) 4904444;
- ***Atlas Car Rental,*** Flughafen Dublin, Tel. (01) 8444859;
- ***Avis / Johnson & Parrot,*** Emmet Place, Cork, Tel. (021) 281111;
- ***Belgard Self Drive,*** Belgard Road, Dublin 4, Tel. (01) 4518444;
- ***Budget Rent-a-Car,*** Ballyar, Co. Galway, Tel. (0903) 24668;
- ***Cahill Motors,*** Howth Road, Raheny, Dublin 8, Tel. (01) 8311944
- ***Cara,*** Coonagh Cross, Ennis Road, Limerick, Tel. (061) 455811;
- ***Carental Ireland,*** Monahan Road, Cork, Tel. (021) 962277;
- ***Eurodollar,*** Carrighohane Road, Cork, Tel. (021) 344884;
- ***Freeway,*** Ennis Road, Limerick, Tel. (061) 451611;
- ***Hertz,*** Ferrybank, Wexford, Tel. (053) 23511;
- ***Murray's Europcar,*** Baggot Street Bridge, Dublin 4, Tel. (01) 6681777;

Fahrrad

Wer Irland mit dem Fahrrad erkunden möchte – und dies ist sehr zu empfehlen –, sollte allerdings bedenken, daß die Grüne Insel, abgesehen von der zentralen Kalksteinebene, eine sehr gebirgige Region ist und es daher stetig auf und ab geht. Ein gutes ***Mountain Bike*** mit 21 Gängen ist beileibe kein Luxus, sondern hilft, die oft sehr steilen und zudem noch extrem langgestreckten Passagen zu überwinden.

Leichtlauf- oder Rennräder sind für Touren auf den oft holprigen Straßen der Grünen Insel aufgrund ihrer schmalen Reifen nicht geeignet; ideal ist ein stabiles Mountain Bike mit dicken Reifen, einem robusten Rahmen und kräftigem Gepäckträger. Auch die notwendigsten Ersatzteile sollte man mitführen; neben der Luftpumpe und dem obligatorischen Werk- und Flickzeug gehören dazu natürlich Ersatzschlauch und -speichen, Brems- und Schaltzüge, Bremsgummis und Schrauben.

In vielen Ortschaften gibt es ***Fahrradverleihfirmen*** (die im Anhang zum jeweiligen Ort genannt werden). Gegen eine geringe Gebühr kann man sein eigenes Fahrrad auch im Flugzeug mit nach Irland transportieren (das Fahrrad muß dabei gut verpackt sein, auch sollte man daran denken, die Hälfte der Luft aus den Schläuchen zu lassen, die ansonsten in der drucklosen Frachtkabine platzen können), was sich jedoch erst ab einem 14tägigen Radwanderurlaub lohnt; ansonsten ist das Mieten vor Ort vorteilhafter.

Das Irische Fremdenverkehrsamt hat insgesamt 23 ***Routen*** für Fahrradfahrer ausgearbeitet, die durch die interessantesten und landschaftlich schönsten Teile der grünen Insel führen und zusammen über 5000 km lang sind. Diese Strecken sind in der Broschüre *Cycling in Ireland,* die es in jedem Tourist Office gibt, zusammengestellt.

Wichtige Wörter rund ums Fahrrad

Achse	*spindle*
Felge	*rim*
Felgenbremse	*caliper brake*
Gangschaltung	*gear shift*
Kettenblatt	*chain ring*
Kettenwerfer	*changer*
Kurbelkeil	*crank wedge*
Lenker	*handlebar*
Nabe	*hub*
Reifen	*tyre*
Sattel	*saddle*
Schlauch	*inner tube*
Schutzblech	*mudguard*
Tretlager	*bottom bracket*
Tretkurbel	*crank*

Busse und Bahnen übrigens transportieren auch Fahrräder. Gebühr: ein Viertel vom Ticket, maximal jedoch 6 Pfund. Bei den Radtouren achte man unbedingt auf einen ausreichenden Regenschutz!

Trampen

Trampen *(Hitchhyking)* ist weit verbreitet, in verkehrsarmen Gebieten ist aber naturgemäß mit langen Wartezeiten zu rechnen. Am Straßenrand sieht man ebenfalls viele Iren stehen – einen Bauern, der in die nächstgrößere Stadt muß, eine Hausfrau, die im Marktzentrum einkaufen war und mit Einkaufstüten bepackt ist, Schüler auf dem Weg nach Hause.

Unterkunft

Natürlich bietet Irland vom Luxushotel bis zur preisgünstigen Jugendherberge dem Besucher die gesamte Palette der gängigen Unterbringungsmöglichkeiten. Im Reiseteil sind jeweils im Anschluß an die Ortsbeschreibungen Hotels, Bed & Breakfast (B & B) sowie die Hostels aufgeführt. Alle vom irischen Fremdenverkehrsverband empfohlenen Hotels, B & B, Campingplätze und Landhäuser kann man der umfangreichen Broschüre „Guest Accomodation", erhältlich in den Tourist Offices, entnehmen.

Hotels

Die ***Klassifizierung*** von Hotels folgt dem internationalen Sterne-Standard. Die angeführten Preise gelten für ein Einbettzimmer.

- ***** Hotel der internationalen Luxusklasse, um 120 Pfund;
- **** Hotel der Oberklasse mit gediegener Ausstattung, um 60 Pfund;
- *** Hotel mit gehobenem Standard, oft ebenso gut wie die beiden letzeren, um 45 Pfund;
- ** Hotel der Mittelklasse, mit allem Service, um 28 Pfund;
- * preisgünstiges Hotel auf Dorfgasthofbasis, teurer, aber nicht unbedingt besser als ein B & B, um 20 Pfund.

Sehr beliebt sind Hotels, die in ehemaligen ***Landsitzen*** oder ***Schlössern*** eingerichtet sind; umgeben von Antiquitäten, alten Gemälden, riesigen Zimmern mit Bädern und gepflegten Parkanlagen genießt man das Ambiente der ehemaligen Burgherren. Die Preise variieren zwischen 60 und 120 Pfund. In der Vor- und Nachsaison geben auch die großen Hotels Rabatte, im Winter sind viele Hotels geschlossen.

Bed & Breakfast (B & B)

Die klassische Art und Weise der Übernachtung auf den Britischen inseln. Man wohnt ***bei Privatpersonen,*** die zwei oder drei, manchmal auch vier Zimmer für Besucher ausgerüstet haben. Der Trend geht zu steigendem Komfort, und so gibt es schon viele B & B, die Zimmer mit eigener Dusche und Bad anbieten *(Rooms en suite).*

Alle B & B sind durch große Schilder kenntlich gemacht und liegen zumeist ein wenig außerhalb des Ortszentrums an den Ausfallstraßen. Einzelreisende müssen manchmal einen Zuschlag zahlen, viele B & B haben indessen auch ein Einzelzimmer im Angebot. Vor allem in der Hauptsaison sind viele B & B schon mittags ausgebucht, man sollte also tunlichst rechtzeitig telefonisch reservieren. Alle Tourist Offices nehmen gegen eine geringe Gebühr ebenfalls Buchungen vor.

Mit im Preis eingeschlossen ist das immer opulente irische ***Frühstück:*** Gereicht werden Cornflakes, Müsli oder Porridge, gebratener Speck mit Spiegel- oder Rühreiern sowie die gewöhnungsbedürftigen Würstchen und natürlich Brot (oft selbstgemacht), Toast, Butter und Konfitüre. In vielen B & B kocht die Hausfrau abends auf Wunsch ebenfalls ein gutes Essen, man muß bereits zur Mittagszeit bestellen, damit die Zutaten noch besorgt werden können. Da B & B über keine Alkohollizenz verfügen, bringe man den eigenen Wein mit.

Je nach Größe der Ortschaft und touristischem Aufkommen schwanken die ***Preise*** zwischen 12 und 18 Pfund. Man sollte nur Privatunterkünfte wählen, die vom irischen Fremdenverkehrsverband empfohlen sind; hier wird der Standard gehalten, und Seife, Handtücher sowie Toilettenpapier werden gestellt. Kenntlich gemacht sind die empfohlenen (und regelmäßig kontrollierten) B & B durch ein Schild mit dem dreiblättrigen Kleeblatt und der Aufschrift *Bord Failte Approved.*

Hostels

Irland ist überzogen von einem dichten Netz an preisgünstigen Hostels. Drei unterschiedliche Organisationen bieten Unterkunftsmöglichkeiten und konkurrieren auf dem Markt.

Da gibt es zunächst die sogenannten ***An-Oige-Jugendherbergen*** der *Irish Youth Hostel Association,* die dem internationalen Jugendherbergsverband angeschlossen ist. Um hier Unterkunft zu finden, benötigt man einen international gültigen Jugendherbergsausweis (bei jeder deutschen Jugendherberge zu bekommen, auch in Irland bei allen An-Oige-Stationen zum Preis von 10 Pfund).

An-Oige-Jugendherbergen haben eine ganze Reihe von Nachteilen. Zum einen liegt die Sperrstunde bei 23.30 Uhr. Nähert sich im Singing Pub die Stimmung dem Höhepunkt, dann heißt es aufbrechen. Viele An-Oige-Herbergen liegen etliche Kilometer außerhalb der Ortschaften und sind nur schwer zu erreichen, und der *Warden* (Herbergsvater) kann durchaus noch dem viktorianischem Puritanismus anhängen.

Weiter kommt hinzu, daß viele Schulklassen in den staatlichen Herbergen Unterkunft nehmen, ausgelassenes kindliches Geschnatter und lärmendes Blinde-Kuh-Spiel verlangen vom Reisenden Nervenstärke.

Empfehlenswert sind die Herbergen, die in der ***Independent-Holi-***

day-Hostel-Vereinigung (IHH) zusammgeschlossen sind. Dieser Dachverband nahm im Jahre 1983 mit 16 Hostels seine Arbeit auf, heute überziehen über 100 private Herbergen ganz Irland. IHH-Hostels werden ebenfalls - trotz Konkurrenz zu den staatlichen An Oige - vom Tourist Office vermittelt.

Alle IHH-Mitglieder haben sich auf einen gemeinsamen Qualitätsstandard verständigt und werden regelmäßig vom Dachverband kontrolliert. Ein Mitgliedsausweis ist nicht erforderlich. Diese Hostels liegen oft im oder nahe dem Stadtzentrum; neben den Schlafsälen gibt es auch separate Familienzimmer.

Alle hier genannten Hostels und Jugendherbergen kosten pro Übernachtung um 8 Pfund, alle haben separate Familienräume, Gemeinschaftszimmer, warme Duschen. In Buchläden und in den Touristeninformationsbüros bekommt man von allen Organisationen die Info-Heftchen mit Lage, Adresse etc. Selbstverständlich sind alle Hostels der betreffenden Örtlichkeit im Reiseteil aufgeführt.

Camping

125 von der Irischen Fremdenverkehrszentrale ***anerkannte Campingplätze*** überziehen die Grüne Insel. Alle haben einen hohen Standard und sind mit Dusch- und Toiletteneinrichtungen, Wasserhähnen, Abfallkörben, Pflege und Bewachung, festgelegter Parzellendichte und einer einheitlichen Gebührenordnung ausgestattet. Darüber hinaus gibt es oft Minigolfanlagen, Planschbecken für die Kleinen, Restaurants, Läden und Waschsalons.

Wildes Campen ist nach Rücksprache mit dem Landbesitzer möglich und wird in der Regel gewährt. Viele IHO-Hostels haben auf ihrem Gelände auch ein Areal, auf dem gegen eine geringe Gebühr Zelte aufgeschlagen werden können.

Mehr Information enthält die Broschüre „Caravan und Camping Parks", zu erhalten bei der: Irischen Fremdenverkehrszentrale, Untermainanlage 7, 60329 Frankfurt, Tel. (069) 236492.

Ferienhäuser

Selbstverständlich kann man auch Ferienhäuser in Irland mieten und als Selbstversorger die hohen Restaurantpreise damit umgehen. Je nach Größe und Ausstattung variieren die Preise zwischen 250 und 1200 DM pro Woche. Alle Cottages stehen in kleinen Touristendörfchen zusammen, Hinweisschilder *Thatched Cottages* weisen zu solchen Orten.

Wer höhere Ansprüche stellt, kann auch kleine Landsitze bis hin zu Normannenburgen für seinen Urlaub mieten. Da Ferienhäuser in der Regel nur über die Reiseveranstalter zu buchen sind, empfiehlt sich eine rechtzeitige Vorbestellung.

Verpflegung

Restaurants

Vom Spitzenrestaurant bis zum Fast Food Take-away reicht die irische Gastronomie-Palette. Der Besucher sei jedoch vorgewarnt, denn die ***Preise*** sind selbst in einem Mittelklasselokal außerordentlich hoch, abendliche Dinner-Menüs wird man sich während seiner Reise nur sehr selten leisten können. Die im Reiseteil genannten Restaurants sind mit Preisangaben versehen; angegeben ist immer das teuerste Gericht ohne Getränke.

Vor allem in den Touristenzentren bieten viele Lokale ein sogenanntes ***Touristen-Menu*** an, das in der Regel aus drei Gängen besteht und wesentlich preisgünstiger ist als die Hauptgerichte (ein Schild mit der Aufschrift *Tourist Menu* macht darauf aufmerksam). Selbstverständlich sind auch diese Restaurants im Reiseteil aufgeführt.

In den Restaurants ist die ***Bedienung*** entweder im Preis eingeschlossen *(Service Included),* oder aber wird zusätzlich berechnet *(Service Charge,* 10 oder 15%), hier erübrigt sich dann ein Trinkgeld. In den Spitzenlokalen wird man vor dem Essen an eine spezielle Bar gebeten, wo man den Aperitif zu sich nimmt und dabei in Ruhe die Speisekarte studiert (Achtung: *Menu* bezeichnet nicht das Menü, sondern ist das englische Wort für die Speisekarte). Wer sich in den englischen Begriffen nicht gut auskennt, kann sich der Vokabelliste weiter unten bedienen. Hat man seine Gerichte gewählt, wird man vom Ober zum Tisch geführt. Sonntags sind viele Restaurants geschlossen. Übrigens: Auch die besten Restaurants servieren auf Wunsch ein großes Glas frische Milch zum Essen.

Noch in dem allerkleinsten Ort sind die sogenannten ***Take-aways*** zu finden, sehr häufig natürlich die internationalen Ketten wie etwa *McDonald's* oder *Kentucky Fried Chicken.* Aber es gibt auch eine originär irische Fast-Food-Kette, vor allem in den größeren Städten: *Abrakebabra,* spezialisiert auf Kebab und eine empfehlenswerte Alternative zum pappigen Hamburger.

Pubs

Vielen Restaurants ist eine Bar oder ein Pub angeschlossen, und hier sind die ***Bar Menu*** außerordentlich gut; zwar ist die Auswahl geringer als im Lokal, aber das Essen kommt aus der gleichen Küche. Allerdings sitzt man nicht so bequem und gemütlich wie im Restaurant – das aber fangen die moderaten Preise leicht wieder auf. Aber auch ganz normale Pubs servieren – vor allem auf dem Lande und in den kleinen Ortschaften – um die Mittagszeit sowie häufig auch abends den sogenannten *Pub Grab.*

Foto: WS

Ähnlich berühmt wie die englischen sind auch die irischen Pubs, ähnlich streng leider auch die ***Ausschankzeiten:*** Wochentags von 10.30 bis 23.30 Uhr, So. 12.30 bis 14 Uhr und 16 bis 23 Uhr; von Oktober bis Mai ist um 23 Uhr Polizeistunde. Unmißverständlich wird vom *Bar Keeper* die *Last Order* angekündigt. Man kann dann noch eine allerletzte Bestellung aufgeben und hat nun laut Gesetz noch 30 Minuten Zeit, sein Bier auszutrinken. Nicht ungewöhnlich ist es, Kampftrinker zu sehen, die bei der letzten Bestellung gar noch drei große Biere ordern.

Beliebtestes ***Getränk*** ist natürlich das *Guinness*, wenngleich vor allem beim Jungvolk die unserem Pils vergleichbaren *Lager*-Sorten stark auf dem Vormarsch sind. In den Pubs wird viel Flaschenbier angeboten, doch sollte man sein Bier vom Faß - also *draught* (gezapft) - verlangen. Selbstverständlich führen Pubs auch alkoholfreie Getränke.

Wie in Großbritannien auch, gilt es als sehr unhöflich, nur ein „Bier" zu ***bestellen;*** man ordert gezielt die Menge und die Sorte - *Half a pint of Lager* - und setzt ein kräftiges *Please* dahinter. Noch besser ist es, die Sorte anzugeben: *A Pint of Guinness* (*Harp* = Lager, *Carlsberg* = Lager etc.) *Half a Pint* (Bestellung häufig auch: *A Glass of ..., Please)* entspricht ca. 0,25 l, ein *Pint* etwa 0,57 l.

Irische Pubs sind jedoch vor allem wegen ihrer *Life Music* berühmt; im Reiseteil sind hauptsächlich diese sogenannten ***Singing Pubs*** aufgelistet. Nicht alle Kneipen haben während der Saison täglich Folk Music, viele nur an bestimmten Tagen der Woche. In der Vor- und Nachsaison ist das Angebot noch ein wenig begrenzter. Als neuer Renner haben sich auch in den irischen Pubs ***Karaoke-Abende*** erwiesen.

Vor allem in den Kneipen auf dem Land wird man übrigens feststellen, daß ein ***Pub*** auch ***als Bank*** fungiert; viele Gäste reichen dem Wirt einen Scheck, den der dann ohne großes Murren einlöst.

Selbstversorger

Auch in den Dörfern gibt es keine Probleme für Selbstversorger. Zumeist findet sich immer ein Supermarkt der über das ganze Land verteilten Kette *Super Valu,* wo Lebensmittel aller Art sowie auch Alkohol gekauft werden können.

In ganz kleinen Weilern ist entweder dem Pub oder aber dem Post-Office ein kleines Lebensmittelgeschäft angeschlossen. Große Tankstellen an den Überlandstraßen verfügen recht häufig über Mini-Supermärkte, wo man auch nach Ladenschluß die notwendigsten Sachen für das Abendessen bekommt.

Die irische Küche

Die irische Küche ist - wie so vieles auf der Grünen Insel - vom großen Nachbarn England beeinflußt und bietet damit in der Regel keine herausragenden Gaumenfreuden. Hinzu kommt, daß Irland über die Jahrhunderte von der englischen Kolonialmacht systematisch ausgebeutet wurde, über drei Viertel der Bevölkerung am oder unterhalb des Existenzminimums lebte und zudem eine der verheerendsten Hungersnöte in der jüngeren Geschichte Europas über eine Million Tote forderte - ein derart gebeuteltes Land kann natürlich keine Haute Cuisine entwickeln.

Äußerst nahrhaft und damit zu Recht berühmt ist das ***irische*** (= englische) ***Frühstück,*** das bis zum Spätnachmittag vor Hunger schützt. Nach einem Glas Orangensaft oder einer halben Grapefruit werden die *Cereals,* entweder Müsli, Corn Flakes oder *Porridge,* gereicht, weiter geht es dann mit gebratenem Schinkenspeck, Spiegel- oder Rühreiern, kleinen Würstchen, alles garniert mit einer verschrumpelten gegrillten Tomate, sowie Toast, gesalzener Butter und Konfitüre.

Fisch und Meeresfrüchte, während der Hungersnöte die Ausweichnahrung der Insulaner und von daher als reine Überlebensmahlzeiten mit dem Makel der Armut behaftet, sind seit einiger Zeit stark auf dem Vormarsch. Vor allem Lachs, aber auch Hummer und Krabben haben aufgrund des steigenden Tourismus ihren Siegeszug durch die Restaurants angetreten und kommen wegen der kurzen Entfernungen - kein Ort Irlands liegt mehr als 100 km vom Meer entfernt - nahezu fangfrisch auf den Tisch.

Immer mehr reine Sea-Food-Lokale öffnen ihre Pforten, denn fischreich sind die Atlantikgewässer vor der irischen Westküste (wenngleich ausländische Trawler mit effektiven Fangmethoden dabei sind, dieses

Seegebiet in nicht allzu ferner Zukunft zu überfischen). Vor allem bei den Vorspeisen haben der *Smoked Salmon* (geräucherter Lachs) oder ein *Sea Food Cocktail* die traditionellen *Egg Mayonnaise* (Russische Eier) fast von der Speisekarte verdrängt.

Beliebteste ***Hauptspeisen*** sind nach wie vor Lammfleisch in Minzsoße, eine klassische britische Kreation, sowie alle Arten von Steaks und natürlich – da recht preisgünstig – der *Irish Stew,* ein nahrhafter Eintopf mit Kartoffeln, Lammfleisch und vielen Gemüsesorten. Gegrillte oder pochierte Lachs- oder Schollenfilets, letztere mit einer kräftigen Remouladensoße, gehören zu weiteren beliebten Gerichten.

Gängig als ***Beilagen*** sind gedünstete Pilze, in der Regel Champignons, Kartoffelpüree und Salat sowie alle Arten von Gemüsen. Dazu wird das sogenannte *Brown Bread* gereicht, das zusammen mit der gesalzenen irischen Butter äußerst schmackhaft ist.

Irische Getränke

Da in Irland die Voraussetzungen für den Weinanbau fehlen, sind vor allem die edlen Tropfen aus guter Hanglage importiert und entsprechend teurer als auf dem Kontinent. Zwar schätzen die Iren zum Essen einen guten, kräftigen Rotwein französischer Provenienz, doch ist das irische Nationalgetränk natürlich das Guinness. Für die ***anderen Biersorten*** gilt: *Lager* ist dem deutschen Pils verwandt; *Ale,* ein dünnes, helles und bei Kontinentaleuropäern häufig verlachtes Bier und das in irischen Pubs seltene *Bitter,* dem deutschen Alt vergleichbar, sind die weiteren Biersorten auf der Grünen Insel. Mit Ausnahme des *Guinness* werden alle Sorten schnell und randvoll in das Glas gezapft, wobei die dünne Schaumkrone häufig auch noch weggewischt wird. Alle Biere haben weniger Kohlensäure und – sieht man einmal vom *Guinness* ab – einen geringeren Alkoholgehalt als die heimischen Braugetränke.

Probieren sollte man unbedingt einmal einen guten ***Malt Whiskey*** (vgl. den Exkurs über den irischen Whiskey; im Gegensatz zu seinem schottischen Verwandten mit „e" geschrieben), der in Irland nicht mit Eis, sondern mit Wasser gereicht wird. Bekömmlich sind auch *Bailey 's,* ein Sahnelikör, *Irish Mist,* ein Heidekrautlikör, sowie der berühmte *Irish Coffee* – der angeblich während einer Nebelperiode auf dem Shannon-Airport von einem Barkeeper erfunden wurde, um die verärgerten Fluggäste bei Laune zu halten –, Kaffee mit Whiskey, Zucker und Sahneaufsatz.

Weltmeister jedoch sind die Iren im Trinken von ***Tee;*** mit sieben Pfund pro Kopf und Jahr haben sie die Engländer – 5 Pfund pro Jahr – auf Rang zwei verwiesen *(Guinness Book of Records).* Traditionell nimmt man den Tee mit Milch und Zucker und spricht von *Cream Tea.*

Kleine Vokabelliste rund ums Essen

Vorspeisen:	*smoked iris salmon*	Irischer Räucherlachs
	seefood cocktail	Meeresfrüchte-Cocktail
	egg mayonnaise	Russische Eier
Hauptgerichte:	*leg of lamb with mint sauce*	Lammkeule mit Minzsoße
	roast rib of beef	geröstete Rippe vom Rind
	gammon steak	Schinkensteak
	grilled sirloin steak	Rumpsteak
	fried fillet of plaice with tartare sauce	Schollenfilet, Remouladensauce mit Kapern
	poached or grilled salmon	pochierter oder gegrillter Lachs
	lamb cutlets	Lammkotelett
	saddle of lamb	Lammrücken
	pork	Schweinefleisch
	cockles	Herzmuscheln
	lobster	Hummer
	mussels	Muscheln
	oysters	Austern
	prawns	Garnelen
	scallops	Jakobsmuscheln
	trout	Forelle
	turbot	Steinbutt
Beilagen:	*brussels sprouts*	Rosenkohl
	creamed mushrooms	Champignons
	celery au gratin	überbackener Sellerie
	carrots vichy	Vichy-Karotten
	creamed potatoes	Kartoffelpüree
	baked potatoes	in Folie gebackene Kartoffeln
	vegetables	Gemüse
	peas	grüne Erbsen
	cabbage	Grünkohl
	cauliflowers	Blumenkohl
	leeks	Lauch
Desserts:	*lemon meringue pie*	Zitronenbaisertorte
	hot apple pie with ice cream	warmer Apfelkuchen mit Eis
	fruit salad with fresh cream	Obstsalat mit Schlagsahne
Zubereitungssarten:	*smoked*	geräuchert
	poached	gekocht
	deep fried	mit Semmelbrösel in heißem Fett gebraten
	fish on the bone	Fisch mit Gräten
	fish off the bone	Fisch ohne Gräten

Guinness – das irische Nationalgetränk

In fast 150 Länder der Erde wird Guinness exportiert, und glaubt man den amtlichen Verlautbarungen der Brauer, so trinken die Durstigen weltweit 10 Mio. Gläser pro Tag. Selbst in Staaten wie Malaysia, wo der Islam herrscht und den Genuß von Alkohol verbietet, wird Guinness in Lizenz hergestellt - und so ist es auch in Ländern wie Ghana oder Jamaica.

Daß das bekömmliche Gebräu auch bei den nachwachsenden Generationen gleichermaßen beliebt bleibt, dafür sorgt eine aufwendige ***Werbekampagne,*** für die bekannte irische Musikgruppen oder nationale Fußballstars verpflichtet werden. Mit dem *Guinness Book of Records,* das die pfiffigen Brauer Jahr für Jahr neu herausgeben, ist ihnen ebenfalls ein beispielloser Reklamecoup gelungen. Auch das jährlich stattfindende *Galway Oyster Festival* sowie eine ganze Reihe weiterer Ereignisse werden vom Konzern unterstützt, der so an der stetigen Verbesserung seines Image feilt.

Zudem halten Millioneninvestitionen in die Brautechnik das Unternehmen konkurrenzfähig, und daß die Brauerei einmal wegen steigender Mieten ihres Firmengeländes auf ein neues Quartier ausweichen muß, steht auch nicht zu befürchten: Im Jahre 1759 pachtete *Arthur Guinness* das Areal am St. James's Gate für 9000 Jahre.

Die ***Ursprünge*** des schwarzen Gebräus gehen eigentlich auf den Versuch zurück, das in England beliebte Porter-Bier zu kopieren. Unter Zuhilfenahme von Wasser, Malz, Hopfen und Hefe experimentierte *Arthur Guinness* so lange herum, bis ihn das Ergebnis zufriedenstellte.

Als erstes begann er mit dem Mälzvorgang der Gerste *(Barley).* Dabei überschüttete Arthur das Getreide so lange mit Wasser, bis es zu keimen begann, danach wurde es getrocknet. In das so entstandene Malz *(Malt)* mischte er dann ein wenig geröstete Gerste - die übrigens gibt dem Bier die schwarze Farbe. Das dermaßen veredelte Malz wurde nun gemahlen, dann im Brauhaus in große Behälter gefüllt *(Kieves)* und mit heißem Wasser verdünnt. Aus diesem Maischebrei filterte Arthur dann die sogenannte Würze *(Wort)* heraus, fügte Hopfen hinzu und ließ den Sud einige Stunden kochen. Der danach abgeschöpften Flüssigkeit fügte Arthur die Hefe hinzu, die nun den Gärprozeß einleitete und den Zucker von Hopfen und Malz in Alkohol umwandelte. Fertig war das bekömmliche und alkoholreiche *Stout* (Starkbier) und trat alsbald seinen Siegeszug rund um die Welt an. *Arthur Guinness* wurde ein steinreicher Mann, und die Familie gehört heute zu den begütertsten Irlands.

Wer über derlei viel Geld verfügt, der möchte auch von Adel sein. In den blaublütigen Stand wurde als erster ***Benjamin Lee Guinness*** (1798-1868), der Sohn des Gründers erhoben. Zum Dank ließ er die St. Patrick's Cathedral von 1860 bis 1863 mit einer Bausumme von 110.000 Pfund renovieren und sponsorte das Dublin Exhibition Palace Project im Jahre 1856. Auch in der Lokalpolitik tat er sich hervor und wurde 1851 zum Bürgermeister von Dublin gewählt.

Benjamin Lees Sohn, ***Arthur Edward Guinness*** (1840-1915) ging als Lord Ardilaun in die Geschichte Dublins ein; er nämlich stiftete 1880 der Bevölkerung den Park St. Stephen's Green. Sein jüngerer Bruder *Edward Cecil* (1847 - 1927), First Earl of Iveagh, tat sich ebenfalls als Philantrop hervor und ließ eine Reihe vorbildlicher Arbeiterhäuser im Bezirk der Liberties errichten.

Viele irische und englische Literaten waren begeisterte ***Anhänger des Guinness*** und propagierten es in ihren Schriften. So natürlich vor allem *James Joyce,* der es den „Wein des Landes", oder auch das „schäumende, ebenholzfarbene Bier" nannte. Skurril ist die Geschichte von dem Australier *Douglas Mawson,* der den magnetischen Südpol entdeckte und das Guinness tiefgefroren in seinem antarktischen Basislager aufbewahrte.

Urlaubsaktivitäten

Abenteuerferien unter Anleitung

Wer eine neue sportliche Betätigung unter Anleitung erlernen möchte, sollte die *Adventure Holidays* in den unten aufgeführten Ferienzentren buchen. Dort werden Bergsteigen, Bergwandern, Wellenreiten, Windsurfing, Segeln, Kanu-Touren, Bogenschießen, Tauchen etc. angeboten und von erfahrenen Sportlern gelehrt. Im folgenden einige Adressen:

- ***Achill Adventure and Leisure Island Holidays,*** Achill Island, Co. Mayo, (0902) 94801;
- ***Achill Outdoor Education Centre,*** Sahel, Achill Island, (098) 45236;
- ***Burren Outdoor Education Centre, Turlogh,*** Bellharbour, Co. Clare, (065)78034;
- ***Call of the Wild,*** Tomdarragh, Roundwood, C. Wicklow, (01) 818212;

- ***Cappanalea Outdoor Education Centre,*** Oulagh West, Caragh Lake, Killorglin, Co. Kerry, (066) 69244;
- ***Caragh Village Holiday Cottages,*** Glounaguillagh, Caragh Lake, Co. Kerry, (066) 69200;
- ***Delphi Adventure Centre,*** Louisburgh, Co. Mayo, (095) 42208;
- ***Kinsale Outdoor Education Centre,*** St. John's Hill, Kinsale, Co. Cork, (021) 772896;
- ***Malinmore Adventure Centre,*** Glencolumbkille, Co. Donegal, (073) 30132.

Angeln

Irland ist ein klassisches Angelsport-Land und unter Anglern berühmt für seine reichen Fischgewässer. Man unterscheidet zwischen *Coarse Fishing,* dem Angeln auf Nichtsalmoniden, *Game Fishing,* dem Forellen- und Lachsfang sowie dem *Deep Sea Angling,* dem Hochseeangeln.

Coarse Fishing

Hier wirft man die Angel hauptsächlich für die folgenden Fische ins Wasser:

Hecht (*Pike,* März bis Nov.),
Brachse (*Bream,* April bis Okt.),
Schleie (*Tench,* Mai bis Sept.),
Rotfeder (*Rudd,* April bis Okt.),
Rotauge (*Roach,* bis Okt.),
Barsch (*Perch,* Mai bis Sept.),
Karpfen (*Carp,* ganzjährig),
Aal (*Eel,* ganzjährig).

Fast überall kann man ohne Lizenz fischen, und Schonzeiten gibt es keine. Das Angeln mit Lebendködern *(Live Bait)* ist ausnahmslos überall verboten, und mit mehr als zwei Angelruten darf man nicht fischen.

Die besten Gegenden für den Sportangler sind die Irische Seenplatte sowie die Region des County Clare. Stege und Parkplätze sind an den besten Stellen reichlich vorhanden, überall kann man darüber hinaus Boote mieten. Die örtlichen Touristeninformationen vermitteln auch einen sogenannten *Ghillie,* einen Fischführer. Häufig weisen sogar Straßenschilder auf gute Fischgründe hin (*Fishing;* auf gälisch: *Iascaireacht*).

Da die oben aufgeführten Fische in Irland durchweg schwerer und kräftiger als die heimischen sind, empfiehlt sich eine stärkere Angelrute, auch die Blinker sollten größer sein. Spezialgeschäfte gibt es in Hülle und Fülle, man kann vor Ort seine Ausrüstung verbessern.

Game Fishing

Irische Angler machen ausschließlich Jagd auf Lachse und Forellen, und entsprechend gehegt sind die sogenannten Salmonidengewässer. Für die Jagd auf Bach- und Regenbogenforelle *(Brown Trout, Rainbow Trout)* benötigt man keine Lizenz; wohl jedoch für den Salmonidenfang (Lachs und Meeresforelle). Lizenzen bekommt man in den Anglergeschäften.

Deep Sea Angling

Die irische Küste ist über 3000 km lang und verfügt über gute vorgelagerte Fanggründe. Mit hochseetüchtigen, bestens ausgerüsteten Booten sowie fachkundigen Skippern geht es aufs offene Meer hinaus, wo vor allem die Jagd auf Blauhaie und Rochen beliebt ist. Hochseeangel-Zentren sind vor allem Kinsale, Galway, Westport und Baltimore.

Hafen auf den Aran-Inseln
Foto: WS

Wichtige Begriffe für Angler

baits .... Köder
dapping .... mit Heuschrecken oder Maifliegen fischen
float .... Schwimmer
fly-casting .... mit Fliegen fischen
hook .... Haken
landing net .... Kescher
line .... Schnur
lure, spinner, spoon ... Blinker
maggots .... Maden
reel .... Rolle
rod .... Angel
shot, weight .... (Blei)-Gewicht
tackle .... Anglerausrüstung
tackle shop .... Anglerbedarfsladen
worms .... Würmer

Fahrradfahren

Siehe dazu die Hinweise im Kapitel „Unterwegs in Irland".

Golf

Neben den Anglern zieht es wohl vor allem die Golfer auf die Grüne Insel, denn Golf ist hier ein Massensport, dem nichts Elitäres anhaftet - entsprechend niedrig sind die Preise für die *Green Fees,* die je nach Platz zwischen 10 und 25 Pfund betragen.

Über 200 Golfclubs, davon entsprechen mehr als die Hälfte dem internationalen 18-Loch-Standard, stehen dem Anfänger wie dem Fortgeschrittenen zur Verfügung. Eine Mitgliedschaft ist nicht nötig, die Ausrüstung wird gestellt, und jeder Club verfügt über Golflehrer, die den Novizen individuell oder in einer Gruppe betreuen. Pro Stunde kostet diese Schulung ca. 16 Pfund. Bei jedem Tourist Office kann man eine Broschüre erstehen, die alle Plätze auflistet. Größere Ferienhotels verfügen über eigene Anlagen.

Prakt. Hinweise

Mit dem Kabinenkreuzer auf dem Shannon

Von Drumshanbo im Norden der Irischen Seenplatte bis Killaloe im Süden kann man den Shannon sowie eine Vielzahl miteinander verbundener Seen mit dem Boot befahren (vgl. Kap. „Tour 8"). Diese Kreuzer haben je nach Größe Platz für zwei bis zehn Passagiere und sind mit allen notwendigen Utensilien bestückt. Ein Motorboot-Führerschein ist nicht notwendig, das Mindestalter beträgt 21 Jahre.

Verpflegung ist nicht an Bord, jedoch gibt es selbst in kleinen Dörflein Food Stores, wo man alles Notwendige einkaufen kann; auch hat man die Möglichkeit, an jeder Marina Lebensmittel zu erstehen. Legt man unterwegs an, bekommt man frische Milch und Eier bei jedem Farmer. Damit man an den Anlegestellen auch mobil ist, kann man gegen eine geringe Gebühr Klappfahrräder auf dem Boot mitführen.

Die ***Handhabung*** der zumeist mit einem 45-PS-Dieselmotor bestückten Boote ist recht einfach: Vor Beginn der Tour wird man in der Marina in alles Wichtige eingewiesen. In jedem

Kabinenboot auf dem Shannon

Boot befindet sich auch der *Shannon Guide,* der ausführlich über die gesamte Wasserstraße informiert, exakte Karten besitzt und alles Wissenswerte über Tank- und Wasserversorgungsstellen, Pubs, Restaurants und Lebensmittelläden bereithält. Zusammen mit den Bojen, Warntafeln und dem Wassermarkierungssystem erleichtert der *Shannon Guide* die Navigation ganz erheblich.

Einige ***grundsätzliche Hinweise:*** Fahren Sie besonders an schmalen Flußkrümmungen immer rechts! Die Wasserstraßenmarkierungen (Bojen, schwarze Balken) müssen bei der Vorbeifahrt auf backbord (links) liegen. Vor allem in der Nähe der vielen kleinen Inselchen müssen Sie mit Untiefen und Felsen unter der Wasseroberfläche rechnen. Fahren Sie langsam und behalten Sie und Ihre Mitfahrer sorgfältig die Wasseroberfläche im Auge! Laufen Sie auch nie zu seichte Stellen an, denn Schlamm oder Sand können dann in die Ansaugkanäle für die Motorkühlung gelangen! Vor der Einfahrt in die großen Seen Lough Derg und Lough Ree informieren Sie sich über die Wetterverhältnisse. Plötzlich ausbrechende Stürme sind keine Seltenheit. Beachten Sie auch immer die Anweisungen der Schleusenwärter (der Shannon hat übrigens sechs Schleusen)!

Kanu-Wandern

Kanu-Wandern und harmlose „Wildwasserfahrten" kann man auf vielen irischen Flüssen unternehmen. Längster Strom, immer wieder von Seitenflüssen und großen wie kleinen Seen gesäumt, ist der Shannon. Entlang des Flusses konzentrieren sich auch die Anbieter. Kanu-Touren kann man bei folgender Anschrift buchen: Shannon Adventure Canoeing Holidays, 21 Cuba Avenue, Banapher, Co. Offaly.

Wer sein Kanu perfekt bis zur Eskimo-Rolle beherrschen möchte, kann Kurse bei folgender Adresse buchen: The Irish Canoe Union, House of Sports, Long Mile Road, Walkinstown, Dublin 12, Tel. (01) 7154246, Fax. 7136004.

Drachenfliegen

Mit seinen vielen Gebirgszügen ist Irland ideal für die Freunde des *Hang-Gliding*. Die besten Wind- und Wetterverhältnisse findet man in der Zeit von Mai bis September. Wer seinen eigenen Flugdrachen mitbringt, muß sicher sein, daß das Gerät den Bestimmungen der FAI entspricht.

Eine Haftpflichtversicherung ist obligatorisch und kann für fünf Pfund durch eine einmonatige Mitgliedschaft bei der *Irish Hang-Gliding Association* erworben werden. Durch diese Organisation erfährt der passionierte Drachenflieger auch die besten Startpunkte. Adresse: House of Sport, Longmile Road, Dublin 12, Tel. (01) 4509845, Fax. 4502805. Die besten Regionen liegen in den Wicklow Mountains, auf der Dingle-Halbinsel und auf Achill Island.

Reiten

Das gängige irische Reitpferd, ***Hunter*** genannt, ist ein Halbblüter, gut zur Fuchsjagd geeignet und ein gutes Springpferd. Kleiner ist das *Pony*, ein robustes, vor allem für Anfänger geeignetes Pferd.

Man kann ***Pauschal-Reiterferien*** buchen oder sich an *Equistrian Holidays Ireland,* Whispering Pines, Crosshaven, Co. Cork, Tel. (021) 831950 wenden. Über das ganze Land verstreut findet man genügend ***Reiterhöfe,*** auf denen man Pferde jeden Temperaments mieten kann. Unterricht wird natürlich auch erteilt, die Kosten betragen ca. 10 bis 15 Pfund pro Stunde.

Immer beliebter werden die sogenannten ***Pony Trecks,*** bei denen man eine Woche lang pro Tag ca. 5 Stunden im Sattel zubringt. Das Gepäck wird vom Veranstalter vorausgeschickt. Beliebte Regionen sind Connemara, die Dingle-Halbinsel sowie rund um Sligo und Killarney.

Wer es einmal mit dem Polo versuchen möchte, kann Auskünfte einholen bei dem All-Ireland Polo Club, Phoenix Park, Dublin 8, Tel. (01) 6776248.

Unterwegs mit dem Pferdewagen

Noch bis in die 60er Jahre zog Irlands fahrendes Volk, die *Tinker* (vgl. den Exkurs „Die Travellers"), mit Pferdewagen über die Grüne Insel. Heute sind es ausnahmslos Touristen, die im Urlaub ein wenig nomadisieren möchten.

Die ***Wagen*** sind etwa 4 m lang und 2,50 m breit, haben Gummireifen und einen tonnenförmigen Aufbau; ein kräftiges, ruhiges Pferd zieht das Gespann. Alle Wagen haben Schlafstellen für vier Personen, eine Kochnische mit einem zweiflammigen Propangaskocher und einen Wasservorrat von 10 l. Alle notwendigen Utensilien wie Bettwäsche, Geschirr, Kochtöpfe etc. sind natürlich an Bord. Verpflegung muß man vorher selbst einkaufen. Auch zusätzliche Reitpferde kann man anmieten.

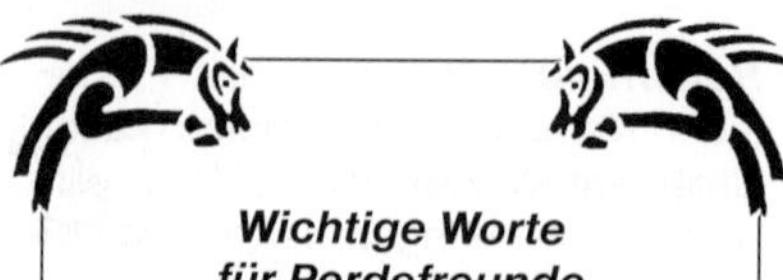

Wichtige Worte für Perdefreunde

to bet ....wetten
betting office ....Wettbüro
bridle ....Zaumzeug
oats ....Hafer
pasture ....Weide
saddle ....Sattel
shaft ....Deichsel
shoe ....Hufeisen
stirrup ....Steigbügel
to groom ....striegeln

Alle Unternehmen bieten ausgearbeitete ***Routen*** an, die man möglichst auch einhalten sollte. An den Endpunkten der ca. 10 bis 15 km langen Tagesetappen findet man dann eine Weide für das Pferd sowie Duschmöglichkeiten und sanitäre Anlagen. Die schönsten Regionen sind die Wicklow Mountains und natürlich die Kerry- oder Dingle Peninsula.

Vermieter

- ***Mr. David Slattery,*** 1 Russel Street, Tralee, Co. Kerry, (066) 21722, Fax. 25981;
- ***Mr. Dieter Clissmann,*** Carrigmore Farm, Wicklow, Co. Wicklow, (0404) 48188, Fax.48288 .

Wandern

Irland ist ein ideales Wanderland. Leider gibt es in Deutschland bisher noch keinen Wanderführer über die Grüne Insel. In Irland sollte man die folgenden sehr empfehlenswerten ***Publikationen*** für Wandertouren erstehen:

- Die „***Irish Walk Guides***“ von Joss Lynam; diese sechs kleinen Büchlein decken ganz Irland ab *(North East, South West, West, North West, East, South East),* jedes kostet nur 1,50 Pfund.
- Sehr empfehlenswert für den Süden und Südwesten der Insel ist der praktische Band „***Walk Cork and Kerry***“ (inklusive der Killarney-Region) von David Perrott und Loss Lynam.
- Für das Connemara-Gebiet - hier lockt vor allem die Gebirgskette *The Twelve Bens* - ist der Wanderführer ***„The Mountains of Connemara“,*** ebenfalls von Joss Lynam, sehr zu empfehlen.
- Gute Dienste leisten auch die in vielen Buchläden und bei den Touristeninformationsbüros erhältlichen detaillierten Gebietskarten ***„Ordnance Survey Maps, O. S.“,*** mit denen man selbst Routen ausarbeiten kann.

Im Reiseteil dieses Bandes werden die ***interessantesten Regionen*** mit Wandervorschlägen und Kartenhinweisen beschrieben, und für die Killarney-Region findet der Wandersmann vier akribisch beschriebene Touren (vgl. Kapitel „Irlands Südwesten“). Die bei jedem Tourist Office erhältliche Broschüre „Walking in Ireland“ listet eine Anzahl sogenannter *Long Distance Walking Routes* auf, die insgesamt über 1000 km lang sind. Für jede Strecke gibt es detaillierte Spezialkarten, die ebenfalls in den Tourist Offices erhältlich sind. Auch diese Routenvorschläge sind im Reiseteil genannt.

Obwohl Irlands höchster Berg gerade einmal 1000 m hoch ist, sollte man die ***Gefahren*** vor allem beim Bergwandern nicht unterschätzen. Rasche Wetterumschwünge sind an der Tagesordnung, die Bergregionen sind sehr einsam; hat man sich unterwegs verletzt und kann nicht aus eigener Kraft zurück zum Ausgangspunkt, gerät man schnell in eine lebensbedrohende Situation.

Wandern Sie nur mit einer vollständigen ***Ausrüstung,*** zu der gute, wasserdichte Wanderschuhe, wasserdichte, kniehohe Gamaschen für die Unterschenkel, ein Tagesrucksack für warme Kleidung, Extra-Socken, Regenschutz, Kraftnahrung, Kompaß, Erste-Hilfe-Set, Survival Kit (Trillerpfeife für Notsignale, eventuell sogar Leuchtmunition mit Abschußgerät, aluminiumbeschichtete Rettungsdecke, Sturmstreichhölzer, Brennglas, Signalspiegel, Draht, Wasserentkeimungstabletten, Angelhaken und -schnüre etc.), Messer und detailliertes Kartenmaterial gehören!

Beachten Sie weiter, daß es kaum (sieht man von den *Long Distance Walking Routes* ab) ***Wegmarkierungen*** gibt, Sie häufig über offenes Gelände marschieren und sich anhand von Karte und Kompaß den Weg selbst suchen müssen. Auch benötigt man eine gewisse Portion an Erfahrung, um Geländeformationen richtig einschätzen zu können.

Ab und an findet man sogenannte *Cairns,* ***Steinpyramiden,*** die von Wanderern angelegt wurden, um den Weg zu markieren. Wenn Sie si-

Hinterlassen Sie unbedingt im Hotel, bei ihrer B & B-Wirtin oder in den Visitors' Centres der Nationalparks die Nachricht, welche Tour Sie in Angriff nehmen!

Achtung: In den zerklüfteten Bergregionen versteigt man sich sehr leicht und kommt dann weder vor noch zurück!

cher sind, auf der richtigen Route zu sein, so legen Sie ebenfalls solche *Cairns* an, oder schichten Sie zerfallene Markierungspyramiden wieder auf - so helfen Sie den nachfolgenden Wanderern, sicher zum Ziel zu gelangen. Vor allem aber respektieren Sie den ***Country Code:***

Guard against all risks of fire.
Leave gates as you find them.
Keep your dogs under close control.
Keep to public paths across farmland.
Use gates and stiles to cross fences, hedges and walls.
Leave livestock, crops, machinery alone.
Take your litter home.
Help to keep all water clean.
Protect wildlife, plants and trees.
Take special care on country roads.
Make no unnecessary noise.

Weitere ***Auskünfte*** erteilt: Mountaineering Council of Ireland, c/o AFAS, House of Sports, Longmile Road, Dublin 12, Tel. (01) 4509845, Fax. 4502805.

Hier bekommt man auch Informationen über alpines Bergsteigen *(Rock Climbing);* die besten Regionen sind die Wicklow Mountains, die Kalksteinklippen bei Doolin, nahe den Cliffs of Moher, der Gebirgszug Twelve Bens bei Clifden sowie die Berge auf der Kerry-Halbinsel. Bergwanderungen auf der Kerry-Halbinsel bieten mittlerweile auch viele Pauschalreiseveranstalter an; dazu gibt das Gaeltacht-Reisebüro (s. Kap. „Information“) umfassend Auskunft.

Wellenreiten und Windsurfen

Für das Wellenreiten und Windsurfen, das man auch unter Anleitung während der sogenannten *Adventure Holidays* erlernen kann (vgl. Kapitel „Anreise, Organisierte Reisen“), bieten sich die folgenden Küstenabschnitte an. An der Ostküste lohnt sich dieser Sport nicht, da selbst bei einem kräftigen Südwind die Wellenhöhe 1 m nur selten übersteigt.

- ***Südküste*** (Wellenhöhe bis 2,50 m) Tramore Strand, Annestown, Bunmahon Bay, Garrettstown, Courtmacsherry, Barley Cove, Inchadoney, Owenahincha.
- ***Südwestküste*** (Wellenhöhe bis 3, 50 m) Derrynane, Watewille Bay, Reenroe Strand, Inch, Slea Head, Brandon Bay, Ballyheigue, Banna Strand, Ballybunion.
- ***Mittlere Westküste*** (Wellenhöhe bis 4 m) Doughmore, Spanish Point, Silver Strand, Lahinch, Cornish Point, Moy Bay, Fanore Strand.
- ***Nordwestküste*** (Wellenhöhe bis 4 m) Achill Island (Dooagh, Keel Strand, Minaun Cliffs, Dooega), Enniscrone, Easkey, Aughris Quay, Strandhill, Bundoran, Tullan Strand, Rossnowlagh, Ards, Bloody Foreland, Loughros, Beg Bay, Rosbeg, Marble Strand, Rosapenna.

Tauchen

Wer noch nicht die faszinierenden Taucherfahrungen vor tropischen Korallenriffen gemacht hat, den dürfte das *Scuba-Diving* vor Irlands Küste noch begeistern. Die Wassertemperaturen liegen geringfügig unter denen der Nordsee. Dank des Golfstroms ist bis zu einer Wassertiefe von 20 m mit 16° C zu rechnen, zwischen 20 und 30 m mit 13° C, ab 30 m um 10° C. Die Sichtweiten unter Wasser betragen ca. 30 m. Die besten Tauchzeiten liegen zwischen Juni und September.

Vor der Westküste ist die Unterwasserflora und -fauna am reichhaltigsten. Zahlreiche Wracks liegen hier auch auf dem Meeresgrund, u. a. einige Schiffe der Spanischen Armada. Erfahrene Tauchführer kennen die jeweiligen Standorte, in Karten sucht man sie allerdings vergeblich. Umfassende Informationen bekommt man unter folgender Adresse: Honorary Secretary, Irish Underwater Council, Haigh Terrace, Dun Laoghaire, Co. Dublin, Tel. (01) 2844601, Fax. 2844602.

Segeln

Der Segelsport ist beliebt bei den Bewohnern der Grünen Insel. Dies verwundert auch nicht weiter, da die Irische See und der Atlantik ideale, wenngleich häufig auch rauhe Segelgebiete sind. Wie sehr die Segler Tradition in Irland haben, zeigt auch der *Royal Cork Yacht Club,* der 1720 gegründet wurde und angeblich der älteste Seglerverein der Welt sein soll.

Wie hoch die ***Wellen*** werden können und wie sehr der Sturm den Seglern zu schaffen machen kann, erfuhren vor einigen Jahren die Teilnehmer der berühmten Fastnet-Race-Regatta (dabei dient der Fastnet Rock vor der irischen Südküste als Wendepunkt): Fast alle Boote gerieten in Seenot, und die britischen und irischen Rettungsdienste waren pausenlos im Einsatz, trotzdem ertrank eine ganze Anzahl von Skippern in den Fluten.

Wer als Besucher die Küstengewässer unsicher machen möchte, findet eine Vielzahl von Möglichkeiten, fast die gesamte 3200 km lange Küste weist Segelzentren auf. Wer den Umgang mit Pinne und Vorschot perfekt erlernen möchte, kann ***Segelkurse*** in Irland buchen. Das irische Abschlußzertifikat wird vom Deutschen Seglerverband anerkannt.

Detaillierte ***Informationen*** über Segelschulen, Segelzentren und Yacht-Charter vermittelt das Irische Fremdenverkehrsamt in Deutschland. Hier kann man auch eine kostenlose Sonderbroschüre rund um das Segeln und artverwandte Wassersportarten anfordern.

Gesundheit

Apotheken

Medikamente aller gängigen Produzenten erhält man in Irland beim *Chemist* (Drogerie) oder in der *Pharmacie.* In den ländlichen Gebieten firmieren die Apotheken ab und an noch unter dem alten Namen *Medical Hall.* Rezepte nennt man *Prescription.*

Die Öffnungszeiten variieren an Werktagen zwischen 9 und 9.30 Uhr bis 18 oder 19 Uhr, am Sonntagen zwischen 11 und 13 Uhr. In Dublin hat die O'Connell Pharmacie, 310 Harold's Cross, Dublin 6, an allen Tagen einen Spätdienst bis 22 Uhr.

Ärztliche Versorgung

Hat man sich vor der Reise bei der ***Krankenversicherung*** das Formblatt E 111 (im schönsten Amtsdeutsch „Bescheinigung über den

Sachleistungsanspruch während eines Aufenthalts in einem EG-Mitgliedsland" genannt) besorgt, so wird man bei allen Ärzten und in allen Krankenhäusern kostenlos medizinisch betreut.

Reisenden aus Österreich und der Schweiz, die ja nicht zur EG gehören, wird der Abschluß einer zeitlich begrenzten Urlaubskrankenversicherung empfohlen, soweit die eigene Versicherung einen Auslandschutz nicht bereits beinhaltet.

Die Praxen für Allgemeinmediziner tragen die Bezeichnung *Surgery,* Zahnärzte nennt man *Dentist.* Der zentrale, landesweite ***Ärzte-Notruf*** ist 999.

Rund ums Geld

Ein ***Irisches Pfund*** hat 100 Pence. Im Umlauf sind Noten von 5, 10, 20 und 100 Pfund, Münzen gibt es zu 1, 5, 10, 20 und 50 Pence sowie ein 1-Pfund-Stück. Die ***irische Währung*** ist durch die Loslösung vom Englischen Pfund ein wenig preisgünstiger geworden. Derzeit kostet ein irisches Pfund ca. 2,48 DM, 1,27 Euro, 17 ÖS und 2,04 SFR (Stand Jan. '99).

Größere DM-Beträge sollte man erst in Irland ***tauschen,*** da der Umtauschkurs dort besser steht. Banken sind ein wenig günstiger als Wechselstuben, und an den Rezeptionen der großen Hotels wird ein Aufschlag genommen. Bei den Hauptpostämtern der großen Städte kann man ebenfalls Geld tauschen.

Grundsätzlich gilt, daß die ***Lebenshaltungskosten*** in Irland ca. um ein Viertel höher sind als in der Bundesrepublik.

Vor jedem Wochenende sollte man sich mit genügend Irischen Pfund eindecken, da es keine Möglichkeit des Geldwechsels gibt und viele kleine B & B sowie auch viele Restaurants keine ***Kreditkarten*** akzeptieren. Doch nimmt die Verbreitung und Akzeptanz von *Plastic Money* wie Eurocard, American Express, Diners Club, Visa Card immer mehr zu.

Öffnungszeiten der Banken: Montag bis Freitag 10-12.30 Uhr, 13.30-15 Uhr; an Wochenenden und an Feiertagen nur auf den Flughäfen Dublin und Shannon. Sparkassen-Geschäftszeiten: Montag bis Freitag 10-16 Uhr. In vielen Tourist Offices befinden sich Wechselstuben, die ebenfalls Euroschecks und Reiseschecks annehmen.

Trinkgeld ist obligatorisch und sollte - wie überall sonst auch - ungefähr 10% des Rechnungsbetrages ausmachen. Vergessen Sie auch Touristenbusfahrer, Reiseleiter und die Zimmermädchen nicht.

Einkaufen

Vor allem in den touristischen Zentren sind in den letzten Jahren Geschäfte aus dem Boden geschossen, die ***typisch irische Waren*** verkaufen und mit dem Emblem *Guaranteed Irish* geschmückt sind. Hier kann der Besucher die dicken und guten Aran-Pullover, Kristallglas aus der berühmten Manufaktur in Waterford (vgl. Tour 3), Tweed-Stoffe und Spitzen,

Marmorarbeiten, Töpferwaren, Korb- und Flechtwerk, aber natürlich auch guten irischen Malt Whiskey, Räucherlachs, Kassetten und Schallplatten mit irischem Folk erstehen (beachten Sie die Hinweise zur Mehrwertsteuererstattung im Kapitel „Ein- und Ausreisebestimmungen).

Viele Geschäfte haben unterschiedliche ***Öffnungszeiten,*** sind aber in der Regel von 9 oder 9.30 bis 17.30 oder 18 Uhr geöffnet. Große Einkaufszentren schließen am Donnerstag und/oder auch am Freitag erst um 21 Uhr. Außerhalb der großen Städte sind in den Dörfern und Ortschaften grundsätzlich am Mittwoch oder Donnerstag nachmittag alle Geschäfte geschlossen (dies ist der sogenannte Early Closing Day). Auf dem Land sind in der Mittagszeit von 13–14.15 Uhr ebenfalls viele Geschäfte geschlossen. Selbstverständlich bleiben die Geschäfte auch an den Feiertagen geschlossen, zu denen auch die Bankfeiertage gehören.

Feiertage und Ferien

1. Jan	Neujahr
17. März	St. Patrick's Day (Nationalfeiertag)
(beweglich)	Karfreitag und Ostermontag
Erster Montag im Juni	Bankfeiertag
Erster Montag im Aug.	Bankfeiertag
Letzter Montag im Okt.	Bankfeiertag
25./26. Dez.	Weihnachten und St. Stephen's Day

Bankfeiertage sind eine englische Erfindung und gesetzlich festgelegte Werktage, an denen nicht gearbeitet wird; sie haben keinerlei nationale oder religiöse Bedeutung. An Feiertagen ruht natürlich das öffentliche Leben, und alle Geschäfte und Institutionen sind geschlossen.

Die irischen Sommerferien gehen von Mitte Juni bis Anfang September, zwei Wochen ***Schulferien*** gibt es auch zu Ostern und Weihnachten.

Kriminalität

Wenngleich 1991 im Phoenix Park von Dublin zwei deutsche Camper erschlagen wurden, so sind solche Kapitalverbrechen in Irland noch weitaus seltener als in Deutschland. Naturgemäß ist die Kriminalitätsrate in Metropolen höher als auf dem Land, und auf der Grünen Insel ist dies nicht anders.

Vor allem in Dublin häufen sich die ***Autoeinbrüche.*** Beliebt sind vor allem die Wagen der ausländischen Touristen. Keinesfalls sollte man das Auto mit voller Ausrüstung im Stadtzentrum parken. Es empfiehlt sich, das Radio auszubauen (wenn dies möglich ist), das Handschuhfach leerzuräumen und offenzulassen sowie die Kofferraumabdeckung hinter den Rücksitzen aufzuklappen, um potentiellen Dieben zu zeigen, daß nichts Wertvolles im Wagen ist. Wunder wirkt auch sehr oft ein Aufkleber in mehreren Sprachen: „Achtung: Alarmanlage". Muß man den Wagen, aus welchem Grund auch immer, mit sämtlichem Gepäck für einige Zeit abstellen, so sollte man dies in einem Vorort von Dublin tun; empfehlens-

TAKE CARE!

We want your holiday to be trouble-free and memorable so PLEASE take these normal and sensible precautions:

DO NOT
Carry your passport or large amounts of cash with you or leave them in your room. Use the security facilities that may be available at your accommodation.

WHEN
Visiting the City Centre area, park your car in one of the controlled car parks and retain the parking ticket on your person.

DO NOT
Leave luggage either exposed to view inside your car or attached to a roof rack.

WHEN
Checking into your accommodation, ask the receptionist about secure car parking.

DO NOT
Leave valuables—cameras, etc., exposed inside a parked car.

ALWAYS
Lock your car securely when leaving it unattended even for brief periods.

DO NOT
Give money to children or people begging – it only encourages this activity.

USE
A handbag or shoulder bag that can be held securely. Mind your bag when in crowded streets or shops. DO NOT leave your bag beside your seat when having a meal or drink.

These are sensible precautions which you should take whenever and wherever you travel.

Have a Happy and Enjoyable Holiday and remember we can help: use the services of the Tourist Information Offices all over Ireland where you see this sign.

Issued by Dublin & East Tourism.

wert ist z. B. die Halbinsel Howth mit dem gleichnamigen Dörfchen (vgl. Kap. „Ausflug von Dublin"). Von dort gelangt man recht schnell mit der Vorortbahn DART ins Zentrum der irischen Metropole.

Auch vor ***Taschendieben*** sollte man vor allem in Dublin sowie in den wenigen anderen großen Städten auf der Hut sein.

Generell aber gilt, daß Irland ein sehr sicheres Reiseziel ist. ***Alleinreisende Frauen*** haben ebenfalls keine Probleme; allerdings sollte man die spontane Freundlichkeit der Iren nicht als „Anmache" auslegen.

Auch für einen Hilferuf an die Polizei gilt die zentrale ***Notfalltelefonnummer 999.***

Post und Telefon

Einheitlicher und kostenloser ***Notruf*** für Feuerwehr, Polizei, Krankenwagen, Ärzte: 999.

In kleinen Ortschaften auf dem Land sind die ***Postämter*** häufig in Lebensmittelgeschäften untergebracht. Für Touristen fungiert der Postmeister - soweit kein Tourist Office vorhanden - auch als Auskunftsbüro. Außerdem fahren in solch kleinen Dörfern in der Regel die Busse vom Post Office ab. Die Öffnungszeiten liegen gewöhnlich von Montag bis Samstag von 9-13 Uhr und von 14.15-17.30 Uhr.

Der Standardbrief zum Kontinent kostet 32 Pence (EU-Länder), bzw. 44 Pence (Nicht-EU-Länder); Postkarten 28 Pence (EU-Länder), bzw. 37 Pence (Nicht-EU-Länder).

Irland ist mit einem guten Netz an ***öffentlichen Fernsprechern*** überzogen, von denen aus man auch ins Ausland telefonieren kann. Die ***Vorwahlnummer*** nach Deutschland lautet 0049, nach Österreich 0043 und nach der Schweiz 0041; die folgende 0 für die Ortskennzahl entfällt.

Man kann sich in den Telefonzellen auch anrufen lassen, die Nummer ist gut sichtbar am Gerät angebracht; steht also jemand scheinbar untätig in einer Telefonzelle herum, so hat dies seinen Grund. Die Vorwahlnummer für Irland ist von Deutschland, Osterreich und der Schweiz 00353, ebenfalls entfällt hier die 0 der irischen Ortskennzahl.

Auch in Irland setzen sich die ***Cardphones*** immer mehr durch; dies sind Telefonapparate, die man mit einer vorher gekauften *Phonecard* (Telefonkarte) bestücken muß. Es gibt Karten mit 20, 50 und 100 Einheiten, die man in Postämtern und vielen Lebens-

mittelgeschäften sowie Wechselstuben und Tourist Offices bekommt. Auch von diesen Fernsprechern kann man natürlich ins Ausland telefonieren.

Bisher nur auf die Flughäfen von Dublin und Shannon beschränkt sind Fernsprecher, die man mit allen gängigen Kreditkarten (American Express, Euro Card, Diner Club, Visa) bestücken kann; die Abrechnung erfolgt über die Kartenorganisation.

Elektrizität

Wie in Deutschland auch, beträgt die Netzspannung in Irland 220 Volt. Das Problem sind jedoch die Stecker *(Plug)*. Stecker mit der sogenannten Commonwealth-Norm bekommt man in Deutschland bei großen Reiseausrüstern, in jeder ADAC-Geschäftsstelle oder in Irland in großen Kaufhäusern. Wer mit Air Lingus auf die Grüne Insel fliegt, kann so einen *Plug* auch im Flugzeug erstehen. Ab und an findet man aber auch Steckdosen, in die unsere heimischen Flachstecker passen.

Maße und Gewichte

Aufgrund der Vereinheitlichung im europäischen Binnenmarkt gelten auch in Irland seit 1993 offiziell die metrischen Maße, lediglich das *Pint of Guinness* blieb den Iren mit 0,5694 Litern erhalten. Trotzdem wird man auf die alten Maßeinheiten immer wieder stoßen.

Umrechnungstabelle

1 inch	2,52 cm
1 foot	30,48 cm
1 yard	91,44 cm
1 mile (=1760 yards)	1,60935 km
1 fliud ounce	28,47 ml
1 pint	569,4 ml
1 quart	1,1364 l
1 gallon	4,5459 l
1 ounce	28,35 g
1 pound (16 ounces)	453,6 g
1 stone (14 pounds)	6,350 kg
1 hundredweight	50,80 kg
1 ton (2240 pounds)	1016,064 kg
1 square foot	9,29 dm²
1 square yard	0,836 m²
1 square mile	2,508 km² (= 259 Hektar)
1 acre	4046,848 m² (= 0,40 Hektar)

Toiletten

Fast ausnahmslos alle Ortschaften, sogar noch die allerkleinsten Dörfer, haben öffentliche Toilettenanlagen. Eine Rolle Toilettenpapier sollte man allerdings mitführen.

Herren: auf Englisch *Men* oder *Gentlemen;* auf Gälisch *Fir.*
Damen: auf Englisch *Ladies;* auf Gälisch *Mna.*

Zeitdifferenz

Irland liegt mit seiner Zeitrechnung eine Stunde hinter der unsrigen zurück, d. h. um 12 Uhr ist es dort erst 11 Uhr.

Irland für Behinderte

Wer körperlich behindert oder auf einen Rollstuhl angewiesen ist, sollte trotzdem nicht auf einen Irland-Urlaub verzichten. Viele Restaurants, Hotels, B & B sind darauf vorbereitet. Eine Liste mit behindertengerechten Institutionen kann man anfordern beim Irischen Fremdenverkehrsamt in Frankfurt. Reitferien für Behinderte können bei Mrs. N. Kingston, RDAI, 28 Castlepark Road, Sandycove, Co. Dublin, gebucht werden.

Arbeiten in Irland

Wer ein ***Au-Pair-Arrangement*** in Irland treffen möchte, kann sich vom Irischen Fremdenverkehrsamt in Deutschland an eine der vielen Sprachschulen vermitteln lassen, die Au-Pair-Aufenthalte organisieren.

Für junge Leute zwischen 18 und 25 Jahren ist Kost und Logis frei, wenn sie in den sogenannten ***Workshops*** arbeiten und beim Bau von Kinderspielplätzen helfen oder sich der Erhaltung nationaler Kulturdenkmäler widmen. Die Vermittlung übernehmen die beiden folgenden Institutionen

- ***International Voluntary Service,***
30 Montjoy Square, Dublin 1,
Tel. (01) 8551011, Fax. 8551012.

Dublin

Überblick

Dublin, ***Hauptstadt*** der Republik Irland und Administrationssitz des gleichnamigen County, zählt etwa 915.000 Einwohner und ist das wichtigste Industrie- und Handelszentrum der Grünen Insel sowie kultureller Mittelpunkt des Landes.

Die Metropole umrahmt die Dublin Bay und wird durch den River Liffey in zwei Hälften geteilt. ***Südlich vom Fluß*** befinden sich das Stadtzentrum mit den exklusiven Geschäften und den teuren Restaurants sowie die feinen Stadtteile - nehmen wir als Beispiel Ballsbridge -, in denen die bessergestellten Bewohner der Kapitale leben.

Nördlich des Liffey dagegen wohnen, vor allem in den Randsiedlungen, in schäbigen Mietskasernen diejenigen, die man allerorten im Straßenbild um etwas Kleingeld betteln sieht - Menschen, die bei einer Arbeitslosenquote von fast 20% von der staatlichen Sozialfürsorge nur unzureichend versorgt sind.

Schon in mittelalterlichen Zeiten waren ***bettelnde Menschen*** ein vertrauter Anblick in den Dubliner Straßenzügen, von jeher gehörten sie zum Alltag der Metropole, und heute wie damals gelingt es den Ordnungshütern nicht, sie von ihren Plätzen zu vertreiben. Viele alte Quellen und frühe Chroniken widmen sich ausgiebig diesem Problem. Wie sehr Bettler zum öffentlichen Erscheinungsbild gehörten, zeigt auch der 1792 erschienene Bilderzyklus „A Picturesque and Descriptive View of the City of Dublin“ des englischen Malers *James Malton* (1760-1803). Auf fast jedem der 25 Gemälde sieht man die Armen der Stadt (*Maltons* Bilder können u. a. in der National Gallery besichtigt werden). Heutzutage sind es schon lange nicht mehr nur die *Tinker,* die irischen „Nomaden“ (s. Exkurs am Ende des Kapitels), die erwartungsvoll die Hand aufhalten, Dublin zählt genügend arme Menschen, die keinen anderen Ausweg mehr wissen, als Passanten um eine milde Gabe zu bitten.

Die Armut eines großen Teils der Bevölkerung kontrastiert auf merkwürdige Weise mit dem nordeuropäisch-industriell anmutenden ***Stadtbild.*** Die Schäbigkeit der Bettler und die Armseligkeit der Frauen, die auf fast verrotteten Kinderwagen billiges Plastikspielzeug zu verkaufen versuchen, fallen dem Besucher um so mehr ins Auge, wenn drumherum der gewohnte Straßenverkehr einer modernen Großstadt braust und die gutbetuchten Angestellten von Handel, Banken und Versicherungen über die Bürgersteige eilen. Das Zentrum von Dublin ist klein, hier liegen selbst die Gegensätze nahe beieinander!

Dies gilt nicht nur für die Menschen, sondern gleichermaßen für das Stadtbild selbst: Zwischen renovierten georgianischen Fassaden oder modernen Architekturelementen zeigen sich immer wieder auch die Zeichen des Verfalls. Zur Tausend-Jahr-Feier 1988 investierten Dublins Stadtväter in eine City-Verschönerung, die jedoch mangels Finanzkraft auf halbem Wege steckenblieb, und auch als die irische Metropole 1991 in den Rang einer ***eu-***

ropäischen Kulturhauptstadt aufstieg, wies der Veranstaltungsetat nur 10 Mio. DM aus. Damit konnten die Organisatoren von „Dublin '91" gerade die Rahmenveranstaltungen finanzieren, die eine *European City of Culture* ihren Besuchern bieten muß.

Parallel zum Dublin-'91-Jahr rief übrigens die nordirische Kapitale ein Belfast-'91-Programm ins Leben, um an den Touristenströmen zu partizipieren und - wenn möglich - diese von Dublin wegzulocken. 100 Mio. DM - also das Zehnfache - standen den Initiatoren in Nordirland zur Verfügung.

Dublin ist - man muß es zugeben - heutzutage keine sonderlich attraktive Stadt mehr. Wesentlich dazu beigetragen haben phantasielose ***Kahlschlagsanierer,*** die mehrspurige Straßen durch belebte Quartiere schlugen und alte Bausubstanz wie soziales Leben damit gleichermaßen vernichteten.

So verwundert es nicht zu lesen, daß die von Konservatoren ins Leben gerufene *Urban Salvation Front* im dreijährigen Rhythmus die ***Nicolae Ceaucescu Memorial Awards*** an diejenigen Personen verteilt, die sich ganz ausgezeichnet bei der Stadtzerstörung Dublins hervorgetan haben. Der Name des Preises geht auf den irrsinnigen rumänischen Staatslenker zurück, der bekanntermaßen für seinen Protzpalast etliche hundert historische Bauwerke niederreißen und auf

Armutshandel vom ausgedienten Kinderwagen

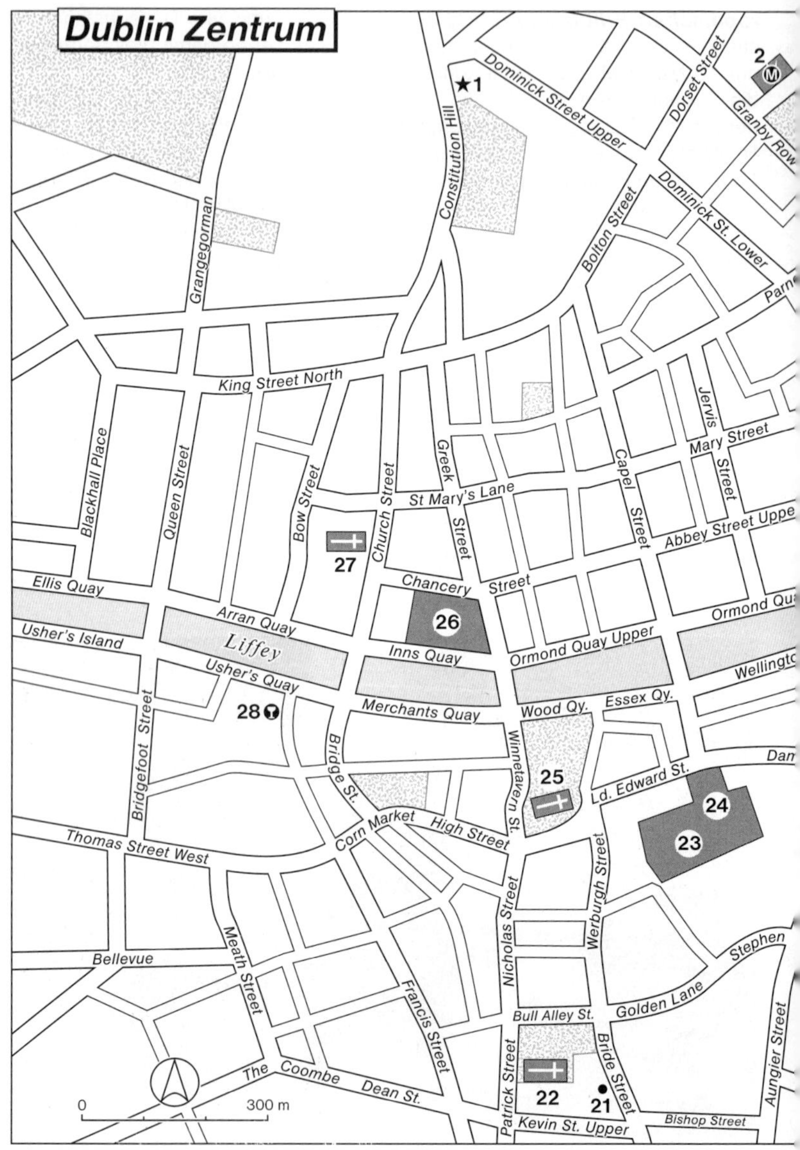
Dublin Zentrum
Dominick Street Upper
Dorset Street
Granby Row
Dominick St. Lower
Constitution Hill
Grangegorman
Bolton Street
King Street North
Blackhall Place
Queen Street
Bow Street
Church Street
Greek Street
St Mary's Lane
Capel Street
Jervis Street
Mary Street
Abbey Street Upper
Chancery Street
Ellis Quay
Arran Quay
Usher's Island
Liffey
Inns Quay
Ormond Quay Upper
Ormond Quay
Usher's Quay
Merchants Quay
Wood Qy.
Essex Qy.
Bridgefoot Street
Bridge St.
Winnetavern St.
Ld. Edward St.
Corn Market
High Street
Thomas Street West
Nicholas Street
Werburgh Street
Meath Street
Bellevue
Francis Street
Stephen
Golden Lane
Bull Alley St.
Bride Street
Patrick Street
Aungier Street
The Coombe
Dean St.
Kevin St. Upper
Bishop Street
0
300 m
1
2
21
22
23
24
25
26
27
28

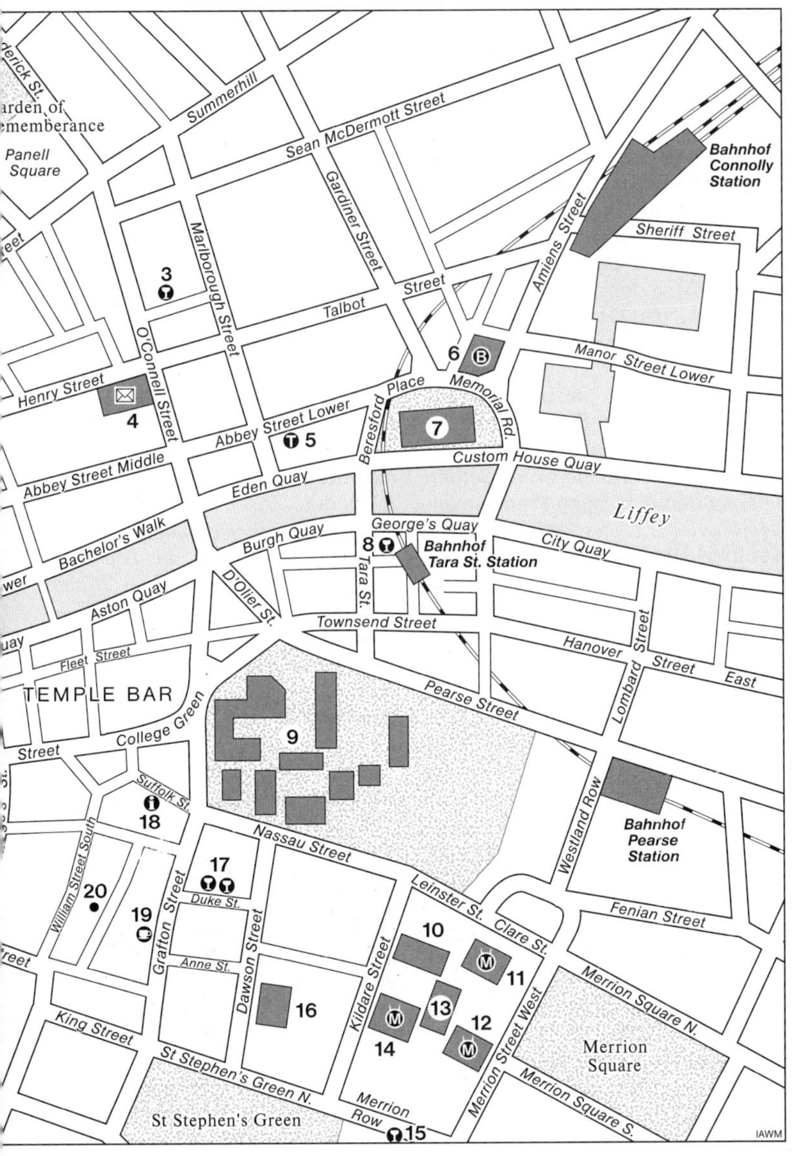
Summerhill
Sean McDermott Street
Garden of Remembrance
Panell Square
Bahnhof Connolly Station
Sheriff Street
Amiens Street
Gardiner Street
Marlborough Street
Talbot Street
O'Connell Street
Henry Street
Manor Street Lower
Memorial Rd.
Beresford Place
Abbey Street Lower
Abbey Street Middle
Custom House Quay
Eden Quay
Liffey
George's Quay
Burgh Quay
Bachelor's Walk
City Quay
Bahnhof Tara St. Station
Tara St.
D'Olier St.
Aston Quay
Townsend Street
Fleet Street
TEMPLE BAR
Hanover Street East
Lombard Street
Pearse Street
College Green
Westland Row
Bahnhof Pearse Station
Suffolk St.
Nassau Street
Leinster St.
Clare St.
Fenian Street
William Street South
Grafton Street
Duke St.
Dawson Street
Anne St.
Kildare Street
Merrion Square N.
Merrion Street West
Merrion Square
Merrion Square S.
King Street
St Stephen's Green N.
Merrion Row
St Stephen's Green
1 2 3 4 5 6 7 8 9 10 11 12 13 14 15 16 17 18 19 20
IAWM

Dublin

dem Land ganze Dörfer plattwalzen ließ. Das Kunstmagazin „Apollo" hatte im Jahr 1989 vor ähnlichen Aktionen irischer Politiker gewarnt und bereits rumänienähnliche Zustände visionär vorausgesagt. 1990 konnten die Ehrungen erstmals vergeben werden.

Der Erste nun, der mit der *Croagh Patrick Fool's Gold Medal* ausgezeichnet wurde, war der Umweltminister *Padraig Flynn;* der nämlich hatte sich geweigert, die Gesetze für historische Bausubstanz der europäischen Norm anzupassen. In der Laudatio wurden weiter die „destruktiven Bebauungspläne" am Bachelor's Walk in Dublin „gewürdigt". Mit der *Silver Tin-foil Medal* ehrte die *Urban Salvation Front* den damaligen Premierminister *Charles Haughey,* weil er - auch hier folgen wir der Laudatio - das historische Dublin „kaum besser als einen Steinbruch für die Bauindustrie" behandle. Die *Bronze-anodised Aluminium Medal* schließlich würdigt die Fianna-Fail-Fraktion des *Dublin City Council* für ihr Bemühen, durch das historisch bedeutsame Dubliner Viertel The Liberties eine mehrspurige Schnellstraße zu bauen.

Eine autogerechte Stadt ist Irlands Metropole trotz aller Mühen der Kahlschlagsanierer nicht geworden, Staus sind zu allen Zeiten an der Tagesordnung. An den Ampelanlagen sind die Rotphasen für die Fußgänger derart unzumutbar lang, daß der Besucher sich eher im ***Verkehrschaos*** einer Dritte-Welt-Metropole wähnt: Die Masse der Fußgänger setzt sich dadurch zur Wehr, daß sie vom Bürgersteig auf die Straße strömt und die Fahrbahn für den fließenden Verkehr einengt; ein jeder versucht dann, durch Lücken in der Autoschlange im Laufschritt die Straße zu überqueren. Unfälle sind an der Tagesordnung.

Vieles in Dublin wird jedoch wieder wettgemacht durch die ***Freundlichkeit seiner Bewohner.*** Die Menschen schauen dem Besucher offen ins Gesicht. Wenn man sich daran gewöhnt hat und nicht hastig den Kopf in eine andere Richtung dreht, sondern den Blick erwidert, dann wird man sogar angelacht. Ist man mutig genug zurückzulächeln, hört man oft ein freundliches *Hi.* Ein englischer Besucher schrieb im Mai 1991 in einem Leserbrief an die Evening Press neben vielem anderen die folgenden Zeilen über die irische Hauptstadt: *„People smile at you here. Coming from London, this is a shock. People smile at you on the bus. If someone smiled at you on London's Underground, you would call the Transport Police."*

Geschichte

Schon der ägyptische Geograph und Astronom *Ptolemäus* verzeichnete um das Jahr 140 n. Chr. das heutige Dublin, das er *Eblana* nannte. Der uns gebräuchliche ***Name*** der irischen Hauptstadt leitet sich wahrscheinlich vom gälischen *Dubhlinn* ab, was „Dunkler Teich" bedeutet. Von einem Übergang des River Liffey stammt die gälische Bezeichnung Dublins: *Baile Atha Cliath,* die Stadt der befestigten Furt.

Um 448 soll der Überlieferung zufolge der *hl. Patrick* die Bewohner zum Christentum bekehrt haben.

400 Jahre später fielen die ***Wikinger*** in Irland ein, eroberten das Städtchen rasch und befestigten es alsbald planmäßig, damit ihnen der Ort als Ausgangspunkt für Raubzüge ins Umland dienen konnte. 988 gelang dem Iren *Mael Sechnaill* mit seinen Mannen die Einnahme der Stadt, 1014 dann siegte der Hochkönig *Brian Boru* in der Schlacht von Clontarf (heute ein Vorort von Dublin) über die Wikinger.

Die endgültige Vertreibung der „Nordmänner" gelang jedoch erst 1170 den mittlerweile in Irland eingefallenen ***Normannen.*** Zwei Jahre später unterwarf sich ein Großteil der irischen Stammesfürsten dem englischen König *Heinrich II.* Dublin entwickelte sich zur Hauptstadt einer Region, die *Pale* (von *Palisade* = Befestigung) genannt und durch eine Anzahl von anglo-normannischen Burgen geschützt wurde.

Die folgenden Jahrhunderte waren durch ständige ***Auseinandersetzungen mit den Engländern*** gekennzeichnet. Im Jahre 1647 besetzte der Lord Protector *Oliver Cromwell* Dublin und 1690 verlor der Katholik *James II.* in der Schlacht am Boyne (bei Drogheda, nahe Dublin, vgl. Ende Tour 1) gegen seinen protestantischen Widersacher *Wilhelm von Oranien.*

Nach diesem Sieg der englischen Protestanten über die katholischen Iren etablierten sich die Briten noch nachhaltiger auf der Grünen Insel und begannen im ***18. Jh.*** mit einem städtebaulichen ***Aufbauprogramm*** für die Hauptstadt - die Einwohnerzahl stieg von 65.000 auf über 200.000 an. Die öffentliche Hand ebenso wie

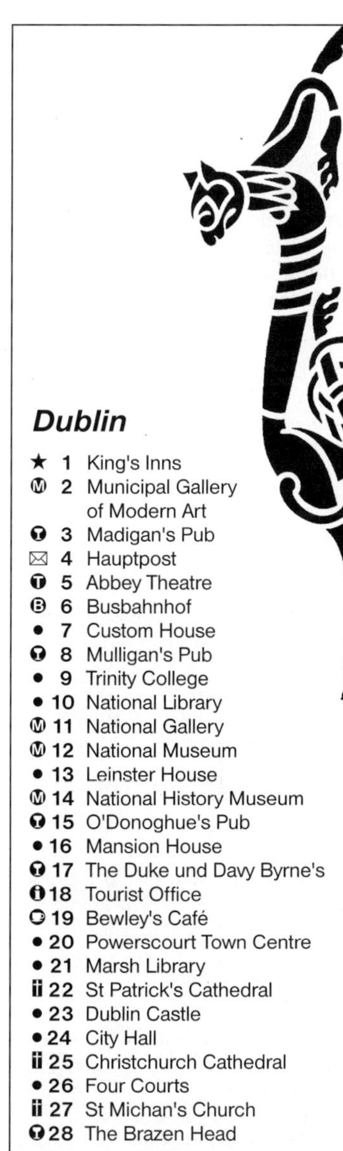

Dublin

★ 1 King's Inns
Ⓜ 2 Municipal Gallery of Modern Art
3 Madigan's Pub
✉ 4 Hauptpost
5 Abbey Theatre
Ⓑ 6 Busbahnhof
• 7 Custom House
8 Mulligan's Pub
• 9 Trinity College
• 10 National Library
Ⓜ 11 National Gallery
Ⓜ 12 National Museum
• 13 Leinster House
Ⓜ 14 National History Museum
15 O'Donoghue's Pub
• 16 Mansion House
17 The Duke und Davy Byrne's
18 Tourist Office
19 Bewley's Café
• 20 Powerscourt Town Centre
• 21 Marsh Library
22 St Patrick's Cathedral
• 23 Dublin Castle
• 24 City Hall
25 Christchurch Cathedral
• 26 Four Courts
27 St Michan's Church
28 The Brazen Head

private Investoren sorgten für eine großzügige Bautätigkeit. Neue Straßen, Plätze und Parks, gesäumt von Stadtpalais, entstanden allerorten.

1783 gestanden die Engländer dem irischen Parlament in Dublin Autonomierechte zu, doch schon 17 Jahre später wurde dieser Status durch den *Act of Union* wieder aufgehoben - eine ***neue Ära von Unterdrückung*** und Widerstand begann. 1844 inhaftierten die Engländer den Bürgermeister *Daniel O'Connell,* einige Jahre später kerkerte man die Führer der *Land-League-Bewegung* ein. 1916 fand in Dublin der Osteraufstand statt, der blutig niedergeschlagen wurde - viele der Freiheitskämpfer fanden ihr Ende vor den Exekutionskommandos. Erst 1919 konnte das erste unabhängige Parlament im Mansion House zusammentreten.

Irische Pubs

In Dublin gibt es sage und schreibe 775 Pubs, und außerhalb der irischen Metropole buhlen weitere 10.244 Tavernen um die Gunst des bier- und whiskeytrinkenden Publikums. Irland hat somit eine Pub-Dichte von 317 Einwohnern pro Kneipe. Da Vergleichszahlen aus anderen europäischen Ländern fehlen, kann hier nicht gesagt werden, wie Irland damit international dasteht.

Allein in Dublin beschäftigt die Alkoholindustrie 10.000 Arbeitnehmer, und im Durchschnitt gibt jeder Hauptstadtbürger pro Jahr 600 Pfund für Guinness, Lager oder Whiskey aus.

So gelten die Iren als sehr ***trinkfreudig*** - zu Unrecht, wenn man die Zahlen im europäischen Vergleich betrachtet. Da nämlich liegt Irland ganz klar im Mittelfeld - an achter Stelle, weit hinter den weintrinkenden Franzosen, Italienern, Luxemburgern und ebenfalls hinter den biertrinkenden Deutschen und Belgiern. Hinzu kommt die starke, Abstinenz predigende Bewegung, der 500.000 Iren angehören sollen; bei einer Gesamtbevölkerung von 3,5 Mio. sind dies immerhin rund 14,5%.

Doch das ***Klischee des trinkenden Iren*** hält sich seit Jahrhunderten hartnäckig. So schrieb im Jahre 1917 ein gewisser *Douglas Goldring:* „Unglücklicherweise beschränken die Armen Dublins ihre Gewohnheit, sich zu betrinken, nicht auf bestimmte Stunden oder Wochentage; sie scheint ausschließlich von ihrer finanziellen Lage abzuhängen."

Die Pubs haben sich aus den ***Verkaufsstellen für schwarzgebrannten*** Whiskey, dem sogenannten *Potien,* entwickelt; wer nämlich besonders gut mit der Brennblase seiner Destille umgehen konnte, der machte schnell den Nebenerwerb zum Hauptberuf. Im Jahre 1628 stellte ein gewisser *William Petty* fest, daß von Dublins 6025 Häusern 1200 als Whiskeyausschankstellen dienten. Das behördliche Verbot der Schwarzbrennerei im Jahre 1760 veränderte die Lage kaum. Die ***hohe Alkoholsteuer*** hat bis in die heutigen Tage dazu geführt, daß wie eh und je weiter schwarz gebrannt wird. Die Steuer (52%) ist auch einer der Grunde dafür, daß die Iren ihr Guinness lieber im Pub als zu Hause trinken: In den *Off-Licence-Geschäften* sind alkoholische Getränke nahezu genauso teuer wie im Pub - da kann man auch gleich in großer Gesellschaft und sozialer Runde bechern.

Dublin

Foto: WS

Heutzutage sind auch an der Bar die ***Frauen*** gleichberechtigt, daran ändern selbst die wenigen Wirte nichts, die, von der neuen Situation unbeeinflußt, Damen noch immer in die *Lounge Bar* verbannen und sie nicht an den Tresen lassen. Derlei hat freilich Tradition: Irische Pubs haben, oder vielmehr hatten früher, an den Enden der Theken sogenannte *Snugs,* winzigkleine Kammern, in denen Frauen und Priester, der Öffentlichkeit entzogen, ihr Alkoholisches zu sich nahmen.

Diese ***Einzelsäuferkojen,*** wie sie *Heinrich Böll* in seinem „Irischen Tagebuch" genannt hat, ließen sich nur vom Tresen aus mit einem Hebel öffnen; wollte die Lady hinaus, so mußte sie nach dem Wirt klingeln. Auch gibt es immer noch ein paar Wirte, die Frauen ein *Pint* verweigern und einfach stillschweigend *Half a Pint* auf den Tresen knallen - empört ob der Bestellung. In der Regel halten die Männer den Bartresen immer noch für sich besetzt, während ihre Damen auf kleinen Stühlchen an der Wand hocken und an ihrem Sherry oder Gin Tonic nippen.

Zur Ausstattung eines Pubs gehört selbstverständlich ein *Dart*-Spiel, sehr häufig ein Pool Billard, und in irgendeiner Ecke flimmert der Fernseher, dessen Ton leise gedreht ist und auf den kein Mensch achtet. Die Einrichtung kann durchaus schäbig sein, dies sagt nichts über die Kneipe und ihre Besucher aus.

Patina wird sogar sehr gerne gesehen, weist sie doch darauf hin, daß hier ein alteingesessenes Unternehmen residiert. In den letzten Jahren sind umfangreiche Renovierungsarbeiten im sogenannten *Pastiche-Stil* in Mode gekommen; dabei kopiert man die klassische Pub-Einrichtung, die ja aus edlen Mahagonihölzern, viel Messing, Kristallspiegeln und rotem Plüsch besteht. Zumeist ist dies die reine Augenwischerei, und das Mahagoni entpuppt sich schnell als furnierter Preßspan.

Da die Bierpreise hoch sind, füllen sich die Kneipen erst sehr spät. Aus diesem Grund auch fangen *Life Sessions* erst um 21.30 Uhr an. Und irgendwann ruft unerbittlich der Barkeeper: *„It's Time Now. Last Order."* Schnell wird dann die ***letzte Bestellung*** aufgegeben, und nach dem Verschluß der Zapfhähne darf man noch eine halbe Stunde lang sein Bier austrinken - so bestimmt es das Gesetz.

Sehenswertes im Stadtzentrum

Unser Spaziergang durch das Stadtzentrum von Dublin beginnt am ***Tourist Office*** in der Suffolk Street. Hier, in einer säkularisierten Kirche, bekommt der Besucher reichhaltiges Informationsmaterial - viele der Broschüren allerdings werden nur gegen einen kleinen Obolus ausgegeben -, und das Personal beantwortet alle Fragen sachkundig.

Tritt man aus der Tourist Information und wendet sich nach rechts, so ist nach wenigen Schritten die Grafton Street erreicht, die verkehrsberuhigte Haupteinkaufsstraße der Metropole. Links ab kommen wir zur Kreuzung mit der Suffolk Street und begegnen hier einer berühmten Irin. Lebensgroß steht da die Statue der Straßenhändlerin ***Molly Malone***, die einen Karren mit Muscheln hinter sich herzieht. Die vollbusige Schönheit geht auf das bekannte Dubliner Lied zurück, in dem es heißt:

In Dublins fair city
Where the girls are so pretty
I first set my eyes on sweet
Molly Malone
As she wheeled her wheelbarrow
Through streets broad and narrow,
Crying „Cockles and Mussels,
alive, alive, oh!“

Wie ein anderes Denkmal auch (s.u.), so haben die Bewohner der Hauptstadt auch diese Statue nicht so recht angenommen und verspotten die dralle Molly als „The tart with the cart“ - zu deutsch: Die Nutte mit dem Karren.

Wenige Schritte noch und linkerhand droht die festungsartige fensterlose Fassade der ***Bank of Ireland.*** Ursprünglich diente das 1729 errichtete Gebäude als irischer Parlamentssitz, 1803, zwei Jahre nach dem *Act of Union,* der Vereinigung Irlands mit England, richtete die Bank of Ireland hier ihren Hauptsitz ein.

Gegenüber vom Bankgebäude befindet sich der Haupteingang zum ***Trinity College.*** Vor der rund 100 m langen klassizistischen Fassade grüßen die Standbilder des Schriftstellers *Oliver Goldsmith* (1728-1774) sowie des Schriftstellers und Politikers *Edmund Burke* (1729-1797). Beide machten übrigens nicht in

Im Innenhof des Trinity College

Dublin, sondern in London Karriere. Irlands Elite-Universität wurde von Königin *Elisabeth I.* 1591 gegründet und blieb fast 200 Jahre lang, bis 1793, ausschließlich protestantischen Studenten vorbehalten; erst 1873 dann konnten auch Katholiken einen akademischen Titel erlangen, und seit 1903 herrscht auf dem Campus die geschlechtliche Gleichstellung.

Lang ist die Liste berühmter Personen, die am Trinity College studiert haben: *Oliver Goldsmith, Edmund Burke, Jonathan Swift, Robert Emmet, Henry Grattan, Theobald Wolfe Tone, Oscar Wilde, Bram Stoker, Samuel Beckett* und viele andere mehr.

Hat man den Eingang durchquert und die brausende und lärmende Hektik des Dubliner Straßenverkehrs damit hinter sich gelassen, bietet der ***Universitätscampus*** mit seinen alten Gemäuern und den weiten Rasenflächen dem Besucher eine Oase der Ruhe. Die meisten der Gebäude datieren aus der Zeit von 1722 bis 1787.

Hinweisschilder zeigen den Weg zur ***Old Library*** (Mo-Fr 9.30-16.30 Uhr, Sa 9.30-12.30 Uhr), die mit dem sogenannten ***Long Room*** eine herausragende Attraktion Dublins darstellt. 200.000 in Schweinsleder gebundene Bände bewahrt allein der Long Room auf, darunter befindet sich eines der schönsten Bücher der Welt: das ***„Book of Kells“.*** Dieser im 8. Jh. geschriebene und mit vielen Miniaturen ausgestattete Foliant enthält den Text der vier Evangelien. Weitere herausragende Bände sind das „Book of Durrow“ (7. Jh.), das „Book of Dimma“ (8. Jh.) und das „Book of Armagh“ (9. Jh.). Sehenswert ist auch eine der ältesten irischen Harfen, eines der Nationalsymbole der Grünen Insel. Auf dem Weg in den Long Room macht eine Austellung mit der Geschichte und den Inhalten des Book of Kells vertraut.

Ebenfalls auf dem Campus gibt die 45 Minuten dauernde ***audiovisuelle Vorführung*** *The Dublin Experience* dem Besucher Informationen zur Stadtgeschichte (zu jeder vollen Stunde zwischen 10 und 17 Uhr).

Man kann nun weiter ziellos über den Campus streifen, sich auf einer der Rasenflächen ein wenig ausruhen und das studentische Treiben beobachten. Bereit zu neuen Anstrengungen, verläßt man das geschichtsträchtige Areal auf der gegenüberliegenden Seite vom Haupteingang und biegt links in die Westland Row ein. Hier wurde 1854 in Haus Nummer 21 ***Oscar Wilde*** geboren, alsbald jedoch zog die Familie zum Merrion Square North Nr. 1 um, wo Klein Oscar in schöngeistiger Atmosphäre aufwuchs. Der Vater, *Sir William Wilde,* war ein berühmter Augenarzt jener Tage sowie ein geachteter Altertumsforscher. *Wildes* Mutter verfaßte unter dem Pseudonym *Speranza* Gedichte. Seit Oktober 1997 ehrt man den Dichter nahe seines einstigen Wohnhauses mit einer Statue.

Den 1764 angelegten ***Merrion Square*** umrahmen Häuser im sogenannten *Georgian Style,* hier ist die alte georgianische Bausubstanz Dublins am besten erhalten geblieben. Es lohnt sich, die alten Eingangspforten zu vergleichen, denn nur anhand der Türen konnten die Bewohner ihrem Domizil einen individuellen Anstrich innerhalb der vorgeschriebenen Einheitsarchitektur geben. In Haus Nr. 81 lebte übrigens der Dramatiker *William Butler Yeats,* in Nr. 84 der Poet und Maler *George William Russel.*

Westlich vom Merrion Square entlang der Merrion Street befinden sich die National Gallery, das Natural History Museum und dazwischen, etwas zurückversetzt, Leinster House, in dem heute das irische Parlament untergebracht ist.

Die ***National Gallery*** (Mo-Sa 10-18 Uhr, Do 10-21 Uhr, So 14-17 Uhr), 1864 eröffnet, bewahrt bedeutende Kunstwerke aus fast allen Ländern, Epochen und Schulen auf, u.a. sind *Rembrandt, Goya, Tizian, Michelangelo* und *Fra Angelico* mit Gemälden vertreten. Besondere Bedeutung kommt der Sammlung irischer und englischer Maler zu, die Bilder von *Turner, Hogarth, Gainsborough* sowie von *John B. Yeats* (ein Bruder des Dramatiker *William Butler Yeats*) lohnen einen längeren Blick.

Das ***National History Museum*** (Di-Sa 10-17 Uhr, So 14-17 Uhr).erinnert - wie eine irische Quelle vermeldet - eher an ein antiquarisches Kuriositätenkabinett denn an ein modernes Museum; hier gibt es viele Exponate zur irischen Tierwelt zu besichtigen, und der Hauptanziehungspunkt ist das Skelett eines prähistorischen Riesenhirsches.

Im Rücken der Nationalgalerie und des Naturkundlichen Museums befinden sich entlang der Kildare Street zwei weitere Zentren irischer Gelehrsamkeit: das National Museum und die National Library. Einen Rundgang durch das irische ***Nationalmuseum*** (Di-Sa 10-17 Uhr, So 14-17 Uhr) sollte der an Kunst und Kultur interessierte Besucher auf keinen Fall auslassen; eine Vielzahl an Ausstellungsstücken aus sieben Jahrtausenden dokumentiert die Vergangenheit der Grünen Insel.

Zwischen Nationalmuseum und National Library befindet sich der Haupteingang zum ***Leinster House.*** Dort tagt das irische ***Parlament,*** das sich aus dem *Dail Eireann* (Abgeordnetenhaus) und dem *Seanad Eireann* (Senat) zusammensetzt. Ursprünglich diente das Gebäude den Herzögen von Leinster als Stadtpalais. 1815 verkaufte der dritte Duke of Leinster den herrschaftlichen Bau an die *Royal Dublin Society,* die ein Kulturzentrum

Einzelprotest vor dem Parlament

einrichtete, 1924 dann nahm das *Irish Free State Government* seine Arbeit in den Gemächern auf.

Am Eingang des Parlamentes kann man häufig einige wenige Demonstranten mit Transparenten sehen, die ihren Protest gegen die Regierungspolitik richten und die vorbeieilenden Abgeordneten beeinflussen wollen.

In der ***National Library*** (Zugang nur mit Leseausweis) werden ein Zeitungsarchiv, Erstdrucke irischer Literatur sowie alte Landkarten und topographische Werke aufbewahrt.

Von der Kildare Street geht es nun die Molesworth Street entlang, die auf die Dawson Street mündet. Südlich, Richtung St. Stephen's Green, ragt auf der linken Straßenseite das architektonisch verspielt wirkende ***Mansion House*** auf, seit 1715 der offizielle Sitz des Dubliner Oberbürgermeisters.

Nur wenige Meter Fußweg entfernt liegt, umtost vom Großstadtverkehr, das große Gartenareal von ***St. Stephen's Green.*** Den 8,8 ha großen Park ließ 1880 der Biermogul *Arthur Guinness* anlegen; Statuen berühmter Iren schmücken das Gelände, in der Mittagspause nutzen die Angestellten der umliegenden Büros die Grünfläche für ihre Mittagspause, Kauflustige strömen aus der Grafton Street zur Erholung in den Park, und während des Hochsommers kann man im südlichen Teil von St. Stephen's öffentlichen Konzerten lauschen.

Wenn sich der Besucher in Dublins innerstädtischer grüner Lunge ein wenig erholt hat, kann der Besichtigungsgang weitergehen. Nächstes Ziel ist das ***Geburtshaus von George Bernard Shaw***. An der südwestlichen

Bloomsday

Am 16. Juni 1954 beschlossen vier Männer im Bailey's, ab nun jährlich den Tag zu feiern, an dem Mr. Leopold Bloom, der Protagonist des „Ulysses", durch Irlands Hauptstadt zog. Wie sich dieses spontane Ereignis wohl zugetragen haben mag, das beschrieb *Reiner Luyken* sehr einfühlsam und aus tiefer Kenntnis der irischen Pub-Kultur in der Wochenzeitung „Die Zeit": „Der Barmann stand auf dem Tresen und teilte über die Köpfe der Zecher hinweg Stout und Lagerbier aus. Die Jungs hinter dem Tresen zogen das Bier wie außer Kontrolle geratene Marionetten von den Hähnen, ließen die Kassenschublade auf- und zufahren, stopften feuchte Geldscheine hinein und zählten hastig das Wechselgeld aus. Der sägemehlbestäubte Steinboden war seimig vom Straßensud und Bier. Dubliner Traulichkeit.

Stattlich und feist stand ein Mann am Tresen, stattlich und feist wie Buck Mulligan. „Ulysses", Kapitel 1. Von meinem Schemel aus betrachtete ich *das in seiner Länge pferdehafte Gesicht und das helle untonsurierte Haar, das fleckig getönt war wie matte Eiche.* Ein kleiner Kerl mit Ziehharmonikaaugen fingerte einen furiosen Spindeltanz auf seinem Instrument. Ein Dudelsackpfeifer traktierte mit derber Entschlossenheit seine blankgewetzte Melodieflöte. Füße tappten den fliegenden Rhythmus auf die Steinfliesen. Unvermittelt brach der Dudelsackspieler ab und deklamierte lallend: *It's Bloomsday tomorrow. Let's get the fucking context right.*

Vielleicht hatte es genauso angefangen, damals, 1954. Ein Zecher sprang auf und schrie: Morgen ist Bloomsday. Das woll'n wir doch mal auf die Reihe bringen!"

So oder so ähnlich wird es wohl gewesen sein. Sicher ist auf alle Fälle, daß die Literaten *John Ryan, Patrick Kavanagh, Flann O'Brien* und *Anthony Cronin* eine Feier zum Bloomsday in Balley's Pub beschlossen und daß der Tag mit einem allmächtigen Gelage in Sandymount endete. Jahrelang beging man den Bloomsday nur im engsten Kreis, 1977 dann kostümierte sich erstmals der Kunstmaler, Galerist und Verleger *Gerald Davis* als Leopold Bloom - seither tut er es jedes Jahr.

Bereits 1982, zum 100. Geburtstag von *Joyce,* feierte man das Ereignis schon im großen Stil. Dublins Stadtväter hatten erkannt, daß sich die Touristensaison, die eigentlich erst im Juli so richtig in Schwung kommt, durch ein solches Fest rund einen Monat vorverlegen läßt. Damit geht es - so behauptet *Bruce Arnold,* Literaturkritiker der Tageszeitung „Irish Independent" - mit dem Bloomsday langsam zu Ende: „Ein typischer Dubliner Suppentopf, von dem jeder sein Fett abschöpfen möchte. Joyce ist nur noch ein Vorwand für Reklame und Konsum, ein Vorwand für Exzesse".

Leider, so muß man feststellen, hat der Mann recht! 1991 - Dublin war die Kulturhauptstadt Europas - verloste *Shell Ireland* an den hauseigenen Tankstellen Freikarten für ein großes Bloomsday-Frühstück im Royal Marine Hotel von Dun Laoghaire, *Dublin Tourism* organisierte ein Festzelt für ausländische Journalisten, wo diese bis zur Bewußtlosigkeit schlemmen und vor allem trinken konnten; die *Guinness*-Brauerei investierte 20.000 Pfund in Freibier und Entertainment, und *Bailey's Irish Cream* finanzierte - zugegebenermaßen zurückhaltender als die protzenden Guinnessbrauer - eine Vorlesungsserie über *Joyce.*

„Die Identifikation mit dem Namen Joyce", so sagte *Lewis Clohessy,* Direktor des Organisationskomitees *Dublin '91 - Kulturhauptstadt Europas,* „erhöht das Qualitätsimage einer Firma."

Dublin

Ecke von St. Stephen's Green beginnt die Harcourt Street, die nach wenigen Minuten Fußweg auf die South Circular Road mündet. Dort geht es rechts ab und alsbald nach links in die Synge Street, die von alten georgianischen Hausfassaden geschmückt ist. Hier wurde der große irische Autor (1856-1950) geboren und verbrachte unter der schützenden Obhut seiner Eltern die ersten zehn Jahre seines Lebens. Sorgenlos wuchs er allerdings nicht auf, Shaws Vater war ein pleitegegangener Kornhändler, und das Geld fehlte an allen Ecken und Kanten. Demzufolge blieben in späteren Jahren die Erinnerungen an das Geburtshaus nicht die besten. Shaw notierte, daß „weder unsere Herzen noch unsere Vorstellungen hier zurückgeblieben sind" und beklagte die lieblose Atmosphäre (zu *George Bernard Shaw* siehe auch Exkurs „Irische Schriftsteller von Weltruhm).

Zurück nun zu St. Stephen's Green flanieren wir von der Harcourt Street kommend geradewegs in die ***Grafton Street*** hinein, die verkehrsberuhigte Haupteinkaufsstraße der irischen Metropole. Gleich am Anfang lockt den Konsumwilligen bereits das Einkaufszentrum Westbury Mall, in der Fußgängerzone selbst reiht sich ein Geschäft des gehobenen Einzelhandels ans andere. *Buskers,* Straßenmusikanten, sorgen für die rechte Tonkulisse, und die exklusiven Auslagen in den Schaufenstern lassen keinen Wunsch offen.

Deprimierend wirken dagegen die ärmlich gekleideten Männer, die als

Buskers auf der Grafton Street

eine Art lebende Litfaßsäule für Geschäfte werben. Mit einer langen Stange in der Hand, an deren oberem Ende ein Hinweisschild mit Werbetext und Pfeil auf einen Laden zeigt sowie mit unglücklichem Gesichtsausdruck und von der eigenen Armut peinlich berührt, langweilen sich diese „Sandwichmänner" auf Dublins feiner Einkaufsstraße.

Das traditionsreiche ***Café Bewley's*** in der Grafton Street lohnt unbedingt einen Besuch. Vor Jahren übrigens wandelte der Besitzer, *Victor Bewley,* sein Unternehmen in eine Kooperative um, an der seine Beschäftigten Anteilscheine erwerben konnten. Leider war dem mit großem sozialen Engagement versehenen Versuch kein Erfolg beschieden, und diese Dubliner Institution mußte an einen Konzern verkauft werden.

Rechts und links der Grafton Street gehen eine Reihe kleinerer Gassen ab - so etwa die Duke Street oder die Anne Street -, in denen weitere Ladenlokale für Konsumrausch, aber auch Pubs und Restaurants für leibliches Wohl sorgen.

Eine berühmte Kneipe befindet sich in der Duke Street: ***Davy Byrne's,*** diesen Pub erwähnte *James Joyce* in seinem „Ulysses". Hier treffen sich die Besucher Dublins in den Sommermonaten jeweils während der Woche am frühen Abend und starten nach einem stärkenden Guinness oder Lager vom Bartresen aus zum ***Literary Pub Crawl.*** Ein solches Ereignis sollte man keineswegs versäumen! Ausgebildete Schauspieler führen Literaturkenner (oder solche, die es erst noch werden wollen) im Zuge einer literarischen Sauftour durch Dublins Innenstadt und rezitieren Passagen aus den Werken von *Joyce, Beckett, Behan, Kavanagh, O'Brien* u.a. Anekdoten werden erzählt, und der Teilnehmer erfährt mehr über die irischen Literaturgiganten als aus einem belehrenden Buch.

Ein zweiter berühmter Pub Dublins, der ebenfalls von Joyce in seinem *Ulysses* Erwähnung fand, liegt genau gegenüber von *Davy Byrne's;* es handelte sich um die Kneipe *The Bailey. Allerdings befindet sich der Pub nicht mehr im Originalgemäuer, sondern in einem Gebäude aus den 90er Jahren.*

Von der Grafton Street geht es nun nach links durch die kleine Stichstraße Johnson's Court zum ***Powerscourt Town Centre*** (ausgeschildert). In diesem zwischen 1771 und 1774 erbauten Stadtpalais des Großgrundbesitzers ***Lord Powerscourt*** (auch Powerscourt House and Garden im County Wicklow gehörten einst dieser Familie, vgl. Tour 2) richtete man 1983 ein elegantes Einkaufszentrum mit Boutiquen, Galerien, Geschäften, Restaurants und kleinen Bars ein.

Ein ca. 10minütiger Fußweg führt über die Aungier Street und die Kevin Street Lower zum Cathedral Close, wo die ***Marsh Library*** (Mo, Mi- Fr 10-12.45, 14-17 Uhr, Sa 10.30-12.30 Uhr) des bibliophilen Besuchers harrt. Das Gebäude wurde 1705 von *Sir William Robinson* für die Privatbibliothek des Erzbischofs *Narcissus Marsh* errichtet. 1707 öffnete die Bücherei ihre Pforten und war Dublins erste öffentliche Bibliothek. Rund 25.000 Bände können in der Marsh Library bestaunt werden. Interessant sind vor allem die Gitterverschläge, in die man lesende Benutzer einst einschloß – so wurde der Diebstahl von kostbaren Folianten verhindert.

Neben der Library ragt die eindrucksvolle, im Stil der *Early-English-Gotik* gehaltene ***St. Patrick's Cathedral*** auf. 1191 legte der normannische Erzbischof *John Comyn* den Grundstein, 1213 erhielt das Gotteshaus den Status einer Kathedrale, 1370 begann man mit den Arbeiten am Nordturm, und im Jahre 1872 übernahm die protestantische *Church of Ireland* die Kathedrale.

Zwischen 1713 und 1745 übte hier ***Jonathan Swift,*** der Autor von „Gullivers Reisen", das Amt des Dekan aus. Swift und seine große Liebe *Esther Johnson* („Stella") sind im Innern der Kirche zur letzten Ruhe gebettet. Nahe dem Grab zeigt eine Büste den großen Literaten, ein von *Swift* selbst verfaßter Grabspruch gibt Auskunft über seine Gemütslage: *He lies where furious indignation can no longer render his heart.* (Hier ruht er, wo ihm wilde Empörung nicht länger das Herz zerreißen kann).

Nach rund 400 m Fußweg in Richtung auf den River Liffey gelangt man zur ***Christ Church Cathedral,*** einer weiteren bedeutenden Kirche Dublins. Ein erstes Gotteshaus soll schon 1038 von dem Wikingerkönig *Sitric* in Auftrag gegeben worden sein, von dem Holzgebäude ist jedoch nichts erhalten geblieben. 1172 dann ließ der normannische Eroberer *Richard le Clare,* bekannt unter dem Namen „Strongbow", einen im romanischen Stil gehaltenen Steinbau errichten. Zwischen 1871 und 1878 entstand bei Renovierungs- und Umbauarbeiten die heutige Gestalt der Kirche. Im Langhaus stößt man auf das Grabmal von „Strongbow", doch ist mehr als zweifelhaft, ob der normannische Krieger tatsächlich hier begraben liegt.

Das ehemalige Gotteshaus neben der Christ Church Cathedral beherbergt die ***Ausstellung Dublinia*** (10-17 Uhr); hier wird der Besucher mittels eines akustischen Führers (auch auf deutsch) auf eine Zeitreise durch das mittelalterliche Dublin geschickt und mit dem Alltagsleben der Iren in jenen frühen Tagen vertraut gemacht. Ein Besuch ist eine gute Ergänzung zum Stadtrundgang.

Das Areal rund um St. Patrick's Cathedral und Christ Church, dann weiter bis hinunter zum Liffey sowie in östlicher Richtung bis Dublin Castle, ist unter dem Namen ***Liberties*** bekannt. Der Bezirk lag einst außerhalb der Stadtmauer und unterstand damit nicht der Gerichtsbarkeit des Bürgermeisters. Schon im letzten Jahrhundert riß man großflächig die mittelalterlichen Gebäude nieder. Heutzutage heißt das Gelände rund um die Dame Street noch immer so, viele Kneipen und Kunsthandwerkgeschäfte geben dem Quartier einen charmanten Charakter.

Weiter geht es nun in Richtung auf Dublin Castle. In der Werburgh Street lohnt wenigstens ein kurzer Besuch in der ***St. Werburgh's Church.*** Das protestantische Gotteshaus wurde 1715 im georgianischen Stil errichtet, brannte 1754 nieder und entstand 1768 in neuer Pracht. Da man von der

Kirchturmspitze aus Dublin Castle einsehen konnte, befürchteten die Autoritäten - vor allem nach der Emmet-Rebellion von 1803 -, daß sie eines Tages von dort oben unter Feuer genommen werden könnten; so entfernte man den Turmhelm schleunigst.

Dublin Castle (Mo-Fr 10-12.15, 14-17 Uhr, So 14-17 Uhr), das heutzutage keinen sonderlich wehrhaften Eindruck mehr macht, steht seit Jahrhunderten als Symbol für die lange britische Herrschaft und die Unterdrückung der Iren. Das Fort wurde auf Anordnung von König *John* im Jahre 1204 errichtet und in den folgenden Jahrhunderten ständig ausgebaut und verändert. Am 17. August 1922 übergaben die Briten ihre einstige Trutzburg an den irischen Staat. Die sehr sehenswerten *State Appartments* können nur dann besichtigt werden, wenn keine offiziellen Anlässe der Regierung dagegen sprechen.

Unterhalb von Dublin Castle befindet sich an der Dame Street die zwischen 1769 und 1779 im klassizistischen Stil errichtete und von einer Kuppel gekrönte ***City Hall*** (Mo-Fr 10-13 Uhr, 14.15-17 Uhr). Ursprünglich diente das Gebäude der Händlergilde als Börse und Warenumschlagplatz.

Auf der Grattan Bridge überquert man nun den Liffey und gelangt über den Ormond Quay zu Irlands oberstem Gerichtshof, den ***Four Courts*** (Mo-Fr 11-13 Uhr, 14-16 Uhr). Der die Uferfront des Liffey dominierende Bau entstand zwischen 1786 und

Dublins oberster Gerichtshof

1802, beeindruckend ist das gewaltige klassizistische Hauptportal in Form einer griechischen Tempelfront.

Nicht weit entfernt lohnt in der Church Street erneut der Besuch einer Kirche. Bis zum Jahre 1700 war die ***St. Michan's Church*** (Mo-Fr 10-12.45 Uhr, 14-16.45 Uhr, Sa 10-12.45 Uhr) das einzige Gotteshaus nördlich des River Liffey. Angeblich geht die Kirche auf eine Wikingergründung des Jahres 1095 zurück. Im Innern sollte man auf die prachtvollen Holzschnitzereien achten. Auch die Orgel verdient einen längeren Blick; im Jahre 1743 griff *Georg Friedrich Händel* hier in die Tasten, das Original-Keyboard kann im Vorraum besichtigt werden.

Bekannt geworden ist St. Michan's jedoch durch die Krypta; hier liegen in offenen Särgen mehrere mumifizierte Körper, darunter gar die 1000 Jahre alte sterbliche Hülle eines ehemaligen Kreuzritters (so wenigstens teilt es der Führer dem sich gruselnden Besucher mit).

Ein Stück weiter die Straße hinauf residieren die irischen Juristen in den ***King's Inns;*** die Advokatenkammer entstand in den Jahren 1795 bis 1817 und ist innen wie außen prachtvoll verziert (nicht zu besichtigen). Durch einen Torbogen gelangt man in die Henrietta Street, die beidseitig mit Gebäuden vom Anfang des 18. Jh. bestanden ist.

An der folgenden Kreuzung mit der Bolton Street, deren Verlängerung Dorset Street heißt, wenden wir uns nach links. Nach einigen Hundert Metern erreicht man über die rechts abbiegende Granby Row den Parnell Square. Drei Sehenswürdigkeiten an dem Platz verdienen, beachtet zu werden. Da ist zuerst einmal der ***Garden of Remembrance,*** in dem ein Denkmal und eine ewige Flamme derer gedenken, die gegen die englische Unterdrückung kämpften und dabei starben. Die jahrhundertelangen Leiden des irischen Volkes durch die unmenschlichen Diskriminierungen und das entsetzliche Erlebnis der Großen Hungersnot werden so schnell nicht in Vergessenheit geraten.

Am Parnell Square North kann man in der ***Municipal Gallery*** (nach ihrem Stifter auch *Hugh Lane Gallery* genannt, Di-Sa 9.30-18 Uhr, So 11-17 Uhr) Arbeiten französischer und irischer Impressionisten bewundern, auch Wanderausstellungen werden ab und an hier gezeigt. In den Nachbarhäusern haben Mitte 1991 das ***Dublin Writers' Museum*** und das ***Irish Writers' Centre*** ihre Pforten geöffnet und geben Einblicke in die Werke der irischen Dichtergiganten. Über Parnell Square East erreicht man die O'Connell Street, Dublins Hauptstraße, deren Fahrspuren von einem breiten, baumbestandenen Mittelstreifen getrennt werden.

Am Beginn der O'Connell Street befindet sich auf der rechten Straßenseite die Hauptniederlassung von ***Dublin Bus;*** hier kann man z. B. Stadtrundfahrten buchen und für einige Pence einen Stadtplan der Metropole mit eingezeichneten Busrouten bekommen.

Dublins Flaniermeile bekam ihren Namen zu Ehren von ***Daniel O'Connell*** (1775-1847). Der Rechtsanwalt - noch heute als *The Liberator* apostrophiert - gründete 1823 die *Irish Catholic Association* mit dem Ziel, die Emanzipation der irischen Katholiken zu erreichen. 1828 wurde er als Abgeordneter ins englische Unterhaus gewählt, ein Jahr später brachte er den *Emancipation Act* der katholischen Iren durch das Parlament.

O'Connell kämpfte für Landreformen und wandte sich unermüdlich gegen die 1801 erfolgte Union mit England. Der charismatische Politiker organisierte Massenveranstaltungen und entfesselte eine breite Volksbewegung gegen die britische Herrschaft. 1843 verurteilten die Engländer den „Befreier" wegen Aufruhr und Verschwörung und warfen ihn ins Gefängnis.

Obwohl das Urteil bald aufgehoben wurde und *O'Connell* auf freien Fuß kam, konnte er in den folgenden Jahren nicht mehr an seine einstigen politischen Erfolge anknüpfen. Zudem zerstritt sich der konservative Politiker mit den radikalen Führern seiner Partei.

Daniel O'Connell starb 1847 als gebrochener Mann während einer Romreise.

Wenige Meter Fußweg auf dem breiten Mittelstreifen der O'Connell Street führen zu einem gewaltigen ***Brunnen,*** der von einer 4 m langen und tonnenschweren Bronzestatue, der Anna Livia (so benannt nach einer Romanfigur von *James Joyce)* geziert wird. Das häßliche Werk stiftete 1988 ein Industriekonsortium anläßlich der 1000-Jahr-Feier Dublins.

Die Stadtverwaltung forderte die Bewohner ebenso wie auch die vielen Touristen auf, Geldmünzen in den Brunnen zu werfen. Dieses Geld sollte dann in die Fonds gemeinnütziger Stiftungen einfließen - jedoch ohne Erfolg, nichts geschah! Die Bevölkerung - die das teure Stück verächtlich nach einem Spottlied *Bidet Mulligan* nennt - hat den Brunnen nicht angenommen.

Mittlerweile sprudelt der Brunnen nicht einmal mehr, er wird von den Kindern und Jugendlichen als großer Papierkorb für die Hamburger-Pappschachteln des gegenüberliegenden Burger King Fast Food benutzt.

Von der O'Connell Street zweigt die Earl Street North nach Osten ab. An deren Anfang grüßt eine ***Statue von James Joyce*** den Besucher; auf der linken Straßenseite liegt der ***Pub Madigan's,*** man sollte sich die Örtlichkeit für einen abendlichen Kneipen-Besuch merken. Seit rund 200 Jahren gibt es eine Taverne an dieser Stelle, während des Osteraufstandes von 1916 fiel der damalige Pub in Schutt und Asche, 1918/19 entstand das heutige Madigan's, viel Marmor und edle Hölzer wurden im Innern verbaut.

Die Earl Street mündet auf die Marlborough Street; diese nach links gen Norden hochgehend, erreichen wir auf der linken Straßenseite ***St. Mary's Pro-Cathedral.*** Die zwischen 1815 und 1825 erbaute Kirche war in jenen Tagen das wichtigste katholische Gotteshaus der Stadt.

Eigentlich sollte die Kathedrale, die nach dem architektonischen Vorbild des Athener Theseus-Tempels konzipiert wurde, an der O'Connell Street (damals noch Sackville Road) aufragen, doch die Protestanten erhoben vehement Einspruch und setzten durch, daß St. Mary's in eine kleine

Seitenstraße abgeschoben wurde. Sechs dorische Säulen schmücken das Hauptportal, darüber erkennt man die Statuen der Muttergottes, des *hl. Patrick* und des *hl. Lawrence;* letzterer ist der Schutzpatron Dublins. Sehenswert ist im Innern vor allem der Marmoraltar.

Zurückgekehrt zur O'Connell Street, erkennt man auf der gegenüberliegenden Straßenseite das wuchtige Gebäude des ***General Post Office*** (St. Mary's sollte ursprünglich an diesem Ort erbaut werden). Dublins Hauptpostamt entstand zwischen 1814 und 1818 im neoklassizistischen Stil und steht bis heute als Symbol für den Osteraufstand von 1916: Hier proklamierte *Patrick Pearse* die Republik und verschanzte sich dann mit seinen Anhängern im Innern. Die Briten stürmten das Gebäude und nahmen die Freiheitskämpfer gefangen. In der großen Halle ehrt das Denkmal „Tod des Cuchulainn" die mutigen Streiter für die Unabhängigkeit. Der erste Satz der Charta, die Pearse hier verlas, lautete: „Wir erklären, daß das Recht des irischen Volkes auf die Verfügungsgewalt über Irland und auf ungehinderte Herrschaft über seine eigenen Geschicke unumschränkt und unveräußerlich ist."

Im Rücken des General Post Office verläuft die Moore Street, auf der täglich ein ***Obst- und Gemüsemarkt*** stattfindet; auch in den umliegenden Straßen, so etwa der Henry Street, findet man eine Vielzahl an Lebensmittelgeschäften, Fischläden

Moore Street Market

und Metzgereien - Selbstversorger können hier ihre Vorräte auffrischen.

Auf dem weiteren Weg in Richtung des River Liffey zweigt links die Abbey Street Lower ab und führt uns zum berühmten ***Abbey Theatre.*** Irlands Nationaltheater nahm am 27. Dezember 1904 seinen Schauspielbetrieb mit vier Einaktern auf; zwei der auf dem Spielplan stehenden Stücke stammten aus der Feder von *William Butler Yeats,* der zwei Jahre zuvor zum Präsidenten der *Irish National Theatre Society* gewählt worden war.

Als 1907 in dem Schauspielhaus „The Playboy of the Western World" von *J. M. Synge* aufgeführt wurde, kam es zum öffentlichen Eklat, und wütende Bürger belagerten das Theater. In dem Stück geht es um eine romantische, jedoch höchst unmoralische Liebesgeschichte, in der, freilich nur nach Ansicht der empörten Zuschauer, das Nationalbewußtsein jener Tage „verhöhnt" wurde.

Ein ähnlicher Aufstand ereignete sich 1926, als *Sean O'Casey's* „The Plough and the Stars" auf die Bühne kam: In einer Szene trugen die Schauspieler die irische Fahne in einen Pub, in dem eine Anzahl von Prostituierten auf Kundenfang geht - gewaltsame Tumulte brachen im Zuschauerraum aus.

1951 brannte das Abbey Theatre ab, erst 15 Jahre später war ein neues Schauspielhaus fertiggestellt. Das heutige Theater hat 638 Sitzplätze, in der angeschlossenen Experimentierbühne The Peacock finden 157 Zuschauer Platz.

Am südlichen Ende der O'Connell Street ragt das ***Denkmal für Daniel O'Connell*** auf, und hier führt auch die O'Connell Bridge über den Liffey. Flußaufwärts sieht man den bogenförmigen Fußgängersteg der ***Halfpenny Bridge;*** der Name stammt aus jenen Tagen, als man noch eine Mautgebühr entrichten mußte, wollte man über den Fluß. Heute ist es kaum anders; an beiden Enden der Brücke versuchen bettelnde Kinder, die eine oder andere milde Gabe von den Passanten zu erhalten.

Ebenfalls flußaufwärts befindet sich in den vom Wind leise gekräuselten Wellen des River Liffey Dublins neuste Attraktion: Im Wasser leuchtet eine Digitaluhr auf und zeigt die verbleibenden Sekunden bis zum Jahr 2000 an.

Flußabwärts erkennt man auf der linken Seite des Stroms das schneeweiße ***Custom House,*** das aus dem Jahr 1791 datierende Hauptzollamt von Dublin. Die Hauptfassade ist mit allegorischen Figuren und vielen Statuen geschmückt.

Die O'Connell Bridge führt auf die Westmoreland Street, von dort rechts ab in die Fleet Street ist der ***Temple-Bar-Bezirk,*** das Greenwich Village von Dublin, schnell erreicht. In den vergangenen Jahren ist hier mit Macht renoviert worden und Temple Bar entwickelte sich nach dem Willen der Stadtväter zu einem Kulturquartier der Hauptstadt. Zwischen Ateliers, Studios, Galerien, Pubs, kleinen Bistros und Restaurants wurden jüngst ein Music Centre, ein Multimedia Centre, ein Crafts Centre, ein Viking Museum, ein Irish Film Centre, ein Children's Cultural Centre und ein Centre for Photography gebaut. Mittlerweile ist alles weitgehend fertigge-

Die irische Wettleidenschaft

Daß die Engländer begeisterte Spieler sind und auf die unmöglichsten Sachen Haus und Hof verwetten, weiß man ja, doch im Gegensatz zu den Iren sind die Briten nur harmlose *Gambler.* Die wahre Wettleidenschaft gibt es nur auf der Grünen Insel, und der Besucher sollte einmal in ein *Betting Office* hineinsehen und erleben, wie die Männer ihr Geld setzen, aufmerksam die *Odds and Value,* die Quoten und die Chance, studieren.

Für solche Studien eignet sich hervorragend der Bezirk Liberties rund um die Dame Street stadtauswärts, wo es eine Reihe von Wettbüros gibt, denen sich praktischerweise Pubs anschließen.

Es sind nicht nur die Begüterten in Irland, die hohe Summen setzen - vor allem die vielen Arbeitslosen, die von der Sozialhilfe, der *Dole* leben, füllen die Kassen der *Bookmaker.* Denn man hat ja die Chance, dem bitterarmen Leben davonzulaufen und eines Tages so reich zu werden wie der einstige Bauarbeiter *John Patrick McManus,* der mit seinen 40 Jahren in einem hochherrschaftlichen Palais wohnt und einen Mercedes 500 SEL fährt. Alles beim Wetten gewonnen. *J. P.* - wie *McManus* von den irischen Spielern genannt wird - hat eben Klasse. Klasse hat übrigens auch der 64jährige *Terry Rogers,* in früheren Tagen nur *The Red Menace,* die rote Gefahr, genannt. Auch der *Red Terry* ist auf den Rennbahnen reich geworden. Das sind die Vorbilder, an die es sich zu halten gilt!

Da die Iren neben ihrer Wettleidenschaft auch noch gläubige Katholiken sind, darf man durchaus auch auf Gottes Hilfe hoffen, und die soll es am 5. Mai 1990 tatsächlich gegeben haben. Schenkt man den Eingeweihten Glauben, so sind an jenem Tag doch tatsächlich die Nonnen des Ardfoyle Klosters von Cork um 15 Uhr in ihrer Kapelle auf die Knie gefallen und haben eine Anzahl von Rosenkränzen auf den Sieg von Tirol gebetet. Tirol, ein geschwinder Hengst, startete nämlich an jenem Nachmittag im Epson Classic von Newmarket, und damit die Sache auch todsicher über die Bühne, respektive die Rennbahn, gehen würde, hatten die Besitzer des schnellen Pferdes, die Horgans, gegen eine einmalige Gebühr, man könnte auch sagen, gegen eine größere Menge Geldes in den Klingelbeutel, diese sakrale Handlung in Auftrag gegeben. Und so kam es natürlich, wie es kommen mußte. Tirol, gar nicht mal als Favorit gesetzt, ging als Erster durchs Ziel. Die Horgans selbst sollen an die 500.000 Pfund gemacht haben, und natürlich hatte jeder in Cork auf Tirol gesetzt, und in allen Hosentaschen raschelten die Geldscheine.

Nicht auf den Rennbahnen, sondern in den Wettbüros werden die richtigen Umsätze gemacht. 1989 waren es 70% vom Gesamtaufkommen, und das summierte sich auf 260 Mio. Pfund. Der Staat holt sich bei den *Punter,* wie die Wettbegeisterten in Irland heißen, gleich wieder einen Teil seiner verwetteten Sozialhilfe zurück, denn 10 Pence wandern als Umsatzsteuer in das Säckel des Finanzministers.

Kein Wunder, daß im Land der Schwarzbrenner auch schwarz gewettet wird und illegale Buchmacher kräftig absahnen. Nach Schätzungen fließen noch einmal 260 Mio. Pfund in diese schwarzen Kassen. Da hat sich jüngst der Vollblutzüchterverband mit einer Studie zu Wort gemeldet und laut über folgendes nachgedacht: Wenn man besagte Umsatzsteuer nur um 2,5% senkt, dann steigt der Wettumsatz in sämtlichen 1050 irischen *Betting Offices* innerhalb der nächsten fünf Jahre um 148% auf sage und schreibe 647 Mio Pfund.

Da kommen doch rosige Zeiten auf alle zu, und es gibt wahrlich keinen Grund, auf die Nationale Lotterie oder die einarmigen Banditen auszuweichen. Diese beiden Gewinnarten sind ohnehin nur etwas für Dumme: Denn bei den Automaten greift der Staat 30% ab und beim Lotto sind es gar 40%.

stellt und Temple Bar ist mit seinem kulturellen Angebot sowie den vielen Pubs und Restaurants ganz eindeutig Dublins ***lebendigster und interessantester Stadtteil.*** Weitere Auskünfte und den Veranstaltungskalender des Viertels, den *Temple Bar Guide,* bekommt der interessierte Besucher im Information Centre, 18 Eustace Street; von hier gibt es auch Führungen durch das Areal.

Wer es sich leisten kann, sollte im *Clarence Hotel* von Temple Bar absteigen; die Vier-Sterne-Herberge wurde erst kürzlich umfassend restauriert und gehört zwei Mitgliedern der Rockgruppe U 2. Verständlicherweise berühmt ist daher der Nachtclub des Clarence, genannt *The Kitchen.*

Unser Spaziergang durch Dublins Innenstadt ist damit beendet. Wer sich ein wenig ausruhen möchte, sollte im Temple-Bar-Bezirk den gemütlichen und atmosphärereichen Pub *The Turk's Head* aufsuchen und bei einem Guinness oder Lager die Beine von sich strecken.

Sehenswertes außerhalb des Stadtzentrums

Phoenix Park

Phoenix Park (Bus Nr. 10, 25, 26), Dublins grüne Lunge, erstreckt sich über ein 4 x 2 km großes Areal und ist angeblich das größte Stadtgartengelände Europas. Äußerst befremdlich ist es allerdings, daß man mit dem Auto durch dieses ***Naherholungsgebiet*** fahren darf - breite Straßen durchziehen den Park.

An schönen Wochenenden picknicken Tausende von Dublinern auf

Brücke über den Liffey
Foto: WS

den ausgedehnten Rasenflächen, schauen den Cricket-, Hurling- und Polospielern zu oder spazieren durch den Zoo (Mo-Sa 9.30 Uhr bis Sonnenuntergang, So 11 Uhr bis Sonnenuntergang). Dann sind die Straßenränder mit geparkten Wagen zugestellt.

Neben den schon erwähnten sportlichen Wettkämpfen finden auch Radrennen sowie - man glaubt es kaum - Tourenwagenläufe im Phoenix Park statt. Des weiteren haben der irische Präsident sowie der Geschäftsträger der US-Botschaft ihre Residenz innerhalb des Gartenareals.

Weithin sichtbar ist die hohe ***Phoenix Column,*** die der britische Vizekönig *Lord Chesterfield* 1742 errichten ließ (nicht dadurch blieb der Lord bis in unsere Tage bekannt, das verdankt er vielmehr den Briefen an seinen Sohn „über die anstrengende Kunst, ein Gentleman zu werden").

Hoch in den Himmel ragt auch das 1817 von *Sir Robert Smirke* errichtete ***Wellington Testimonial*** auf; der in Dublin geborene *Wellington* - was der Duke immer zu verschweigen suchte - hatte 1815 *Napoleon* bei Waterloo eine militärische Schlappe beigebracht. Das 30-m-Monument soll der höchste Obelisk Europas sein.

Am 6. Mai 1882 trug sich ein ***gewalttätiges Ereignis*** im Park zu. *Lord Frederick Cavendish,* erst seit zwei Tagen Vizekönig, wurde beim Spaziergang zusammen mit seinem Unterstaatssekretär *T. H. Burke* von mehreren Männern ermordet. Die Attentäter gehörten zu dem kurzlebigen Geheimbund der *Invincibles* (die Unbesiegbaren); Verrat aus den eigenen Reihen sorgte dafür, daß die Täter rasch gefaßt und alsbald hingerichtet wurden.

Guinness-Brauerei

Ein Muß für Biertrinker ist der Besuch der *Guinness-Brewery* in St. James's Gate/Thomas Street (Bus Nr. 21 A, 78 A/B). Das riesige, 24 ha große Produktionsgelände selbst ist allerdings nicht zu besichtigen, vielmehr gibt es in der schmalen Crane Street (off Thomas Street, ausgeschildert) das ***The Guinness Hop Store and Visitor's Centre*** (Mo-Fr 10-17 Uhr; auf dem Hinweisschild werden noch die alten Öffnungszeiten von 10-15 Uhr angegeben), wo eine umfangreiche Ausstellung rund um das Gebräu informiert.

Im Guinnes Visitor's Centre

Im Kilmainham-Gefängnis

Ärgerlich ist es schon, daß die reichen Bierbrauer sich nicht scheuen, den höchsten Eintrittspreis von allen Sehenswürdigkeiten Dublins zu erheben: 2 Pfund! Das kleine Museum zeigt sehr anschaulich die Produktionsmethoden aus unterschiedlichen Jahrhunderten; am Ende des Rundgangs gibt es im Hop Store, wo man mit dem Guinness-Emblem geschmückte Kleidungsstücke aller Art zu kaufen angehalten wird, Freibier, allerdings in moderaten Mengen.

Kilmainham-Gefängnis

Eine wirklich bedeutende Sehenswürdigkeit befindet sich einige Minuten Fußweg in westlicher Richtung von der Guinness-Brauerei. Im *Kilmainham Jail* (Inchicore Road, April bis Sept. tägl. 9.30- 18 Uhr, Okt. bis März Mo- Fr 9.30- 17, So 10- 18 Uhr, Bus Nr. 51, 51B, 78A, 79) kerkerten die Briten ab 1796 die irischen Freiheitskämpfer ein oder exekutierten die mutigen Revolutionäre im Hof der Haftanstalt. Die 15 Führer des Osteraufstandes von 1916 fanden hier am 3. Mai 1916 den Tod. Auch der spätere Ministerpräsident ***Eamon de Valera*** saß in Kilmainham ein und entging dem Erschießungskommando nur deshalb, weil er amerikanischer Staatsbürger war - die Briten rechneten für den Fall seiner Exekution mit beträchtlichen diplomatischen Verwicklungen.

Unter sachkundiger Führung wird man durch das Gefängnis geleitet und bekommt u. a. die Zellen gezeigt, in denen die Unglücklichen der Osterrevolte auf ihren Tod warteten, Abschiedsbriefe, aber auch Gedichte schrieben. Hier empfindet der Besucher die bedrückende Geschichte des Landes hautnah und bekommt eine Vorstellung von Unterdrückung und Tod.

Irish Museum of Modern Art

Nahe dem Kilmainham Jail lohnt unbedingt ein Besuch im Kilmainham Hospital. Im größten klassizistischen Gebäude Irlands, das nach dem Pariser *Hotel des Invalides* Ende des 17. Jh. für Armeeveteranen errichtet wurde, ist seit dem 25. Mai 1991 das *Irish Museum of Modern Art* beheimatet (Di-So 10-17.30 Uhr, Eingang für Fußgänger gegenüber dem Kilmainhan-Gefängnis, ansonsten Military Road gegenüber Heuston Station oder West Gate an South Circular Road).

Schon um die Jahrhundertwende beklagten einheimische Kunstkenner, daß Irland eines der wenigen Länder ohne Museum für moderne Kunst sei. Lange hat es gedauert, bis diesem Übelstand abgeholfen wurde.

Da trifft es die Iren natürlich um so härter, wenn das deutsche Nachrichtenmagazin „Der Spiegel" sich süffisant über die wenigen Exponate äußert. „Durch Geldmangel und kulturgeographische Randlage behindert, ist Direktor *Declan McGonagle* darauf verfallen, seine bescheidene Kollektion durch internationale Leihgaben zu überhöhen und so Maßstäbe zu setzen. Niederländische Museen gaben auf Zeit gar eine kompakte Klassikersammlung her. Ein wahrhaft gewichtiges Geschenk hingegen machte der in Irland siedelnde deutsche Bildhauer Ulrich Rückriem: Er überließ dem Museum seine bisher private Installation von 24 Stein-Werken in einer eigens dafür erbauten Halle bei Schloß Clonegal etwa 90 km südlich von Dublin. Wallfahrer dorthin brauchen eine gute Straßenkarte."

In der Tat sind fast alle Stücke des neuen Museums Schenkungen oder Leihgaben von Künstlern sowie Mäzenen. Deutsche Besucher dürften sich vor allem für die leihweise überlassene Sammlung *Bits and Pieces* von *Josef Beuys* interessieren, die dieser von Anfang der siebziger Jahre bis zu seinem Tod 1986 für *Caroline Tisdall* angelegt hatte.

Praktische Hinweise

Die Ziffern in Klammern geben die Postbezirke von Dublin an. Je höher die Zahl, desto weiter ist der betreffende Postbezirk vom Zentrum entfernt. Zu den Klassifizierungen der Hotels s. Kapitel „Unterkunft".

Touristeninformation

- ***Dublin Tourism Centre,*** Suffolk Street (2), in einer säkularisierten Kirche untergebracht. Telefonische Anfragen zu Dublin aus dem Ausland unter 00353-1-6057799, telefonische Anfragen innerhalb Irlands unter der Nummer 1550112233, telefonische Kreditkartenbuchungen von Hotels oder Tickets aller Art unter (01) 6057777, Kreditkartenbuchungen von Hotels und Tickets per Fax: (01) 6057787.

Hotels

- ***Berkeley Court*****,*** Lansdowne Road (4); Tel. (01) 6601711, Fax 6617238
- ***Burlington*****,*** Upper Leeson Street (4); Tel. (01) 6605222, Fax 6603172

●***Gresham******,** Upper O,Connell Street (1); Tel. (01) 8746881, Fax 8787175
●***Shelbourne******,** St. Stephen's Green (2); Tel. (01) 6766471, Fax 6616006
●***Westbury******,** off Grafton Street (2); Tel. (01) 6791122, Fax 6797078
●***Ashling*****,** Parkgate Street (8); Tel. (01) 6772324, Fax 6793783
●***Bloom's*****,** Anglesea Street (2); Tel. (01) 6715622, Fax 6715997
●***The Clarence Hotel*****,** Temple Bar; Tel. (01) 6709000, Fax 6707800, direkt am Liffey, gehört zwei Mitgliedern von U2
●***Mont Clare*****,** Merrion Square (2); Tel. (01) 6616799, Fax 6615663
●***Landsdown Manor*****,** 46 Lansdowne Crescent (4); Tel. (01) 6688848, Fax 6688873
●***Clarence****,** 6/8 Wellington Quay (2); Tel. (01) 6709000, Fax 6707800
●***North Star****,** Amiens Street (1); Tel. (01) 8363136, Fax 8363561
●***Bewley's Hotel****,** 19 Fleet Street (2); Tel. (01) 6708122, Fax 6708103
●***Wynn's****,** Lower Abbey Street (1); Tel. (01) 8745133, Fax 8741556
●***Barry's Hotel***,** 1 Great Denmark Street (1); Tel. (01) 8746943, Fax 8746508
●***Clifden Court***,** O'Connell Bridge (1); Tel. (01) 8743535, Fax 8746122
●***Dergvale***,** 4 Gardiner Place (1); Tel. (01) 8743361, Fax 8748276
●***Harcourt***,** 60 Harcourt Street (2); Tel. (01) 4783677, Fax 4752013
●***Maple***,** 75 Lower Gardiner Street (1); Tel. (01) 8740225, Fax 8745239
●***Belvedere**,** Great Denmark Street (1); Tel. (01) 8741413, Fax 8728631
●***Kelly's**,** 36 South Great George's Street (2); Tel. (01) 6779277, Fax 6713216
●***Rathgar**,** 33 Kenilworth Square (6); Tel. (01) 4976392
●***Park Lodge**,** North Circular Road (7); Tel. (01) 8386428, Fax 8380931

B & B

●***Mrs. Diane Armstrong,*** Bush House, 33 Northumberland Road, Ballsbridge (4), Tel. (01) 6683927, Fax 6683927
●***Mrs. Nancy V. Doran,*** Wresley House, 113 Anglesea Road, Ballsbridge (4), Tel. (01) 66811201
●***Mrs. Betty Dunne,*** 1 c Sandymount Avenue, Ballsbridge (4), Tel. (01) 6687972, Fax 6682377
●***Mrs. Mary Egan,*** Haddington Lodge, 49 Haddington Road, Ballsbridge (4), Tel. (01) 6600974
●***Mrs. Dermot Higgins,*** Landsdowne Villa, 10 Landsdowne Terrace, Shelbourne Road, Ballsbridge (4), Tel. (01) 6688905, Fax 6685302
●***Mrs. Sheila Metthews,*** Eiva, 5 Pembroke Park, Ballsbridge (4), Tel. (01) 6602931, Fax 6605417
●***Mrs. Teresa Muldoon,*** Oaklodge, 4 Pembroke Park, Ballsbridge (4), Tel. (01) 6606096, Fax 6681721
●***Mrs. Mary O'Sullivan,*** 78 Merrion Road, Ballsbridge (4), Tel. (01) 685019
●***Mrs. Phyllis Farell,*** Bective House, 2 Eglinton Terrace, Donnybrook (4), Tel. (01) 2692983, Fax 2692983
●***Mrs. Lilly O'Shea,*** Sorbonne, 54 Glenabbey Rd, Mount Merion (4), Tel. (01) 2882750
●***Mrs. Mal Bird,*** St. Dunstan's, 25 a Oakley-Road, Ranelagh (6), Tel. (01) 4972286
●***Mrs. Anne Murphy,*** Tudor Lodge, 29 Sandford Rd, Ranelagh (6), Tel. (01) 4977551
●***Mrs. Alda Boyle, St.*** Judes, 6 Fortfield-Terrace, Rathmines (6), Tel. (01) 4972517

Hostels

●***Abraham House,*** IHH, 82 Lower Gardiner Street, Tel. (01) 8550600, Fax 8550598;
●***An-Olge-Jugendherberge,*** Mountjoy Street (7), Tel. (01) 8301766, Fax 8301600;
●***Ashfield House,*** IHH, 19 D'Olier Street, Tel. (01) 6797734, Fax 6790852
●***Avalon House,*** IHH, 55 Angier Street (2), Tel. (01) 4750001, Fax 4750303;
●***Barnacles Temple Bar House,*** IHH, 1 Cecilia Street, Tel. (01) 6716277, Fax 6716591;
●***Belgrave Hill,*** IHH, 34 Belgrave Square, Monkstown, Tel. (01) 2842106, 2842107, Fax 2805838;
●***The Brewery Hostel,*** IHH, 22 Thomas Street, Tel. (01) 4538600, Fax 4538616;
●***Cardjin House,*** Goin' My Way Hostel, IHH, 15 Talbot Street (1), Tel. (01) 8788484, Fax 8788091;

●***Celts House,*** 32 Blessington Street, Tel. und Fax (01) 8300657;

●***Isaac's Hostel,*** IHH-Hostel, 2/5 Frenchman,s Lane (1), Tel. (01) 8749321, Fax 8741577;

●***Globetrotter's Tourist Hostel,*** IHH, 46 Lower Gardiner Street (1), Tel. (01) 8735893, Fax 8788787;

●***Jacob's Inn,*** IHH, Talbot Place, Tel. (01) 8555660, Fax 8555664;

●***Kinlay House Christchurch,*** IHH, 2/12 Lord Edward Street, Tel. (01) 6796644, Fax 6797437;

●***Marlborough Hostel,*** IHH, 81 Marlborough Street (1), Tel. (01) 8747629, Fax 8745172.

Restaurants

●***The Ante Room House and Restaurant,*** 20 Lower Baggot Street (2), kleines, gemütliches Restaurant in einem alten georgianischen Haus, irische Küche mit französischem Einschlag, 16-18 Pfund;

●***Botticelli,*** Temple Bar, mitten im Temple Bar-Viertel, italienische Küche, Pizzen und Pasta 6 - 8 £, Fleischgerichte bis 11 £;

●***Caesar's,*** 18 Dame Street, ein Irish-Italian Restaurant, um 10 Pfund;

●***Cafe Kylemore,*** Upper O'Connell Street/Ecke North Earl Street, gemütliches Café mit großen Scheiben, durch die man dem hektischen Treiben zuschauen kann, neben Snacks und Kuchen auch preisgünstige warme Speisen;

●***The Cedar Tree,*** 11 a St. Andrew Street (2), libanesisches Restaurant, arabische Küche, vegetarische Gerichte, um 17.50 Pfund;

●***La Caprice, St.*** Andrew Street, gute französiche Küche, 15 Pfund;

●***Latchford,*** 99/100 Lower Baggot Street (2), Steaks und Seafood, vegetarische Gerichte, bis 19 Pfund;

●***L'Ecrivain,*** 112 Lower Baggot Street (2), sehr gutes französisches Restaurant, 8 und 22 Pfund;

●***The Lobster Pot,*** 9 Ballsbridge Terrace (4), exzellente Fischgerichte, Hummer, auch Fleisch und Geflügel, bis über 20 Pfund;

●***La Mére Zou,*** 22 St. Stephen's Green, nettes gemütliches Restaurant mit französisch-belgischer Küche, bis 18 Pfund;

●***Mitchell's Cellars,*** 21 Kildare Street (2), über 40 Weine im Angebot, oben eine Weinhandlung, unten ein gemütliches Kellerrestaurant, 10-12 Pfund;

●***Nr 10 at Longfield's*** 10, Fitzwilliam Street Lower (2), traditionelle irische Gerichte, vegetarische Speisen, Nichtraucherareal, 28 bis 30 Pfund;

●***Pier 32 Restaurant,*** 22 Upper Pembroke Street (2), Seefood, vegetarische und klassische irische Gerichte, bis 14 Pfund;

●***Quo Vadis,*** 15 Andrew Street (2), sehr gute italienische Küche, 6-15 Pfund;

●***Rajdoot Tandori Restaurant,*** 26 Clarendon Street (2), mit Ehrungen ausgezeichnetes indisches Restaurant, um 20 Pfund;

●***Ristorante Romano's,*** 12 Capel Street, Pizzen und Pasta zwischen 6 und 9 £;

●***Traditional Irish Restaurant Gallagher's,*** Temple Bar, mitten im Temple Bar-Bezirk, klassische irische Gerichte bis 10 £;

●***Trocadero,*** 3 St. Andrew's Street (2), italienische Gerichte, Steaks und Fisch, 11-13 Pfund, seit 1956 wird hier gekocht.

Pubs

●***Baggot Inn, Riverside Pub,*** 143 Lower Baggot Street (2), hier gibt's ab und an Rock Music;

●***The Bailey,*** 2 Duke Street, von James Joyce in seinem Ulysses beschrieben, von 1940 bis 1960 Treffpunkt der Dubliner Literaturszene, allerdings nicht mehr im originalgetreuen Gemäuer, sondern in einem neuerrichtetes Gebäude aus den Neunzigern;

●***Bowe's Public House,*** 31 Fleet Street (1), beliebter Pub bei den Journalisten der Irish Times, die nahebei ihre Redaktion haben;

●***The Brazen Head,*** 20 Lower Bridge Street (2), Dublins älteste Taverne, oft traditionelle Live Music, seit 1198 kann man hier den Durst löschen; die Kneipe war Brendan Behans liebster Ort, hauptsächlich hier hat er sich zu Tode gesoffen;

●***The Castle Inn,*** Lord Edwards Street/ Ecke Christchurch Place, zwischen Christchurch Cathedral und Dublin Castle gelegen, wohl eines der reichhaltigsten Pub-Grub-Angebote zur Mittagzeit von ganz Dublin;

●***Davy Byrne's,*** 21 Duke Street (2), ebenfalls von *Joyce* erwähnt, schönes Art-Deco-Interieur; von hier nehmen regelmäßig Literary Pub Crawls ihren Ausgang, geführte Touren durch die Kneipen Dublins, in denen die irischen Literaturgiganten becherten;

• ***The Duke,*** Duke Street, ruhige, gemütliche Kneipe mitten im Einkaufszentrum, gut zur Erholung nach dem Shopping;

• ***The Fleet,*** Fleet Street/Ecke D'Olier Street, neben der Redaktion der Irish Times, viele Journalisten;

• ***Grogan's Castle Lounge,*** South William Street (2), traditionelles Pub-Interieur, gut für ein ruhiges Bier;

• ***Kennedy's Pubilc House,*** 31 Westland Row (2), der dem rückwärtigen Eingang von Trinity College nächstgelegene Pub, immer voll mit Studenten;

• ***The Legal Eagle,*** 1 Chancery Place, ein gemütlicher Pub neben dem Obersten Gerichtshof und daher immer voll mit Anwälten;

• ***The Long Hall,*** 51 South George's Street (2); feine, viktorianische Einrichtung, angeblich die Kneipe mit der längsten Bar in Dublin;

• ***McDaid's,*** 3 Harry Street (2), berühmter Literaten-Pub, u.a. becherte hier *B. Behan;*

• ***Madigan's,*** North Earl Street (2), beim Osteraufstand von 1916 zerstört, kurz darauf mit viel Marmor und Glas neu aufgebaut, gemütlich und mondän, davor ehrt eine kleine Statue James Joyce;

• ***Mulligan's,*** 8 Poolbeg Street (2), seit 1782 gibt es eine Taverne an diesem Ort, heute sieht es so aus, als stamme die Einrichtung aus jenen Tagen, sehr beliebter Pub, immer voll mit den Journalisten der Irish Times;

• ***The Oliver St. John's Gogarty,*** 58 Fleet Street, mitten im Temple Bar-Bezirk, Traditional Music House, mit angeschlossenem Restaurant, beliebter Pub in Dublins Szene-Viertel, oft schon zur Lunch-Zeit Live Music;

• ***The Palace Bar,*** 1 Fleet Street (2), traditionelle Einrichtung mit *Snugs,* in den 40er Jahren dieses Jahrhunderts hielt der Herausgeber der Irish Times hier literarische Zirkel ab, und die Großen der Dubliner Schriftstellerszene lasen in der Taverne;

• ***Slattery's,*** 129 Capel Street (1), ebenfalls bekannt für traditionell-irische Live Music;

• ***Toner's Victorian Bar,*** 139 Lower Baggot Street (2), wie der Name schon sagt, mit viktorianischer Einrichtung inklusive *Snugs.*

• ***The Turk's Head,*** Parliament Street/Ecke Essex Gate, mitten im Temple-Bar-Bezirk, Ausschank seit 1760, sehr schöne, stilvolle Einrichtung;

Singing Pubs

• ***Abbey Tavern,*** Howth Harbour, traditioneller Folk (Bus Nr. 31, 31 B);

• ***An Bael Bocht,*** Charlemont Street (2), Irish Folk, Rock;

• ***The Baggot Inn,*** Baggot Street (2), Rock;

• ***Barge Inn,*** Charlemont Street (2), traditioneller Folk;

• ***Brazen Head,*** Lower Bridge Street (8), Jazz, Irish Folk;

• ***Club Conradh,*** 6 Harcourt Street (2), traditionelle irische Balladen, seit über 100 Jahren wird hier das irische Liedgut gepflegt, allererste Adresse für gälische Musik;

• ***G F Händel,*** 165 Capel Street, regelmäßig Live Music;

• ***Hughes,*** Chancery Lane (7), traditionelle irische Musik;

• ***International Bar,*** Wicklow Street (2), Jazz, Irish Music;

• ***Irish Folk, Rock;*** Comhaltas Ceoltoiri Eireann, 32 Belgrave Square, Monkstown, gälische Balladen, Bus Nr. 7 A, 8;

• ***Lower Deck,*** Portobello Harbour (8), Rock, traditionelle Balladen;

• ***Mother Redcaps Tavern,*** in den Liberties, gegenüber der Tailor's Hall, Back Lane, off Nicholas Street, derzeit der beste und interessanteste Singing Pub der Hauptstadt;

• ***O'Donoghue's,*** Merrion Row (2), traditionelle irische Musik;

• ***Slattery's,*** 129 Capel Street (1), Jazz;

• ***The Waterfront,*** 14, Sir John Rogerson's Quay (2), Rock;

• ***Wexford Inn,*** Wexford Street (2), Folk, Balladen;

• ***Whelan's,*** Wexford Street, sehr guter Singing Pub, interessante Mischung aus renommierten Gruppen und jungen Musikern;

• ***The White Horse Bar,*** Corn Exchange Place/Ecke Burgh Quay, Traditional Music Nightly;

• ***The Wildebeest,*** Johnston's Court (2), Rock.

Diskotheken/Nachtclubs

● ***The Kitchen,*** Clarence Hotel, Wellington Quay, im Temple-Bar-Bezirk, unter der musikalischen Leitung von U 2;

● ***Lillies Bordello,*** Adam Court, Grafton Street, nur etwas für ganz Coole, dafür eine kleine Tanzfläche;

● ***POD,*** Harcourt Street, unter den Gewölben von Harcourt Street Station, was der Akustik nicht gerade gut tut.

Theater

● ***Abbey Theatre,*** Lower Abbey Street (1), Irlands Nationaltheater, klassische irische Stücke;

● ***Andrew's Lane Theatre*** und ***Andrew's Lane Studio,*** Andrew's Lane (2), neues Theater, erst 1989 eröffnet, zeitgenössiche Stücke und Einzelaufführungen;

● ***Dublin Youth Theatre,*** 25 Upper Gardiner Street (2);

● ***The New Eblana,*** Store Street (1);

● ***Focus Theatre,*** 6 Pembroke Place (off Pembroke Street, 2);

● ***Gaiety Theatre,*** South King Street (2), Dublins ältestes Aufführungshaus, eröffnet 1871, Variete;

● ***The Gate Theatre,*** Cavendish Row (2), die Bühne für zeitgenössische irische, europäische und außereuropäische Stücke;

● ***Olympia,*** Dame Street (2), Dublins größtes Theater, 1879 erbaut, Musicals;

● ***Peacock,*** Lower Abbey Street (1), Experimentierbühne des Abbey Theatre;

● ***Projekt Arts*** Centre, East Essex Street (2), 1966 gegründet, Experimentierbühne für junge irische Autoren;

● ***Tivoli Theatre,*** Francis Street (8), klassische wie zeitgenössiche Autoren;

Kinos

● ***Carlton,*** 52 Upper O,Connell Street (1);

● ***German Film club,*** Goethe-Institut, Merrion Square East (2);

● ***Irish Film Centre & Irish Film Instititute,*** Eustache Street (off Dame Street);(1), Programmkino;

● ***Savoy,*** Upper O'Connell Street (1);

● ***Screen,*** College Street (2), Programmkino;

● ***Screen,*** O'Connell Bridge.

Weitere Museen

● ***Dublin Civic Museum,*** South William Street (2), Exponate zu Dublins Sozialgeschichte;

● ***Irish Whiskey Corner,*** Bow Street (7), ein „Muß" für angehende Schwarzbrenner und Maltliebhaber;

● ***National Wax Museum,*** Granby Row (1), Wachsfiguren von allen möglichen Persönlichkeiten, u. a. sind die irischen Freiheitskämpfer dargestellt;

● ***Gallery of Oriental Art & Chester Beatty Library,*** Shrewsbury Road (4), orientalische Kunst, Bücher aus dem 14. und 15. Jh., Papyri;

● ***United Arts Club,*** Upper Fitzwilliam Street (2), Gemälde von irischen Künstlern.

Gesundheit

Auskünfte zu Krankenhäusern und Fachärzten erhält man beim

● ***Eastern Health Board, 1 St.*** James, Street, Dublin (8), Tel. (01) 4537941.

Schwule und Lesben

Informations- und Anlaufstellen für Schwule und Lesben sind die beiden folgenden Organisationen:

● ***Gay Switchboard*** (Tel-a-Friend), Carmichael House, North Brunswick Street, Dublin (7), Tel. (01) 8721055.

● ***Lesbian Line,*** Carmichael House, North Brunswick Street (7), Tel. (01) 8729911;

Einkaufen

● ***Einzelhandelsgeschäfte*** des gehobenen Standards befinden sich entlang der Grafton Street und in den umliegenden Straßen.

● ***Kaufhäuser*** reihen sich an der O'Connell Street.

● Ein guter ***Buchladen*** ist ***Hodges & Figgis*** in der Dawson Street.

● ***Große Shopping Centres*** sind das ***Hibernian Way,*** Dawson Street, ***Ilac Centre,*** Henry Street, ***Irish Life Mall,*** Abbey Street Lower, ***Powerscourt Townhouse Centre,*** Johnson Court (off Grafton Street), ***St Stephen's Green Centre,*** St. Stephen's Green/ Grafton Street, ***Westbury Mall,*** Clarendon Street.

Fundbüros

- ***Eisenbahn*** und Dubliner Vorortbahn DART Jarnod Eireann, Conolly Station, Dublin (1), Tel. (01) 363333;
- ***Fernbusse*** Bus Eireann, Store Street, Dublin (1), Tel. (01) 302222;
- ***Stadtbusse*** 59, Upper O'Connel Street, Dublin (1), Tel. (01) 720000.

Hauptpost

- Upper O,Connel Street, Dublin (1).

Taxis

In Dublin konkurriert eine Vielzahl von Unternehmen auf dem Taxi-Sektor. Die vier größten sind:

- ***Devlin Metro Cabs***, (01) 36683333;
- ***Blue Cabs,*** Tel. (01) 6761111;
- ***National Radio Cabs,*** Tel. (01) 6772222;
- ***VIP,*** Tel. (01) 783333.

Zug

- Dublin hat zwei ***Bahnhöfe,*** einmal Conolly Station, Amiens Street (1), und Heuston Station, Knightsbridge (8); von Conolly verkehren die Züge in den Norden des Landes, von Heuston Station in den Süden und Westen; von Heuston Station gibt es einen direkten Bus zum Flughafen, Bus Nr. 90 verbindet Conolly und Heuston Station.
- Das ***DART-*** *(Dublin Area Rapid Transit)* und Suburban Rail Network verbindet alle Vororte der Hauptstadt im Norden bis Mullingar und Dundalk, im Süden bis zum Seebad Bray. Die innerstädtischen DART-Bahnhöfe sind Conolly Station, Tara Street Station und Pearse Station.

Bus

- Die ***innerstädtischen Busse*** verkehren in der Zeit von 6.30 bis 23.30 Uhr, So ab 9.30 Uhr. Tickets löst man beim Fahrer.
- Den Busbahnhof für den ***Überlandverkehr*** findet man in der Store Street, nahe dem Custom House; von hier aus fahren Busse in alle Landesteile; Pendelverkehr zum Flughafen.

Flugzeug

Dublins internationaler Flughafen liegt 10 km nördlich vom Stadtzentrum; regelmäßiger Pendelverkehr zum Hauptbusbahnhof in der Store Street sowie zu Heuston Station.

Fähre

- Wer ***von Liverpool*** anreist, landet bei Clontarf (südlich vom Stadtzentrum).
- Für Autofahrer, die ***von Holyhead*** kommen, ist der Anlegeplatz im Seebad Dun Laoghaire (südlich von Dublin).

Leihwagen

- ***Zentrale Autovermietung*** im Tourist Information Office in der Suffolk Street;
- ***Argus Automobiles Ltd,*** 59 Terenure Road East, Dublin 6, Tel. (01) 4904444;
- ***Atlas Car Rental,*** Flughafen Dublin, Tel. (01) 369859;
- ***Avis Rent-a-Car,*** 1 Hannover Streat East, Dublin 2, Tel. (01) 774010;
- ***Belgard Self Drive,*** Belgard Road, Dublin 4, Tel. (01) 4518444;
- ***Cahill Motors,*** Howth Road, Raheny, Dublin 8, Tel. (01) 8311944;
- ***Cara Rent-a-Car,*** 151 South Circular Road, Dublin 8, Tel. (01) 537091;
- ***Hertz Rent-a-Car,*** 19 Hogan Place, Lower Grand Canal Street, Dublin 2, Tel. (01) 767476;
- ***Murray's Europcar,*** Baggot Street Bridge, Dublin 4, Tel. (01) 6681777;

Rent-a-Bike

- 58 Lower Gardiner Street (1), nahe am Busbahnhof;
- International Youth Hostel, 61 Mountjoy Street (7).

Halbinsel Howth

Auf keinen Fall sollte man es versäumen, von Dublin aus einen Ausflug auf die wenige Kilometer nordwestlich der irischen Hauptstadt gelegene Halbinsel Howth zu unternehmen. Die Peninsula besteht im Zentrum aus ei-

Die Travellers - die Fahrenden Irlands

In den Außenbezirken der großen Städte, vor allem aber am Straßenrand außerhalb der Ortschaften, sieht der Besucher immer wieder Wohnwagensiedlungen, vor denen sich Schrott- und Altmetallberge türmen - hier hausen die *Tinker,* die Zigeuner Irlands. Entgegen weitverbreiteter Ansicht gehören die *Tinker* nicht zu den Sinti oder Roma, sie sind vielmehr eine rein irische Gruppe, die bereits Ende des 12. Jh. erste urkundliche Erwähnung fand. Irlands Nomaden - auch *Travellers* oder *Itinerants* genannt, denn der Begriff ***Tinker*** gilt als diskriminierend - haben ihren Ursprung wahrscheinlich in den frühen Enteignungen der Engländer. Diese landlosen Bauern zogen durchs Land und boten den weitgehend selbstversorgenden Farmern all die Dinge an, die auf einem Hof nicht produziert werden konnten. Sie verdingten sich auch als Kesselflicker (daher der Name *Tinker*), Schmiede, Erntehelfer, oder Weber. So entstanden zwischen den irischen Bauern und den Fahrenden gegenseitige Handelsbeziehungen und Abhängigkeiten, doch konfliktfrei war das Zusammenleben zwischen beiden Gruppen nie. Wann immer Sündenböcke gesucht wurden, fand man sie in der Minderheit der *Travellers.*

So entstand als eine Art Schutzmechanismus das *Shelta,* eine ***eigene schriftlose Sprache,*** die auf einem Gemisch von englischen und gälischen Wörtern basiert.

Während der ***großen Hungersnot*** im letzten Jahrhundert schlossen sich viele Tagelöhner, landlose Bauern oder vertriebene Pächter den Fahrenden Irlands an. Nach wie vor funktionierte das jahrhundertealte Prinzip, wonach die Bauern auf ihren Gehöften mit Dienstleistungen und Waren aller Art beliefert wurden. Jede Traveller-Großfamilie versorgte innerhalb einer bestimmten Region die Gehöfte. So war sichergestellt, daß sich die einzelnen Gruppen untereinander keine Konkurrenz machten.

Nach dem Zweiten Weltkrieg änderte sich die Situation rapide. Die zunehmende Mechanisierung der Landwirtschaft machte Erntehelfer unnnötig. An Stelle von Metallwaren hielt Plastik Einzug in die Haushalte. Auch in den kleinsten Orten öffneten Supermärkte ihre Pforten - der gesamte Handels-und Dienstleistungsbereich der *Tinker* löste sich innerhalb weniger Jahre auf.

Heute leben denn die meisten der rund 20.000 *Travellers* von der mageren Sozialhilfe. Im Straßenbild von Dublin, Cork, Waterford und Limerick sieht man die *Tinker-Frauen* mit ihrem in eine Decke gewickelten Kleinkind auf der Straße sitzen und betteln. Die Männer sammeln Altmetall und Schrott. Sie versuchen so, an der Wegwerfgesellschaft des ausgehenden 20. Jh. zu partizipieren.

Mitte der 60er Jahre begann die Regierung mit einem zaghaften Programm zur ***Seßhaftwerdung*** und baute sogenannte *Itinerant Settlements* - diese jedoch weitab von jeder sozialen Infrastruktur. Mittlerweile ist das Programm dem armen Irland zu teuer geworden, und die Fahrenden bekommen nur noch Standplätze für ihre Wohnwagen zugewiesen.

1984 haben Mitglieder der *Travellers* die ***Selbsthilfegruppe*** *Minceir Misli* ins Leben gerufen, um auf das klägliche Versagen der Regierung aufmerksam zu machen und um eigene Integrationsprogramme zu verwirklichen. Vor allem im Bildungs- und Gesundheitsbereich sieht es bei den Fahrenden Irlands dramatisch aus. Nur die Hälfte aller Kinder geht zur Schule. Die Erwachsenen haben eine um über zehn Jahre kürzere Lebenserwartung als die restlichen Iren, und die Kindersterblichkeit hat Ausmaße,

die denen der Dritten Welt gleicht - ein Drittel aller Kinder stirbt in den ersten 10 Lebensjahren.

In fast allen irischen **Pubs** werden die Fahrenden übrigens **nicht bedient;** wenn ein Wirt es dennoch tut, so macht er bald pleite, denn dann gilt seine Kneipe als Kesselflicker-Pub und die Gäste bleiben aus. Aufsehen erregte 1996 der Fall der Wirtin *Mary Reilly,* die einen Pub in der Nähe von Galway betrieb. Wie selbstverständlich servierte sie auch den Travellers ein Guinness und ließ in ihrer Kneipe auch eine Hochzeit der Fahrenden ausrichten. Das reichte aus, um ein Gericht zu veranlassen, ihr eine Verlängerung der Schanklizenz zu verweigern.

Trish Hegarty, einer der Kämpfer für die Rechte der Travellers, erklärte kürzlich: „Irland hat sich angewöhnt, den Mißbrauch von Menschenrechten überall in der Welt anzuprangern - recht so! Nur vergißt es dabei, wie diese Rechte im eigenen Land gehandhabt werden."

Dem Staat ist bisher kaum mehr eingefallen, als die vermeintliche Zigeunerromantik werbewirksam für den **Tourismus** auszuschlachten. Die einstigen Pferdewagen, die *Barrel Wagons* mit ihrem tonnenförmigen Aufsatz, kann der Besucher wochenweise mieten und sich damit im Urlaub so recht als Nomade fühlen.

nem mächtigen, mehrgipfligen Hügel, der im Osten steil ins Meer abfällt, ansonsten aber sanft in einen Uferstreifen ausläuft.

Von diesem Höhenzug aus hat man eine **phantastische Aussicht:** Richtung Westen überblickt man das Häusermeer von Dublin, gen Norden schaut man über das Fischerdorf Howth und seinen Hafen auf die vorgelagerte Insel Ireland's Eye, im Osten brandet die Irische See an die steilabfallenden Klippen, und nach Süden hin öffnet sich die Bucht von Dublin, überragt von den Dublin und Wicklow Mountains.

Auf der Karte betrachtet, sieht Howth aus wie ein gewaltiger Kopf, und tatsächlich leitet sich der Name von dem nordischen Wort **Höfuth** ab, was soviel wie Haupt bedeutet.

Der **Hügel von Howth –** irisch *Ben Edair* - steht unter Naturschutz, und folgerichtig darf man die Gipfel nur zu Fuß erwandern. Wer das zu anstrengend findet, kann von dem im Südosten gelegenen **Summit Car Park** die Aussicht genießen, aller-

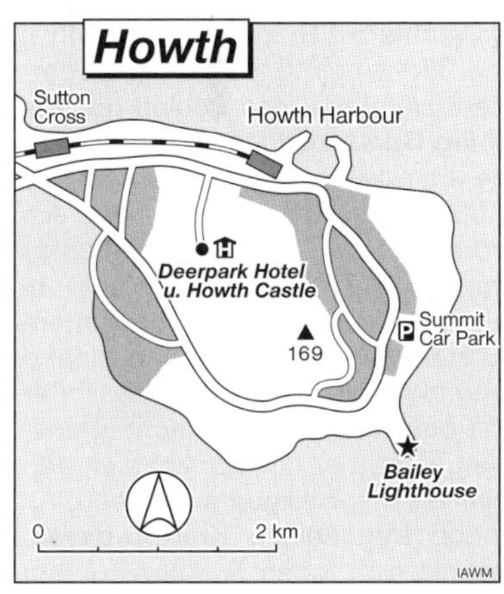

dings keineswegs in stiller Einsamkeit. Bei schönem Wetter hat es den Anschein, als ob ganz Dublin von hier aus den Sonnenuntergang betrachte; nach Einbruch der Dunkelheit dann stört man hauptsächlich junge Liebespaare.

Abgesehen von der Aussicht und den Kurzwandermöglichkeiten hat Howth des weiteren einen Fischer- und Yachthafen, einen Leuchtturm, Kaimauern, Türme, ein altes Kloster nebst mehreren Kirchen, ein Schloß sowie Pubs, Hotels, Bed-&-Breakfast-Pensionen, Geschäfte und Galerien zu bieten.

Rundfahrt um Howth

Anfangs- und Endpunkt der Rundreise ist die Siedlung Sutton Cross, die auf der Landzunge liegt, die Howth mit dem Festland verbindet. Nordöstlich von Sutton Cross, abgeschirmt durch eine Baumreihe und die Gleise der DART-Bahn, erstreckt sich der Sandstrand von Claremont.

Kurz vor dem Örtchen Howth geht es rechts zur Domäne von Howth – hier locken ein Golfplatz, das Deerpark Hotel und das Schloß der ***Familie Gaistord-St. Lawrence.*** Diese Familie residiert seit mehr als 800 Jahren auf der Halbinsel. Am Vorabend des St.-Lawrence-Festes im Jahr 1177 kam ein gewisser *Almeric Tristam* mit dem Normannenfürsten *John de Courcy* nach Irland und legte ein Gelübde ab: Sollte er die bevorstehende Schlacht überleben, würde er aus Dankbarkeit den Namen des Heiligen annehmen. Almeric trug keinen Kratzer davon, nannte sich fortan *St. Lawrence* und wurde erster Lord von Howth. Der letzte Abkömmling dieses Geschlechts starb kinderlos im Jahr 1909; ein Verwandter aus zweiter Linie, der den Besitz erbte, bekam die Auflage, sich ab sofort *St. Lawrence* zu nennen.

Vom ursprünglichen ***Schloß*** ist wenig erhalten, ein Turm datiert aus dem 16. Jh., die restlichen Gebäude wurden um 1910 von dem bekannten britischen Architekten *Sir Edwin Lutyans* restauriert und mit Anbauten versehen. Man sollte sich von den weitgeöffneten Torflügeln der Burg nicht täuschen lassen; Besuchern ist der Eintritt verwehrt!

Die ***einladende Türöffnung*** geht auf eine Begebenheit aus dem 16. Jh. zurück: Damals hoffte die Piratin *Grace O'Malley* (vgl. Tour 6) - die sich übrigens die gleichen Rechte herausnahm wie *Königin Elisabeth I.* - auf Unterkunft bei der adligen Familie, doch als sie vor dem Schloß ankam, waren die Türen versperrt. Voller Ärger kidnappte sie den am Strand spielenden Sohn und gab ihn erst gegen das Versprechen immerwährender Gastfreundschaft wieder heraus. So stehen also noch heute die Tore weit geöffnet, und bei Tische - so heißt es - liegt immer ein Extragedeck für den potentiellen Besucher bereit.

Südlich der Burg erstreckt sich ein großer Golfplatz, der von dem Deerpark Hotel überragt wird. Vom Hotel aus führt eine Kirschbaumallee zu einem ***Rhododendron- und Azaleengarten,*** in dem auch Palmen, Riesenfarne und Fuchsien zu bewundern sind. Im Frühsommer stehen die Pflanzen zur Freude der vielen Besu-

Irische Armut – deutsche Stimmen aus dem letzten Jahrhundert

Mitte des vergangenen Jahrhunderts erschien der Band „Reisen in Irland“ in den Regalen der Buchhändler; hier zeigte sich der Friese ***Knut Clement*** wenig von den Bewohnern der Insel angetan: „Nacht und Nebel gleich, liegt Geistesfinsternis und Unwissenheit über Irland, vornehmlich über dem irischen Irland ausgebreitet, wo man die klarsten und schönsten Naturszenen findet.“ Von der großen Hungersnot scheint er nichts mitbekommen haben, wohl läßt er sich aber über die Küche aus: „Wieviel Küchenfertigkeit läßt sich auch bei einem Volk erwarten, welches großenteils von kahlen Kartoffeln lebt, deren Garmachung keiner Kochkunst bedarf. Der Tee schmeckt nach Blei, und das Brot ist dicht und schwer wie Blei und ohne Salz und Säure. Wenn man bei uns zu Lande, was die Kochkunst betrifft, aus nichts alles zu machen weiß, so weiß man in Irland, aus allem nichts zu machen.“

Ein wenig differenzierter und mit sozialer Ader sah ***Moritz Hartmann*** die Iren, die zu arm für vollständige Bekleidung waren: „Höchstens der zehnte Mann, dem man begegnet, ist anständig gekleidet. Von den anderen haben gewiß sieben kein Hemd an; wenn sie auch die Röcke bis hinauf zugeknöpft haben, so verraten doch unzählige Stellen, die den nackten Leib zeigen.“ Und die Armut geht seiner Meinung nach zu recht auf die Engländer zurück: „Der Irländer arbeitet willig, um sich sein tägliches Brot zu verdienen. Aber er tut es gern mit Heiterkeit und sträubt sich gegen die vertierende Anstrengung, die der Engländer verlangt.“ Und über die Bucht von Dublin heißt es bei ihm: „Die Bai ist wie alles in Irland, wie die Menschenangesichter, denen man die Fähigkeit zum Glück, zur Heiterkeit, wie die Felder, denen man unbenutzte Fruchtbarkeit ansieht. Alles könnte hier schön sein, wenn das nur der 'liebe Nächste' wollte.“ Damit meinte er England!

Auch der große ***Goethe*** äußerte sich 1829 nicht sehr schmeichelhaft über die Iren: „Es hat etwas ähnliches von den Irish Bulls, die aus einer wunderlichen Unbeholfenheit des Geistes hervorkommen, und worüber im psychologischen Sinn gar manches zu sagen ist. Hier etwas dergleichen: Ein Irländer liegt im Bette, man stürmt herein und ruft: rettet euch, das Haus brennt! Wieso?, erwidert er, ich wohne ja zur Miete hier.“

Julius Rodenberg reiste 1858 in den Nordwesten von Irland und beschrieb die Armut der Region am Beispiel einer jungen Frau: „O, wie schön, wie elend war dieses Mädchen. Sie hatte ein zerrissenes Hemd an, daß bis an die Knie reichte und darüber einige rote Lappen, die nichts von den Körperreizen dieses prächtigen Geschöpfes verbargen, sondern sie noch erhöhten, indem sie dastand, die roten Fetzen flatternd über den nackten Waden, das schwarze Haar flatternd um das Oval des schönen Gesichtes und den vollen, jungfräulichen Busen enthüllt, je nachdem der Heidewind das Hemd hob oder senkte.“

Entsetzt von der Armut im Nordwesten zeigte sich 1842 auch der reiseerfahrene Ethnograph ***Johann Georg Kohl:*** „Auf einmal aber, wenn man die Augen auftut und den Blick etwas schärft, entdeckt man zu seiner Verwunderung überall zwischen den Felsen und Morästen etwas Grünliches, daß dem Kartoffelkraute gleicht. Neugierig geht man darauf zu. Man macht einen unvorsichtigen Schritt auf ein weiches nachgiebiges Erdreich und stürzt – in einen Abgrund? eine Höhle? einen Sumpf? – nein! in eine Hütte, eine Menschenwohnung, zu der jene Kartoffeln gehörten und deren Existenz man nicht bemerkte, weil das Dach auf der einen Seite beinahe so niedrig wie der Boden war und ebenso schwarz, torfig, haidig wie dieser aussah. – Diese Insel des Unglücks und des Haders, dies Land so unendlich vieler im übrigen Europa unbekannter Absonderlichkeiten.“

cher in herrlicher Blütenpracht. Vor 150 Jahren war das Hügelareal noch völlig kahl, höchstens ein paar Heidekrautbüsche krallten sich in dem felsigen Untergrund fest. Dann wurde Mutterboden in Körben und Säcken herangetragen, und die Landschaftsgärtner pflanzten 2000 Büsche aus verschiedenen Regionen der Welt.

Am Fuße des Muckrock-Hügels findet man auf einer kleinen Lichtung einen gewaltigen Dolmen, ein ***Megalithgrab*** aus dem 3. Jh. v. Chr. Der Sage nach fand hier die schöne *Aideen* ihre letzte Ruhestätte. Die gewaltige, 70 t schwere Deckplatte ist halb von ihren acht Stützen gerutscht. Über den Muckrock läßt sich auch der Ben of Howth erklimmen, auf dem jener *Edair* begraben worden sein soll, nach dem die Halbinsel ihren Namen *Ben-Edair*-Gipfel des *Edair* - erhalten hat.

Zurück zur Straße kommen wir nun zum Örtchen Howth mit seinem kleinen ***Fischer- und Yachthafen.***

Während der großen Auswanderungswellen sind viele Iren in Howth Harbour an Bord gegangen, die Halbinsel war das letzte Stück, das sie von ihrer Heimat sahen. Heutzutage dient der Hafen den Hobbyseglern und den Fischern. Jeden Freitag verkaufen *Fishmongers* den frischen Fang direkt von den Booten aus.

In den vergangenen Jahrhunderten versuchten die ***Fischer von Howth,*** ihr karges Los durch Schmuggel aufzubessern; ein besonders spektakulärer Fall trug sich am 26. Juli 1914 zu: Damals brachten vor den Augen der Hafenpolizei *Molly* und *Erkine Childers* 1000 deutsche Mausergewehre und ein kleines Maschinengewehr an Land, und Mitglieder der *Irish Volunteers* sorgten für den weiteren Transport. Sechs Monate zuvor hatte die britische Regierung ein striktes Waffeneinfuhrverbot durchgesetzt.

Heute sind die Fischer von Howth in Genossenschaften organisiert, und ein Teil ihres Fangs geht sofort in die Restaurants der Halbinsel.

Von Howth Harbour hat man einen guten Blick auf die vorgelagerte Insel, die ihrem Namen ***Ireland's Eye*** dank guter Lage alle Ehre macht. Wie viele andere irische Eilande auch, beherbergte sie einst eine Mönchsgemeinde. Drei gläubige und bußfertige Männer, die drei Söhne des *Nessan,* erbauten hier im 6. Jh. eine Kirche. Immerhin entstand auf Ireland's Eye im 7./8. Jh. das illuminierte Evangelienbuch *Garland of Howth* (heute im Trinity College zu Dublin), mit dem *St. Nessan* - wir folgen der Legende - eines Tages Attacken des Teufels abzuwehren vermochte. Im 13. Jh. lief jedoch die auf Howth befindliche St. Mary's Abbey (s. u.) der *Cill Mac Nessan* den Rang ab.Während der Saison verkehren täglich mehrere Ausflugsboote vom East Pier im Hafen von Howth zu der Mönchsinsel.

Oberhalb des Hafens lohnt die ***Ruine der St. Mary's Abbey*** einen Besuch. 1255 errichteten Mönche hier bereits eine Pfarrkirche, die heutigen Gebäudereste datieren aus dem 14./15. Jh. Im rechten Seitenschiff befindet sich die Privatkapelle der Lawrence-Familie mit dem Altargrab von *Christopher St. Lawrence* und seiner Gattin *Anne Plunkett von Ratoath;* eine Abbildung zeigt, wie das Paar zu

Lebzeiten ausgesehen hat. Angeblich diente das Grab mehrfach recht profanen Zwecken, geschmuggelte Waren wurden hier vor der Hafenpolizei versteckt. Nach der Besichtigung der Abtei sollte man zur weiteren Stärkung ein Guinness in der ***Abbey Tavern*** trinken. Zurück zum Örtchen Howth führt uns die Straße in südlicher Richtung weiter.

Zuerst einmal geht es steil bergan; von 1901 bis 1941 befuhr eine elektrisch betriebene Kabelbahn die Anhöhe; nachdem der höchste Punkt überwunden war, soll sie angeblich auf der anderen Seite des Hügels einfach heruntergerollt sein - ohne, daß je ein Unglück geschah.

Am ***Summit Pub*** - von dessen Terrasse man beim Guinness an schönen Sommertagen einen prachtvollen Ausblick genießen kann - biegt man zum ***Summit Car Park*** ein, von dem aus man weit über die Bucht von Dublin schaut. Bei dem sich bietenden Anblick wird klar, warum dieser Teil der Küste im Volksmund den Namen „Klein-Neapel" bekommen hat.

Vom Parkplatz kann man zum ***Baily Lighthouse*** heruntersteigen, das an der südöstlichsten Stelle der Halbinsel sein Leuchtfeuer über die Irische See schickt. Funde haben gezeigt, daß es hier schon in prähistorischer Zeit eine kleine Ansiedlung gab.

Vom Summit aus geht es nun weiter zum Ausgangspunkt Sutton Cross und zurück nach Dublin - vielleicht mit dem gleichen Gefühl, das einst den Heiligen *Columcille* beschlich, bevor er von Howth aus zur Missionierung Schottlands aufbrach: „Es entzückt, auf dem Hügel von Howth zu stehen, ihn zu verlassen, bringt argen Kummer".

Wanderung

Wer direkt ***entlang der Klippen*** wandern möchte, beginnt den Cliffwalk am Fischrestaurant *King Sitric* im Örtchen Howth. Die schöne, ca. zweieinhalbstündige Klippenwanderung führt zum ***Bailey-Leuchtturm;*** gutes Schuhwerk ist unerläßlich, denn ganz ungefährlich ist der Weg nicht. Anreise mit öffentlichen Verkehrsmitteln: mit Bus Nr. 31 oder der DART bis Howth Harbour, vom Bailey-Leuchtturm ist es nicht mehr weit bis zur Siedlung Sutton Cross; ab dort mit Bus Nr. 31 A zurück nach Dublin.

Anreise

- Von Dublin ***Bus*** Nr. 31 und 31 A/B;
- ***DART-Stadtbahn*** von Pearse oder Conolly Station bis Howth Harbour über Sutton Cross.

Unterkunft

- ***Deerpark Hotel***,***
Tel. (01) 8322624, Fax 8392405;
- ***Howth Lodge Hotel***,***
Tel. (01) 8321010, Fax 8322268
- ***B & B*** im Örtchen Howth.

Restaurants

- ***King Sitric,*** Eastpier (ausgezeichnetes Fischrestaurant);
- ***Butler's Restaurants,*** 3 Abbey Street;
- ***Abbey Tavern,*** Abbey Street, sehr gemütlicher Pub mit angeschlossenem Restaurant und regelmäßigem Live Entertainment.

Tour 1: Nördlich von Dublin

Überblick

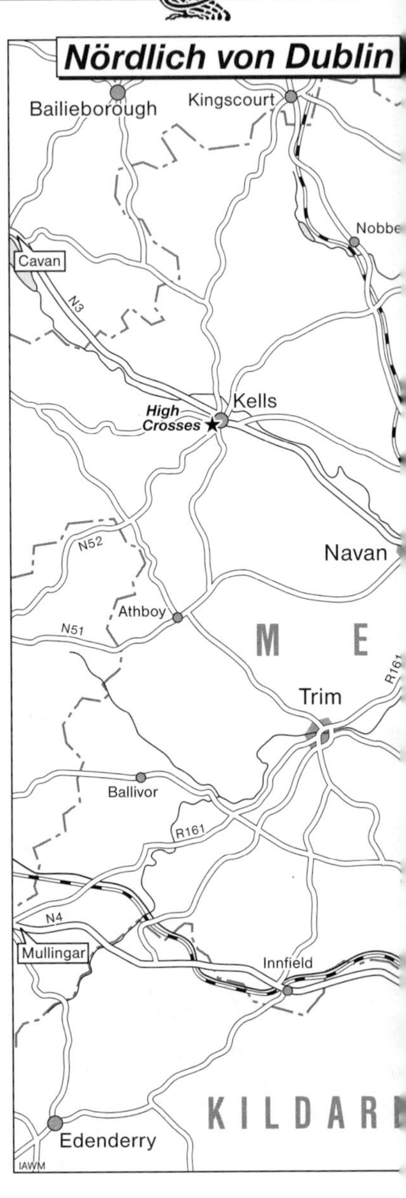

Diese Rundreise in die Region nördlich von Dublin ***(212 km)*** führt zu einigen herausragenden Sehenswürdigkeiten aus der ***frühen irischen Geschichte:*** zum Hill of Tara, zur Normannenburg von Trim, zu den frühchristlichen Klosteranlagen von Kells und Monasterboice sowie zum neolithischen Ganggrab von Newgrange.

Weiter geht es dann entlang des River Boyne, an dessen Ufern 1690 eine für Irland so schicksalhafte Schlacht stattfand, nach ***Drogheda,*** in der einst der Lordprotector *Cromwell* schrecklich wütete. Schließlich lohnt noch der Herrensitz ***Malahide Castle*** einen Besuch.

Landschaftliche Höhepunkte darf man während der Fahrt allerdings nicht erwarten; grüne, saftige Felder säumen die Straße, und ab und an ragen kleine Hügel auf. Das Gebiet ist Teil der flach nach Osten zum Meer verlaufenden ***irischen Tiefebene,*** über die während der Jahrtausende sowohl die friedlichen Einwanderungswellen als auch fremde Heere gewaltsam ins Inselinnere drängten.

Für die Tour benötigt man einen ganzen Tag, und es ist ratsam, bereits sehr früh am Morgen von Dublin aufzubrechen, damit man alle Stätten auch besuchen kann.

Hill of Tara

Man verläßt die Metropole auf der N3 gen Nordwesten in Richtung Navan; nach ca. 38 km (23 Meilen) biegt

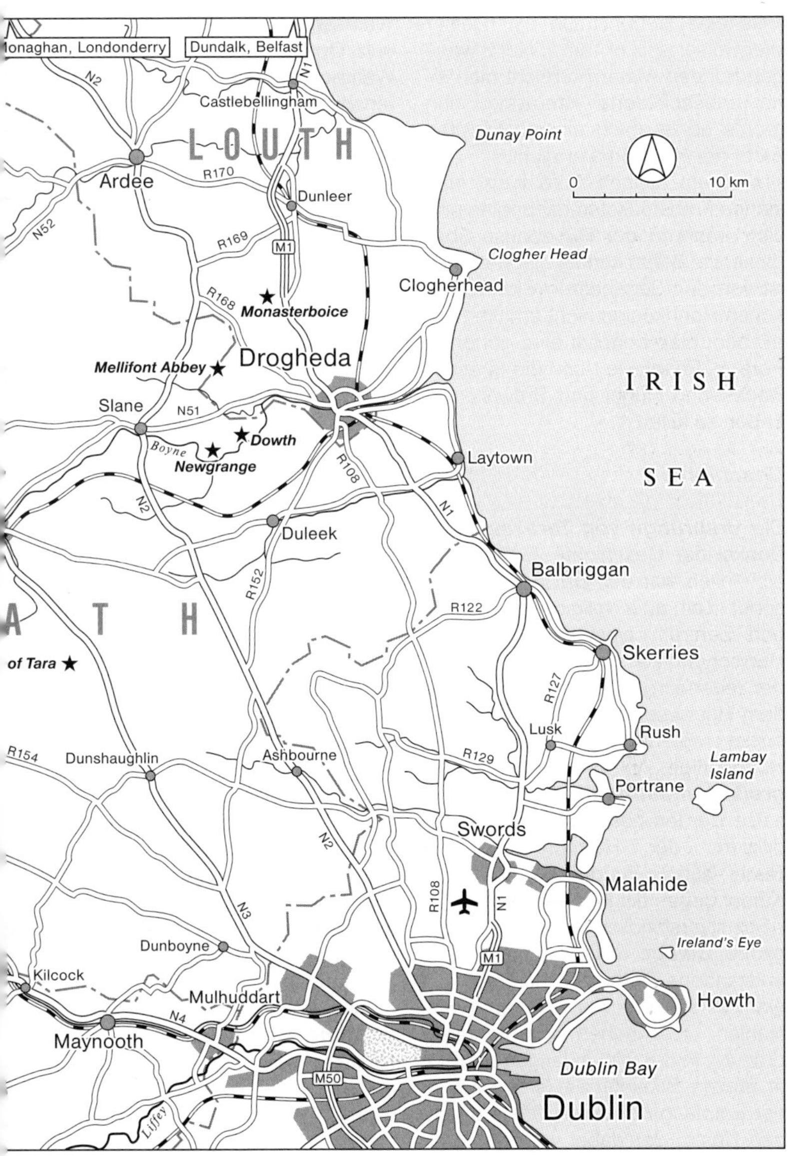

Monaghan, Londonderry
Dundalk, Belfast
N2
N1
Castlebellingham
LOUTH
Dunay Point
Ardee
R170
Dunleer
0
10 km
N52
R169
M1
Clogher Head
Clogherhead
R168
Monasterboice
Drogheda
Mellifont Abbey
IRISH
Slane
N51
Dowth
Boyne
Newgrange
R108
Laytown
SEA
N2
N1
Duleek
Balbriggan
R152
R122
ATH
of Tara
Skerries
R127
Lusk
Rush
R154
Dunshaughlin
Ashbourne
R129
Lambay Island
Portrane
Swords
N2
Malahide
R108
N1
N3
Ireland's Eye
Dunboyne
M1
Kilcock
Mulhuddart
Howth
N4
Maynooth
Dublin Bay
M50
Liffey
Dublin

links eine Nebenstraße ein (kleiner Wegweiser „Hill of Tara"). Nach wenigen hundert Metern erreicht man eine unbeschilderte Kreuzung, nun rechts ab ist nach einigen Minuten Fahrt der Hill of Tara erreicht.

In einem kleinen Café kann man seinen Frühstückstee nachholen und sich während der Ruhepause über diese alte Stätte kundig machen. Viel ist von dem legendären Sitz der irischen Hochkönige nicht erhalten geblieben, man benötigt eine gehörige Portion Phantasie, um die grasbewachsenen Hügel und Erdwälle mit Leben zu füllen.

Geschichte

Die ***Ursprünge von Tara*** liegen im Dunkel der Geschichte. Sehr wahrscheinlich war der Ort in prähistorischer Zeit eine religiöse Kultstätte und Zentrum einer theokratischen Herrscherkaste. Im 3. Jh. richtete der legendäre *Cormac Mac Airt* auf dem Hügel seine Residenz ein, und fortan regierten hier die irischen Hochkönige. Alle drei Jahre gab es ***große Versammlungen,*** neue Gesetze wurden beschlossen, alte modifiziert, der Herrscher sprach Recht, stiftete Frieden oder rief zum Kampf gegen die Feinde auf.

Selbstverständlich fanden auch ***große Gelage*** statt; das im 12. Jh. entstandene *Book of Leinster* gibt uns eine Vorstellung von solchen Festmahlen. Beschrieben wird die Tafelordnung in der 200 m langen und 30 m breiten Banketthalle (s. u.) sowie der Empfang der vielen Gäste durch den König, der dabei von Dichtern, Wahrsagern, Druiden, Baumeistern und Goldschmieden umgeben war. Während der Zeremonie zupften Harfenspieler an ihren Instrumenten, und Barden sangen Loblieder auf den großen Herrscher.

Der Überlieferung zufolge missionierte im 5. Jh. der *hl. Patrick* erfolgreich bei dem in Tara residierenden Hochkönig *Laoire,* mit der Ausbreitung des Christentums verlor die Residenz langsam an Bedeutung und wurde um 1022 aufgegeben. Der Ort behielt jedoch eine starke symbolische Bedeutung für das irische Nationalbewußtsein.

Im Jahre 1843 rief der Liberator *Daniel O'Connell* (vgl. Stadtrundgang Dublin) ein *Monster Meeting,* eine Protestversammlung gegen die Engländer auf dem geschichtsträchtigen Hügel zusammen; bei Ausgrabungsarbeiten fanden die Archäologen nicht nur 4000 Jahre alte Knochen, sondern auch die Reste von Tabakspfeifen und Scherben von Whiskeyflaschen.

Sehenswürdigkeiten

Inmitten einer ***Hügelfestung*** *(Royal Enclosure)* liegen zwei kleinere Forts, Royal Seat und Cormac's House – hier befindet sich der ***Königsstein*** *(Lia Fail),* der immer dann machtvolle Töne von sich gegeben haben soll, wenn der rechtmäßige Herrscher auf ihm Platz nahm.

Nahebei erkennt man das ***bronzezeitliche Ganggrab*** *Mound of the Hostages;* der angsteinflößende Name geht möglicherweise auf ein politisches Procedere zurück, bei dem die Unterkönige ihre Loyalität dadurch zum Ausdruck brachten, daß sie Geiseln am Hofe zurückließen.

Eine grasbewachsene Erhebung nördlich der Royal Enclosure markiert jenen Ort, an dem einst die gewaltige ***Banketthalle*** aufragte.

Westlich davon sieht man die Reste von drei weiteren kleinen Ringforts, eins, *Rath Grainne,* erinnert an die ***tragische Liebesgeschichte*** von *Grainne* und ***Diarmuid:*** *Grainne,* die schöne Tochter des Hochkönigs *Cormac Mac Airt* (s. o.), ist dem großen, aber schon alten Kämpfer *Finn* versprochen, ihre Liebe gehört jedoch dem jungen *Diarmuid* aus dessen Gefolge.

Beim Hochzeitsschmaus gibt die junge Frau einschläfernde Kräuter in den Wein und als alle außer Gefecht gesetzt sind, eröffnet sie dem Rekken, daß er sie nun entführen soll. Doch der will loyal zu *Finn* stehen. Da wird *Grainne* zornig und sagt: „So banne ich dich mit dem Zauber des Druidenfluches, und Spott und Schrecken sollen dir folgen, wenn du mich nicht heute Nacht entführst." Die folgenden 16 Jahre nun sind die beiden Liebenden auf der Flucht und erleben viele schreckliche Abenteuer.

Dem Hochkönig gelingt es schließlich, Frieden zwischen den Männern zu schaffen. Doch *Finn,* der seinen Gegenspieler im Kampf nicht töten konnte, weiß, daß *Diarmuit* seit seiner Kindheit mit dem Fluch belegt ist, eines Tages von einem Eber getötet zu werden. Und so treibt er einen Keiler in das Gebiet des ahnungslosen *Diarmuid* und vollzieht so seine späte Rache. Vom Tod ihres geliebten *Diarmuid* erholt sich *Grainne* nicht mehr.

Trim

Auf engen Sträßchen geht es nun in Richtung Trim. Zuerst fährt man vom Hill of Tara ein Stück den Weg zurück, den man gekommen ist, dann die erste Straße rechts ab. Nach wenigen Meilen ist eine Kreuzung erreicht, hier weist ein Straßenschild nach links Richtung Kilmessan, ab nun ist *Trim* ausgeschildert.

Inmitten des verschlafenen Landstädtchens (1300 Einwohner) steht die besterhaltene ***Normannenfestung*** Irlands. Erbaut zwischen 1172 und 1220 am Ufer des Boyne - schon vorher hat es an diesem Ort eine frühnormannische Schutzburg mit einem großen Holzturm gegeben - gehörte Trim Castle zu dem Verteidigungsring, der die Region rund um Dublin schützte.

In jenen Tagen gehörten die Normannen zu den besten Burgarchitekten Europas. Davon legen die 3,5 m dicken Mauern des Bergfrieds eindrucksvoll Zeugnis ab. Zusätzlich geschützt wurde die Anlage durch einen Wassergraben. Auf dem einstigen Festungsgelände schlagen heute Golfer ihre Bälle.

Den besten Blick auf das wehrhafte Bollwerk hat man von der anderen Flußseite; hier überragt auch der fast 40 m hohe ***Yellow Tower,*** im 14. Jh. für eine Augustinerabtei errichtet, das Städtchen.

Unterkunft

- ***Wellington Court Hotel***,*** Tel. (046) 31516, Fax 36002
- ***Brogan's Guest House**,*** High Street, Tel. (046) 31237;

- mehrere ***B & B,*** z. B. Mrs. Lydia O'Brian, Friarspark, Tel. (046) 31745.

Restaurants & Pubs

- im ***Wellington Court Hotel;***
- ***The Old Bridge Restaurant,*** Emmet Street, 13-15 Pfund.
- ***The Judge and Jury,*** Pub an der zentralen Kreuzung mitten im Örtchen;
- ***Abbey Lodge Pub*** nahebei.

Verbindung

- ***Bus*** Nr. 44 mehrmals täglich von Dublin.

Kells

Von Trim aus fährt man über die R 161 in Richtung Navan. Wenn es bereits auf die Mittagszeit zugeht, sollte man den Abstecher nach Kells auslassen und der N 51 von Navan nach Slane folgen. Hat man jedoch genügend Zeit, nimmt man die N 3 in Richtung Kells (das auf vielen Hinweisschildern unter seinem gälischen Namen Ceanannas firmiert).

Geschichte

Das ***Kloster,*** das Kells (2500 Einwohner) berühmt gemacht hat, gründete im 6. Jh. der *hl. Columcille.* Über die Jahrhunderte wurde die geistliche Stätte immer wieder belagert und geplündert, mit der Säkularisierung im 16. Jh. verlor der Konvent dann seine Bedeutung. Im Jahre 1152 teilten die frommen Kirchenmänner - sogar ein Abgesandter des Papstes war gekommen - in der Synode von Kells Irland in vier Erzdiözesen auf. Ab nun hatten die Bischöfe das Sagen, und die Traditionen der monastisch geprägten Frühkirche gerieten in Vergessenheit.

Sehenswertes

Die Reste aus der großen Vergangenheit kann der Besucher auf dem Kirchhof inmitten des Örtchens bewundern. In der ***St. Columba's Church*** lohnt - wenn man es nicht bereits in Dublin getan hat - ein Blick auf die Kopie des ***Book of Kells,*** das im 8. Jh. auf der schottischen Insel Iona angefertigt und wahrscheinlich hier in Kells vollendet wurde. Im Jahre 1007 übrigens verschwand das unersetzliche Stück, drei Monate später fand man es fast unbeschädigt wieder; die Diebe hatten nur den goldverzierten Einband gestohlen.

Der 30 m hohe ***Rundturm*** datiert aus dem Jahr 1000, schon lange fehlt ihm die Spitze; die vier ***Hochkreuze,*** von denen das South Cross direkt neben dem Turm die schönsten Verzierungen aufweist, stammen aus dem 9. Jh. Nahe dem Kirchhof schaue man sich dann noch das Haus des *hl. Columcille* an. Der Legende nach wurde hier das *Book of Kells* zu Ende geschrieben.

Unterkunft

- ***Headford Arms Hotel***,*** Tel. (046) 40063

Restaurants

- Im ***Headford Arms,*** um 12 Pfund;
- ***The Round Tower Restaurant,*** Farrell Street, mit einer angeschlossenen Bar, auch vegetarische Speisen, Gerichte bis 12 £.

Pubs

- ***Blackwater Inn,*** Farrell Street, gemütliche Kneipe mit regelmäßiger Live Music während der Saison;
- ***James O'Reilly,*** Farrell Street, gemütliche Kneipe mit Live Music;
- ***McGee's,*** Farrell Street, gemütliche Dorfkneipe;
- ***O'Shaughnessy,*** Market Street, ansehnlicher Pub mit nettem Ambiente, reiche Palette an Pub Grubs zur Mittagszeit;
- ***Pebbles Coffee Shop,*** New Market Street.

Verbindung

- Mehrmals täglich ***Busse*** von Dublin sowie von Drogheda über Slane und Navan nach Kells.

Das Ganggrab von Newgrange

Von Kells geht es nun gen Osten; damit man nicht zurück nach Navan fahren muß, nehme man die R 163 in Richtung Slane/Drogheda (ausgeschildert).

Auf dem ***Slane Hill*** soll im Jahre 433 der *hl. Patrick* übrigens das erste Osterfeuer auf irischem Boden entzündet und mit diesem Fanal ein Zeichen für die Christianisierung gesetzt haben. Von Tara aus schauten der Hochkönig und seine Druiden wütend ob dieses Frevels auf den durch die Flammen erhellten Horizont; der heidnische Brauch verbot ein Feuer in jener Nacht, in der der Frühling über den Winter siegte.

Von Slane aus ist das Ganggrab von Newgrange nicht mehr über die N 51 erreichbar; vielmehr muß man von Slane aus eine unklassifizierte Straße nehmen, die südlich der N 51 verläuft. Seit 1997 gibt es nahe dem Tumulus ein ***Besucherzentrum,*** das über die Megalith-Kultur informiert. Ein Shuttle Bus bringt die Besucher dann bis an die archäologische Stätte (März-Mai, September und Oktober täglich 10-13 Uhr, 14-17 Uhr; Juni-August 10-19 Uhr).

Sehenswertes

Nach der berichtigten Radiokarbon-Methode datieren die Forscher das Grab heute in die Zeit um 3200 v. Ch. Der ovale *Cairn* (aus Steinen aufgeschichteter Hügel) ist etwa 11- 13 m hoch und hat einen Durchmesser von 90 m. Eine 3 m hohe Verkleidung aus glitzernden Quarzsteinen und kopfgroßen Granitkugeln umzieht den Tumulus, der übrigens bis zum Jahr 1962 mit Erde bedeckt war. Sein heutiges Aussehen verdankt das Ganggrab den umfangreichen, Ende der 70er Jahre abgeschlossenen Restaurationsarbeiten.

Zwölf unbearbeitete ***Monolithe*** stehen rund um das Grab, man nimmt an, daß einst 35 gewaltige Steine - alle in regelmäßigen Abständen gesetzt - einen Kreis bildeten, der die heilige Zone von der profanen Außenwelt abschirmte. An der Basis des *Cairn* bilden fast 100 ca. 4,50 m lange und 1,20 m hohe Monolithe einen Saum, der das ganze Heiligtum umzieht.

Die Steine sind mit einer Vielzahl von ***Motiven verziert:*** Spiralen, Rhomben, konzentrische Kreise,

Verzierter Stein aus dem Ganggrab von Newgrange

Zickzack- und Wellenlinien, Doppelspiralen und Farnkrautmotive – durchaus typische Muster der Megalith-Kultur.

Überraschend für die Archäologen war die Entdeckung, daß auch die nicht sichtbaren Seiten dieser Monolithe solche Dekorationen aufweisen. Warum hatten sich die frühen Handwerker die Mühe gemacht, auch die ***Rückseiten mit Mustern*** zu versehen? Wahrscheinlich stellten die Motive eine Warnung an die Lebenden dar, sich dem Grab zu nähern und verlangten Respekt vor der Ruhe des Toten; umgekehrt verboten die rückwärtig angebrachten Verzierungen dem Verstorbenen, sein Reich zu verlassen. Die diesseitige und jenseitige Welt mußten strikt voneinander getrennt bleiben.

Größer jedoch noch war das Staunen, als der Grabungsleiter Professor *O'Kelly* die Bedeutung einer Art ***„Steinbox"*** oberhalb des Einganges entschlüsselte. Er erinnerte sich daran, daß viele Kulturen entweder zur Sommersonnen- oder zur Wintersonnenwende die Strahlen der aufgehenden Sonne in das Heiligtum lenkten (so z. B. im ägyptischen Felsentempel von Abu Simbel).

Am 21. Dezember 1969 zwängte sich der Archäologe durch den engen Gang bis in die Grabkammer. Sonnenaufgang war um 9.54 Uhr, vier Minuten später sah Professor *O'Kelley* den ersten Strahl, 17 Minuten später erhellte eine Lichtflut die ganze Kammer (während der Führung wird dieses beeindruckende Ereignis durch Lampen simuliert). Nach weiteren Beobachtungen stellte sich heraus, daß nur in der Zeit zwischen dem 14. und dem 28. Dezember die Sonnenstrahlen das Innere des Heiligtums erhellen.

Mit den bereits erwähnten Motiven sind auch die meisten der 43 ***Tragsteine*** auf beiden Seiten des fast 20 m langen, knapp 1 m breiten und nur 1,50 m hohen Ganges geschmückt. Der Tunnel steigt leicht an, so daß durch ihn kein Licht in die ***kleeblattförmige Kammer*** fallen kann.

Dieser Raum liegt 2 m über dem Eingangsniveau und damit auf gleicher Höhe wie eine Landmarke am anderen Boyne-Ufer, über der die Sonne aufsteigt. Oberhalb der zentralen Kammer wölbt sich bis in eine Höhe von 6 m die ***Bienenkorbkuppel*** – so genau und überlegt sind die Arbeiten ausgeführt worden, daß selbst nach 5000 Jahren bisher kein Wasser ins Innere gedrungen ist.

Als die ersten Amateurarchäologen 1699 den Tumulus öffneten und bis in die Kammer vorstießen, fanden sie in der Mitte ein großes, flaches ***Steinbecken,*** um das acht Schalen gruppiert waren. Ähnliche, wenn auch größere Schalen finden sich heute noch in den Seitenkammern; einst enthielten sie Leichenbrand und Knochenreste.

Brandbestattung war für die irische Megalith-Kultur durchaus nicht ungewöhnlich (wenngleich sie z. B. in den ähnlichen Megalith-Tempeln von Malta nicht vorkam). Einäscherung schließt die Vorstellung von einem Weiterleben nach dem Tode nicht aus; das Feuer sollte dem Verblichenen den langsamen Verwesungsprozeß ersparen und die Reintegration in einen unsterblichen Körper beschleunigen.

Um so ein gewaltiges Mausoleum wie Newgrange zu errichten, waren eine strenge Organisation am Bau, hochgradige Arbeitsteilung und eindeutige hierarchische Ordnungen vonnöten. Eine solche Gemeinschaft mußte darüber hinaus genügend Überschüsse produzieren, um einen Teil der Arbeitskräfte für den Bau freizustellen – die fruchtbaren Ebenen an den Ufern des River Boyne warfen hohe landwirtschaftliche Erträge ab und boten somit die besten Voraussetzungen für die Errichtung einer solch monumentalen Anlage.

Mellifont Abbey

Weiter geht es nun auf Drogheda zu. In dieser Gegend, die wir gerade durchfahren, kam es 1690 zu einer ***entscheidenden Schlacht*** zwischen zwei englischen Königen; der Katholik *James II.* unterstützte die Iren gegen den protestantischen *Wil-*

Die Ruine von Mellifont Abbey

helm von Oranien. 25.000 Mann hatte *James* am südlichen Flußufer aufgeboten, am Nordufer harrten die 36.000 Söldner *Wilhelms* des Schlachtbeginns. Die Iren setzten sich entschlossen zur Wehr, konnten der Übermacht jedoch nicht standhalten.

Am Abend des 12. Juli flüchtete *James* und überließ seinem Kontrahenten den Sieg. Die geschlagene Armee zog sich zurück und leistete ein Jahr später noch einmal verzweifelt Widerstand in der Gegend von Limerick. *James* ging nach Frankreich ins Exil. Mit diesem Sieg am Boyne setzten sich die Engländer in den folgenden Jahrhunderten noch nachhaltiger in Irland fest.

Nächste Station der Rundreise ist die Ruine der einstigen Zisterzienser-Abtei ***Mellifont Abbey*** (ausgeschildert). 1142 wurde das Kloster im Zuge der in Kells beschlossenen Kirchenreform (s. o.) gegründet; die Klosteräbte verloren ihre Macht an die Bischöfe, und der römische Papst galt nun auch in Irland als Kirchenoberhaupt. Von Mellifont aus gründeten die frommen Brüder im ganzen Land weitere Abteien. Im 14. Jh. wütete ein Brand in der heiligen Stätte, ein Wiederaufbau ging rasch vonstatten.

Nach der Säkularisierung durch *Heinrich VIII.* wohnten die Grafen von Drogheda in dem Komplex, danach verfiel die Klosteranlage. Relativ gut erhalten ist das achteckige Lavabo (Waschhaus), in dem sich die Mönche von dem Schmutz der Feldarbeit befreiten, sowie der Kreuzgang.

Monasterboice

Von Mellifont Abbey ist es nicht weit bis zu den Resten des frühchristlichen Klosters Monasterboice (ausgeschildert). Deutlich sind die architektonischen Unterschiede zur Zisterzienser-Abtei Mellifont Abbey zu erkennen. Hochkreuze und ein Rundturm - klassische Merkmale frühchristlicher irischer Klöster - prägen die geistliche Stätte.

Monasterboice wurde um 500 gegründet und galt zusammen mit Glendalough und Clonmacnoise als Zentrum der geistlichen Gelehrsamkeit.

Irlands schönstes ***Hochkreuz,*** das *Muiredach Cross,* ragt hier, umgeben

Rundturm von Monasterboice

von älteren und jüngeren Grabstätten, fast 6 m hoch auf. Kunsthistoriker datieren es in das 10. Jh., am Sockel weist eine Inschrift darauf hin, daß es für einen *Muiredach* (oder auch von ihm) errichtet wurde. Man nimmt an, daß es sich um einen im Jahre 922 verstorbenen Abt handelt. 22 biblische Szenen, dargestellt in Halbreliefs, schmücken dieses christliche Symbol. Nahebei findet man das Hohe Kreuz *(Tall Cross)* und nahe der Friedhofsmauer ein drittes, beschädigtes Hochkreuz.

Der hohe ***Rundturm*** brannte im Jahre 1097 aus; dabei wurde auch die Klosterbibliothek ein Raub der Flammen.

Drogheda

Das geschäftige Provinzstädtchen Drogheda (23.000 Einwohner; der gälische Name bedeutet „Brücke der Furt“) ist nun die nächste Station.

Geschichte

Bereits im Jahre 911 gründeten die Wikinger eine Siedlung, die ein Jahrhundert später mit großen Befestigungsanlagen geschützt wurde. Aus dieser Zeit ist jedoch nur noch das St. Lawrence Gate (St. Lawrence Street) erhalten geblieben.

1649 zerstörte der englische *Lord Protector* ***Oliver Cromwell*** die Stadt und wütete schrecklich unter der katholischen Bevölkerung. Seine 12.000 Mann starke Garde metzelte über 2000 Menschen nieder, einhundert verbrannte man bei lebendigem Leib in einer Kirche. Selbstgefällig schrieb der Schlächter daraufhin: „Ich bin davon überzeugt, daß dies ein gerechter Urteilsspruch Gottes für jene barbarischen Lumpen ist, die ihre Hände mit dem Blut so vieler Unschuldiger befleckt haben.“

Sehenswertes

In der St. Peter's Church (West Street) ruht in einem Reliquienschrein das einbalsamierte Haupt von ***Oliver Plunkett,*** der als einziger Märtyrer in die irische Religionsgeschichte einging; Papst Paul II. sprach den 1681 von den Engländern gehenkten *Plunkett* anläßlich seiner Irland-Reise im Jahre 1979 selig. Die eisenbeschlagene Kerkertür, hinter der der Unglückliche bis zu seinem Tod schmachtete, ist zusammen mit einigen Briefen in dem Gotteshaus zu besichtigen.

An sonnigen Tagen übrigens dient die breite ***Treppe vor dem Kirchenportal*** ganz profanen Zwecken: Dann nämlich haben sich Droghedas Jugendliche auf den Stufen niedergelassen, essen ihre Hamburger und halten das Gesicht in die Sonne.

An dem Gebäude neben dem *Westcourt Hotel* in der West Street wurde am 2. Mai 1995 vom türkischen Botschafter in Irland eine ***Gedenkplatte*** enthüllt, auf der das irische Volk für die während der großen Hungersnot von 1845 geleistete Hilfe aus der Türkei dankt – Völkerverständigung im letzten Jahrhundert. Man stelle sich das einmal vor: Die englische Kolonialmacht tat nichts, aber aus der Türkei trafen Hilfsgelder ein! Die Platte befindet sich über der Eingangstür des gemütlichen Pubs *Bridie Mac's.*

Hauptgeschäftsstraßen von Drogheda sind die West Street sowie die St. Lawrence Street, die sich nahtlos an die West Street anschließt.

Unterkunft

- ***Boyne Valley Hotel****,*** Stameen, Tel. (041) 37737, Fax 39188
- ***Westcourt Hotel**,*** West Street, Tel. (041) 30965, Fax 30970
- ***Rosnaree Hotel*,*** Dublin Road, Tel. (041) 37673, 33116

B & B

- ***Mrs Sheila Dwyer,*** Harbour Villa, Mornington Road, Tel. (041) 37441;
- ***Mrs Mary McCabe,*** Termonfeckin Road, Tel. (041) 36159;
- ***Mrs Josephine McGinley,*** Aisling House, Tel. (041) 22376.

Restaurants

- im ***Westcourt Hotel,*** um 13 Pfund;
- ***Swan House,*** West Street, chinesisches Restaurant, um 11 Pfund.
- ***La Pizzeria,*** Peter Street, Pizzen und Pasta bis 7 Pfund

Pubs

- ***Bridie Mac's,*** West Street, während der Saison täglich Live Music;
- ***The Lawrence Inn,*** Lawrence Street, klassische Pub-Atmosphäre mit viel rotem Plüsch, langer Theke, Pool Billard;
- ***Peter Matthew's,*** Lawrence Street;
- ***Sarsfield's,*** Lawrence Street, direkt am mittelalterlichen Stadttor gelegen.

Verbindung

- Mehrmals täglich ***Züge*** und ***Busse*** von Dublin.

Skerries

Von Drogheda aus geht es nun über die N 1 auf das Örtchen Swords zu.

Wer noch Zeit hat, sollte in Balbriggan von der N 1 abfahren und die R 127 zum kleinen Hafenstädtchen Skerries nehmen. Entlang der ***felsigen Uferfront*** kann man hier gen Süden auf einem gepflegten Grünstreifen am Meer entlang flanieren.

Wer an diesem Felsengestade in die Fluten steigen möchte, sollte im eigenen Interesse das Schild *Competent Swimmers Only* beachten. An die Felsenküste schließt sich eine Bucht mit einem ruhigen Sandstrand an, hier laufen die Wellen sanft aus, und das ***Badevergnügen*** ist weitaus sicherer.

Am kleinen Hafen befinden sich der Pub *Tippler's,* die Snack Bar *The Waterfront,* das Restaurant *The Slipway* sowie der Pub *Joe May.* Im Ortszentrum verläuft die Strand Street, hier erwarten die Pubs *John Kean* und *The Tavern* einen Besuch.

Malahide Castle

Von Swords führt die Straße östlich nach Malahide Castle (Apr.-Okt. Mo-Fr 10-17 Uhr, Sa 11-18 Uhr, So 14-18 Uhr, Nov.-März Mo–Fr 10–17 Uhr, Sa/So 14-17 Uhr). Mitten in einem großen Park - in dem regelmäßig der Rugby-, Hurling- und Fußball-Nachwuchs der Gegend trainiert - ragt das burgartige Herrenhaus auf.

Das ***Schloß*** war - eine Seltenheit in Irland - von seiner Gründung im

Jahre 1185 durchgängig bis 1976 im Privatbesitz einer einzigen Familie. Die letzte Erbin aus dem Geschlecht der Talbots mußte das Anwesen wegen der horrenden Erbschaftssteuer an den Staat verkaufen.

Besonders die kostbaren ***Inneneinrichtungen*** lohnen einen Besuch; man hat die Möglichkeit, das Leben der begüterten irischen Oberschicht zu studieren. Viele Gemälde zeigen darüber hinaus historische Ereignisse.

Von Bedeutung ist vor allem das riesige Bild „Battle of the Boyne", auf dem die oben geschilderte Schlacht dargestellt ist. Das Werk entstand nur drei Jahre nach dem Gemetzel, die Erinnerung an den blutigen Kampf war also noch recht frisch.

Nicht minder interessant ist ***die große Halle,*** in der man dieses Gemälde bewundern kann. Holzschnitzarbeiten und Wandvertäfelungen datieren aus dem 16 Jh. In diesem Saal nahmen am Vorabend der Schlacht sage und schreibe 14 männliche Mitglieder der Talbots ihre letzte Mahlzeit zu sich; keiner von ihnen kehrte lebend zurück.

Von Malahide Castle ist man nach einer halben Stunde Fahrt wieder im Zentrum von Dublin.

Malahide Castle

Tour 2: Von Dublin nach Wexford

Übersicht

Wie bei Tour 1 kann man auch diese Strecke - vorausgesetzt, man bricht früh am Morgen auf - an einem Tag zurücklegen. Die Länge der gesamten Route beträgt ca. ***180 km.*** Zu Anfang geht es vorbei an den nicht sonderlich attraktiven, südlich von Dublin gelegenen irischen Seebädern, doch alsbald gelangt man in das landschaftlich schöne Bergmassiv der ***Wicklow Mountains.*** Hier locken vor allem die Schloßgärten von Powerscourt Garden und nahebei Irlands höchster Wasserfall.

Herausragende Sehenswürdigkeit ist aber das ***Tal von Glendalough*** mit den guterhaltenen Resten einer frühchristlichen Klosterstadt. Weiter südlich von Glendalough verläßt die Straße dann die Wicklow's, und auf gerader Strecke, vorbei an grünen Feldern, geht es zum ruhigen Städtchen ***Wexford.***

Dun Laoghaire

Südlich von Dublin sind die beiden Seebäder Dun Laoghaire und Dalkey längst mit dem Stadtgebiet der irischen Metropole zusammengewachsen. Dun Laoghaire (54.000 Einwohner) besitzt einen großen Hafen, in dem die Fähren von Holyhead anlegen.

Das Städtchen mit seiner aus georgianischer und viktorianischer Zeit datierenden Bausubstanz besitzt mit dem ***James Joyce Tower*** (ausgeschildert; Apr.-Okt. Mo-Sa 10-13, 14-17 Uhr, So 14-18 Uhr) eine herausragende Sehenswürdigkeit. Hier können Erstausgaben der Werke von *Joyce,* Manuskriptblätter, Briefe und viele persönliche Besitztümer des großen Literaten besichtigt werden. Darüber hinaus ist der Turm in Kapitel 1 des Romans „Ulysses" erwähnt.

Joyce besuchte hier einmal für wenige Tage zwei seiner Freunde, die in dem alten Wachtturm ihr Domizil aufgeschlagen hatten - daher rührte die Erfahrung. Von der oberen Terrasse, auf der noch die Reste des einstigen Geschützlagers zu erkennen sind, hat man einen weiten Blick über Dun Laoghaire und den Hafen.

26 von diesen Wehrtürmen sicherten einmal die Bucht von Dublin und der Bau wurde mit dem *Defense Act* von 1805 beschlossen. Ihr Name ***Martello-Türme*** ging auf diejenigen von Kap Mortella auf Korsika (!) zurück. Alle sind sie nach dem gleichen Muster gebaut, 40 Fuß hoch, acht Fuß dick mit einem Eingang in 10 Fuß Höhe und oben dann mit einem *Gun Deck* versehen. Die Kanonen auf der Geschützplattform, Achtzehnpfünder, konnten ihre Kugeln bis in eine Meile Entfernung verschießen. Nötig wurde dies allerdings nie, die *Martello Towers* waren vollkommen umsonst errichtet worden, und schon früh verspotteten die Iren diese sinnlosen Dinger als „Nußtörtchen".

Man richte seinen Blick auch auf die Felsküste direkt unterhalb des Turms, dort nämlich spielt sich Kurioses ab: Zu jeder Jahreszeit und bei jedem Wetter springen - manchmal sogar ***splitternackt*** - hartgesottene Männer aller Altersgruppen in die mitunter ***eisigen Fluten.***

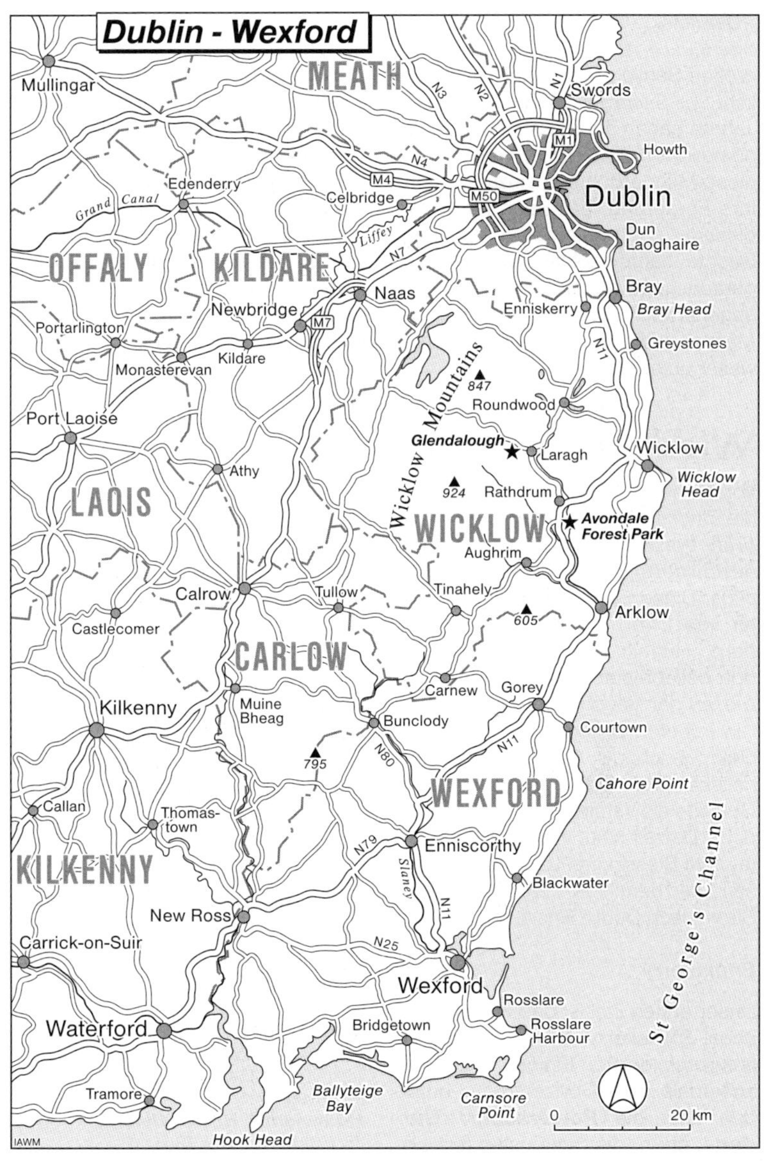

Tour 2

Dublin – Wexford

Das felsige Areal gehört zur *Sandycove Bathers Association Forty Foot,* ein großes Schild erklärt unmißverständlich: *For Gentlemen Only.* Vor einigen Jahren haben Journalistinnen der renommierten *Irish Times* versucht, in diese Männerdomäne einzubrechen. Ihre Forderung, daß auch Frauen in diesem „Schwimmverein" gleiche Rechte haben sollten, wurde nicht gerade abgewiesen, doch mangels abgehärteter Damen bleiben die Männer in diesem „exklusiven" Zirkel weiter unter sich.

Wicklow Mountains

Von Dun Laoghaire aus geht es über die landschaftlich sehr reizvolle, *The Scalp* genannte Straße (R 117, ausgeschildert) in die Wicklow Mountains. Diese Bergkette vor der Haustür von Dublin zählt mit ihren Wäldern, Hügeln und Wasserfällen zu den beliebtesten ***Naherholungsgebieten*** der Hauptstadtbewohner.

In früheren Zeiten wurde hier nach Gold geschürft. Den irischen Freiheitskämpfern diente das unwegsame Gelände als Versteck vor den Engländern. Derzeit staut man den River Liffey zum Blessington Lake auf, an dessen Ufer bereits ein Elektrizitätswerk Strom nach Dublin liefert.

Enniskerry

Unser erstes Ziel ist das winzige Örtchen Enniskerry (800 Einwohner, ausgeschildert). Einige Kilometer außerhalb des Dorfzentrums befinden sich die ***Powerscourt Gardens,*** die zu den schönsten Schloßparks Europas zählen (ausgeschildert; März-Oktober täglich 9-17.30 Uhr). Grandios ist die Naturkulisse allemal; inmitten von dichten Wäldern (Buchen, Eichen, Stechpalmen) und überragt vom 504 m hohen Sugarloaf Hill erfreuen ein ***italienischer*** und ein ***japanischer Garten*** die Herzen der Besucher. Während auf dem italienisch inspirierten Blumenareal die korrigierende Hand der Landschaftsgärtner einen Barock-Garten geschaffen hat, ist im Gegensatz dazu der japanische Garten weitgehend naturbelassen, damit ein Quell der Ruhe und ein Ort der stillen Meditation.

Von der Terrasse des ***Powerscourt-Hauses*** hat man einen wunderbaren Blick auf den Sugarloaf. Nahebei übrigens befindet sich Irlands einziger Friedhof für Haustiere.

Nach einem Brand 1974 wurde die Ruine erst 1996 renoviert. Seit 1998 kann man im Erdgeschoß wieder seinen Tee im großen Café-Restaurant schlürfen oder eine Ausstellung zur Geschichte des Hauses besichtigen. Im ersten Stock finden häufig offizielle Empfänge im großen Ballsaal statt.

Einige Kilometer vom Powerscourt-Park entfernt rauscht nach starken Regenfällen aus einer Höhe von 121 m Irlands mächtigster ***Wasserfall*** zu Tal (ausgeschildert). Ein Café in der Nähe bietet Erfrischungen an. Gestärkt geht es nun zurück nach Enniskerry.

Unterkunft

- ***Enniscree Lodge Inn Hotel**,*** Cloon, Tel. (01) 2863542, Fax 2866037, ca. 9 km außerhalb
- ***Summerhill House Hotel**,*** Tel. (01) 2867928, Fax 2867929

Im japanischen Garten von Powerscourt

- ***Mrs. K. Lynch,*** Cherbury Monastery, Tel. (01) 828679, ca. 1 km außerhalb
- ***Mrs. E. Cummings,*** Corner House, Tel. (01) 860149;
- ***An-Oige-Jugendherberge Knockree,*** Lackan House, Tel. (01) 867196, 6,5 km von Enniskerry
- ***An-Oige-Jugendherberge Glencree,*** Stone House, Tel. (01) 867290, 10 km von Enniskerry

Restaurants & Pubs

- In den oben genannten Hotels; so z. B. das ***Enniscree Lodge Inn Restaurant*** mit schönem Blick auf die Wicklow Mountains , auch vegetarische Gerichte, um 18 Pfund.
- ***Glenwood Inn***, nette Ortskneipe

Verbindung

- ***Bus*** 44/44 B von Dublin nach Enniskerry.

Nach Glendalough

Von Enniskerry folgt die Route der R 760 und der R 755 in Richtung auf Glendalough. Hinter dem Ortsausgang von Enniskerry übrigens weist ein Schild nach rechts zum ***Fox Pub,*** zur angeblich höchstgelegenen Taverne Irlands.

Die Strecke bis Glendalough verlangt höchste Aufmerksamkeit vom Fahrer, da die Straße sehr schmal und kurvenreich sowie an einigen Stellen von Schlaglöchern übersät ist. Schafe grasen frei an den Fahrbahnrändern und kreuzen immer wieder die enge Trasse. Vor allem im späten Frühjahr beginnen die Jungtiere selbständig zu werden, ohne bereits viel Erfahrung mit dem Straßenverkehr gesammelt zu haben

– wenn man nicht aufpaßt, bringt man leicht ein Lamm zu Tode.

Entgegenkommenden Fahrzeugen kann man auf dem engen Sträßchen nur schwer ausweichen. Hinzu kommt die landschaftliche Schönheit der Region; immer wieder ist man versucht, lange in die Täler und auf die Berge zu blicken und verliert dadurch die Aufmerksamkeit für Auto und Straße.

Nach einigen Meilen Fahrt passiert man das Örtchen Glencree; hier gibt es einen kleinen ***deutschen Soldatenfriedhof,*** auf dem deutsche Armee-Angehörige während des Ersten und Zweiten Weltkriegs bestattet wurden. Wer den Fiedhof besucht, findet auf einer Plakette folgenden Text: „Mein Los war der Tod unter irischem Himmel und ein Bett in Irlands guter Erde. Was ich geträumt, geplant, band mich ans Vaterland, aber mich wies der Krieg zum Schlaf in Glencree. Leid war und Schmerz, was ich verlor und gewann. Wenn du vorübergehst, sprich ein Gebet, daß Verlust sich in Segen verwandle.“

Wanderer kommst du nach Sparta ..., denkt man unwillkürlich. Völlig zu Recht hat sich der Schriftsteller *Ralph Giordano* in seinem Irischen Tagebuch über diese Inschrift aufgeregt. Er schreibt: „Kein Wort, in wessen Händen sich das Vaterland damals befunden hat, auf wessen Befehl gekämpft worden ist und für welche Interessen und Mächte diese jungen Deutschen in Wahrheit ihr Leben gelassen haben. Statt dessen romantisierender Schwulst und pseudophilosophischer Kitsch."

Hinter Glencree zeigen sich die Wicklow Mountains von ihrer schönsten Seite, prachtvolle Aussichten auf Hügel und Täler, Moore und Wasserfälle machen die Fahrt zu einem Vergnügen.

Wer Glück hat, lernt auf dieser Strecke die schnellen Wechsel des ***irischen Wetters*** kennen. Mal sind die Bergspitzen in tiefliegende Wolken eingehüllt, und die Dunstschwaden reichen bis auf die Straße hinunter. Dann plötzlich reißt der Wind die schweren grauen Wolkenbänke auf, innerhalb von Sekunden bricht die Sonne durch, Schatten wandern über die Täler. Nur wenige Minuten später zieht sich der Himmel erneut zu, und ein Regenschauer prasselt nieder. Wetterumschwünge vollziehen sich manchmal in nur wenigen Minuten.

Von der Landschaft wie vom Klima gleichermaßen beeindruckt, gestaltet sich die Fahrt sehr kurzweilig, und schneller als erwartet ist Glendalough erreicht.

In den Wicklow Mountains

Das Tal von Glendalough

Glendalough (gälisch: *Gleann da Locha* = das Tal der zwei Seen) bietet eine romantische, alpin anmutende Landschaft mit kulturell bedeutsamen Sehenswürdigkeiten und ist daher eines der wichtigsten Naherholungsziele für die Dubliner.

Am zentralen Parkplatz gibt ein kleines ***Besucherzentrum*** (Mitte Juni bis Mitte September 10-17 Uhr, ansonsten bis 16.30 Uhr) dem Interessierten Auskunft über das Tal. Neben einem kurzen Videofilm über Irlands frühchristliche Epoche zeigen Schaukästen und -tafeln kunsthistorische Bedeutsamkeiten, und ein maßstabsgetreues Holzmodell gibt die Anlage der Klosterstadt wieder.

Geschichte

Seit um 1840 das Ehepaar *Hall* einen Reiseführer über ganz Irland auf den Markt brachte und Glendalough in den schönsten Farben schilderte, ist das Tal zu einem touristischen „Muß“ geworden. Doch schon während des gesamten Mittelalters zog - wenigstens einmal im Jahr - diese Stätte die Bewohner der Umgebung an. Anläßlich des ***Festes von St. Kevin*** - des Gründungsheiligen der Klosteranlagen im Tal –, der entweder 618 oder 622 verstarb, pilgerten die gläubigen Iren zum Grab des frommen Mannes und ergingen sich in Andacht, Buße und Vergnügen. Neben inbrünstig gesprochenen Gebeten wurde mit der gleichen Anteilnahme faßweise Whiskey getrunken, und die schwer alkoholisierten Wallfahrer hauten - vor allem, wenn es sich um verfeindete Geschlechter handelte - mit ihren Knüppeln aufeinander ein. Wie die Chronisten berichten, war Totschlag keine Ausnahme.

Angeblich war dieser "Brauch“ noch in vollem Gange, als die ***Halls*** ins Tal kamen, doch dann soll ein couragierter Gemeindepfarrer solche Lästerungen an dem heiligen Ort abgestellt haben: Dieser schüttete den Whiskey in den Bach und warf die gefürchteten Eichenkeulen, die *Shillelaghs,* kurzerhand ins Feuer.

Ende des 6. Jh. kam der ***hl. Kevin*** mit einer Anzahl Getreuer ins Tal und errichtete eine Mönchseinsiedelei. Doch schon bald strömten scharenweise fromme Anhänger nach Glendalough, Kevins Weisheit und Gelehrsamkeit, seine Frömmigkeit und asketische Lebensweise hatten ihn zu einem bekannten Mann gemacht. Als Abt dieser Einsiedelei sorgte Kevin für ein geordnetes Leben unter den gläubigen Brüdern, widmete sich der theologischen Lehre sowie der Armen- und Krankenpflege.

Auch nach seinem Tod wuchs die Gemeinde weiter und aus der kleinen Siedlung entstand ***im 12. Jh. eine Stadt,*** die sieben Kirchen und laut Schätzungen 3000 Menschen zählte. „Glendalough voller Herrlichkeiten ist das Rom des Westens“, hieß es damals. Doch auch Heimsuchungen mußten die Mönche über sich ergehen lassen; mehrfach überfielen die Wikinger die Klosterstadt und versetzten die frommen Brüder

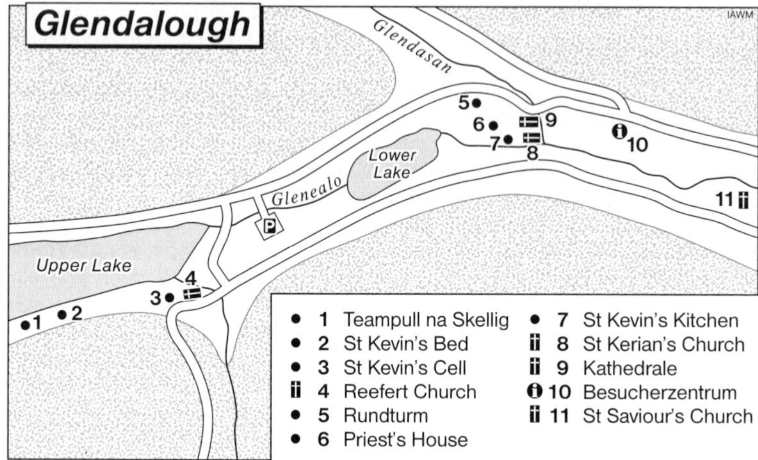

in Angst und Schrecken. 1398, nach einem großen Brand, verlor die *City of the Seven Churches* dann rasch an Bedeutung.

Sehenswertes

Wer den Entwicklungsspuren der einstigen Mönchsklause folgen möchte, beginnt seinen Spaziergang am Südostende des Oberen Sees. Dort, an *Diseart Kevin,* Kevins Einsiedelei, liegt auf einer künstlich angelegten Plattform ***Teampull na Skellig,*** das in seinen ältesten Teilen aus dem 7. Jh. datierende Kirchlein. Drumherum haben wahrscheinlich die ersten Bienenkorbhütten der frühen Einsiedler gestanden.

Auf einer Felsnase über dem See liegt St. Kevin's Cell; es ist jedoch nicht genau erwiesen, ob hier die Bienenkorbhütte des Heiligen gestanden hat. Unabhängig davon lohnt sich der kurze Aufstieg vor allem wegen der prächtigen Aussicht.

Die ***Kirche von Reefert,*** nahe am Poulanass-Wasserfall gelegen, gilt einigen Forschern als *Kevins* letzte Ruhestätte. Dafür spricht, daß sich eine ganze Reihe von Adligen und hohen Geistlichen hier begraben ließen - einige noch vorhandene Grabplatten zeugen davon. Eine Legende berichtet, wie *Kevin* einst an diesem Ort mit weit ausgebreiteten Armen reglos im Gebet versunken war, und eine Amsel ihre Eier in seine Handflächen legte; der Heilige - jeder Kreatur des Herrn zugetan - verharrte in dieser Stellung, bis die Vögelchen geschlüpft waren.

Die Marienkirche ***Our Lady's Church*** gehört weder zur unteren noch zur oberen Anlage, sie liegt außerhalb der ehemaligen Klosterstadt. Auch in diesem Kirchlein könnte sich *Kevins* Grab befunden haben. Wahrscheinlicher ist jedoch, daß das

Gotteshaus zu einer kleinen Nonnenabtei gehörte.

In der eigentlichen Klosterstadt, die erst lange nach Kevins Tod entstand, ist der über 30 m hohe ***Rundturm,*** der im 9./10 Jh. errichtet wurde, der Blickfang. Die Dachspitze erneuerte man 1876 mit den noch vorhandenen Originalsteinen. Der nadelschlanke Turm diente den Mönchen gleichermaßen als Ausguck wie als letzte Zufluchtstätte – die frommen Einsiedler hatten viel unter dem Ansturm räuberischer Wikinger zu leiden.

Meldete der Wachhabende im „Krähennest“ die heranrückenden Nordmänner, so zogen sich die gläubigen Brüder mit ihren wertvollen liturgischen Gerätschaften, mit ihren Manuskripten und Büchern ins Innere des mächtigen Bollwerks zurück. Der Eingang liegt mehrere Meter über dem Boden, und nachdem die Leiter eingezogen worden war, befanden sich die Mönche in relativer Sicherheit.

Nahe dem Turm erhebt sich die vorromanische, im 9. Jh. begonnene und im 12. Jh. erweiterte ***Kathedrale von St. Peter und St. Paul.***

Das ***Priesterhaus,*** ein kleiner spätromanischer Bau, diente wohl einmal als Grabkapelle; möglich ist auch, daß es als Schrein fungierte und vielleicht die Gebeine von St. Kevin barg. Das fast 3 m hohe ***St.-Kevins-Kreuz*** ist aus einem Granitblock gehauen und datiert aus dem 6. Jh. Es ist daher gut möglich, daß es einst für oder gar von dem großen Heiligen errichtet wurde.

Der gedrungene Rundturm auf der ***St. Kevin's Church*** brachte dem kleinen Kirchlein den Beinamen „Kitchen“ ein – Besucher fühlten sich an einen Küchenkamin erinnert.

Nur noch Reste sind von der ***St. Kieran's Church*** erhalten, die wohl einmal Irlands kleinstes Gotteshaus war (Schiff 6 x 4,5 m; Chor 2,75 x 2,75 m). Das Kirchlein entstand zu Ehren von *St. Kieran,* in jenen Tagen Abt des berühmten Klosters Clonmacnoise. *Kieran* und *Kevin* verband tiefe Freundschaft und Einigkeit in Glaubensfragen.

Wie die Legende berichtet, rief *Kieran* kurz vor seinem Tod *Kevin* an sein Sterbelager. Doch der Abt von Glendalough kam zu spät, der Freund lag bereits aufgebahrt. Der Herr aber zeigte sich gnädig: Als ***Kevin*** an die sterbliche Hülle seines Glaubensbruders trat, kam die Seele des Verstorbenen noch einmal zurück, und die beiden frommen Männer konnten ein letztes Mal miteinander disputieren.

Gegenüber der St. Kieran's Church ragt der ***Deer Stone*** auf. Um diesen

„Rehstein“ rankt sich ebenfalls eine fromme Sage: In dem ausgehöhlten Stein hinterließ täglich eine Rehkuh die Hälfte ihrer Milch, so daß *Kevin* in seiner Männerklause ein Findelkind großziehen konnte.

Die ***Trinity Church,*** östlich vom Besucherzentrum gelegen, datiert aus dem Ende des 11. Jh. und ähnelt der Kirche von Reefert (s. o.).

Letztendlich lohnt noch die ***Probstei von St. Saviour*** einen Besuch. Erbauen ließ sie 1162 *Lawrence O'Toole,* einst Abt von Glendalough und Erzbischof von Dublin. *Lawrence* war ein frommer, integrer und diplomatisch versierter Kirchenmann. Erfolgreich und mit großem persönlichen Mut vermittelte er bei Spannungen zwischen den Normannenfürsten, den irischen Adligen und *Heinrich II. Lawrence* versorgte mit seinem eigenen Vermögen die Notleidenden und stiftete Kirchen – folgerichtig starb er als armer Mann.

Kevin's Kitchen und der Rundturm von Glendalough

Umgebung

Doch nicht nur die einstige Klosterstadt mit ihren frühchristlichen Monumenten ist im Tal von Glendalough sehenswert, der Besucher sollte auch die ***Natur*** genießen, durch die Wälder streifen oder die Seen umwandern.

Am Upper Lake sind zwei ***Spazierwege*** ausgeschildert: Einmal der 4 km lange *Falcon Trail,* zum anderen der 2 km lange *Badgerpaw Trail.* Sehr emp-

Landschaft in den Wicklow Mountains

fehlenswert ist es, im Rahmen einer Tageswanderung die Region um Glendalough kennenzulernen.

Durch die Wicklow Mountains zieht sich ein insgesamt 132 km langer, ausgeschilderter Wanderweg; es ist sehr lohnend, sich für eine ***Tageswanderung*** eine bestimmte Etappe herauszusuchen, z. B. die um Glendalough.

Den genauen Wanderverlauf zeigen die folgenden Karten und Publikationen: das vom Irish Tourist Board herausgegebene Informationsblatt Nr. 26 B, *The Complete Wicklow Way*, oder die Karten O.S. 1:50.000 *Wicklow Way* (Marlay bis Aghavannah), die restliche Strecke O.S. Blatt 16 und 19.

Die unten genannten Jugendherbergen liegen entlang der Route und bieten preiswerte Unterkunft; genügend B & B finden sich ebenfalls allerorten. Der Wanderweg beginnt in Marlay Park (Co. Dublin), passiert Glendalough und endet in Clonegal (Co. Carlow). Höchster Punkt ist der 661 m hohe Gipfel des Mullaghmor. Ausschilderungen erfolgen durch schwarze Pfosten mit gelben Pfeilen.

Unterkunft

- ***The Glendalough Hotel******, Tel. (0404) 45135, Fax 45142;
- ***Mrs. Noreen MacCallion,*** Laragh Trekking Centre, Laragh East, Tel. (0404) 45282;
- ***Mrs. Marie O'Gorman,*** Ard Bracken, Ballard, Tel. (0404) 5294;
- ***Mrs. Lucy Vambeck,*** Derrabawn House Tel. (0404) 45134;

Charles Stewart Parnell

Charles Stewart Parnell (1846-1891) stammte aus einer begüterten, protestantischen Grundbesitzerfamilie. Seine bedeutende politische Arbeit begann 1879, als er im Parlament zu Westminster Führer der sogenannten *Home-Rule-Bewegung* wurde. Mit einer systematischen Obstruktionspolitik - *Parnell* redete über Stunden, manchmal gar nächtelang zu bestimmten Themen - gelang es ihm, den Parlamentsbetrieb weitgehend lahmzulegen.

Der eloquente Politiker arbeitete sich zum mächtigsten Mann Irlands empor. 1885 stand er auf dem Höhepunkt seiner Karriere: Mit 86 Abgeordneten und deren Stimmkraft konnte *Parnell* Einfluß auf die englische Politik nehmen.

Er unterstützte den liberalen Premier *Gladstone,* der seine Stimmen zur Bildung der Regierung benötigte. *Gladstone* zeigte sich dankbar und brachte mehrere Anträge zur irischen Selbstverwaltung im Parlament ein. Doch immer wieder scheiterten diese Gesetzesvorhaben an ungünstigen politischen Konstellationen und natürlich vor allem am Nationalgefühl der Briten.

Parnell blieb ein großer politischer Erfolg versagt. In dieser Situation wurde seine Liebesaffäre mit Mrs. *Kitty O'Shea,* der Frau eines Parteifreundes bekannt, und die moralgeschwängerten englischen Liberalen forderten seinen Rücktritt (erst als die Liberalen seinen Sturz einleiteten, schlossen sich die irischen katholischen Bischöfe der Forderung ebenfalls an; eine Vorreiterrolle hatten sie nicht übernehmen wollen). Parnell weigerte sich, sein Amt zu verlassen und erreichte damit die Spaltung der *Home Rule League;* erst nach seinem frühen Tod 1891 schloß sich die Bewegung wieder zusammen.

- Weitere ***B & B*** im 3 km vor Glendalough gelegenen Örtchen Laragh sowie entlang der Straße von Laragh nach Rathdrum.
- ***Campingplatz*** in ***Redcross Village:*** River Valley Caravan and Camping Park, Tel. (0404) 41647, ca. 8 km von Glendalough entfernt zwischen Kilbride und Avoca an der R 754 gelegen,
- Weiterer ***Campingplatz*** in ***Roundwood*** zwischen Bray und Laragh, gut ausgestattet und sauber, 7 Pfund.

Hostels

- ***An-Oige-Jugendherberge Glendalough,*** nahe der Klosterstadt gelegen und 1990 frisch renoviert, Tel. (0404) 45342;
- ***An-Oige-Jugendherberge Aghavannagh House,*** Aughrim, Tel. (0404) 36102, von Aughrim 13 km, von Rathdrum 26 km, von Glendalough 21 km;
- ***An-Oige-Jugendherberge Blessington Lake,*** Baltyboys, Tel. (045) 867266, von Glendalough 27 km, von Glencree 22 km;
- ***An-Oige-Jugendherberge Devil's Glen,*** Tiglin, Ashford, Tel. (0404) 40259, von Ashford 6 km, von Wicklow Town 11 km, von Glendalough 13 km;
- ***An-Oige-Jugendherberge Glenmalure,*** Greenane, Buchungen nur über das Hauptbüro, Dublin, 61 Mountjoy Street, Tel. (01) 8301766, von Rathdrum 16 km, von Glendalough 17 km, von Devils Glen 29 km.

Restaurants

- ***Wicklow Heather Restaurant*** in Laragh, um 10 Pfund;
- Restaurant auch im ***Pub Laragh Inn.***

Rent-a-Bike

- Verleihstelle neben dem Heather Restaurant in Laragh.

Verbindung

- ***St Kevin's Bus,*** fährt Mo - Sa um 18 Uhr, Ostern bis Okt. auch um 11.30 Uhr von der Westseite des St. Stephen's Green in Dublin nach Glendalough.

Nach Wexford

Von Glendalough führt die Route nun über die R 755 nach Laragh und Rathdrum, dann über die R 752 in Richtung Avoca. Einige Meilen hinter Rathdrum geht es links ab zum ***Avondale Forest Park,*** in dem man das Geburtshaus von *Charles Stewart Parnell* besuchen sollte (ausgeschildert; täglich Mai-September 14-18 Uhr). Viele Memorabilien und persönliche Besitztümer erinnern an den berühmten Freiheitskämpfer Irlands.

Auf dem Weg nach Avoca passiert man auch den Zusammenfluß des Avonmore und des Avonbeg zum Avoca-Fluß. An dieser ***The Meeting of the Water*** genannten Stelle kann man sich in einem Pub stärken und auf die beiden Flüßchen - eher Rinnsale - schauen.

Auf der R 747 geht es nach Arklow, von wo die breite, gutausgebaute N 11 in einem weiten Bogen über Enniscorthy nach Wexford führt. Man spart einige Kilometer ein, wenn man ab dem Städtchen Gorey die R 741 Richtung Wexford nimmt.

Wexford

Geschichte

Wexford (14.500 Einwohner), die Provinzkapitale des gleichnamigen County, wurde im 9. Jh. von den Wikingern gegründet und 1169 von den nahebei eingefallenen Anglo-Normannen befestigt. Irlands neue Herren bauten das Örtchen zu einem zentralen Handels- und Hafenplatz aus und brachten den Bewohnern einen wirtschaftlichen Aufschwung.

1649 ging *Oliver Cromwell* mit der ihm eigenen Brutalität und Blutrünstigkeit gegen die Einwohner von Wexford vor, 5000 Menschen ließ der englische *Lordprotector* niedermetzeln, darunter über 300 Frauen, die sich schutzsuchend um das Marktkreuz versammelt hatten. Gnade war dem Schlächter unbekannt!

Sehenswertes

Wexford ist eine kleine, beschauliche Stadt mit ruhiger, angenehmer Atmosphäre und das ideale Quartier, bevor die Fährüberfahrt nach Le Havre oder Cherbourg angetreten wird. Der kleine Ortskern zieht sich parallel zum ***Hafen,*** der Jahr für Jahr weiter versandet und schon lange keine große Rolle mehr spielt. Spaziert man die Uferpromenade gen Norden, so kann man einen Blick auf die hier liegenden Fischkutter werfen und die Arbeiten an Bord betrachten.

Klassische Sehenswürdigkeiten hat Wexford kaum. Von der mittelalterlichen Befestigung ist noch der ***Westgate Tower*** erhalten (Stadtausgang

Richtung Waterford, N 25), nahebei befinden sich die Ruinen der ***Selskar Abbey*** mit einem Rest der alten Wallmauer und einem wehrhaften Turm.

Glaubt man der Überlieferung, so leitet sich der Name „Selskar" vom englischen *Saint Sepulchre* (Heiliges Grab) ab. Da eine Dame von Rang und Adel ihren Ehegatten im Kampf gegen die Sarazenen verstorben glaubte, gründete sie im 12. Jh. diese Abtei. Nach langen Jahren jedoch kehrte der totgeglaubte Kreuzfahrer zurück und fand die geliebte Frau als gottesfürchtige Nonne vor. In seiner Verzweiflung schuf auch er nun den Grundstein für ein Kloster und versagte sich allen weltlichen Gelüsten.

Am kleinen Platz ***Bull Ring,*** dort, wo heute der Wochenmarkt stattfindet, hielten die Normannen übrigens Bullenhatzen ab, ein Stückchen weiter lohnt am Cornmarket das ***Wexford Arts Centre*** mit lokalem Kunsthandwerk und dem preisgünstigem Cellar Restaurant. Haupteinkaufsstraße ist die lange Main Street.

Ende Oktober/Anfang November eines jeden Jahres sind die Bürger von Wexford stolz auf ihr ***Opernfestival*** im Theatre Royal (High Street), das Besucher aus ganz Irland - und nicht nur von dort - anzieht.

Tourist Office

- Crescent Quay, Tel. (053) 23111, Fax 41743

Unterkunft

- ***Ferrycarrig Hotel****,*** Ferrycarrig Bridge, Tel. (053) 20999, Fax 20982, 3 km außerhalb;
- ***Talbot Hotel****,*** Trinity Street, Tel. (053) 22566, Fax 23377;
- ***White's Hotel****,*** George Street, Tel. (053) 22311, Fax 45000;
- ***Wexford Lodge Hotel**,*** The Bridge, Tel. (053) 23611, Fax 23342;
- ***Mrs. Florence Hyland,*** Chez Nous, New Line Road, Tel. (052) 24104;
- ***Mrs. Patricia Kinsella,*** Tudor Lodge, Hermitage, Drinagh, Tel. (053) 23582;
- ***Mrs. Sarah 1 Lee,*** Rockcliffe, Coolballow, Tel. (052) 43130;
- ***Mrs. Catherine Ryan,*** Atherlow House, Castlebridge, Tel. (053) 23249.
- ***IHH-Hostel Kirwan House,*** 3 Mary Street, Tel. (053) 21208;
- Offizieller ***Campingplatz*** mit allen Annehmlichkeiten ist der Ferrybank Caravan and Camping Park, Tel. (053) 44378/42611, ca. 2 km östlich von Wexford am Wexford Harbour gelegen.

Restaurants

- ***The Bohemian Girl,*** North Main Street, das Restaurant hat schon viele Preise gewonnen, auch vegetarische Gerichte, Drei-Gänge-Touristen-Menü (außer sonntags) 9 Pfund, sonst um 10 Pfund;
- ***The Ocean Bed,*** Westgate, gutes Seafood Restaurant, serviert auch irische Küche mit französischem Einschlag, bis 20 Pfund;
- preisgünstiges ***Cellar Restaurant*** im ***Wexford Arts Centre,*** Cornmarket;
- ***The Emerald Garden,*** 117 South Main Street, französische, indische und fernöstliche Spezialitäten, Fisch, vegetarische Gerichte, Kinderportionen, Nichtraucherzone, um 16 Pfund;
- ***The Farmer's Kitchen,*** Rosslare Road, gute Steaks, vegetarische Gerichte, Kinderportionen, Nichtraucher-Areal, 12-18 Pfund;
- ***Granary Restaurant,*** Westgate, altirische Atmosphäre, auch vegetarische Gerichte, 9-17 Pfund;
- ***MIchael's,*** North Main Street, Kleinigkeiten ab 4 Pfund, sonst zwischen 7 und 10 Pfund;
- ***Pizzeria Robertino's*** Main Street, ab 3,50 Pfund.
- ***Tim's Tavern,*** 51 South Main Street, irische und internationale Küche in gemütlichem, georgianischen Ambiente, verbilligtes Touristen-Menü, 12-17 Pfund;

Pubs

- ***Crown Bar,*** Monck Street, sehenswerte, altertümliche Taverne in einer ehemaligen Postkutschenstation, datiert von 1841;
- ***Thomas Moore Tavern,*** Cornmarket, Geburtshaus der Mutter des Dichters, der Fassade nach zu urteilen, verbirgt sich hinter der Eingangstür eher ein Wohnzimmer, Wexfords bekanntester Singing Pub, aber unregelmäßige Sessions;
- ***The Selskar,*** North Main Street, Live Musik an bestimmten Tagen der Woche;
- ***The Wren's Nest,*** Custom House Quay, an der Hafenfront gelegen, guter Pub Grub.

Leihwagen

- ***Hertz,*** Ferrybank, Wexford, Tel. (053) 23511.

Verbindung

- Mehrmals täglich ***Zuge*** und ***Busse*** von Dublin und Rosslare.

Umgebung

4 km nördlich von Wexford liegt an der N 11 der ***Irish National Heritage Park*** (April-Oktober täglich 10-19 Uhr), in dem man auf einem Spaziergang Irlands kulturelles Erbe kennenlernen kann. Mitten in einer Sumpflandschaft bestaunen Große wie Kleine die Zelte der Ureinwohner, Dorfbefestigungen, ein Wikingerschiff und vieles mehr.

Rund 5 km nordöstlich der Stadt liegt auf einer Landzunge das ausgedehnte Vogelschutzgebiet ***Wexford Wildfowl Reserve;*** ein „Muß" für Ornithologen, die hier beispielsweise

Der Irish National Heritage Park in Wexford

grönländische Bläßgänse *(Anser albifrons flavirostris)* im Winterquartier (Sept.-Mai) beobachten können; rund 8.000 Vögel dieser Art, mehr als die Hälfte der auf 15.000 geschätzten Gesamtpopulation, überstehen hier die kalte Jahreszeit. Ebenfalls überwintern hier Spießenten *(Anas acuta),* Zwergschwäne *(Cygnus biwickii)* und Uferschnepfen *(Limosa limosa).*

Etwa 5 km südlich von Wexford lohnt ein Besuch in der ***Johnstown Castle Demesne, Murnstown.*** In dem neogotischen Schloß ist ein Landwirtschaftsmuseum untergebracht, viel interessanter jedoch ist der große Garten, wo von Mai bis Juni Rhododendren, Azaleen und Kamelien in voller Blüte stehen (täglich 9-17.30 Uhr).

Folgt man der N 11 weiter in Richtung Süden, so ist nach 21 km der ***Fährhafen Rosslare*** erreicht, in dem die Schiffe aus Frankreich und Südengland anlegen. Rosslare Harbour ist Irlands wichtigster Fährhafen, und die weitaus meisten der motorisierten Besucher starten von hier ihre Rundfahrt durch die Grüne Insel. Genügend B & B stehen für die ankommenden oder abfahrenden Urlauber zur Verfügung. Eine An-Oige-Jugendherberge gibt es nahe am Hafen, Tel. (053) 33399.

Nicht weit entfernt liegt ***Rosslare Strand,*** ein beliebter Ferienort der Iren. Aberhunderte von B & B sowie mehrere gutausgerüstete Campingplätze entlang des langen Sandstrandes.

Der Brain Drain – Irland: ein Auswanderungsland

Wenngleich die richtigen Migrationswellen erst während und nach der Großen Hungersnot (vgl. Kap. „Geschichte") einsetzten, so hat es doch auch schon vor der Katastrophe von 1845-1851 eine ganze Menge auswanderungswilliger Iren gegeben. Zwar gibt es keine Statistiken aus der Zeit vor dem Hungerdesaster, die uns verläßliche Zahlen liefern könnten, doch zeigen Passagierlisten, Parlamentschroniken und Zeitungsartikel, daß bereits Anfang des 19. Jh. viele Iren ihrem unterdrückten Land für immer den Rücken kehrten.

Der ***Massenexodus*** allerdings begann mit der Großen Hungersnot. In den ersten zehn Jahren, von 1846-1856 verließen 1,8 Mio. Iren ihre Heimat, davon gingen 1,4 Mio. in die USA, 300.000 nach Kanada, 70.000 nach Australien und Neuseeland, und der Rest verteilte sich auf verschiedene andere Länder. In den weiteren Jahren verließ jeder sechste Ire die Grüne Insel (zum Vergleich: in Deutschland jeder 33., in England gar nur jeder 45.).

Im Jahre 1851 ordnete die Regierung an, daß über die Auswanderer ***Statistiken*** zu führen seien, und so haben wir einigermaßen verläßliche Daten über die folgenden Zeiträume:

1851 – 1860	1.136.000
1861 – 1870	850.000
1871 – 1880	624.000
1881 – 1890	770.000
1891 – 1900	434.000

Über viele Jahre betrug die ***Auswandererquote*** mehr als 2% der Gesamtbevölkerung, in manchen Jahren gar waren es mehr als 3%, die zumeist nach Nordamerika in See stachen. Nicht nur verarmte Bauern und Tagelöhner verließen ihr unwirtliches Land, auch Angehörige der Mittelschichten suchten das Glück im Ausland. Nicht selten finanzierten die erfolgreichen Verwandten in Amerika, Kanada oder Australien den Exodus von weiteren Familienangehörigen.

In den letzten 70 Jahren zog es die Iren nun vor allem ***nach Großbritannien,*** da die USA in den 20er Jahren eine Quotenregelung für Einwanderer festgelegt hatten. Traditionell gingen schon immer rund 10% aller Iren in das Nachbarland, doch in den letzten 50 Jahren sank die Quote nie unter 80%. Maßgeblichen Anteil daran hatte die Tatsache, daß der britische Arbeitsmarkt den Iren unbeschränkt offenstand; nicht übersehen sollte man auch, daß keine kulturelle Barriere Engländer und Iren voneinander schied.

Die ***Gründe für die Emigration*** haben sich seit Anfang des 19. Jh. nicht geändert. Noch immer sind es die recht hohe Arbeitslosigkeit und fehlende Karrieremöglichkeiten, die die Iren ins benachbarte Ausland treiben. Hinzu kommt, daß die Regierung in den vergangenen Jahrzehnten große Anstrengungen auf dem Bildungssektor unternommen hat, viele Akademiker überqualifiziert sind und auf der Grünen Insel keine Möglichkeit sehen, in ihrem erlernten Beruf zu arbeiten.

Die britischen Zensusdaten liefern exakte Angaben über die irische Volksgruppe in Großbritannien: 1931 zählte man 311.000 Iren, 1951 waren es schon 492.000, 1961 gab es 683.000 irischstämmige Einwohner, 1971 stieg die Zahl auf 709.000. Nicht mitgezählt wurden die in Großbritannien geborenen Iren. Nach Schätzungen leben etwa 2 Mio. Iren auf der britischen Insel und etwa 5 Mio. in den USA; d. h. doppelt so viel Iren wie auf der Grünen Insel arbeiten im Ausland.

Anfang der 90er Jahre gab die renommierte Irish Times eine Zusammenfassung der von der Regierung in Auftrag gegebenen Studie *The Economic and Social Implications*

of Emigration. Danach waren 42% der Auswanderer mit ihrem Beruf unzufrieden, 35% waren arbeitslos, und der Rest hatte entweder gerade seinen Job verloren oder aber die Ausbildung beendet und fand keinen adäquaten Arbeitsplatz.

Um die Auswanderungsquote auf 15.000 Emigranten einzufrieren, müßte die Regierung jährlich an die 20.000 neue Arbeitsplätze schaffen; im Zeitraum von 1986-1990 konnten jedoch im Durchschnitt nur 9.800 neue Jobs pro Jahr angeboten werden.

Wenngleich die Studie keine exakten Verlustzahlen nennt, so ist doch klar, daß sich die Migration langfristig immer wieder negativ auf die Entwicklung der Wirtschaft ausgewirkt hat. Zwar blieben in der Vergangenheit genügend gut ausgebildete Personen im Land, um bescheidene Wachstumsraten zu erarbeiten, doch kann der ***Brain Drain*** schneller als erwartet zu Produktivitätseinbußen führen.

Vor allem fordert die Studie eine Steuerreform, denn solange im benachbarten Großbritannien der ***Steuersatz*** weitaus niedriger ist als im Heimatland, kann auch in dieser Hinsicht keine Besserung erwartet werden.

Über einen Zeitraum von 120 Jahren (1841-1961) überstieg die Zahl der Auswanderer immer das Bevölkerungswachstum, nach 1961 dann lagen die Migrantenzahlen immer unterhalb der natürlichen Geburtenquoten und im Zeitraum von 1971-1979 überstiegen die ***Rückwanderer*** sogar die Zahl der Emigranten. Leider liegen keine Daten über diese *Return Migration* vor, da es zwischen Großbritannien und Irland keine Einreisekontrollen gibt. Man kann jedoch schätzen, daß etwa jeder vierte Ire in seinem Leben einmal im Ausland gearbeitet hat. Das in den 70er Jahren soviel Rückkehrer auf die Grüne Insel strömten, hing mit der ökonomischen Rezession in Großbritannien und dem gleichzeitigen Wirtschaftwachstum in Irland nach dem EG-Beitritt (1973) zusammen.

In den ***80er Jahren*** hat dann die Emigrationswelle wieder einen hohen Aufschwung genommen. Zwischen den beiden Volkszählungen von 1981 und 1986 hatten 75.000 Iren das Land verlassen. Und diese Emigranten zieht es nicht mehr nur in die klassischen Einwanderungsländer, zunehmend lassen sich die einstigen Bewohner der Grünen Insel auch auf dem Kontinent und hier vor allem in den Niederlanden und der Bundesrepublik nieder.

Daß so viele Iren plötzlich nach ***Holland*** auswanderten, hatte seinen Grund in dem Elektronik-Konzern Philipps; 1985 hatte das multinationale Unternehmen nämlich ausnahmslos sämtliche Elektrotechnik-Absolventen des Dubliner Trinity-College eingestellt.

Das Irland-Bild der Briten: Ein auswanderungswilliger Ire studiert ein Plakat zur Überfahrt nach New York

Und daß die ***Bundesrepublik*** so beliebt geworden ist, liegt daran, daß immer mehr Studenten der irischen Hochschulen während der Semesterferien in den Sommermonaten in der Bundesrepublik jobben, um die schmale Kasse aufzufüllen.

In München gibt es die größte irische Studentenkolonie von ganz Deutschland. In den 90er Jahren sollen nach Schätzungen 8000 irische Studenten in München alljährlich einen Ferienjob gefunden haben. Vor allem die Besitzer der Biergärten kämen kaum noch ohne die neuen Arbeitskräfte aus, die, nach übereinstimmender Meinung - wie die Süddeutsche Zeitung in einem Bericht vermeldete -, bei den Arbeitgebern ob ihrer Motivation hochbeliebt sind. Auch in den Montagehallen von BMW und Siemens sind die Iren auf dem Vormarsch; viele verdienen in Deutschland in einem Sommer mehr als während des ganzen Jahres in Irland. 1985 begannen die ersten Studenten von der Grünen Insel nach München zu strömen, und heutzutage ist die Isar-Metropole längst kein Geheimtip mehr an den Unis von Dublin, Limerick oder Galway. Und wer dann sein Studium erfolgreich absolviert hat, kehrt natürlich dorthin zurück, wo er Chancen hat, einen Arbeitsplatz zu bekommen. Durch den seit Mitte der 90er Jahre bis heute anhaltenden Wirtschaftsaufschwung und die stark zurückgegangene Arbeitslosigkeit tendieren die Auswanderungszahlen am Ende des 20. Jahrhunderts gegen Null. Jüngst ist sogar eine Rückwanderung von Emigranten aus dem Ausland zu beobachten.

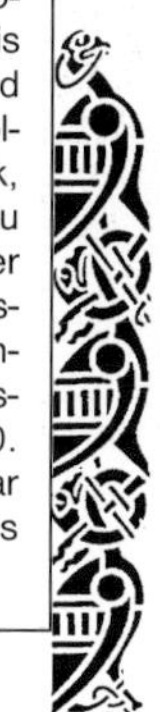

Tour 3: Von Wexford nach Cork

Überblick

Die gesamte Strecke ist ca. ***380 km*** lang. Unter landschaftlichem Gesichtspunkt - sieht man einmal von einem kleinen Teilstück ab - ist die folgende Route von Wexford nach Cork nicht sonderlich interessant, doch geht es durch eine Anzahl kleiner Dörfer und Städte, die sehr sehenswert sind und wenigstens teilweise einen längeren Aufenthalt lohnen. Einen ersten Stopp sollte man im behäbigen Städtchen ***New Ross*** mit seinen Treppenstraßen einlegen, weiter geht es dann in Irlands südwestliche Metropole Waterford.

Nächste Station ist das Puppenstubendörflein ***Carrick-on-Suir,*** wo Irlands einziges Renaissance-Schloß einen Besuch wert ist, und vorbei an der Zisterzienser-Abtei ***Jerpoint Abbey*** erreicht man den von mittelalterlichen Gebäuden geprägten Ort ***Kilkenny*** – sicherlich die schönste Stadt auf dieser Route.

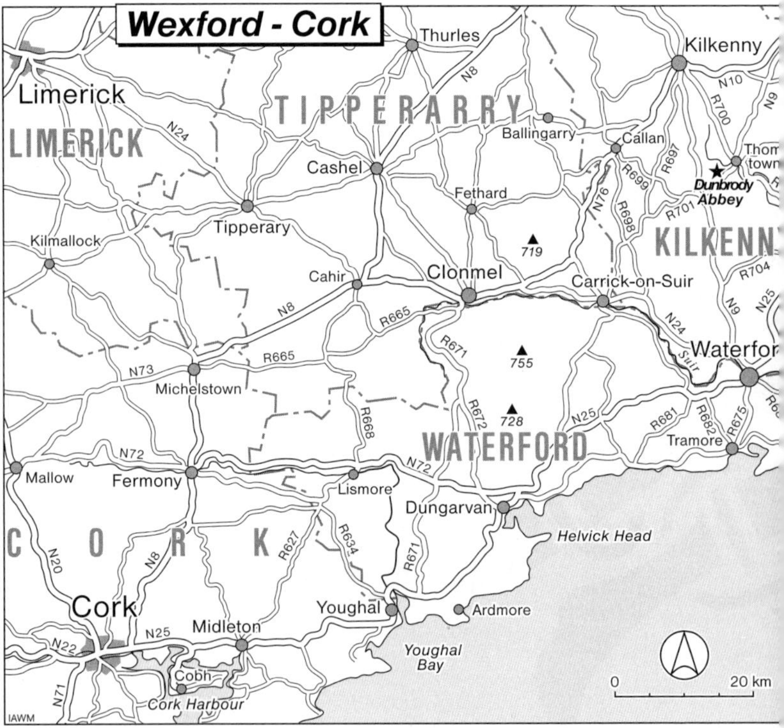

Auch die nächste Attraktion liegt nicht weit entfernt: 70 m hoch ragt der schon von weitem zu sehende Klosterberg im kleinen Dörflein ***Cashel*** auf. Über Cahir mit seiner mächtigen Burg geht es über die reizvolle, aber leider nur kurze Bergstraße ***The Vee*** hinunter zur Küste und dann weiter nach ***Cork,*** Irlands zweitgrößte Stadt.

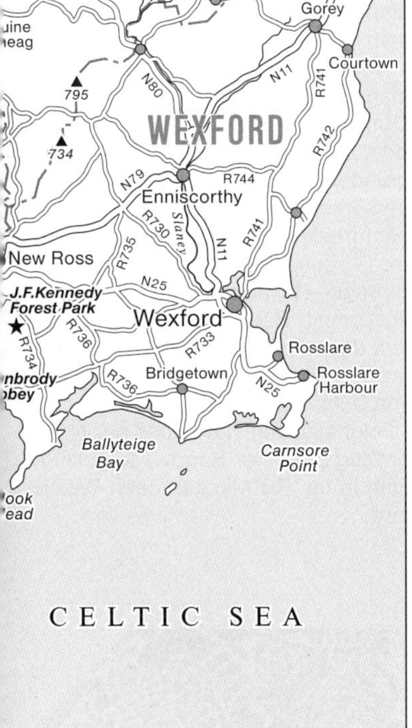

New Ross

Man verläßt Wexford auf der N 25 in Richtung Westen und fährt auf das Örtchen New Ross (4000 Einwohner) zu, das bereits um 1200 von den Normannen als Handelsumschlagplatz gegründet wurde.

Die wirtschaftliche Bedeutung der kleinen Stadt gründete sich vor allem auf den ***Binnenhafen*** am River Barrow, von dem aus das offene Meer erreicht werden konnte.

Präsentiert sich die Uferfront des Städtchens zu Anfang wenig einladend, so ist im Ortskern durchaus Atmosphäre zu finden. New Ross ist an einem Berghang angelegt, und die gewundenen, steil nach oben führenden Straßen und Treppengassen geben dem Städtchen einen gewissen Charme. Man sehe sich das ***Rathaus*** *(The Tholstel)* an, das 1749 in klassizistischer Linienführung erbaut und nach einem Brand im Jahre 1800 erneuert wurde, sowie die aus dem 13. Jh. datierenden Reste der ***St. Mary's Church,*** die heute von einer Kirche aus dem 19. Jh. umbaut sind.

Hauptgeschäftsstraßen sind die North und die South Street. Sehr lohnend ist eine ***Ausflugsfahrt*** mit den Booten der Galley Cruising Restaurants (s. u.).

Tourist Office

- The Quay.

Unterkunft

- ***Five**** Counties Hotel,*** Tel. (051) 21703, Fax 22695;

- ***New Ross*****, North Street, Tel. (051) 21457, Fax 22695;
- ***Mrs. Mary Doyle,*** Inishross House, 96 Mary Street, Tel. (051) 21335;
- ***Mrs. Noreen Fallon,*** Killarney House, The Maudins, Tel. (051) 21062;
- ***Mrs. Anne Foley,*** Rossville House, Knockmullen, Wexford Road, Tel. (051) 21798;
- ***Mrs. Rosa Ronan,*** Millfield House, The Maudins, Tel. (051) 21734;
- ***IHH-Hostel,*** MacMurrough Farm Hostel, Tel. (051) 21383, April-Oktober.

Restaurants

- ***The Old Rectory,*** Rosbercon, gemütliche Atmosphäre in einem alten georgianischen Gemäuer mit Blick auf den River Barrow, auch vegetarische Gerichte, ab 9 Pfund aufwärts, Menü um 16 Pfund;
- Sehr beliebt bei Touristen sind die ***Galley Cruising Restaurants,*** per Schiff geht es zur Lunch- oder Dinner-Zeit durch das Wasserstraßensystem der Flüsse Barrow, Suir und Nore, Anlegestelle am North Quay, um 15 Pfund;
- ***M & J Restaurant,*** South Street, ab 4 Pfund aufwärts.

Pubs

- ***Partner's,*** North Street;
- ***Hanrahon's,*** North Quay;
- ***P J Roche,*** South Street;
- ***Viking,*** South Street;
- ***The Club House,*** South Street.

Verbindung

- Mehrmals täglich ***Busse*** von Wexford und Waterford.

Nach Waterford

Von New Ross sollte man einen Abstecher gen Süden unternehmen; nach ca. 8 km erreicht man über die R 733 den ***John-F.-Kennedy-Memorial-Park,*** der sich um den 269 m hohen Hügel Slieve Coilte erstreckt und mit seinen markierten Spazierwegen sowie den Picknickplätzen und dem Restaurant einen Besuch lohnt. Auf einer Fläche von 250 ha werden über 4500 Pflanzenarten gepflegt und das Arboretum ist für seine seltenen Bäume zu Recht berühmt.

Nur wenige Meilen entfernt liegt das Dörfchen Dunganstown; *Kennedys* Urgroßvater kam hier zur Welt und wanderte Jahre später nach Amerika aus. Nur wenige Wochen vor seiner Ermordung besuchte *John F. Kennedy* diese Region Irlands, 1968 eröffnete man ihm zu Ehren den Park.

Weiter der R 733 folgend, gelangt man zu den Zisterzienser-Abteien ***Dunbrody Abbey*** und ***Tintern Abbey,*** die beide Ende des 12. Jh. gegründet wurden. Architekturkenner bemerken deutlich die vom Kontinent beeinflußte gotische Bauweise, die - getreu der zisterziensischen Strenge - fast ohne jede Dekoration auskommt. Beeindruckend ist vor allem das für irische Verhältnisse sehr große, nämlich 60 m lange Schiff von Dunbrody.

Folgt man von New Ross der N 25 entlang des River Barrow, so gelangt man in ca. 30 Minuten nach Waterford.

Waterford

Geschichte

Waterford (35.000 Einwohner) geht ebenso wie Wexford auf eine ***Wikingergründung*** zurück; um 850 siedelten die Nordmänner an dem südlichen Suir-Ufer und starteten von dieser geschützten Stelle ihre Beutezüge ins Hinterland.

Mitte des 12. Jh. eroberte *Strongbow* den Ort für die Anglo-Normannen und heiratete - um etwaigen Aufständen zuvorzukommen - die Tochter seines irischen Verbündeten *Dermot MacMurrough.* Waterford entwickelte sich zu einer ***Hochburg der Normannen,*** und auch in den folgenden Jahrhunderten standen die Bewohner der Stadt der englischen Seite näher als der irischen. *Heinrich VII.* verlieh dem Ort gar einen besonderen Status: *Urbis intacta manet Waterfordia* (Waterford wird immer eine unzerstörte Stadt sein).

Heutzutage ist die geschäftige, wohlanzusehende Metropole das ***wichtigste Industriezentrum*** im Südosten der Grünen Insel: Der Hochseehafen kann von großen Container-Schiffen angelaufen werden und dient als bedeutender Warenumschlagplatz, zu den prosperierenden Wirtschaftszweigen gehören die Eisengießereien, die Lebensmittel-, Textil- und Möbelproduzenten sowie die Hersteller pharmazeutischer Produkte.

Berühmt in aller Welt ist das mundgeblasene und handgeschliffene ***Waterford-Kristall,*** das seit dem 18. Jh. - mit Unterbrechungen - in der örtlichen Manufaktur hergestellt wird (s. u.).

Sehenswertes

Die wenigen Sehenswürdigkeiten der kleinen Metropole konzentrieren sich in einem Dreieck, das von den Straßen Merchants Quay und The Mall begrenzt wird. Die guterhaltenen klassizistischen Hausfassaden entlang dieser beiden Straßen zeugen von Waterfords einstigem Reichtum.

An der Ecke Parade Quay/The Mall ragt der angeblich aus dem Jahre 1003 datierende ***Reginald Tower*** auf; wahrscheinlicher ist jedoch, daß die Normannen diesen Burgbau im 12. Jh. errichten ließen und ihn über die Jahrhunderte als Münzanstalt sowie als Gefängnis nutzten. Der 22 m hohe Festungsturm ist nach dem einstigen Gouverneur *Reginald MacIvor* benannt. Heute kann man in dem alten Gemäuer Exponate zur Stadtgeschichte besichtigen.

Nahe dem Tower liegt an The Mall das 1788 erbaute ***Rathaus*** *(City Hall).* Entsprechend der guten Wirtschaftlage der damaligen Zeit wurde es recht prunkvoll ausgestattet.

Besichtigen sollte man auch die ***Christ Church Cathedral*** (Cathedral Street). Das aus dem Jahre 1773 stammende Gotteshaus steht auf den Fundamenten einer normannischen, um 1050 errichteten Kirche.

Gleich daneben befindet sich die ***St. Olaf's Church,*** ursprünglich eine Normannengründung, die 1734 aber weitgehend umgebaut wurde.

Auf gar keinen Fall darf man eine Führung in der berühmten ***Waterford***

Glass Factory versäumen. Die etwa 3 km außerhalb des Stadtzentrums an der N 25 Richtung Cork gelegene, angeblich weltgrößte Glasmanufaktur lohnt einen Besuch. Man hat Gelegenheit, den gesamten Produktionsprozeß zu beobachten (mehrmals täglich Mo-Fr, genaue Angaben erfrage man im Tourist Office).

Die Geschichte der Glasmanufaktur von Waterford zeigt erneut, wie die Briten Irland unter Kontrolle hielten und das Land sowie seine Bewohner für ihre Interessen ausbeuteten. Im Oktober 1783 meldeten die Gebrüder *Penrose* in einer Annonce der Dublin Evening Post, daß sie eine große Glasmanufaktur gegründet hatten. An Aufträgen herrschte alsbald kein Mangel, und das Unternehmen florierte prächtig. Mundgeblasene und handgeschliffene Gläser, Pokale und Karaffen wurden in alle Welt exportiert, u. a. nach Spanien, Frankreich und in die USA. Neidisch schauten die britischen Glashersteller auf das erfolgreiche Unternehmen; um die unerwünschte Konkurrenz auszuschalten, forderten sie hohe Exportsteuern. Die englische Regierung war den heimischen Produzenten gerne behilflich, und dem Waterford Glass House wurden hohe Zölle für seine Exportartikel abverlangt. Die Briten drangsalierten die Glashersteller in Waterford derartig, daß der Betrieb im Jahre 1851 schließen mußte.

Knapp 100 Jahre später, 1947, erfolgte die Neugründung der Waterford Crystal Factory. Aus allen Ländern Europas wurden Spezialisten angeworben, die beim Aufbau der Produktion helfen und die irischen Facharbeiter ausbilden sollten. Und wieder war der Erfolg durchschlagend! In Waterford arbeiten derzeit über 2000 Menschen in der Glasfabrik, in den Zweigwerken von Butlerstown und Dungarvan weitere 1000 Personen. Wie früher auch schon, geht ein Großteil der Produktion in den Export; auf der ganzen Welt hat das Waterford-Kristall einen hervorragenden Ruf. Der größte Teil der Gläser wird in die USA exportiert; es gehört zum Stil neureicher Amerikaner, die Tafel mit den edlen Produkten aus Waterford zu schmücken.

Tourist Office

- 41 The Quay, Tel. (051) 75788, Fax 77388

Unterkunft

- ***Jury's Hotel*****, Ferrybank, Tel. (051) 832111, Fax 832863;
- ***Tower Hotel*****, The Mall, Tel. (051) 875801, Fax 870129;
- ***The Bridge Hotel****, The Quay, Tel. (051) 877222, Fax 877229;
- ***Granville Hotel ***,*** Meagher Quay, Tel (051) 855111, Fax 870307;
- ***Mrs. Pauline Brazil,*** Castleview House, Limerick Street, Tel (051) 855570;
- ***Mrs. Martina Begadon,*** Fernhollow, Cork Road, Tel. (051) 358128;
- ***Mrs. Catherine Barry,*** The Laurel's, Cork Road, (051) 73544
- ***Mrs. Alice O'Sullivan-Jackman,*** Knockboy, Dunmore Road, Tel. (051) 874452;
- ***Mrs. Marian O'Keeffe,*** Cork Road, Tel. (051) 375887;
- ***Mrs. Phyllis O'Reilly,*** 24 Decies Avenue, Lismore Lawn, Tel. (051) 373617
- ***Mrs. Noreen Dullaghan,*** Dublin Road, Tel. (051) 876021;
- ***Mrs. Claire Fitzmaurice,*** Blenheim House, Blenheim Heights, Tel. (051) 874114;

● ***Mrs. Jacinta Jackman Kavanagh,*** Knockboy House, Dunmore Road, Tel. (051) 73484;
● ***IHH-Hostel Viking House,*** Coffee House Lane, The Quay, Tel. (051) 853827, Fax 871730;
● ***IHH Waterford-Hostel,*** 70 Manor Street, Tel. (051) 850163, Fax 872064;
● Die nächsten ***Campingplätze*** liegen in den beiden Seebädern Tramore und Dunmore East, jeweils etwa 15 km von Waterford entfernt (s. u.).

Restaurants

● Schräg gegenüber vom Tourist Office starten die ***Galley-Restaurantboote,*** auf denen man zur Lunch- und Dinner-Zeit die Landschaft vom Fluß aus genießen kann, um 17 Pfund;
● ***Jade Palace,*** 3 The Mall, Seafood, europäische und ostasiatische Küche, Dinner 10 - 15 £;
● ***The Olde Stand Restaurant,*** Michael Street, Fisch- und Fleischgerichte zu akzeptablen Preisen, um 12 Pfund;
● ***Maryland Restaurant,*** The Mall, ein um Essensmöglichkeiten erweiterter Pub;
● ***Maxim House & Chinese Restaurant,*** O'Connell Street, gutes chinesisches Lokal, über 8 Pfund;
● ***The Reginald,*** The Mall, direkt am Reginald Tower gelegen, internationale und vegetarische Gerichte, Touristen-Menu 10 Pfund.
● ***The Wine Vault,*** High Street, internationale Gerichte und Meeresfrüchte, 12 Pfund.

Pubs

● ***T & H Doolan,*** George Street, guter Pub Grub und Live Music;
● ***Egan's,*** Barronstrand Street, alter Fachwerkpub mit Live Music;
● ***City Arms,*** Arundel Square, gemütliche Kneipe mit Pub Grubs zur Mittagszeit;
● ***Lord's,*** Arundel Lane, gemütliche Kneipe;
● ***The Munster,*** The Mall, guter Pub Grub;
● ***Pub The Reginald,*** The Mall, neben dem gleichnamigen Restaurant, regelmäßig Live Music.

Einkaufen

● ***Hauptgeschäftsstraße*** in Waterford ist die Barronstrand Street mit ihrer Verlängerung Broad Street.

Verbindung

● ***Züge*** mehrmals täglich von Dublin und Rosslare Harbour;
● ***Busse*** mehrmals täglich von Wexford über New Ross;
● ***Busse*** mehrmals täglich von Cork und Dublin.

Umgebung

Wer Zeit und Muße hat, sollte einen Abstecher zu einigen kleinen Küstenorten im Süden von Waterford machen: ***Dunmore East,*** ein ehemaliges Fischerörtchen, liegt ca. 16 km südlich von Waterford und hat mehrere schöne Strände in kleinen Buchten.

Tramore, etwa 13 km südlich von Waterford, ist einer der Hauptferienorte im Süden der Grünen Insel. Vor allem Iren, aber auch viele Briten trifft man hier während des Hochsommers an, entsprechend ist die Infrastruktur des Ortes ausgebaut, und laute Rummelplatzatmosphäre, Spielhallen und Fast-Food-Stände prägen das kleine Städtchen. Der rund 4 km lange Sandstrand ist vor allem an schönen Wochenenden völlig überlaufen.

Carrick-on-Suir

Von Waterford aus fährt man nun auf der N 24 in Richtung ***Carrick-on-Suir.*** Auf der rund 25 km langen Strecke säumt fruchtbares, grünes Weideland die Straße. Carrick ist ein sehr liebliches Örtchen (3000 Einwohner) mit einem putzigen kleinen Zentrum, das den Besucher an die Atmosphäre einer Puppenstube erinnert.

Entlang der kleinen Main Street reihen sich Pubs, Lebensmittelgeschäfte und Cafés aneinander, hier befindet sich auch die nur sommertags geöffnete ***Touristeninformation.***

Direkt am Fluß, eingebettet in fruchtbare Wiesen, Äcker und Felder, liegt Irlands einziges Renaissance-Schloß, ***Ormond Castle*** (Juni - September 10–18 Uhr). Im Jahre 1568 setzte *Thomas Butler,* Earl of Ormond, der mittelalterlichen Burganlage einen elisabethanischen Anbau vor. Wie die Überlieferung berichtet, sollte das Herrenhaus als Gastquartier für die englische Königin *Elisabeth I.,* eine Kusine des Earl, dienen.

Überall im Gebäude, vor allem aber in der Long Hall, finden sich Abbilder der großen Herrscherin, jeweils kenntlich gemacht durch die Buchstaben ER (Elisabeth Regina). Das prachtvoll ausgestattete Gebäude, das mit seinen vielen Glasfenstern den Reichtum der Ormond-Familie demonstrierte - in damaliger Zeit gab es nämlich eine Fenstersteuer - beeindruckte die englische Königin jedoch nicht - sie kam nie zu Besuch!

Das Renaissance-Schloß Ormond Castle

Tourist Information

- Greystone Street (Verlängerung der Main Street).

Unterkunft

- ***Cedarfield Guesthouse*******, Waterford Road, Tel. (051) 40164;
- ***Orchard Guesthouse*****, Sean Kelly Square, (051) 41390;
- ***Mrs. Ann Coady,*** The Grand Inn, Nine-Mile House, Tel. (051) 47035.

Restaurant und Pub

- ***The Orchard,*** Sean Kelly Square.

Verbindung

- ***Züge*** von Waterford und Cork;
- ***Busse*** von Waterford, Cork, Kilkenny, Dublin und Cahir.

Jerpoint Abbey

Von Carrick aus geht es nun die R 697 entlang, dann weiter über die R 701, die R 699 und die N 9 in Richtung auf Jerpoint Abbey (Mitte Juni bis Mitte September täglich 10-18 Uhr, Mai bis Mitte Juni Di-Sa 10-13 Uhr, 14-17 Uhr, So 14-17 Uhr). Irlands schönste Zisterzienser-Abtei entstand in den Jahren 1158-1180 in einem romanisch-gotischen Mischstil. Besonders sehenswert ist der Kreuzgang mit seinen Skulpturen, die Äbte, Ritter und wilde Fabeltiere darstellen. Auch die vielen mittelalterlichen Grabdenkmäler lohnen einen Blick.

Von Jerpoint Abbey führt die Route nun über die R 700 in das attraktive Städtchen Kilkenny.

Kilkenny

Kilkenny (17.000 Einwohner) - vom River Nore durchflossen und am Fuße der Slieverdagh Hills gelegen - gilt aufgrund seines mittelalterlichen Stadtkerns als einer der schönsten Orte Irlands - und entsprechend überfüllt ist es hier während der Hauptsaison. Man sollte durchaus einen etwas längeren Besuch einplanen und auch einmal ziellos durch die Straßen streifen.

Geschichte

Bevor die Normannen in Irland einfielen, war Kilkenny ***Königssitz*** der Herrscher von Ossory sowie ein bedeutendes religiöses Zentrum. Aufschwung nahm die Stadt jedoch erst durch den Normannen *William de Marechal,* der 1204 die Burg errichten ließ.

Im Jahre 1391 erwarb *James Butler,* Earl of Ormond, die Befestigungsanlage, und unter der Oberhoheit dieser anglo-irischen Familie erlebte Kilkenny seine ***Blütezeit.*** Zwischen dem 14. und 17. Jh. war die Stadt fast wichtiger als Dublin, denn die Vertreter der englischen Krone residierten standesgemäß in dem Ort; sogar mehrere Parlamente tagten in der Stadt am Nore und brachten dem unterdrückten irischen Volk grausame Gesetze.

1366 beispielsweise wurde das ***"Statut von Kilkenny"*** verabschiedet: Es verbot den anglo-normannischen Siedlern den Gebrauch der irischen Sprache, das Tragen irischer Kleidung, die Annahme irischer Na-

men sowie Eheschließungen mit irischen Männern und Frauen - letzteres galt gar als Hochverrat! Des weiteren war es den Iren untersagt, innerhalb der befestigten Stadtzentren zu leben - noch heute gibt es sowohl in Kilkenny wie auch in anderen Städten Quartiere, die man als *Irishtown* bezeichnet, hier mußten früher die rechtmäßigen Bewohner des Landes leben!

Während der Kämpfe zwischen Iren und Briten in den Jahren 1642-1648 war Kilkenny ***Zentrum des katholischen Widerstandes.*** 1650 nahmen *Cromwells* Truppen die Stadt ein und metzelten, wie andernorts auch, viele Bewohner nieder.

Sehenswertes

Drei mächtige Rundtürme prägen das oberhalb des River Nore liegende ***Kilkenny Castle*** (November bis März Di-Sa 10.30-12.45 Uhr, 14-17 Uhr; April/Mai täglich 10-17 Uhr; Juni bis September täglich 10-19 Uhr), das in den vergangenen Jahrhunderten immer wieder umgebaut und modifiziert wurde. Im Innern lohnt vor allem die große Halle mit der Ahnengalerie der *Butler*-Familie und der bemalten Holzdecke einen Blick. Da der Westflügel der Burg derzeit restauriert wird, ist nur eine eingeschränkte Besichtigung möglich.

Gegenüber der Burganlage auf der anderen Straßenseite von The Parade ist in den ehemaligen Stallungen das ***Irish Design Centre*** (auch *Kilkenny Design Workshop* genannt) untergebracht, das Entwürfe für kunsthandwerkliche Produkte liefert; mehrere kleine Kunsthandwerksgeschäfte sowie ein kleines Restaurant locken zusätzlich Besucher an.

Von der Festungsanlage Richtung Stadtzentrum gehend, kreuzt man die Rose Inn Street; hier ist in einem Armenhaus *(Almshouse)* aus dem Jahre 1594 das ***Tourist Information Office*** untergebracht.

Folgt man der Rose Inn Street nach rechts über den River Nore, so findet man entlang der nun John Street genannten Straße viele hübsche Geschäfte und eine Menge ***Pubs und Restaurants.*** An der Rose Inn Street beginnt auch die Hauptgeschäftsstraße Kilkennys, die High Street.

Nach wenigen Metern geht rechts die kleine, überdachte Gasse Butter Slip ab, in der sich eine Anzahl ***Kunsthandwerksgeschäfte*** aneinanderreihen; Butter Slip verbindet die High Street mit der parallel verlaufenden Kieran Street, die ebenfalls von vielen Pubs und Restaurants gesäumt ist.

Weiter die High Street aufwärts, passiert man auf der rechten Straßenseite das alte ***Rathaus*** *(The Tholstel,* erbaut 1761). Links von der High Street zweigt die James Street ab, an der die zwischen 1843 und 1857 erbaute katholische ***St. Mary's Cathedral*** mit ihrem 65 m hohen Kirchturm - dem weithin sichtbaren Wahrzeichen von Kilkenny - einen Blick lohnt.

High Street geht nahtlos in die Parliament Street über, rechts beeindruckt das aus dem Jahr 1794 datierende neoklassizistische Gerichtsgebäude, und auf der linken Straßenseite befindet sich ***Rothe House.*** Das im Jahre 1594 errichtete Tudor-

Traditioneller Pub in Kilkenny

Gebäude gehört zu den besterhaltenen Kaufmannshäusern Irlands und beherbergt heute das Stadtmuseum von Kilkenny (April-Okt. Mo–Sa 10.30–12.30 Uhr, 14–17 Uhr, So 15–17 Uhr, sonst Sa/So 15–17 Uhr).

Schräg gegenüber vom Rothe House befindet sich der Haupteingang der ***Smithwick-Brauerei*** (Besichtigung mit abschließendem Freibier von Juni bis September jeweils um 15 Uhr), auf deren Gelände die Reste der 1232 gegründeten ***Franziskaner-Abtei*** liegen.

Am Ende von Parliament Street ragt die ***St. Canice's Cathedral*** auf, 1251 - 1280 im schönsten gotischen Early-English-Stil errichtet. Interessant sind vor allem die vielen Grabdenkmäler, u. a. die der *Butler*-Familie. Direkt neben der Kathedrale stößt einer der ältesten ***Rundtürme*** Irlands (8.–10. Jh.) in den Himmel; eine Besteigung lohnt sich sehr, man hat einen prachtvollen Blick über die Stadt.

Tourist Information

- ***Shee Alms House,*** Rose Inn Street, Tel. (056) 51500, Fax 63955.

Unterkunft

- ***Hotel Kilkenny***********, College Road, Tel. (056) 62000, Fax 65984;
- ***Newpark Hotel***********, Castlecomer Road, Tel. (056) 22122, Fax 61111;
- ***Club House Hotel**,*** Patrick Street, Tel. (056) 21994, Fax 21994;

- ***Metropole Hotel****, High Street, Tel. und Fax (056) 63778
- ***Mrs. Rita Byrne,*** Waterford Road, Tel. (056) 21129;
- ***Mrs. Mary Cody,*** Castle Road, Tel. (056) 62964;
- ***Mrs. Ella Dunphy,*** Bennettsbridge Road, Tel. (056) 65119;
- ***Mrs. Joan Flanagan,*** Waterford Road, Tel. (056) 62266;
- ***Mrs. Mary Lawlor,*** Waterford Road, Tel. (056) 21822;
- ***Mrs. Anne Moore,*** Waterford Road, Tel. (056) 21417;
- ***Mrs. Norah O'Connor,*** Freshford Road, Tel. (056) 21816;
- ***An-Olge-Jugendherberge Foulksrath Castle,*** Jenkinstown, Tel. (056) 67674, 13 km außerhalb von Kilkenny;
- ***IHH-Hostel Kilkenny Tourist Hostel,*** 35 Parliament Street, Tel. (056) 63541.

Restaurants

- ***Bistro Lautrec's,*** Kieran Street, kleines und sehr gemütliches italienisches Candle-Light-Restaurant, für irische Verhältnisse gute Pizzen, bis 10 Pfund;
- ***Rinuccini Restaurant & Bar,*** Castle Street, The Parade, italo-irische Küche vom Feinsten, ab 8 Pfund aufwärts;
- ***The Emerald Garden,*** 49 High Street, chinesische Gerichte, Kinderportionen, Nichtraucherareal, vegetarische Gerichte, um 13 Pfund;
- ***Kilkenny Design Centre,*** Castle Street, nur bis 17 Uhr geöffnet, um 6 Pfund;

- ***La Cosa Nostra,*** The Parade, italienische Gerichte, Touristen-Menü 9,50 Pfund, sonst um 17 Pfund;
- ***Lacken House,*** Dublin Road, mehrfach preisgekröntes Restaurant, hohe Preise, um 19 Pfund;
- ***Italian Connection,*** Parliament Street, gemütliches kleines Restaurant mit Wohnzimmeratmosphäre, italienische Küche, 14 Pfund;

Pubs

- ***Andy's Tavern,*** Rose Inn Street, Live Music;
- ***Caislean Ui Guain,*** High Street/Ecke Patrick Street, irische Folk Music;
- ***John Cleere,*** Parliament Street, Traditional Irish Music;
- ***Daniel W Bollard,*** Kieran Street, atmosphärereiche Kneipe;
- ***Henderson's Lounge,*** Rose Inn Street, mit angeschlossenem Restaurant;
- ***The Kilford Arms,*** John Street, Disco und traditionelle Sessions; Veranstaltungshinweise auf Live Music in den Pubs kann man auch dem jeden Donnerstag erscheinenden Blättchen *The Kilkenny People* entnehmen;
- ***Kyteler's Inn,*** Kieran Street, der älteste Gasthof der Stadt, das Gebäude stammt aus dem 13. Jh., benannt nach der um 1280 geborenen *Alice Kyteler,* die als Hexe angeklagt wurde, jedoch rechtzeitig fliehen konnte, mit angeschlossenem Restaurant sowie dem ***Nachtclub Nero's at Kyteler's;***
- ***The Pump House,*** Parliament Street, während der Saison fast täglich Live Music
- ***Syd Harkin,*** Rose Inn Street, die Taverne datiert aus dem Jahr 1833.

Rent-a-bike

- ***Rawleigh's Cycle Centre,*** John Street, Bikes 'n' Beds.

Verbindung

- ***Züge*** mehrmals täglich von Waterford;
- ***Busse*** mehrmals täglich von Carrick-on-Suir, New Ross, Dublin, Limerick, Rosslare Harbour, Cork.

Cashel

Die Route verläßt nun Kilkenny auf der N 76. Nach wenigen Kilometern biegt man rechts in die R 691 ein, die zu dem kleinen Örtchen Cashel (2400 Einwohner) führt. Rechts und links der schmalen, kurvenreichen Straße liegen ausgedehnte Weideflächen, Kühe und Schafe grasen, und immer wieder kommt man an Gehöften vorbei.

Am Fuß des Kirchberges erstreckt sich das kleine, außerhalb der Touristensaison verschlafen wirkende Örtchen mit seiner kurzen Haupt- und Durchfahrtsstraße, an der ein paar Geschäfte, wenige Pubs und Restaurants aufgereiht sind.

Spaziert man vom Ortszentrum über die Dominic Street auf den Rock hoch, so passiert man auf der linken Straßenseite ein kleines ***Museum of Rural Life,*** das Folk Village lohnt durchaus einen Besuch.

Am Parkplatz des Rock of Cashel befindet sich das vom irischen Kulturverein *Comhaltas Ceoltoiri Eireann* gegründete Zentrum ***Boru Bru.*** Hier wird gälisches Liedgut gepflegt und erhalten.

In der John Street findet der an alten Büchern interessierte Besucher den Sitz der erst kürzlich renovierten ***Bolton Library*** und kann dort eine wertvolle Sammlung irischer Folianten und Landkarten bestaunen. Die Bibliothek wurde 1741 von Erzbischof *Bolton* gestiftet.

Einziger Grund jedoch, einen Stopp in Cashel einzulegen, ist der wirklich beeindruckende Felskegel. Schon von weitem erblickt man den mächtigen, über 70 m hoch aus der Ebene aufragenden ***Rock of Cashel*** mit seinen Gebäuderesten (Oktober-Mitte März 9.30-16.30 Uhr, Mitte März-Juni 9.30-17.30 Uhr, Juni-September 9-19.30 Uhr). Vom 4 Jh. bis zum Jahre 1101 diente er als Sitz der Könige von Munster.

Irlands großer Kirchenmann, der ***hl. Patrick,*** kam im 5. Jh. nach Cashel, um König *Aenghus* zum rechten Glauben zu bekehren. Der Herrscher zeigte sich kooperativ, und Patrick begann mit der Taufzeremonie. Dabei setzte der Heilige - wohl um die kultische Handlung zu verstärken - seinen schweren Bischofsstab mit Macht auf den Boden und traf dabei den Fuß von *Aenghus;* der nahm an, daß dies ein Teil des heiligen Zeremoniells sei und ertrug die Schmerzen vorbildlich.

Patrick erhob die Anlagen auf dem Felsenhügel auch zum ***Bischofssitz,*** so daß nun geistliche und weltliche Macht einvernehmlich miteinander residierten - die herrschenden Könige standen auch gleichzeitig im Rang eines Abtes.

Viele ***Krönungsfeierlichkeiten*** fanden hier im Laufe der Jahrhunderte statt; 977 wurde *Brian Boru* auf dem Cashel zum Herrscher gekrönt, 37 Jahre später fand er seinen Tod in der Schlacht bei Clontarf, wo seine Mannen die Wikinger in die Flucht trieben. 150 Jahre später war es mit der Eigenständigkeit endgültig vorbei, im Jahre 1172 huldigte der gesamte irische Klerus dem englischen König *Heinrich II.* auf dem Rock.

Im 12. Jh., nachdem *Muircheartach O'Brien* den Komplex der Kirche übereignet hatte, entstand eine Reihe

Der Rock of Cashel

von sakralen Bauten. *Cormac MacCarthy,* ab dem Jahr 1127 Bischof von Cashel, ließ die 1134 geweihte ***Cormac's Chapel*** im irischromanischen Stil erbauen. Der hohe Rundturm neben der Kapelle datiert ebenfalls aus dem 12. Jh. Einhundert Jahre später entstand das größte Gebäude auf dem Rock, die im gotischen Stil errichtete ***Kathedrale*** mit ihren Querschiffen und dem mächtigen Vierungsturm.

Von dem Hügelplateau hat man eine prachtvolle Aussicht auf die saftigen Wiesen und die fruchtbaren Äcker rund um Cashel.

Tourist Office

- Main Street, in der City Hall.

Unterkunft

- ***Dundrum House*********, Dundrum, Tel. (062) 71116, Fax 71366;
- ***Rectory House Hotel*******, Dundrum, Tel. (062) 71266, Fax 71115;
- ***Bailey's of Cashel,*** Main Street, Tel. (062) 61937, Fax 62038;
- ***Mrs. Mary Duane,*** Bank Place, Tel. (062) 61098;
- ***Mrs. Margaret Courtney,*** Copperfield House, Tel. (062) 61075;
- ***Mrs. Ellen Ryan,*** Dominic Street, Tel. (062) 61104;
- ***Mrs. C. B. Murphy,*** Palmers Hill, Tel. (062) 61974;
- ***IHH-Hostel Cashel Holiday Hostel,*** John Street, Tel. (062) 62330, Fax 62445;
- ***IHH-Hostel O'Briens's Farm Hostel,*** St. Patrick's Rock, Dundrum, Tel. (062) 61003

Restaurants

●***Alexander Knox & Co.,*** Main Street, Restaurant und Pub in rustikaler Atmosphäre, Gerichte bis 12 £;
●***Chez Hans,*** unterhalb des Rock of Cashel gelegen, Restaurant im Innern einer alten Kapelle, von einem Deutschen geführt, gute Fischgerichte, um 20 Pfund;
●***Restaurant Bailey's,*** Main Street, ab 6 Pfund aufwärts.

Pubs

●***Cantwell,*** Main Street;
●***Feehan's Bar,*** Main Street;
●***Moor Lane Tavern,*** Moor Lane, hinter der Town Hall, kleiner gemütlicher Pub
●***O'Sullivan's,*** Main Street, frisch renoviert, mit viel Plüsch und Messing.

Rent-a-bike

●***Cashel Holiday Hostel,*** John Street.
●***MacInerney Cashel Cycle Centre,*** Main Street

Verbindung

●***Busse*** mehrmals täglich von Kilkenny, Dublin, Limerick, Cork und Cahir.

Umgebung

Freunde irischer Abteien sollten von Cashel auf der R 660 ca. 13 km nach Norden in Richtung Thurles fahren. Dort erreicht man das Zisterzienser-Kloster ***Holycross Abbey,*** das im 15. Jh. eine beliebte Pilgerstätte war. Im nördlichen Querschiff befinden sich noch seltene, Jagdszenen zeigende Wandmalereien.

Cahir

Wer den Abstecher nicht unternimmt, fährt nun auf der N 8 nach Cahir. Das kleine, am River Suir gelegene Städtchen (1800 Einwohner) hält eine der mächtigsten ***Burgen*** Irlands in seinem Besitz (13./15. Jh.). Hier residierten die *Butlers,* eine gleichnamige Nebenlinie jener mächtigen Familie, die schon in Kilkenny erwähnt wurde. Die Festung galt als uneinnehmbar, und entsprechend sicher wähnten sich ihre Eigentümer. 1599 dann belagerte der Earl of Essex auf Anweisung von *Elisabeth I.* dieses Fort, und unter massivem Artillerie-Einsatz konnte seine Armee nach nur zehn Tagen Belagerung einen großen Sieg verbuchen.

In den folgenden Jahrhunderten fiel das trutzige Bauwerk an verschiedene Besitzer, um letztendlich doch wieder in die Hände der *Butlers* zu gelangen.

Hinter den massigen Festungsmauern, die mit runden und quadratischen Türmen bestückt sind, reckt sich der mächtige Bergfried in den Himmel (Mitte Juni bis Mitte September 10-19.30 Uhr, sonst Di-Sa 10-13, 14-17 Uhr, So 14-17 Uhr).

Tourist Information

●Am Parkplatz vor dem Haupteingang zur Burg.

Unterkunft

●***Castle Court Hotel*****, Church Street, Tel. (052) 41210, Fax 42333;
●***Mrs. Anne Devereux,*** Cashel Road, Tel. (052) 41754;

- ***Mrs. J. Doyle,*** Clonmel Road, Tel. (052) 41780;
- ***Mrs. J. Fahey,*** Cashel Road, Tel. (052) 41406;
- ***IHH-Hostel Lisakyle Hostel,*** Tel. (052) 41963, ca. 2 km außerhalb, mit angeschlossenem Campingplatz, Büro in Cahir, Church Street, in Maurice Condon's Shop;
- ***IHH-Hostel The Farmhouse,*** Tel. (052) 41906, ca. 8 km außerhalb;
- ***An-Oige-Jugendherberge Mountain Lodge,*** Burncourt, Tel. (052) 67277, 16 km von Cahir;
- ***An-Oige-Jugendherberge Ballydavid Wood House,*** Bansha, Tel. (062) 54148, 10 km von Cahir;
- Gutausgerüsteter ***Campingplatz The Apple,*** Tel. (052) 41459, 6,5 km in Richtung Clonmel nahe der N 24 gelegen, 3,25 Pfund pro Person u. Nacht.

Restaurants

- Kurz vor Cahir Castle die italienische Snackbar ***The Italian Connection,*** bis 13 Pfund;
- Restaurants auch in den o. g. Hotels.

Pubs

- ***Pat Peter's,*** The Square;
- ***Shamrock Lounge,*** gegenüber von Cahir Castle;
- Cafe-Bar ***The Coffee Pot*** mit angeschlossenem Craft Centre, gegenüber von Cahir Castle.

Einkaufen

- Im kleinen Ortszentrum, genannt The Square, findet sich das ***Kunsthandwerksgeschäft*** Cottage Craft.

Verbindung

- ***Züge*** mehrmals täglich von Limerick und Waterford,
- ***Busse*** von Dublin, Kilkenny, Carrich-on-Suir, Cork, Limerick, Cashel und Waterford.

Nach Cork

The Vee

Man verläßt Cahir auf der R 668 in Richtung Lismore. Den Reisenden erwartet eine der schönsten Gebirgsstraßen des Südostens: The Vee.

Vorerst jedoch geht die Fahrt noch durch die Ebene, rechts und links der Strecke liegen fruchtbare Felder, saftig-grüne Weiden, kleine Weiler und einzelne Gehöfte - bereits hier ist "The Vee" ausgeschildert. Langsam tauchen in der Ferne die rund 800 m hohen Knockmealdown Mountains auf; je nach Wetterlage zeichnen sich die schroffen Gebirgskegel klar am Horizont ab, oder die Gipfel stecken in gewaltigen Wolken.

Hinter dem Örtchen Clogheen beginnt die Straße dann leicht anzusteigen und bald darauf säumen die ersten Nadelholzwälder unseren Weg. Auf den folgenden Kilometern windet sich die Trasse in Serpentinen die Hügelkette hoch.

Dort oben, wo keine Kiefern und Fichten den Blick versperren, hat man eine Vielzahl schöner Aussichtspunkte; an Ausbuchtungen am Straßenrand kann man parken und in Ruhe die Landschaft genießen. Immer höher geht es, niedriges Flecht- und Buschwerk hat mittlerweile den Wald abgelöst, und ungehindert kann man weit in die Ebene schauen. Am höchsten Punkt der Knockmealdown Mountains sieht man tief unten die durch Windmauern abgegrenzten Felder und Wiesen wie eine Patchwork-Decke vor sich liegen. Überall am Straßenrand grasen Schafe. Leider geht es nun wieder ins Tal hinab, und kurz bevor Lismore erreicht ist, fährt man durch dichte Laubwälder.

Lismore

Lismore (900 Einwohner) hat dem Besucher nicht viel zu bieten und das, obwohl das Örtchen im Verlauf der irischen ***Historie*** bedeutende Institutionen besaß. Von der im 7. Jh. gegründeten Klosterstadt, der eine berühmte, in ganz Europa bekannte Universität angeschlossen war, ist nichts mehr erhalten. Nach vielen Plünderungen und Belagerungen machte der Normanne ***Raymond le Gros*** diese kirchliche Stätte im Jahre 1173 endgültig dem Erdboden gleich.

Heutzutage ist Lismore bekannt wegen seiner am Ufer des Blackwater River gelegenen ***Burganlage.*** Die Anfänge dieses für irische Verhältnisse gewaltigen Festungsbaus gehen in das 12. Jh. zurück, immer wieder wurde Lismore Castle erweitert, umgebaut und verstärkt, im letzten Jahrhundert dann renovierte man das Schloß im neogotischen Stil. Da sich das Fort in Privatbesitz befindet, ist es nicht zu besichtigen, allerdings darf man durch die mit einem Neun-Loch-Golfplatz versehenen Parkanlagen streifen. Von Lismore aus geht es nun "in einem Rutsch" durch nach Cork.

Blick von der Gebirgsstraße „The Vee"

Ardmore

Ein Abstecher über Youghal nach Ardmore - nach eigenem Bekunden ein *Historic Seaside Village* - lohnt sich für denjenigen, der den aus dem 12. Jh. datierenden, 30 m hohen und besterhaltenen ***Rundturm der frühchristlichen Ära*** besichtigen möchte. Der sechs Stockwerke umfassende Turm diente als letzte Zufluchtstätte vor dem Ansturm räuberischer Wikinger.

Neben diesem schlanken Bauwerk befinden sich die Ruinen einer dem *hl. Declan* geweihten Kirche (5. Jh.) sowie die Reste der St. Dechan's Cathedral (13. Jh.).

Ardmore ist auch bekannt wegen seines langen ***Sandstrandes***; allerdings mangelt es dem Dörfchen an Unterkunftsmöglichkeiten, und so verschandeln riesige Wohnwagen-Streusiedlungen das Orts- und Landschaftsbild ganz beträchtlich. Auch die touristische Infrastruktur kann nur als ungenügend bezeichnet werden. Im winzigen Zentrum ist ein *Cliff Walk* ausgeschildert, der den Wanderer oberhalb der See und entlang der Klippen führt.

Cork

Cork (140.000 Einwohner), Irlands zweitgrößte Stadt, liegt am Ufer des River Lee, dort, wo sich der Fluß zum Cork Harbour verbreitert.

Die Universitätsstadt ist ein ***bedeutendes Wirtschaftszentrum*** im Süden der Grünen Insel: In dem geschützten Naturhafen können Frachter bis 60.000 t anlanden, die *Irish Steel Company,* Irlands größtes Stahlunternehmen, beschäftigt Tausende von Menschen; pharmazeutische und chemische Industriebetriebe nationaler wie internationaler Herkunft haben ihren Sitz in Cork oder Umgebung.

Und gerade diese Firmen sind es, die Cork immer wieder in die Schlagzeilen der europäischen Presse bringen. Der Schweizer Chemie-Multi *Sandoz* - ihm wird Umweltzerstörung in großem Maßstab vorgeworfen - liegt im Dauerstreit mit der irischen Ökologiebewegung, und gegen den Pharma-Riesen *Merrell Dow* mußten die Naturschützer in den letzten Jahren alle Reserven mobilisieren. Mit einem Finanzvolumen von fast 350 Mio. DM plante *Merrell Dow* bei Killeagh (zwischen Cork und Youghal) ein Zweigwerk mit 250 neuen Arbeitsplätzen. Die irisch-industrielle Entwicklungsbehörde (IDA) war begeistert und unterstützte das Unternehmen nach Kräften, die örtliche Administration erteilte großzügige Baugenehmigungen. Die perfide Strategie des Multis schreckte die Bürger, nicht jedoch die staatlichen Autoritäten: *Merrell Dow* wollte nicht etwa in der südlich von Cork ausgewiesenen Ringaskiddy-Industriezone bauen, sondern am Ufer des Womanagh River, denn dort - so die Begründung der Unternehmenssprecher - könne man der Firma die Umweltverschmutzungen anderer Unternehmen nicht anlasten.

Eine Bürgerinitiative formierte sich gegen den Plan, und die *Womanagh Valley Protection Association* klagte gegen das Vorhaben. Im Mündungsgebiet des kleinen, bisher ökologisch intakten River Womanagh liegt inmitten von ausgedehnten Salzmarschflächen und Wattebenen ein Vogelschutzgebiet, in dem jährlich Zehntausende von Kiebitzen, Uferschnepfen und Goldregenpfeifern brüten; vor der Küste erstrecken sich die größten Muschelbänke Europas - für beide Areale hatten die Expertisen der Umweltschützer katastrophale Schäden prognostiziert. Die Bevölkerung der Region war geteilter Ansicht: Die vielen Arbeitslosen unterstützten das Projekt, die in der Landwirtschaft und der Tourismusbranche Beschäftigten formierten ihren Widerstand in der Bürgerinitiative. 1989 verloren die Naturschützer vor Gericht in erster Instanz; eine Berufung war bereits angekündigt, da zog *Merrell Dow,* vom laut artikulierten Widerstand der Bevölkerung verschreckt, seine Planungen zurück. So kann der Ornithologe hier weiterhin das Leben vieler Vogelarten studieren - einer der seltenen Fälle, wo Umweltschützer sich gegen einen Chemiekonzern durchsetzen konnten.

Geschichte

Corks Geschichte beginnt im 6. Jh., als der ***hl. Finbarr*** am Ufer des Lee eine Kirche erbauen ließ, um die sich alsbald die ersten Häuser gruppierten. 300 Jahre später war es erst einmal vorbei mit der Ruhe, auch in dieser Region Irlands brandschatzten und plünderten die ***Wikinger.*** Die Siedlung, so fanden die Nordmänner bald heraus, lag an einem strategisch günstigen Ort, und so ließen sich die rauhbeinigen Gesellen hier nieder und befestigten den Dorfkern.

Wiederum 300 Jahre später eroberten die ***Normannen*** die Stadt und etablierten sich als die neuen Herren. Um Komplikationen mit den anglonormannischen Rittern zu vermeiden, verband sich das lokale Herrschergeschlecht der *MacCarthy's* mit den Okkupanten und erreichte, daß schon wenige Jahre später der englische König *Heinrich II.* dem Ort die Stadtrechte zusprach.

Cork entwickelte sich alsbald zu einer ***prosperierenden Handelsmetropole,*** und den reichen Kaufleuten gelang es über die Jahrhunderte immer wieder, sich trotz der englischen Gesetzgebung eine relative Eigenständigkeit zu bewahren. Nachdem der protestantische *Wilhelm von Oranien* in der Schlacht am Boyne gegen seinen protestantischen Widersacher *James II.* gesiegt hatte, ließ er auch Cork einnehmen und alle Befestigungsanlagen schleifen.

Im letzten Jahrhundert taten sich die Bürger der Stadt in der ***Unabhängigkeitsbewegung*** gegen die Engländer hervor - Cork erhielt den Beinamen *The Rebel City;* zwischen 1919 und 1921 dann kam es zu schweren, bürgerkriegsähnlichen

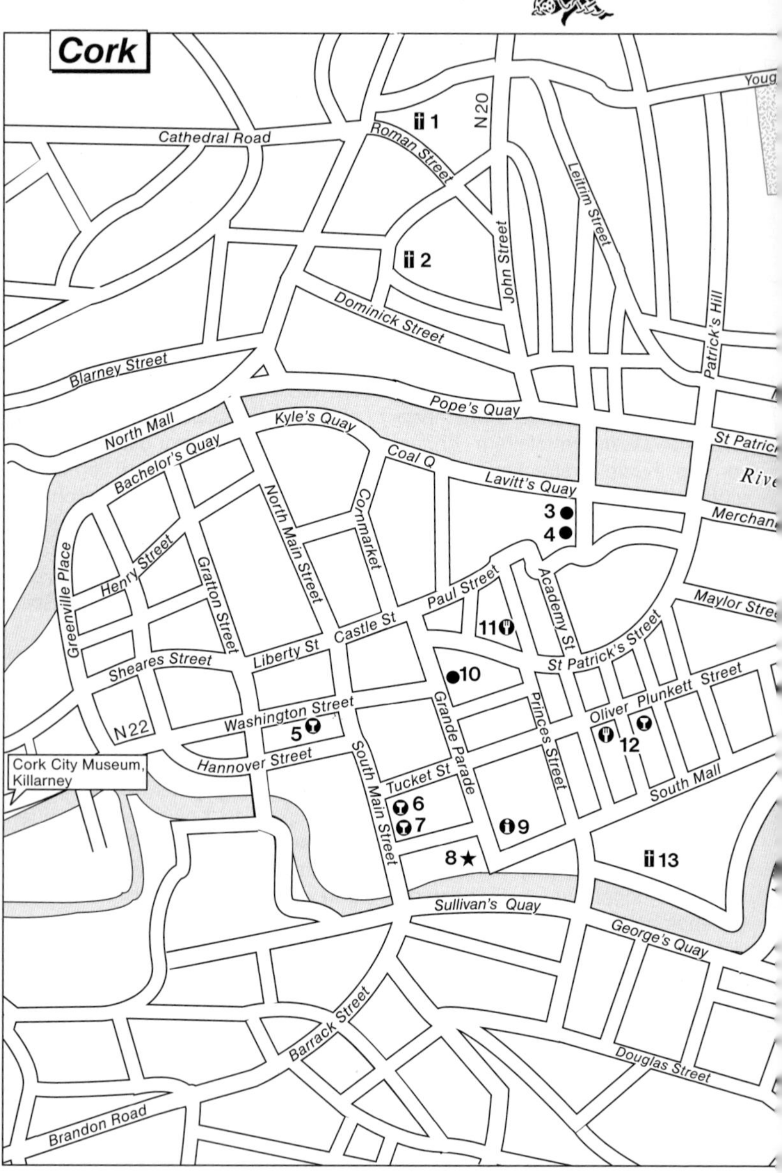

Cork
Cathedral Road
Roman Street
N20
John Street
Leitrim Street
Dominick Street
Patrick's Hill
Blarney Street
Pope's Quay
North Mall
Kyle's Quay
Coal Q
Bachelor's Quay
Lavitt's Quay
St Patrick
River
Merchan
North Main Street
Cornmarket
Henry Street
Gratton Street
Greenville Place
Paul Street
Academy St
Maylor Stre
Castle St
Liberty St
Sheares Street
St Patrick's Street
Oliver Plunkett Street
Grande Parade
Princes Street
Washington Street
N22
Hannover Street
South Main Street
Tucket St
South Mall
Cork City Museum, Killarney
Sullivan's Quay
George's Quay
Barrack Street
Douglas Street
Brandon Road
Youg

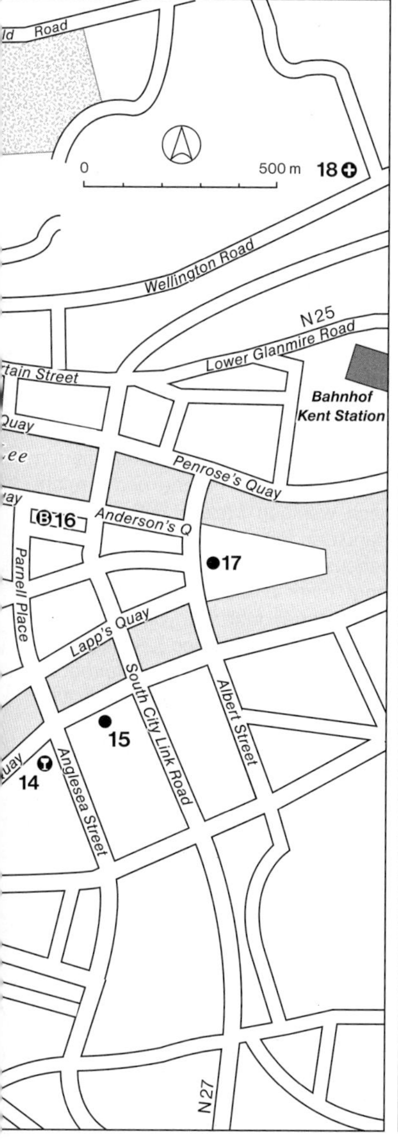

- 1 St Mary's Cathedral
- 2 St Anne's Church
- 3 Opernhaus
- 4 Crawford Art Gallery
- 5 Reardon's Mill Pub
- 6 Spailpin Fanac Pub
- 7 Sir Henry's Pub
- 8 National Monument
- 9 Tourist Office
- 10 Markthallen
- 11 Bistro Strasbourg Goose
- 12 Entlang der Oliver Plunkett Street:
  - Pub The Black Bush,
  - Restaurant Valparaiso,
  - Kelly's Restaurant
- 13 Father Matthew Memorial Church
- 14 The Lobby's, Charley's, An Phoenix, Donkey's Ears
- 15 City Hall
- 16 Busbahnhof
- 17 Custom House
- 18 Krankenhaus

Kämpfen, große Teile der Stadt fielen Feuersbrünsten zum Opfer. Kurz vor Erlangung der Unabhängigkeit starben zwei Bürgermeister in den Auseinandersetzungen mit den Briten: *Thomas MacCurtain* wurde 1920 ermordet, und im gleichen Jahr starb sein Nachfolger, der Politiker, Dichter und Anhänger der IRA *Terence McSwiney* nach 74 Tagen Hungerstreiks im Londoner Brixton-Gefängnis. Mut machte er sich mit den folgenden Worten: "Nicht, wer anderen am meisten Leid zufügen kann, sondern wer am meisten erdulden kann, wird letztendlich siegen."

Sehenswertes

Beeindruckende Sehenswürdigkeiten hat Cork kaum zu bieten, viel Bausubstanz brannte in den Bürgerkriegswirren nieder. Das Stadtzentrum der Metropole erstreckt sich zwischen den beiden kanalisierten Flußarmen - North Channel und South Channel - des River Lee.

Ein Besichtigungsgang könnte an der 1859 errichteten St. Patrick's Bridge beginnen, die über den North Channel führt. Am Eingang zur St. Patrick's Street - Corks Haupteinkaufsstraße - mahnt die ***Bronzestatue von Father Theobald Matthew*** vor zu großem Alkoholkonsum; der Pater unternahm in der ersten Hälfte des 19. Jh. als "Apostel der Mäßigung" einen "Kreuzzug" gegen Bier- und Whiskeytrinker und forderte die Abstinenz der Massen - eine wenig populäre Maßnahme!

St. Patrick's Street entstand im Jahre 1789, zuvor hatte man einen Seitenarm des River Lee trockengelegt. ***Geschäfte*** des gehobenen Einzelhandels säumen die Hauptstraße. Gleich am Anfang befindet sich auf der rechten Straßenseite ein großer Music Store, daneben lohnt ein Blick in den kaufhausähnlichen Buchladen der Eason-Kette; Waterstone's, eine weitere Buchhandlung, und His Master's Volce, ein Musikgeschäft, sind ebenfalls auf der St. Patrick's Street zu finden.

Am Ende von St. Patrick's Street geht es nach rechts in die Corn Market Street - wie der Name schon sagt, finden hier wochentags ***Märkte*** verschiedener Art statt.

Nach links gehend, gelangt man in die breite Grand Parade und erreicht nach wenigen Metern Fußweg linker Hand den Eingang zu einer der Hauptsehenswürdigkeiten Corks: Hier gelangt man in die ***Markthallen,*** und sehr schnell fühlt sich der Besucher eher in den ehemaligen *Les Halles* von Paris als in einer irischen Metropole. Der Marktkomplex, ideal für Selbstversorger, erstreckt sich zwischen der St. Patrick's Street und der Oliver Plunkett Street sowie zwischen Grand Parade und Princess Street (Eingänge jeweils von diesen Straßen).

Von der St. Patrick's Street kommt man durch drei kleine Gassen in die Hallen; zum einen durch die schmale Market Lane, in der sich auch das elegante und teure ***Restaurant Oyster Tavern*** sowie der sehenswerte und gemütliche ***Pub The Vineyard*** befinden; des weiteren durch die kleine Arkadenstraße The Market Parade, hier locken einige Kunsthandwerksgeschäfte, Juweliere, ein exklusiver Friseur und ein kleiner Coffee Shop den Besucher; auch über die schmale Mutton Lane - mit dem Pub The Mutton Lane Inn - gelangt man ebenfalls in das Marktareal.

Folgt man der Grand Parade weiter, so passiert man die nach links abzweigende ***Oliver Plunkett Street*** **–** für den an Essen, Trinken und Live Music interessierten Besucher die wichtigste Straße der Stadt. Von der Oliver Plunkett Street zweigen weitere kleine Gassen ab, so etwa Princess Street, Cook Street, Pembroke Street, Caroline Street, Marlborough Street, in denen Geschäfte, Restaurants, Cafés und Pubs zu finden sind.

Eine davon, Princess Street, verbindet die Oliver Plunkett mit der St. Patrick's, und hier befindet sich der Eingang zum schönsten Teil des überdachten Verkaufsgeländes. Ursprünglich hieß dieses im Jahre 1788 eröffnete Hallenareal einmal *Root Market;* 1862 renovierte der Architekt *George Benson* den Komplex. Im Juni 1980 wurde der Bau ein Raub der Flammen. Am 30. Oktober 1981 konnte die Markthalle dann wieder der Öffentlichkeit übergeben werden; alles war sehr sorgfältig restauriert worden, selbst der plätschernde Brunnen wurde nicht vergessen, und auch die metallenen Stützsäulen sowie die Geländer der oberen Etage sind den einstigen Originalen nachempfunden.

Zurück zur Grand Parade und weiter der ursprünglichen Richtung folgend - auf der linken Straßenseite trifft man dabei auf das Tourist Office –, ist am South Channel bald das ***National Monument*** erreicht, das die irischen Freiheitskämpfer ehrt. Nun geht es links in die South Mall in das Bankenzentrum von Cork.

Einen Abstecher lohnt die ***Father Matthew Memorial Church*** am Father Matthew Quay. Das Gotteshaus entstand im Jahre 1832 im neogotischen Stil. Im Innern zeigen hinter dem Hochaltar die Kirchenfenster ein Abbild von *Daniel O'Connell,* dem Befreier Irlands.

Am Ende von South Mall sieht man auf der anderen Flußseite am Albert Quay die ***City Hall;*** das Rathaus wurde 1920 zerstört und 16 Jahre später im neoklassizistischen Stil neu erbaut.

South Mall geht nun über in den Lapp's Quay, und der führt uns zum Zusammenfluß von North und South Channel. Auf der Landspitze liegt das im 19. Jh. erbaute **Custom *House,*** heute Sitz der Hafenverwaltung. Wendet man sich nun nach links, erreicht man über Anderson's Quay und Merchant's Quay vorbei am Busbahnhof nun wieder St. Patrick's Bridge, den Ausgangspunkt des Spazierganges.

Einen Besuch lohnt auch der nördliche Teil von Cork. Überquert man den North Channel auf der St. Patrick's Bridge, so gelangt man in die steil ansteigende Straße ***St.*** **Patrick's *Hill;*** von hier oben hat man einen schönen Blick auf das Stadtzentrum von Cork.

Westlich von St. Patrick's Hill erhebt sich am Cathedral Walk die wichtigste katholische Kirche der Stadt: ***St. Mary's Cathedral.*** 1808 errichtete man das Gotteshaus im neogotischen Stil. Nachdem es einem Brand zum Opfer gefallen war, renovierte der Corker Architekt *G. R.*

Pain die Kathedrale und gestaltete auch die Innenausstattung neu.

Nahebei lohnt unbedingt ein Besuch in der ***St. Ann's Church*** (Shandon). Der Kirchturm - das Wahrzeichen der Stadt - hat aufgrund seiner Form den Namen *Pepperpot,* Pfefferstreuer, erhalten. Man darf den 36 m hohen Glockenturm besteigen und hat eine gute Aussicht über Irlands südliche Metropole; einen Blick lohnen auch die acht Glocken, deren Spiel berühmt ist.

Am südlichen Ufer des North Channel, nahe dem 1963 erbauten ***Opernhaus,*** liegt am Emmet Place die ***Crawford Municipal Art Gallery*** (Mo-Fr 10-17 Uhr, Sa 9.30-16.30 Uhr), die Skulpturen und Gemälde irischer Künstler sowie auch wechselnde Ausstellungen zeigt.

Außerhalb des Stadtzentrums, der N 22 Richtung Killarney folgend, kommt man zum ***Cork City Museum*** (Mo-Fr 11-13, 14.15-18 Uhr, Sa 11.30-13 Uhr), das inmitten des Fitzgerald's Park gelegen ist. In dem Ausstellungsgebäude kann der Besucher Exponate zur Stadtgeschichte studieren, und im Park selbst lohnt ein Spaziergang vorbei an vielen Skulpturen.

Tourist Information

- Grand Parade, Tel. (021) 27 32 51, Fax 273504.

Hotels

- ***Jury's Hotel*******, Westen Road, Tel. (021) 276622, Fax 274477;
- ***Fitzpatrick Silver Spring Hotel******, Tivoli, Tel. (021) 507533, Fax 507641;
- ***Imperial Hotel******, South Mall, Tel. (021) 274040, Fax 275375;
- ***Metropole Hotel*****, MacCurtain Street, Tel. (021) 508122, Fax 506450;
- ***Arbutus Lodge*****, Montenotte, Tel. (021) 501237, Fax 502893;
- ***Country Club*****; Montenotte, Tel. (021) 502922, Fax 502082;
- ***Moore's Hotel*****, Morrison's Island, Tel. (021) 271291, Fax 272485;
- ***Ashley's Hotel****, Coburg Street, Tel. (021) 501518, Fax 501178;
- ***Victoria Lodge**, Victoria Cross, Tel. (021) 542233, Fax 5422572;
- ***Glenvera Hotel*,*** Wellington Road, Tel. (021) 502030, Fax 508180.

B & B

- ***Mrs. E. Burke,*** Kent House, Lower Glenmire Road, Tel. (021) 504260;
- ***Mrs. B. Higgins,*** Ferncliffe Villas, Bellevue Park, St. Luke's, Tel. (021) 508963;
- ***Mrs. A. Fanning,*** The Haven, Cahirgal Gardens, Ballyvolane, Tel. (021) 505329;
- ***Mrs. M. Leonard,*** Ardskeagh, Gardiner's Hill, St. Luke's, Tel. (021) 501800;
- ***Mrs. E. Murray,*** Oakland, Lower Glenmire Road, Tel. (021) 500578;
- ***Mrs. S. O'Brien,*** Swansea House, Woburn Place, Lower Glenmire Road, Tel. (021) 501441;
- ***Mrs. M . Sheridan,*** Tara House, Lower Glenmire Road, Tel. (021) 500294.

Hostels

- ***An-Oige-Jugendherberge,*** Cork International Hostel, Western Road, Tel. (021) 543289;

Im Zentrum von Cork

- ***IHH-Hostel Sheila's Cork Tourist Hostel,*** Belgrave Place, Wellington Road, Tel. (021) 505562;
- ***IHH-Hostel Campus House,*** Woodland View, Western Road, Tel. (021)343531;
- ***IHH-Hostel Kinlay House,*** Shandon, Tel. (021) 508966;
- ***IHH-Hostel Isaac's,*** MacCurtain Street, Tel. (021) 500011.

Camping

- ***Cork City Caravan and Camping Park,*** einige Kilometer südwestlich des Zentrums an der Togher Road; vom Ortszentrum auch mit Bus Nr. 14 zu erreichen.

Restaurants

- ***Bully's Restaurant,*** 40 Paul Street und 7 Douglas Village (3 km westlich vom City Centre), Pizzas, hausgemachte Pastas, Fisch, in dieser Preisklasse vom *Tourist Board* preisgekrönt, 10 Pfund;
- ***Valparaiso,*** Oliver Plunkett Street/ Ecke Caroline Street, spanische Spezialitäten bis 14 £;
- ***Strasbourg Goose,*** French Church Street, kleines französisches Bistro, Preise bis 10 £;
- ***Crawford Gallery Café,*** Emmet Place, nahe dem Opernhaus, manchmal Harfen- und Gitarrenmusik, auch vegetarische Gerichte, Nichtraucherareal, Dinner um 16 Pfund;
- ***Bracken's,*** Paul's Street, gemütliche Snack Bar;
- ***Jacques Restaurant,*** Phoenix Street, off Pembroke Street, bekannt für ausgefallene Kreationen, zwischen 18 und 19 Uhr wird ein Touristen-Menü für 9-10 Pfund serviert, ansonsten um 19 Pfund;

●***Kelly's Restaurant,*** Oliver Plunkett Street, ebenfalls ein preisgünstiges Restaurant;
●***Loon Wah,*** Cook Street, chinesisch, um 6 Pfund;
●***Lovett's Restaurant,*** Churchyard Lane, off Well Road, spezialisiert auf Fischgerichte sowie auf klassische französische Speisen, vegetarisch, um 20 Pfund;
●***Scoozi Restaurant,*** 3 Winthrop Avenue, off Winthrop Street, preiswertes Lokal, auch vegetarisch;
●***Cafe Mexicana,*** Carey's Lane, mexikanische Küche bis 10 Pfund;
●***Paddy Garibaldi's,*** Carey's Lane und noch einmal in Washington Street, italienisch inspirierte irische Küche, auch vegetarisch, bis 10 Pfund;
●***Gambini's,*** Carey's Lane, off Paul Street, kleines italienisches Lokal mit Preisen bis 12 £;
●***The Ivory Tower,*** 35 Princess Street, hochgelobtes Restaurant mit guter Weinkarte, eines der besten Lokale von Cork, Seafood und Fleischgerichte bis 25 £;

Pubs

●***An Crannog,*** Market Alley, off Oliver Plunkett Street, gute Pub Grubs und regelmäßig Live Music in der Saison;
●***The Black Bush,*** Oliver Plunkett/Ecke Caroline Street, gemütliche Kneipe;
●***Le Chateau,*** Patrick Street, sehr stilvoller, 1793 gegründeter Pub, mit Winebar, angenehme Atmosphäre;
●***Reardon's,*** Washington Street, gemütlicher Pub mit sehr gutem mittäglichen Pub Grub, angeschlossen eine Live Music Hall, fast täglich gute Konzerte, u. U. bis 2.00 Uhr nachts, sehr empfehlenswert;
●***Sir Henry's,*** South Main Street, Pub-Diskothek mit dröhnender Rock-Music;
●***Spailpin Fanac,*** South Main Street, bekannter und in Cork eingeführter Singing Pub;
●***The Vineyard,*** Market Lane, off Patrick Street, traditionsreiche Taverne, das Vereinslokal der Rugby-Spieler, guter Pub Grub zur Mittagszeit;
●Vier gute Singing Pubs liegen direkt nebeneinander am südlichen Ufer von South Channel, am Union Quay, gegenüber der City Hall: ***The Lobby's, Charly's, An Phoenix*** und ***Donkey's Ears,*** in allen vier Pubs fast täglich Live Music aller Couleur.

Leihwagen

●***Avis/Johnson & Parrot,*** Emmet Place, Cork, Tel. (021) 281111;
●***Carental Ireland,*** Monahan Road, Cork, Tel. (021) 962277;
●***Eurodollar,*** Carrighohane Road, Cork, Tel. (021) 344884.

Rent-a-Bike

● 1/2 Redcycle, Western Road.

Verbindung

●***Züge*** mehrmals täglich von Dublin, Rosslare Harbour und Limerick;
●***Busse*** mehrmals täglich von Dublin, Bantry, Carrick-on-Suir, Cahir, Cashel, Kilkenny, Glengarriff, Kinsale, Limerick, Killarney, Rosslare Harbour, Waterford und Wexford.

Umgebung

Einige Kilometer nordwestlich von Cork liegt das winzige Dörfchen ***Blarney.*** Hier kann man erleben, wie mittels gezieltem Marketing täglich Hunderte von Touristen einen relativ unwichtigen Ort aufsuchen und pro Jahr Millionen irische Pfund in die Kassen spülen. Um an Besucherströmen zu partizipieren, benötigt man anscheinend eine Burgruine, eine nette Anekdote sowie eine Prophezeiung, die die Touristen zu mühevollen, körperlichen Verrenkungen zwingt, ihnen aber das Gefühl gibt, aktiv am Geschehen teilgenommen zu haben. Was also geschieht hier?

Der Ort: Blarney Castle wurde im 15. Jh. erbaut und ist heute eine Ruine, der mächtige Turm aber kann noch bis zur Spitze bestiegen werden.

Die Anekdote: *Cormack MacCarthy,* ein Abkömmling der Könige von Munster, schaffte es immer wieder mit seiner unvergleichlichen Wortgewandtheit, der englischen Königin *Elisabeth I.* den geforderten Lehnseid zu verweigern. Eines Tages rief die Monarchin wutentbrannt aus: *"This is all Blarney!",* sollte heißen: Dies sind alles faule Ausreden.

Die Prophezeiung und die sportliche Übung: Mittels 120 Stufen gelangt man auf die Brustwehr des Turms von Blarney Castle; geduldig reihen sich die Besucher in eine Schlange ein und warten auf den spannenden Moment. Wer sich an einer markierten Stelle auf den Rücken legt, den Oberkörper und den Kopf so weit wie möglich nach hinten biegt und einen Kuß auf die Unterseite eines Steines drückt, dem ist mit diesem Akt die Gabe der Beredsamkeit verliehen. Darüber hinaus wird die akrobatische Übung von einem autorisierten Fotografen abgelichtet, und man erhält ein Zertifikat, daß zusammen mit dem Foto allen Freunden und Verwandten beweist: *"I have kissed the Blarney stone!".*

Nach dem Steinkuß von Blarney

Tour 4: Der Südwesten

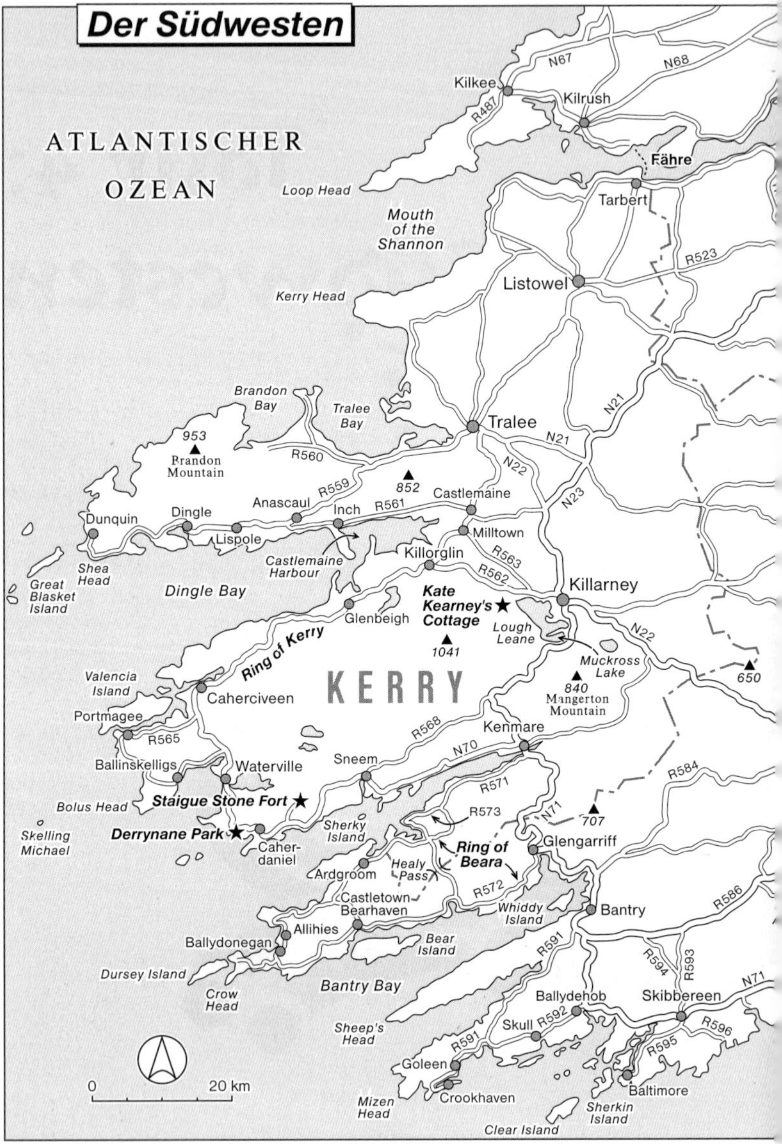

Der Südwesten

ATLANTISCHER OZEAN
Kilkee
N67
N68
R487
Kilrush
Fähre
Loop Head
Tarbert
Mouth of the Shannon
R523
Listowel
Kerry Head
Brandon Bay
Tralee Bay
Tralee
N21
953
Brandon Mountain
R560
N22
852
R559
Castlemaine
N23
Anascaul
Inch
R561
Dunquin
Dingle
Lispole
Milltown
Castlemaine Harbour
Killorglin
R563
Shea Head
R562
Great Blasket Island
Dingle Bay
Kate Kearney's Cottage
Killarney
Glenbeigh
Lough Leane
N22
1041
Ring of Kerry
Muckross Lake
650
Valencia Island
840
Mangerton Mountain
Caherciveen
KERRY
Portmagee
Kenmare
R568
R565
N70
Ballinskelligs
Waterville
Sneem
R584
R571
Bolus Head
Staigue Stone Fort
R573
N71
707
Skelling Michael
Derrynane Park
Sherky Island
Glengarriff
Caherdaniel
Ring of Beara
Healy Pass
Ardgroom
R572
Castletown-Bearhaven
Whiddy Island
Bantry
R586
Allihies
Bear Island
Ballydonegan
R591
R594
R593
Dursey Island
Bantry Bay
Crow Head
N71
Ballydehob
Skibbereen
Skull
R592
Sheep's Head
R596
R591
R595
Goleen
Baltimore
0
20 km
Mizen Head
Crookhaven
Sherkin Island
Clear Island

Überblick

Der nun folgende, rund ***1400 km*** lange Streckenabschnitt bringt dem ausländischen Besucher die landschaftliche Schönheit Irlands ganz besonders nahe. Die Fahrt geht entlang der schärenzerfurchten Südküste mit ihren vielen vorgelagerten Inseln und führt dann nach Norden, die Westküste hoch. Wie die Finger einer Hand ragen dort lange Halbinseln hinaus ins Meer.

Einen ersten Vorgeschmack von Irlands rauher Küstenlandschaft bekommt man bei der Rundfahrt auf der ***Mizen-Peninsula,*** grandioser noch präsentiert sich dann die Ufer- und Gebirgslandschaft der ***Beara-Halbinsel,*** krönender Höhepunkt jedoch ist die Fahrt entlang des berühmten ***Ring of Kerry*** auf der gleichnamigen Halbinsel.

Bevor es dann nach ***Limerick,*** einer der Metropolen Irlands geht, sollte man einen Besuch auf der ***Dingle-Peninsula*** sowie auf den der Küste vorgelagerten ***Blasket Islands*** auf keinen Fall auslassen. Doch nicht nur Meer und Gebirge beeindrucken entlang der Strecke, auch die vielen kleinen Dörfer - Kinsale, Baltimore, Schull, Kenmare, Killarney und Dingle -, alle reich an Atmosphäre, machen jeden Stopp zu einem Erlebnis.

Kinsale

Man verläßt Cork auf der R 600 in Richtung auf das Örtchen Kinsale, das ca. 30 km südlich der Metropole liegt. Kinsale (1800 Einwohner) gehört mit Sicherheit zu den schönsten und atmosphärereichsten Orten auf der Grünen Insel, an sommerlich warmen Tagen fühlt man sich in mediterrane Gefilde versetzt.

Darüber hinaus gilt Kinsale als ***Feinschmeckerdorf,*** eine große Zahl an gleichermaßen exklusiven wie exzellenten Restaurants versprechen reiche Gaumenfreuden. Alljährlich im Oktober findet ein Gourmet-Festival statt, und alle Köche des Ortes wetteifern miteinander um die Gunst der Besucher.

Bei einem abendlichen Bummel entlang des Wassers kann man sich die vielen hundert Yachten anschauen, die in Kinsale Harbour vor Anker liegen, und wenn man dann den Rückweg durch die parallel zum Pier verlaufende Main Street nimmt und durch das Ortszentrum spaziert, hat man Gelegenheit, die Preise und Angebote der Restaurants zu vergleichen. Auch ein Blick in die vielen Pubs lohnt sich. Man kann hier eine individuell zugeschnittene Wahl für seinen Biertrunk treffen.

Geschichte

In früheren Jahrhunderten war der Hafen von Kinsale ein wichtiger ***Flottenstützpunkt*** der englischen Besatzer. Das gewaltige, aus dem 17. Jh. datierende Charles Fort in Summercove (s. u.), das einst die Hafeneinfahrt bewachte, gibt noch heute Zeugnis von jenen Tagen.

Im Jahre 1601 landeten die ***Spanier*** an diesem Abschnitt der irischen Küste und besetzten Kinsale. Englands Statthalter, *Lord Mountjoy,* belagerte daraufhin das Örtchen; trotz der Unterstützung, die der irische Adel und die Bevölkerung den Spaniern zukommen ließen, gelang dem Lord die Einnahme der Stadt. Die Bewohner wurden vertrieben, keinem Iren war es ab nun über die Jahrhunderte gestattet, in Kinsale zu leben.

Dieses gewalttätige Ereignis führte zur sogenannten ***Flight of the Earls,*** der Flucht Tausender irischer Aristokraten in katholische kontinentaleuropäische Länder, wo sie sich als Söldner verdingten.

Übrigens wurde der Gründer des nordamerikanischen Bundesstaates Pennsylvania, *William Penn,* in Kinsale geboren.

Sehenswertes

Wer auf Sehenswürdigkeiten aus ist, sollte die ***St. Multose's Church,*** die im 12. Jh. erbaute Pfarrkirche besichtigen sowie in der Cork Street den mächtigen ***Wohnturm French Prison*** (16. Jh.), in dem während der napoleonischen Kriege französische Soldaten eingekerkert waren.

Weiterhin hat ein kleines ***Stadtmuseum,*** das Kinsale Regional Museum, im Old Courthouse am Market Square während der Sommermonate geöffnet (täglich 10-13 und 14-17 Uhr).

In dem alten Gerichtsgebäude übrigens nahm die Untersuchungskommission zum ***Untergang der Lusita-***

nia ihre Arbeit auf. Das Passagierschiff Lusitania wurde 1915 auf der Fahrt von New York nach Liverpool von einem deutschen U-Boot vor dem Old Head of Kinsale, einem Kap südlich des Städtchens, torpediert und versenkt. 1195 Menschen kamen ums Leben. Die deutsche Seite reklamierte, daß das Schiff Munition und Waffen geladen hatte, die Amerikaner dementierten vehement und sprachen von einem abscheulichen Akt der Aggression gegen unschuldige Passagiere. Das Desaster lieferte einen wichtigen Grund für Amerikas Kriegseintritt.

Außerhalb von Kinsale liegt in Summercove hoch über dem östlichen Ufer das ***Charles Fort*** (ausgeschildert, täglich 10-19 Uhr), das erst jüngst renoviert worden ist. 1677 ließ der Duke of Ormond das mächtige Kastell errichten. Von hier oben hat man einen wundervollen Blick auf den Hafen von Kinsale und das Örtchen selbst.

Im Ortszentrum an der Main Street hat der ***Fotograf*** *Giles Norman* eine kleine Galerie und stellt sehr gute, käuflich zu erwerbende Schwarzweißfotos aus.

Kinsale ist übrigens nicht nur bekannt wegen seines milden Klimas und der guten Restaurants, sondern gilt auch als Mekka der ***Hochseeangler;*** gefischt wird vor allem nach Blauhaien – respektable Trophäen darf der Pertrijünger allerdings nicht erwarten; die gefangenen Tiere werden markiert und dann wieder in ihrem Element ausgesetzt.

Im Zentrum von Kinsale

Tourist Information

- Pier Road;
- Information Point gegenüber dem Pub The Spaniard, Scilly, Richtung Charles Fort.
- Im Ortszentrum, nahe der Tourist Information, hängt am Emmet Place ein ***Stadtplan,*** auf dem der Standort einer ganzen Reihe von Restaurants eingezeichnet ist.

Unterkunft

- ***Acton's Hotel & Leisure Centre*******, Tel. (021) 772135, Fax 772231;
- ***Blue Haven Hotel******, Tel. (021) 772209, Fax 774268;
- ***Trident Hotel******, Tel. (021) 772301, Fax 774173;
- ***Mrs. Cathleen Buggy,*** The Old Presbytery, Cork Street, Tel. (021) 772027;
- ***Mrs. Joan Chambers,*** Rosario, Sandycove, Tel. (021) 772810;
- ***Mrs. Moran-Salinger,*** The Rock, Tel. (021) 772734;
- ***Mrs. Mary O'Neill,*** Sea Gull, Cork Street, Tel. (021) 772240;
- ***Mrs. Therese Murphy,*** Ballinspittle Road, Barrell's Cross, Tel. (021) 778354;
- ***Mrs. Phil Price,*** Sleaveen, Tel. (021) 774087;
- ***Mrs. K O'Donovan,*** Guardwell, Tel. (021) 772428;
- ***Mrs. Olive Prior,*** Sandycove, Tel. (021) 774344;
- ***The Sheehan Family,*** Cork Road, Tel. (021) 772627;
- ***Dempsey's Hostel,*** IHH-Hostel, 3 Min. vom Ortszentrum, Tel. (021) 772124;
- ***IHH-Hostel Castlepark Marina Centre,*** Castlepark, Tel (021) 774959, Fax 774958;
- Guter ***Campingplatz:*** Garrettstown House Caravan and Camping Park, Tel. (021) 778156, 12 km südwestlich an der R 600.

Restaurants

- ***Battered Fish,*** Main Street/Ecke Market Street, preiswertes Fish-&-Chips-Lokal;
- ***Man Friday,*** Scilly, Fisch- und Fleischgerichte, fangfrische Hummer, internationale Küche, bis 17 Pfund;
- ***Blue Haven,*** Pearse Street, preisgekröntes Restaurant mit frischen Meeresfrüchten, sommertags speist man im Garten, 17 Pfund;
- ***Chez Jean Marc,*** Lower O'Connell Street; beste französische Küche aus feinsten irischen Zutaten, serviert in feinem Ambiente, über 17 Pfund;
- ***The Cottage Loft Restaurant,*** Main Street, spezialisiert auf frischen Fisch, aber auch Fleisch- und vegetarische Gerichte, das BBC drehte in dem Restaurant für die Fernsehsendung „Floyd on Food“, um 17 Pfund;
- ***Hoby's Restaurant,*** Main Street, Nichtraucherareal, auch vegetarische Gerichte, irische Küche und Meeresfrüchte, 11-15 Pfund;
- ***The Little Skillet,*** Main Street, Familienbetrieb, gemütliche, rustikale Einrichtung, 7-12 Pfund;
- ***Max's Wine Bar,*** Main Street, laut der Irish Times gibt es hier die besten Muscheln von ganz Irland, auch vegetarische Gerichte, um 15 Pfund;
- ***Seasons Restaurant,*** Milk Market Street, das Küchenpersonal ist von deutschen und schweizerischen Köchen geschult, fast 90 Weine auf der Karte, vegetarische Gerichte und Kinderportionen sowie ein Nichtraucherareal, um 15 Pfund;
- ***The Vintage,*** Main Street, gute Lammgerichte, aber auch Fisch, 14-17 Pfund;
- ***The White House Restaurant and Bar,*** Pearse Street, Kinsales ältestes fully licensed Restaurant, gute Steaks, aber auch ausgefallene Gerichte wie Escalope in Calvados und Apfelsauce, um 13 Pfund;
- ***Wild Geese Restaurant,*** Main Street, 4-8 Pfund.

Pubs

- ***The Spaniard,*** Scilly, auf halbem Weg zum Charles Fort gelegen, traditionsreiche Taverne mit Live Music;
- ***Lord Kinsale,*** Main Street, Fachwerkambiente und Wohnzimmeratmosphäre, regelmäßig Live Music;

- **The Greyhound,** Marian Terrace, off Market Square, Pub mit einer absolut winzigen Theke und drei kleinen Hinterzimmern, an kühlen Tagen wärmen die Torf- und Kohlefeuer in den Kaminen, sicherlich Kinsales gemütlichster Pub;
- **The Shanakee,** Market Street, Traditional Folk Music;
- **The Sovereign,** Main Street, Pub mit traditioneller irischer Musik in der Saison;
- **Jim Edward's,** Market Quay.

Wandern

- Zum **Old Head of Kinsale,** eine ins Meer reichende Felszunge, hin und zurück von Kinsale ca. 16 km, sehr einfach zu begehen, die westlichen Klippen beherbergen ein Vogelschutzgebiet.

Hochseeangeln

- **Informationen** im Tourist Office,
- **Buchungen** auch im *Angling Centre* des *Trident Hotel* am Ende des Piers.

Rent-a-Bike

- **Mylie Murphy's Service Garage,** neben dem Supermarkt.

Verbindung

- **Busse** mehrmals täglich von Cork.

Skibbereen

Die Route verläßt Kinsale in westlicher Richtung und verläuft über die R 600 und danach über die N 71 auf das Städtchen Skibbereen (2200 Einwohner) zu. Der Ort ist wichtiges Versorgungszentrum und Administrationssitz von West Cork, Geschäfte aller Art ermöglichen Selbstversorgern, ihre Vorräte aufzufrischen.

Mittwochs findet ein **Viehmarkt** statt, ein Ereignis, das man nicht versäumen sollte. Auch lohnt in der Main Street das **West Cork Arts Centre,** in dem Kunstausstellungen, aber auch Musik-, Tanz- und Theateraufführungen stattfinden, einen Besuch.

Skibbereen eignet sich gut als Standquartier für sehr empfehlenswerte **Ausflüge zur Mizen-Halbinsel.** Vor allem, wer die Tour per Leihfahrrad durchführen möchte, findet nur hier eine Rent-a-Bike-Station (die nächste ist erst wieder in Schull bzw. in Bantry).

Tourist Information

- Main Street.

Unterkunft

- **West Cork Hotel*****, Tel. (028) 21277, Fax 22333;
- **Eldon Hotel****, Tel. (038) 21300, Fax 21876;
- **Mrs. Josephine Griffin,** Glencar, Cork Road, Tel. (028) 21638;
- **Mrs. Carmel O'Sullivan,** Ballyvaldon, Lurriga;
- **The Galvln Family,** Abbey Heights, The Abbey, Tel. (028) 21615;
- **Mrs. Ann Williams,** Borodale, Coronea, Tel. (028) 21485;

- ***Russagh Mill Hostel & Adventure Centre,*** IHH-Hostel, Tel. (028) 22451.

Restaurants

- ***Liss Art Lake Lodge,*** ca. 2 km außerhalb des Ortszentrums an der R 596; eines der besten Restaurants in der gesamten Umgebung, Gerichte bis 30 £, Tischreservierung unter Tel. (028) 22365,
- ***Kalbo's Bistro,*** North Street, mit Snacks und Gerichten bis 11 £;

Pubs

- ***Bernard's Bar,*** in einem Hinterhof der Main Street, gute Pub Grubs;
- ***Field's Coffee Shop,*** Main Street, serviert kleine Snacks, gut für den mittäglichen Lunch.
- ***Sheehy's,*** North Street/Ecke Main Street.

Rent-a-Bike

- ***Roycroft & Son,*** Ilen Street, ein Stück außerhalb des Ortszentrum an der Straße nach Ballydehob.

Verbindung

- ***Busse*** mehrmals täglich von Cork, Killarney, Bantry, Glengarriff, Kenmare, Schull, Baltimore.

Lough Hyne

Wesentlich sehenswerter als Skibbereen ist das 16 km weiter südlich gelegene Baltimore, das auf der R 595 erreicht werden kann. Nach wenigen Minuten Fahrt zweigt links ein kleines Sträßchen zum Lough Hyne (auch Ine geschrieben) ab (ausgeschildert) – diesen Ausflug sollte man auf keinen Fall auslassen! An den Ufern des blaugrünen ***Salzwassersees,*** der von dunklen Wäldern umgeben ist, kann man schöne Spaziergänge unternehmen oder auch in Ruhe und Beschaulichkeit picknicken.

Die Region rund um den Lough ist ein *Nature Reserve,* ein Naturschutzgebiet, mit einem ***einzigartigen Ökosystem.*** Der See ist durch eine natürliche Klippenbarriere vom offenen Meer getrennt; bei Hochwasser jedoch oder während einer Springflut schwappt Salzwasser über dieses Hindernis und füllt den Lough Hyne auf. Durch Verdunstung entsteht ein sehr hoher Salzgehalt. Das Gewässer ist ca. 50 m tief und enthält seltene Mikroorganismen sowie eine einzigartige Flora und Fauna. Am Parkplatz zeigt eine Schautafel die wichtigsten Tiere und Pflanzenarten und gibt Erklärungen zu diesem Ökosystem.

Vom See aus muß man nicht zur Hauptstraße zurückkehren, sondern kann auf nicht klassifizierten, schmalen Wegen nach Baltimore gelangen.

Baltimore

Baltimore (400 Einwohner) liegt auf der Spitze einer ins Meer reichenden Landzunge und hat einen winzigen Hafen, wenige buntbemalte Häuschen im Ortszentrum, ein oder zwei Lebensmittelläden sowie eine kleine, auf Yachten spezialisierte Bootswerft.

Das Dörfchen erfreut sich zunehmender Beliebtheit bei ***Hobbyseglern*** und ***Hochseeanglern.*** Überdies verkehren von hier aus ***Fähren*** zu den in der Roaring Water Bay gelegenen Inseln Sherkin Island und Cape Clear Island.

Baltimore eignet sich - vor allem während der Vorsaison - mit seiner anheimelnden Puppenstubenatmosphäre vorzüglich, um Ruhe zu finden und neue Kräfte zu sammeln.

Oberhalb des Hafens findet man die ***Ruinen des O'Driscoll Castle,*** das im Jahre 1537 von Truppen aus Waterford eingenommen und geschleift wurde; damit nahm man den Piraten der *O'Driscoll-Familie* ihre Trutzburg.

Unterkunft

- ***Baltimore Harbour Hotel******, Tel. (028) 20361, Fax 20466;
- ***Algier's Inn Guesthouse*****, Tel. (028) 20145;
- ***Mrs. Margaret O'Sullivan,*** Gabriel View, Tel. (028) 20194;
- ***Rolfs Hostel,*** IHH-Hostel, Tel. (028) 202-89, wie der Name schon sagt, von Deutschen (den *Haffners*) geführt.

Restaurants

- ***Chez Youen,*** oberhalb des Hafens gelegen, bestes Haus im Orte, mehrfach preisgekrönt, französisch inspirierte Küche, gute Fischspezialitäten, Dinner um 17 Pfund, à la Carte bis zu 26 Pfund;
- ***Casey's of Baltimore,*** am Ortseingang, Seafood und Fleischgerichte zwischen 8 und 16 £;
- ***La Jolie Brise,*** The Square, italienische Gerichte um 10 £;

Pubs

- ***Bushe's Bar,*** direkt am Hafen, Treffpunkt der Segler und Angler;
- ***The Anchor Inn,*** während der Saison Live Sessions; Balladen und Folk auch im ***Algier Inn.***

Verbindung

- ***Busse*** mehrmals täglich von Skibbereen.

Umgebung

Sherkin Island

Je nach Wetterlage und Passagieraufkommen verkehrt von Baltimore aus mehrmals am Tag eine Fähre nach Sherkin Island. Wegen der kurzen, nur wenige Minuten dauernden Überfahrt lohnt sich ein Inselbesuch auch als Tagesausflug. Das Eiland ist knapp 9 km lang und zählt 80 Einwohner. Niedriges Gestrüpp und wilder Rhododendron wachsen zwischen Felsbrocken. Vier ***Sandstrände*** locken zum Schwimmen, auch dem kleinen ***meeresbiologischen Institut*** mit seinen Aquarien sollte man einen Besuch abstatten.

Auf Sherkin Island finden sich ebenfalls die ***Reste einer Burg*** der

räuberischen *O'Driscoll-Familie;* bei der Zerstörung des Bollwerks rissen die Eroberer auch gleich die Gebäude eines kleinen Franziskanerklosters mit ein.

Im ***Insel-Pub*** Jolly Rogers kennt man aufgrund fehlender Ordnungshüter keine Sperrstunde, regelmäßig finden Folk Sessions bis in die tiefe Nacht statt.

Da es kein Restaurant auf der Insel gibt, bleibt nur die ***Selbstversorgung;*** im Post Office werden auch Lebensmittel verkauft. Wer nicht wild zelten möchte, sollte in Bushe's Bar (Baltimore) nach Unterkunftsmöglichkeiten fragen.

Clear Island

Ungefähr eine Stunde dauert die Überfahrt zum 5 km langen und 2 km breiten Clear Island (mehrfach täglich ebenfalls von Baltimore), das aufgrund seiner besseren touristischen Infrastruktur im Sommer wesentlich mehr Besucher verkraften muß als Sherkin Island.

Die 150 Einwohner sprechen untereinander noch hauptsächlich gälisch, die Insel gehört zu den sogenannten ***Gaeltacht-Gebieten,*** in denen die alten irischen Sitten und Gebräuche noch weitgehend erhalten geblieben sind.

Berühmt ist Clear Island auch für sein ***Bird Observatory,*** das 1959 von Hobby-Ornithologen gegründet wurde und heute interessierten Vogelbeobachtern exzellente Studienmöglichkeiten bietet. Nirgendwo sonst in Irland hat man die Möglichkeit, derartig vielen Seevögeln in heimischer Umgebung zuzuschauen.

Während der Sommermonate kann man auch an ***gälischen Sprachkursen*** teilnehmen, und jeden Abend finden dann in der ***Gaelic School*** irische Folklore-Abende statt. In den letzten Oktobertagen lohnt das ***Inselfestival*** *Feile Shamhna Chleire* eine Überfahrt, dabei kommen Theaterstücke, Tänze und Musikdarbietungen zur Aufführung.

Ein kleines ***Museum,*** das Heritage Centre (ausgeschildert), vermittelt mit seinen Exponaten einen Eindruck zur Fischfang- und Seetradition der Insel. Auch auf diesem Eiland unterhielt übrigens der Piraten-Clan der *O'Driscoll* eine Befestigungsanlage.

Stolz sind die Bewohner von Cape Clear, daß der ***hl. Kieran,*** ein Weggenosse von *St. Patrick* und Abt des großen Klosters Clonmacnoise, auf der Insel geboren wurde.

Unterkunft

- ***Mrs. O'Driscoll,*** Cluain Nara, Tel. (028) 391 53;
- Weitere nichtklassifizierte ***B & B*** auf der Insel;
- ***Oilean Cleire,*** An-Oige-Jugendherberge am South Harbour, (028) 39144
- Offizieller ***Campingplatz*** nahe dem South Harbour, (028) 39119.

Pubs

- ***Cotter's Pub,*** serviert auch kleine Mahlzeiten;
- ***Paddy Burke's*** mit angeschlossenem Lebensmittelgeschäft.

Mizen-Halbinsel

Von Baltimore geht es zurück nach Skibbereen und dann weiter über die N 71 in Richtung Ballydehob. Wer aus Zeitgründen keine Rundfahrt auf der Mizen-Halbinsel unternehmen möchte, folge der N 71 weiter bis Bantry.

Ein Besuch auf der Peninsula lohnt sich vor allem bei schönem Wetter. Zwar ist die Strecke landschaftlich nicht so spektakulär wie beispielsweise der Ring of Kerry oder der Ring of Beara, von großem Vorteil erweist sich jedoch, daß die Mizen-Landzunge touristisch nicht überlaufen ist. Ganz besonders empfiehlt sich eine ***Radtour*** (Verleihstellen in Skibbereen, Schull und Bantry, von Skibbereen entlang der Mizen-Halbinsel bis Bantry ca. 120 km; von Schull, inklusive Mizen-Peninsula, ca. 70 km).

Auf der Mizen-Halbinsel gibt es eine große Ansammlung alter ***keltischer Steinmonumente*** und druidischer Kultplätze, die sich meistens in entlegenen Bergregionen befinden, sehr oft mit einem schönen Ausblick auf die Landschaft. Führungen zu diesen Plätzen veranstaltet der Maler und Bildhauer *Thomas Wiegand,* Ballybane, (028) 37323, in der Nähe von Mount Kid, 7 km nordöstlich von Ballydehob.

Ballydehob

Ballydehob ist ein kleiner Ort mit typisch irischer Atmosphäre und vielen gemütlichen Pubs. Am östlichen Ortseingang befindet sich die alte Eisenbahnbrücke über die Flußmündung, das Wahrzeichen des Ortes. Ein Aufenthalt lohnt sich schon allein wegen der schönen Umgebung. Die Küste ist zu Fuß oder mit dem Rad über kleine, einsame Straßen erreichbar. Nordöstlich des Ortes befinden sich interessante geologische Steinformationen.

In Ballydehob und Umgebung haben sich viele einheimische und ausländische ***Künstler*** angesiedelt, deren Ateliers teilweise von Interessenten besucht werden können (Info: Art Center Skibbereen, North Street, Tel. 028-22090). Das *Nature Art Centre* in Ballybane, 7 km nordöstlich von Ballydehob, bietet Kurse und Einzelunterricht in Trommeln, Tanz und Malerei an (Tel. (028) 37323).

Unterkunft

- ***Mrs. M. Coughlan,*** The Parade, Tel. (028) 37272;
- ***Campingplatz,*** westlich von Ballydehob (rechts ab von der Straße nach Schull, Hinweisschilder im Ort);
- Günstige Unterkunft und Ferienwohnungen mit Selbstversorgerküche im ***Nature Art Centre*** von Ballybane, 7 km nordöstlich von Ballydehob, Tel. (028) 37323

Restaurants

- ***Annies's Restaurant,*** Main Street;

Pubs

- An verschiedenen Abenden wird in den Pubs ***traditionelle irische Musik*** gespielt, z. B. freitags in Rose O'Sullivan's Pub (Main Street).

Bioladen

- ***Hudson's Health Food Shop,*** Main Street.

Kunsthandwerk

- ***Keltic Knot,*** Main Street.

Schull

In Ballydehob zweigt die R 592 in südlicher Richtung nach Schull ab. Es geht durch eine Heidelandschaft mit niedrigen Flechten und Sträuchern zwischen oft riesigen Felsbuckeln, rechts und links der Straße blüht gelber Ginster.

Schull (600 Einwohner) ist das Geschäftszentrum auf der Mizen-Halbinsel. Von dem attraktiven Marktflecken verkehrt ebenfalls täglich während der Sommermonate eine Fähre zum ***Clear Island*** (vgl. Baltimore, Umgebung) sowie mehrmals wöchentlich das Postboot zur ***Long Island*** (genaue Daten im Post Office von Schull; keine Unterkunfts- oder Einkaufsmöglichkeiten).

Von Schull Harbour starten Boote mit ***Hochseeanglern,*** wann immer das Wetter es zuläßt. Nördlich des kleinen Ortes überragt der 407 m hohe Mount Gabriel die Mizen-Peninsula, und in der Umgebung finden sich eine Anzahl verlassener Kupferminen.

Die Attraktion des Ortes allerdings stellt das ***Planetarium*** dar, das von einem deutschen Industriellen finanziert wurde. Beste Leitz-Optik zaubert den irischen Sternenhimmel auf ein künstliches Firmament.

Unterkunft

- ***East End Hotel*****, Tel. (028) 28101;
- ***Colla House Hotel*,*** Tel. (028) 28105;
- ***Mrs. M. Hegarty,*** Cape View, Tel. (028) 28446;
- ***Mrs. D. Holt,*** White Castle Cottage, Coorydorigan, Tel. (028) 28528;
- ***Mrs. M. MacFarlane,*** Hillside, Tel. (028) 28248.
- ***Schull Backpackers Lodge,*** IHH-Hostel, Colla Road, Schull, Tel (028) 28681;

Restaurants

- ***The Waterside Inn,*** Main Street, Pub mit angeschlossenem guten Restaurant, in der Taverne preiswerte Bar Meals, abendliche Dinner zwischen 10 und 18 £;
- ***The Altar,*** Toormore, etwas außerhalb von Schull, bestes Restaurant weit und breit, frische Meeresfrüchte, vegetarische Gerichte und originär irische Küche, bis 17 Pfund;

Pubs

- ***The Bunratty Inn,*** gute Bar Meals, regelmäßig Live Music.

Wandern

- Sehr lohnenswert, allerdings nur bei klarem Wetter, ist eine Wandertour zum Gipfel des 407 m hohen ***Mount Gabriel;*** von Schull aus hin und zurück ca. 15 km; für die Anstrengung wird man reichlich durch einen phantastischen Rundblick vom meist sehr windigen Gipfel belohnt.

Rent-a-Bike

- In ***Cotter's Yard,*** neben Andy's Restaurant, gute Mountain-Bikes.

Verbindung

- ***Busse*** mehrmals täglich von Skibbereen, Cork, Bantry, Glengarriff.

Crookhaven

Von Schull geht es weiter zu dem Weiler Crookhaven. Rechts und links der Straße ragen nun wieder mächtige Felsbuckel auf, dazwischen wachsen genügsame Flechten und Heidekräuter. Ab der Streusiedlung Goleen – wer möchte, kann einen Stopp im Pub The Lobster Pot einlegen – mutet das ***Landschaftsbild halbalpin*** an und steht in Kontrast zu den Wellen des nahen Meeres. Vereinzelt grasen Schafe und Kühe zwischen den großen Granitblöcken. Kurz vor Crookhaven fährt man an zwei schmalen, halbkreisförmigen Sandstränden vorbei, an denen sanft die Meereswogen auslaufen.

Crookhaven - einige wenige Häuser rechts und links der einzigen Straße sowie ein winziger Pier - liegt auf einer engen Nehrung; im Osten brandet das Meer an, im Westen gibt es eine ruhige, blaugrüne Lagune.

Am Ortseingang lockt das kleine ***Restaurant Wine Dine,*** nahebei befindet sich ein ***Angling Centre,*** wo man Buchungen zum Hochseeangeln vornehmen kann. Am Pier die ***Pubs The Welcome Inn*** und ***Crookhaven Inn.*** Einige, allerdings nicht klassifizierte B & B. Kurz vor Crookhaven der ***Campingplatz*** Barley Cove Caravan and Camping Park, Tel. (028) 35302.

Mizen Head

Weiter geht es auf nun sehr schmalen Sträßchen zum südlichsten Punkt Mizen Head. Unterwegs passiert man Barley Cove und hat einen guten Blick von der oberhalb verlaufenden Straße auf einen schönen ***Sandstrand.*** An den erwähnten Gestaden gibt es fest montierte ***Wohnwagensiedlungen,*** die das Landschaftsbild ganz beträchtlich stören.

Hinter Barley Cove steigt die Straße steil an, linker Hand brandet tief unten das Meer an; bei schlechtem Wetter hängen die Wolkenbänke bis auf die Straße, so daß man den Ozean nicht sehen, dafür aber hören kann - eine sehr gespenstische Atmosphäre.

Die Trasse endet am Mizen Head, hier steht man rund 230 m über der See und hat - bei klarem Wetter - einen prächtigen ***Ausblick.*** Der Leuchtturm am Kap kann mittlerweile besichtigt werden.

Wer etwas Bewegung möchte, sollte eine kleine ***Wanderung*** in Richtung Westen entlang der Dunlough Bay zum Three Castle Head unternehmen; dorthin gelangt man nur zu Fuß, und Einsamkeit beim Picknick ist fast immer garantiert.

Bantry

Vom Mizen Head geht es nun an der Westseite der Halbinsel gen Norden nach Bantry; die schmalen und schlaglochübersäten, nichtklassifizierten Straßen treffen bald auf die R 591, und während man an der Dunmanus Bay entlang fährt, hat man schöne Blicke auf die Sheepshead-Peninsula.

Bantry (2800 Einwohner) liegt an der nach dem Städtchen benannten Bucht, wo der Golfstrom sich in Klima und Vegetation bemerkbar macht; milde Temperaturen erfreuen den Besucher und lassen sogar Palmen gedeihen.

Auf der dem Örtchen vorgelagerten Whiddy Island befindet sich eine moderne ***Ölverladestelle,*** große Tanker können die Pumpstation anlaufen, und die Ozeanriesen stehen in seltsamem Kontrast zu der großartigen Landschaftskulisse. Beim Anblick dieser dünnhäutigen Monstren mag man gar nicht darüber nachdenken, wie die Bantry Bay und die umliegenden

Küstenstreifen wohl nach einem Tankerunglück aussehen würden.

Bantry ist ein kleiner Ort mit einer ganz besonderen Atmosphäre, und ein Besuch lohnt sich vor allem freitags, am ***Markttag*** (großer Markt auf dem Wolf Tone Square jeden ersten Freitag im Monat). Dann locken viele Stände von Leuten, die aus anderen Ländern nach Irland eingewandert sind und u. a. Biogemüse und Kunsthandwerk verkaufen; besonders zu empfehlen: Ziegenhandkäse vom Holländer *Art Verslot.*

In Bantry hat die irische ***Umweltschutzorganisation*** Earth-Watch ihren Hauptsitz (am Hafenbecken). Touristen-Attraktion ist das prachtvoll eingerichtete ***Schloß Bantry House*** (9–18 Uhr, im Sommer bis 20 Uhr). 1740 begann man mit dem Bau von Bantry House, das jedoch erst 100 Jahre später fertiggestellt wurde. Immer wieder mußten An- und Umbauten vorgenommen werden, damit die vielen Sammlerstücke, die der zweite Earl von Bantry auf seinen Reisen zusammentrug, auch in einem angemessenen Rahmen dargestellt werden konnten.

Zu den Kunstschätzen gehören Mosaike aus Pompeji, kostbare Möbel im Chippendale-Stil, prachtvolle Wandteppiche und Gemälde sowie ein riesiger Kronleuchter aus Waterford-Kristall (vgl. Tour 3, Waterford).

Hat man sich in dem kleinen Tea Shop von Bantry House mit dem exzellenten Apfelkuchen gestärkt, sollte man unbedingt an der Rückseite

Dudelsackspieler in Bantry

Das prachtvolle Bantry House an der weit ins Land reichenden Bantry Bay

des Herrenhauses die 107 Stufen hochsteigen und den phantastischen ***Panoramablick*** genießen. Im Vordergrund liegt lang hingestreckt Bantry House, dahinter erkennt man die Bantry Bay, die rechts und links von den schroffen Hügelzügen der Sheepshead- und Beara-Halbinsel eingefaßt wird.

Seit einigen Jahren kann man sehr stilvoll und zu moderaten Preisen in Bantry House übernachten, in dem Herrensitz ist ein B & B untergebracht, Tel. (027) 50047.

Tourist Information

- Wolfe Tone Square.

Unterkunft

- ***Westlodge Hotel******, Tel. (027) 50360, Fax 50438;
- ***Bantry Bay Hotel*****, Tel. (027) 50289, Fax 50261;
- ***Mrs. Tosca Kramer,*** The Mill, Glengarriff Road, Tel. (027) 50278;
- ***The Muckley Family,*** Shangri-La, Glengarriff Road, Tel. (027) 50244;
- ***Mrs. Sheila Brennan,*** Elsloo, Newtown, Tel. (027) 50471;
- ***Mrs. Phyllis Foley,*** Ard na Greine, Newtown, Tel. (027) 51169;
- ***Bantry Independent Hostel,*** IHH-Hostel, Bishop Lucy Place, nahe dem Zentrum, Tel. (027) 51050.

Restaurants

- ***Larchwood House Restaurant,*** Pearsons Bridge, nahe beim Örtchen Ballylickey, ca. 5 km außerhalb von Bantry, kleines, gemütliches Gourmet-Restaurant in landschaftlich schöner Umgebung, um 17 Pfund;

•***Peter's Steak House Restaurant,*** New Street, zwischen 4 und 8 Pfund;
•***O'Connor's Sea Food Restaurant,*** Wolfe Tone Square, zwischen 9 und 14 Pfund;
Vickery's Inn, New Street, großer Familienbetrieb, Touristen-Menü zwischen 9 und 13 Pfund, à la Carte um 17 Pfund;
•***The Rendezvous,*** in einem Manor House des Weilers Ballylickey, 5 km außerhalb von Bantry, sehr edel, Meeresfrüchte nach französischen Rezepten, bis 18 Pfund;

Pubs

•***Anchor Tavern,*** New Street, Kneipe mit maritimem Ambiente;
•***Barry Murphy's,*** gemütlicher Pub am Wolf Tone Square;
•***The Snug,*** Wolf Tone Square, kleine gemütliche Kneipe mit regelmäßiger Live Musik.

Rent-a-Bike

•***Kramer's,*** Glengarriff Road, kleiner Laden, an Wochenenden gechlossen, auch sonst fährt man leicht daran vorbei, besser zu finden ist das B & B der Familie *Kramer;* an der linken Straßenseite der Glengarriff Road, man achte auf das Schild „The Mill".

Verbindung

•***Busse*** von Cork, Skibbereen, Glengarriff, Killarney und Schull.

Glengarriff

Von Bantry geht es nun entlang der N 71. Auf der Strecke hat man bereits phantastische Ausblicke auf die Beara-Halbinsel und bekommt einen Vorgeschmack auf die landschaftlichen Höhepunkte.

Das bald erreichte, 300 Einwohner zählende Örtchen Glengarriff hat die mildesten Wintertemperaturen in ganz Irland, und eine üppige ***subtropische Vegetation*** blüht und wächst entlang der Seefront: Palmen, Pinien, Eiben, Eukalyptusbäume, Rhododendren, Azaleen und Fuchsien.

Direkt am Ortseingang von Glengarriff befindet sich der kleine Pier, von dem aus man eine kurze Seefahrt zur vorgelagerten Insel ***Garinish Island*** unternehmen sollte. Ab 1910 brachte man Abertausende Tonnen Humuserde auf das karstige Eiland und gestaltete einen prachtvollen italienischen Garten; die 15 ha große Blumeninsel kann den schönsten Park von ganz Irland aufweisen. Pflanzen aus aller Welt blühen prachtvoll im Frühjahr.

Ein Stückchen außerhalb von Glengarriff an der N 71 Richtung Kenmare lohnt der ***Glengarriff Forest Park*** (auch Barley Wood genannt) einen Besuch (ausgeschildert). Eine ganze Reihe schöner Spazierwege und *Nature Trails* sowie viele Picknickplätze machen das Naherholungsgebiet zu einem beliebten Ausflugsziel. Vom höchsten Punkt aus sieht man am Lady Bantry's Look-Out (ausgeschildert) weit über die grandiose Landschaft.

Tourist Information

- Main Street.

Unterkunft

- ***Eccies Hotel*****, Tel. (027) 63003, Fax 63319;
- ***Mountain View Hotel*****, Tel. (027) 63103;
- ***Mrs. Ann Guerin,*** Sea Front, Tel. (027) 63079;
- ***Mrs. Rita Barry-Murphy,*** Cois Coille, Tel. (027) 63202;
- ***Mrs. Eileen O'Sullivan,*** Island View House, Tel. (027) 63081;
- ***Campingplatz*** Dowling's Caravan and Camping Park, Tel. (027) 63154, 2 km westlich an der Straße nach Castletownbere;
- ***O'Shea's Caravan and Camping Park,*** Tel. (027) 63140, ebenfalls 2 km westlich an der Straße nach Castletownbere.

Restaurants und Pubs

- ***The Sea Food Restaurant,*** Meeresfrüchte zwischen 9 und 11 Pfund.
- ***Bernard Harrington's,*** Pub mit regelmäßigen Live Sessions.

Rent-a-Bike

- Am Anlegepier der Harbour Queen.

Verbindung

- ***Busse*** von Cork, Skibbereen, Schull, Bantry und Killarney.

Der Ring of Beara

Von Glengarriff nimmt man nun die R 572 in südwestlicher Richtung zur Beara-Rundfahrt. Der *Ring of Beara,* wie diese Strecke in den Prospekten der Tourismusbranche genannt wird, ist landschaftlich mindestens ebenso schön wie der berühmte *Ring of Kerry,* doch wird die Beara-Halbinsel vom irischen *Tourist Board* so gut wie gar nicht beworben.

Zum einen fehlt weitgehend die touristische Infrastruktur, zum anderen können die großen Ausflugsbusse die schmalen Straßen nicht befahren. Das hat den Vorteil, daß der Beara-Ring nicht so kommerzialisiert ist wie der Ring of Kerry; vor allem während der Vorsaison begegnet man kaum einem Menschen auf der Rundfahrt.

Schon hinter Glengarriff wird die Landschaft extrem rauh, mächtige Felsbuckel ragen auf, dazwischen nur Flechten, niedrige Sträucher und Heidekraut. Man blickt auf zwei Bergspitzen, die jedoch zumeist in schweren grauen Wolken stecken. Überhaupt tragen die gewaltigen Wolkenformationen, die sich mit den Hügelketten verbinden, maßgeblich zur grandiosen Naturkulisse bei. Oft jagen auch, vom stürmischen Wind getrieben, Wolkenfetzen niedrig über die Straße. Dann wieder bricht die Sonne durch und scheint auf die karstigen Hochflächen.

Nach wenigen Kilometern Fahrt passiert man den Weiler Adrigole, eine Streusiedlung ohne erkennbaren Ortskern. Hinter Adrigole dann ragen rechts der Straße steil die Felswände

Auf der Beara-Halbinsel

in die Höhe, während man nach links weit über das Meer blicken kann. Die schmale, kurvenreiche und manchmal schlaglochübersäte Trasse fordert höchste Aufmerksamkeit vom Fahrer, am Straßenrand grasen zudem Schafe mit ihren Lämmern.

Castletownbere

Castletownbere (700 Einwohner) ist der Hauptort auf der Beara-Halbinsel und einer der wichtigsten ***Fischerhäfen*** Irlands; Trawler aus allen Nationen legen am Pier an, dicht an dicht und in mehreren Reihen ankern die Boote im Hafen. Die rostigen Kutter, das Geschrei der Möwen, die ruhig und mit sicherer Hand arbeitenden Fischer sowie der Geruch von Moder und Fisch geben dem Dörfchen eine klassische Hafenatmosphäre.

Wenige Kilometer südlich lohnt die ***Ruine von Dunboy Castle,*** 1602 von den Engländern zerstört, einen Besuch und lockt mit guter Aussicht. Nahebei steht ***Puxley's House,*** in dem einst der Betreiber der vielen Kupferminen herrschaftlich residierte. Überall stößt man rund um Castletownbere, vor allem jedoch bei Allihies (s. u.), auf ***alte Schächte.*** *Daphne du Maurier* hat in ihrem Roman „Die Erben von Clonmere" (englischer Originaltitel: „Hungry Hill" - nach dem höchsten Berg der Beara-Halbinsel) die sozialen Nöte der Bergarbeiter und den Reichtum der Minenbesitzer literarisch verarbeitet.

Unterkunft

- ***Craigie's Cametringane House*****, Tel. (027) 70379;
- ***Mrs. M. Donegan,*** Realt-na-Mara, Tel. (027) 70101;
- ***Mrs. E. Harrington,*** Ivernia, Glengarrif Road, Tel. (027) 70066;
- ***Mrs. M. O'Brien,*** Shanacloon, Tel. (027) 70050;
- ***Mrs. M. Shanahan,*** Lugano House, Tel. (027) 70116;
- ***Mrs. S. Murphy,*** Bay View House Westend, Tel. (027) 70099;
- ***Mrs. B. M. Harrington,*** Castletown House, Tel. (027) 70252;
- ***Garranes Hostel,*** IHH, südlich von Castletownbere in Cahermore, Tel. (027) 73147.

Restaurants

- ***The Old Bank Seafood Restaurant,*** Bank Place, Meeresfrüchte 9 und 18 £;
- ***Old Cottage Restaurant,*** auf einem kleinen Hügel gelegen, gute Aussicht, beste französische Küche, bis 20 Pfund.

Pubs

- ***MacCarthy's,*** Irish Folk Sessions;
- ***Lynch's Bar,*** häufig Live Music, außerdem guter Pub Grub mit Meeresfrüchten;
- ***Hole In the Wall,*** regelmäßig Folk Sessions.

Wandern

- Großartig ist eine Besteigung des 685 m hohen ***Hungry Hill;*** allerdings ist diese Tour sehr anstrengend (ca. 10,5 km), nur Personen mit guter Kondition sowie entsprechender Wanderausrüstung sollten den Berg in Angriff nehmen. Von Adrigole kommend, geht nach ca. 8 km eine asphaltierte Straße rechts ab (Ausschilderung „Hungry Hill"); man parke an der Kreuzung und beginne den Aufstieg. Die Route ist markiert, doch sind die roten Hinweispfeile auf den Felsen stark verblichen, man muß genügend Kenntnisse mitbringen, um den Pfad selbst zu finden. Auf keinen Fall sollte man die Wanderung unternehmen, wenn man nicht über genügend Erfahrung verfügt und Geländeformationen nicht richtig einschätzen kann!

Rent-a-Bike

- Im ***Supermarkt Super Valu.***

Umgebung

In den Sommermonate verkehrt mehrmals täglich eine kleine Fähre zur vorgelagerten, rund 250 Einwohner zählenden ***Bere Island;*** auch das Fahrrad kann mitgenommen werden. Auf der Insel befindet sich eine Segelschule. Unterkunft u.a. bei Mrs. O'-Sullivan, Harbour View, Tel. (027) 75011; einige weitere, nichtklassifizierte B & B.

Dursey Island

Auf der weiteren Fahrt nach ***Garinish Point,*** dem südlichsten Zipfel der Peninsula, hat man weitere sehr gute Ausblicke auf Berge, Felsen und Meer. Am Garinish Point kann man mit Irlands einziger Kabelbahn nach Dursey Island übersetzen (nur während der Sommermonate, kein regelmäßiger Fahrplan, verkehrt hauptsächlich in den frühen Morgenstunden bis 11 Uhr und dann wieder ab 16 Uhr) und geruhsame Spaziergänge unternehmen. Die Insel zählt nur wenige verstreute Häuser.

Allihies

Weiter geht es auf kurvenreicher und schmaler Straße auf das Dörfchen Allihies zu, kurz vorher passiert man den kleinen, halbkreisförmigen, weißen Sandstrand ***Ballydonegan Beach.*** In Allihies markieren die Tankstelle und der nicht zu übersehende violett-gelb gestrichene Food Store - hier auch ein Fahrradverleih - das spärliche Ortszentrum. Bei Allihies führen Hinweisschilder zu den ***alten Kupferminen.***

Unterkunft

- ***The Village Hostel Bonny Brae's,*** IHH-Hostel, Allihies Village, Tel. (027) 73107;
- ***Mrs. S. O'Sullivan,*** Glen Ocean House, Tel. (027) 73019.

Eyeries

Weiter in Richtung Eyeries blickt man hoch oben von der Straße auf die zerfurchte Küste, auf ins Meer reichende Felsnasen, an denen die Gischt hoch in die Luft spritzt, auf Felsschären und kleine Fjorde. Weit in der dunstigen Ferne jenseits der breiten Bucht erkennt man die Hügel von Kerry.

Die ***Trasse*** ist sehr eng und kurvenreich, starke Steigungen wechseln mit steil nach unten führenden Strecken ab. Zwischen Allihies und Eyeries erstreckt sich sicher der landschaftlich schönste Teil des Ring of Beara.

Nun geht es von der Küste ins Landesinnere, und gewaltige Felsbuckel säumen die Straße. Teilweise sehen die Steinhänge aus, als hätte man sie mit einem riesigen Hobel bearbeitet. Schon bald aber folgt die Trasse wieder dem Verlauf der Küste und man gelangt ins winzige Dörfchen Eyeries, wo die wenigen Häuser in kräftigen bunten Farben gestrichen sind.

Nach Ardgroom

Zwischen Eyeries und Ardgroom ist die Straße äußerst schlecht und kann durchaus als ***Piste*** bezeichnet werden; zudem ist die Trasse sehr schmal, und der Fahrer hofft vor jeder Kurve, daß kein Gegenverkehr kommt - zwei Kleinwagen passen kaum nebeneinander. Die Fahrerei ist anstren-

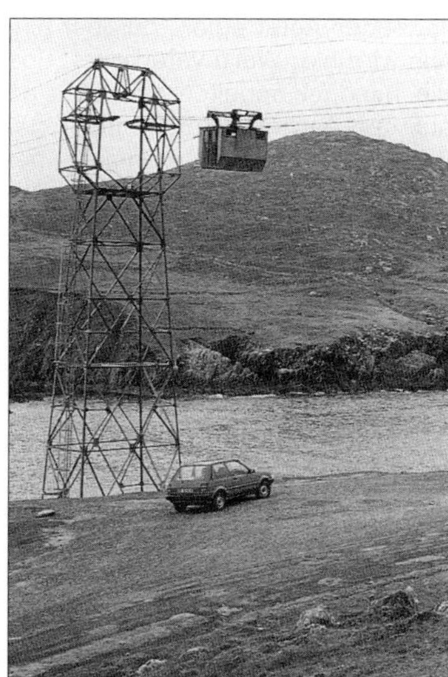

Die Kabelbahn nach Dursey Island

gend, und mit maximal 35 km/h legt man die weitere Strecke zurück.

Einige Kilometer hinter Ardgroom geht es zu einem prähistorischen ***Stone Circle*** (ausgeschildert). Ein kurzes Stück weiter gibt ein Schild die Abzweigung zum ***Glanmore Lake*** zu erkennen (ca. 5 km), an dessen baumgesäumten Ufern man sich von der anstrengenden Fahrt bei einem Picknick erholen sollte. Wer hier übernachten möchte, kann dies in der An-Oige-Jugendherberge tun (064-83181).

Healy-Paß

Die folgende Ausschilderung entlang der Route weist auf den Healy-Paß hin, und bei schönem Wetter lohnt sich nun unbedingt ein längerer Umweg. Die 330 m hohe und 12 km lange Gebirgsstraße führt quer über die Beara-Halbinsel, und von dort oben hat man wahrhaft phantastische Ausblicke auf die südliche Region Irlands.

Der Paß wurde während der Großen Hungersnot im letzten Jahrhundert als Arbeitsbeschaffungsprogramm begonnen; es häuften sich jedoch Unfälle mit Todesfolge, so daß man das Projekt aufgab. Erst 1931 ließ der Ingenieur *Tim Healy* die Straße vollenden.

Nach Kenmare

Die Trasse mündet in Adrigole, und über Glengarriff sowie weiter dann über die N 71 geht es nach Kenmare. Der Umweg über die Bergstraße ist schon deshalb lohnend, weil von der Abzweigung zum Healy-Paß bis nach Kenmare keine attraktiven Ausblicke mehr möglich sind, da die Strecke in diesem Abschnitt von Wäldern gesäumt ist.

Fährt man trotzdem - etwa bei schlechtem Wetter - die R 571 weiter, so passiert man ein kurzes Stück hinter der Abzweigung zum Healy-Paß die Ausschilderung zu den ***Derreen-Gärten.*** Aufgrund des milden Klimas wachsen in dem Parkareal neuseeländische Baumfarne, Palmen, Bambus und Rhododendren. Ca. 14 km vor Kenmare geht rechts eine kleine Straße mit dem Hinweis *„Waterfall Area"* ab. Das Sträßchen schlängelt sich 8 km Richtung Süden durch ein bewaldetes Tal, vorbei an drei Seen und einen *Stone Circle.* Dann öffnet sich der Blick auf den

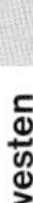

Glenichaquin-Wasserfall, der über schwarze Felsen in die Tiefe rauscht. Ein Farmer hat einen ausgeschilderten, 4 km langen Wanderweg über sein Gut angelegt, für den er einen moderaten Wegezoll verlangt. Der Blick von der Spitze des Wasserfalls über das Tal und die Seen bis hin zur Küste ist grandios.

Kenmare

Wenige Kilometer weiter dann ist Kenmare (1000 Einwohner) erreicht. Völlig zu Recht lautet der irische Name *An Neidin* - das kleine Nest. Das hübsche Örtchen liegt am Ring of Kerry und müht sich redlich, Besuchern als Ausgangspunkt für diese Rundreise zu dienen; doch die Konkurrenz von Killarney ist übermächtig, und wer immer es einrichten kann, macht jenes Mekka des Irland-Tourismus zu seinem Standquartier.

Im Jahre 1670 erhielt der Brite *Sir William Petty* die Region um das heutige Kenmare als Lehen und gründete das Städtchen, das sich bald zu einem prosperierenden Fischerort entwickelte. Aber schon 18 Jahre später war es mit dem Aufschwung erst einmal vorbei. Während der Auseinandersetzungen zwischen *Wilhelm von Oranien* und *James II.* wurde die Stadt belagert, und die Soldateska trieb die Bewohner in die Flucht. Erst nachdem der Oranier als *Wilhelm III.* den britischen Thron bestiegen hatte, ging es auch mit dem Örtchen wieder aufwärts.

Heutzutage ist Kenmare das ***landwirtschaftliche Zentrum*** der umliegenden Agrarregion, darüber hinaus wird hier Wolle verarbeitet, und die handgeklöppelten Spitzen sind auf der ganzen Grünen Insel beliebt. Überhaupt ist Kenmare bekannt für seine guten ***Kunsthandwerksartikel.***

Die Auswirkungen des Golfstroms sorgen für ein ***mildes Klima,*** es gedeihen Palmen, und überall sieht man farbenprächtige Rhododendren.

Tourist Information

- Main Street.

Unterkunft

- ***Sheen Falls Lodge********, Tel (064) 41600, Fax 41386, etwas außerhalb von Kenmare in einem 121 Hektar großen Park gelegen, eines der bekanntesten Häuser Irlands, mit allen Sportmöglichkeiten, einem 18-Loch-Golfplatz und einem hervorragenden Restaurant (s. u.);
- ***Park Hotel********, Tel. (064) 41200, Fax 41402;
- ***Kenmare Bay Hotel*******, Tel. (064) 41300, Fax 41541;
- ***Riversdale Hotel******, Tel. (064) 41299, Fax 41075;
- ***Lansdowne Arms Hotel*****, Tel. (064) 41368, Fax 41114;
- ***Mrs. Hannah Boland,*** Muxnaw Lodge, Castletown, Berehaven Road, Tel. (064) 41252;
- ***Toni & Tom Connor,*** Ardmore House, Killarney Road, Tel. (064) 41406;
- ***Mrs. Rosita McCarty,*** Arbutus House; Killarney Road, Tel. (064) 41059;
- ***Mrs. Maura Murphy,*** Rose Cottage, Tel. (064) 41330;
- ***Mrs. Marian O'Dwyer,*** Rockcrest House, Gortamullen, Tel. (064) 41248;
- ***Mrs. Eileen M. Ryan,*** River Meadows, Sneem Road, Tel. (064) 41306;
- ***Mrs. Siobhan Thoma,*** Tobernurry House, Gortamullen, Tel. (064) 41409;
- ***Kenmare Failte Hostel,*** IHH-Hostel, Henry Street, Tel. (064) 41083;

Aussicht bei der Beara-Rundfahrt

- ***Bonane Hostel,*** IHH-Hostel, zwischen Kenmare und Glengarriff gelegen (11 km von Kenmare, 20 km von Glengarriff), Tel. (064) 41098;
- ***Campingplatz*** Ring of Kerry Caravan and Camping Park, gut ausgestattet, Tel. (064) 41366, 4 km westlich von Kenmare an der Straße nach Sneem.

Restaurants

- ***La Cascade Restaurant at Sheen Falls Lodge,*** ca. 1,5 km außerhalb von Kenmare an der Glengarriff Road, luxuriöses und sehr teures Restaurant in dem einstigen Herrensitz des Earl of Kerry, irische Küche der Spitzenklasse, auch vegetarische Gerichte, behindertengerechte Einrichtung, Nichtraucherareal, à la Carte um 37 Pfund;
- ***The Lime Tree Restaurant,*** Shelbourne Street, Gerichte zubereitet mit selbstangebauten Gewürzen, auch vegetarische Gerichte, 17 Pfund;
- ***The Purple Heather Bistro,*** Henry Street, hausgemachte Speisen, Meeresfrüchte, Snacks, 10 Pfund;
- ***The Old Dutch Restaurant,*** Henry Street, zwischen 9 und 15 Pfund;
- ***Foley's,*** Henry Street, alteingesessenes Restaurant, 15 Pfund;
- ***La Brasserie,*** Henry Street, für den schmaleren Geldbeutel, bis 6 Pfund;
- ***Pizzeria Guiliano's,*** Main Street, nettes Lokal, Pizzen und Pasta, bis 7 Pfund;
- ***D'Arcy's Old Bank House,*** Main Street, hervorragende Speisen im Angebot, bis 13 Pfund;
- ***McGrath's,*** Main Street, Gerichte zu 8 Pfund in gemütlicher Wohnzimmeratmosphäre.

Pubs

- ***O' Donnabhain's,*** Henry Street, nette Kneipe mit Biergarten;

The Horseshoe, Main Street, in der Taverne werden den ganzen Tag Bar Meals serviert;

- ***The Coachman,*** Henry Street.

Killarney-Nationalpark

If mountains, wood and water harmoniously blent, constitute the most perfect and adequate loveliness that nature presents, it surely must be owned, that it has, all the world over, no superior.

Alfred Austin,
1885 über die Landschaft von Killarney

The air was filled with the frangrance of wild flowers, and the eye wherever it turned beheld a region of delight, in which nature seemed to have unlocked all her treasures.

Lewis Dillwyn,
1809 über die Landschaft von Killarney

Schon in der Bronzezeit, vor 4000 Jahren, lebten Menschen in der Gegend rund um das heutige Killarney. Auf Ross Island im Lough Leane bauten die frühen Siedler Kupfer ab und werden sich wohl vor allem wegen der angenehmen Temperaturen hier niedergelassen haben.

Flora

Es ist vor allem das vom Golfstrom beeinflußte, milde ozeanische Klima, das die blühende Farbenpracht der Pflanzen im Killarney-Nationalpark bewirkt. Zuallererst fallen alle Arten von Moosen, Flechten und Farnen, vor allem Hautfarne *(Hymenophyllum)* ins Auge, die sehr häufig als Epiphyten auf den Zweigen und Stämmen der Bäume sitzen. Der wilde Rhododendron und die Azaleen, die in der ganzen Region die Wege säumen, haben derart überhand genommen, daß sie im gesamten Nationalpark von den Landschaftsgärtnern gestutzt werden müssen.

Bekannt unter Botanikern ist die Gegend rund um die drei Seen aber vor allem wegen ihrer Erdbeerbäume *(Arbutus unedo),* die eigentlich im Mittelmeerraum beheimatet sind und in Nordeuropa sonst nicht vorkommen.

Weitere mediterrane Pflanzen sind der Rauhhaarige Steinbrech *(Saxifraga hirsuta)* und das Großblütige Fettkraut *(Pinguicula grandiflora).*

Irland ist eine sehr waldarme Insel, umso mehr staunt der Besucher im Killarney-Nationalpark über die eindrucksvollen natürlichen Eiben- und Eichenwälder, die zu den größten der Grünen Insel gehören und andernorts nur selten und dann nicht in dieser Fülle zu sehen sind.

Hauptsächlich in höheren Lagen kommen Traubeneichen vor, unter deren ausladender Krone Stechpalmen zu finden sind.

In tiefer gelegenen Regionen wächst die Eibe gerne auf einem Untergrund von Karbonkalk - so auf der Muckross-Halbinsel. Eiben werfen einen so tiefen Schatten, daß in ihrer näheren Umgebung nur Moose ein Überleben fristen können.

Fauna

Irlands höchste Berge, die drei Seen und die Wälder bestimmen natürlich auch die Fauna der Gegend. Ornithologen haben im Killarney-Nationalpark insgesamt 114 Vogelarten ausgewiesen, davon brüten 64 an Ort und Stelle. Zwergtaucher *(Podiceps ruficollis)* kommen bei den vielen Gewässern auf ihre Kosten, ebenso die Wasserralle *(Rallus aquaticus)* und der Graureiher *(Ardea cinerea);* alle drei Arten nisten rund um die Seen. Der Eisvogel *(Alcedo atthis)* und die Wasseramsel *(Cinclus cinclus)* begleiten die Boote vor allem an Bächen und Flußläufen; auch sie haben hier ihre Nistplätze.

Im Winter suchen Zugvögel die milden Temperaturen und leben üppig auf dem Gelände des Nationalparks. Eine ganze Kolonie von grönländischen Blaßgänsen *(Anser albifrons favirostris)* überwintert im Tal, und ebenfalls aus dem kalten Norden kommen die Rotdrosseln *(Turdus iliacus)* mit ihren Verwandten, den Wacholderdrosseln *(T. pilaris),* die, wie der Name schon sagt, sich an den Beeren der Hügelänge gütlich tun.

In den umliegenden Berggegenden, vor allem aber am Torc und am Mangerton Mountain, kommen die einheimischen Rotwildbestände *(Cervus elaphus)* vor (vgl. Wanderdung 2, 3, 4); ebenfalls an diesen Hängen äsen die eingebürgerten Japanischen Sika-Rehe *(Cervus n. nippon).*

Rent-a-Bike

- ***Finnegan Cycles,*** Henry Street.

Verbindung

- ***Busse*** mehrmals täglich von Cork, Killarney, Skibbereen, Glengarriff, Tralee, Sneem.

Nach Killarney

32 km sind es nun noch bis Killarney, dem Haupttouristenort der Grünen Insel; auf der Fahrt dorthin kann man bereits von mehreren Aussichtspunkten atemraubende Blicke auf die einzigartige Landschaft genießen: Tief unten im Tal sieht man die drei Seen von Killarney, umgeben von Irlands höchsten Bergen.

Killarney

Ganz eindeutig ist Killarney (7500 Einwohner) ***das touristische Zentrum*** auf der Grünen Insel - kein Irland-Besucher wird das Städtchen auslassen, obwohl es kaum über Sehenswürdigkeiten verfügt. Es ist die ***Landschaft,*** die Killarneys Reiz ausmacht: die drei Seen, die mächtigen Hügelzüge mit ihren Tälern, die Wälder sowie die reiche Vegetation und über allem die gewaltigen Wolkengebirge des stetig wechselnden Wetters.

Schon zu Beginn des 19. Jh. begann in Killarney der Irland-Tourismus, und nachdem die britische Königin *Victoria* das reizvolle Örtchen als Urlaubsziel erwählte, setzten die Bewohner der Stadt vollends auf den Fremdenverkehr. Kluge Planungen sorgten für weiteren Aufschwung.

Das der Stadt gegenüberliegende Seeufer hatte man schon früh aus jeglichen Bebauungsplänen herausgenommen, die Muckross-Domäne, ein einstiger Privatbesitz, wurde zum ***ersten Nationalpark Irlands*** erklärt und in jüngster Zeit konnte diese *Bourne Vincent Memorial Park* genannte Region um zwei weitere geschützte Areale bereichert werden. Der Nationalpark erstreckt sich derzeit über ein Gebiet von rund 8000 ha, umschließt Berge und Wälder sowie die Seen Upper und Lower Lough Leane und den Muckross Lake. Gut ausgeschilderte Fahrrad- und Wanderwege helfen bei der Erkundung der landschaftlichen Höhepunkte.

Neben den Einnahmen aus dem Fremdenverkehr sorgt noch eine kleine Leder- und Textilindustrie für zusätzliche Umsätze, und eine große deutsche Firma produziert schwere Krananlagen in Killarney und sichert eine ganze Reihe von Arbeitsplätzen.

Neben den darob bei den Bürgern von Killarney beliebten Deutschen, die auch einen Großteil der Touristen stellen, sind es vor allem Amerikaner, die dieses Mekka der Grünen Insel aufsuchen und hier irische Klischees bestaunen möchten. Entsprechend kommerzialisiert und amerikanisiert ist die Stimmung in dem Örtchen und vor allem abends in den Singing Pubs.

Sehenswertes

Die beiden ***Hauptstraßen*** von Killarney – in denen sich eine vollständige touristische Infrastruktur findet: Pubs und Restaurants, Banken und Fahr-

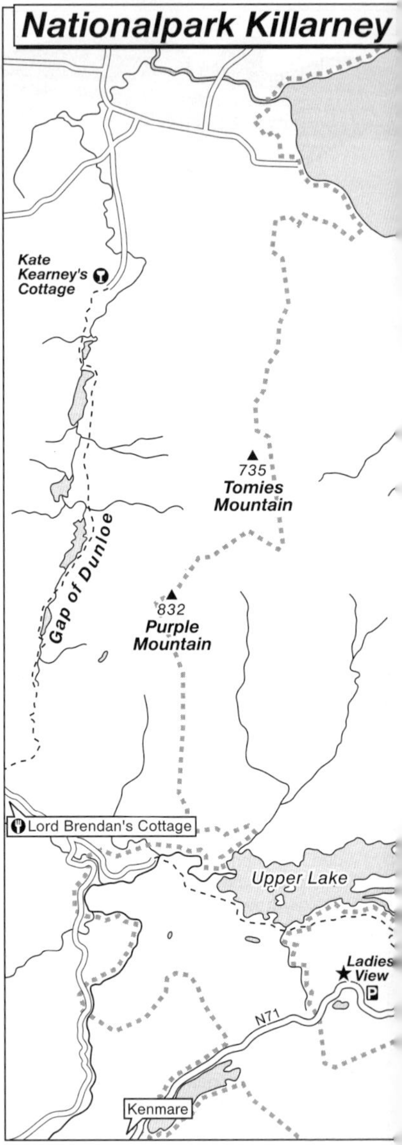

Nationalpark Killarney

Kate Kearney's Cottage
735
Tomies Mountain
Gap of Dunloe
832
Purple Mountain
Lord Brendan's Cottage
Upper Lake
Ladies View
N71
Kenmare

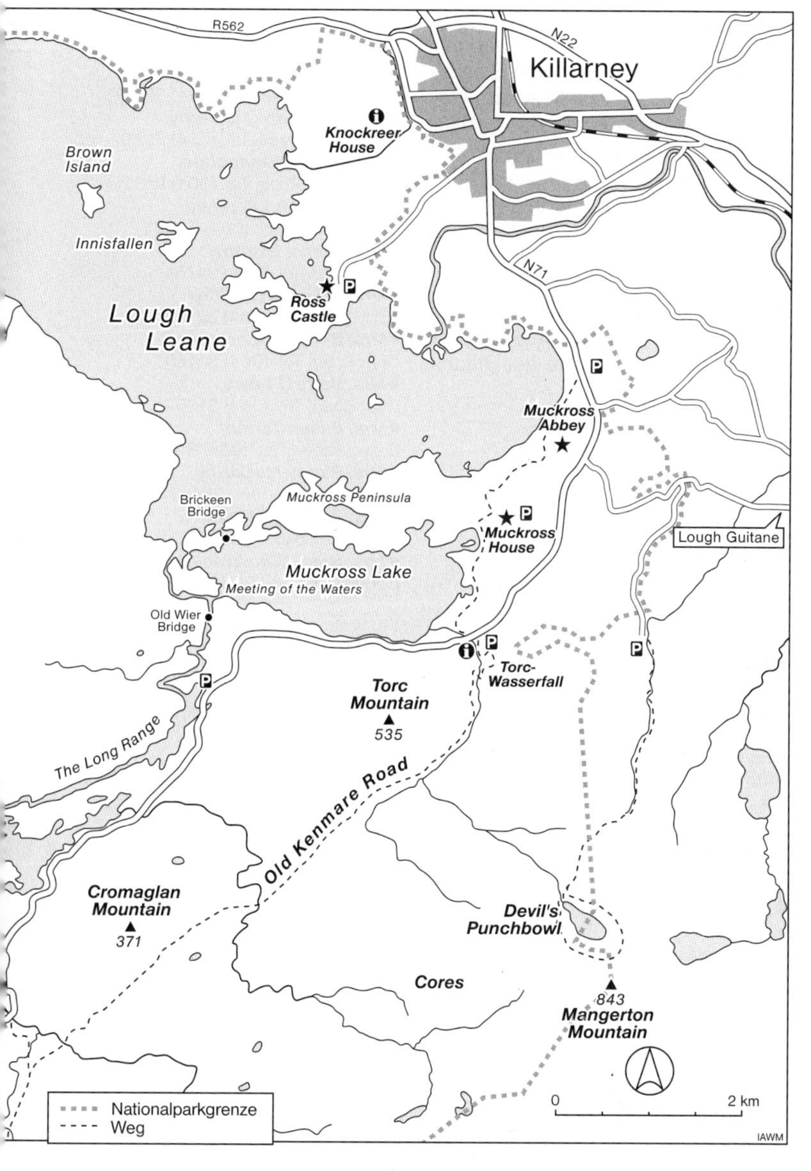
R562
N22
Killarney
Knockreer House
Brown Island
Innisfallen
Ross Castle
Lough Leane
N71
Muckross Abbey
Brickeen Bridge
Muckross Peninsula
Muckross House
Lough Guitane
Muckross Lake
Meeting of the Waters
Old Wier Bridge
Torc-Wasserfall
Torc Mountain
535
The Long Range
Old Kenmare Road
Cromaglan Mountain
371
Devil's Punchbowl
Cores
843
Mangerton Mountain
0
2 km
Nationalparkgrenze
Weg
IAWM

radverleihstände, Geschäfte und Boutiquen - sind stetig vom Verkehr verstopft. Auf den schmalen Bürgersteigen flanieren die Massen, vergleichen die Angebote in den Schaufenstern und studieren vor den Lokalen die ausgehängten Speisekarten.

Nahe dem Ortszentrum lohnt die gewaltige ***St. Mary's Cathedral*** einen Besuch; das im neogotischen Stil von dem in Killarney hochgeschätzten Architekten *Augustus Welby Pugin* im 19. Jh. errichtete Gotteshaus ist die Hauptkirche der gläubigen Bevölkerung.

Tourist Information

- Beech Road, Tel. (064) 31633, Fax 34506.

Hotels

- ***Dunloe Castle Hotel******, Beaufort, Tel. (064) 44111, Fax 44583;
- ***Europe Hotel******, Fossa, Tel. (064) 31900, Fax 32118;
- ***Great Southern Hotel******, Tel. (064) 31262, Fax 31642;
- ***Aghadoe Heights Hotel*****, Aghadoe Heights, Tel. (064) 31766, Fax 31345;
- ***Cahernane Hotel*****, Tel. (064) 31895, Fax 34340;
- ***Castlerosse Hotel*****, Tel. (064) 31144, Fax 31031;
- ***The Killarney Ryan Hotel*****, Cork Road, Tel. (064) 31555, Fax 32438;
- ***Arbutus Hotel****, Tel. (064) 31037, Fax 34033;
- ***Gleneagle Hotel****, Muckross Road, Tel. (064) 31870, Fax 32646;
- ***Eviston House Hotel***, New Street, Tel. (064) 31640, Fax 33685;
- ***Failte Hotel**, College Street, Tel. (064) 33404, Fax 36599;
- ***Killeen House Hotel,*** Aghadoe, Lakes of Killarney, Tel. (064) 31711, Fax 31811, etwas außerhalb Richtung Killorglin, gutes Haus.

B & B

- ***Mrs. Kathleen McCarthy,*** Park Road Estate, Tel. (064) 32447;
- ***Mrs. Kathleen O'Doherty,*** Lissivigeen Cross, Tel. (064) 32207;
- ***Mrs. Mary O'Donoghue,*** Lissivigeen Cross, Tel. (064) 31315;
- ***Mrs. Maureen Kearney,*** Ballycasheen, Tel. (064) 33904;
- ***Mrs. Evelyn Murphy,*** Lissivigeen, Tel. (064) 34754;
- ***Mrs. Eileen McAuliffe,*** Lissivigeen, Tel. (064) 32129;
- ***Mrs. Betty O'Donovan,*** Cork Road, Tel. (064) 31450;
- ***Mrs. Betty O'Leary,*** Cork Road, Tel. (064) 31252;
- ***Mrs. Eileen Tarrant,*** Ballycasheen, Tel. (064) 34112;
- ***Mrs. Peggy McCarthy,*** Countess Road, Tel. (064) 32662;
- ***Mrs. Anne O'Connor,*** Countess Road, Tel. (064) 31043;
- ***Mrs. Betty O'Sullivan,*** Countess Grove, Tel. (064) 32006.

Hostels

- ***Neptune's,*** Killarney Town Hostel, New Street, Tel. (064) 35255, behindertengerechtes Hostel;
- ***Aghadoe House,*** An-Oige-Jugendherberge, ca. 6 km von Killarney nahe der N 71 gelegen, Tel. (064) 31240;
- ***Carran Tuathail,*** An-Oige-Jugendherberge, 18 km von Killarney entfernt, nahe dem höchsten Berg Irlands gelegen, gut für Bergwanderungen, Tel. (064) 44338;
- ***Black Valley,*** An-Oige-Jugendherberge, 19 km von Killarney, ebenfalls ideal für Bergwanderungen, Tel. (064) 32300;
- ***Loo Bridge,*** An-Oige-Jugendherberge, 16 km von Killarney, guter Standort für Bergwanderungen, Tel. (064) 53002;
- ***The Sugan,*** IHH-Hostel, Lewis Road, im Ortszentrum von Killarney, mit Restaurant, Gerichte aus biologischem Anbau und vegetarische Speisen, Tel. (064) 33104;

• ***IHH Killarney Railway Hostel,*** Fair Hill, gegenüber vom Bahnhof, Tel. (064) 35299, Fax 32197,

• ***Bunrower House,*** IHH-Hostel, Ross Road, nahe dem Ortszentrum Richtung Ross Castle, Tel. (064) 33941;

• ***Park Hostel,*** IHH-Hostel, Cork Road, nahe dem Ortszentrum, Tel. (064) 32119;

• ***Fossa Holiday,*** IHH-Hostel, Fossa, ca. 5 km Richtung Kenmare, schöne Ausblicke auf die Seen und Berge, Tel. (064) 31497.

• ***Peacock Farm Hostel,*** IHH-Hostel, Gortdromakiery, Muckross, Tel. (064) 33557;

Camping

• ***Beech Grove Caravan and Camping Park,*** Tel. (064) 31727, 5 km westlich von Killarney nahe Straße nach Killorglin;

• ***Fossa Caravan and Camping Park,*** Tel. (064) 31497, 6 km westlich von Killarney, ebenfalls nahe der Straße nach Killorglin gelegen;

• ***Whitebridge Caravan and Camping Park,*** Tel. (064) 31590, 2 km östlich von Killarney nahe der N 72 gelegen.

Restaurants

• ***Foley's Steak and Seafood Restaurant,*** High Street, das Gebäude war ehemals eine Kutschstation, Gerichte aus frischen Produkten, große Auswahl an Fisch, frisches Fleisch von Kerry-Berglämmern, große Steaks, wählt man einen Hummer, so kann man sich diesen im Aquarium aussuchen, auch vegetarische Gerichte, um 17 Pfund;

• ***Gaby's Seafood Restaurant,*** wie der Name schon sagt, von einer Deutschen geführt, neben guten Fisch- und einigen Fleischgerichten auch Vegetarisches im Angebot, 20 Pfund;

• ***The Strawberry Tree,*** Plunkett Street, irische Küche vom Feinsten, 20 Pfund;

• ***Sceilig Restaurant,*** High Street, akzeptable Fisch- und Fleischgerichte, 10 und 14 £;

• ***Sheila's Restaurant,*** High Street, seit über 30 Jahren im Familienbesitz, irische, internationale und vegetarische Gerichte, 15 Pfund;

Foto: GU

Die Geschichte des Tourismus in Killarney

Die Ursprünge des Killarney-Tourismus liegen 200 Jahre zurück und beginnen mit dem ***Earl of Kenmare,*** dessen Besitzungen an den Lower Lake grenzten. Der Earl hatte einen großen Bekanntenkreis, und seine Güter lagen im landschaftlich schönsten und klimatisch mildesten Teil der Grünen Insel. Was lag näher - zumal der Adlige offenbar sehr gastfreundlich war -, als diesem netten Fleckchen Erde und seinem Eigentümer Besuche abzustatten. Der Earl ließ sich zudem bald eine attraktive Unterhaltung für seine Gäste einfallen: Treiber scheuchten das Rotwild aus den Bergen und Wäldern in Richtung See, wo die begüterten und nichtsnutzigen Kavaliere - aus allen Rohren feuernd - von Booten aus ein wahres Gemetzel unter den Tieren anrichteten. Der rechte Mann bewährte sich eben bei der Jagd.

Killarneys Ruf und die dramatische Schönheit seiner Umgebung verbreiteten sich langsam durch Mundpropaganda. Die Dörfler selbst feierten - wie es sich für an Seen lebende Menschen gehört - ***Regatten,*** die nun zur neuerlichen Attraktion für Fremde wurden. Wann immer ein Bootsrennen anstand, strömten die Besucher von nah und fern, um dem Spektakel zuzuschauen - und natürlich, um kräftig zu wetten!

Nun kamen gar die ***ersten Touristen*** vom Kontinent herüber, und schon um 1815 verdiente eine Menge Einwohner von Killarney ihr Brot mit dem Fremdenverkehr. 1793 schon war der Deutsche *Caspar von Voght* in Killarney und zeigte sich von der touristischen Infrastruktur beeindruckt: „Killarney hat keinen Mangel an trefflichen Wirtshäusern, die einem zugleich auch alle mögliche Unterstützung und Bequemlichkeit zur Bereisung der Seen und zur Beschauung der Umgebung gewähren.“ Und *Jakob Venedey* rief 1844 aus: „Kommt nach Irland, ihr alle, die ihr ein gesundes Herz habt, daß von den Schlägen des Geschickes wund wurde, hier könnt ihr es pflegen.“

Durch den ***Einfluß der Romantik,*** die das literarische Schaffen in den ersten 35 Jahren des 19. Jh. beeinflußte und von Dichtern wie *Byron, Keats* und *Shelley* getragen wurde, erlebte die Killarney-Region einen weiteren Höhepunkt. Nun standen nicht mehr die Jagd und große Regatten im Mittelpunkt des Interesses, sondern eine neue Naturverbundenheit. Die dramatische Landschaft gerann zur romantischen Kulisse für die Einheit von Natur und Mensch.

Als dann noch die ***Bahnlinie*** nach Killarney gelegt wurde und im Zuge dieser Arbeiten das erste große Eisenbahnhotel Irlands - das Great Southern Hotel Killarney - seine Pforten öffnete, stiegen die Besuchszahlen explosionsartig an.

Im fernen London hatte ***Königin Victoria*** die Nachricht von der landschaftlichen Schönheit der Gegend vernommen und machte sich mit ihrem Hofstaat auf, die Region mit eigenen Augen zu sehen. Majestät war in der Tat mehr als begeistert und lobte Killarney über den grünen Klee - und genauso taten es ihre Bediensteten. Nun war die Kerry-Halbinsel zu einem touristischen Muß geworden, und ganz England tat es der Herrscherin gleich. Aber auch vom Kontinent strömten nun die Massen auf die Grüne Insel - einzig und allein gewillt, Killarney einen Besuch abzustatten.

Über die Jahre wurde die ***touristische Infrastruktur*** immer weiter ausgebaut, wobei die Planer sorgsam darauf achteten, die grandiose Naturkulisse nicht zu verschandeln - lag hier doch das Kapital für immer rasantere Zuwachszahlen.

Nach der Unabhängigkeit Irlands kamen dann die ***Amerikaner*** irischer Herkunft auf die Grüne Insel und fanden vor allem auf der Kerry-Peninsula ihr von Klischees geprägtes Bild der ehemaligen Heimat bestätigt. Noch immer ist Killarney erstes Anlaufziel der Reisenden aus der neuen Welt. Wenngleich viel auf den amerikanischen Geschmack zugeschnitten ist - die Berge, Seen und Wälder sind wie vor 200 Jahren allemal eine Reise wert.

Typisches Cottage

- ***Allegro Restaurant,*** High Street, Pizzen und Pasta zwischen 3 und 5 Pfund;
- ***An Sugan,*** Lewis Road, ein dem gleichnamigen Hostel angeschlossenes, preisgünstiges Restaurant mit Gerichten aus biologischem Anbau;
- ***Cronin's Restaurant,*** College Street, Gerichte zwischen 7 und 11 £;
- ***Dingles Restaurant,*** 40 New Street, Seafood und irische Küche, 10 bis 17 £;
- ***Pat's Restaurant,*** College Street, gutes Preis-Leistungsverhältnis, 10 Pfund;
- ***Robertino's,*** High Street, gutes italienisches Lokal, 14 Pfund.

Pubs

- ***O'Connors,*** High Street, obwohl mitten im Zentrum gelegen, noch am ehesten ein Local Pub, hier können auch Buchungen (Castlelough Tours) für alle Attraktionen in der Umgebung von Killarney vorgenommen werden, regelmäßig Live Music;
- ***Corkery's,*** High Street, vorne ein Lebensmittelgeschäft, hinten dann ein Pub, auch hierhin verirren sich nur wenige Touristen, ebenfalls hauptsächlich ein Local Pub;
- ***Scott's Garden,*** Church Street, off College Street, während der Sommersaison jeden Abend Live Music sowie Guinness über die Ausschankzeiten hinaus, mit Biergarten;
- ***Laurel's,*** High Street, der Touristen-Pub mit Live Music, teilweise amerikanisches Publikum;
- ***Crock O'Gold,*** High Street, Pub und preisgünstiges Restaurant, zwischen 4 und 9 Pfund.

Leihwagen

- ***Killarney Autos,*** Park Road, Killarney, Tel. (064) 31355.

Rent-a-Bike

- Viele Verleihstellen im Ortszentrum.
- Mountain Bikes in der Beech Road, gegenüber vom Tourist Information Office.

- Verleihstelle auch in der Plunkett Street bei O'Callaghan und in der Bishop's Lane, off New Street.

Verbindung

- **Busse** mehrmals täglich von Bantry, Dingle, Dublin, Kenmare, Limerick, Rosslare Harbour, Waterford, Wexford, Tralee, Cork und Glengarriff;
- **Züge** mehrmals täglich von Cork und Limerick.

Ausflüge in die Umgebung

Gap of Dunloe

Allererste Attraktion der Region rund um Killarney ist eine Tour durch das Gap of Dunloe, eine wildromantische Schlucht, die von den Macgillycuddy's Reeks sowie den Tomies und Purple Mountains gesäumt ist. Die Strecke führt vorbei an kargen, felsigen Hängen, dann durch düstere, schmale Passagen und entlang mehrerer dunkler Bergseen.

Die ***Standardanfahrt*** (die man auch in sämtlichen Reisebüros von Killarney pauschal buchen kann) nimmt den folgenden Weg: Von Killarney aus geht es entweder mit dem Auto, dem Bus oder per Fahrrad auf der R 562 in Richtung Killorglin, nach wenigen Kilometern weist eine Ausschilderung nach links zu ***Kate Kearney's Cottage*** (in dem, wie die Überlieferung berichtet, in früheren Tagen Schwarzbrenner das Wohlwollen der Bevölkerung genossen; folgerichtig ist heute noch immer ein Pub in dem Gemäuer untergebracht). Motorisierte Besucher müssen hier ihren Wagen parken und nun zu Fuß (schöne Wanderung), per Mietpferd oder in einem sogenannten *Jaunting Car* (die typische Pferdekutsche der Killarney-Region) die ca. 13 km lange Tour durch die Schlucht antreten. Endpunkt ist ***Lord Brendan's Cottage,*** wo man sich stärken kann, bevor die Boote bestiegen werden, die den Wandersmann über die Seen zurück nach Killarney bringen.

Sehr empfehlenswert ist es jedoch, ***die Strecke in umgekehrter Richtung*** zu planen, man entgeht so den frühmorgendlichen Touristenmassen auf der Standardroute. Ausgangspunkt ist ***Ross Castle,*** 3 km vom Zentrum Killarneys entfernt (nach langjährigen Renovierungsarbeiten steht die Burg nun täglich von 9 bis 18 Uhr zur Besichtigung offen).

Das gutbewehrte Tower House wurde dereinst von *Cromwells* Truppen angegriffen. Einer Legende zufolge sollte es nur von der Seeseite her zu nehmen sein; als die britische Soldateska tatsächlich vom Wasser her angriff, gaben die Verteidiger auf - so wenigstens berichtet es die Chronik.

An Ross Castle wartet morgens zwischen 9 und 10 Uhr eine Anzahl von Fährmännern auf Kundschaft (auch Fahrräder werden mitgenommen). Der Bootstrip geht über den Lough Leane und vorbei an ***Innisfallen Island,*** auf dem sich die sehenswerte Ruine einer Abtei befindet (gesonderte Anfahrt von

Auf der Bootsfahrt zu Lord Brendan's Cottage

Ross Castle), dann durch den Muckross Lake in die Wasserstraße Long Range und über den Upper Lake zu ***Lord Brendan's Cottage.***

Ab hier folgt man dem Weg durch die Schlucht (Achtung: An der Kirche, wenige Kilometer hinter Lord Brendan's Cottage die Abzweigung nach rechts nehmen, ansonsten gelangt man ins Black Valley! Die weitere Strecke ist nicht zu verfehlen).

Auf der Hälfte des Weges trifft man dann auf die Besucher, die ein Pauschalarrangement gebucht haben, und kommt zum Schluß bei Kate Kearney's Cottage an, das nun weniger überlaufen ist. Wer die Strecke zu Fuß zurückgelegt hat, muß vom Cottage aus nach Killarney per Anhalter weiterkommen (keinerlei Probleme), mit dem Fahrrad sind es noch ca. 11 km bis ins Ortszentrum.

Muckross House and Garden

Ein weiterer Höhepunkt von Killarney ist der Besuch von Muckross House and Garden. Auf der N 71 geht es in Richtung Kenmare, zwei Kilometer hinter Killarney liegt auf der linken Seite ein erster Parkplatz (ab hier ausgeschilderter Spazierweg vorbei an den ***Ruinen der Muckross Abbey*** zum Muckross House, vgl. auch Wanderung 1). Nach zwei weiteren Kilometern taucht rechts erneut ein Parkplatz auf, an dem ebenfalls ein beschilderter Weg beginnt, und wiederum nach zwei Kilometern kommt ebenfalls rechts die Einfahrt zum Muckross House, bei dem man nun direkt parken kann. Ein Café sorgt für die Hungrigen, in einem Craft-Shop kann man Souvenirs erstehen, und für Informationen sorgt das *Killarney National Park Visitor Centre.*

Unbedingt sollte man das efeuumrankte ***Muckross House*** besichtigen. Der im 19. Jh. im elisabethanischen Stil errichtete Herrensitz zeigt

Muckross House

im Innern kostbares Mobiliar, informiert in einer Ausstellung über die Cottage-Bauten der Armen Irlands, gibt Bevölkerungsstatistiken während der Großen Hungersnot von 1845 wieder und hat im Keller ein kleines Heimatmuseum, wo man z. B. einem Hufschmied bei der Arbeit über die Schulter blicken kann. Sehr beeindruckend sind in diesem Keller die unterhalb der Decke angebrachten 20 Glöckchen, die über Drahtseile mit den herrschaftlichen Gemächern verbunden waren; jede Schelle enthält eine Bezeichnung wie etwa Bibliothek, Schlafzimmer, Bad etc., so wußten die Domestiken, wohin sie zu eilen hatten, wenn die adligen Besitzer nach ihren Diensten klingelten.

Rund um den Herrensitz erstreckt sich ***Muckross Garden*** mit weiten, gepflegten Rasenflächen, prachtvoll blühender Vegetation, einem Arboretum sowie vielen ausgeschilderten Pfaden, die man zu Fuß oder auch mit dem Fahrrad erkunden darf. Wer keinerlei sportliche Betätigung wünscht, kann auf die vielen Jaunting Cars zurückgreifen und Kutschfahrten unternehmen.

Torc-Wasserfall

8 km von Killarney entfernt an der N 71 Richtung Kenmare taucht zwischen Bäumen auf der linken Straßenseite ein kleiner Parkplatz auf, von dem aus man zum nahegelegenen Torc-Wasserfall aufsteigen kann. Die Kaskade wird von einem Flüßchen gespeist, das im 800 m hoch gelege-

nen Bergsee Devil's Punchbowl (vgl. Wanderung 2) entspringt.

Ladies View

Ebenfalls an der N 71 von Killarney nach Kenmare befindet sich 18 km von Killarney entfernt der Ladies View, ein Aussichtspunkt mit Craft-Shop, von dem aus man einen phantastischen Blick auf die drei Seen und die Umgebung hat. Der Name Ladies View geht angeblich auf die weiblichen Bediensteten von Königin *Victoria* zurück, die während der Urlaubsreise ihrer Herrin an diesem Punkt in begeisterte Entzückungsschreie ausgebrochen sein sollen.

Aghadoe Heights

Eine weitere exzellente Aussicht genießt man von den Aghadoe Heights, die man nach ca. 7 km entlang der R 562 in Richtung Killorglin, dann der Ausschilderung nach rechts folgend, erreicht. Im Süden erkennt man hinter dem Lough Leane die Gebirgskette Macgillycuddy's Reeks mit Irlands höchstem Berg, dem 1040 m hohen Carrantuohill, östlich dann das Muckross House mit Anwesen. Wer die Landschaft länger bei einer Tasse Kaffee oder Tee genießen möchte, kann dies von der Terrasse des Aghadoe Heights Hotel tun.

Lough Guitane

Auch ein Ausflug zu den Gestaden des 10 km östlich von Killarney gelegenen Sees Lough Guitane lohnt sich. Hierhin verirren sich nur wenige Besucher, man kann an der Uferfront picknicken oder Spaziergänge unternehmen. Anfahrt: Auf der N 71 in Richtung Kenmare, nach ca. 3 km zeigt eine Ausschilderung nach links, und über schmale Straßen erreicht man den See. Hier befindet sich auch das ruhige und empfehlenswerte Peacock Hostel, IHH, ideal für

Die kleine Brickeen Bridge zwischen Muckross Lake und Lough Leane

Foto: WS

Wanderungen oder wenn man dem betriebsamen Killarney entfliehen will; Shuttle Service und Vorbuchungen: Tel. (064) 33557.

Wandern in der Umgebung von Killarney

Die Umgebung von Killarney bietet eine ganze Reihe von ausgezeichneten Wandertouren. Man rüste sich mit den entsprechenden O.S.-Karten aus, und zwar „O.S. One Inch Killarney District", „O.S. Half Inch, Sheets 20, 24"; hilfreich ist auch das Büchlein „Mountains of Killarney" (zu kaufen im Killarney Bookshop, Main Street).

Für viele Wanderer wird sicherlich der 200 km lange ***Kerry Way*** wenigstens in Etappen interessant sein (vgl. Wanderung 3); den ***Ring of Kerry*** (s.u.) auf einer Wanderung kennenzulernen, ist allemal schöner als im Auto. Die Strecke geht von Killarney über Muckross, Black Valley, Glencar, Killorglin, Caragh Lake, Glenbeigh, Caherciveen, Waterville, Caherdaniel, Sneem und Kenmare. Unterkunft ist in den genannten Orten problemlos zu bekommen. Der höchste Punkt der Tour ist am Paß Windy Gap (425 m). Karte: „Map Guide to the Kerry Way, Bord Failte Information Sheet 26 C"; die Strecke ist natürlich auch ausgeschildert.

Erfahrene Alpinisten – und möglichst nur solche – wird es sicher reizen, Irlands höchsten Berg, den 1040 m hohen ***Carrauntuhill*** zu besteigen. Vor Leichtsinn sei ernsthaft gewarnt; das „Dach Irlands" verzeichnet die höchsten Unfallraten mit Todesfolge.

Mögliche weitere, reizvolle Wandertouren sind (unbedingt nur mit den oben genannten O.S.-Karten bzw. den Wanderführern):

- Die ***Purple und Tomies Mountains*** inklusive Gap of Dunloe, ca. 14 km, anstrengend, unmarkierte, aber sichere Route;
- ***Cappagh Glen,*** ein Felsmassiv südlich vom Lough Guitane, keine markierten Wege, nur mit Wandererfahrung empfohlen, ca. 8 km, mittelschwer;
- ***Eskduff, Cappagh und Stoompa,*** drei Hügelspitzen, wobei Stoompa mit 693 m die höchste ist, südlich vom Lough Guitane; die 8 km lange und mittelschwere Wanderung führt an zwei kleineren Bergseen vorbei, Lough Nabrean und Lough Garagarry;
- ***Crohane,*** ein 656 m hoher Gipfel östlich vom Lough Guitane, 7,2 km, mittelschwer;
- ***Cnoc an Bhraca und Gap of Dunloe,*** 20 km, sehr anstrengend;
- ***Carrauntuhill,*** 13 km, sehr anstrengend.

Wanderung 1: Rund um den Muckross Lake

- ***Länge:*** 12,5 km, Rundwanderung, für Nichtwanderer auch empfehlenswert als Radtour.
- ***Schwierigkeitsgrad:*** einfach
- ***Orientierung:*** problemlos
- ***Ausrüstung:*** keine Wanderschuhe erforderlich.

Von Killarney geht es auf der N 71 in Richtung Kenmare. Nach 3 km taucht auf der linken Straßenseite ein großer Parkplatz auf, hier stellt man den Wagen ab. Gegenüber vom Parkplatz führt ein Tor in die

Muckross-Domäne (Ausschilderung „The Kerry Way").

Man folgt dem asphaltierten Weg vorbei am ***Ufer*** des Lough Leane. Von hier aus hat man schöne Ausblicke auf die spiegelglatte Wasserfläche, auf Inselchen mit subtropischer Vegetation und auf die am Horizont aufragenden Gebirgszüge.

Nach wenigen Minuten Fußweg sieht man linker Hand, ein wenig zurückversetzt vom Weg, die ***Ruinen der Muckross Abbey.*** Ein Pfad führt zu den Resten dieser Franziskaner-Abtei, die inmitten eines kleinen Friedhofs liegt. Das winzige Kloster ließ der lokale Clan-Führer McCarthy-More im Jahre 1448 für einige Franziskanermönche errichten. Der Boden war geweiht, an dieser Stelle befand sich bereits seit langem eine Kirche, die jedoch im 12. Jh. durch einen Brand zerstört wurde. Nur rund 150 Jahre fanden die gläubigen Brüder Ruhe in ihrer Klause, 1589 stürmten englische Soldaten das kleine Kloster und verlangten nach den kostbaren liturgischen Gerätschaften. Zwei Mönche wurden zu Tode gefoltert, einem dritten gelang die Flucht mit dem Kirchenschatz.

Sehenswert sind die vielen Grabdenkmäler sowie der kleine Kreuzgang, in dessen Mitte ein mächtiger Baum aufragt - es scheint, als habe die Eibe vor, dereinst mit ihren Wurzeln und Ästen den Kreuzgang zu sprengen.

Es geht nun zurück zur Hauptstrecke und dann entlang dem asphaltierten Weg nach links. Wer möchte, schlage sich geradeaus ins Unterholz und folge dem ***Lover's Walk*** genannten Pfad unter hohen Bäumen direkt am Seeufer des Lough Leane. Lover's Walk mündet einige hundert Meter weiter wieder auf den Hauptweg, auf dem es geradeaus weitergeht.

Ein kurzes Stück später trifft man auf eine ***Kreuzung,*** geradeaus geht es zum Muckross House, die Wanderroute jedoch folgt dem Weg rechts ab (Ausschilderung „Dinis Cottage/Meeting of the Waters"). Vorbei an zwei kleinen Wohnhäuschen geht es durch lichten Laub- und Nadelhain, nach wenigen Minuten Fußweg wird der Wald nun dichter. Alsbald ist eine ***Lichtung*** erreicht, von der aus man gute Ausblicke auf grüne Hügel hat. Im weiteren Verlauf passiert man den rechts des Weges liegenden kleinen ***Teich Doo Lough,*** wenige Minuten später sieht man die Wasserfläche des ***Muckross Lake,*** und schon ist eine kleine Bucht mit einem schönen Sandstrand erreicht.

Der Weg verläuft nun weiter auf einer schmalen Landzunge, die zwischen den Seen Lough Leane und Muckross Lake liegt. Über die spitzbogige, steinerne ***Brickeen Bridge*** gelangt man auf Dinis Island und erreicht wenige Minuten später das kleine Häuschen ***Dinis Cottage.*** Einige rohe Holzbänke und -tische laden direkt am Seeufer zur Pause oder zu einem Picknick ein. Gemütlich ist auch der 50 m hinter dem Cottage liegende, von Bäumen beschattete Platz ***The Meeting of the Waters.*** Hier vereinigen sich die Wasser des Muckross Lake mit denen des Lough Leane.

Gestärkt folgt man dem Weg weiter und gelangt bald auf die N 71, der

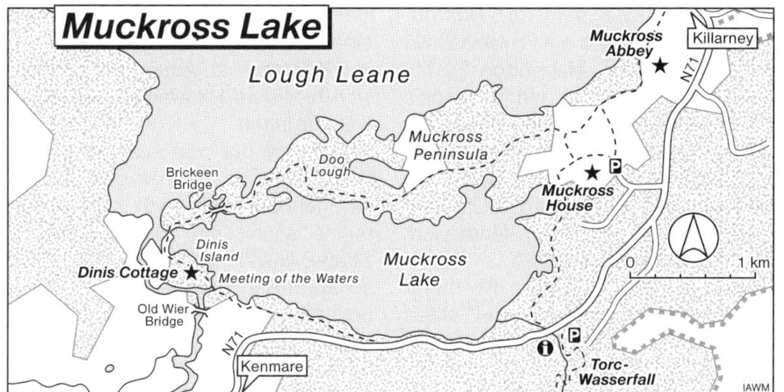

man nach links folgt. Lange dauert die Wanderung entlang der Straße, Gott sei Dank, nicht, man achte auf eine Brücke, die einen kleinen Bach überspannt! Zwischen hohen Bäumen befindet sich rechter Hand ein Parkplatz, von dem aus man nach wenigen Minuten Aufstieg zum ***Torc-Wasserfall*** gelangt. Die kleine Kaskade wird von den Wassern des Bergsees Devil's Punchbowl (vgl. Wanderung 2) gespeist. Nachdem der Wasserfall gebührend bewundert worden ist, geht es wieder hinunter. Man folgt nun dem Verlauf des Baches und unterquert durch einen Bogendurchgang die Brücke der N 71 - damit befindet man sich wieder auf dem Gelände der Muckross-Domäne.

Klar liegt der weitere Verlauf des Weges nun vor dem Wanderer, rechts und links erstrecken sich ***Weidegründe,*** auf denen die *Kerry Cattle* grasen. Diese Herde wird vom irischen Staat unterhalten. Der Pfad führt weiter auf ***Muckross House*** zu, in dessen kleinem Café die eine oder andere Stärkung erstanden werden kann.

Hat man sich lange genug ausgeruht, geht es in nördlicher Richtung (Ausschilderung „Jauntin Cars Exit") weiter auf die ***Muckross Abbey*** zu, und von dort aus folgt man dem schon bekannten Weg zum Parkplatz, wo die Wanderung ihr Ende findet. Ist man jedoch richtig erschöpft, so kann man am Muckross House eine *Jaunting Car,* eine Pferdedroschke, mieten und sich zum Parkplatz chauffieren lassen.

Wanderung 2: Mangerton Mountain

- ***Länge:*** 10 km, Rundwanderung
- ***Schwierigkeitsgrad:*** mittelschwer
- ***Orientierung:*** nicht ganz einfach, Gelände jedoch nicht besorgniserregend
- ***Ausrüstung:*** komplettes Bergwander-Equipment sowie warme Kleidung und Verpflegung

Von Killarney fährt man auf der N 71 in Richtung Kenmare; nach ca. 4,5 km

zeigt direkt hinter dem ***Pub-Restaurant Molly Darcy's*** ein Hinweisschild mit der Aufschrift „Mangerton 2¾ Miles" nach links in ein schmales Sträßchen. Man folgt diesem Weg ca. 3,3 km; in einer scharfen Rechtskurve biegt man rechts in eine Straße ein (Ausschilderung „Mangerton Car Park 1/2 Mile"; Achtung: Man fährt leicht an dem Abzweig vorbei).

Nach einem knappen Kilometer passiert man rechter Hand einen kleinen ***Parkplatz,*** von dem aus man einen schönen Blick auf die Seen von Killarney hat. Außerdem befindet sich hier eine Hinweistafel für Bergwanderungen.

Nachdem man die Aussicht genossen und die Verhaltensregeln studiert hat, geht die Fahrt noch 2 km weiter; rechts säumt ein lichter Wald die Straße, links ist freies Feld. Vor einer scharfen Rechtskurve heißt es anhalten; ein von der Straße aus nur schwer zu erkennender geländerloser Betonsteg führt über ein kleines Rinnsal. Hier wird der Wagen geparkt.

Gen Süden blickend, erkennt man den Pfad, der sich Mangerton Mountain hochschlängelt. Im 19. Jh. übrigens war der erste Teil des Weges ein Pony Treck, auf dem die damaligen Touristen bis auf halbe Höhe den Berg hinaufgeführt wurden, um die Aussicht auf die Seen zu genießen. Der Wanderweg folgt dem klar erkennbaren ***Aufstieg.***

Nach wenigen hundert Metern Weg fließt dem Wandersmann von links oben ein kleiner ***Bach*** entgegen, und der Pfad folgt erst einmal diesem Wasserlauf. Wenige Minuten später passiert man ein ***Gatter*** (das man sorgsam wieder verschließt) und steigt weiter auf.

Ab und an lohnt ein Blick zurück: Im Westen liegen die Gewässer von Killarney, je höher man kommt, um so deutlicher zeichnen sich die Umrisse der Seen ab, und im Osten blickt man über den Lough Guitane.

Das Gelände, das gerade durchquert wird, trägt den Namen ***Toreencormick***; im Jahre 1262 fand an diesem Hang eine Schlacht statt, in der *Cormick McCarthy-More,* der lokale Clan-Führer mit seinen Recken gegen die Armee des Anglo-Normannen *Gerald de Roche* kämpfte. Die Iren siegten, *McCarthy* jedoch kam ebenso wie *de Roche* ums Leben. Mit etwas Phantasie kann man sich ganz gut das Schlachtgetümmel an dem steilen Hang vorstellen.

Je höher man steigt, um so weniger ausgeprägt ist der Pfad, noch weiter oben verliert er sich dann endgültig im Gelände; jedoch ist die Landschaftsformation eindeutig und macht es nicht weiter schwierig, den Aufstieg fortzusetzen. Ab und an helfen auch *Cairns* (von freundlichen Wanderern errichtete Steinhaufen), die Orientierung zu halten.

Man halte nun Ausschau nach einem ***schmalen Geröllfeld,*** das in südsüdwestlicher Richtung (halbrechts) einen Bergsattel bedeckt und folge dem steinigen Grund. Es geht hier nicht sehr steil aufwärts. Hat man während der Wanderung auf diesem fast ebenen Geröllfeld wieder einen normalen Herzschlag zurückgewonnen, so geht es alsbald erneut steil bergan. Obwohl man über offenes Gelände marschiert, ist die Orientierung problemlos; eine Art Weg zeichnet sich klar ab.

Je nach Kondition erreicht man den kleinen ***Bergsee*** Devil's Punchbowl nach etwa 80 bis 95 Minuten. Angeblich ist die Tiefe des Bergsees noch nie ausgelotetet worden, und im Volksmund gilt Devil's Punchbowl als Gewässer ohne Grund. Es kursiert daher schon lange der nur mäßig lustige Kalauer, daß im letzten Jahrhundert ein gewisser *Charles Fox* in den

Der kleine Torc-Wasserfall

See hinabtauchte und nie wieder an die Oberfläche kam. Einige Monate später erhielten die Autoritäten von Killarney einen Brief aus Australien, in dem *Charles Fox* um seine Kleider bat, die er beim Tauchversuch am Punchbowl zurückgelassen hatte.

Nach einer Pause frisch gestärkt, kann man nun das anstrengendste Stück der Besteigung in Angriff nehmen. Man umrunde den See im Uhrzeigersinn und schlage den Weg in südöstlicher Richtung (links) ein. Ein zunehmend steiler verlaufender Pfad schlängelt sich über einen Bergsattel, und schon bald bewegt man sich auf einem schmalen, extrem steilen, grasbewachsenen Geländestück teilweise auf allen vieren voran.

Nach links geht es rund 800 m steil bergab, man hat einen phantastischen Blick in das Gle[illegible]cappul-Tal mit dem See Lough E[illegible] rechts unten liegt Devil's Punchbowl (keine Sorge, dieses Streckenstück ist keineswegs gefährlich, ein Absturz ist so gut wie ausgeschlossen).

Nach dieser Anstrengung erreicht man nun das ***Gipfelplateau*** des Mangerton-Berges, eine Steinpyramide zeigt die höchste Stelle an; hier steht man 837 m über NN und hat eine wunderbare Aussicht auf die Killarney-Region - Mangerton Mountain ist die höchste Erhebung im Killarney-Nationalpark. Gen Süden blickt man gar bis über die Beara-Halbinsel hinaus. Im Westen dräuen die gewaltigen Macgillycuddy's Reeks, klar erkennt man den Currantauhill, mit 1040 m Irlands höchster Berg. Im Südwesten dann schweift der Blick über die Seenplatte von Killarney.

Mangerton übrigens bedeutet soviel wie „der Behaarte"; der Name geht auf die langen Gräser zurück, die auf dem Gipfelplateau wachsen.

Es geht nun weiter oberhalb des Devil's Punchbowl, ein kleiner Pfad schlängelt sich entlang der Abbruchkante zum See. Der ***Abstieg*** führt nun über eine grasbewachsene Hügelschulter. Diese geht an der Seeseite in ein lockeres Geröllfeld über, das man meiden und umgehen sollte. Hat man das Niveau des Devil's Puchbowl wieder erreicht, überquert man auf einem ramponierten Damm das Flüßchen, das tief unten den Torc-Wasserfall speist, und kann nun den Rückweg zum Auto antreten. Beim Abstieg sollte man nicht vergessen, den einen oder anderen *Cairn* anzulegen oder auszubessern, damit auch nachfolgende Wanderer eine gute Orientierung haben.

Wanderung 3: Old Kenmare Road

- ***Länge:*** 11 km; Streckenwanderung, per Anhalter zurück zum Ausgangspunkt. Wer über eine gute Kondition verfügt, kann diese Wanderung auch mit einer Besteigung des Torc Mountain verbinden (s. Wanderung 4).
- ***Schwierigkeitsgrad:*** einfach
- ***Orientierung:*** einfach, ausgeschildert, gelbe Pfeile auf schwarzem Grund oder das Kerry-Männchen, ein gelber Wandersmann auf schwarzem Grund
- ***Ausrüstung:*** Wanderschuhe

Diese Wanderroute folgt der ***Old Kenmare Road,*** die bis Mitte des letzten Jahrhunderts die Hauptverbindung zwischen Killarney und Kenmare darstellte. Englische Großgrundbesitzer sperrten dann die Trasse, da sie in der Umgebung ungestört auf Rotwildjagd gehen wollten.

Die Old Kenmare Road ist Teil des rund 200 km langen Wanderwegs, der rund um die Kerry-Halbinsel verläuft. Der Pfad, der durch eine sehr schöne und reizvolle Landschaft führt, ist gut ausgeschildert. Mit ein wenig Glück sieht man auf der Tour Rehe, die vor allem an den Hängen des Torc Mountain ein geschütztes Refugium haben. Neben dem einheimischen Rotwild äsen hier auch japanische Sika-Rehe.

Ausgangspunkt ist der Parkplatz am ***Muckross House.*** Von Killarney geht es auf der N 71 in Richtung Kenmare; nach ca. 6 km dann rechts ab in die Muckross-Domäne. Ausge-

Auf der Old Kenmare Road

schildert), hier kann der Wagen nahe beim alten Herrenhaus abgestellt werden. Im Café von Muckross House sollte man bei Bedarf noch Verpflegung einkaufen und dann vor dem Haupteingang des efeuumrankten Anwesens den Weg nach links zum Seeufer einschlagen (ausgeschildert: ein gelber Wanderer auf schwarzem Grund, außerdem Wegweiser zum Torc-Wasserfall. Wer Wanderung 1 schon gemacht hat, kennt bereits diesen Teil der Tour. Es ist auch möglich, den Wanderweg dadurch zu verkürzen, daß man auf dem Parkplatz unterhalb des Torc-Wasserfalls den Wagen abstellt, Anfahrt s. Killarney, Umgebung.)

Der asphaltierte Weg führt durch einen Wald sowie vorbei am Ufer des Muckross Lake; nach wenigen Minuten geht es in einer scharfen Linkskurve wiederum durch Wald und an einem plätschernden Bach entlang zum Fuß einer Brücke, unter der man hindurchgehen kann. Steil führt nun ein Treppenweg hoch zur ***Torc-Kaskade;*** hat man den Wasserfall gebührend bewundert, so folgt man den Stufen weiter steil bergauf; hier gerät man schon ganz schön ins Schwitzen.

Der Treppenpfad mündet auf einem ***Waldweg,*** ein Richtungspfeil weist nach links, und ca. 30 m weiter folgt eine weitere Ausschilderung (das Kerry-Männchen, gelber Wandersmann auf schwarzem Grund) nach rechts. Wer sich von dem steilen Aufstieg ausruhen und der beanspruch-

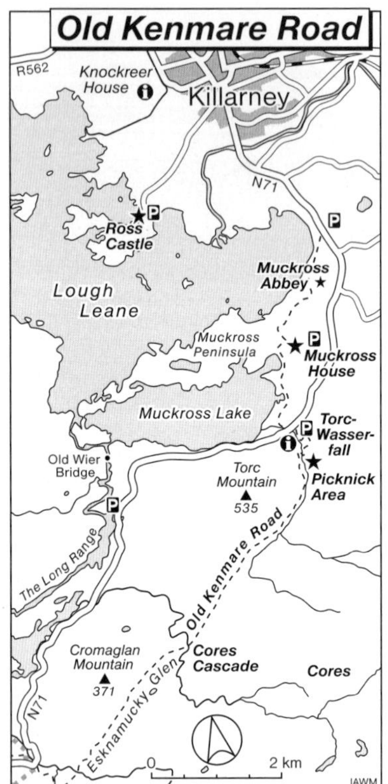

ten Wadenmuskulatur ein wenig Ruhe gönnen möchte, sollte dies an einigen Picknickbänken und -tischen tun.

Der breite Pfad führt weiter durch den Wald, und nach einigen hundert Metern überquert man auf einer ***Holzbrücke*** den Bach, dessen Wasser weiter unten die Torc-Kaskade hinabstürzen; gleich hinter der Brücke geht es scharf nach links und dann weiter unter hohen, schattenspendenden Bäumen.

Der nächste Orientierungspunkt ist bald erreicht. Ein ***Gatter*** versperrt den Weg, und ein Hinweisschild gibt Auskunft: *Killarney National Park - You are now entering the main red deer range - please keep to pathways to minimize disturbance - dogs must be kept on leash.* Mit anderen Worten: Die Weidegründe des Rotwilds sind erreicht, und der Wandersmann wird gebeten, auf den Wegen zu bleiben, um das scheue Wild nicht aufzuschrecken.

Hinter dem Gatter verläßt der Pfad den Wald; offenes Gelände, wohin das Auge blickt, klar erkennbar liegt geradeaus die ***Old Kenmare Road,*** gesäumt von grünbewachsenen Hügeln. Nach wenigen Minuten Fußweg sieht man auf der linken Seite des Weges einen schwarzen Pfahl mit einem gelben Pfeil, der geradeaus weist. Schaut man nach rechts, so erkennt man nur schwach einen Pfad, der auf den Torc Mountain führt (hier beginnt die Wanderung 4).

Ohne Orientierungsprobleme schreitet man tüchtig auf der Old Kenmare Road aus; mal geht es ein kurzes Stück bergauf, mal ein wenig bergab. So bringt man einige Kilometer hinter sich und gelangt an eine ***sumpfige Niederung;*** von dem ursprünglichen Straßenverlauf ist nun nichts mehr zu erkennen. Nasse Füße holt man sich jedoch nicht, denn gut befestigte Holzplanken führen über die feuchten Stellen. Gelbe Markierungspfeile auf schwarzen Pfosten weisen den Weg, der jedoch auch ohne diese Hilfe nicht zu verfehlen wäre.

Hat man diese sumpfige Niederung hinter sich gebracht, so folgt der Pfad für kurze Zeit einem kleinen ***Flüßchen*** - beruhigend wirkt das

Murmeln des Wassers auf die Seele des einsamen Wanderers. Schaut man nach links, so sieht man am anderen Ufer des Baches nach wenigen Metern Fußweg einen kleinen ***Wasserfall*** niederstürzen; dies ist die Cores Cascade.

Ein kurzes Stückchen weiter gelangt man in das Esknamucky Glen, eine enge ***Schlucht,*** die mit ihren moosbewachsenen, uralten und knorrigen Bäumen einen recht verwunschenen Eindruck macht.

Obwohl es bergauf geht, ist man recht schnell wieder aus der kleinen Schlucht heraus und und gelangt in offenes Gelände. Hält man rechts und links Ausschau, so erkennt man die ***Reste von Häusern*** und eingestürzte Windmauern rund um winzige Parzellen. Als die Straße noch in Betrieb war, befanden sich hier einige kleine Weiler. Nach kräftigen Regengüssen kann der folgende Teil des Weges durchaus sehr matschig und sumpfig sein – wasserdichte Wanderstiefel sind dann von großem Vorteil. Der Pfad steigt jedoch bald wieder an und führt in trockenere Gefilde.

Nach Durchquerung des offenen Geländes schlängelt sich der Weg durch einen alten ***Eichenwald,*** und auf einer Lichtung überquert man mittels einer Brücke ein kleines Flüßchen. Weiter geht es bergab durch den Wald, und hat man diesen hinter sich gelassen, so mündet der Wanderweg auf eine ***kleine Straße.*** Links geht es weiter in Richtung Ken-

Old Kenmare Road: bis ins vorige Jahrhundert die Verbindung zwischen Killarney und Kenmare

mare. Die Route führt jedoch nach rechts und erreicht alsbald die N 71, die Hauptverkehrsstraße von Kenmare nach Killarney. Per Anhalter geht es zurück nach Killarney; da die N 71 sehr befahren ist, bekommt man mit Sicherheit innerhalb weniger Minuten einen Lift.

Wanderung 4: Torc Mountain

- ***Länge:*** 8 km (vom Parkplatz am Torc-Wasserfall); 10 km (vom Parkplatz am Muckross House)
- ***Schwierigkeitsgrad:*** mittelschwer
- ***Orientierung:*** nicht ganz einfach, fast nur offenes Gelände
- ***Ausrüstung:*** Bergwander-Equipment

Der 535 m hohe ***Torc-Berg*** liegt inmitten des Killarney National Park; an klaren Tagen hat man vom Gipfel aus einen wundervollen Blick über die Region. Gemäß der Überlieferung ist der Berg nach einem mächtigen, wilden Keiler benannt, der einst an den Hängen herumstreifte.

Der erste Teil des Weges folgt der Route von Wanderung 3. Hat man hinter dem ***Gatter*** den Wald verlassen und tritt ins offene Gelände, so trifft man nach wenigen Minuten Fußweg auf einen ***schwarzen Pfahl,*** der mit einem gelben Pfeil gekennzeichnet ist. Rechts erkennt man einen schwach ausgeprägten Weg, der

Blick vom Torc Mountain auf den Muckross Lake

sich den Hügel heraufzieht. Der Untergrund ist grasig, es geht steil bergauf.

Manchmal erkennt man an vereinzelten Felsen einen verwaschenen roten Pfeil, der die weitere Richtung angibt; auch der eine oder andere Pflock steckt in der Erde und dient als Orientierungszeichen. Da kaum Steine zu finden sind, sieht man auch keine *Cairns,* die als Wegmarkierungen dienen könnten.

Im großen und ganzen schreitet man über offenes Geländes und erahnt mehr, wo es langgehen könnte. Nur manchmal zeichnet sich klar ein Pfad ab, der jedoch schnell wieder im grasigen Untergrund verschwindet. Südlich unterhalb des Gipfels erreicht man ein feuchtes, grasbewachsenes ***Plateau*** und blickt von hier weit über die Seenplatte von Killarney. Hier hat man auch die größten Chancen, das Rotwild zu sehen, für das die Gegend bekannt ist.

Nach weiteren Minuten nun anstrengender Kletterei gen Norden ist der schmale, 535 m hohe ***Gipfel*** erreicht. Die Mühe lohnt, denn tief unten sieht man Muckross House wie ein Puppenstubenteil liegen, selbst die kleine Brickeen Bridge, die den Zusammenfluß von Lough Leane und Muckross Lake überspannt, ist zu sehen. Klar zeichnet sich auch der Weg von Wanderung 1 ab, den man von dort oben verfolgen kann. Die Aussicht ist sicherlich eine der schönsten in der Killarney-Region. Hat man alles gebührend bewundert, so geht es querfeldein wieder abwärts.

Der Ring of Kerry

Von Killarney aus beginnt nun die Erkundung des Ring of Kerry, nach Ansicht der irischen Tourismus-Promoter der landschaftlich schönste Teil der Grünen Insel. Die ca. 180 km lange Strecke läßt sich - wenn man morgens früh genug aufbricht - bequem an einem Tag zurücklegen. Die Rundfahrt auf der Halbinsel sollte entgegen dem Uhrzeigersinn erfolgen, so nähert man sich langsam den Höhepunkten.

Killorglin

Die Fahrt geht auf der R 562 in Richtung Killorglin; die Strecke ist von Bäumen gesäumt und nichts deutet auf spektakuläre Aussichten hin. Killorglin selbst ist ein verschlafenes, wenig attraktives Örtchen, an dem der Massentourismus der Kerry-Peninsula scheinbar spurlos vorbeigeht.

Einmal im Jahr allerdings ist in dem Dorf wahrhaft der Teufel los. In der Zeit vom 10. bis zum 12. August eines jeden Jahres findet in Killorglin die sogenannte ***Puck Fair*** statt. Bei dem Volksfest, das wohl auf einen heidnischen Fruchtbarkeitsritus zurückgeht, wird ein Ziegenbock zum König gekrönt und drei Tage lang auf einem hohen Gerüst huldvoll zur Schau gestellt. Eine Unterkunft ist während dieser Tage nicht zu bekommen (es sei denn, man hat über das Tourist Office in Killarney vorgebucht), in den Kneipen fließt das Guinness in Strömen, und Einwohner wie Besucher sind gleichermassen im Vollrausch.

Foto: WS

Caragh Lake

Weiter geht es nun auf der N 70 in Richtung Südwesten. Einige Kilometer hinter Killorglin zweigt links von der Straße ein kleiner Weg ab, der zu den Ufern des Caragh Lake führt (ausgeschildert); an den fast immer touristenfreien Gestaden, die von sanften Hügeln und dichten Wäldern umrahmt sind, läßt es sich gut picknicken.

Glenbeigh

Im weiteren Verlauf führt die Straße dann auf mächtige Hügelketten zu, und man durchfährt alsbald das winzige Dörfchen Glenbeigh (ein Foodstore, ein Hotel, ein Pub und ein Restaurant gruppieren sich rund um die Tankstelle; Hillside House, IHH-Hostel, 066-68228).

Die Trasse verläuft weiter durch eine anmutige und gewellte grüne Landschaft. Schafe grasen mit ihren Lämmern an den Fahrbahnrändern. Doch schon wenige Minuten später zeigt die Umgebung ein wesentlich rauheres Bild, die gewaltigen Steinhügel rücken fast bis an die Straße heran, und nun sieht man auch zum ersten Mal das Meer, schaut weit über die Dingle Bay bis zu den Hügeln der Dingle-Peninsula.

Die Straße windet sich in rund 100 m Höhe entlang der ***Steilküste,*** unten brandet die See an die Felsen. Die Strecke ist sehr kurvenreich, und vom Fahrer wird höchste Konzentration verlangt. Wenn man in Ruhe das Landschaftspanorama genießen will, so kann man dies alle paar Kilometer an Straßenausbuchtungen tun, und

gefahrlos schweift hier der Blick über die Schaumkronen der Wellen.

Caherciveen

Nachdem man die Siedlung Caherciveen durchfahren hat, geht es rechts ab auf der R 565 nach Valentia Island (ausgeschildert). Vom 5 km entfernten Reenard's Point verkehrt in den Sommermonaten auch eine kleine Fähre für Wanderer und Radfahrer nach Valentia Island.

Tourist Office

- ***Old Oratory Art Gallery,*** an der Hauptstraße (alle unten genannten Pubs und Restaurants befinden sich ebenfalls an der Hauptstraße, die den Ort durchzieht), in einer ehemaligen Kirche untergebracht, mit Art Gallery, Crafts Shop und Café.

Unterkunft

- ***Mrs. Anne Dennehy,*** Sea View House, Tel. (066) 72238;
- ***Mrs. Brenda Landers,*** San Antoine, Tel. (066) 72521;
- ***Mrs. Joan O'Connor,*** Riverdale House, Tel. (066) 72316;
- ***Mrs. Alice Dennehy,*** Sea Breeze, Tel. (066) 72609;
- ***Cahirciveen Sive Hostel,*** IHH-Hostel, Tel. (066) 72717;
- ***Campingplatz*** Mannix Point Caravan and Camping Park, Tel. (066) 72437, 200 m westlich von Cahirciveen am Strand mit Blick auf Valentia Island.

Die Puck Fair in Killorglin

Mit Sicherheit eines der deftigsten Feste im ohnehin nicht asketischen Irland steht jeweils Anfang August in dem verschlafenen 1100-Seelen-Dorf Killorglin auf der Tagesordnung: Die *Puck Fair,* die Krönung eines Ziegenbocks zum König der Grünen Insel. Da sich bei so hochoffiziellen Anlässen auch Geschäfte machen lassen, läuft parallel zu diesem Ereignis ein Viehmarkt.

Schon einige Tage vor dem großen Fest fangen die Männer des Dörfleins in den umliegenden Bergen einen möglichst stattlichen Ziegenbock mit einem repräsentativen Bart und gewaltigen Hörnern. Fein herausgeputzt dann wird am *Gathering Day,* dem ersten Tag des Festes, der Bock unter begeisterter Anteilnahme der Bevölkerung wie auch der Besucher auf ein hohes Gerüst gehievt und von einem grüngewandeten jungen Mädchen in den Königsstand erhoben: „Ich kröne dich zum König Puck", spricht das Mädel, und die Menge jauchzt begeistert: „Zum einzigen König von Irland"! Drei Tage nun herrscht König Puck huldvoll von seinem Gerüst und schaut dem ausgelassenen Treiben aus luftiger Höhe zu. Und was er da zu sehen bekommt, ist nicht von schlechten Eltern.

Die irischen Heimatforscher sind sich uneins, auf welche historische Begebenheit oder auf welches alte Ritual die Puck Fair zurückgeht. Da gibt es zuerst einmal die patriotische Variante: Die Mannen eines gewissen *Patrick Sorfield* wurden am 11. August 1691 durch eine aufgeschreckte Herde von wilden Ziegen vor den herannahenden Truppen des englischen Königs *William* gewarnt. Blitzschnell legten sich die Iren in einen Hinterhalt und rieben die Armee der verhaßten Besatzer auf. Mit einem schön herausgeputzten Ziegenbock kehrten die Sieger in Killorglin ein und veranstalteten ein großes Fest.

Eher die geschäftliche Seite betont die folgende Überlieferung: *James II.* gab einem gewissen *Jenkins Conway* im Jahre 1613 die Erlaubnis, jeweils am 1. und 2. August eines jeden Jahres einen Markt abhalten zu dürfen. Als im 18. Jh. aufgrund einer Kalenderumstellung das Ereignis auf den 11. und 12. August fiel, setzte man schleunigst – um der guten Geschäfte willen – den 10. August noch dazu.

Nicht schlecht hört sich auch die folgende Geschichte an: Da die englischen Strafgesetze aus der Zeit vom 17. bis zum 19. Jh. unter anderem die Jahr- und Viehmärkte einschränkten, sollen die pfiffigen Bewohner von Killorglin einen wilden Ziegenbock in die Stadt gebracht haben. Da es sich um kein Nutztier handelte, konnten die Engländer die Veranstaltung laut eigener Gesetzgebung nicht verhindern. Der Bock wurde zum König von Kerry gekrönt und die Iren verspotteten so die britischen Besatzer.

Die letzte Variante schließlich beschreibt, daß die Puck Fair auf ein keltisches Fruchtbarkeitsfest zurückgeht, das immer am 1. August begangen wurde. Mit der schon erwähnten Kalenderumstellung fielen die Feiern dann auf die bekannten Daten.

Da auch ein Viehmarkt während der tollen Tage abgehalten wird, und die Verkäufer ihre Rinder, Schafe und Pferde durch die Straßen der Stadt treiben, sind Asphalt, Häuserwände und Autos von Kuhfladen und Dung übersät, und es stinkt gewaltig. So mancher schimpft wie ein Rohrspatz, weil er im Dunkeln auf dem Weg in den nächsten Pub nicht aufgepaßt und im wahrsten Sinne des Wortes voll in die Sch... getreten hat.

Tagsüber wird beim Verkauf der Tiere kräftig gefeilscht, und wer genau hinsieht, wird kräftige junge Männer mit großen Schlagstöcken erblicken. Dies sind die Steuereintrei-

ber von Killorglin, denn schließlich will das Städtchen am Kauf und Verkauf beteiligt sein. Noch heute besitzt die Familie *Foley* das einst vom britischen Parlament genehmigte Recht, die Steuern mittels des mitgeführten Schlagstocks bei säumigen Zahlern einzutreiben.

Der mündlich geschlossene „Kaufvertrag“ wird, wie es sich unter richtigen Männern gehört, per Handschlag besiegelt, und auf den gelungen Abschluß nehmen dann Käufer und Verkäufer erst einmal ein paar Guinness, bevor man sich den weiteren Geschäften zuwendet - falls der Alkoholpegel dies überhaupt noch zuläßt.

Am zweiten Tag der großen Feier, dem *Fair Day,* strebt das Fest dem Höhepunkt zu. Guinness, Lager und Whiskey fließen in Strömen, der richtige Ire zeigt sich von seiner besten Seite - wie man sagt „außen grün und innen blau“.

Schon tagsüber sind die Pubs gerammelt voll, und jedem Zecher stehen nur wenige Quadratzentimeter Stehfläche zur Verfügung. Heraus oder hinein zu kommen, artet in schwerste Arbeit aus, dichtgedrängt wie Ölsardinen stehen die Menschen rund um den Tresen, wer hier einen Platz gefunden hat, muß ihn heldenhaft verteidigen. Die Menge tobt, lallt, lacht, Gläser gehen klirrend zu Bruch, und ein Schwall Guinness ergießt sich über den Vordermann. Gänge zur Toilette müssen frühzeitig angetreten werden, lang sind die Schlangen derjenigen, die ihre Getränke wieder entsorgen müssen.

Auch auf den Straßen des Örtchens ist der Teufel los, auch hier wird getanzt, gesungen, musiziert und natürlich vor allem getrunken. Killorglin versinkt in einer wahren Orgie, der Rausch ergreift die Menschen. Auch die Tinker, die fahrenden Nomaden Irlands geben sich ein Stelldichein und verkaufen Ramsch, ihre Frauen sagen den Betrunkenen die Zukunft voraus, lesen aus der Hand und lassen orakelhafte Sprüche ab.

Am dritten Tag dann, dem *Scattering Day,* halten nur noch erfahrene Kampftrinker durch, doch auch das sind - so hat es den Eindruck - noch immer unübersehbar viele. Wer jedoch des Morgens ein Katerfrühstück nötig hatte, der macht sich nun langsam bereit für den Heimweg, und sicher ist: Im nächsten Jahr wird die Puck Fair noch toller gefeiert!

Restaurants

- ***The Seahorse,*** kleines Seafood Restaurant, das einem alteingesessenen Fischgeschäft angeschlossen ist, Gerichte zwischen 7 und 11 £;
- ***Brennan's Restaurant,*** kleines Lokal mit Gerichten zwischen 6 und 10 £;
- ***Grudles,*** kleines Billigrestaurant, um 7 Pfund;
- ***The Red Rose,*** zwischen 7 und 10 Pfund.

Pubs

- ***The Shebeen Bar,*** Traditional Music Nightly;
- ***Craineer's,*** ein Schild teilt mit, daß fahrende Musiker willkommen sind.

Verbindung

- ***Ring of Kerry Bus*** einmal täglich von Tralee über Killarney, Killorglin, Waterville, Caherdaniel, Sneem, mehrmals täglich von Killarney, Killorglin, Tralee.

Valentia Island

Bei der Häuseransiedlung Portmagee führt eine erst 1970 errichtete Brücke nach Valentia Islands; drüben angekommen, unterrichtet ein Heritage Centre (tgl. 10-18 Uhr) mit der audiovisuellen Show *The Skellig Experience* den Besucher über die Region und vor allem natürlich über die frühchristliche Besiedlung der ***Felseninsel Skellig Michael.*** Fahrten auf das steinige Eiland bietet in Portmagee *Mr. Brendan Casey* an; Buchungen unter Tel. (066) 72437/77125. Der Preis für eine Überfahrt nach Skellig Michael liegt wie bei Bootskapitänen in der Umgebung (s.u.) um 20 £. Wenn eine Anlandung wegen der Wetterverhältnisse nicht möglich ist, zahlt man nur rund 13 £.

Über die Streusiedlung Chapeltown geht es dann nach ***Knightstown***, zu dem Hauptort der Insel. Einige Häuschen reihen sich an der engen Dorfstraße entlang, während der Ebbe steigt Modergeruch aus dem kleinen Hafenbecken auf, der Pub Boston's liefert Speise und Trank.

Im letzten Jahrhundert ging es in Knightstown recht geschäftig zu; damals nämlich verlegte man das erste Transatlantikkabel von hier nach Amerika. Die Operation wurde 1866 erfolgreich abgeschlossen. Rund 100 Jahre lang verlief über Knightstown die Telekommunikation mit dem neuen Kontinent.

Die ***Tauchgründe*** rund um Valentia Island sollen zu den besten Irlands zählen, und so findet der interessierte Flaschentaucher mehrere Diving Centres am Ort. Auch kann man an mehreren Stellen Touren nach der Felseninsel Skellig Michael (s.u.) buchen, zum Beispiel bei *Mr. Dermot Walsh* unter der Nummer (066) 76115 oder bei *Mr. Des Lavelle,* Tel. (066) 76124/76175.

Zurück nach Chapeltown biegt man an der Ortskreuzung nach rechts in Richtung auf die ausgeschilderte ***Grotte*** *(Grotto)* ab. In einem ehemaligen Steinbruch hat man eine große Marienstatue aufgebaut, in der Grotte können Messen gelesen werden, und von oben plätschert recht stilvoll ein Wasserfallrinnsal hinunter.

Von 1816 bis 1911 wurde hier Schiefer gebrochen und dies im wahrsten Sinne des Wortes mit Sklavenarbeit. 14 Stunden am Tag schufteten die Männer, Frauen und Kinder, nur zwei kurze Pausen gab es, und als Lohn erhielten sie 14 Pence. In La Grotta gewann die englische Kolonialmacht das Baumaterial für das *House of Commons* und das *House of Lords,* das Unter- und das Oberhaus in London, für die Bahnhöfe Charing Cross und Waterloo sowie für die Pariser Oper.

Wer in der großen Grotte steht, erinnere sich an die Worte, die der Schriftsteller *Ralph Giordano* in seinem 1996 erschienen „Irischen Tagebuch" schrieb: „Vor 85 Jahren wurde hier der letzte Schlag getan, aber noch ist es so, als wenn es in der Höhle weiter klingt, hämmert und seufzt, als wenn La Grotta widerhallt von den Stoßgebeten, die abprallen von den gnadenlosen Wänden."

Spektakulär sind die Ausblicke auf das Meer von den nahegelegenen ***Fogher Cliffs.*** Unterhalb der Grotte erkennt man einen kleinen Leuchtturm. Man suche den leicht zu findenden Feldweg, der schlaglochübersät und sehr steil nach unten zur Küste führt. Achtung: Nicht mit Wohnmobilen zu befahren, man kommt mit schweren Wagen die Piste nicht mehr hoch! Nahe am Leuchtturm kann man ein einsames Picknick genießen und in Meditation versunken auf die an den rundgewaschenen Felsen anbrandenden Wellen schauen.

Unterkunft

- ***Guesthouse Valentia Heights*****, Tel. (066) 76138;
- ***Mrs. Julie O'Sullivan,*** Ballyhearney, Tel. (066) 76241;
- ***Valentia Island Hostel,*** An-Oige-Jugendherberge, Knightstown, Tel. (066) 76154;
- ***The Royal & Pier Hostel,*** IHH-Hostel, Knightstown, Tel. (066) 76144;
- ***The Ring Lyne Hostel,*** IHH-Hostel, Chapeltown, Tel. (066) 76103.

Restaurant

- ***The Royal,*** Knightstown, direkt an der Seefront gelegen, manchmal auch Live Music, Touristen-Menü 12 Pfund, sonst um 16 Pfund.

Pub

- ***Boston's,*** Knightstown.

Rent-a-Bike

- ***Knightstown,*** am Hafen.

Ballinskelligs

Über die Brücke bei Portmagee (von hier aus übrigens ebenfalls Fahrten nach Skellig Michael) geht es nun wieder zurück zur N 70. Schon wenige Kilometer weiter jedoch zweigt rechts die R 566 nach Ballinskelligs ab (ausgeschildert). Dort angekommen, findet man einen schönen ***Sandstrand,*** auf dem seicht die Wellen auslaufen. Ballinskelligs ist eine kleine Streusiedlung ohne erkennbaren Ortskern, immerhin gibt es ein Pub-Restaurant-Gebäude mit Bed & Breakfast. Auch von hier gehen ***Fahrten zur Felseninsel Skellig Michael*** ab. Informationen und Buchungen bei *Mr. Sean Fealan,* Tel. (066) 79182.

Besuch auf der Felseninsel Skellig Michael

An mehreren aufeinanderfolgenden Tagen hatte ich schon frühmorgens von Killarney aus im Post Office von Ballinskelligs angerufen und mich nach den Wetterverhältnissen vor der Küste erkundigt. Zu starker Wind, hohe Wellen und dichter Nebel, so lautete die stereotype Antwort des freundlich bemühten Postmeisters, der seine Negativmeldung immer mit einem bedauernden *Sorry Sir, I'm very sorry* beendete. Beim sechsten Anruf jedoch – ich hatte mir mittlerweile die Zeit mit Wanderungen in der Umgebung von Killarney vertrieben und war schon gar nicht mehr sicher, je auf das Felseneiland zu kommen –, hörte ich die aufgeregte Stimme meines Informanten: *„Oh, it's you Sir. Come straight ahead, the waves are still high but the boat leaves at eleven."*

Sofort buchte ich einen Platz, schlang das wie immer opulente Frühstück meiner Bed-&-Breakfast-Wirtin herunter, sprang in den Wagen und fuhr über Kenmare, Sneem und Waterville nach Ballinskelligs. Dort am Pier angekommen, warf ich einen ersten Blick auf die kleine, offene Nußschale und einen zweiten auf die Schaumkronen der Wellen. Mir fielen die warnenden Worte der drei jungen Mädchen aus dem Tourist Office in Killarney ein, die mir erklärt hatten, daß die Boote nach Skellig Michael nur ungenügend versichert seien und von daher eine Buchung über das Fremdenverkehrsamt nicht in Frage käme (dies gilt aber seit 1993 nicht mehr).

Mit anderen unerschrockenen Besuchern stieg ich nun also auf das kleine Bötchen hinunter, suchte mir meinen Platz und zog den Reißverschluß meiner wasserdichten Jacke hoch. Meinen Daypack stellte der Skipper freundlicherweise in seinem geschützten Steuerhaus unter, alsbald wurden die Leinen gelöst, und die Überfahrt begann.

13 km vor der Küste der Kerry-Halbinsel liegen meerumtost die zwei steil aufragenden Felseninseln Little Skellig und Skellig Michael *(Skellig* = Felsen). während die kleinere von beiden ein Vogelschutzgebiet ist – Irlands größte Kolonie von Baßtölpeln hat hier ein geschütztes Refugium, aber auch Kormorane, Sturm- und Papageientaucher, Sturmschwalben sowie die Dreizehenmöwe bilden beachtliche Populationen – und aus guten Gründen deshalb nicht betreten werden darf, lohnt Skellig Michael unbedingt einen Besuch. Hier befinden sich außerordentlich gut erhaltene Reste einer kleinen frühchristlichen Mönchssiedlung.

Doch vor der Erkundung der Insel gilt es, die Gefahren der Überfahrt zu meistern. Kaum hatte das Bötchen Bolus Head, den südwestlichen Zipfel der Kerry-Halbinsel passiert, traf uns der Wind mit voller Härte. Die Nußschale rollte und stampfte in der schweren See, Spritzwasser kam regelmäßig über die niedrige Schanz, krampfhaft klammerten sich alle an ihren Sitzen fest, bleich waren die Gesichter. Ich merkte, wie mein Gleichgewichtsorgan seinen Dienst einstellte und der Magen, noch immer vom Frühstück gut gefüllt mit Bacon and Scrambled Eggs, zu rebellieren begann.

Schon vor Tagen hatte mir meine Zimmerwirtin geraten, rechtzeitig vor der Überfahrt genügend Pillen gegen Seekrankheit und Übelkeit zu schlucken; diesen weisen Vorschlag hatte ich allerdings nicht genügend beachtet und trug nun die Konsequenzen. Drei weitere Mitreisende und ich schickten die Reste unseres Frühstücks zu den Fischen, alle waren wir peinlich berührt, hatten einen ekligen Geschmack im Mund, und das breite Grinsen des Skippers drückte seinen klammheimlichen Spott aus. Ein freundlicher Amerikaner verteilte Kaugummis, die dankbar angenommen wurden.

Mit großer Erleichterung sahen alle eine Zeitlang später, wie das Boot in eine kleine Bucht einlief und an dem Betonpier festgezurrt wurde. Auf einem schmalen Weg, vorbei an einem Leuchtturm, ging es dann über 670 Stufen auf ein 180 m hoch gelegenes Plateau, auf dem eine Anzahl von Bienenkorbhütten die Jahrhunderte unbeschadet überstanden hat. Zwei bootsförmige Kapellen, eine Reihe von Kreuzen und Grabsteinen und eine wahrscheinlich aus dem 12. Jh. stammende Kirchenruine vervollständigen das Ensemble. Die Mauern der Gebäude sind sehr kunstvoll, aus Steinen und ohne Verwendung von Mörtel aufgeschichtet. Ihr guter Zustand resultiert aus dem milden Klima: Hier gibt es keinen Frost, der das Gestein sprengen könnte.

Kleine, ebenfalls von Steinmauern eingefriedete Parzellen, *The Monks Garden* genannt, dienten früher den frommen Männern als Anbauflächen für Getreide und Gemüse; ergänzt wurde der Speiseplan durch Vogeleier, Vögel und Fische. Die Anzahl der Steinhütten und ihre Grundflächen legen die Vermutung nahe, daß wohl nie mehr als zwölf Mönche das felsige Eiland bewohnten.

Der Überlieferung nach gründete einer der beiden *Heiligen Finans* die Klause, die schon im 9. Jahrhundert mehrfach von den Wikingern überfallen wurde. Im 12. oder 13. Jahrhundert siedelten die wenigen Mönche dann auf das Festland über; das sturmumtoste Eiland behielt jedoch seine sakrale Bedeutung: Im 17. und 18. Jh. übten sich die Gläubigen in Buße, stiegen bis zur 210 m hohen *The Needle's Eye* genannten Spitze auf und küßten dort oben ein Gipfelkreuz.

Die zweite Felsenspitze von Skellig Michael wird *Jesus' Saddle* genannt, und die Überlieferung berichtet Erstaunliches von diesem Felsstück. Angeblich brachte man Gruppen von jungen Mädchen, die alsbald in den Stand der Ehe treten wollten, an diesen wenig anheimelnden Ort; in völliger Abgeschiedenheit sollten sich die Bräute während dieser Exerzitien auf ein gottesfürchtiges Leben nach der Hochzeit vorbereiten. Die Damen - wir folgen weiter der Chronik - taten sich jedoch gütlich an harten Getränken, musizierten fröhlich und waren ein letztes Mal recht ausgelassen. Mit Entsetzen stoppten die Priester, kaum daß sie dahintergekommen waren, diesen freudvollen Schabernack.

Nach rund zwei Stunden ist die Besichtigung vorbei, und angstvoll klettert man - begleitet von der Hoffnung auf eine ruhige Überfahrt - wieder auf das Boot.

Waterville

Auf der weiteren Strecke von Ballinskelligs nach Waterville entlang unklassifizierter Straßen fährt man an einem langen Sandstrand vorbei, hat schöne Ausblicke auf die See wie auch auf die Hügelketten des Inlands - diese Strecke wird auch ***Scenic Skellig Ring*** genannt.

Schnell ist nun das kleine Nest Waterville erreicht, das gegenüber von Ballinskelligs an der Ballinskelligs Bay liegt. Entlang der langen ***Felsenküste*** reihen sich kleine Pensionen, einige Pubs sowie ab und an ein Restaurant. So z. B. das oft empfohlene und gute Restaurant *The Huntsman* mit exquisiter Küche (8-17 Pfund) und prachtvollen Ausblicken über den Atlantik.

Wer von hier aus die ***Felseninsel Skellig Michael*** erkunden möchte, der informiere sich bei *Mr. Joe Roddy* unter der Nummer (066) 74268.

Hat man das Örtchen durchfahren, so stößt man ca. 3 km weiter auf einen Parkplatz, von dem aus man einen guten und vor allem weiten Blick über das Meer und die Felsenküste hat. Auch im weiteren Verlauf windet sich die ***Straße oberhalb der See*** entlang, und von jeder Stelle bietet sich ein beeindruckendes Landschaftspanorama. Nach einigen weiteren Minuten Fahrt geht es steil bergan, hoch über der See ist die Straße in den Felsen gekerbt. In regelmäßigen Abständen sorgen Ausbuchtungen am Straßenrand für Parkmöglichkeiten.

Foto: GU

Nun ist ein ***Pub*** mit angeschlossenem Restaurant erreicht, den man unbedingt aufsuchen sollte. Hinter großen Fenstern sitzt man windgeschützt, kann bei einer Tasse Kaffee oder Tee sowie bei einem mittäglichen Pub Grub die Landschaft auf sich wirken lassen.

Weiter geht es entlang der schärenzerfurchten Felsenküste, regelmäßig tauchen kleine Buchten auf. Zwischen Waterville und der winzigen Siedlung Caherdaniel erstreckt sich der sicherlich schönste Teil des Ring of Kerry.

Derrynane House

Rund 2 km westlich von Caherdaniel lohnt ein Besuch im Derryname House, das *Daniel O'Connell,* der „Befreier", im Jahre 1825 errichten ließ; 20 Jahre lang lebte und arbeitete der *Liberator* in diesem Herrensitz, der heute als ***Museum*** die Erinnerung an den großen Iren wachhält (Mai-September Mo-Sa 9-18 Uhr, So 11-19 Uhr; Oktober-April Di-So 13-17 Uhr). Nahebei führt ein ***Naturlehrpfad*** durch die Dünenlandschaft.

Staigue-Fort

Zurück zur Hauptstrecke geht es wenige Kilometer weiter vorbei an einem Sandstrand, dessen Schönheit jedoch durch eine große Caravan-Siedlung arg beeinträchtigt wird. Etliche Kilometer hinter Caherdaniel zeigt ein Wegweiser nach links die Strecke zum prähistorischen Staigue-Fort an. Der Abzweig ist nicht zu verfehlen, denn unübersehbar markiert das schneeweiß gestrichene Staigue Fort Hotel die Stelle, an der man von der N 70 abbiegen muß. Nach 8 km ist das mächtige eisenzeitliche Ringfort erreicht.

4 m dick und 5,5 m hoch ist der aus Steinen und ohne Mörtel aufgerichtete ***Mauerring.*** Keine Messerspitze paßt zwischen die exakt aufgeschichteten Steinlagen. Durch einen kleinen Gang gelangt man ins Innere der Umwallung; auf einem Areal von 30 m im Durchmesser suchten die Erbauer Schutz vor Überfällen. Gut erhalten sind die Treppenstufen, mittels derer die Verteidiger im Notfall auf die Brustwehr eilen konnten.

Eine exakte ***Datierung*** des Ringforts steht bis heute noch aus; auch bei den zwei anderen gut erhaltenen Steinzirkeln, Dun Aenghus auf der Aran-Insel Inishmore und Grianan of Aileach im County Donegal, konnten bisher keine präzisen Zeitangaben gemacht werden.

Sneem

Nun wieder zurück zur Hauptstrecke und weiter der N 70 in Richtung Norden folgend, erreicht man das winzige Örtchen Sneem, in dessen kleinem Dorfkern die Häuser zur Freude eines jeden Hobbyfotografen in kräftigen blauen, roten und grünen Farbtönen gestrichen sind.

Wer möchte, kann sich hier in einem Crafts Shop mit irischem Kunsthandwerk eindecken, angeboten werden vor allem Wollsachen. So ist der Ortskern immer voller Besucher, die Touristenbusse halten hier an, und die Pauschalurlauber kaufen ihre Souvenirs.

In Sneem

Unterkunft

- ***Stone House Guesthouse*****, North Square, Tel. (064) 45188;
- ***Mrs. Gretta Drummond,*** Rockville House, Tel. (064) 45135;
- ***Mrs. Norrenn Drummond,*** Pier Road, Tel. (064) 45101 Extension 4;
- ***Mrs. Maura Hussey,*** Avonlea, Tel. (064) 45221;
- ***Mrs. Alice O'Sullivan,*** Pier Road, Tel. (064) 451 81;
- ***Willow Hill Farm,*** IHH-Hostel, ca. 7 km außerhalb von Sneem, Tel. (064) 45378.

Restaurants

- ***Woodvail House,*** Pier Road, kleines Restaurant mit B & B, um 10 Pfund;
- ***Blue Bull Seafood Restaurant*** mit angeschlossenem Pub, im Ortszentrum, um 14 Pfund.

Pubs

- ***Dan Murphy's Bar, Sneem Bar*** und der Pub ***Restler's Inn*** sind drei gemütliche Kneipen im Ortszentrum;
- Der Coffee Shop ***The Village Kitchen*** serviert leckere Kuchen und Snacks.

Rent-a-Bike

- Im ***Bike Shop*** von M. Burns, im Ortszentrum.

Verbindung

- ***Ring-of-Kerry-Bus*** von Tralee, Killarney, Killorglin, Cahirciveen, Waterville, mehrmals täglich von Killarney, Kenmare, Tralee.

Zurück nach Killarney

Von Sneem aus sollte man nun nicht weiter auf der N 70 fahren, denn dieser nun folgende Teil des Ring of Kerry ist landschaftlich ohne jedes Interesse, zudem säumen Bäume die Straße, so daß man keinen Blick auf die Umgebung hat. Besser ist es, von Sneem aus die R 566 zu nehmen. Zwar ist auch diese Strecke nicht gerade mit landschaftlichen Schönheiten ausgestattet, doch man hat einige gute Ausblicke in karge Täler und auf rauhe Hügel.

Bei ***Moll's Gap,*** einem Aussichtspunkt, trifft die R 566 wieder auf die Hauptstrecke (jetzt die N 71), und vorbei am ***Ladies' View,*** von wo aus man gute Blicke auf die Seen von Killarney hat, geht es zurück nach Killarney, dem Ausgangspunkt der Rundreise.

Dingle-Halbinsel

Nach Dingle

Von Killarney verläuft die ***Route*** auf der R 562 wenige Kilometer in Richtung Killorglin, dann biegt man rechts in die R 563 nach Milltown ein, nimmt dort für ein kurzes Stückchen die N 70 bis Castlemaine, und weiter geht es über die R 561 und die R 559 nach Dingle, dem Hauptort auf der gleichnamigen Peninsula. Die R 561 und die R 559 folgen der Küstenlinie, man hat schöne Ausblicke auf das Meer und auf die Kerry-Halbinsel.

Schaut man dagegen nach rechts, ins Landesinnere, so erkennt man weitgehend vegetationslose Hügelketten. Fährt man diese Strecke am frühen Vormittag, so sieht man alle paar Kilometer Bauern mit ihren

Dingle Harbour

Milchtonnen am Straßenrand stehen, die auf den Milchlaster der Molkerei warten.

Im weiteren Verlauf der Fahrt passiert man das winzige Örtchen ***Inch,*** das einen langen und breiten Sandstrand zu bieten hat. Ausbuchtungen an der Straße erlauben immer wieder einen kurzen Stopp, damit man in Ruhe über das Meer blicken kann.

Dingle

Bald ist nun Dingle erreicht, der sympathische Marktflecken und mit seinen 1500 Einwohnern der Hauptort der Halbinsel.

Im Dorfkern strahlen die Häuser in kräftigen bunten Farben. Pubs und Restaurants sind in Hülle und Fülle vorhanden. Dingle gehört sicherlich zu den schönsten und atmosphärereichsten Örtchen in Irland - daran ändert auch die aus EU-Geldern finanzierte, großangelegte Modernisierung des Hafenbereichs nur wenig.

Der ***Tourismus*** ist ein anderer als in Killarney: Man sieht keine Pauschalurlauber, im Zentrum flanieren die Individualbesucher.

Vom Hafen aus kann man ***Bootstouren*** zu einem vor der Küste lebenden Delphin unternehmen; der Meeressäuger liebt allem Anschein nach menschliche Gesellschaft. Dingle eignet sich auch sehr gut als Standquartier, um von hier aus eine Tour zu den Blasket Islands zu unternehmen oder um den Hausberg der Halbinsel, den Mount Brandon, zu besteigen.

Tourist Office

- Direkt am neugestalteten Hafen

Unterkunft

- ***Benners Hotel*********,
Main Street, Tel. (066) 51638;
- ***Hillgrove Hotel**,**
Spa Road, Tel. (066) 51131;
- ***Mrs. Bernie Bambury,***
Mail Road, Tel. (066) 51244;
- ***Mrs. Breda Boland,***
Goat Street, Tel. (066) 51426;
- ***Mrs. A. Connor,***
Dykegate, Tel. (066) 51598;
- ***Mrs. Betty Hand,***
Green Street, Tel. (066) 51538;
- ***Mrs. Mary Houlihan,***
Spa Road, Tel. (066) 51113;
- ***Mrs. Margaret Noonan,***
Spa Road, Tel. (066) 51291;
- ***Mrs. Ann Neligan,*** Connor Pass Road, Tel. (066) 51335;
- ***Mrs. Mary Russel,*** The Mall, Tel. (066) 51747;
- ***Tig Aphoist,*** IHH-Hostel, Ballydavid, ca. 10 km westlich von Dingle, Tel. (066) 55109;
- ***Campingplatz*** Campaill Theach An Aragail, Gallarus Oratory House Camp, Tel. (066) 55143, 8 km westlich von Dingle am Gallarus Oratory.

Restaurants

- ***An Café Litearta,*** Dykegate Street, Café und Buchladen, Snacks werden auch serviert;
- ***Armada Restaurant,*** Strand Street, gemütliche Kerzenlichtatmosphäre, Familienunternehmen, auch vegetarische Gerichte, 17 Pfund;
- ***Beginish Restaurant,*** Green Street, preisgekrönt, *Beginish* bedeutet so viel wie „kleine Insel", gute Meeresfrüchte, à la Carte um 15 Pfund;
- ***Long's Restaurant,*** Strand Street, am Hafen, Fischgerichte zwischen 9 und 13 £, gutes Preis-Leistungsverhältnis;
- ***Doyle's Seafood Bar & Townhouse,*** eines der besten Fischrestaurants Irlands, fünffacher Gewinner des ***Bord Failte's Award of Excellance,*** 17 Pfund;
- ***El Torro,*** Green Street, Pizzen, Pasta und Seafood, um 15 Pfund;
- ***Fenton's Restaurant,*** Green Street, Meeresfrüchte, zwischen 9 und 16 Pfund;

- ***Forge Restaurant,*** Holy Ground, wie der Name schon sagt, in einer ehemaligen Schmiede untergebracht, 7-12 Pfund;
- ***Greany's Restaurant,*** Holy Ground, zwischen 4 und 8 Pfund;
- ***Lord Baker's,*** Main Street, gerade preisgekrönt, 16 Pfund.

Pubs

- ***Dingle Pub,*** Main Street, regelmäßig Live Sessions;
- ***An Droicead Beagh,*** Main Street, Folk Music an vielen Abenden;
- ***Dick Mack's,*** Green Street, ein Off-Licence-Geschäft mit angeschlossenem Schuhreparaturladen und ein Pub;
- ***Murphy's Pub,*** Strand Street, regelmäßig Live Sessions;
- ***Maire de Barra,*** Strand Street, ebenfalls Live Music.

Rent-a-Bike

- Vermieter in der Dykegate Street sowie in der Main Street.

Verbindung

- ***Busse*** mehrmals täglich von Dublin, Limerick, Listowel, Tralee, Shannon-Airport, Killarney, Killorglin, Dunquin.

Wandern auf der Dingle-Halbinsel

Rund um die Dingle-Peninsula führt der 153 km lange ***Dingle Way,*** auf gälisch auch *Sli Chorcha Dhuibhne* genannt - die Halbinsel gehört ja zu den sogenannten Gaeltacht-Gebieten. Wie schon bei den anderen aufgeführten Streckenwanderungen empfohlen, sollte man auch hier wieder wenigstens einige Teilstrecken in Tagesausflügen zurücklegen.

Die Tour beginnt wegen der guten Verkehrsanbindung eigentlich in Tralee, geht dann über Blennerville, Inch, Annascaul, Lispole, Dingle, Dunquin, Ballydavid, Brandon, Cloghane, Castlegregory und Camp zurück nach Tralee. Der höchste Punkt ist der 640 m hohe Sattel zwischen Brandon und Masatiompan. Eine gute Karte ist die O.S. Half Inch (1/126.720) oder das Bord-Failte-Informationsblatt 26 G, „The Dingle Way and the Saints Road" von Maurice Sheehy. Die gesamte Strecke ist mit gelben Pfeilen auf schwarzem Grund ausgeschildert.

Unbedingt sollte man auch den Hausberg der Dingle-Halbinsel, den 950 m hohen Mount Brandon, auf der Heiligenroute besteigen. Bergausrüstung erforderlich, Kartenmaterial in Dingle. Aufstieg auch beschrieben in dem Wanderführer von David Perrot und Joss Lynham „Walk Cork and Kerry".

Die Blasket Islands

Auf keinen Fall sollte man einen Tagesausflug zu den Blasket Islands versäumen. Die ***einstigen Bewohner*** der heute menschenleeren Eilande hielten bis vor wenigen Jahren eine reiche Tradition aufrecht. Irische und ausländische Sprach- und Völkerkundler, aber auch Dichter und Literaten studierten dort die alten gälischen Feste, Sitten und Bräuche. Die Insulaner selbst schrieben ihre mündliche Überlieferung, ihre Geschichte und Legenden nieder und bewahrten sie so der Nachwelt.

Als schön und geheimnisvoll zugleich empfindet der Besucher die ***Atmosphäre*** auf Great Blasket Island, wenn er das alte, nun teilweise verfal-

lene Dorf durchstreift und anhand eines Lageplanes die Schule, das Postgebäude, den Friedhof oder die Häuser von *Peig Sayers* oder *Tomas O'Crohan* - zwei der großen Poeten der Insel - identifizieren kann. Gewaltig ist die Faszination, die Great Blasket ausstrahlt, und je größer die eigene Vorstellungskraft und das Wissen um die einstigen Lebensbedingungen sind, um so mehr wird das Eiland in der Phantasie wieder lebendig.

Der irische Autor *Muiris Mac Conghail* beschrieb in seinem Buch über den kleinen Archipel sehr zutreffend dieses „Inselgefühl": „Sobald man mit der Blasket-Insel und ihrer Kultur Verbindung aufgenommen hat, gibt es kein Entrinnen mehr, so sehr man sich auch bemüht. Ihre Geschichte gleicht einem langen Staffellauf, in dem der Stab von Person zu Person immer weitergereicht wird. Einmal mit diesem Fleckchen Erde in Berührung gekommen, ist es um einen geschehen!"

Wer die Geschichte der Menschen und die Härte ihres Lebens - wenn auch heute nur mehr aus schriftlichen Quellen - kennenzulernen versucht, für den ist eine Fahrt zu den Blaskets ein herausragendes Erlebnis.

Anreise

Von Dingle folgt man der Küstenstraße (R 559) in westlicher Richtung. Ziel der Fahrt ist die kleine Streusiedlung ***Dunquin*** (Ausschilderung Slea Head). Die Wegweiser unterwegs an den Kreuzungen helfen nicht immer bei der Orientierung - der Westen der Dingle-Halbinsel gehört zu den sogenannten Gaeltacht-Gebieten, wo die Bevölkerung untereinander noch gälisch spricht und die alten irischen Sitten und Gebräuche bis heute weitgehend erhalten blieben. Auch die Hinweisschilder sind hier oft nur mit ***gälischen Ortsnamen*** versehen. Ist man unschlüssig, in welcher Richtung es weitergeht, so kann nur ein ortskundiger Passant helfen oder der Blick in den Autoatlas: Der gälische Name von Dunquin ist Dun Chaoin.

Der erste Abschnitt auf der 18 km langen Strecke ist wenig spektakulär; die Straße folgt dem Uferverlauf zweier kleiner, natürlicher Buchten, Dingle Harbour und Ventry Harbour genannt. Ein kurzes Stück weiter kann man einen ersten Stopp einlegen und die Reste des prähistorischen ***Dunbeg-Forts*** sowie nahebei einige alte Bienenkorbhütten besichtigen (Fort und Hütten sind ausgeschildert).

Dann jedoch beginnt die Fahrt spannend zu werden. Die Ausläufer des Mount Eagle formieren eine rund 100 m hohe, steil ins Meer abfallende ***Felsküste.*** Die regelrecht in das Bergmassiv eingekerbte Straße windet sich in scharfen Kurven um Vorsprünge. Nur eine niedrige Mauer schützt vor dem Abgrund, auf der anderen Seite der schmalen Trasse ragen die Felsen steil in die Höhe. Diese Straße entstand im Zuge eines Arbeitsbeschaffungsprogrammes während der grossen Hungersnot im letzten Jahrhundert. Statt Lohn erhielten die Arbeiter Getreidemehl, bis heute nennen die gälischsprachigen Bewohner der Gegend diese Route *Boithre Na Mine* - Mehlstraße.

Prachtvoll ist der Blick, den man von dort auf das Meer hat, an klaren Tagen schaut der Besucher weit über die Dingle Bay bis hinüber zur Kerry-Halbinsel und nach Valentia Island. Die kurvenreiche Strecke verlangt allerdings höchste Aufmerksamkeit vom Fahrer, es ist nicht ungefährlich, die vielen landschaftlichen Schönheiten am Steuer zu genießen! An den besten ***Aussichtspunkten*** befinden sich daher Ausbuchtungen am Straßenrand. Hier kann man gefahrlos parken, in Ruhe und vor allem sicher den Blick entweder tief nach unten auf die anbrandende See richten oder weit in die Ferne schweifen lassen. Auch am ***Ausguck Slea Head,*** dem südwestlichsten Zipfel der Dingle-Peninsula, befindet sich eine solche Parkbucht, ihr gegenüber hat der gläubige Besucher die Möglichkeit, vor einem großen, in den Felsen eingelassenen Wegekreuz ein inbrünstiges Bittgebet für die weitere Reise zu sprechen.

Nach nur wenigen Minuten Fahrt fasziniert erneut eine Naturschönheit - tief unten leuchtet ein kleiner, weißer ***Sandstrand*** aus den türkisblauen Fluten.

Wiederum von einer Parkbucht aus kann man auf das einladende Fleckchen hinunterblicken, und weit entfernt im Meer sieht man nun die größte der Blasket-Inseln, die langgestreckt und bucklig wie ein großer Wal vor der Küste liegt. Eine dort aufgestellte ***Gedenktafel*** gibt leider nur spärlich Auskunft über die Geschichte der Eilande.

Ein Stückchen hinter dem Aussichtspunkt führt eine holprige Schotterpiste hinab zu dem kleinen Gestade. Bis vor vier Jahren lagen hier noch die Reste eines gestrandeten Tankers, der in einer Sturmnacht auf die Felsen geschleudert wurde und für eine Ölkatastrophe sorgte. Gott sei Dank erinnert daran heute nichts mehr, die Schäden sind inzwischen beseitigt.

Nach zwei weiteren Kilometern geht es links von der Straße ab, und schon kann man den Wagen oberhalb von ***Dunquin Harbour*** (ausgeschildert) parken. Die Bezeichnung „Hafen" ist allerdings mehr als irreführend. Auf einem extrem steil verlaufenden Betonpfad gelangt man an einen winzigen Pier, nur wenige Bötchen dümpeln in den Wellen. In der Hauptsaison und bei gutem Wetter

Am Pier von Dunquin

fahren zwischen 10 und 18 Uhr stündlich Boote zur Great Blasket Island. Ansonsten nur einmal morgens und einmal abends.

Es lohnt sich sehr, schon früher an Ort und Stelle zu sein; dann nämlich kann man den wenigen ***Fischern*** zusehen, wie sie sich auf ihre Tagesarbeit vorbereiten, zuerst in der kleinen Bucht die Hummer-Reusen kontrollieren und danach aufs Meer hinausfahren. Wer nicht mundfaul ist, kommt schnell mit den freundlichen Männern ins Gespräch.

Einen Blick lohnen auch die sechs aufgebockten ***Naomhoga,*** die traditionellen, mit geteertem Leder bezogenen ***Boote*** der Blasket Islanders. In Gebrauch sind sie nicht mehr, heutzutage dienen sie vielmehr der sportlichen Ertüchtigung: Ab und an rudern mehrere Teams um die Wette und bestreiten „Rennen".

Der Besucher bekommt einen Eindruck, welcher Kraft und Geschicklichkeit es früher bedurft hat, ein solches Naomhoga durch die Wellen des Blasket-Sundes stechen zu lassen, wenn bei Flut die Meerenge durchfahren wurde. Dann nämlich ist die Strömung derart gewaltig, daß der Skipper sein mit einem kräftigen Außenborder versehenes Boot ständig gegensteuern muß, damit es nicht binnen Sekunden vom Kurs abgetrieben wird.

Die Bewohner der Blaskets

Nur wenige Menschen zählte die Gemeinde, die im Weiler An Balle (gälisch: Dorf) auf Great Blasket lebten: Im Jahre 1821 waren es 128 Personen, bis 1916 stieg die ***Einwohnerzahl*** auf 176 an, seither nahm sie kontinuierlich ab; am Vorabend des Zweiten Weltkriegs wohnten und arbeiteten weniger als 100 Menschen im Dörfchen, 1947 nur noch etwa 50.

Die Familien lebten vom Fischfang, dem landwirtschaftlichen Anbau, von der Vieh- und Kleintierhaltung sowie der Schafzucht - und nicht zuletzt von den angeschwemmten Gütern gestrandeter Schiffe.

Es hat nie einen Laden oder ein Gasthaus auf dem Eiland gegeben, keinen Arzt, keinen Pfarrer - aber immerhin einen Lehrer für die Kinder. 1866 bauten die Inselbewohner eine ***Schule,*** der Unterricht diente ganz und gar der Vorbereitung auf die Auswanderung nach Amerika. Wichtigstes Fach auf dem Lehrplan - man selbst sprach ja nur gälisch - war daher Englisch.

Alle nicht selbst produzierten Lebensmittel und Konsumgüter mußten vom Festland herübergeschafft werden, der Transport erfolgte in den zerbrechlichen Naomhoga.

Schlimm war es, wenn das ***Vieh von der Insel zum Markt*** nach Dunquin oder Dingle verschifft wurde. Einzeln zerrte man die Kühe den steilen Pfad zum winzigen Hafenpier hinunter; die Tiere wehrten sich vehement gegen die unbekannte Prozedur und entwickelten in ihrer Todesangst ungeheure Kräfte. Unten am Slip angekommen, warfen ein Dutzend Männer die Kuh nieder, fesselten sie und hievten das schwere Vieh in ein Naomhoga. Auf gar keinen Fall durfte sich das Tier während der Fahrt befreien, es hätte das fragile Boot binnen Sekunden in Stücke getreten. Zur Sicherheit begleitete immer ein zweites Naomhoga den „Viehtransporter" bei der Fahrt über den Sund, und vom höchsten Punkt der Insel schauten angstvoll die Frauen und Kinder den Booten nach. „Bhi ana-mharu ansan!" (Das war wirklich ein mörderischer Job!), weiß ein alter Insulaner zu berichten.

Angenehmer war es da schon, vor allem für die jungen Männer und Frauen, wenn im Inselinnern auf dem gemeinschaftlichen Land ***Torf*** für die Kamine gestochen wurde. Auf den ausgedehnten Moorflächen arbeitete man ohne jede soziale Kontrolle, und das Jungvolk kam sich näher.

Beliebt bei den ***Frauen*** war der Brunnen nahe dem Dorf, hier hatte die Männerwelt nichts zu suchen, man war unter sich und konnte ungestört mit den Nachbarinnen eigene Probleme besprechen.

Unterhalb des Dorfs erstreckt sich der kleine Sandstrand - An Tra Bhan genannt - der weiße Strand. Prüfend streiften jeden Morgen die Blicke der Dorfbewohner über das helle Fleckchen, gesucht wurde nach verwertbarem ***Strandgut,*** vor allem nach Holz, das es ja auf der Insel nicht gab. Auch der erste Tee - so berichtet eine Überlieferung - soll eines Tages angeschwemmt worden sein. Die Insulaner wußten zunächst nichts damit anzufangen und färbten mit dem Sud aus den Blättern ihre handgesponnene Wolle ein. Regelmäßig sammelten die Frauen Sand am kleinen Gestade, um damit die Bänke und Tische blank zu scheuern.

Hier ging man auch auf ***Robbenjagd;*** die Felle der Tiere wurden in Dingle verkauft und brachten dringend benötigtes Bargeld, das Fleisch kam als nahrhafte Delikatesse auf den Tisch, und Tran und Öl speisten die Lampen. Doch der Strand diente auch als Spielplatz, vor allem die Knaben vergnügten sich in ihrer freien Zeit beim Hurling-Match.

Wann immer das Wetter es zuließ, fuhren die Männer zum ***Fischfang*** aus, und Angst kam auf bei den im Dorf verbliebenen Familienangehörigen und Freunden. Effektive Fangmethoden konnten auf den kleinen Booten nicht betrieben werden, und während die Fischer darauf warteten, daß sich ihre Netze füllten, erzählten sie sich - ebenso wie die Frauen am Brunnen - ihre Geheimnisse und Geschichten. Nur wenige Makrelen, Heringe, See-Aale und Barsche brachten sie abends nach Hause, selten gingen Hummer oder Krabben in die ausgelegten Reusen.

Noch heute kann der Besucher ganz deutlich die Einteilung der ***Felder*** erkennen - wie ein Flickenteppich erstrecken sich die durch Windmauern geschützten Parzellen neben dem Dorf. Angebaut wurden Kartoffeln, Weizen, Roggen, Hafer, Kohl und Steckrüben.

Bis zum Jahre 1907 bewirtschafteten alle Bewohner die Anbauflächen nach dem sogenannten Rundale-System: Das fruchtbare Land war in einzelne Felder eingeteilt und diese wiederum in eine Anzahl Streifen. Jede Familie besaß Streifen in verschiedenen Feldern, die jedoch alle kollektiv bearbeitet wurden. Je nach den Ver-

änderungen in einem Haushalt wechselten Größe und Anzahl der schmalen Parzellen; die verfügbare Anbaufläche pro Familie richtete sich einzig nach dem tatsächlichen Bedarf. Das staatliche Congested District Board schaffte Anfang dieses Jahrhunderts die gemeinschaftliche Feldbestellung ab und teilte das Ackerland neu auf. Jede Familie konnte nun Parzellen erwerben.

Trotz des Privatbesitzes an Grund und Boden organisierten die Bewohner das ***soziale Leben im Dorf*** weiter nach kollektiven Kriterien. Gegenseitige Hilfe in allen Lebenslagen, Solidarität und Respekt voreinander blieben verpflichtende Instanzen des Alltagslebens. Jeder war auf jeden angewiesen, und das schloß von vornherein Individualisierung, Konkurrenz oder gar Vereinsamung aus.

Nachdem die Iren ihre Unabhängigkeit erkämpft hatten, gingen ***Anthropologen und Linguisten*** auf die Suche nach den Spuren gälischer Kultur und wurden auf die kleine, isoliert lebende Gemeinschaft aufmerksam. Ermutigt von Forschern wie *Carl Marstrander, Robin Flower, George Thomson, Kenneth Jackson, Carl von Sydow* sowie dem Dichter *John M. Synge* begannen die Bewohner der Insel, ihre Oral History niederzuschreiben.

In den stark autobiographisch geprägten Erzählungen schildern *Tomas O'Crohan, Peig Sayers, Maurice O'Sullivan, Michael O'Guiheen* und *Eibhlis Ni Shuilleabhain* das harte, entbehrungsreiche Leben, die schweren Schicksalsschläge, die Totenwachen und Hochzeitsfeiern, ihr

Die Ruinen des Dorfes und der Strand von Great Blasket

kleines persönliches Glück, aber auch die Legenden und Sagen ihrer Vorfahren.

Dann, ***1953, kam das Aus*** für die winzige Gemeinde. Schon 12 Jahre zuvor hatten die Politiker in Dublin beschlossen, den Schulunterricht einzustellen; die Kinder wurden nun in Dunquin erzogen, und kaum eines von ihnen kehrte auf die Insel zurück.

1953 lebten nur noch knapp über 20 Personen auf dem Eiland, die sich mehr schlecht als recht ernährten. Die Fischfangergebnisse der Jahre 1952 und 1953 waren dramatisch zurückgegangen, und im Innern der Insel gab es keinen Torf mehr zu stechen - Brennmaterial wurde knapp. Die Regierung entschied, die restlichen Bewohner auf dem Festland rund um Dunquin anzusiedeln.

Am 17. November 1953 sollte die ***Evakuierung*** erfolgen, doch das Wetter war schlecht, und nur sechs Personen konnten die Insel verlassen. Die anderen folgten in den nächsten Tagen nach. Die alte Heimat wurde jedoch nicht vergessen; einige Familien hielten ihre Häuser instand, kamen im Sommer vom Festland herüber und fischten wie eh und je. Die ***Schafe*** hatte man ohnehin erst gar nicht mitgenommen, man ließ sie, wie üblich, frei herumlaufen, und scherte sie einmal im Jahr. Noch immer grasen heutzutage die Schafe auf den Feldern und zwischen den Ruinen des Dorfes.

Gaeltacht-Gebiete in Irland

In einer Reihe von Regionen der Grünen Insel - eben in den sogenannten Gaeltacht-Gebieten - haben sich die alten gälischen Traditionen, Sitten und Gebräuche, vor allem aber die gälische Sprache erhalten und werden dort besonders intensiv gepflegt. ***Gaeltacht-Gebiete*** findet man im Süden Irlands, westlich von Cork, auf der Kerry- und der Dingle-Halbinsel, auf den der Westküste vorgelagerten Inseln, wie beispielsweise auf dem kleinen Aran-Archipel, weiterhin in Regionen westlich und nördlich von Galway sowie an der Nordwestküste von Donegal.

Mit Beginn des 16. Jh. gingen die ***Engländer*** rigoros gegen die einheimischen Bräuche und damit auch gegen die Sprache der Iren vor. Die Kultur der Insel sollte systematisch ausgerottet und durch die englische ersetzt werden. Dieses Vorhaben wäre den Briten fast gelungen. Mitte des 19. Jh. sprachen nur noch 25 % der Bevölkerung gälisch, 1911 war der Anteil auf ein Achtel gesunken.

Nachdem Irland seine Unabhängigkeit erkämpft hatte, erkannten die nachfolgenden Regierungen die Notwendigkeit, das kulturelle Erbe dieser Regionen zu schützen und der Nachwelt zu erhalten. Um die Gaeltacht-Regionen wirtschaftlich, sozial und kulturell zu fördern, rief man im Jahre 1956 die staatliche *Gaeltarra Eireann* ins Leben, die 1979 in die ***Entwicklungsbehörde*** *Udaras na Gaeltachta* einfloß. Das nationale Kulturgut und die Sprache erfuhren nun eine großangelegte Förderung. Von den 13 Vorstandsmitgliedern dieser Institution werden sieben alle fünf Jahre direkt von den Bewohnern der gälischsprachigen Regionen gewählt, sechs bestimmt die Regierung.

Besonders seit den 50er Jahren bemüht man sich auch um die ***wirtschaftliche Entwicklung*** dieser strukturschwachen Gebiete - die gälische Sprache konnte naturgemäß dort überleben, wo der Boden so schlecht war, daß kein Brite sich in diesen bitterarmen Gegenden blicken ließ. Vor allem mußte erst einmal die Auswanderung gestoppt werden, denn was nützen kulturpolitische Maßnahmen für Gebiete, in denen kaum noch Menschen leben?

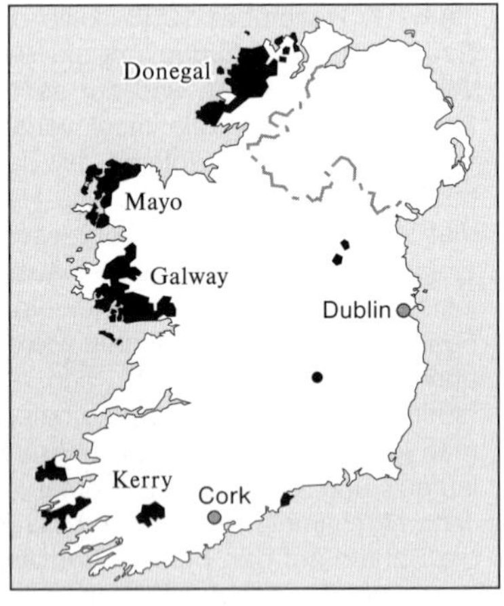

Die Agentur hat ***Unternehmensförderungsprogramme*** ins Leben gerufen und Investoren aus Deutschland, den USA, Finnland, Schweden, Norwegen und Großbritannien angelockt. So sind bis heute 5600 feste Arbeitsplätze entstanden. Mit weiteren Maßnahmen wie Finanzierungs- und Beschäftigungssubventionen, Zuschüssen für Forschungs- und Entwicklungsprogramme, Ausbildungs- und Einstellungshilfen sowie Mietminderung für Produktionsstätten versucht die *Udaras na Gaeltachta,* weitere Interessenten zu mobilisieren.

Des weiteren verbessert die Institution die ***Infrastruktur*** der Gebiete, um Standortnachteile wettzumachen, und natürlich soll den noch immer zumeist bäuerlichen Bewohnern ein gesundes Selbstbewußtsein vermittelt werden.

Weiterhin fördert die Agentur Programme ***zum Schutz und Ausbau der gälischen Sprache,*** richtet Kindergärten und Jugendclubs ein und finanziert lokale Gemeindefeste, in denen alte Traditionen wieder lebendig werden. Derzeit wird die Einführung eines speziellen Fernsehsenders für die Gaeltacht-Gebiete diskutiert.

Vor allem der ***Tourismus*** soll weiteres, dringend benötigtes Geld bringen, und so wurden die alten Handwerkstraditionen neu belebt (vgl. z. B. die Geschichte des Örtchens Glencolumbkille, Tour 6).

Natürlich wird in den Gaeltacht-Gebieten auch Englisch gesprochen, aber zu Hause, und wenn die Leute unter sich sind, erklingen die gälischen Laute. Wer in ***Sommerkursen*** die gälische Sprache erlernen möchte, der wende sich an eine der folgenden Adressen, dort erhält man Informationen und kann sich für einen Sprachunterricht anmelden:

- ***University College Galway***

Administrative Director, Summer School Office Galway, Co. Galway

Director: Oideas Gael, Droim Rua, Glencolumbkille, Co. Galway

Im folgenden eine kleine Auswahl von ***gälischen Wörtern,*** die man besonders häufig bei Orts- oder Landschaftsnamen bemerkt. In Klammern wird die richtige Aussprache angegeben:

abha ....Fluß
achadh (agha)...........Feld
aill, faill ....Klippe
alt ....Anhöhe
ard ....Kap
ath ....Burg
baile (bally)...............Dorf
ban (bawn) ....weiß
beag (beg) ....klein
bealach (ballagh)........Paß
beann (ben)...............Gipfel
bearna (barna) ....Schlucht
bo ....Kuh
bothar (boher)............Straße
bri (bree, bray) ....Hügel
bun ....Flußmündung
carraig (carrick)..........Felsen
cathair (caher) ....Steinfort
ceann.......................Kopf
cill ....Kirche
cloch ....Stein
cnoc ....Berg
coill (kill) ....Wald
cor...........................runder Hügel
dun ....Festung
glas ....grün
gleann (glen) ....Tal
gort ....Feld
inis ....Insel
leacan (lackan) ....Hügelseite
leitir (letter) ....feuchte Hügel
loch (lough) ....See
mor (more) ....groß
mas ....langer Hügel
oilean ....Insel
poll ....Loch
rua, ruadh ....rot
sceilig (skellig) ....Felsen
sean ....alt
sliabh (slieve) ....Klippe
taobh ....Hügelseite
teampull...................Kirche
tir ....Land
teach ....Haus
tobar ....Brunnen
torc ....wilder Eber
tulach ....kleiner Hügel

Besichtigung und Rückfahrt

Vor einigen Jahren wurde die ***Blasket Foundation*** gegründet, die im Weiler Dunquin das *Blasket Centre* (Öffnungszeiten tgl. 10-18 Uhr) ins Leben gerufen hat. Hier wird der Besucher mit einer audiovisuellen Vorführung sowie einer Reihe von Exponaten über das harte Leben auf den winzigen, meerumtosten Steinsplittern informiert. Vor einigen Jahren gingen tatsächlich einmal Gerüchte um, Great Blasket Island befände sich im Besitz einiger Privatleute, welche die Insel in den USA zum Verkauf angeboten hätten. Von solchen Alpträumen wird man mittlerweile dank der Blasket Foundation verschont.

Der Besucher sollte die wenigen Stunden, die er auf der Insel zubringt, gut nutzen. Man kann das einstige Dorf besichtigen, am Strand sitzen und nach Treibgut Ausschau halten (Schwimmer seien gewarnt, es gibt eine gefährliche Strömung), aber auch ins Hinterland wandern. Great Blasket Island ist übrigens 5,2 km lang und an der weitesten Stelle 1 km breit.

Am späten Nachmittag wird man von Great Blasket abgeholt und landet eine halbe Stunde später wieder am Dunquin-Pier an. Nun lohnt noch ein Besuch - vor allem jedoch ein Guinness oder Lager - im ***Kruger's Pub,*** der nur wenige hundert Meter oberhalb von Dunquin Harbour liegt. Der Gasthof hat fünf Fremdenzimmer, wer also früh am Morgen am Pier sein möchte, kann hier übernachten (nahebei auch eine An-Oige-Jugendherberge). Kruger's fungiert übrigens nicht nur als Kneipe, sondern auch als Lebensmittelgeschäft für die Bewohner von Dunquin. Wer nicht in der Taverne übernachten will, der sollte - eingedenk der kurvigen Küstenstraße - vor Einbruch der Dunkelheit wieder nach Dingle zurückkehren.

Verzichtet man auf den Besuch des Kruger's Pub und folgt von Dunquin aus weiter der R 559, so gelangt man nach einigen Minuten Fahrt zum ***Gallarus Oratorium,*** einer der besterhaltenen frühirischen Kirchen in der charakteristischen Form eines umgedrehten Bootes. Beachtenswert ist das fugenlos aufgeschichtete Trockenmauerwerk sowie das „falsche" Gewölbe in Kragtechnik. In unmittelbarer Nähe befindet sich ein guter Campingplatz.

Tralee

Von Dingle Town aus geht es über den ***O'Connor-Paß*** auf die nördliche Küste der Dingle-Peninsula. An schönen Tagen hat man von der Bergstraße phantastische Ausblicke auf Seen und in die Täler. Häufig jedoch hängen die Wolken so tief, daß man kaum die Hand vor Augen sieht und im Schrittempo die schmale Straße entlangschleicht. Am höchsten Punkt des Passes befindet sich ein kleiner Parkplatz, von dem aus man in Ruhe das Panorama genießen kann. Hat man die Bergtrasse hinter sich gelassen, so fährt man entlang der Küste in östlicher Richtung und vorbei an vielen Sandstränden. Über die R 559 ist dann bald Tralee erreicht.

Die an der gleichnamigen Bay liegende, 14.000 Einwohner zählende Stadt beherbergt den ***Verwaltungssitz*** der Grafschaft Kerry.

Auf keinen Fall sollte man im Örtchen die Ausstellung *Kerry The Kingdom* versäumen, die im ***Kerry County Museum*** in der Denny Street gezeigt wird (Mo-Sa 10-18 Uhr, So 14-18 Uhr). Zu besichtigen sind nachgebildete Alltagsszenen, nachgebaute Straßen mit Fachwerkfassaden und vieles mehr. Bis zurück in die Bronzezeit reicht die Darstellung der Geschichte der einfachen Menschen; ausführliche Erklärungen lassen keine Frage mehr offen. Die Ausstellung ist ein gelungenes Stück Museumspädagogik.

Sehenswürdigkeiten hat Tralee keine zu bieten, es lohnt sich aber ein Spaziergang durch das ***geschäftige Ortszentrum.*** Hauptgeschäftsstraßen sind The Mall, Bridge Street und Russel Street. Von Bridge Street und Russel Street führen Zugänge ins Tralee Shopping Centre, hier gibt es auch ein kleines Café.

Auch sollte man eine Vorführung des bekannten irischen ***Volkstheaters Siamsa*** nicht versäumen; Freunde irischer Folk Music kommen bei der Mischung aus Musik, Tanz, Pantomime und Schauspiel sicherlich auf ihre Kosten (Siamsa Tire Theatre, The National Folk Theatre of Ireland, Staughton's Row).

Alljährlich Ende August/Anfang September findet eine in ganz Irland beachtete Veranstaltung in der Ortschaft statt: die ***Wahl der Rose of Tralee.***

Die schönsten Mädchen aus aller Welt wollen zur „Rose von Tralee" gekürt werden. Voraussetzung ist jedoch, daß jede der jungen Damen die irische Abstammung nachweisen kann. Das Spektakel wird landesweit im Fernsehen übertragen.

Tourist Office

- Am Ende der Denny Street, Tel. (066) 21288.

Unterkunft

- ***The Brandon Hotel*****, Princess Street, Tel. (066) 23333, Fax 25019;
- ***Ballygarry House****, Leebrook, Tel. (066) 21233, Fax 27630;
- ***Grand Hotel****, Denny Street, Tel. (066) 21499, Fax 22877;
- ***Imperial Hotel***, Denny Street, Tel. (066) 27755, Fax 27800;
- ***Mrs. Patricia Canning,*** Old Golf Links Road, Tel. (066) 26347;
- ***Mrs. Mary McDermott,*** Castle Demesne, Tel. (066) 22174;
- ***Mrs. Sheila Horgan,*** Lisdara, Oak Park, Tel. (066) 26970;
- ***Mrs. Kay O'Keefe,*** Oakpark Road, Tel. (066) 26027;
- ***Droumtacker Hostel,*** IHH-Hostel, ein Stückchen außerhalb an der Straße nach Listowel gelegen, Tel. (066) 25631.
- ***Campingplatz*** Bayview Caravan and Camping Park, Tel. (066) 26140, 2 km außerhalb nahe der Straße nach Ballybunion gelegen.

Restaurants

- ***Allegro,*** The Mall, italienische Gerichte zwischen 4 und 10 Pfund;
- ***Val O'Shea's Bar & Bistro,*** preisgekröntes kleines Lokal mit Gerichten bis 12 £;
- ***Dawson's,*** 19 The Mall, irische Küche und vegetarische Gerichte, bis 13 Pfund;
- ***Oyster Tavern,*** The Spa, County Kerrys führendes Fisch-Restaurant, über 17 Pfund;

- ***Pizzatime Restaurant,*** Abbey Court, The Square, Preise um 6 Pfund und darunter;
- ***Skillet Restaurant,*** Barrack Lane, off The Mall, eines der besten Restaurants von Tralee, um 17 Pfund.

Pubs

- ***Paddy Mac's Pub,*** Castle Street, Traditional Music Entertainment und mittägliche Pub Grubs;
- ***Kirbys Brogue Inn,*** Rock Street/Ecke Russel Street, allererste Adresse für Live Entertainment.

Verbindung

- ***Züge*** mehrmals täglich von Dublin und Limerick;
- ***Busse*** mehrmals täglich von Cork, Dingle, Dublin, Killarney, Limerick, Listowel, Rosslare Harbour, Shannon Airport, Waterford und Wexford.

Listowel

Von Tralee aus geht es nun über die N 69 und vorbei an den Stack's Mountains ins Örtchen Listowel. Zwei große, alljährlich stattfindende Veranstaltungen lohnen unbedingt einen Besuch, ansonsten hat das Städtchen - sieht man einmal von den Ruinen einer Burg ab - nichts Aufregendes zu bieten.

Im Juni ist Listowel das Mekka der Dichter und Autoren. Während der ***Listowel Writers Week*** kommen Literaten aus ganz Irland zusammen und lesen in den vielen Pubs aus ihren Werken. Initiiert hat diese Dichterwoche der in Irland hochgeschätzte Dramatiker *J. B. Keane,* der im Hauptberuf Kneipenwirt ist. Demzufolge ist Keane's Pub in der William Street ein Hauptanziehungspunkt der Writers Week. ***Keanes*** Werke gibt es in den örtlichen Buchhandlungen sowie im Tourist Office von Limerick zu kaufen.

Das zweite Großereignis der Stadt findet Ende September statt; dann nämlich wird das Erntedankfest, das ***Listowel Harvest Festival,*** begangen. Gerüchten zufolge soll es sich dabei auch um den größten Heiratsmarkt Irlands handeln, und die Singles aus dem ganzen Land strömen zusammen.

Hauptgeschäftsstraßen sind die William Street und die Market Street.

Unterkunft

- ***Listowel Arms Hotel***,***
The Square, Tel. (068) 21500, Fax 22524;
- ***Mrs. Breda Mahoney,***
Tarbert Road, Tel. (068) 21280;
- ***Mrs. Mary Costello,***
Ballybunion Road, Tel. (068) 21515;
- ***Mrs. Nancy O'Neill,***
Ballybunion Road, Tel. (068) 21268;
- ***Mrs. Anne Moloney,***
Bridge Road, Tel. (068) 21137;
- ***Mrs. Elizabeth Quille,***
Church Street, Tel. (068) 21238.

Restaurants

- ***The Three Mermaids Bar/Restaurant,*** William Street, Listowels Top-Restaurant mit angeschlossenem Pub, Gewinner des *Kerry-Pub-of-the-Year-Preises* im Jahre 1990, gute Fisch- und Fleischgerichte, auch vegetarische Speisen, um 17 Pfund;
- ***Pizzeria Mama Mia,*** Main Street, 3 bis 6 Pfund;
- ***The Horseshoe Bar,*** Tea Lane/Ecke Williams Street, Hauptgerichte zwischen 5 und 8 Pfund.

Pubs

- ***Joe Broderick*** und ***Joe O'Mahony,*** beide in der Tea Lane;
- ***J. B. Keane's,*** William Street, Pub des Stadtdichters, Live Music;
- ***Dowling's Bar,*** Church Street, ab und an Live Music.

Verbindung

- ***Busse*** von Limerick, Tralee, Dublin, Killarney, Cork, Kilkee.

Kilkee

Von Listowel aus fährt man nun entlang der R 523 und dann über die N 20 nach Limerick. Wer die drittgrößte Stadt Irlands nicht besuchen möchte - und dies ist durchaus empfehlenswert -, sollte die N 69 gen Norden Richtung ***Tarbert*** nehmen und dort mit der stündlich verkehrenden ***Autofähre*** (Mo-Sa 7-21 Uhr, So 9-21 Uhr) den breiten Flußarm des River Shannon überqueren. Über den nicht sonderlich interessanten Ort ***Kilrush*** führt die N 67 zum Seebad Kilkee.

Hier beeindruckt den Besucher der 1200 m lange, halbkreisförmige und schneeweiße ***Sandstrand,*** umrahmt von den buntbemalten Häusern des Städtchens. Unbedingt sollte man einen Ausflug an die Küstenformationen südlich des Seebades unternehmen. Bei den ***Duggerna Rocks*** haben die Wellen ein natürliches Amphitheater aus den Felsen gespült. Sehenswert sind auch die vielen vom Meer ausgewaschenen ***Höhlen,*** so etwa die Pink Cave oder die Puffing Hole.

Wer genügend Zeit mitbringt, für den lohnt sich auch die Fahrt entlang der R 487 in südlicher Richtung. Nicht viele Touristen verirren sich auf diese rauhe, ***Loophead*** genannte Halbinsel. Vor allem eine Fahrradtour bringt dem Radler die landschaftlichen Schönheiten näher (Vermietung s. u.).

Tourist Office

- O'Connell Street

Unterkunft

- ***Halpin's Hotel*****, Erin Street, Tel. (065) 56032, Fax 56317;
- ***Mrs. Mary Hickie,*** O'Connell Street, Tel. (065) 56058;
- ***Mrs. Margaret Prendergast,*** O' Connell Street, Tel. (065) 56107;
- ***Mrs. Emily Troy,*** Geraldine Place, Tel. (065) 56498;
- ***Mrs. Della Walshe,*** Kilkee Road, Tel. (065) 55014;
- ***Mrs. Patsy Flanagan,*** Marine Parade, Tel. (065) 56090;
- ***Campingplatz*** Collin's Caravan and Camping Park, Tel. (065) 56140, nur 400 m vom Strand entfernt, fast im Ortszentrum;
- ***Campingplatz*** Cunningham's Caravan and Camping Park, Tel. (061) 51009, ebenfalls fast im Ortszentrum gelegen, nur wenige Minuten vom Strand entfernt.

Restaurants

- ***Old Parochial House,*** Circular Road, gute Fisch- und Fleischgerichte, bestes Haus von Kilkee, bis 18 Pfund;
- ***The Waterfront Bar & Restaurant,*** direkt am Meer gelegen, bis 10 Pfund;
- ***Ocean Court,*** ebenfalls direkt am Ufer, ein preiswertes chinesisches Lokal, 8 Pfund;
- ***Ryan's Restaurant,*** O'Curry Street, um 8 Pfund;

●***Savoy Café,*** O'Curry Road, ein Take-away Fast Food.

Pubs

●***Central Bar,*** O'Curry Street, Folk Music während der Saison;
●***The Strand Bar,*** direkt am Meer, während der Saison Live Music;
●***Marine Bar,*** am Anfang der Circular Road, Live Entertainment.

Rent-a-Bike

●***J. Williams Pharmacy and Hardware Shop,*** Circular Road.

Verbindung

●***Busse*** mehrmals täglich von Dublin, Limerick, Shannon, Ennis, Doolin, Cork, Listowel, Tralee, Killarney.

Umgebung

Die ***Klippen von Moher*** sind über die N 67 zu erreichen. (Zur Anfahrt von Limerick über Ennis s.u.)

Limerick

Limerick (60.000 Einwohner) - aufgrund der vielen Industriebetriebe im Ort und in der Umgebung ein wenig schmuddelig anzusehen und zu Recht von der Autorin Kate O'Brien als *wearing the grave, grey look of commerce* beschrieben - hat einen der bedeutendsten ***Häfen*** auf der Grünen Insel.

Für kräftiges Wirtschaftswachstum sorgt heutzutage auch der 1945 angelegte ***Shannon Airport*** - 1947 übrigens rief man hier angeblich den ersten Duty Free Shop ins Leben. Mit dem Flughafen, einst gegründet, als die Propellerflugzeuge auf der Nordatlantikroute noch einen Auftankstopp einlegen mußten, ging es im Zeitalter der Düsenjets und der Non-Stop-Verbindungen rapide abwärts. Die findigen Iren leiteten daher als erstes alle Charterflieger von Dublin nach Shannon um, schufen dann eine Freihandelszone und ermutigten auswärtige Investoren. Per Flugzeug gelangen heutzutage Einzelteile in den Shannon-Industriepark, werden dort zu fertigen Produkten zusammengebaut und gehen wiederum per Luftfracht in die Bestellerländer.

In Limerick befindet sich des weiteren der Verwaltungssitz des gleichnamigen County. Tabak-, Metall- und Textilbetriebe, die Verarbeitung landwirtschaftlicher Produkte und die Zementherstellung sorgen für Arbeitsplätze.

Geschichte

Limerick gehört zu den ältesten Orten auf der Grünen Insel. Im 9. Jh. gründeten die ***Wikinger*** an der strategisch günstigen Stelle eine erste Siedlung, die aber rund 100 Jahre später vom irischen Hochkönig *Brian Boru* eingenommen wurde.

Gegen Ende des 12. Jh. dann eroberten die eingefallenen ***Anglo-Normannen*** den Ort und arrangierten sich mit dem lokalen Herrschergeschlecht der O'Briens. Im Jahre 1210 weilte der englische König *John* in der Stadt und regte den Bau einer starken Festungsanlage an.

1651 stand die ***Armee Cromwells*** vor den massiven Mauern und hätte womöglich unverrichteter Dinge ab-

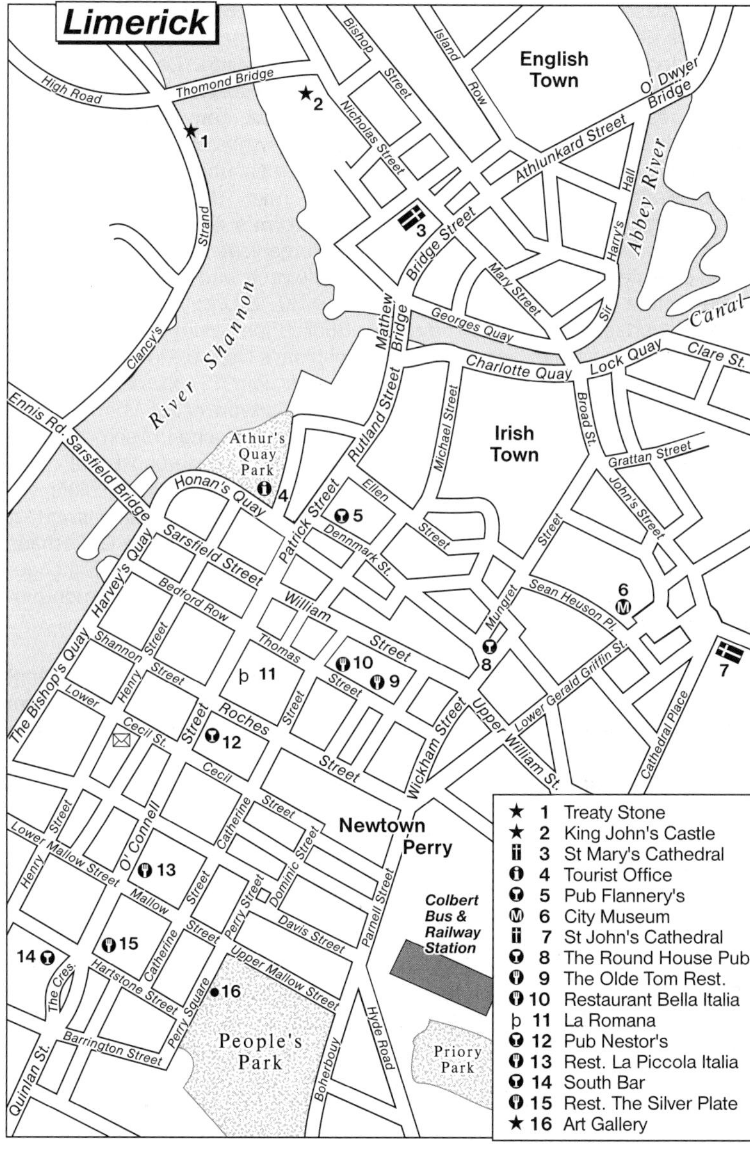
Limerick
High Road
Thomond Bridge
Bishop Street
Island Row
English Town
O' Dwyer Bridge
Nicholas Street
Athlunkard Street
Strand
Bridge Street
Harry's Hall
Abbey River
Mary Street
Sir
River Shannon
Mathew Bridge
Georges Quay
Canal
Clancy's
Charlotte Quay
Lock Quay
Clare St.
Rutland Street
Michael Street
Broad St.
Irish Town
Ennis Rd.
Sarsfield Bridge
Athur's Quay Park
Grattan Street
Honan's Quay
Patrick Street
Ellen Street
John's Street
Harvey's Quay
Sarsfield Street
Dennmark St.
Street
Bedford Row
William Street
Mungret
Sean Heuson Pl.
The Bishop's Quay
Shannon Street
Henry Street
Thomas Street
Lower Gerald Griffin St.
Lower Cecil St.
Roches Street
Upper William St.
Wickham Street
Cathedral Place
Cecil Street
Catherine Street
Lower Mallow Street
Henry Street
O' Connell Street
Newtown Perry
Dominic Street
Mallow Street
Perry Street
Davis Street
Parnell Street
Colbert Bus & Railway Station
The Cres.
Hartstone Street
Upper Mallow Street
Perry Square
Barrington Street
Quinlan St.
People's Park
Boherbouy
Hyde Road
Priory Park
1 Treaty Stone
2 King John's Castle
3 St Mary's Cathedral
4 Tourist Office
5 Pub Flannery's
6 City Museum
7 St John's Cathedral
8 The Round House Pub
9 The Olde Tom Rest.
10 Restaurant Bella Italia
11 La Romana
12 Pub Nestor's
13 Rest. La Piccola Italia
14 South Bar
15 Rest. The Silver Plate
16 Art Gallery

ziehen müssen, wenn die Verteidiger nicht aus den eigenen Reihen verraten worden wären.

39 Jahre später zogen die am River Boyne geschlagenen irischen Truppen nach Limerick. Der siegreiche ***Wilhelm von Oranien*** setzte mit seinen Mannen nach, doch scheiterte sein Eroberungszug an der stark befestigten Burganlage.

Die erneute Belagerung ein Jahr später wurde nicht aufgrund militärischer Überlegenheit entschieden, sondern durch Verhandlungen. Den katholischen Iren war es gelungen, im ***Vertrag von Limerick*** *(Treaty of Limerick)* einen ehrenvollen Abzug sowie eine garantierte Glaubensfreiheit versichert zu bekommen. *Wilhelm von Oranien* selbst unterschrieb das wichtige Papier, und die protestantischen Militärs blieben recht düpiert zurück. Wie nicht anders zu erwarten, billigte das englische Parlament dieses Edikt nicht, erklärte es gar für ungültig. So blieb fast einer halben Million Iren nur die Flucht ins katholische Ausland, wo sie sich als Söldner am französischen und spanischen Hof verdingten.

Sehenswertes

Der Besichtigungsgang beginnt an der Sarsfield Bridge (fertiggestellt 1835). Man überquert den River Shannon und flaniert dann nach Norden hin auf der Straße Clancy's Strand am Westufer des Flusses entlang. An der nun folgenden Thomond Bridge – an dieser Stelle überspannte übrigens schon Limericks erste Brücke den Shannon – befindet sich der ***Treaty Stone,*** jener Steinblock, auf dem angeblich der oben erwähnte Vertrag geschlossen wurde. Da die Engländer ihn nicht einhielten, nennt man Limerick bis auf den heutigen Tag die „Stadt des gebrochenen Vertrages“.

Blickt man über den Fluß, so erkennt man das beeindruckende ***King John's Castle,*** eine fünfeckige Burganlage mit drei mächtigen Wehrtürmen und einer Bastion (täglich 9.30-18 Uhr).

Südlich der Burg ragt nahe dem Merchant's Quay die in ihren Ursprüngen aus dem 12. Jh. datierende ***St. Mary's Cathedral*** auf. Vom einstigen romanisch-gotischen Mischstil ist aufgrund der Erweiterungsbauten aus dem 15. Jh. jedoch nicht mehr viel übrig geblieben. Sehr sehenswert ist in dem protestantischen Gotteshaus das 1490 aus schwarzer Eiche geschnitzte Chorgestühl mit seinen grotesken und in der damaligen Zeit wohl furchteinflößenden Figuren.

Über die Mathew Bridge gelangt man in die frühere Irish Town, und am Südende der Brücke erkennt man das 1769 im georgianischen Stil errichtete ***Custom House.*** Am St. John's Square, im Osten des ehemals den Iren vorbehaltenen Quartiers, lohnt ein Besuch im ***Limerick Municipal Museum,*** das Exponate aus der Stadtgeschichte zeigt (Mo–Fr 10–13 Uhr und 14–17 Uhr). Unschwer erkennt man nahebei den mit 84 m höchsten Kirchturm Irlands, der zur katholischen, 1894 fertiggestellten ***St. John's Cathedral*** gehört.

Über die Griffin Street und die William Street erreicht man nun Limericks ***Haupteinkaufsstraße*** O'Con-

Foto: WS

nell Street. Diese nach Süden abwärts flanierend, kommt man in den Bereich der planmäßig mit rechtwinkligen Straßen angelegten ***Newtown Pery.*** O'Connell Street mündet auf O'Connell Crescent, wo ein Denkmal dem „Befreier" Irlands, *O'Connell,* huldigt. Die Barrington Street biegt links ab zum ***People's Park,*** in dessen nordwestlicher Ecke die ***City Art Gallery*** Werke zeitgenössischer irischer Künstler zeigt (Mo–Fr 10–13, 14–18 Uhr, Sa 10–13 Uhr).

Tourist Information

- Arthur Quay / Ecke Honan's Quay, Tel. (061) 317522, Fax 317939. Äußerst hilfreich ist ein außen am Tourist Office angebrachtes Computersystem, wo man durch einfaches Drücken von Tasten Informationen über Pubs, Restaurants aller Preisklassen, Veranstaltungen, Unterkünfte und Fahrpläne erhält.

Hotels

- ***Greenhills Hotel*******, Ennis Road, Tel. (061) 453033, Fax 453307;
- ***Jurys Hotel*******, Ennis Road, Tel. (061) 327777, Fax 326400;
- ***Limerick Inn Hotel*******, Ennis Road, Tel. (061) 326666, Fax 326281;
- ***The Limerick Ryan Hotel*******, Ennis Road, Tel. (061) 453922, Fax 326333;
- ***Two Mile Inn Hotel*******, Ennis Road, Tel. (061) 326255, Fax 453783;
- ***Royal George Hotel******, O'Connell Street, Tel. (061) 414566, Fax 317171;

B & B

- ***Mrs. B. Boylan,*** Ennis Road, Tel. (061) 454361;

- **Mrs. B. Clancy,** Ennis Road, Tel. (061) 455809;
- **Mrs. A. Halvey,** Ennis Road, Tel. (061) 454621;
- **Mrs. J. Kennedy,** Clancy Strand, Tel. (061) 455216;
- **Mrs. S. Lowney,** Merval Drive, off Ennis Road, Tel. (061) 453465;
- **Mrs. C. MacGrath,** Bracken Gardens, Tel. (061) 452650;
- **Mrs. C. O'Toole,** Ennis Road, Tel. (061) 455521;
- **Mrs. B. Power,** Ennis Road, Tel. (061) 454461;
- **Mrs. M. Power,** Ennis Road, Tel. (061) 454716;
- **Mrs. V. Quinn,** Ennis Road, Tel. (061) 455715;
- **Mrs. S. Roche,** Clanmorris Gardens, off Ennis Road, Tel. (061) 455013;
- **Mrs. M. Volke,** Ennis Road, Tel. (061) 454375.

Hostels

- **An-Oige-Jugendherberge,** 1 Pery Square, Tel. (061) 314672;
- **Barrington's House,** IHH-Hostel, George's Quay, Tel. (061) 415222.

Camping

- **Curraghchase Caravan and Camping Park,** Tel. (061) 396349, 25 km von Limerick nahe der N 69 in einem Forest Park.

Restaurants

- **Moll Darby's Restaurant,** 7 George Quay, sehr populäres Lokal in Limerick, gemütliches Ambiente, mehrfach preisgekrönt, Seafood und italienische Küche, Preise 10-19 £;
- **Mustang Sally's,** 103 O'Connell Street, Limericks führendes TexMex Lokal im Stil einer mexikanischen Cantina, mehrfach preisgekrönt, Gerichte zwischen 9 und 19 £;
- **O'Flaherty's Basement Restaurant,** O'Connell Street, gemütlich-rustikales Ambiente in einem Basement mit Kamin und Gewölben, Gerichte zwischen 9 und 15 £;
- **La Piccola Italia,** O'Connell Street, kleines und gemütliches italienisches Restaurant im Keller eines georgianischen Hauses, Gerichte zwischen 7 und 12 £:
- **La Romana,** O'Connell Street, italienische Küche, Pizzen und Pasta zwischen 5 und 7 £, Fleischgerichte 10 bis 13 £;
- **The Olde Tom,** Thomas Street, uriges kleines Lokal, um 8 Pfund;
- **Bella Italia,** Thomas Street, eigentlich ein Geschäft mit zwei kleinen Eßtischen, sehr gute hausgemachte Nudeln aller Art, exzellente vegetarische Ravioli mit Spinatfüllung, guter Käse, gut geeignet auch für Selbstversorger, Gerichte um 3 Pfund.

Pubs

- **McKnight's,** Thomas Street, ab und an Folk Music;
- **The Round House,** High Street/Ecke Up per Denmark Street, regelmäßig Folk Sessions;
- **Nancy Blakes,** Denmark Street, von außen wenig einladend, gute Folk Music;
- **Nestor's,** O'Connell Street, Traditional Music Bar mit guten Bar Meals und sehr gemütlichem Ambiente;
- **Mc Gregor's,** Ellen Street, nette Taverne;
- **Rubens Café,** Denmark Street, freundliches kleines Café mit gutem Kuchen und Snacks sowie einer kleinen Weinkarte, sommertags kann man draußen sitzen;
- **Costello's,** Dominick Street, Live Entertainment;
- **Desmond Arms,** Catherine Street, Night Club und Disco, regelmäßig Live Music;
- **South Bar,** Nevenham Street, nahe am O'Connell Crescent, gediegene Atmosphäre, klassische Pub-Einrichtung mit Mahagoni und Plüsch, sehr gemütlich;
- **Flannery's Bar,** Denmark Street, gemütliche kleine Bar, ideal für einen Drink zwischendurch;
- **The Merry Fiddler,** Lower Cecil Street, Pub mit Restaurant und ein Night Club.

Leihwagen

- **Alamo,** 29 Thomas Street, Limerick, Tel. (061) 416512;

- ***Bunratty Car Rentals,*** Coonagh Cross, Caherdavin, Limerick, Tel. (061) 452781;
- ***Cara,*** Coonagh Cross, Ennis Road, Limerick, Tel. (061) 455811;
- ***Dan Dooley/Kenning Rent-a-Car,*** Knocklong, Co. Limerick, (062) 453103;
- ***Freeway,*** Ennis Road, Limerick, Tel. (061) 451611;
- ***Irish Car Rentals,*** Ennis Road, Limerick, Tel. (061) 453049;
- ***Treaty Car Rentals,*** 37 William Street, Limerick, Tel. (061) 416512.

Rent-a-Bike

- 1 Pery Square, Vermietungsbüro in der An-Oige-Jugendherberge.

Verbindung

- ***Busse*** mehrmals täglich von Carrick-on-Suir, Cork, Dingle, Doolin, Dublin, Ennis, Galway, Kilkee, Kilkenny, Killarney, Listowel, New Ross, Shannon Airport, Rosslare Harbour.
- ***Züge*** mehrmals täglich von Dublin und Tralee.

Umgebung

Lough Gur Stone Age Centre

Ca. 18 km südlich von Limerick liegt an der Straße nach Kilmallock am Ufer des Lough Gur das Lough Gur Stone Age Centre (Mai-September 10-18 Uhr), in dem man neolithische Wohnformen besichtigen kann. An den Gestaden des kleinen, hufeisenförmigen Sees haben Archäologen eine Vielzahl von eisen- und bronzezeitlichen Funden gemacht, und unsere Kenntnis der Wirtschafts- und Siedlungsgeschichte jener Tage beruht hauptsächlich auf diesen Ausgrabungen.

Ein Spaziergang vorbei an den rekonstruierten Hütten ist sehr informativ. Vor allem für die Kinder ist dies Geschichte zum Anfassen und wird bei den Kleinen einen bleibenden Eindruck hinterlassen.

Adare

18 km südwestlich passiert man, auf der N 21 fahrend, das winzige Örtchen Adare (500 Einwohner), das sich schlimmer als jedes Museumsdorf präsentiert. Der Earl of Dunraven ließ im 19. Jh. nach seinen Klischeevorstellungen ein „typisch irisches Dorf" anlegen. Adare zeigt sich dem Touristen mit weißen, strohgedeckten Cottages und gepflegten, blumenüberladenen Vorgärten. Mit dem wahren Irland hat dies wenig gemein, und der Besucher, der mit der Geschichte der Grünen Insel vertraut ist, flieht schnell aus dem pittoresken Ort.

Bunratty Folk Park

Da lohnt doch eher ein Besuch im Bunratty Folk Park (9.30-17.30 Uhr), der 15 km nordwestlich von Limerick an der N 18 liegt. Allererste Attraktion ist hier das aus dem 15. Jh. datierende und vom Clan der *McNamaras* erbaute ***Bunratty Castle,*** das - exzellent restauriert - Einblicke in mittelalterliche Wohnformen gibt.

Jeden Abend finden im Castle ***mittelalterliche Bankette*** statt; man speist ohne rechtes Besteck ganz in der Manier jener Tage und wird von Minnesängern und Spaßmachern unterhalten. Derlei Veranstaltungen sind bei amerikanischen Touristen sehr beliebt, und zunehmend finden auch bundesrepublikanische Besucher ihren Weg an die Tafel (Buchungen im Tourist Office von Limerick).

Zu Füßen der mächtigen Wehranlage erstreckt sich der hochinteressante ***Folk Park,*** hier kann man irische Alltagsgeschichte wesentlich besser erfahren als beispielsweise im Dörfchen Adare.

Sehenswert sind vor allem die unterschiedlichen ***Cottage-Typen.*** So hat man Gelegenheit, einen Blick in die Ein-Raum-Kate eines armen Pächters zu werfen und kann sich alsbald gut vorstellen, wie armselig das Leben in der rauchdurchzogenen „Höhle" war. Nur wenige Einrichtungsgegenstände nannte solch ein Haushalt sein eigen.

Schon ein wenig besser präsentiert sich das Zwei-Zimmer-Haus eines kleinen Farmers mit dem Küchen- und Arbeitsraum sowie der guten Stube. Letztlich lohnt ein Besuch im Mehr-Zimmer-Haus eines reichen Bauern. Über den Häusern hängt der beißende Rauch der qualmenden Torffeuer in der Luft, so erfahren zwei Sinnesorgane das irische Leben vergangener Tage. Des weiteren kann man durch eine Dorfstraße mit kleinen Lebensmittelgeschäften und einer Post flanieren - alles ist originalgetreu rekonstruiert, auch hier Geschichte zum Anfassen.

Craggaunowen Castle

Über die R 462 gelangt man zum Craggaunowen Castle. Der befestigte, um 1550 ebenfalls von dem Clan der *McNamaras* erbaute ***Wohnturm*** wurde zu Beginn des 19. Jh. restauriert, endgültig abschließen konnte man die Arbeiten jedoch erst 1965.

Sehenswerter als das Tower House ist das sogenannte *Craggaunowen Project:* Hier hat man - wie auch schon beim Lough Gur Stone Age Centre - den gelungenen Versuch unternommen, prähistorische Wohnformen zu rekonstruieren. Auf einem Ringpfad kommt man vorbei an allen Sehenswürdigkeiten. Zuerst passiert man das *Crannog,* ein durch Palisaden geschütztes und auf einer künstlich angelegten Insel befindliches ***Rundhüttendorf.*** Diese typisch irische Siedlungform bestand von der Eisenzeit bis in die frühchristliche Ära, vereinzelt lebten gar noch im 17. Jh. Menschen in solchen Hütten.

Die nächste Station zeigt ein ***Feld,*** wie es während der Eisenzeit und der frühchristlichen Epoche angelegt wurde.

Einige Meter weiter gelangt man zu einer eisenzeitlichen Straße *(Togher),* deren hölzerne Planken Archäologen 1985 im County Longford ausgruben.

Die folgende Attraktion ist das *Fullacht Fiadh,* die ***Kochstelle eines Jägers.*** In einer mit Hölzern eingefaßten Bodenvertiefung brachte man mittels erhitzter Steine Wasser zum Kochen und garte Fleisch. Diese Technik wurde von der frühen Bronzezeit bis in die elisabethanische Ära praktiziert.

Es folgt ein rekonstruiertes ***Ringfort*** mit Steinbasis und Palisadenschutz; interessant ist vor allem der Tunnel, in dem bei einer konstanten Temperatur von 4 Grad Celsius Lebensmittel gelagert wurden.

Die letzte Station bildet ein Glashaus, in dem das originalgetreu nachgebaute ***Boot des hl. Brendan*** zu besichtigen ist. Laut einem Manuskript aus dem 9. Jh. soll „Brendan der

Navigator" (gest. 583) mit einem solchen Boot den Atlantik überquert und Amerika entdeckt haben. 1976 baute *Tim Severin* nach dieser alten Quelle die kleine Nußschale. Über ein Holzgerüst spannte man eine geteerte Lederhaut, die sich auf der Nordatlantikroute bestens bewährte. Kollidierte das Boot mit Treibeis und bekam dadurch ein Leck, so nähte man einfach einen Lederflicken über den Riß. *Tim Severin* und seine Crew segelten zu den Aran-Inseln, dann weiter in Richtung auf die Hebriden, zu den Faroer-Inseln und überwinterten in Island; weiter ging es dann über Grönland an die kanadische Küste.

Knappogue Castle

Nicht weit entfernt vom Craggaunowen Project befindet sich Knappogue Castle, vom 15. Jh. bis 1815 Sitz des *McNamara-Clans* (Bunratty Castle und Craggaunowen sind jedoch allemal sehenswerter).

Quin

Einige Kilometer weiter liegen mitten in dem Örtchen Quin die Ruinen der gleichnamigen, 1402 gegründeten ***Franziskanerabtei.*** Beim Bau wurden Teile einer ehemaligen Normannenfestung verwandt, und die drei mächtigen Türme geben der Anlage einen wehrhaften Charakter. Sehenswert sind in der Kirche vor allem die ***Grabsteine der McNamaras,*** die vom 15. bis zum 19. Jh. hier ihre letzte Ruhestätte fanden.

Im Rundhüttendorf von Craggaunowen

Tour 5: Von Limerick nach Galway

Überblick

Auch diese ca. ***300 km*** lange Route entlang der Westküste nach Norden ist reich an landschaftlichen Höhepunkten. Unbestreitbar eine der Attraktionen Irlands sind die ***Cliffs of Moher,*** die 200 m hohen, steil ins Meer stürzenden Felsen, wo sich das Donnern der Brandung mit den Sturmböen und dem heiseren Kreischen der vielen Seevögel mischt.

Nur wenige Kilometer entfernt lockt das ***Gebiet des Burren*** mit seiner unglaublichen Vielfalt an arktisch-alpinen und mediterranen Pflanzen. Eine weitere Attraktion ist der Besuch auf den ***Aran-Inseln,*** wo sich die gälische Kultur, die alten Sitten und Gebräuche, noch am besten erhalten haben. Auf dem Eiland Inishmore befindet sich einer der Hauptanziehungspunkte dieses kleinen Archipels, das ***Steinfort Dun Aenghus,*** das spektakulär am Rande eines Felsabsturzes hoch über dem Meer liegt.

Vorbei an ***Thoor Ballylee,*** dem Wohnhaus des Dichters *William Butler Yeats,* geht es dann in die kleine, von den vielen Studenten geprägte Universitätsstadt ***Galway*** - einer der sympathischsten Orte auf der Grünen Insel, der zudem noch eine reiche abendliche Musikszene in den vielen Pubs vorweisen kann.

Ennis

Von Limerick geht es entlang der N 18 nach Ennis (8000 Einwohner). Auf der Fahrt dorthin können einige Sehenswürdigkeiten rund um Limerick mit ins Programm aufgenommen werden (vgl. „Tour 4, Limerick“).

In der Hauptstadt des County Clare wurde ***Daniel O'Connell*** - der „Befreier“ Irlands - 1828 zum Abgeordneten gewählt. Im Stadtzentrum thront die Figur des *Liberators* auf einer extrem hohen Säule. Die Proportionen zwischen dem winzigen Platz und dem monumentalen Denkmal sind völlig aus den Fugen geraten.

Es lohnt sich sehr, einen Spaziergang durch das geschäftige, aufgrund des Shannon Airport wirtschaftlich florierende Städtchen zu unternehmen. Den Wagen aber parke man möglichst außerhalb, das Einbahnstraßensystem treibt den Fahrer alsbald zur Verzweiflung. Bei dem Besichtigungsgang kommt man an ***georgianischen Stadthäusern*** vorbei und findet auch aus alter Zeit stammende Laden- oder Pub-Fassaden.

Am Ende der Abbey Street lohnen die Ruinen des 1242 von König *Thomond Donough O'Brien* gegründeten ***Franziskanerklosters*** einen Besuch. Während seiner besten Zeit lebten 350 gläubige Brüder und über 600 Schüler in den mehrfach erweiterten und umgebauten Anlagen. Im Jahre 1606 schafften die Briten in der Kirche das alte Brehon-Recht ab.

Ende Mai/Anfang Juni findet alljährlich in Ennis das *An Fleadh Nua,* Irlands größtes ***Folk Festival*** statt. Tausende von Amateur- und Profimusikern geben sich dann ein Stelldichein und musizieren in den Straßen und Pubs. Ebenfalls aus ganz Irland zusammengeströmte Gruppen führen zu den Klängen traditionelle Volkstänze auf.

Haupteinkaufsstraßen sind die Abbey und die O'Connell Street.

Tourist Office

- *O'Connell Square,* Tel. (065) 28366.

Unterkunft

- ***Auburn Lodge Hotel*****, Galway Road, Tel. (065) 21247, Fax 21202;
- ***Old Ground Hotel*****, O'Connell Street, Tel. (065) 28127, Fax 28112;
- ***West County Hotel*****, Clare Road, Tel. (065) 28421, Fax 28101;
- ***Queens Hotel****, Abbey Street, Tel. (065) 28963, Fax 28628;
- ***Mrs. Josephine Chune,*** Clare Road, Tel. (065)20701;
- ***Mrs. Mary Connole,*** Lahinch Road, Tel. (065) 40270;
- ***Mrs. Bernie Canny,*** Lahinch Road, Tel. (065) 28661;
- ***Mrs. Mary Finlay,*** Lahinch Road, Tel. (065) 29692;
- ***Mrs. Mary Hynes,*** Limerick Road, Tel. (065) 29512;
- ***Mrs. Kathleen Kenneally,*** Tulla Road, Tel. (065) 20782;
- ***Mrs. Teresa McGrath,*** Clonroad, Tel. (065) 21632;

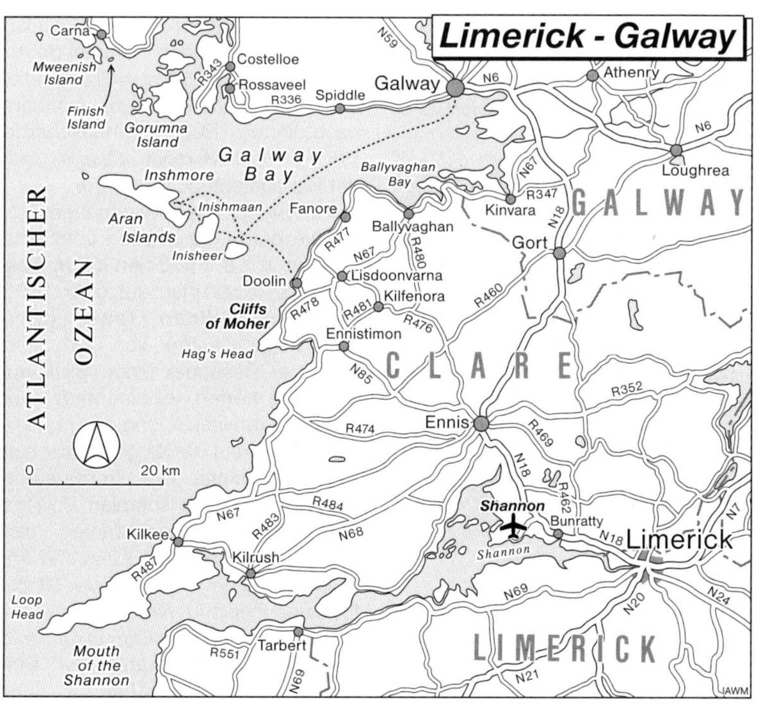

●*Mrs. Maureen Langan,* Limerick Road, Tel. (065) 28501;
●*Abbey Hostel,* IHH-Hostel, Harmony Row, im Ortszentrum, Tel. (065) 22620.

Restaurants

●*The Cloister,* Abbey Street, an der Abteiruine, frische Meeresfrüchte, hausgemachte Suppen, auch vegetarische Gerichte, um 18 Pfund;
●*Sicilian Restaurant,* Parnell Street, Pizzen und Pasta 5 - 7 £, Fisch- und Fleischgerichte 10 - 13 £;
●*Silver House,* O'Connell Street, ein preisgünstiges chinesisches Restaurant, um 6 Pfund.

Pubs

●*Brogan's,* O'Connell Street, regelmäßig Folk Music, guter Pub Grub;
●*Brandon's Bar,* O'Connell Street, berühmt für seinen Pub Grub, ebenfalls oft Folk Music;
●*Paddy Quinn,* Market Place, eine alte Kneipe aus dem Jahr 1898;
●*Patrick's,* Market Place, ebenfalls Live Music;
●*The Usual Place,* Market Place, gemütlicher, ruhiger Pub;
●*The Porter Stall,* Market Place, großer Pub mit regelmäßiger Live Music;
●*Cois na h'Abhna,* ca. 3 km außerhalb des Ortszentrums an der Straße nach Gort, gälische Lieder und Gesänge, Folk Music und Volkstänze, sehr empfehlenswert.

Rent-a-Bike

●*Abbey Street,* im Fahrradladen von M. F. Tierny.

Verbindung

●*Busse* mehrmals täglich von Limerick, Dublin, Shannon Airport, Doolin, Kilkee, Galway, Cork, Westport, Cliffs of Moher, Lisdoonvarna.

Cliffs of Moher

Von Ennis geht es über die N 85 und die R 478 (ca. 35 km, ausgeschildert, Parkplatz am Visitor Centre) zu einem der herausragenden landschaftlichen Höhepunkte Irlands, den Cliffs of Moher. 200 m stürzen die Felswände senkrecht ins Meer ab, bei stürmischem Wetter treibt der Wind die Gischt der anbrandenden Wellen bis nach oben. Die steilen Felswände bestehen aus Lagen von Sandstein und Schiefer mit eingeschlossenen härteren Gesteinsarten.

Tausende von ***Seevögeln*** nisten in den Spalten, ihr Gekreische mischt sich mit dem Wind und dem Schlag der Wellen. Häufig vorkommende Arten sind Tordalk *(Razorbill),* Dreizehenmöwe (*Kittiwake,* so benannt nach ihrem Ruf), Krähenscharbe *(Shag),* Eissturmvogel *(Fulmar)* und der Papageientaucher *(Puffin).*

In mehreren geschwungenen Bögen verlaufen die Klippen über eine Strecke von 8 km. Einen guten Aussichtspunkt hat man auf dem 1835 errichteten ***O'Brien Tower*** (nahe dem Visitor Centre), von dort oben kann der Besucher einen Blick auf die Küste werfen, weit im Meer sieht man die Aran-Inseln, und gen Norden schaut man auf die karge Landschaft von Connemara. Der Turm wurde übrigens von dem liberalen Politiker und Parlamentsabgeordneten des County *Clare Cornelius „Corney" O'Brien* in Auftrag gegeben. *O'Brien* tat viel für seine Region *(„He built everything around here except the Cliffs of Moher"),* so daß die Gegend auch den Beinamen *O'Brien Country* hat.

Unterhalb des Turms informiert ein kleines ***Visitors' Centre*** über die spektakulären Klippen, und in einem angeschlossenen Café kann man sich mit Tee, Kaffee und Kuchen stärken. Für die sehr empfehlenswerte Wanderung durch das Burren-Gebiet kann man sich bereits hier eine Wanderkarte besorgen (s.u.).

Rund um das Besucherzentrum ist die touristische Infrastruktur bestens ausgebaut. Fliegende Händler bieten Musikkassetten mit irischer Folk Music feil, findige Bauern haben Hund und Esel dressiert und lassen sich gegen Entgelt mit ihren Haustieren fotografieren, moderne Barden zupfen an der Harfe oder blasen die *Tinwhistle* (Blechflöte).

Die Cliffs of Moher
Foto: WS

Wanderung

Sehr empfehlenswert ist die etwa 18 km lange Wanderung entlang der Klippen; Startpunkt entweder in Liscannor (von hier auch Bootsfahrten zum Fuß der Klippen) oder Doolin. Bis auf das kurze Stück rund um das Visitors' Centre ist der Wandersmann weitgehend allein unterwegs.

Man laufe nie außerhalb des Plattenzauns und unterschätze die plötzlichen Windböen nicht, die einen durchaus über die Felsen fegen können! Am Hags Head, südlich der Cliffs of Moher, führt ein Pfad hinunter zum Fuß der Klippen. Gute Wanderschuhe sind notwendig, und ein warmer Pullover schützt gegen den Wind. Hilfreich ist die im Visitors' Centre zu erstehende Broschüre *A Walking Guide to the Locality.*

Doolin

Auf der R 478 erreicht man von den Cliffs of Moher nach 5 km die kleine Streusiedlung Doolin. Das häßliche Dörfchen ohne Ortskern hat allerdings vier ***Attraktionen*** zu bieten: einmal die kürzeste Überfahrt zu den Aran-Inseln, die nahegelegenen Cliffs of Moher, die ebenfalls nahebei befindliche Region des Burren (s.u.) und den Ruf, das Zentrum für irische Musik zu sein (um es gleich vorweg zu sagen, die Folk Music in den Pubs von Galway ist allemal besser).

Noch vor zehn Jahren war Doolin in keinem Reiseführer erwähnt. Heute dagegen bucht man in einem modernen Büro-Container die Überfahrt zu

Seevögel an Irlands Küsten

Der **Tordalk** *(Alca torda)* ist leicht an seinem schwarz-weißen Gefieder erkennbar. Kopf, Hals und Oberseite sind bräunlich-schwarz mit einer weißen Flügelbinde. Die Unterseite ist weiß. Charakteristisch gezeichnet ist auch der Schnabel. Im vorderen Drittel ist er schwarz-weiß quergestreift.

Außerhalb der Brutzeit halten sich die Tordalken auf dem Meer auf, wo sie nach kleinen Fischen, Krebsen, Meereswürmern und -schnecken tauchen. Sie brüten an felsigen Steilwänden mit Gesimsen und Nischen in kleineren Gruppen. Die Eier werden ohne Unterlage auf dem Fels abgelegt und von beiden Partnern bebrütet. Die kreiselförmige Gestalt der Eier bewahrt sie einigermaßen vor dem Absturz. Brutzeit ist von Anfang Mai bis Juni. Die Jungen verlassen rund 25 Tage nach dem Schlüpfen den Brutfelsen und schwimmen im Meer.

Die ***Dreizehenmöwe*** *(Rissa tridactyla),* so genannt nach den drei Zehen an jedem Bein, ist überwiegend weiß. Rücken und Schwingen sind grau gefärbt. Davon setzen sich die schwarzen Spitzen der Schwingen deutlich ab. Der Ruf klingt „gägägä" oder „kitti-weck". Besonders in der Brutzeit ist dieser Vogel sehr ruffreudig. Daher rührt auch die englische Bezeichnung *Kittiwake* für die Dreizehenmöwe.

Dieser Hochseevogel hält sich fast nur am oder auf dem Meer auf, da er sich nahezu ausschließlich von Seetieren wie Fischen, Krebsen, Meeresschnecken und Plankton ernährt. Die Brut erfolgt immer in großen, teilweise riesigen Kolonien an felsigen Küsten und auch an Gebäuden. Spezielle Verhaltensnormen erlauben das Brüten selbst an kleinsten Vorsprüngen. Die Brutzeit dauert von Ende Mai bis Juni. Die Dreizehenmöwe überwintert auf dem Atlantik, am Mittelmeer und recht vereinzelt im Inland.

Die ***Krähenscharben*** *(Phalacrocorax aristotelis)* gehören zu den Kormoranen. Sie haben ein schwarzes Kleid mit starkem grünlichen Metallglanz. Die Vögel sind meist stumm, am Brutplatz sind sie mit „arrck, arrck" oder „kroack, kraick, kroack" zu hören.

Diese Vögel halten sich das ganze Jahr an felsigen Meeresküsten mit steilen Klippen und Wänden auf und brüten dort von Anfang April bis in den Juni in Nischen und Bändern. Die Brutpaare finden sich jeweils für eine Saison. Nestbau und Brüten obliegt vorwiegend den Weibchen. Die Jungen verlassen nach ca. 50 Tagen das Nest und werden noch rund 30 Tage geführt. Krähenscharben fischen zwar wie die Kormorane, d.h. schwimmend oder tauchend, jedoch ausschließlich im Meer.

Die ***Papageitaucher*** *(Fratercula arctica)* erkennt man vor allem am sehr hohen, rot-gelb-schwarz gestreiften Schnabel sowie an den rot leuchtenden Beinen (in der Brutzeit gelb). Die Oberseite ist schwarz, die Unterseite weiß. Die Vögel geben rauhe, knarrende Laute wie „arr" oder „orr" von sich.

Während der Fortpflanzungszeit trifft man den Papageitaucher an steilen, höhlenreichen Felsklippen und grasbewachsenen Hängen, wo er sich mit Schnabel und Krallen meterlange Röhren gräbt. Am erweiterten Röhrenende wird Anfang bis Mitte Mai das einzige Ei abgelegt. Nachdem die Jungen flügge sind, ziehen sich die Vögel auf die offene See zurück. Papageitaucher erlangen Fische und andere kleine Meerestiere tauchend. Selbst mit einer Anzahl Fische im Schnabel können sie noch weiterjagen.

den Aran Islands, in jedem Haus sind ein paar Zimmer für die Besucher freigemacht, und das B-&-B-Zeichen prangt an der Eingangstür, Hostels, Restaurants, Wechselstuben und Fahrradverleihfirmen machen das große Geschäft. Im Sommer ist Doolin hoffnungslos überfüllt mit zumeist ***deutschen Rucksacktouristen.*** Alternativ heißt die Devise in Kleidung, Habitus und Sprache.

Schon um 18 Uhr ist es in allen drei Pubs gerammelt voll, und das Guinness fließt in Strömen. Allabendlich spielen Musiker auf, amerikanische Rundfunkteams schneiden manchmal die Sessions mit, und die Doolin-Barden gehen mittlerweile auf Tournee.

Unterkunft

- ***Aran View House Hotel,*** Coast Road, Tel. (065) 74061, Fax 74540;
- ***Mrs. Maeve Fitzgerald,*** Churchfield, Tel. (065) 74209;
- ***Mrs. Maureen McMahon,*** Glasha, Tel. (065) 74306;
- ***Mrs. Ann Sims,*** Carnane House, Tel. (065) 74346;
- ***Mrs. Cathleen Cullinan,*** Boherbue House, Tel. (065) 74154;
- ***Mrs. Mary Fitzgerald,*** Riverdale, Tel. (065) 74257;
- ***Mrs. Ann Flanagan,*** The Rambler's Rest, Tel. (065) 74401;
- ***Paddy Maloney's Doolin Hostel,*** IHH-Hostel, Fisherstreet, Tel. (065) 74006;
- ***Rainbow Hostel,*** IHH-Hostel, Tel. (065) 74415;
- ***Aille RIver Hostel,*** IHH-Hostel, Tel. (065) 74260;
- ***Doolin Hostel,*** IHH-Hostel, Tel. (065) 74006; einfacher Campingplatz am Hafen.
- ***Fisher Street Hostel,*** IHH-Hostel, Tel. (065) 74006;
- ***The Village Hostel***, Tel (065) 74564

Restaurants

- ***Apple Tree Restaurant,*** nett und günstig;
- ***Bruach na Haille Restaurant,*** spezialisiert auf irische Country-Küche, um 15 Pfund;
- ***Doolin Café,*** einziges Lokal für schmale Brieftaschen, um 6 Pfund;
- ***Lazy Lobster,*** gute Fischgerichte, 13 Pfund.

Pubs

- ***Gus O'Connor's,*** hier auch am Abend gute Pub Grubs;
- ***McGann's,*** ebenfalls gute Pub Grubs;
- ***McDermott,*** in den drei einzigen Pubs des Örtchens von April bis Oktober allabendlich Live Sessions.

Einkaufen

- Im ***Traditional Irish Music Shop*** findet der Freund irischer Musik eine gute Auswahl an Musikkassetten und CD's, dazu Bücher über Irish Folk.
- Im ***Gallery Workshop*** kann man lokales Kunsthandwerk von anerkannten Meistern erstehen.

Rent-a-Bike

- Im Doolin-Hostel
- Im Pub Gus O'Connor's.

Verbindung

- ***Busse*** mehrmals täglich von Dublin, Limerick, Shannon, Ennis, Lisdoonvarna, Kilkee, Galway, Kinvara.

Das Burren-Gebiet

Nördlich und östlich von Doolin schließt sich ein *The Burren* genanntes Gebiet an, das eine unvergleichlich reiche Flora aufweist.

Nicht nur für Botaniker ist das 40 x 25 km große Gebiet des Burren (gälisch: großer Felsen) eine Fundgrube, auch wer an fremder Flora interessiert ist, kommt in der karstigen Mondlandschaft auf seine Kosten.

Das ganze Gebiet besteht aus unzählig vielen, kleinen und großen ***Sandsteinplateaus,*** die von Längsrinnen zerschnitten sind. Eiszeitliche Gletscher pflügten vor 15.000 Jahren diese in Nord-Süd-Richtung verlaufenden Furchen in den weichen Kalkstein. Als die Eisberge abzuschmelzen begannen, hinterließen sie nicht nur die gewaltigen, mitgeschleiften Findlinge, sondern auch Samen von arktischen Pflanzen. Mit der nun folgenden Klimaerwärmung kam die Flora aus südlicheren Regionen hinzu.

So wächst in den geschützten Furchen eine ***pflanzliche Artenvielfalt,*** die in Europa ihresgleichen sucht. Von Mai bis Juni blüht der Frühlingsenzian *(Gentiana verna),* weiße Blüten auf roten Blättern zeigt der Irische Steinbrech *(Saxifraga hibernica),* die arktisch-alpine Silberwurz *(Dryas octopetala)* gedeiht neben dem Kuckucksknabenkraut *(Orchis mascula)* und dem Torfmoos *(Sphagnum),* eine Vielzahl wilder Orchideen verströmen ihre Düfte und wachsen neben dem für uns unbedeutenden Klee oder Heidekraut.

Der Burren dürfte auch das letzte Refugium auch in Kontinentaleuropa seltenen ***Baummarders*** *(Martes martes)* sein, und durch die Lüfte flattern andernorts schon ausgestorbene Schmetterlinge.

Bei dieser ungewöhnlichen Flora ist es verständlich, daß irische Ökologen wenigstens einen Teil des Burren, die 400 ha (das gesamte Burren-Gebiet umfaßt 26.000 ha) große Region um Mullaghmore unter ***Naturschutz*** stellen wollen. Wie schon in jüngster Zeit an anderen Orten kollidieren Umwelt- und Naturschutz mit starken Wirtschaftsinteressen: In Massen transportierte man die größten Felsen ab, die seither englische Gärten zieren, dann wurden illegal Tausende von Wildgänsen gefangen und in den Nahen Osten verschickt.

Während man heutzutage ***keinen einzigen Baum*** mehr im Burren findet (*„No tree to hang a man“*, soll ein General Cromwells einst ausgerufen haben), so war die Region in prähistorischer Zeit dicht bewaldet. Vor etwa 5000 Jahren leiteten die ersten Siedler Rodungsarbeiten ein und sorgten so für die Erosion des Gebietes.

Der Poulnabrone-Dolmen legt Zeugnis von dem frühen Volk ab, das einst hier gelebt hat. Für eine weitere Besiedlung sprechen die Reste von über 100 ***Ringforts,*** wobei das besterhaltene, mit drei konzentrischen Felswällen versehene Cahercommaun allerdings wohl erst nach der Zeitenwende errichtet wurde.

Im Jahre 1182 gründeten die Zisterzienser östlich von Ballyvaughan ***Corcomroe Abbey*** – vielleicht bedeckte damals noch eine Bodenkrume die Felsplateaus; die frommen Brüder nämlich nannten ihr Kloster zur „Heiligen Maria der fruchtbaren Felsen“. Aus dem späten Mittelalter datieren die ***befestigten Tower Houses*** Gleninagh und Newtown Castle bei Ballyvaughan und Leamaneh Castle bei Kilfenora.

Fällt ein kräftiger Regenschauer, so versickert das Wasser durch die unzähligen Spalten und dringt in die unterirdischen ***Grotten*** und Höhlensysteme ein, wo die Kalkablagerungen Stalaktiten (von der Decke herabhängend) und Stalakmiten (vom Boden nach oben wachsend) formen. Die ganze Region ist nämlich komplett „unterkellert"; unter der höchsten Erhebung, dem 343 m hohen Slieve Elva, zieht sich gar ein 11 km langes ***Höhlensystem*** entlang. Höhlenforscher haben noch längst nicht alle dieser Kammern, Gänge, unterirdischen Seen und Bäche erforscht.

Nur eine einzige Höhle ist für Besucher geöffnet; 3 km südlich von Ballyvaughan befindet sich der Eingang zu ***Ailwee Cave*** (s.u.).

Das Gebiet läßt sich günstig mit dem Auto, besser mit dem Fahrrad, auf der nun beschriebenen, 55 km langen ***Rundfahrt*** erkunden.

Lisdoonvarna

Von Doolin geht es auf der R 479 in Richtung Ballynalackan, dort rechts ab in die R 477 nach Lisdoonvarna zu Irlands einzigem ***Kurort.*** Im *Spa Wells Health Centre* kann, wer möchte, mehrere Schlucke des heilkräftigen Wassers probieren. Aus verschiedenen Quellen sprudelt kostbares Naß, das viel Schwefel, Eisen, Jod und Magnesium enthält. Kontinentaleuropäische Besucher, die Kurstädte wie Baden Baden gewöhnt sind, werden über die wenig mondäne Ausstrahlung des Örtchens eher belustigt sein, die Iren jedoch kuren begeistert in Lisdoonvarna.

Lisdoonvarna hat ein gutes ***IHH-Hostel,*** das Burren Tourist Hostel Kincora House, fast im Ortszentrum gelegen, Tel. (065) 74300; das ehemalige Hotel eignet sich gut als Ausweichquartier, falls alle Hostels in Doolin belegt sein sollten; Live Music in der nahegelegenen ***Roadside Tavern.***

Kilfenora

Die R 476 führt dann weiter nach Kilfenora, wo das ***Burren Display Centre*** Auskunft über diese einzigartige Karstregion gibt. Wer die sehr empfehlenswerte Wanderung durch das Burren-Gebiet (s.u.) unternehmen möchte, besorge sich hier die entsprechende Karte.

Wenngleich Kilfenora heutzutage verschlafen und unbedeutend auf den Besucher wirkt, so war dies nicht immer so. Bis ins 18. Jh. residierte hier ein Bischof , wovon die Ruinen der ***Kilfenora Cathedral*** sowie die vielen aus dem 12. Jh. datierenden Hochkreuze auf dem Friedhof zeugen.

Stolz sind die Bewohner des Dorfes, daß seit einigen Jahren erneut ein geistlicher Vater ihrer Gemeinde vorsteht. Ein Wermutstropfen allerdings ist, daß dieser Bischof eine andere Residenz vorzieht - Kilfenoras Oberhirte liest die Messe lieber in Rom, es ist der ***Papst!***

Von Kilfenora geht es über unklassifizierte Straßen in Richtung Ballyvaughan (ausgeschildert; auf der Hälfte der Strecke liegt bei Lissylisheen das nicht mit einem Telefon ausgerüstete ***IHH-Hostel*** The Cottage, das sich als Standquartier für die Burren-Erkundung anbietet).

Ailwee Cave

3 km vor dem sympathisch wirkenden Ballyvaughan sollte man einen Besuch der Ailwee Cave nicht versäumen (März bis September 10-18 Uhr); 1944 entdeckte ein Bauer auf der Suche nach seinen Schafen zufällig dieses unterirdische Höhlensystem. Seit 1976 sind einige Grottenteile für die Öffentlichkeit zugänglich. ***In der Grotte*** herrscht eine konstante Temperatur von 10 °C - das wußten vor langer Zeit die Bären zu schätzen und legten sich hier zu ihrem Winterschlaf nieder.

Ein der Landschaft gut angepaßtes ***Visitors' Centre*** gibt umfassend Auskunft über die unterirdische Anlage. So richtig interessant ist die Grotte wegen der sehr kleinen Tropfsteine allerdings nicht.

Ballyvaughan

Ballyvaughan (300 Einwohner) hat einen kleinen pittoresken Pier, einige schöne Pubs und wenige, aber teure Restaurants zu bieten. Gemütlich geht es im Ortskern zu, an schönen Wochenenden besuchen auch viele Iren der Umgebung das kleine Dorf und flanieren rund um den winzigen Hafen. Da eine kleine touristische Infrastruktur vorhanden ist, lohnt sich hier der Aufenthalt für eine Burren-Erkundung.

Information

- An der Außenfassade von Green's Bar befindet sich eine große ***Übersichtskarte*** der Burren-Region mit eingezeichneten Strassen, Wegen, Entfernungsangaben, Hostels und ausführlicher Legende.

Unterkunft

- ***Gregan's Castle Hotel******,
Tel. (065) 77005, Fax 77111;
- ***Hyland's Hotel*****,
Tel. (065) 77037, Fax 77131;
- ***Mrs.. M. Mullins,***
Stonepark House, Tel. (065) 77056;
- ***Mrs. R. McGann,***
Rusheen, Tel. (065) 77092;
- ***Mrs. M Collins,***
Castle View, Tel. (065) 77012.

Restaurants

- ***Ballyvaughan Inn*** mit angeschlossenem Lokal, um 17 Pfund;
- ***Claire's Restaurant,*** zwischen 6 und 11 Pfund;
- ***Hyland's Bar & Restaurant,*** Spezialität Meeresfrüchte, 17,50 Pfund.

Pubs

- ***O'Brian,*** Pub mit angeschlossenem Restaurant, Gerichte um 6 Pfund;
- ***Monk's Pub,*** ein Stück außerhalb direkt am Pier, guter Pub Grub mit frischen Muscheln und Lachs, Live Music.

Rent-a-Bike

- Neben Monk's Pub am Pier.

Verbindung

- ***Busse*** mehrmals täglich von Galway, Lisdoonvarna, Kinvara, Kilkee, Listowel, Tralee, Killarney, Cork, Doolin.

Burren-Wanderweg

In Ballyvaughan ist der Startpunkt des 23 km langen Burren-Wanderweges, der in Ballynalackan, 3 km nördlich von Doolin, endet. Höchster Punkt ist die 300 m hohe ***Slieve-Elva-Schulter,*** von der aus man einen guten Blick auf die Galway-Bucht und die Aran-Inseln hat.

Vor allem im Frühjahr, wenn die alpin-arktischen und die mediterranen

Pflanzen in voller Blüte stehen, ist diese Wanderung von einzigartiger Schönheit.

Eine exakte ***Karte*** - „The Burren (1/35.000)" - gibt es im Burren Display Centre von Kilfenora sowie im Visitors' Centre an den Cliffs of Moher zu kaufen; dort ist auch die Publikation „The Burren Way" mit Karte und Beschreibung der Gegend zu bekommen. Die gesamte Route ist mit gelben Pfeilen auf schwarzem Grund markiert und bequem an einem Tag zu bewältigen - sehr empfehlenswert!

Fanore

Von Ballyvaughan nun geht es in nordwestlicher Richtung entlang der R 477 auf den Küstenzipfel ***Black Head*** zu und ab dort gen Süden. Die Straße folgt der Küstenlinie, links blickt man auf die Mondlandschaft des Burren, rechts brandet das Meer an die Kalksteinfelsen; die Strecke ist landschaftlich sehr schön.

In der Streusiedlung Fanore lockt *Monika's Bed & Breakfast,* billiger kommt man im IHH-Hostel *The Bridge* unter, Tel. (065) 76134; für leibliche Genüsse sorgt auch das Food-Store-Pub-Restaurant *Admiral's Rest.*

Lang zieht sich hier ein Strand an der Küste entlang. Wenige Kilometer weiter ist über Ballynalackan wieder Doolin erreicht.

Die Aran-Inseln

Überfahrt

Ein Besuch auf den Aran-Inseln gehört ebenso wie auch die Fahrt auf die Blasket Islands (vgl. Tour 4, Dingle-Halbinsel) zu den Höhepunkten einer jeden Irland-Reise.

Von Doolin aus erfolgt mit modernen Schiffen die Überfahrt. Die Fähren verkehren von Mitte April bis Ende September; während in der Vor- und Nachsaison jeweils nur eine Überfahrt morgens hin und abends zurück auf dem Fahrplan steht, pendeln die Schiffe im Juni, Juli und August mehrfach am Tag hin und her (natürlich abhängig von den Wetterbedingungen). Von Vorteil ist, daß zuerst das kleinste Eiland, Inisheer, angelaufen wird, dort kann man sich einige Stunden umsehen, danach geht es zur Hauptinsel Inishmore.

Verbindung

- Boote nach Inisheer und Inishmore von ***Doolin*** aus;
- Boote nach Inishmore auch von ***Galway*** und ***Spiddal;***
- Boote nach Inishmaan von Inishmore;
- Alle drei Inseln werden von Galway aus mit zweimotorigen ***Propellermaschinen*** angeflogen; mittlerweile sind alle Landebahnen auf den Inseln asphaltiert.

Wandern

Auf allen drei Inseln gibt es markierte ***Wanderwege*** des *Aran Island Way:* 50 km auf Inishmore, 8 km auf Inishmaan und 10,5 km auf Inisheer, die letzten beiden sind Rundwanderwege.

Eine gute ***Karte*** ist „The Aran Islands (1/ 29.000)“; die ebenfalls mit einer Karte versehene Broschüre „A Guided Walking Tour of the Aran Islands“ gibt zusätzliche Informationen. Der höchste Punkt liegt bei 122 m. Gelbe Pfeile auf schwarzem Grund weisen die Richtung.

Inisheer

Inisheer, die kleinste Aran-Insel, liegt ca. 45 km von Galway entfernt, ist etwas mehr als 4 km lang, 2,5 km breit, hat eine Gesamtfläche von 250 ha und wird von 300 Personen bewohnt.

Am Pier von Inisheer kann man eine ***Inselrundfahrt*** buchen: Ein Traktor mit Anhänger und schützendem Aufbau fährt die Besucher rund um das Eiland. Zu besichtigen sind die Reste einer aus dem 14. Jh. datierenden Burg, ein 5000 Jahre alter, bronzezeitlicher Grabhügel und - besonders interessant - ein großes Schiffswrack, das imposant auf den Klippen steht. In einer Sturmnacht des Jahres 1960 hob eine gewaltige Springflut den für Galway bestimmten Frachter auf die Felsen von Inisheer.

Wunderschön ist der ***Sandstrand,*** an dem wie schon seit Jahrhunderten die *Curraghs* aufgebockt sind. Während der Sommermonate kommen bis zu 600 Personen auf Inisheer zusammen und lernen dort im ***Summer Camp*** die gälische Sprache.

Wrack auf den Klippen von Inisheer

Unterkunft

- ***Hotel Inisheer,*** Tel. (099) 75020;
- ***Mrs. Brid Poil,*** Tel. (099) 75019;
- ***Mrs. Sarah Paddy Crowe,*** Tel. (099) 75033;
- ***Mrs. Ruari O'Conghaile,*** Tel. (099) 75002;
- ***Mrs. Radharc na Mara,*** Tel. (099) 75024;
- ***Mrs. Lios Eanna,*** Tel. (099) 75025;
- ***Mrs. Maire Ni Fhlatharta,*** Tel. (099) 75004;
- ***Mrs. Maggie Ui Fhatharta,*** Tel. (099) 75031;
- ***Mrs. Monica Ui Chonghaile,*** Tel. (099) 75034;
- Einfacher ***Campingplatz*** in der Nähe der öffentlichen Toiletten.

Restaurants und Pubs

- Ein einfaches ***Restaurant,*** Speisen auch in den ***B & B,*** drei ***Pubs,*** die berühmt für ihre Live Music sind.

Inishmaan

Inishmaan, die zweitgrößte und abgelegenste Insel, umfaßt eine Fläche von etwa 900 ha und wird von 270 Personen bevölkert.

Attraktion ist das ***Steinfort*** Dun Conor, das auf einer Felsenklippe liegt; die drei äußeren Wälle sind verschwunden, gut erhalten ist die eigentliche Festungsmauer. Inishmaan kann nur im Sommer von der größten Insel Inishmore angelaufen werden, von Galway verkehrt eine Propellermaschine. Die touristische Infrastruktur ist wenig ausgebaut.

Unterkunft

- ***Mrs. A. Faherty,*** Tel. (099) 73012, einziges B & B mit Telefon.

Pub

- ***Padraig O'Conghaile's.***

Inishmore

Inishmore, die Hauptinsel des kleinen Archipels, umfaßt 3100 ha und zählt 900 Einwohner. Größter Ort ist das Hafendorf ***Kilronan,*** an dessen Pier die Fähren von Doolin und Galway festmachen.

Herausragende Sehenswürdigkeit ist das 9 km von Kilronan entfernte, wahrhaft spektakulär an den 100 m hohen Klippen der Südküste gelegene ***Steinfort Dun Aenghus.*** Drei konzentrisch verlaufende, halbkreisförmige Steinwälle enden jeweils an der Bruchkante der steil abstürzenden Felsenküste. Der innere Mauerwall ist Ende des 19. Jahrhunderts restauriert worden, Stufen führen auf die Brustwehr; von dort oben hat man eine weite Sicht über Inishmore. Vor dem äußeren Steinwall erkennt man die Reste von ehemals Tausenden Spanischen Reitern *(Abatis),* scharfen, aufrechtstehenden Felsnadeln, die einen Vorstoß des Angreifers gehörig behindert hätten.

Gegen wen sich die damaligen Bewohner allerdings zu verteidigen hatten, liegt noch immer im Dunkel der Geschichte; auch kennt man die genaue Entstehungszeit von Dun Aenghus nicht, vermutet wird das erste nachchristliche Jahrhundert. Am Fuß des Ringforts, ungefähr 1 km entfernt, erstreckt sich ein schöner Sandstrand.

Es ist sehr empfehlenswert, einige Tage auf Inishmore zu verbringen, oder auf Wanderungen (s. o.) und Fahrradausflügen die Insel und ihre Bewohner kennenzulernen.

Leben und Alltag auf den Aran-Inseln

Geologisch gehören die drei Aran-Inseln zur Region des Burren (vgl. Kap. „Das Burren-Gebiet"), die Eilande sind somit von Kalksteinplateaus übersät und waren von jeher äußerst unfruchtbar. Für die Bewohner, die neben der Fischerei auch Landwirtschaft betreiben wollten, hieß dies, erst einmal ***neue Felder anzulegen.***

So mußten die Vertiefungen und Löcher im felsigen Untergrund mit Bruchsteinen aufgefüllt werden, und über die ganze Fläche kam dann eine dicke Schicht Sand, darüber eine kräftige Lage Seetang, wieder eine Schicht Sand sowie erneut eine Lage Seetang und ganz zum Schluß schließlich eine dünne Decke fruchtbarer Humuserde. Diesen Mutterboden hatte man entweder vom Festland herübergebracht, oder aber die Erde war mühselig zwischen den Kalksteinblöcken herausgekratzt worden.

Mit den zuvor fortgeschafften Steinblöcken entstand nun eine ***Windmauer*** rund um das neue Feld. Um die spärlichen Nährstoffe des Bodens nicht auszulaugen, pflanzten die Bauern auf dem neuen Acker im ersten Jahr Kartoffeln an und im zweiten Jahr dann Getreide; im dritten Jahr wurde auf dem Feld nicht gesät, das dort wachsende Unkraut pflügte man im folgenden Jahr unter, und so erhielt die Bodenkrume den notwendigen Stickstoff. Dieses *Crop Rotation* genannte ***Anbauprinzip*** erinnert an die frühmittelalterliche Drei-Felder-Wirtschaft.

Hauptanbauprodukte waren natürlich vor allem Kartoffeln sowie Roggen. Gemüse zogen die Insulaner in ihren kleinen Hausgärten. Ideal war die Kartoffel deshalb, weil sie auch in klimatisch feuchten Zonen sowie auch auf armen Böden gute Erträge verspricht. 15 Tonnen pro Hektar ernteten die Aran-Bewohner durchschnittlich, bei der spärlichen Ackerkrume eine gute Leistung.

In ganz Irland, so auch auf den Aran-Inseln, wurden ***Kartoffeln*** nach einer besonderen Methode angebaut, die die Engländer in ihrer Verachtung für die Bewohner der Grünen Insel *Lazy Beds* nannten. Der Bauer hob einen langen, schmalen Graben aus, in den er die Saatknollen pflanzte, überdeckte diese dann mit einer Schicht Seetang und häufte darüber die beim Ausheben des nächsten Grabens angefallene Erde, wobei die grasige Seite nach unten kam. Seetang und Unkraut dienten als Dünger, und die Knollen wuchsen prachtvoll heran.

Diese Arbeit fand im März oder im frühen April statt. Ein Bauer, der zu spät mit der Aussaat begann, hieß im Volksmund *Cuckoo Farmer,* da er zumeist dann erst im Mai mit der Feldanlage zugange war. Ende Juli dann wurden die Erdäpfel geerntet und dienten – sieht man einmal von einem Überschuß in guten Jahren ab – natürlich der Selbstversorgung.

Auch ***Roggen*** wächst gut in feuchtkalten Regionen und auf armen Böden, so war dies das ausschließlich angebaute Getreide auf den Aran-Inseln. Mit der Aussaat begannen die Insel-Bauern im Herbst, nachdem sie die Kartoffeln eingebracht hatten, geerntet wurde dann im Juni des folgenden Jahres. Das Stroh faßte man in große Bündel zusammen und deckte damit die Häuser.

Natürlich besaß jeder Hof auch einen kleinen ***Viehbestand,*** und ein Bauer galt als reich, wenn er eine Kuh in seinem Besitz hatte. Die Größe des verfügbaren Landes wurde übrigens nur selten in konkreten Maßangaben benannt, vielmehr hieß es: Er hat das Gras für zwei Kühe, womit für die Insulaner der Landbesitz des Nachbarn umfassend beschrieben war.

Ein Farmer sorgte sich sehr um seine ***wertvolle Kuh,*** und in mageren Jahren fütterte er sie mit einem Gemisch aus Kleie sowie – vom eigenen Mund abgesparten – Kartoffeln. Und warf die Kuh – welch ein Glücksfall – ein Kalb, so erlaubte man dem Nachwuchs, eine weitaus längere Zeit die Muttermilch zu saugen als auf dem Festland. Das Neugeborene sollte soviel Kräfte sammeln wie möglich, um die harten Lebensbedingungen auf den Inseln auch zu ertragen. Durchschnittlich brachte eine Kuh 1800 l Milch pro Jahr, wesentlich weniger als ein Tier auf dem geschützten Festland.

Schafe und Ziegen besaß natürlich auch jeder Haushalt, diese Tiere waren wesentlich pflegeleichter als eine Kuh und wurden weitgehend sich selbst überlassen. Damit jede Familie die eigenen Tiere auch indentifizieren konnte, erhielten Schafe und Ziegen bestimmte Ohreinschnitte, die als „Brandzeichen" fungierten. Schafe lieferten Fleisch und Wolle, Ziegen Milch und Leder. Nur wenige Farmer auf den Inseln hielten ***Schweine,*** die in einer kleinen Umzäunung am Haus lebten und mit Kartoffeln und Speiseabfällen gefüttert wurden. Zuallerletzt hatte natürlich fast jeder Bauer einen ***Esel,*** der als universales und genügsames Arbeitstier täglich im Einsatz war.

Viel ***Aberglaube*** mischte sich im tagtäglichen Leben unter die Handlungen der Bauern. So galt es als schlechtes Zeichen, wenn der Farmer beim Kartoffelnpflanzen ein schiefes Beet zustande brachte, und um die Fruchtbarkeit der dünnen Bodenkrume zu erhöhen, streuten die Bauern eine Handvoll teures Salz über ihre Beete. Ein Beerdigungszug, der quer über das eigene Land führte, war ein schlechtes Omen, Gutes verhieß dagegen, wenn eine Ziege inmitten einer Herde Kühe graste. Die erste Milch eines jungen Kalbes ließ man in der Erde versickern, und bestimmte Tage galten für die Feldarbeit als tabu.

Natürlich waren auch alle Aran-Farmer ***Fischer,*** und der Fang sorgte für Abwechslung auf der Speisekarte und verbesserte die spärlichen Erträge der kleinen Felder. Doch die See ist auch gefährlich, und angstvoll warteten die Familienmitglieder auf die glückliche Rückkehr der ausgefahrenen Männer. Daß die Insulaner die Entwicklung der Wetters sowie Wind, Wellen, Ebbe und Flut sorgfältig einzuschätzen vermochten, war selbstverständlich, trotzdem blieb die Fischerei in den kleinen, lederbespannten Booten (vergl. Blasket Islands) eine gefährliche Sache. Nur wenige Männer konnten übrigens schwimmen, es hieß, daß man mit dieser Kunst seinen Todeskampf nach einer Havarie nur verlängere.

Gefischt wurde mit Treibnetzen, des weiteren mit bis zu 300 m langen Leinen, an denen mehr als 100 Haken befestigt waren, und mit Reusen, in die Hummer und Krabben gingen. Haien, die in der Vergangenheit weit häufiger in den Gewässern rund um die Aran-Inseln vorkamen als heute, rückten die Fischer mit Harpunen zu Leibe. Die Leber eines solch kapitalen Raubfisches konnte bis zu 900 l Öl bringen, das dann als Brennmaterial für die häuslichen Lampen einen hohen Wert hatte.

Aufgrund ihrer gefahrvollen Tätigkeit forderten die Fischer das Schicksal nicht heraus, und eine ganze Reihe von Zeichen galten als ***schlechtes Omen.*** So durfte man auf dem Weg zum Boot auf keinen Fall eine rothaarige und barfüßige Frau treffen, auch die Begegnung mit einem Hasen, einem Priester und einem Fuchs waren schlechte Vorzeichen. Drei Männer mit dem gleichen Namen durften nicht zusammen in einem Boot fischen, Rauchen während der Arbeit war verboten, und zu Hause achtete ein Fischer peinlich genau darauf, daß er keine Fischgräten ins Feuer warf. Samstags nachts durfte man nicht zum Fischfang ausfahren, diese Nacht galt als tabu.

Wichtig für das tägliche Leben war auch der ***Strand,*** an dem man vor allem kalkhaltigen Sand und jodreichen Seetang „erntete", den einzigen Dünger, der den Insulanern zur Verfügung stand. Und dann wurde natürlich eine ganze Menge an wertvollem Material an den Strand und auf die Klippen der Küste gespült. Besonders Holz, das es auf den waldfreien Inseln ja nicht gab, wurde von den Insulanern begeistert in Empfang genommen.

Und es geschah nicht selten, daß ein Schiff vor den Inseln in Seenot geriet und das ***Wrack*** dann von den Wellen auf die Felsen getragen wurde. Solch ein Ereignis erzeugte durchaus gemischte Gefühle, denn für die Insel-Bewohner brachte eine Havarie viel Waren und Bargeld ein, ihr materieller Gewinn jedoch bedeutete den Tod anderer.

Das ***traditionelle Wohnhaus*** auf den Aran-Inseln ist ein niedriges, weißgetünchtes Steingebäude mit tief angesetzten Fenstern, zwei Türen und einem Reetdach. Besondere

Sorgfalt kam dem Strohdach zu, daß aufgrund der starken Winde und der häufigen Regenfälle fest verankert und absolut wasserdicht sein mußte. Folgerichtig war der Dachdecker ein geachteter Handwerksmann auf den Inseln, und einmal jährlich inspizierte er die Dächer seines Dorfes und besserte sie, wenn nötig, aus.

Im Innern eines jeden Cottage markierte der offene Kamin das Zentrum, in dem zu allen Jahreszeiten ein Torffeuer glomm. Daneben befand sich eine Vertiefung in der Wand, die sogenannte *Cleibhi,* in der Tabak, Pfeifen, Salz und Tee trocken aufbewahrt wurden. Nur wenige Einrichtungsgegenstände - Tisch, einige Stühle, Betten und Regale - nannte ein solcher Haushalt sein eigen. Öllampen verbreiteten nach Einbruch der Dunkelheit spärliches Licht. Ein Spinnrad und ein Webstuhl gehörten ebenfalls zu den wichtigen Gerätschaften eines Haushaltes, denn die Frauen versorgten die Mitglieder ihrer Familien mit der notwendigen Kleidung, und aus Kuhleder wurden gar Schuhe, die sogenannten *Pampooties,* gemacht. Zu guter Letzt flochten Männer wie Frauen Tragekörbe und Reusen.

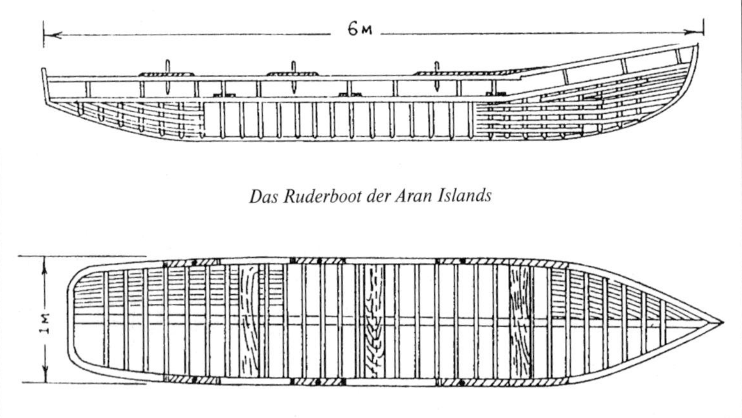

Das Ruderboot der Aran Islands

Information

Am Pier von Kilronan, nahe der Fahrradvermietung, zeigt eine große Übersichtskarte die Standorte der B & B, der Hostels, Campingplätze, Restaurants und Pubs (alle unter Angabe der Telefonnummer), nahebei befinden sich zwei Telefonzellen, so daß man schnell Buchungen vornehmen kann. Verläßlicher ist es jedoch, vor allem in der Hauptsaison, bereits einige Tage vorher ein B & B reserviert zu haben.

Einkaufen

In Kilronan befinden sich auch einige Crafts Shops, wo man neben vielen Souvenirs vor allem die berühmten ***Aran-Pullover*** erstehen kann. Angeblich - so heißt es - hatte jede Familie auf der Insel ein eigenes Muster, so konnte man die ertrunkenen Fischer anhand ihrer Pullover identifizieren - nichts davon ist wahr, aber da die Geschichte verkaufsfördernd ist, wird sie so oder so ähnlich auch in Zukunft erzählt werden.

Unterkunft

- ***Johnston Hernon's Kilmurvey Guest House*****, Kilmurvey, nahe am Dun Aenghus-Fort, Tel. (099) 61218;
- ***Mrs. A. Beatty,*** Kilronan, Tel. (099) 61115;
- ***Mrs. B. Conneely,*** Kilronan, Tel. (099) 61141;
- ***Mrs. M. Conneely,*** Kilronan, Tel. (099) 61139;
- ***Mrs. S. Dirrane,*** Kilronan, Tel. (099) 61146;
- ***Mrs. E. T. Gill,*** Cill Eine, Tel. (099) 61126;
- ***Mrs. O. Gill,*** Kilronan, Tel. (099) 61286;
- ***Mrs. M. Hernon,*** Kilronan, Tel. (099) 61111;
- ***Mrs. M. McDonagh,*** Kilronan, Tel. (099) 61292;
- ***Mrs. P. McDonagh,*** Kilronan, Tel. (099) 61167;
- ***Mrs. B. McDonagh,*** Kilronan, Tel. (099) 61150;
- ***Mrs. M. O'Flaherty,*** Kilronan, Tel. (099) 61226;
- ***Mainistir House,*** IHH-Hostel, Kilronan, Tel. (099) 61199;
- ***Aran Islands,*** IHH-Hostel, Kilronan, Tel. (099) 68903.

Restaurants und Pubs

Es gibt mehrere Pubs und preisgünstige Restaurants in Kilronan, weitere Pubs sind über die ganze Insel verstreut. In vielen Kneipen, vor allem in Kilronan, wird während der Saison jeden Abend Live Music geboten.

Rent-a-Bike

- Direkt am Hafenpier sowie in Kilronan.

Die Steilküste von Inishmore

Kinvara

Von Doolin führt die Route über die R 479 und die R 477 nach Lisdoonvarna und biegt dort auf die N 67 ab. Über Ballyvaughan geht es in das kleine, anheimelnde Fischerörtchen Kinvara (400 Einwohner), in dem eine überproportional große touristische Infrastruktur, gemessen an der Größe des Dorfes, der Besucher harrt.

Einzige Sehenswürdigkeit ist das ein wenig außerhalb Kinvaras in Richtung Galway liegende, aus dem 16. Jh. datierende ***Dunguaire Castle,*** wie üblich keine richtige Burg, sondern ein befestigtes Towerhouse, dessen Name „Burg des Guaire" bedeutet. Wie auch in Bunratty Castle hat man hier Gelegenheit, an mittelalterlichen Banketten teilzunehmen.

Jeweils am letzten Wochenende im August findet in Kinvara das ***Festival*** *Cruinniu na m'Bad* statt; Hauptattraktion ist eine Regatta der traditionellen Fischerboote - der *Galway Hookers* - in der Kinvara-Bucht. Es versteht sich von selbst, daß während der Festivität in allen Pubs Folk Music und alte Tänze aufgeführt werden. Viele zusätzliche Informationen über Kinvara und Umgebung entnehme man der Broschüre „A Ramble's Map and Guide" von Anne Korff und Jeff O'Connell, zu bekommen in den Geschäften des Ortes sowie im Dunguaire Castle.

Unterkunft

- ***Winkle's Hotel****, Tel. (091) 37137;
- ***Mrs. K Huban,*** Tel. (091) 37286;
- ***Mrs. U Bermingham,*** Tel. (091) 371 51;
- ***Mrs. T Bermingham,*** Tel. (091) 37118;
- ***Mrs. M Walsh,*** Tel. (091) 37119;
- ***Johnston's,*** IHH-Hostel, mitten im Ortszentrum, Tel. (091) 37164;
- ***Doorus House,*** An-Oige-Jugendherberge, 6 km nördlich von Kinvara an der Kinvara-Bucht gelegen, Tel. (091) 37173.

Restaurants

- ***Partner's,*** für schmale Brieftaschen;

Pubs

- Nahe dem Pier ein Café mit Namen ***Café,*** Tee, Kaffee, Kuchen und Snacks;
- ***The Olde Plaid Shawl,*** ab und an Live Music.
- ***Conole's,*** Taverne mit regelmäßiger Live Music während der Saison;
- ***Tully's***, bekannt für seine Folk Music;

Verbindung

- ***Busse*** mehrmals täglich von Galway, Ballyvaughan, Lisdoonvarna, Kilkee, Listowel, Tralee, Killarney, Cork, Doolin.

Umgebung

Turmhaus Thoor Ballylee

10 km von Kinvara entfernt lohnt eine besondere Attraktion für denjenigen einen Besuch, der an irischer Literatur interessiert ist - der Wohnturm von ***William Butler Yeats.*** Von Kinvara nimmt man die R 347 in östlicher Richtung, dann die N 18 auf das Dorf Gort zu. Eine Ausschilderung weist zum Turmhaus Thoor Ballylee (Ostern bis September 10-18 Uhr).

Der efeuumrankte ***normannische Turm*** stammt aus dem 16. Jh.; 1917 kaufte und renovierte *William Butler Yeats* das Gebäude. 35 Pfund hat er damals dafür bezahlt, inklusive dem kleinen Cottage daneben. Einer Freundin schrieb er begeistert: „Ich

Thoor Ballylee -
der Wohnturm von William Butler Yeats

plane, den Gegensatz zwischen der mittelalterlichen Burg und der bäuerlichen Behausung aufrechtzuerhalten. Während sich in ihr alles erforderliche befindet, kann ich der Burg für wenig Geld ein großzügiges Raumensemble widmen. Was glaubst Du, was denkst Du über die Adresse Thoor Ballylee? Thoor ist der gälische Name für Tower. Das sollte den Leuten den Verdacht nehmen, daß es sich um moderne Gotik oder um einen Tierpark handelt. Ich denke, der schroffe Ton von Thoor berichtigt die Weichheit der Stätte." Und wenig später notierte er: „Everything is so beautiful here!"

Bis 1928 lebte der Dichter mit seiner Frau in dieser abgeschiedenen Gegend - die glücklichsten Jahre seines Lebens und die liebevollsten Zeiten der Ehe verbrachten die *Yeats* in Thoor Ballylee, in diesem „sturmgeschüttelten Ort", „the storm beaten place". Eine 20minütige audio-visuelle Dokumentation würdigt Leben und Werk von *Yeats* (vgl. Exkurs „Irische Schriftsteller von Weltruhm"), eine Sammlung von Erstausgaben kann besichtigt werden, ein Café bietet Kaffee, Tee und Kuchen an, und selbstverständlich darf man die einstigen, möblierten Wohnräume betreten.

Von oben hat man eine prachtvolle Aussicht auf die Gegend. *Ralph Gior-*

dano zeigt sich in seinem Irischen Tagebuch begeistert von dem Blick über die Landschaft: „Und dann ist sie erklommen, die Plattform, zinnenbewehrt, sonnengewärmt, rings umgeben von bukolischem Frieden. Im Osten die Höhenzüge der Slieve Aughty Mountains, die Landschaft dorthin hügelig, gewellt, grüne Flächen, Hecken, grasendes Vieh. Tief unten der Fluß, um meinen Kopf, schwirrend, Insekten. Baumwipfel um den Turm, gleich hoch wie seine Zinnen, einige Kronen noch höher."

Hier hat *Yeats* seinen Gedichtzykus „The Tower" geschrieben, in dem es heißt: „I climbe to the tower top and lean upon broken stone ..." Eine Tafel an der Turmwand verrät uns folgendes: „I the poet William Yeats / with old millboards and / sea-green slates / and smithy work from / the Gort forge / Restowed this tower / For my wife George. / And may these characters remain / When all is ruin once again." Zu deutsch: „Ich, der Dichter William Yeats, habe mit altem Pappkarton und meergrünem Schiefer und Eisenteilen aus der Schmiede von Gort diesen Turm wieder hergestellt für meine Frau George. Und mögen diese Dinge bestehen, wenn alles andere wieder in Ruinen liegt."

Nach 1928 war *Yeats* nie mehr in Thoor Ballylee. Die Gebäude verfielen. Erst 1961 hat die *Kiltartan Society,* unterstützt von der Fremdenverkehrsbehörde *Bord Failte* und der *Ireland West Tourism,* eine Restaurierung vorgenommen. Die Frau des Dichters, *George,* hat das noch erleben können , sie starb 1968.

Coole Park

Nahebei sollte der Freund irischer Literatur Coole Park nicht auslassen (ausgeschildert). Leider sind nur noch ein paar Reste des 1941 abgerissenen Coole House vorhanden; hier lebte Anfang dieses Jahrhunderts die Schriftstellerin ***Lady Gregory,*** sammelte alte irische Volkssagen und Mythen und schrieb diese für die Nachwelt nieder. Die adlige Dame war maßgeblich an der Einrichtung des Abbey Theatre in Dublin beteiligt und erwarb sich große Verdienste um das gälische Erbe. *William Butler Yeats, George Bernard Shaw* und *Sean O'Casey* waren oft zu Besuch in Coole House. In dem allgemein zugänglichen Park mit seinen Wäldern und Wiesen sowie dem kleinen See kann man sehr schöne Spaziergänge unternehmen; dabei passiert man sicherlich den sogenannten Autobiographischen Baum, in dessen Rinde die Dichterfreunde von *Lady Gregory* ihre Initialen eingeritzt haben.

Schnell und zügig geht es nun auf der N 18 nach Galway.

Galway

Die sympathische Universitätsstadt (40.000 Einwohner), deren Straßenbild von den vielen Studenten geprägt wird, ist Verwaltungsmetropole und Wirtschaftszentrum des gleichnamigen County. Das geschäftige und atmosphärereiche Städtchen sollte man unbedingt besuchen, die abendliche Musikszene in den vielen Pubs gehört sicherlich zu den besten Irlands. Darüber hinaus ist Galway das Tor zur rauh-bergigen, urwüchsigen Landschaft Connemara und Kern einer großen Gaeltacht-Region.

Geschichte

Um das Jahr 1232 eroberten die ***Normannen*** unter *Richard de Burgh* den kleinen Marktflecken, dessen Ursprünge im Dunkel der Geschichte liegen, und schlugen die gälischen Stämme in die Flucht. Die neuen Herren bauten sofort eine starke Befestigung und trieben alsbald einen lukrativen Handel mit Spanien - der sogenannte *Spanish Arch* (Spanische Bogen) nahe dem Hafen erinnert noch heute an diese prosperierenden Wirtschaftsbeziehungen.

Richard II. gab Galway das Stadtrecht, woraus sich ein eigener kleiner ***Stadtstaat*** entwickelte, der von 14 Clans regiert wurde. Galway ging als die *City of the Tribes* in die irische Geschichtsschreibung ein. Immer wieder griffen gälische Stämme die Stadt an, die sich jedoch aufgrund ihrer gewaltigen Befestigungen derlei Attacken bis ins 17. Jh. erwehren konnte. Wie an anderen Orten auch, wüteten dann *Cromwells* Söldner unter der Bevölkerung, und die Belagerung durch die Mannen *Wilhelms von Oranien* versetzte der Stadt dann endgültig den Todestoß. 1840 verlor Galway auch noch seinen Stadtstatus und verkam zum britischen Verwaltungssitz für den Westen Irlands.

Nach der Unabhängigkeit der Grünen Insel wurde das Stadtrecht neu bekräftigt, und die Bürger von Galway bauten kräftig an ihrer Zukunft. Wirtschaftspolitische Maßnahmen, Förderungen für die Gaeltacht-Gebiete und der wachsende Tourismus sorgen heutzutage für steigenden Wohlstand.

Sehenswertes

Galways kleine, überschaubare Innenstadt mit den verwinkelten Gassen und den interessanten Geschäften sollte man am besten zu Fuß erkunden. Die wichtigsten Einkaufsstraßen sind die Bridge Street, Mainguard Street, William Street, Abbeygate Street und Shop Street.

Zentrum der Metropole ist der ***Eyre Square*** mit seiner großen Rasenfläche, auf der sich im Sommer bei schönem Wetter die Studenten und Bettler der Stadt ein Stelldichein geben und sich bräunen lassen. Im Gedenken an den amerikanischen Präsidenten *John F. Kennedy,* der 1963 hier die Ehrenbürgerwürde erhielt, bekam die grüne Lunge Galways den Namen *John F. Kennedy Memorial Garden.* Ein neues großes Shopping Centre am Eyre Square hat gerade seinen Betrieb eröffnet.

An der Market Street befindet sich die protestantische ***Church of St. Nicholas,*** deren Ursprünge auf das Jahr 1320 zurückgehen und die im 15. und 16. Jh. mehrmals erweitert und umgebaut wurde. Einer Legende zufolge soll *Christoph Kolumbus* hier eine Messe gehört haben, bevor er die Weiterreise gen Westen antrat. Im Erfinden von Sagen und unglaublichen Geschichten waren die Iren schon immer gut.

Ebenfalls an der Market Street lohnt ein ***gotischer Torbogen*** einen Blick; eine schwarze Marmortafel gibt Auskunft über ein schauerliches Ereignis: „Zum Gedenken an den festen, unbeugsamen Gerechtigkeitssinn von James Lynch Fitzstephen, 1493 zum Bürgermeister gewählt, der seinen schuldigen Sohn Walter verurteilte und eigenhändig an diesem Ort hinrichtete."

Walter, Sohn des ***Bürgermeisters Lynch,*** hatte - wir folgen der Stadtchronik- in Liebeshändel einen spanischen Edelmann, der zudem noch Gast der Familie war, getötet. Dem Vater als oberstem Richter der Stadt blieb nichts anderes übrig, als den Sohn zum Tode zu verurteilen. Niemand jedoch wagte es, das Urteil zu vollstrecken, kein Scharfrichter ließ sich finden. So legte der Vater dem Sohn eigenhändig die Schlinge um den Hals und erhenkte ihn. Mit gebrochenem Herzen zog sich Richter *Lynch* dann in die Einsamkeit zurück. Nach irischer Auffassung hat der international bekannte Begriff „lynchen", „Lynchjustiz betreiben" in dieser Geschichte seinen Ursprung.

Von der Market Street zweigt das kleine Gäßchen Bowling Green ab; hier befindet sich das ***Geburtshaus von Nora Barnacle,*** der langjährigen Lebensgefährtin und späteren Ehefrau von *James Joyce.*

In der Shop Street, die parallel zur Market Street verläuft, ragt ***Lynch's Castle*** auf. Das aus dem 16. Jh. datierende Patrizierhaus ist eines der besterhaltenen Gebäude aus jener Zeit. Beachtenswert sind die Außendekorationen des Hauses mit ihren Wasserspeiern und weiteren gotischen Schmuckelementen. Auch die Wappen von *Heinrich VII.* sowie die der lokalen *Lynch-Familie* zieren die Fassade. Heute hat eine Bank ihre Niederlassung in dem traditionsreichen Haus. Die *Lynch-Familie* übrigens stellte ab dem Jahr 1484 die folgenden 83 Bürgermeister der Stadt.

Am alten Hafen zeigt neben dem Spanish Arch das ***Galway City Museum*** Exponate zur Stadtgeschichte (Mai bis September Mo-Fr 10-17 Uhr).

- **1** Monroe's Tavern
- • **2** Arus Folk Club
- **3** Hooker Jimmy's Steak & Seafood Bar
- ★ **4** Spanish Arch
- **5** Quay's Bar
- **6** Pierre's Restaurant
- **7** Pub Seagan Ka Neactain
- **8** King's Head
- **9** The Brasserie
- **10** Taaffes
- ★ **11** Lynch's Castle
- **12** Sally Long's
- **13** Cellar Bar
- **14** An Pucan
- **15** Tourist Office

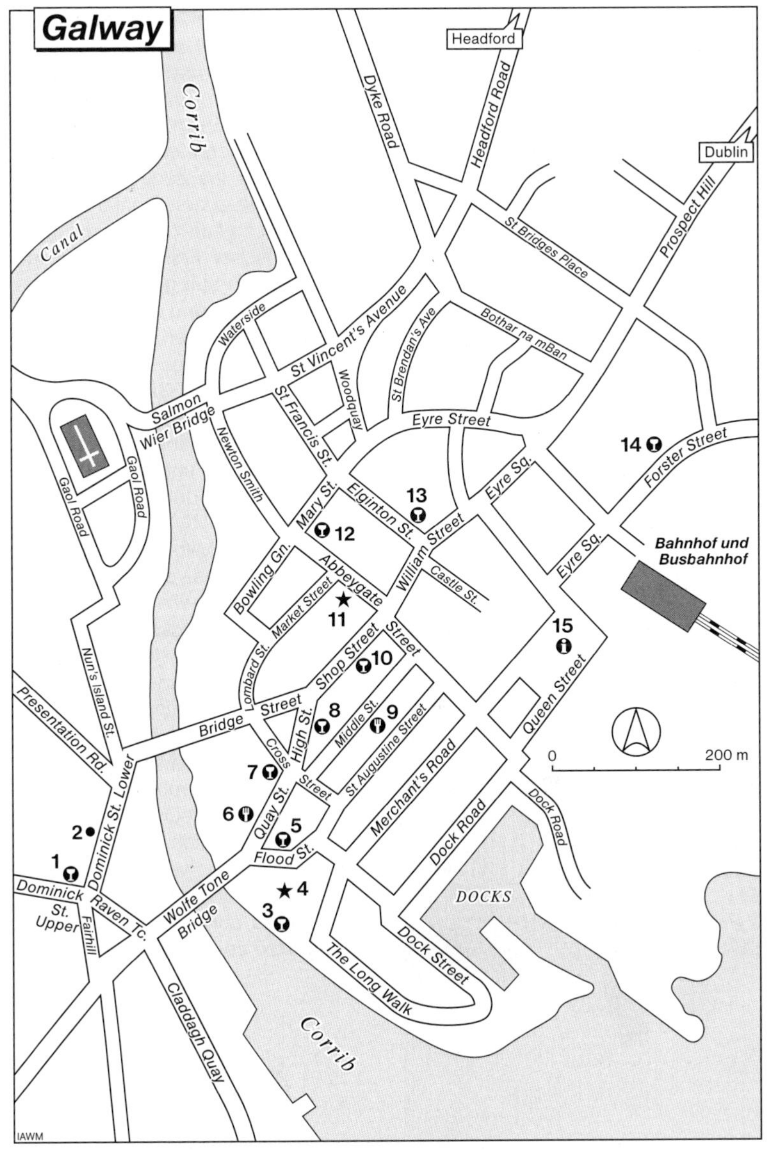
Galway
Headford
Dublin
Corrib
Canal
Dyke Road
Headford Road
Prospect Hill
St Bridges Place
Bothar na mBan
St Brendan's Ave
Woodquay
St Vincent's Avenue
Waterside
Salmon Wier Bridge
St Francis St.
Eyre Street
Newton Smith
Gaol Road
Gaol Road
Mary St.
Elginton St.
Eyre Sq.
Forster Street
William Street
Eyre Sq.
Bahnhof und Busbahnhof
Castle St.
Bowling Gn.
Abbeygate
Market Street
Lombard St.
Shop Street
Street
Queen Street
Nun's Island St.
Presentation Rd.
Bridge Street
High St.
Middle St.
St Augustine Street
Merchant's Road
Cross Street
Quay St.
Dominick St. Lower
Dock Road
Dock Road
Flood St.
Dominick St. Upper
Raven Tc.
Fairhill
Wolfe Tone Bridge
DOCKS
Dock Street
The Long Walk
Claddagh Quay
Corrib
0
200 m
1
2
3
4
5
6
7
8
9
10
11
12
13
14
15
IAWM

Nahe der ***St. Nicholas' Cathedral,*** der 1965 eingeweihten, gewaltigen Kathedrale der Stadt, führt die ***Salmon Weir Bridge*** über den River Corrib. Im Frühjahr kann man Tausende von Lachsen beobachten, wie sie flußaufwärts zu ihren Laichplätzen strömen. Mittels einer sogenannten Lachsleiter können die Fische das kleine Wehr überwinden.

Interessant ist es übrigens, den ***akrobatischen Straßenmusikanten*** von Galway zuzuschauen; die sogenannten *Buskers* balancieren auf einem schwankenden Drahtseil und fiedeln dabei zum Vergnügen der Menge auf der Geige.

Nicht versäumen sollte man einen Besuch im Taibhdhearc Theatre in der Middles Street; während der Saison kommen hier irische Musikdarbietungen, Tanz, und Folk Drama auf die Bühne.

Zwei große Ereignisse ziehen zu Beginn des Herbstes scharenweise die Besucher ins Zentrum von Galway. Da lockt zuerst einmal das ***Festival*** *Feis Ceoil an Larthair* mit traditioneller irischer Folklore, Tanz und Musik. Barden aus ganz Irland kommen zusammen, und in den Pubs sowie auf den Straßen geht es hoch her. Dann sorgt das *Galway Oyster Festival* für leibliche Genüsse. Dabei werden die ersten auf den vor der Küste liegenden Bänken gezogenen Austern geöffnet und von Touristen wie Bewohnern dutzendweise verzehrt.

Bekanntestes Mitbringsel aus Galway ist übrigens der ***Claddagh-Ring,*** das traditionelle und sehr symbolträchtige Schmuckstück der Männer und Frauen der Umgebung; der Ring zeigt zwei Hände, die sich an Daumen und Zeigefinger berühren, dazwischen befindet sich ein Herz, auf der Daumenseite sitzt eine kleine Krone. Die sich berührenden Hände symbolisieren Freundschaft, das Herz steht natürlich für die Liebe, und die Krone verspricht ewige Treue. Wer noch zu haben ist, steckt den Ring so auf, daß die Krone zur Fingerspitze zeigt, Verheiratete oder

Busker in Galway

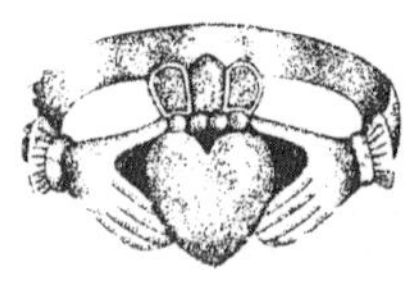

solche, die sich in festen Händen befinden, tragen den Ring umgekehrt.

Die Urspünge dieses schmückenden Beiwerks gehen auf das Jahr 1690 zurück und sollen aus der Fischfanggemeinde Claddagh stammen, die einst vor den Toren Galways lag. Der Ring wurde auch von der Mutter auf die Tochter vererbt. Die größte Auswahl von Claddagh-Ringen hat der Juwelier *Lazlo* in der Shop Street. Wer romantisch veranlagt ist, bringe seiner Frau oder Freundin unbedingt ein solches Zeichen der Liebe und Treue mit.

Übrigens: Jeden Freitag und Dienstag um 20.15 Uhr finden auf dem Greyhound Place ***Windhundrennen*** statt. Sollte man auf keinen Fall versäumen.

Einkaufen

Hinter einer eher kleinen Fassade in der High Street verbirgt sich ***Kennys Bookshop,*** eine Buchhandlung mit dem größten Antiquariat Irlands. Auf 5 Stockwerken befindet sich hier alles, was das bibliophile Herz höher schlagen läßt. Alles über Irland, aber auch ausländische Bücher und Landkarten. Wem das noch nicht reicht, der kann sich auch noch zu einem Lagerhaus am Hafen schicken lassen.

Tourist Office

- Eyre Square, Victoria Place, an der Hafenseite, Tel. (091) 563081, Fax 565201

Hotels

- ***Great Southern Hotel********, Eyre Square, Tel. (091) 755281; Fax 751390;
- ***Ardilaun House Hotel*******, Taylor's Hill, Tel. (091) 521433, Fax 521546;
- ***Corrib Great Southern Hotel*******, Dublin Road, Tel. (091) 755281, Fax 751390;
- ***The Galway Ryan Hotel*******, Dublin Road, Tel. (091) 553181, Fax 753187;
- ***Anno Santo Hotel******, Threadneedle Road, Tel. (091) 523011, Fax 523011;
- ***ImperialHotel******, Eyre Square, Tel. (091) 563033, Fax 568410;
- ***Skeffington Arms Hotel******, Eyre Square, Tel. (091) 63173, Fax 61679;
- ***American Hotel*****, Eyre Square, Tel. (091) 561300, Fax 566252;

B & B

- ***Mrs. M Beatty***, Snaefell, 6 Glanina Heights, Tel. (091) 751643;
- ***Mrs. M. Burke,*** 113 Upper Newcastle, Tel. (091) 524394;
- ***Mrs. N. Collins,*** Headford Road, Tel. (091)766477;
- ***Mrs. B. Carrick,*** Santa Maria, 5 Glanina Heights, Tel. (091) 755363;
- ***Mrs. N. Costello,*** Seaview, 3 Woodfield Barna Road, Tel. (091) 790051;
- ***Mrs. M. Kennedy,*** 6 Loyola Park, Tel. (091) 564620;
- ***Mrs. P. Leen,*** 21 Woodlands Avenue, Tel. (091) 753836;
- ***Mrs. J. McDonagh,*** Griffin Road, Tel. (091) 584565;
- ***Mrs. M. Mulcahy,*** Shantalla Road, Tel. (091) 522536;
- ***Mrs. M. Moran,*** 7 Cedarwood Close, Tel. (091) 21450;
- ***Mrs. N. O'Neill,*** 2 Ashgrove Newcastle Road, Tel. (091) 524723;
- ***Mrs. A. Smyth,*** 10 Glanina Heights, Tel. (091) 753327.

Hostels

- ***Kinlay House Hostel,*** IHH-Hostel, Merchants Road, Eyre Square, Tel. (091) 565244;
- ***Great Western House,*** Eyre Square, IHH-Hostel, Tel. (091) 561139, Fax 561196;
- ***Quay Street Hostel,*** IHH-Hostel, 10 Quay Street, Tel. (091) 568644.

Camping

●***Ballyloughane Caravan and Camping Park,*** Tel. (091) 55338, 7 km östlich vom Ortszentrum nahe der Straße Galway/Dublin;
●***Salthill Camping and Caravan Park,*** Tel. (091) 22479, gut ausgerüsteter Platz wenige Kilometer südlich in Galways Seebad Salthill gelegen, von Galway mit Bus Nr. 2 vom Eyre Square.

Restaurants

●***The Brasserie,*** Middle Street, preisgekrönt, auch vegetarische Gerichte, ebenfalls aber auch World Bar-B-Que Champion, Touristen-Menü 13 Pfund, sonst 17 Pfund, auch preisgünstige Pizzen und Pasta;
●***Fat Freddy's Pizzeria,*** Quay Street, preisgünstige Pizzen und Pastas, 4-6 Pfund;
●***Hooker Jimmy's Steak and Seafood Bar,*** The Fishmarket, Spanish Arch, Meeresfrüchte, Fleischgerichte und irische Küche, bis 14 Pfund;
●***Kirwan's Lane Creative Cuisine,*** Kirwan's Lane, off Quay Street, wahrlich eine kreative Küche mit Gerichten bis 25 £;
●***Da Tang Noodle House,*** 2 Middle Street, gute und preiswerte chinesische Nudelgerichte in einfachem Ambiente, Gerichte zwischen 5 und 7 £;
●***Pierre's Restaurant,*** Quay Street, angenehmes französisches Restaurant mit gutem Preis-Leistungsverhältnis, Gerichte bis 13 £;
●***Maxwells McNamaras,*** Williamsgate Street/Ecke Eglington Street, preiswertes Familienrestaurant, 10 Pfund;
●***Aideen's Restaurant and Wine Bar,*** Seafood, vegetarisch und italienisch inspirierte Küche, gutes Preis-Leistungsverhältnis, bis 11 Pfund;
●***The Malt House Restaurant,*** High Street, gemütliches Restaurant in einem alten Haus aus der Cromwell-Ära, gute Fisch- und Fleischgerichte, um 18 Pfund;
●***Rabbitt's Bar & Restaurant,*** Forster Street, alteingesessenes Lokal, Betrieb nun in der vierten Generation, 14 Pfund;
Trattoria, Quay Street, Pizzen und Pasta 5 - 7 £, Fisch- und Fleischgerichte bis 12 £;

Pubs

●***Arus Na n'Gael,*** Dominick Street, gälisches Kulturzentrum, Traditionsmusik und Tanz;
●***An Pucan,*** Foster Street, viel gälisches Stimmengewirr rund um die Theke, sehr empfehlenswerter Pub, Live Music;
●***Cellar Bar,*** Eglington Street, ebenfalls regelmäßig Live Entertainment;
●***The King's Head,*** High Street, eine der ältesten Kneipen Galways, Ausschank seit 1649, gemütliches Pub-Ambiente mit zwei Kaminen, drei langen Tresen und schwarzen, schweren Holzbalken, Live Music, Zugang auch von der Middle Street;
●***Monroe's Tavern,*** am Ende von Dominick Street, mittags weitgefächerte Angebote für einen Lunch, abends Live Entertainment;
●***Quay's Bar,*** Quay Street, die einstige In-Kneipe von Galway, noch immer viel Betrieb;
●***Sally Long's,*** Abbeygate Street, ab und an Live Music;
●***Seagan Ua Neactain,*** Cross Street/Ecke Quay Street, Uralt-Einrichtung, Stammkneipencharakter;
●***Taaffe's,*** dort, wo die High Street in die Shop Street übergeht, „Irish Music Nightly" verspricht in der Saison ein Schild, eine der beliebtesten Kneipen Galways;
●***The Snug,*** William Street, ganz schmaler Eingang, man läuft leicht daran vorbei, regelmäßig Live Music.

Rent-a-Bike

●Dock Street, hinter dem Tourist Office am Hafen.

Verbindung

●***Züge*** mehrmals täglich von Dublin;
●***Busse*** mehrmals täglich von Dublin, Limerick, Clifden, Cong, Cork, Dingle, Donegal, Doolin, Dublin, Ennis, Kilkenny, Killarney, Letterkenny, Lisdoonvarna, Rosslare Harbour, Roundstone, Shannon Airport, Spiddal, Sligo, Tralee, Westport, Wexford, Waterford.
●Vom Flughafen Carnmore (8 km nordöstlich) ***Flüge*** der *Aran Aer* zu den Aran-Inseln; Buchungen im Tourist Office von Galway.

- Vom Hafen in Galway mehrmals täglich ***Schiffe*** der Firma *Aran Flyer* nach Inishmore (Aran).

Umgebung

4 km von Galway entfernt liegt in südwestlicher Richtung am Meeresstrand ***Salthill,*** Galways Seebad. Oberhalb des langen Sandstrandes verläuft allerdings eine befahrene Straße. Iren aus der nördlichen Region der Grünen Insel verbringen hier gerne ihren Urlaub; vom Eyre Square fährt jede halbe Stunde der Salthill-Bus bis an den Strand.

Wie kommt der Geschmack in den Whiskey?

Dem Freund und Kenner des guten irischen Whiskey muß man natürlich nicht mehr erklären, wie sein Lieblingsgetränk entsteht und welche Ingredienzen es enthält. Der Besucher jedoch, der in einem irischen Pub zum ersten Mal mit einem Malt Whiskey Bekanntschaft macht, sicherlich alsbald auch ein Anhänger des hochprozentigen Destillats ist, möchte aber eventuell wissen, was es mit diesem Lebenswasser auf sich hat. Doch seine letzten Geheimnisse gibt das köstliche Getränk nicht preis.

Trotz aufwendiger Forschungsprojekte und ***modernster Analyseverfahren*** wissen die Wissenschaftler bis heute nicht, wie der gute irische Malt Whiskey zur geschmacklichen Reife gelangt. Daß überhaupt mit Feuereifer an den rund 800 unterschiedlichen Substanzen herumanalysiert wird, hat einen simplen Grund: Echte Malt Whiskeys – wie etwa ein Macallan, ein Bushmill oder der bei ungeübten Trinkern gefürchtete (allerdings schottische) Bruichladdach – benötigen lange Reifezeiten; diese zu verkürzen, ist das Ziel der Brennereiforscher. Denn noch heute muß das hochprozentige Getränk nach ***altüberlieferten Prozeduren*** hergestellt werden – und das sehr zu recht, wie die Whiskey-Analytiker herausfanden.

Form, Material sowie Aufbau der *Pot Still* (Brennblase) spielen eine wichtige Rolle bei der Kondensierung von Aromastoffen und dienen zum Abbau giftiger Verbindungen wie etwa dem Dimethylsulfid, das in größeren Dosierungen zu Bewußtlosigkeit und Tod führen kann. So mancher Anhänger des illegal gebrannten *Poitien* (gesprochen: potschien), wie die Iren ihr selbst hergestelltes Destillat nennen, ist nur um Haaresbreite dem Tod entronnen. Wie die irische Polizeichronik zu berichten weiß, traf es gar einmal einen ganzen Trupp von Ordnungshütern, die eine illegale Destille aushoben; laut polizeilicher Dienstanweisung Nr. 1667 ist nämlich das Produkt einer Schwarzbrennerei auf seinen Zustand hin zu kosten – eine behördliche Order, die von den Beamten stets gewissenhaft und in der Regel übereifrig befolgt wird.

Wohl nirgendwo sonst auf der Welt wird in ***privaten Brennereien*** derart viel Whiskey hergestellt wie in Irland (und im schottischen Hochland). Einfache, aber sehr wirksame Testmethoden zur Qualitätserkennung sind noch heute gang und gäbe: So streuen die Destillateure Schießpulver in den Brannt und halten dann ein Streichholz daran – gibt es eine Explosion, ist der Fusel giftig!

Der echte Ire hält ohnedies nichts von legal und industriell hergestelltem Sprit, zu schlecht, so wird behauptet, sei die Qualität – und so wird wie eh und je munter weiter schwarz gebrannt, niemand kümmert sich um das gesetzliche Verbot aus dem Jahre

1760. Schließlich ist guter Whiskey ja auch eine Medizin, die – wie eine Chronik aus dem 17. Jh. zu berichten weiß – Ausschlag, Phlegma und Melancholie heilt, den Alterungsprozeß aufhält und Fleischwürmer tötet. ***Irische Richter,*** die Schwarzbrenner abzuurteilen haben, zeigen sich häufig verständnisvoll und damit mildtätig. So rief vor kurzem ***Mr. Justice O'Shea*** nach einem kräftigen Schluck vom Eigengebräu eines Schwarzbrenners begeistert aus: *„Goddam, right you are!"* Obwohl der Fuseldestillateur zum wiederholten Male vor den Schranken des Gerichts stand, erhielt er nur eine Geldstrafe von elf Pfund, da der Richter sich davon überzeugen konnte, daß dieses **Poitien** wesentlich besser war als der legal hergestellte Whiskey.

Echter Malt Whiskey wird nur aus gemälzter, über dem Torffeuer getrockneter Gerste hergestellt und in der *Pot still* gebrannt. Billiger Fusel dagegen, der den Namen Whiskey nicht verdient, hat als Grundstoff eine Maische, zumeist aus Mais, und wird in Kolonnen-Destilliergeräten *(Patent Stills)* zu Alkohol umgewandelt. Dieses geschmacklose Zeug verschneidet man dann mit einem Drittel Malt und bringt es mit großem Werbeaufwand in die Regale der Läden. Johnny Walker und Ballantines, Spitzenreiter in Deutschland, sind solche Mischprodukte.

Vor allem die Anbieter dieses Billigsprits sind daran interessiert, die bis zu 15 Jahre dauernde Reifezeit in Holzfässern (2 % Verdunstungsquote pro Jahr) chemisch abzukürzen. Doch noch – St. Patrick sei Dank – konnte ein wissenschaftlicher Durchbruch nicht erzielt werden.

Ihr Hauptaugenmerk richten die Chemiker mittlerweile auf einen Stoff namens ***Lignin,*** der beim Wachstumsprozeß von Bäumen die Zellmembranen ausfüllt und zu Holz werden läßt. Allerdings widersetzt sich das kompliziert aufgebaute Molekül wissenschaftlicher Analyse. Sehr wahrscheinlich, so der derzeitige Stand der Forschung, löst Lignin bei der Lagerung des Whiskeys eine Vielzahl von chemischen Reaktionen aus, die zur Bildung von Coniferylalkohol und Vanillinsäure führen – diese Substanzen wiederum sorgen für die Aromabildung des Destillats. Daß die Spritforscher auf dem richtigen Weg sind, zeigt die Tatsache, daß in Holzfässern, die kein Lignin mehr enthalten, ein Reifungsprozeß nicht mehr stattfindet. Trotz jahrelanger Lagerung kommt ein Rachenputzer dabei heraus, der wohl so ähnlich schmeckt, wie der Whiskey im frühchristlichen 6. Jahrhundert.

Damals waren es die missionierenden ***irischen Mönche,*** die den Fusel sowie seine Herstellung verbreiteten – und dem Sprit tatkräftig zusprachen. Alsbald sah sich der irische Abt Columban gezwungen, Strafmaßnahmen zu verkünden: Ein Priester, der aufgrund von zuviel Whiskey seine Gebete nur noch lallen konnte, mußte zwölf Tage bei Wasser und Brot zubringen; 40 Tage der Buße dagegen bestimmte die Lex Columbanis für „einen Bischof, der so besoffen ist, daß er bei der Messe die Hostie ausgewürgt." Solche Härten hielten die gläubigen Männer jedoch nicht davon ab, dem *Uisce Beathad* (gälisch: Wasser des Lebens) weiterhin exzessiv zuzusprechen. So waren die Kirchenbrüder von morgens bis abends stockbreit und trugen eine Fahne vor sich her, die einen frühen Chronisten „an einen Gestank wie von Unschlitt" erinnerte.

Langes Experimentieren führte schließlich zu dem heutigen aromatischen Malt Whiskey, und letztendlich wußte man damals und weiß man heute noch immer nicht, wie das köstliche Destillat reift. Schon im 16. Jh. schrieb ein sachkundiger Whiskey-Freund prophezeiend: „Wuski muß man zum Holze geben, nur dorten er seine Seele erhält. Auf welche Weise sich aber dies Wunder vollzieht, ich sage es Euch, der Mensch vermag es niemals zu deuten." Möge der Mann recht behalten, damit wir vor einem Instant-Whiskey aus der Giftküche der Chemiker geschützt bleiben.

Übrigens: Den irischen Whiskey schreibt man mit einem „e", schottischen Whisky dagegen ohne das „e"!

Der irische Autor ***Frank* O'Connor** hat auf sehr lapidare Weise, aber ungemein beeindruckend, eine Schlüsselszene beschrieben, welche viele Schwarzbrenner wohl so oder so ähnlich erlebt haben:

„Versuchen Sie das mal, Sergeant!", sagte er. „Er sieht gut aus!", urteilte er. „Das soll er auch." „Und er schmeckt ausgezeichnet!". „Whiskey", sagte der alte Mann, „ist ein Stoff, der seine Zeit braucht. Gut Ding will Weile haben! Jede Kunst hat ihre Geheimnisse, und die geheimen Rezepte für Whiskeybrennen gehen genauso verloren wie die alten Lieder verlorengingen." „Dan, manchmal denk' ich, es war ein großer Fehler vom Gesetz, dagegen einzuschreiten." „Vielleicht - vielleicht auch nicht", erwiderte er sachlich. „Doch bestimmt, Dan! Was bleibt den armen Leuten denn sonst noch?" „Die Gesetzemacher werden schon ihre guten Gründe haben." „Trotzdem Dan, trotzdem: 's ein hartes Gesetz!" (...) „Sie haben wohl nicht im Sinn, die kleine Buße zu zahlen, was, Dan?" „So wie ich nunmal bin, Sergeant", erwiderte Dan gleichmutig, „hab' ich's nicht im Sinn." „Sie haben mir den Haftbefehl mitgegeben", sagte er endlich in einem Ton, der ihn von jeder Beziehung zu dem Schriftstück freisprach. „Wenn es gelegentlich passen würde ..."

Am nächsten Freitag spannte Dan den Esel vor sein Wägelchen und brach auf. Unterwegs sammelte er eine Anzahl Nachbarn auf, die ihm gerne das Geleit geben wollten. Auf der Anhöhe oben hielt er an, um sie wieder heimzuschicken. Nachdem Dan all seinen Freunden die Hand geschüttelt hatte, hieb er dem alten Esel eins über, rief: „Hu!" und begab sich allein auf den Weg zum Gefängnis.

(*Frank O'Connor,* Ja, das Gesetz. Aus: Gesammelte Erzählungen, Diogenes Verlag, Zürich 1976)

Malt vom Feinsten

Tour 6: Von Galway nach Sligo

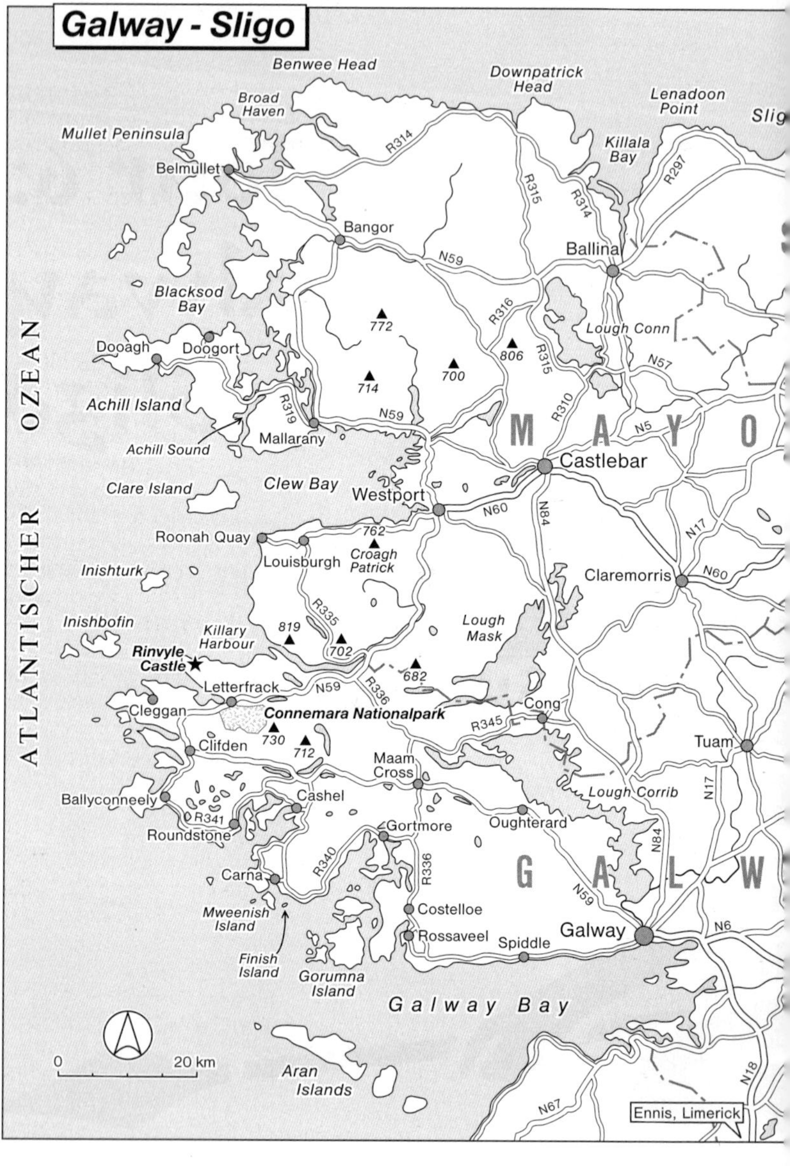

Galway - Sligo

Benwee Head
Downpatrick Head
Broad Haven
Lenadoon Point
Mullet Peninsula
Killala Bay
R314
Belmullet
R315
R314
R297
Bangor
Ballina
N59
Blacksod Bay
R316
772
Lough Conn
Dooagh
Doogort
806
R315
N57
714
700
Achill Island
R319
N59
R310
Mallarany
N5
M A Y O
Achill Sound
Castlebar
Clare Island
Clew Bay
Westport
N60
N84
Roonah Quay
762
Louisburgh
Croagh Patrick
N17
Inishturk
Claremorris
N60
R335
Inishbofin
Killary Harbour
819
702
Lough Mask
Rinvyle Castle
682
Letterfrack
N59
R336
Cleggan
Connemara Nationalpark
Cong
R345
ATLANTISCHER OZEAN
730
712
Tuam
Clifden
Maam Cross
Lough Corrib
N17
Ballyconneely
Cashel
R341
Roundstone
Gortmore
Oughterard
R340
R336
N84
Carna
G A L W
N59
Mweenish Island
Costelloe
Galway
N6
Rossaveel
Spiddle
Finish Island
Gorumna Island
Galway Bay
0
20 km
Aran Islands
N18
N67
Ennis, Limerick

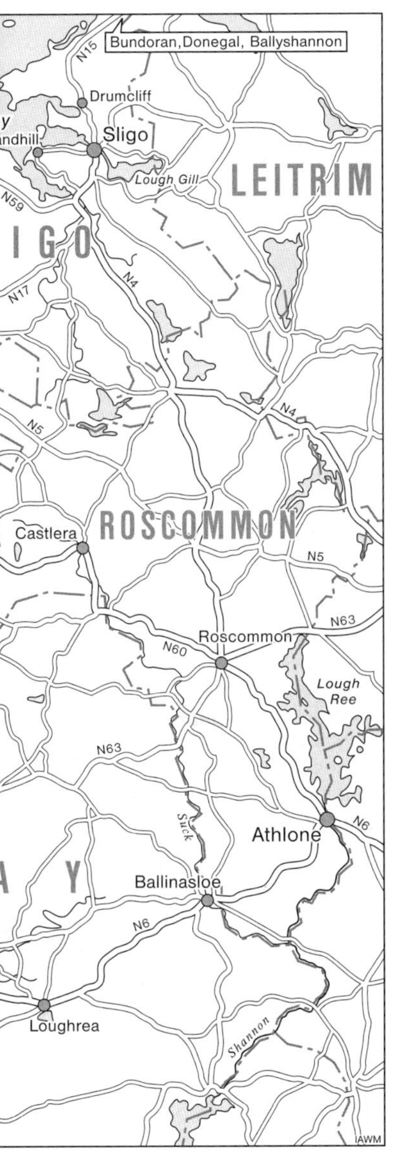

Überblick

Diese Route ist ***500 km*** lang. Von Galway aus führt die Strecke durch die eintönige und karge ***Connemara-Landschaft.*** In diesen unfruchtbaren Zipfel Irlands verbannten die britischen Besatzer in den vergangenen Jahrhunderten die Bauern, die auf den harten Böden kaum genügend Feldfrüchte für ihren Lebensunterhalt ernten konnten. Auf der Fahrt bekommt der Besucher einen Eindruck von den harten Alltagsbedingungen, denen die Iren hier ausgesetzt waren.

Weiter geht es dann zum touristischen Zentrum der Connemara-Region, ins Dörfchen ***Clifden,*** das man als Standquartier für den Besuch der Inseln Inishbofin und Clare Island nehmen sollte. Nicht weit entfernt lohnen die sehr kleinen Ortschaften ***Cong*** und ***Oughterard*** einen Besuch.

Über das anheimelnde Städtchen ***Westport*** erreicht man dann die durch eine Brücke mit dem Festland verbundene ***Achill Island,*** auf der ein ausgeschilderter Atlantic Drive zu einer landschaftlich schönen Rundfahrt einlädt. Berühmt geworden ist die Achill-Insel durch *Heinrich Bölls* „Irisches Tagebuch", der Nobelpreisträger verbrachte ab den 50er Jahren hier mehrfach seine Ferien.

Vorbei an kleinen Weilern sowie Irlands heiligem Berg, dem ***Croagh Patrick,*** führt die Strecke dann in die nördliche Handelsmetropole ***Sligo*** und weiter nach ***Donegal,*** in das Alaska Irlands.

Nach Clifden

Erstes Ziel nach Galway ist das Örtchen Clifden; zwei Möglichkeiten der Anreise bieten sich an: zum einen entlang der schärenzerfurchten Küste über die Straßen R 336, R 340, R 342 und R 341 - vor allem diese Variante ist sehr empfehlenswert und denjenigen anzuraten, die über genügend Zeit verfügen. Zum anderen kann man auf der N 59 über Oughterard und Maam Cross nach Clifden gelangen, diese Route ist jedoch landschaftlich weniger interessant.

Entlang der Küste

Spiddal

Vom Ortszentrum Galways folge man der Ausschilderung „Salthill"; nachdem das Seebad durchquert ist, gelangt man nach einigen Kilometern auf der R 336 in den winzigen Ort Spiddal. Gleich am Dorfeingang lohnt ein Blick in das ***Crafts Centre***, in dem ausgewiesene Kunsthandwerker Töpferwaren, Musikinstrumente und Stricksachen herstellen und verkaufen. Ebenfalls am Ortseingang bietet das ***IHH-Hostel*** Spiddal Village (Tel. (091) 83555) preisgünstige Unterkunft, und ca. 2 km nördlich von Spiddal liegt der ***Campingplatz*** Pairc Saoire an Spideil, (Tel. (091) 83372).

Gemütlich ist der ***Pub*** An Cruiscin Lan, regelmäßig traditional music, gegenüber kann man ein Bier im An Droignean Donn trinken, auch hier regelmäßig Live Music. Gute Seafood-Mahlzeiten findet der Gourmet im ***Restaurant*** Boluisce, Hauptgerichte um 16 Pfund.

Rossaveal

Weiter geht es nun entlang der hier noch langweiligen Küstenlinie - die ganze Gegend ist von bungalowförmigen, eintönigen Flachbauten zersiedelt - in den Fischerort Rossaveal (kurz vorher in Inverin eine ***An-Oige-Jugendherberge,*** (Tel. (091) 9315-4), nahebei auch ein ***IHH-Hostel,*** Connemara Tourist Hostel, (Tel. (091) 93104), von dem ebenfalls ***Überfahrten*** zu den Aran-Inseln möglich sind.

Costelloe

Wenige Autominuten später ist Costelloe erreicht, eine Ausschilderung *Road to the Isles* weist den Weg zu den durch Brücken mit dem Festland verbundenen ***Inseln Lettermore und Gorumna.*** Flache Felsbuckel und viel Heidekraut beherrschen dort die Landschaft.

Gortmore

Von Costelloe aus führt die R 336 nach Gortmore, und hier lohnt ein ca. 7 km langer Abstecher gen Süden nach ***Rosmuck*** an der Camus Bay. Ausgeschildert ist das ehemalige Haus des ***Dichters Patrick Pearse*** (Mai bis September 10-17 Uhr), der hier seine Gedichte in irischer wie auch in englischer Sprache niederschrieb und nach dem Dubliner Osteraufstand von 1916 durch die Briten exekutiert wurde. Das kleine Cottage ist zu einem Museum ausgebaut und ehrt mit seinen Exponaten den Poeten und Revolutionär.

Carna

Ab Gortmore wird die ***Landschaft*** nun rauh, unwirtlich und macht auf

Dauer zudem depressiv; überall sieht man verfallene Katen und winzige, von zerbröckelten Mäuerchen umgebene Parzellen. Der Boden ist steinig und unfruchtbar. Man kann sich gut vorstellen, wie hart das Leben der Pächter war, die von den Briten in diesen Landstrich abgedrängt wurden. *To hell or to Connaught* hieß ein treffendes Sprichwort jener Tage.

Nächste Station ist der Weiler Carna. Wenn man Glück hat, so sieht man auf der Fahrt dorthin ***Torfstecher*** bei der Arbeit. Die Straßenränder sind gesäumt von Torfstapeln, die in der Sonne trocknen.

Preisgünstige ***Unterkunft*** findet man ca. 3 km vor Carna im Carna Hostel, (095) 32240. Rund um das Dorf erstreckt sich eine ganze Anzahl einsamer, schöner ***Sandstrände.*** Über eine Brücke ist das ***Mweenish-Eiland*** erreichbar; entlang der Inselküste lohnt eine Rundwanderung.

Cashel

Von Carna nach Cashel ist die Straße äußerst schmal und schlecht, man sieht nur wenige Schafe oder Kühe grasen, auch der eine oder andere Esel versucht, von dem kargen Bodenbewuchs satt zu werden. Angebaut wird in der Gegend offensichtlich schon lange nichts mehr. Auch diese Region ist von Fertighäusern im Bungalowstil zersiedelt.

In Cashel locken einige sehr exklusive Hotels; das Örtchen gilt als Mekka der ***Angler und Jäger,*** in den umliegenden Wäldern äsen große Rotwildherden, und reich ist der Fischbestand vor der Küste. Schöner als

Patrick Henry Pearse

Patrick Henry Pearse gilt als einer der Väter der irischen Unabhängigkeit und als Förderer des gälischen Erbes.

Pearse wurde am 10. November 1879 in Dublin als Sohn eines englischen Bildhauers und einer Irin geboren. Nach seiner Schulzeit besuchte er die *Royal University of Ireland.* Im Jahre 1893 trat er der Gälischen Liga bei, die für die Erneuerung der gälischen Sprache und Kultur sowie für die Befreiung Irlands von der britischen Herrschaft eintrat. Sechs Jahre lang, von 1903 bis 1909, gab *Pearse* die Liga-Wochenzeitung „An Claudheambh Soluis" heraus und debütierte mit ersten Erzählungen und Gedichten. Nachdem er in Belgien einige Zeit zweisprachige Bildungsmethoden studiert hatte, gründete er 1908 das St. Enda's College in Cullenswood bei Dublin.

Besondere politische Bedeutung erlangte der Dichter im Jahre 1913 - *Pearse* wurde Mitglied des Provisorischen Komitees einer von der bürgerlich-nationalistischen Partei *Sein Finn* formierten freiwilligen *Kampftruppe (Irish Volunteers).* In dem offiziellen Organ *The Irish Volunteers* forderte er in vielen Pamphleten die Vorbereitung des bewaffneten Kampfes gegen die Briten. Nicht alle Mitglieder jedoch unterstützten seine Meinung, und im September 1914 spaltete sich die Organisation - *Pearse* avancierte zum Führer des militanten Flügels.

Während des Dubliner Osteraufstandes (24.-30. April 1916) befehligte der Dichter die republikanischen Truppen und wurde Präsident der proklamierten provisorischen Regierung. Nachdem der irische Befreiungsversuch gescheitert war, verurteilte ihn ein britisches Militärgericht zum Tode, und im Kilmainham Jail von Dublin starb der Poet unter den Kugeln eines Exekutionskommandos.

Cashel ist einige Kilometer weiter der kleine Hafenort Roundstone.

Roundstone

In Roundstone - das erste Dorf nach Spiddal, das wieder einen richtigen Ortskern und eine vollständige touristische Infrastruktur besitzt - sollte man einen Stopp einlegen und in ***O'Dowd's Kneipe*** einen guten Pub Grub einnehmen (abends Folk Music). Idyllisch ist der winzige ***Hafen*** mit seinen bunten, angerosteten Kähnen; bei Ebbe steigt Moder- und Fischgeruch auf, Seevögel krächzen.

Im Food Store Michael Ferron kann man Fahrräder mieten und im Beola Seafood Restaurant gibt es gute Meeresfrüchte für 10 bis 12 Pfund. Ein ***Campingplatz*** (Telefon: (095) 35882) liegt ca. 2 km außerhalb in Richtung Clifden an einem herrlichen Sandstrand.

Weiter geht es durch die kleine Siedlung Ballyconneely- auch hier ein schöner Strand - nach Clifden.

Direktroute Galway – Clifden

Oughterard

Von Galway aus führt die N 59 gen Nordwesten. Ein erster Stopp lohnt sich in dem 500 Einwohner zählenden, nahe am Ufer des Lough Corrib gelegenen Ort Oughterard.

Das Gemütlichkeit ausstrahlende Feriendorf ist eine Hochburg der ***Angler;*** wer auf dem Corrib-See fischen möchte, kann hier die notwendige Ausrüstung bekommen (inklusive Bootsverleih). Einen Besuch lohnt auch die auf dem Lough Corrib gelegene ***Insel Inchagoill*** mit ihren frühchristlichen Kirchenruinen.

3 km südöstlich von Oughterard erhebt sich das befestigte Tower House ***Aughnanure Castle,*** das von dem *O'Flaherty-Clan* im 15. Jh. erbaut wurde und in jenen Tagen eine der bestgeschützten Anlagen dieser Art in Irland war.

Unterkunft

- ***Connemara Gateway Hotel*****, Tel. (091) 82328, Fax 82332;
- ***Sweeney's Oughterard House*****, Tel. (091) 82207, Fax 82161;
- ***Corrib Hotel****, Tel. (091) 82329, Fax 82522;
- ***Egan's Lake Hotel****, Tel. (091) 82329;
- ***Rosslake House Hotel****, Tel. (091) 80109, Fax 80184;
- ***Mrs. Mary C. Faherty,*** Tel. (091) 82349;
- ***Mrs. Brid Kelly,*** Tel. (091) 82398;
- ***Mrs. Gene Larkin,*** Tel. (091) 82225;
- ***Mrs. Kay Watson,*** Tel. (091) 82273;
- ***Mrs. Brid Tierney,*** Tel. (091) 82129;
- ***Lough Corrib,*** IHH-Hostel, Tel. (091) 82634.
- ***Canrawer House,*** IHH-Hostel, Tel. (091) 82388.

Pubs & Restaurants

- ***The Boat Inn,*** ebenfalls mit einem preisgünstigen Restaurant;
- ***Faherty's,*** mit Billigrestaurant;
- ***Keoghs Bar and Restaurant;***
- ***O'Faharta,*** Café und Restaurant mit Wohnzimmeratmosphäre.
- ***The Village Restaurant,*** ein kleines Billiglokal.

Rent-a-Bike

- Im Lough Corrib Hostel.

Verbindung

- ***Busse*** mehrmals täglich von Galway, Roundstone, Clifden.

Maam Cross

Weiter geht es auf der N 59 durch eine landschaftlich sehr schöne Ge-

Der kleine Pier von Roundstone

gend; nach wenigen Kilometern ist die von einigen Häusern gesäumte Straßenkreuzung Maam Cross erreicht. Hier lockt das Restaurant-Crafts-Shop-Gebäude ***Peacocke's of Maam Cross.***

Cong

Sehr empfehlenswert ist es nun, rechts ab gen Norden in die R 336 zu biegen und dann weiter über die R 345 einen Abstecher zum Örtchen Cong einzulegen.

Cong bedeutete soviel wie ***„Landenge"***, und in der Tat liegt das 300-Seelen-Dorf auf dem schmalen Streifen zwischen den beiden Seen Lough Corrib (im Süden) und Lough Mask (im Norden). Ein im letzten Jahrhundert angelegter ***Kanal,*** der beide Seen miteinander verbinden sollte, brachte den planenden britischen Ingenieuren eine bittere Schmach. Im Beisein des Vizekönigs, des englischen Statthalters auf der Grünen Insel, wurden die Schleusen geöffnet, und das Wasser strömte in den Kanal - nur wenige Minuten jedoch, innerhalb kürzester Zeit versickerte es im Boden, und der Durchstich war trocken wie eh und je. Die Planer hatten nicht bedacht - obwohl dies längstens bekannt war - daß der Untergrund aus porösem Kalkstein besteht und die Landenge darüber hinaus geradezu „unterkellert" ist. Mehr als 40 ***Höhlen*** finden sich in der näheren Umgebung von Cong.

Attraktion im Ort ist das wunderschön in einem Park gelegene ***Ash-***

ford Castle, der frühere Familiensitz der Guinness-Dynastie. Heute gehört das herrschaftliche Anwesen, in dem ein exzellentes Hotel untergebracht ist, einem amerikanischen Konsortium und kann wenigstens teilweise besichtigt werden. In den weitläufigen Gartenanlagen von Ashford Castle drehte *John Ford* 1952 mit *Maureen O'Hara* und *John Wayne* in den Hauptrollen den Film „The Quiet Man".

Mitten im kleinen Ortskern von Cong liegen die Ruinen einer aus dem 12. Jh. datierenden ***Augustinerabtei.*** Während der Sommermonate sollte man ***Kreuzfahrten*** auf beiden Seen unternehmen, genügend Bootsvermieter stehen bereit, so daß man auch selbst über die glatten Wasserflächen rudern kann.

In jedem Geschäft des Ortes findet man die kleine Broschüre „The Glory of Cong", die weitere Einzelheiten über das Dorf mitteilt.

Von Cong geht es nun über die R 345, R 336 und die N 59 nach Clifden.

Unterkunft

- ***Ashford Castle Hotel********, Tel. (092) 46003, Fax 46260;
- ***Ryan's Hotel**,*** Tel. (092) 46004;
- ***Danagher's Hotel,*** Tel. (092) 46028;
- ***Mrs. Ann Coakley,*** Tel. (092) 46060;
- ***Mrs. M. Bourke,*** Tel. (092) 46067;
- ***Mrs. M. Lydon,*** Tel. (092) 46036;
- ***Mrs. E. Conolly,*** Tel. (092) 46358;
- ***Mrs. C. Lydon,*** Tel. (092) 46053;
- ***Mrs. B. Ryan,*** Tel. (092) 46057;
- ***Cong Hostel and Camping,*** IHH-Hostel, Tel. (092) 46089 ;
- ***Cong,*** An-Oige-Jugendherberge, 2 km außerhalb des Ortszentrums, Tel. (092) 46089.

Restaurants

- ***Danagher's Restaurant und Pub,*** diente als Filmkulisse bei den Dreharbeiten zum *Quiet Man,* irische Küche bis 13 Pfund, im Pub regelmäßig Live Music;
- ***Echoes,*** gute Fisch-und Fleischgerichte, 12 Pfund.

Pubs

- ***Coffee Shop The Quiet Man,*** gute Snacks;
- ***Clarke's Bar;***
- ***Ryan's Pub*** mit der ***Carlisle Arms Bar.***

Verbindung

- ***Busse*** mehrmals täglich von Galway, Westport, Ennis, Limerick, Cork, Clifden, Letterfrack.

Clifden

Clifden (1200 Einwohner) ist das touristische Zentrum der Connemara-Region und im Sommer immer hoffnungslos überfüllt. Daran hat die Landschaft maßgeblich Anteil – im Osten ragen die Gipfel der Bergkette *The Twelve Bens* dramatisch in den Himmel, im Westen brandet der Atlantik an die rauhe Küste. Unschwer erkennt man anhand der geordneten Straßen- und Hausanlagen, daß Clifden im Jahre 1812 am Reißbrett entworfen wurde. Für Ausflüge in die Umgebung eignet sich das Dörfchen ganz hervorragend. Im Ort verkaufen mehrere Crafts Shops gutes Kunsthandwerk.

Tourist Office

- Market Street.

Unterkunft

- ***Abbeyglen Castle Hotel*******, Tel. (095) 21201, Fax 21797;

Die Iren erfinden den Boykott

Einige Meilen nördlich von Cong befindet sich am Ufer des Lough Mask der Herrensitz Loughmask House, in dem einst *Charles Cunningham Boycott* lebte. Was hatte es mit diesem Mann auf sich?

Zwischen 1845 und 1849 kamen Hunderttausende von Iren bei der großen Hungersnot ums Leben, und der Zorn der Überlebenden richtete sich verständlicherweise gegen die ungerechte Verteilung des Bodens. 80% des Landes gehörten protestantischen Großgrundbesitzern, die verbleibenden 20% teilten sich über 5 Mio. Bauern. Die ausgedehnten Ländereien der *Landlords* wurden von Verwaltern beaufsichtigt und von Pächtern bestellt. Der Pachtzins war dabei willkürlich festgelegt, und wer ihn aufgrund von schlechten Ernteergebnissen nicht zahlen konnte, den vertrieb man aus dem ohnehin schon ärmlichen Haus.

1879 gründete *Michael Davitt* unter dem Motto „Das Land Irlands gehört dem Volk Irlands" die *Land League* und rief zum passiven Widerstand auf: Weder sollten die Pächter für die Grundbesitzer arbeiten noch ihren Pachtzins abführen. Die Lage spitzte sich alsbald zu, und die Kleinbauern gingen in die erste große Auseinandersetzung mit Captain *Charles Cunningham Boycott* (1832- 1897), der im County Mayo die Güter von Lord *Erne* verwaltete.

Im Herbst 1880 war es wieder einmal zu einer schlechten Ernte gekommen, und die Bauern baten *Boycott,* die Pachtzahlungen um ein Viertel zu kürzen. Der arrogante Brite lehnte natürlich ab und machte sich an die übliche Vertreibungspolitik.

Doch diesmal hielten die Iren zusammen: Ausnahmslos alle Pächter weigerten sich, seine Ernte einzubringen, die Hausangestellten, Hirten und Stallburschen rührten keinen Finger, die Händler in dem kleinen Örtchen Ballinrobe verkauften ihm keine Waren, und die Handwerker führten keine Arbeiten mehr für ihn aus.

Auf einer großen Versammlung in Ennis rief *Charles Stewart Parnell* (1846-1891), der Führer der *Irish Parliamentary Party* und einer der brilliantesten irischen Politiker des vergangenen Jahrhunderts, die folgenden Worte über Boycott aus: *„You must show what you think of him on the roadside when you meet him, you must show him in the streets of the town, you must show him at the shop counter (...) even in the house of worship, by leaving him severely alone, by putting him into a sort of moral Coventry, by isolating him from the rest of his kind as if he were a leper of old, you must show him your detestation of the crime he has committed."*

Vollständig alleingelassen – eben boykottiert – suchte der Verwalter Hilfe bei der britischen Regierung. Er bekam eine Abteilung Soldaten zugewiesen, mit denen er seine landwirtschaftlichen Aufgaben erledigen konnte. Die Armeehelfer brachten zwar die Ernte ein, doch aßen sie einen Großteil davon auch gleich auf. Zu ihrer weiteren Versorgung schlachteten sie *Boycotts* Schafe und Rinder, fällten Bäume, um sich Feuerholz zu verschaffen – denn auch ihnen verkauften die irischen Händler nichts. Noch gegen Ende des Jahres war der britische Verwalter vollständig ruiniert, zog zurück nach England und starb nach wenigen Jahren in bitterer Armut.

Der Fall machte natürlich Schlagzeilen in der britischen Presse, und die Regierung leitete Landreformen ein. Der Begriff Boykott aber, der von den englischen Zeitungsmachern geprägt wurde, ging in viele Sprachen ein.

- ***Ardagh Hotel,*** Ballyconneely Road, Tel. (095) 21384, Fax 21314;
- ***Rock Glen Manor House Hotel*****,** Tel. (095) 21035, Fax 21737;
- ***Foyles Hotel****,** Tel. (095) 21801, Fax 21458;
- ***Alcock & Brown***,** Tel. (095) 21206, Fax 21842;
- ***Erriseask House Hotel***,** Tel.(095) 23553, Fax 23639;
- ***Sunnybank Guest House**,** Church Hill, Tel. (095)21437, Fax 21976;
- ***Mrs. Mary Corbett,*** Westport Road, Tel. (095) 21122;
- ***Mrs. Mary Hickey,*** Westport Road, Tel. (095) 21158;
- ***Mrs. Margaret Kelly,*** Ballyconneely Road, Tel. (095) 21281;
- ***Mrs. Barbara Lydon,*** Westport Road, Tel. (095) 21462;
- ***The McEvaddy Family,*** Tel. (095) 21459;
- ***Mrs. Mary King,*** Tel. (095) 21470;
- ***The Morris Family,*** Tel. (095) 21256;
- ***Mrs. Pauline O'Neill,*** Westport Road,Tel. (095) 21444;
- ***Mrs. Maureen O'Malley,*** Sky Road, Tel. (095) 21463;
- ***Leo's Hostel,*** IHH-Hostel, Tel. (095) 21429.
- ***Clifden Town Hostel,*** IHH-Hostel, Tel. (095) 21076.

Restaurants

- ***The d'Arcy Inn,*** Main Street, benannt nach dem Gründer von Clifden, Fisch und traditionelle irische Gerichte, 17 Pfund;
- ***Fogerty's Restaurant,*** Market Street, atmosphärereiches Lokal in einem kleinen Bruchsteinhäuschen, spezialisiert auf Meeresfrüchte und irische Küche, bis 13 Pfund;
- ***Destry's,*** Main Street, sehr gutes Lokal mit Fisch- und Fleischgerichten, auch vegetarische Speisen im Angebot, 12 - 18 Pfund;
- ***The Salmaon Leap Seafood Restaurant,*** Main Street, Meeresfrüchte bis 12 Pfund;
- ***High Moors Restaurant,*** 1 km außerhalb in Dooneen an der Straße nach Ballyconeely, schöner Panoramablick, sehr gute Lammgerichte, auch Meeresfrüchte, 16 Pfund;
- ***Mitchell's,*** Restaurant und Bar, gute Gerichte bis 12 Pfund;
- ***O'Grady's Seafood Restaurant,*** Market Street, immer frische Meeresfrüchte vom eigenen Fischerboot, 14 Pfund.

Pubs

- In allen Pubs regelmäßig Live Music; in der Bar von ***Barry's Hotel*** *nightly Irish Folk;*
- ***Cullen's Coffee Shop,*** Snacks, Kaffee, Kuchen, Tee;
- ***Humpty's,*** während der Saison Live Music;
- ***Lowry's,*** Market Street, gemütlicher Pub;
- ***T. Mannion's,*** Market Street, Irish Folk Music, *Musicians Welcome,* gute Snacks.

Rent-a-Bike

- Im Shop von John Mannion, Bridge Street.

Verbindung

- ***Busse*** mehrmals täglich von Galway, Roundstone, Oughterard, Westport, Letterfrack.

Umgebung

The Twelve Bens

The Twelve Bens, die Gebirgskette vor der Haustür von Clifden, eignet sich ganz hervorragend für Bergwandertouren. Unbedingt sollte man sich den überall erhältlichen kleinen Wanderführer mit Karte „The Mountains of Connemara“ von *Joss Lynam* zulegen. *Lynam* ist Irlands bekanntester Bergsteiger und Wanderer. 1948 gründete er den *Irish Mountaineering Club* und schreibt seitdem Wanderbücher.

Sky Road

Zu einem Ausflug lockt die von Clifden ausgeschilderte, rund 15 km lange Sky Road rund um eine Halbinsel, sehr schön vor allem mit dem Fahrrad.

Ebenfalls mit dem Fahrrad sollte man die sogenannte Brandy-&-Soda-Route befahren; von Clifden geht es über Ballyconneely nach Roundstone und zurück. Ihren Namen hat die Strecke von dem würzigen Torfgeruch bekommen, der sich mit der frischen Atlantikbrise mischt.

Insel Inishboffin

Auch lohnt unbedingt ein Besuch auf der 10 km vor der Küste liegenden Insel Inishboffin. Erst geht es ein Stück die N 59 in Richtung Norden, dann über unklassifizierte Straßen zum Hafenort Cleggan (ausgeschildert). Von hier läuft am späten Vormittag die ***Fähre*** aus, Rückfahrt am frühen Abend (telefonische Auskünfte unter (095) 45806/44642, Fahrräder werden mitgenommen).

Die Insel zählt rund 200 Einwohner, ist 5 km lang und 3 km breit. Der ***Name*** leitet sich von dem gälischen *Inis Bo Finn* ab und bedeutet soviel wie „Insel der weißen Kuh". Der Legende nach soll die Piratin *Grace O'-Malley* dieses Eiland befestigt und als sicheres Quartier benutzt haben.

Auf dem Eiland bieten zwei kleine Hotels mit Restaurants sowie eine Anzahl von B & B ***Unterkunft,*** auch während der Hochsaison gibt es keine Engpässe. Will man allerdings ein Bett im IHH-Hostel Inishboffin Island, sollte man wegen der vielen Rucksackreisenden vorsichtshalber unter der Nummer Tel. (092) 45855 vorbuchen. Ein Food Store verkauft Selbstversorgern das Nötigste, und in dem ***Insel-Pub Miko's*** kennt man keine Sperrstunde (abends Folk Music während der Sommermonate).

Einige schöne ***Strände*** eignen sich für Badefreuden, so beispielsweise der Rusheen Beach am östlichen Ende der Insel. Vorsicht ist allerdings an der Westküste bei Tra Geall, unterhalb von Doonmore (gegenüber der Insel Inishark), angeraten, dort zieht eine starke Strömung auch den besten Schwimmer hinaus aufs Meer.

Nach Westport

Letterfrack

Von Clifden folgt die Route der N 59 gen Norden. Bald ist die Streusiedlung Letterfrack, eine ehemalige Quäker-Niederlassung, erreicht. Hier befindet sich das Visitor's Centre des ***Connemara-Nationalparks.*** Dieser erstreckt sich östlich von Letterfrack. Ausgeschilderte Spazierwege sowie auch Naturlehrpfade führen durch das ausgedehnte Areal.

6 km westlich von Letterfrack liegt laut Eigenwerbung der *superb beach* von Renvyle (ausgeschildert) in der Nähe eines Campingplatz (Tel. (095) 43462).

Kylemore Abbey

Von Letterfrack weiter der N 59 folgend, geht es durch ausgedehnte Hochmoore, in denen man immer wieder Torfstecher bei der Arbeit sieht. Etwas weiter taucht linker Hand das Märchenschloß Kylemore Abbey auf, das an einem schilfbewachsenen See liegt und mit seinen

vielen Zinnen und Türmchen wie eine Bilderbuchburg aus einem Fantasy-Film wirkt. Teile des Anwesens sowie die nahebei gelegene ***Gothic Church*** (neogotisch) sind täglich zwischen 10 und 18 Uhr zu besichtigen; außerdem locken eine Töpferei, ein Craft Shop und ein Restaurant.

Killary Harbour

Die N 59 erreicht nun die Gestade des fjordähnlichen Killary Harbour.

Einige Kilometer in westlicher Richtung befindet sich die ***An-Oige-Jugendherberge Killary Harbour,*** Tel. (095) 43417. Der Philosoph *Ludwig Wittgenstein* (1889-1951), der seine Professur an der Cambridge Universität „als eine Art Lebendig-Begrabensein“ empfand und folgerichtig seinen Lehrstuhl aufgab, beendete im Jahre 1948 in diesem Haus seine „Philosophischen Untersuchungen“. Die Straße folgt nun dem Ufer des Killary-Fjord, man passiert das winzige Fischerörtchen Leenane und sollte nun darauf achten, daß man die links abzweigende R 335 nicht verpaßt (wer nicht über genügend Zeit verfügt, folge der N 59 weiter nach Westport).

Delphi

Erste Station ist das Dörfchen Delphi, das seinen Namen dem *Marquis von Sligo* verdankt. Der war nämlich 1811 zusammen mit *Lord Byron* zu der bei englischen Adligen beliebten sogenannten Kavalierreise nach Griechenland aufgebrochen und zeigte sich derart von der hellenischen Kultur begeistert, daß er nach seiner Rückkehr nach Irland dem Örtchen den Namen der bekannten antiken Stätte gab.

Louisburgh

Die Straße windet sich weiter, und über den ***Doo-Lough-Paß*** – im Osten erkennt man die 761 m hohen Sheeffry Hills, im Westen die 817 m hohen Mweelrea Mountains – geht es auf das kleine Fischerdorf Louisburgh zu, in dem das ***Granuaile Interpretive Centre*** Auskünfte über die Flora und Fauna der Region gibt. Benannt hat man das Besucherzentrum nach dem irischen Namen der ***Piratin*** *Grace O'Malley*. In der Umgebung von Louisburgh findet man mehrere ***schöne Sandstrände.***

Dort, wo die Straße hinter Delphi durch das Tal führt, links der Doo-See, rechts der Fuß der Sheeffry Mountains, achte man auf der rechten Straßenseite auf einen ***kreuzförmigen Gedenkstein.*** Auf dem Mahnmal stehen die Worte: *„To commemorate the hungry poor who walked here in 1849.“* Eine weitere Inschrift mit aktuellem Bezug erinnert an die Hungernden in Afrika unserer Zeit.

Was ist hier geschehen? Am 30.März 1849, im fünften Jahr der großen ***Hungersnot,*** hatten die Behörden 600 Menschen aus der Region rund um Delphy mitgeteilt, sie sollten sich auf den Weg zur Anglerhütte des Marquis of Sligo am Doo-See machen, dort würden sie von Regierungsbeauftragten Hilfe bekommen. Viele waren schon so schwach, daß

Der Connemara-Nationalpark

2000 ha groß ist der 1976 auf uraltem Siedlungsland eingerichtete Nationalpark. Von den frühen Bewohnern zeugt ein 4000 Jahre altes ***Megalithgrab,*** und schaut man sich sorgfältig in der Landschaft um, so erkennt man Reste von Entwässerungssystemen, Windmauern und Häusern.

In diesem Schutzgebiet findet man sicherlich die ***unberührteste Landschaft Irlands,*** die zudem recht typisch für die Grüne Insel ist - kahle Hochebenen wechseln mit grünen Tälern, rauhe Berghänge stehen im Kontrast zu den von Wollgras überzogenen Flachmooren, dazwischen eingestreut immer wieder dunkle Bergseen.

Für den Botaniker dürften vor allem die ***Moor- und Heidekrautpflanzen*** von Interesse sein. Herausragende Bedeutung kommt der Irischen Heide *(Daboecia cantabrica)* zu, die - wie ihr lateinischer Name schon andeutet - eigentlich nur in mediterranen Regionen wächst und besonders häufig in Portugal zu finden ist. Attraktionen sind auch die vielen, vor allem auf Moorböden wachsenden, fleischfressenden Pflanzen der Sonnentau-und Fettkrautarten, die Insekten anlocken, einschließen und dann zersetzen; dem Eiweiß entnehmen die Pflanzen Stickstoff, den es auf Moorböden kaum gibt.

In früheren Tagen ästen ***Rothirsche*** in der Region, während der vergangenen 150 Jahre jedoch hat der Mensch das Wild bis auf wenige Restexemplare dezimiert. Mit der Einrichtung des Parks hat man auch ein Zuchtprogramm für diese Art begonnen, und wer Glück hat, bekommt einen kapitalen Hirsch vor das Tele-Objektiv. Recht typisch sind die ***Connemara-Ponys,*** die man überall antrifft.

Auch ***Ornithologen*** kommen auf ihre Kosten; beobachten lassen sich Wiesenpieper *(Anthus pratensis),* Steinschmätzer *(Oenanthe oenanthe)* Schwarzkehlchen *(Saxicola torquanta),* Feldlerchen *(Alauda arvensis)* sowie Wanderfalken *(Falco peregrinus),* Turmfalken *(Falco tinnunculus),* Sperber *(Accipiter nisus)* und Merline *(Falco columbarius).* Im Herbst und Winter kommen zusätzlich Waldschnepfen *(Scolopax rusticola),* Bekassinen *(Gallinago gallinago)* und Mistdrosseln *(Turdus viscivorus)* hinzu.

Empfehlenswert ist es, auf den 450 m hohen ***Diamond Hill*** zu wandern, der sich im Zentrum des Nationalparks erhebt und von dessen Gipfel man wunderschöne Ausblicke auf die Region hat.

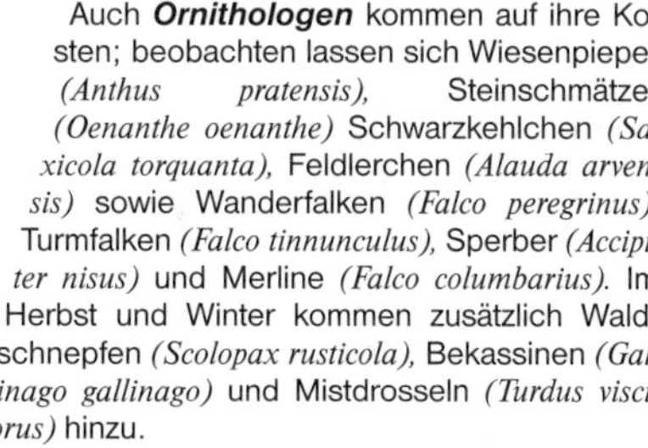

Merlin

Die Piratin Grace O'Malley

Wann genau Grace O'Malley geboren wurde, wissen wir nicht, es muß um das Jahr 1530 gewesen sein, zu einer Zeit, in welcher der englische Einfluß in Connaught, in Nordwest-Irland, recht gering war. Ihr Vater - Clanchef der Umhall Uachtarach - war *Owen „Dubhdarra" O'Malley,* dessen Beiname Schwarze Eiche bedeutete und der sich großer Beliebtheit in der Region erfreute.

Die einzigen Begebenheiten, die wir aus den Jugendtagen von *Grace* kennen, gehen auf ihre beiden ***Spitznamen*** zurück; ganz offensichtlich war sie schon als Mädchen eine gute Kartenspielerin, denn die Männer nannten sie *Grainne-na-gCearbhach,* Grace von den Spielern. Laut einer anderen Geschichte wollte sie schon früh auf dem Schiff ihres Vater mitsegeln, doch ihre entsetzte Mutter erklärte ihr, daß dies nicht der rechte Ort für ein Mädchen sei. Also schnitt sich *Grace* die Haare ab, um als Junge durchzugehen, und fortan nannte man sie *Grainne Mhaol,* Grace die Kahlköpfige.

Mit 16 Jahren ***heiratete*** sie *Donal O'Flaherty,* dessen Beiname *Donal-an-Chogaidh,* Donal von den Schlachten, auf seinen ausgeprägten Kampfesmut schließen läßt und der nach dem Tod seines Vaters zum *Tanaist,* zum Oberhaupt seines Clans avancierte. *Grace* gebar in den folgenden Jahren die beiden Söhne *Owen* und *Murrough* und die Tochter *Margaret.* Nachdem die Kinder älter geworden waren und nicht mehr so viel Aufmerksamkeit benötigten, begann *Grace,* sich um den Auslandshandel der *O'Flahertys* zu kümmern. Sie exportierte die landwirtschaftlichen Produkte des Clans bis nach Portugal und Spanien und ließ von dort Wein, Gewürze, Glas und Seide nach Hause bringen. Aufgrund ihres ***ökonomischen Geschicks*** mehrte *Grace* auch ihre Autorität innerhalb der Männerwelt ihres Clans.

Als um 1560 *Donal* starb, stand ihr nach gälischem Recht ein Drittel seiner Besitztümer zu, und nun stieg sie richtig Ins Geschäft ein. Mit angeheuerten schottischen Söldnern, den sogenannten *Gallowglasses,* griff sie in die Clan-Fehden ein, raubte das nachbarliche Vieh und kaperte in der Clew Bay Handelsschiffe, die auf dem Weg nach Galway waren. Über 200 Männer sollen in ihren Diensten gestanden haben und erwarben sich bei der - wie es im typischen Understatement einer englischen Quelle heißt - *Maintanance by land and sea* Reichtümer. Die schärenübersäte Clew Bay war hervorragend geeignet für solche ***Kaperfahrten;*** im Schutze einer der vielen Inselchen konnte *Grace* mit ihren Männern auf der Lauer liegen, und sollte die Sache einmal gefährlich ausgehen, so konnten die Piraten schnell im Labyrinth der vielen Eilande verschwinden. War so ein Handelssegler geentert, so forderte *Grace* vom Kapitän und den Passagieren ein Schutzgeld für die Weiterfahrt; dabei achtete sie darauf, daß es möglichst zu keinem Blutvergießen kam, wollte sie doch die Engländer nicht mit der Nase auf ihre Aktivitäten stoßen. Allein die schiere Übermacht von 200 wilden Recken war schon furchteinflößend genug.

Man kann sich vorstellen, daß *Grace* über eine außergewöhnlich ***starke Persönlichkeit*** verfügt haben muß, anders hätte sie in jenen Tagen ihre zusammengewürfelte Horde nicht zusammenhalten können.

In den 80er Jahren des 16. Jh. mußte *Grace* sich der Attacken des englischen Gouverneurs von Connaught erwehren, und als der einen ihrer Söhne einsperrte, fackelte sie nicht lange, segelte nach England und bat *Elisabeth I.* um eine Audienz. Anfang September 1593 trafen die beiden ungewöhnlichen Frauen zusammen und waren beide voneinander beeindruckt. Für *Grace* war der Besuch ***bei Hofe*** ein voller Erfolg, *Elisabeth* erfüllte alle ihre Bitten, und *Grace* hatte einen ruhigen Lebensabend. 1603, im gleichen Jahr wie auch *Elisabeth,* starb sie.

sie den 15 km langen Marsch erst gar nicht antraten, die ausgemergelten, fast verhungerten Gestalten aber, die sich doch auf den Weg machten, waren nur notdürftig bekleidet und mobilisierten ihre letzten Kräfte. Die Gruppe kam in einen Schneesturm und traf erst gegen Mittag am Ziel ein. Die Vertreter der Regierung saßen gerade beim Essen und wollten nicht gestört werden. Während drinnen stilvoll getafelt wurde, bibberten die halbverhungerten Iren draußen vor Kälte. Nachdem der Marquis von Sligo und seine Gäste satt waren, traten er, Colonel Horgrove und Captain Primrose vor die Tür und schickten die Menschen nach Hause, ohne das Versprechen um Hilfe eingelöst zu haben. Auf dem Rückweg sanken viele von ihnen vor Entkräftung zusammen und starben im Schnee.

Clare Island

Von dem kleinen Örtchen Louisburgh verläuft eine ca. 8 km lange, unklassifizierte Straße gen Westen nach ***Roonagh Quay,*** von dort verkehren zweimal täglich (später Vormittag und früher Abend) die ***Boote nach Clare Island.*** Die exakten Zeiten erfrage man telefonisch im Tourist Office von Westport, (Tel. 098/ 25711) oder - noch zuverlässiger - im Bay View Hotel der Insel, (Tel. 098/26307). Auch von dem winzigen Hafen Cloghmore auf Achill Island sind Überfahrten möglich. Eine schöne Tour wäre z. B. die Fahrt von Roonagh Quay nach Clare Island, dann weiter mit dem Boot von Clare Island nach Achill Island.

Auf der ca. 32 km^2 großen Insel findet man einige ***Burgruinen,*** schöne, einsame ***Strände,*** einen die Landschaft dominierenden 451 m hohen ***Gipfel,*** bizarre Klippenformationen, Möglichkeiten für viele Wanderungen und natürlich jede Menge Ruhe. ***Unterkunft*** im Bay View Hotel, das nur wenig teurer als ein B & B ist und auch über ein Restaurant verfügt, (Tel. 098/26307).

Croagh Patrick

Von Louisburgh geht es auf der R 335 nun nach Westport. Zuvor jedoch passiert man den ***heiligen Berg Irlands,*** den Croagh Patrick (762 m), dessen breiter, in Murrisk beginnender Pilgerweg nicht zu verfehlen ist.

Der ***Überlieferung*** nach verbrachte Irlands heiliger Mann, der Missionar *Patrick,* im Jahre 440 eine 40tägige Fastenzeit auf dem Gipfel, dabei ständig in Versuchung geführt von Dämonen und Attacken des Teufels. Wie nicht anders zu erwarten, bestand *Patrick* die Glaubensprobe und verhandelte dann hart mit einem Engel über die Zukunft der irischen Gläubigen: Schließlich wurde ihm zugesichert, daß er selbst am Tage des Jüngsten Gerichts seine Schäflein richten dürfe.

Ganz nebenbei übrigens rief er mit machtvoller Stimme alle Schlangen Irlands zu sich und befahl ihnen, sich vom Berggipfel in den Tod zu stürzen - so verbannte er für alle Zukunft dies verführerische Getier von der Grünen Insel, und noch heute muß der Besucher keine Angst vor Schlangen haben.

Jeweils am letzten Sonntag im Juli findet mit der Besteigung durch Abertausende von ***Pilgern*** die nationale Wallfahrt zu diesem heiligen Ort statt. Unübersehbar sind die Menschenmassen, die sich von morgens bis abends den ausgetretenen Pfad hochmühen, auf dem Gipfel werden den ganzen Tag über Messen gelesen.

Von solcherart Liturgie zeigte sich jedoch jüngst ein finnischer Konzern wenig beeindruckt und plante, rund um den Croagh Patrick nach Gold zu schürfen. Das blasphemische Unterfangen vereitelten Naturschützer wie Gläubige in großer Eintracht.

Westport

Wenige Kilometer weiter ist das 3500 Einwohner zählende Städtchen Westport erreicht. Der Marquis von Sligo ließ im 18. Jh. nach Plänen des damals bekannten Architekten *James Wyatt* die Ortschaft planmäßig anlegen. Im Zentrum liegt der ***achteckige Platz,*** treffend *The Octogon* genannt, von dem aus sternförmig die Straßen ausgehen.

Der ***Flanierboulevard The Mall*** verläuft beiderseits des kanalisierten River Carrowbeg und ist üppig mit Bäumen bestanden, georgianische Hausfassaden tun ein übriges, um dieser Straße Ambiente und Atmosphäre zu verleihen.

Parallel mit der Errichtung des Ortes legte man den ca. 3 km vom Zentrum entfernten ***Hafen*** an, der jedoch heute versandet ist. Im Sommer verkehrt von einem noch schiffbaren Pear eine Fähre nach Clare Island. Immerhin bemüht man sich um die alten Lagerhäuser, renoviert nacheinander die Speicheranlagen, und die ersten Cafés, Crafts Shops, Restaurants und Pubs sind dort eingezogen.

Herausragende Sehenswürdigkeit ist das ***Westport House*** nahe dem Hafen mit seinem großen englischen Park. 1731 errichtete der deutschstämmige *Richard Castle* dieses Herrenhaus für *Lord Altamount,* Marquis of Sligo, und seit jenen Tagen befindet es sich ununterbrochen im Besitz dieser Familie. Um die drückenden Steuerlasten durch Eintrittsgelder zu mindern, machte der Besitzer im Jahr 1960 das Anwesen für die Öffentlichkeit zugänglich. Kostbare Möbel, das Familiensilber, Gemälde und chinesisches Porzellan sind im Innern zu besichtigen, draußen erfreut ein kleiner Zoo die Kleinen.

Tourist Office

- The Mall, Tel. (089) 25711, Fax 26709

Unterkunft

- ***Hotel Westport*********,
Tel. (098) 25122, Fax 26739;
- ***Westport Woods Hotel********, Louisburgh Road, Tel. (098) 25811, Fax 26212;
- ***Castlecourt Hotel********,
Tel. (098) 25444, Fax 25444;
- ***The Olde Railway Hotel********,
Tel. (098) 25166, Fax 25090;
- ***Clew Bay Hotel*******,
Tel. (098) 25438, Fax 25783;
- ***Grand Central Hotel******,
Tel. (098) 25027, Fax 26316;
- ***Mrs. Leonie Doherty,*** Cluain Ard, off Leenane Road, Tel. (098) 25518;

- ***Mrs. Mary Doherty,*** Castlebar Road, Tel. (098) 25536;
- ***Mrs. Vera English,*** Castlebar Road, Tel. (098) 25668;
- ***Mrs. Mary O'Keeffe,*** Leenane Road, Tel. (098) 25670;
- ***Mrs. Rita Sheridan,*** Ballinrobe Road, Tel. (098) 25226;
- ***Club Atlantic,*** IHH-Hostel, Altamount Street, Tel. (098) 26644;
- ***Old Mill Holiday Hostel,*** IHH-Hostel, James Street, Barrack Yard, Tel. (098) 27045, Fax (094) 21745;
- ***Country School Hostel,*** IHH-Hostel, im Village Kilmeena wenige Kilometer nördlich, Tel. (098) 41099, Fax 25182;
- ***Campingplatz*** Parkland Caravan and Camping Park, Tel. (098) 25206, 3,5 km in Richtung Louisburgh gelegen.

Restaurants

- ***Quay Cottage Restaurant,*** The Harbour, an der Einfahrt zum *Westport House,* auch vegetarische Gerichte, Spezialität ist Schellfisch, weiterhin gute Meeresfrüchte, 15 Pfund;
- ***The Ardmore Restaurant and Bar,*** The Quay, intim-gemütliches Lokal, 17 Pfund;
- ***The Asgard Restaurant and Tavern,*** The Quay, preisgekröntes Restaurant, sicher das beste Lokal in Westport, 16 Pfund;
- ***The Moorings,*** The Quay, Frisches vom Land und aus dem Meer, 13 Pfund (alle bis hier genannten Restaurants ca. 1,5 km außerhalb am alten Hafen);
- ***Cove Restaurant,*** Bridge Street, kleines Lokal bis 6 Pfund;
- ***John O'Malley's Restaurant,*** Bridge Street, nettes kleines Restaurant, Pizzen und Pasta 7 Pfund, sonst bis 13 Pfund;
- ***Urchin Restaurant,*** Bridge Street, freundliches, winziges Lokal , Seafood, Lamm- und Steakgerichte bis 13 Pfund;

The Mall entlang des River Carrowbeg

Göttliche Wunder und Schildbürgerstreiche in Connemara

Fast jedes Land hat einen Wallfahrtsort, in dem sich - glaubt man den Beteuerungen der Kirche - einst einmal ein göttliches Wunder ereignet haben soll. Berühmt in Europa sind vor allem Lourdes in Frankreich und Fatima in Portugal. Da darf natürlich in Irland, wo der Katholizismus skurrile Blüten treibt und über 95% der Bevölkerung katholischen Glaubens sind, ein mit Gottes Hilfe gesegneter Wallfahrtsort nicht fehlen:

Am 21. August 1879 gegen acht Uhr trauten 15 Einwohner des kleinen und unbedeutenden Ortes Knock ihren Augen nicht. Trotz strömenden Regens erschienen an der Dorfkirche *Maria* mit Ehemann *Josef* und dem Evangelisten *Johannes;* an Attributen waren ihnen ein Altar, ein Kreuz sowie zwei strahlende und schwebende Engel beigegeben. *Maria* trug - wie kann es anders sein - ein schneeweißes Kleid und eine Krone. Die 15 Bewohner von Knock, im Alter zwischen sechs und 75 Jahren, beobachteten das ***Wunder*** und beteten zwei Stunden lang mehrere Rosenkränze.

Die Erscheinung sprach sich natürlich schnell herum, und eine vom Erzbischof eingerichtete Untersuchungskommission nahm sich die 15 Teilnehmer vor und befragte sie emsig. Hier war die einmalige Chance gegeben, daß nun auch Irland einen richtigen, wundersamen Wallfahrtsort bekam. Sehr zur Freude der kirchlichen Autoritäten berichteten alle 15 „Wunderseher" mehr oder weniger das Gleiche, und das Mirakel von Knock wurde offiziell bestätigt. Sofort strömten nun Pilger aus aller Welt in das kleine Örtchen, und wie es sich für einen ***Wallfahrtsort*** gehört, ereignete sich vor dem Schrein der *hl. Maria* die eine oder andere Wunderheilung.

Zum ***hundertsten Jahrestag*** dieses göttlichen Ereignisses kamen 1979 nicht nur die Gläubigen in Scharen, auch *Papst Johannes Paul II.* machte Knock seine Aufwartung. Rechtzeitig genug war die 6000 Menschen fassende, gleichermaßen große wie häßliche Basilika fertiggestellt - Knock erlebte einen Wundertaumel!

Ein so bedeutender Ort mußte natürlich - sieht man einmal von der Monumentalbasilika ab - auch im Erscheinungsbild Akzente setzen, und der lokale Oberhirt, Pfarrer *James Horan,* dachte über adäquate Großprojekte nach. So verfiel er auf den Gedanken, in Knock einen ***internationalen Flughafen*** bauen zu lassen - so gewaltig, daß die Landebahn selbst noch für Jumbo Jets zu groß dimensioniert sein sollte. Flugzeugladungen von Pilgern, so stellte sich Pfarrer *Horan* vor, würden in Scharen in Knock einfallen und Lourdes und Fatima - da ohne Großflughafen - nahezu bedeutungslos machen.

Monsignore *Horan* begann, die Werbetrommel zu rühren, und versicherte sich in seinen vielen Gebeten natürlich der Hilfe des Herrn.

Kein Mensch weiß bis heute, wie der Pfarrer die Politiker und Regierungsmitglieder von seinem Nonsensprojekt überzeugen konnte; auf alle Fälle flossen die Gelder immer reichhaltiger, und vor allem im Jahr des Papstbesuches gingen Millionen in die Kassen. Neben vielen ***Spendengeldern*** zahlte allein der arme irische Staat sage und schreibe 35 Mio. Pfund für diesen Flughafen. Einwände von Experten - an über 100 Tagen herrscht dichter Nebel, und die Sicht ist gleich Null - wischte Pfarrer Horan energisch vom Tisch. Wenn der Airport erst einmal eröffnet wäre, gäbe es keinen Grund, warum Gott dann das Wetter nicht auch verändere.

Und so kam es, wie es kommen mußte! Am 25. Oktober 1985 schwebten drei große Boeing-Passagiermaschinen in schönstem Formationsflug auf das „bedeutende" Knock zu und setzten trotz Schlechtwetter und miserabler Sichtverhältnisse sicher zur Landung an. ***Knock Airport*** war damit ***eingeweiht,*** und der Ort sah seiner führenden Rolle als Nabel der Welt entgegen.

Unter wirtschaftlichen Gesichtspunkten ist der Großflughafen natürlich völliger Unsinn. Die strukturschwache Region braucht alles andere als einen internationalen Airport.

Während der Sommermonate - im Winter ist das Wetter zu schlecht - gibt es nun von Knock Airport aus Direktflüge nach Dublin und in die größten britischen Städte. Die Hoffnung, auch kontinentaleuropäische Metropolen ins Flugnetz aufzunehmen, scheiterten bisher an der Nachfrage - wer will schon von Knock aus nach Frankfurt oder umgekehrt?

Um nicht völlig blamiert dazustehen, entwickelten die Flughafenbetreiber Ende der achtziger Jahre einen Plan, das Passagieraufkommen auf mindestens 100.000 Personen zu erhöhen; Ziel war es, vom Pilgerflughafen Knock ***Wallfahrer nach Rom und Israel*** zu befördern, doch ist die hochgesteckte Vorgabe bisher nicht einmal ansatzweise erreicht worden. Mittlerweile hat man sich damit abgefunden, einem ***Schildbürgerstreich*** aufgesessen zu sein.

Pubs

- ***The Clock Tavern,*** Shop Street/Ecke High Street, schöner alter Fachwerk-Pub mit angeschlossenem Restaurant, bis 10 Pfund;
- ***The Helm,*** am alten Hafen, gemütliche Kneipe, Live Music;
- ***Matt Malloy's Pub,*** allererste Adresse für gute Folk Music, Bridge Street, gehört *Matt Malloy,* einem Mitglied der Gruppe *The Chieftains,* regelmäßig Folk Music, eingerichtet wie ein Krämerladen aus dem letzten Jahrhundert, mit spartanischen Holzbänken und Hockern;
- ***Sheebeen,*** ca. 800 m hinter den Kaianlagen gelegen, regelmäßig Live Music, viel Jungvolk;
- ***The Towers,*** am alten Hafen, Biergarten, während der Saison täglich Folk Music, im Innern Seefahrer-und Angleratmosphäre.

Rent-a-Bike

- ***Breheny & Son,*** Castlebarstreet.

Verbindung

- ***Züge*** mehrmals täglich von Dublin;
- ***Busse*** mehrmals täglich von Achill, Clifden, Cork, Dublin, Ennis, Galway, Kilkenny, Limerick, Shannon Airport, Sligo, Waterford.

Achill Island

Von Westport nun folgt die Route der N 59 entlang der Küstenlinie der Clew Bay, passiert dabei den gesichtslosen Ort Newport und biegt einige Kilometer weiter in die R 319 ein, die zu Irlands größter Insel führt. Achill Island ist bei der Ortschaft Achill Sound durch eine 1888 errichtete Drehbrücke mit dem Festland verbunden.

Das 150 km² große Eiland ist weitgehend unfruchtbar, die 6000 Einwohner gruben in früheren Tagen nach Amethysten, heute dagegen leben die Insulaner vom Fischfang, der Schafzucht und vor allem vom Tourismus.

Achill bietet alle Landschaftsformationen, die die Grüne Insel ihr eigen nennt: ausgedehnte Hochmoore, dunkle Seen, schroff aufragende Felsbuckel, lange Sandstrände und natürlich steil abfallende Klippen.

Atlantic Drive

Ein ausgeschilderter Rundkurs, *Atlantic Drive,* den man am besten mit dem Fahrrad erkunden sollte, führt rund um die Insel zu allen landschaftlichen Höhepunkten. Die schönsten Strände findet man an der Südküste bei Keel und Dooagh sowie im Norden bei Doogort; die 240 m steil ins Meer abfallenden Minaun-Klippen grenzen an den Tramore-Strand bei Keel.

Von der größten Ortschaft Achill Sound führt der Atlantic Drive gen Süden zu dem winzigen Hafen ***Cloghmore.*** Zwischen dem Weiler Derreen und Cloghmore achte man auf der linken Straßenseite auf einen Friedhof, den ***Kildownet Old Cemetary,*** erkennbar an einer alten Kirchenruine. Links von der zerstörten Kapelle findet der Besucher in einem gitterumsäumten Areal einen Gedenkstein mit folgender Inschrift: „Of our charity pray for the souls of ...", nun folgen 32 Namen, „who were accidentally drowned in Clew Bay on 14th of June 1894". Auf den Tag 100 Jahre später wurde auch in Cloghmore nahe einer Fischverarbeitungsfabrik eine ***Gedenkplakette***

Die Küste von Achill Island am Atlantic Drive

enthüllt, deren Text lautet: „Zur Erinnerung an die 32 Opfer, die in der Clew Bay ertranken.

1894 waren eine Reihe von Iren, die im Landesinnerern lebten, an die Westküste gekommen und wollten nach Schottland auswandern. Zwei Fischerboote, die sogenannten ***Hookers,*** nahmen die zumeist noch sehr jungen Leute auf, und die Fahrt begann. Die Migranten waren noch nie am Meer gewesen, kannten die See nicht, und als ein großer Dampfer an Backbord vorbeizog, da strömten sie alle vor Staunen und Neugier auf die linke Seite. Die Hooker kenterten und 32 Personen gerieten unter die Segel und ertranken.

Im Sommer besteht die Möglichkeit, von Cloghmore aus nach Clare Island überzusetzen (erkundigen nur direkt vor Ort).

Die Rundfahrt führt nun weiter entlang der Küste, gewaltig donnert die Brandung gegen die Schären und Felsbuckel in der Portnahally Bay.

Am Weiler ***Dooega*** (ein Pub mit B & B) biegt die Straße gen Norden ins Landesinnere ab, der 464 m hohe Mweelm Mountain läßt eine Weiterfahrt entlang der Küste nicht zu.

Nach wenigen Minuten ist die R 319 erreicht, links ab geht es zu der Streusiedlung ***Keel.*** Am Strand findet sich ein Campingplatz, im Weiler selbst gibt es das Restaurant *Calvey's Restaurant* (5-8 Pfund), das Spitzenlokal der Insel, *Bowley's House* (15 Pfund), und den Pub *Annex Inn,* bekannt für seine Folk Music. Ein Wanderpfad führt auf die 240 m hohen Minaun-Klippen, von denen man einen imposanten Ausblick genießen kann.

Von Keel sollte man nun nicht der Ausschilderung Atlantic Drive folgen, sondern erst weiter gen Westen bis nach ***Dooagh*** fahren. Hier lockt der lange Keem Beach. In der Clew Bay Bar finden abends regelmäßig Live Sessions statt, und die knapp und präzise bezeichnete Kneipe The Pub bietet ebenfalls ab und an Folk Music; billig ist der Fast Food Shop Higgin's.

Von Dooagh führt eine Stichstraße bis zum Moyteoge Head. Ab hier kann man eine schöne ***Wanderung*** entlang der Klippen ***zum Achill Head*** unternehmen, von dort dann weiter unterhalb des Croaghaun-Hill bis zu einem in ca. 160 m Höhe gelegenen Bergsee und nun querfeldein zurück. Den Weg muß man sich weitestgehend selber suchen. Wanderschuhe, nach Möglichkeit wasserdicht, erforderlich!

Nun zurück nach Keel und weiter Richtung Atlantic Drive, gelangt man zu dem weit auseinandergezogenen Ort ***Doogort;*** hier verbrachte übrigens *Heinrich Böll* seine Ferien, nachzulesen in seinem berühmten „Irischen Tagebuch". *Bölls* Cottage ist schon seit langem in eine Stiftung eingebracht und dient als Rückzugsort für ausgewählte Schriftsteller und Maler, die hier in der Einsamkeit arbeiten möchten. Auf deutsch und englisch werden die Besucher gebeten: „Dies ist ein privater Ort, bitte respektieren Sie die Ruhe der Gäste und Künstler, die hier für einige Wochen leben und an ihren Werken arbeiten. Danke."

Westlich von Doogart ragt der 671 m hohe ***Slievemore,*** Achills höchster Berg auf. Sehr lohnenswert ist eine ca. 12 km lange Wanderung rund

um das Felsmassiv, dabei passiert man nach einigen Kilometern das westlich von Doogort gelegene ***Geisterdorf*** Slievemore (auch *Deserted Village* genannt), das die Bewohner während der Großen Hungersnot 1847 aufgaben. An der Südküste gründeten sie dann Dooagh - hier ließ es sich besser fischen.

Auf der dem Meer zugewandten Seite des Berges Slievemore lohnen die ***Seal Caves*** einen Besuch, mit etwas Glück sieht man dort Seehunde; Anfahrt nur mit dem Boot von Doogort möglich, Preis Verhandlungssache. Am langen Sandstrand befindet sich ein Campingplatz, und die Restaurant-Bar McManamon's sorgt für leibliche Genüsse. Die Straße führt nun wieder ins Landesinnere, und man schaut auf weite, unfruchtbare Moorgebiete.

Tourist Office

- ***Achill Sound*** (Juli/August),
- Ansonsten im ***Pub Ted Levelle's,*** gelegen auf halbem Weg von Achill Sound nach Keel an der R 319 im Weiler Cashel.

Unterkunft

- ***Slievemore Hotel*****, Doogort, Tel. (098) 43224, Fax 43236;
- ***Cray's Guesthouse,*** Doogart, Tel. (098) 43244;
- ***McDowell's Hotel****, Doogort, Tel. (098) 43148;
- ***Mrs. M. Gallagher,*** Bunnacurry, Tel. (098) 47109;
- ***Mrs. M. Lavelle,*** Dooega, Tel. (098) 45116;
- ***Mrs. F. Masterson,*** Achill Sound, Tel. (098) 45272;
- ***Mrs. Mary McGinty,*** Achill Sound, Tel. (098) 45490;
- ***Mrs. C. McHugh,*** Dooagh, Tel. (098) 43138;

- ***Mrs. F. Padden,*** Dooagh, Tel. (098) 43295;
- ***The Wayfarer House,*** IHH-Hostel, Keel, Tel. (098) 43266;
- ***Lavelle's Caravan and Camping Park,*** Tel. (098) 47232, Doogort;
- ***Seal Caves Caravan Park,*** Tel. (098) 43262, Doogort;
- ***Keel Sandybanks Caravan and Camping Park,*** Tel. (094) 32054), Keel.

Rent-a-Bike

- Im Shop des ***Achill Sound Hotel,*** Achill Sound.

Verbindung

- ***Busse*** im Sommer mehrmals täglich von Sligo und Westport nach Dooagh über Achill Sound und Keel.

Halbinsel Mullet

Auf der R 319 geht es nun in östlicher Richtung bis zum Örtchen Mulrany (auch Mallaranny) und dort weiter auf der N 59 gen Norden auf den Ort Bangor zu - rechts und links der Straße flache, eintönige Moorgebiete, die Landschaft hat einen schwermütigen Charakter. Wer über wenig Zeit verfügt und schnell nach Sligo kommen möchte, nimmt nun die N 59 nach Osten über Ballina.

Doch lohnt sich durchaus von Bangor ein Abstecher über die R 313 zur Mullet-Peninsula, auf der rund ein Dutzend ***einsamer Sandstrände*** sowie steile Felsklippen zu finden sind. Vor der Küste liegen einige ***unbewohnte Inseln*** mit den Resten frühchristlicher Mönchssiedlungen. Hauptort der Halbinsel ist der planmäßig angelegte Fischerort Belmullet. Von dort führt die R 314 in einem großen Bogen entlang der Küste nach Osten.

Kurz vor Ballina, an der Killala Bay gelegen, lohnen die beiden Franziskaner-Abteien ***Moyne Abbey*** und ***Rosserk Abbey*** (Anfang/Mitte 15. Jh.) einen Besuch. Über Ballina geht es nun „in einem Rutsch" die restlichen 50 km nach Sligo.

Sligo

Die 15.000 Einwohner zählende Stadt ist mit ihrem kleinen Seehafen sowie der Lebensmittel- und Textilindustrie ein wichtiges ökonomisches Zentrum im Nordwesten der Grünen Insel. Darüber hinaus nennt sich Sligo selbst das „Tor zum Nordwesten", was praktisch bedeutet, das der Ort dem Besucher wenig zu bieten hat und nur wegen der guten Verkehrsanbindung als ***Durchgangsstation zum Norden*** dient.

Im Jahre 807 eroberten die Wikinger den Ort, doch erst 400 Jahre später erlangte Sligo im Zuge der normannischen Invasion wenigstens bescheidene Bedeutung. *Maurice Fitzgerald,* Earl of Kildare, nahm die umliegenden Ländereien in Besitz, legte den Grundstein für eine Festung und gründete ein Dominikanerkloster.

Die Gegend rund um Sligo wird auch *Yeat's Country* genannt; ***William Butler Yeats,*** der hier geboren wurde, kehrte im Laufe seines Lebens immer wieder in diese Region zurück und beschrieb sie in seinen Gedichten.

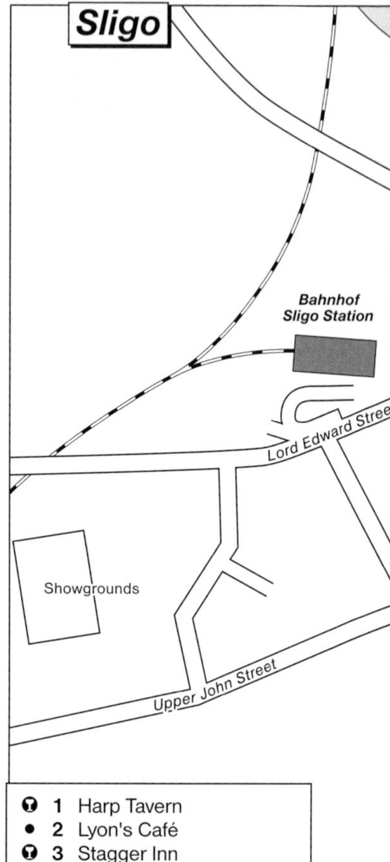

Sehenswertes

In der Stephen Street lohnt ein Besuch im ***Sligo County Museum and Municipal-Art Gallery*** (Di, Mi, Fr, Sa 10-17 Uhr, Do 12-17 Uhr), das Exponate zur Stadtgeschichte, Erstausgaben, Briefe und die Nobelpreismedaille von *William B. Yeats* zeigt. In der Gemäldegalerie kann man Bilder von *Jack B. Yeats elder and younger,* dem Vater und dem Bruder des Dichters besichtigen. Auch hat man die Möglichkeit, hier einen Überblick über die zeitgenössische irische Malerei zu bekommen.

Tourist Office

- Temple Street, Tel. (071) 61201, Fax 60360.

Unterkunft

- ***Sligo Park Hotel*******, Dublin Road, Tel. (071) 60291, Fax 69556;
- ***Silver Swan Hotel******, Hyde Bridge, Tel. (071) 43231, Fax 42232;
- ***The Southern******, Lord Edward Street, Tel. (071) 621 01, Fax 60328;
- ***Clarence Hotel*****, Wine Street, Tel. (071) 42211, Fax 45823;
- ***Yeats Country Hotel,*** Rosses Point, Tel. (071) 77211, Fax 77203;
- ***Mrs. Phil Clancey,*** Kintogher, off Donegal Road, Tel. (071) 43948;
- ***Mrs. Mary Conway,*** Kintogher, off Donegal Road, Tel. (071) 45667;

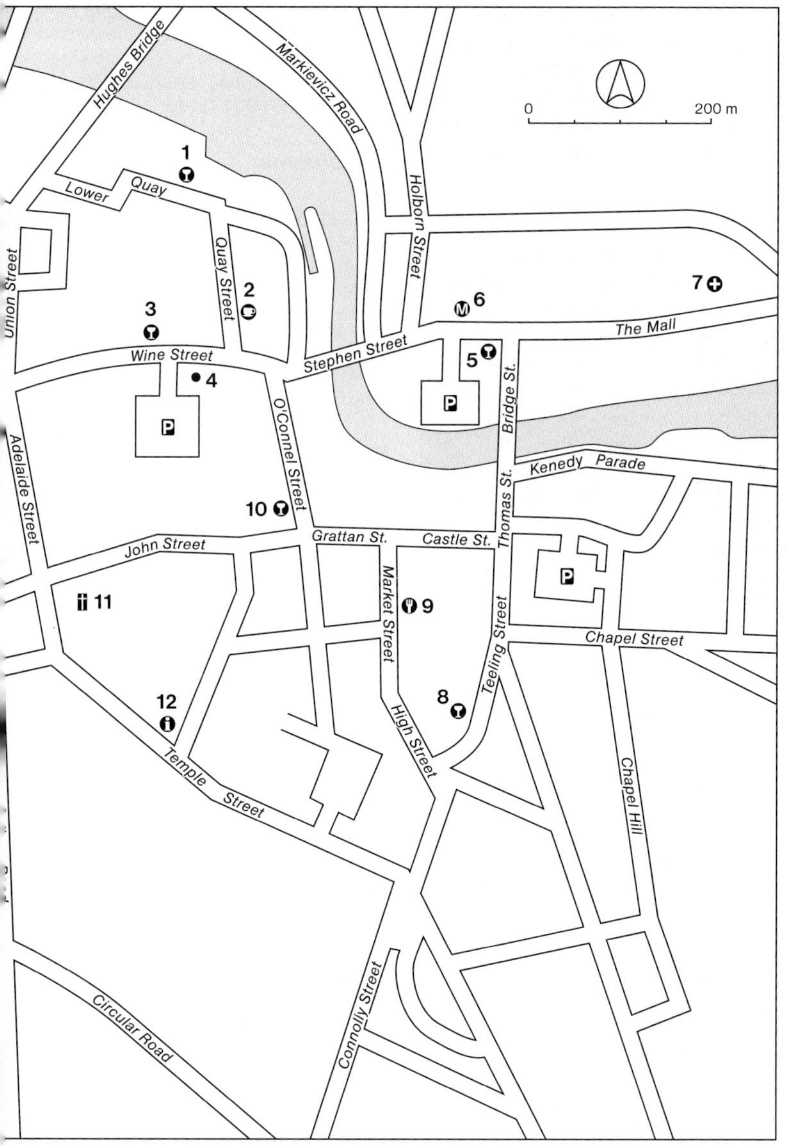
Hughes Bridge
Markievicz Road
0
200 m
1
Lower Quay
Quay Street
Holborn Street
Union Street
3
2
6
7
The Mall
Wine Street
Stephen Street
5
4
Bridge St.
O'Connel Street
Adelaide Street
Kenedy Parade
Thomas St.
10
Grattan St.
Castle St.
John Street
Market Street
9
11
Teeling Street
Chapel Street
8
12
High Street
Temple Street
Chapel Hill
Connolly Street
Circular Road

Foto: GU

●***Mrs. Lily Diamond,*** Donegal Road, Tel. (071) 43417;
●***Mrs. A. Ginty,*** Donegal Road, Tel. (071) 43951;
●***Mrs. Tess Haughey,*** Donegal Road, Tel. (071) 43376;
●***Mrs. Kathleen Henry,*** Cleveragh Road, off Dublin Road, Tel. (071), 62419;
●***Mrs. Annie Hunt,*** Upper John Street, Tel. (071) 62014;
●***Mrs. Veronica Kane,*** Strandhill Road, Tel. (071) 62457;
●***Mrs. Eileen McGarry,*** Woodville Road, off Strandhill Road, Tel. (071) 62885;
●***Sligo Town,*** An-Oige-Jugendherberge, Pearse Road, Tel. (071) 43204;
●***Eden Hill Holiday Hostel,*** IHH-Hostel, Pearse Street, Tel. (071) 44113, Fax 43204;
●***Greenlands Caravan and Camping Park,*** Rosses Point, Tel. (071) 77113, 8 km westlich;
●***Strandhill Caravan and Camping Park,*** Strandhill, Tel. (071) 68120, ebenfalls 8 km westlich gelegen.
●***The White House,*** IHH-Hostel, Markievicz Road, Tel. (071) 45160;

Restaurants

●***The Embassy Restaurant,*** John F. Kennedy Parade, gute Seafood- und Fleischgerichte sowie originär irische Küche, bis 15 Pfund;
●Ramal Mahal, Market Street, preiswertes indisches Restaurant;
●The Embassy Rooms, John F. Kennedy Parade, Seafood, Steaks und klassisch irische Gerichte zwischen 9 und 18 Pfund;

Pubs

●***Stagger Inn,*** Wine Street, während der Saison ab und an Live Entertainment;
●***McGettigans's,*** High Street, große, freundliche Kneipe;
●***Coffeebouse Ritz,*** O'Connell Street, Kaffee, Tee, gute Kuchen;
●***Conway's,*** High Street, regelmäßig Live Music;
●***Feehily's Bar,*** Bridge Street/Ecke Stephen Street, in der Saison täglich Folk Music;
●***Hargadon's,*** O'Connell Street, alteingesessener Pub, rohgezimmerte Séparées, harte Bänke, an kalten Tagen wärmt ein vorsorglich mit einem Gitter geschützter Kanonenofen;
●***The Harp Tavern,*** Quay Street, nette Kneipe am Flußufer, mit Biergarten;
●***Lyon's,*** Quay Street, ein äußerst gemütliches Café mit leckeren Sachen, gegründet 1926;
●***McGarrigle's,*** O,Connell Street, gemütlicher Pub mit arg ramponierter Einrichtung, wintertags sorgt ein Kanonenofen für Wärme;
●***McLynn,*** Old Market Street, Established 1889; der Wirt spielt und singt selbst;
●***Silver Swan Hotel,*** **Hyde** Bridge, jeden Mi um 20 Uhr traditionelle Folk Music Session, wer ein Instrument beherrscht, kann mitspielen.

Rent-a-Bike

- ***Gary's,*** Quay Street.

Verbindung

- ***Busse*** von Cork, Donegal, Dublin, Galway, Limerick, Waterford, Westport.
- ***Züge*** mehrmals täglich von Dublin.

Umgebung

Westlich der kleinen Metropole erstreckt sich der Haussee von Sligo, der ***Lough Gill,*** den man am besten mit dem Fahrrad auf der ausgeschilderten Route *Lough Gill Loop* (ca. 40 km) umfahren sollte. Die Gestade gehörten zu den Lieblingsplätzen von ***William Butler Yeats,*** die Insel Inishfree hat er in einem Gedicht verewigt:

And I shall have some peace there,
for peace comes dropping slow,
Droppings from the veils of the morning
to where the cricket sings;
There midnight's all a glimmer,
and noon a purple glow,
And evening fall of the linnet's wings.

Von Riverside aus finden während der Sommermonate Rundfahrten auf dem See statt, unermüdlich werden dabei Yeats-Verse zitiert. Im Programm ist eine halbe Stunde Aufenthalt auf Inishfree inbegriffen.

Nördlich von Sligo lockt der ***Bergsee Glencar Lake,*** vom Parkplatz aus führt ein beschilderter Pfad zu einem Wasserfall, wo aus 15 m Höhe der Differeen River hinunterstürzt.

Foto: WS

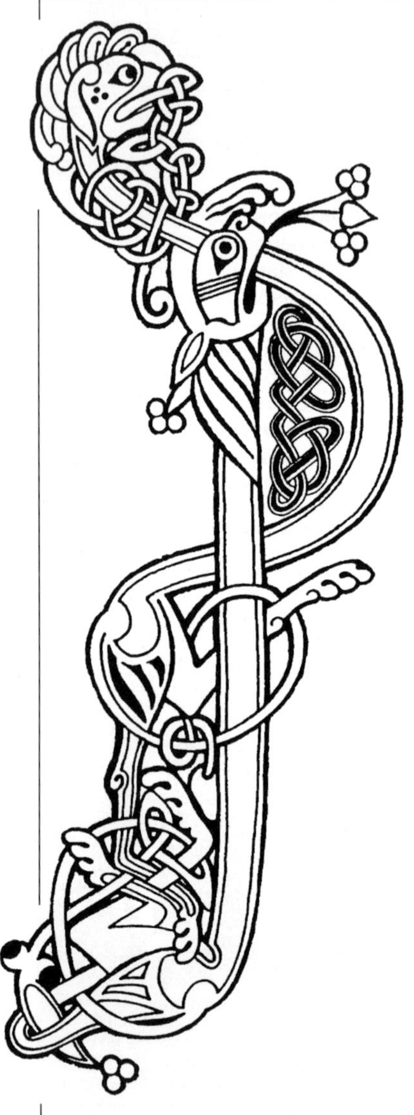

Irlands Sagen und Legenden – eine Reise in die „Anderswelt“

Auf der Grünen Insel haben sich eine Menge uralter Sagen und Legenden erhalten, die vor allem in den gälischsprachigen Gebieten, den sogenannten Gaeltacht-Regionen (vgl. Tour 4, Dingle-Halbinsel), über die Jahrhunderte innerhalb der Familien in ***mündlicher Überlieferung*** weitergegeben worden sind. Und hier vor allem wird die Folklore-Kommission aus Dublin bei ihren Legenden-Recherchen immer wieder fündig.

Einer der ersten, der sich um das kulturelle Erbe Irlands verdient machte, war ***Thomas Crocker,*** der im Jahre 1825 eine erste Sammlung von alten Sagen unter dem Titel „Fairy Legends and Traditions of the South of Ireland“ herausgab und damit eine ganze Anzahl von Heimatforschern beflügelte: die Gebrüder *Grimm, Sir William Wilde,* (der Vater von Oscar Wilde), *William Butler Yeats, Lady Gregory, John M. Synge* und *Douglas Hyde,* der von 1938 bis 1945 Präsident Irlands war.

Feenglaube

„Was sind eigentlich Feen? Diese Frage kann nur jemand stellen, der nie in Irland gewesen ist.“ So heißt es beim Herausgeber des *Irischen Zaubergartens,* einer Sammlung von irischen Sagen.

In der Tat ist bis heute der ***Glaube an Feen*** auf der Grünen Insel nach wie vor weit verbreitet. Einer ersten Theorie zufolge soll es sich bei den mythischen Wesen um die von den Kelten verdrängten Ureinwohner handeln, welche zu ihrem Schutz in Höhlen flüchteten; nur bei Nacht und Nebel trauen sie sich hervor und piesacken die neuen Herren der Insel. Einer anderen These nach sind Feen ehemalige Götter und Heroen; so avancierte beispielsweise die *Queen Medb,* eine der Heldinnen des irischen Epos, später zur Königin des Feenlandes. Einer dritten Variante nach sind

Feen Vermenschlichungen von Naturgeistern; so wurde der Baumgeist zu *Dryade,* der Wassergeist zu *Undine* und das Wesen, das den Sidh, den Hügel bewohnt, zum *Sidhe.* Laut einer letzten Version nun sind Feen die Verstorbenen, denn sie wohnen ja unter der Erde und müssen beim ersten Hahnenschrei vor Tagesanbruch aus der Welt der Lebenden verschwunden sein.

Was für Feen aber gibt es nun? Bei den Fischern recht beliebt sind die ***Seejungfrauen,*** von denen es heißt, daß sie sich des nachts der einsamen Männer annehmen. Doch ist bei den netten Damen durchaus Vorsicht geboten, denn in einer Chronik aus dem 9. Jh. heißt es: „Eine Meerjungfrau enormer Größe wurde im Nordosten Schottlands angespült. Sie war 195 Fuß groß, ihr Haar war 18 Fuß lang, ihre Finger waren sieben Fuß und ihre Nase auch. Sie war über und über weiß wie ein Schwan."

Angst kommt auf, wenn dem Iren eine ***Banshee*** über den Weg läuft; die dürre und klapprige Gestalt mit den rotgeweinten Augen und zudem noch gewandet in Spinnweben stößt heulende Klagelaute aus und kündet vom nahen Tod eines geliebten Menschen.

Bekanntester Racker der Feenwelt ist der ***Pooka,*** dessen Name sich von Poc, dem Ziegenbock ableitet und der auch in dessen Gestalt daherkommt. Auf den Pooka geht *Shakespeares* Kobold *Puck* zurück, der im *Sommernachtstraum* seinen Schabernack treibt, und ebenso auch die *Puck Fair* in Killorglin (s. Tour 4, Ring of Kerry), wo ja der Ziegenbock im Zentrum des Geschehens steht.

Den ***Cluricane*** muß man sich als Gnom mit rotem Mantel, roter Nachtmütze, einer Lederschürze und langen, blauen Strümpfen vorstellen; der Pimpf hat ganz entgegen seiner Größe gigantischen Appetit auf Honig, Milch, Butter und Wein und kommt gern stockbetrunken daher, um dann seinen Unfug umso ärger zu treiben. Es heißt, wer ihn fängt, dem gibt er einen großen Beutel Gold, um wieder frei zu kommen. Der zwergige ***Leprechaun*** ist gleichermaßen bekannt für seine Schuhmacherarbeiten wie auch für seine kräftigen Foppereien. Der ***Ganconer,*** zu deutsch Liebredner, ist eine Fee mit Tonpfeife im Mund, die sich in einsam gelegenen Farmhäusern gerne und erfolgreich des nachts an die Mägde heranmacht.

Wer das alles nicht glaubt, der denke an den Satz von *William Butler Yeats:* „Irland, noch immer vorwiegend keltisch, hat sich neben weniger schönen Dingen eine Begabung zur Vision bewahrt, die bei hektischeren Völkern ausgestorben ist. Uns konnten keine lichtspendenden Leuchter hindern, ins Dunkel zu blicken, und wenn man ins Dunkel blickt, ist immer etwas drin."

Die Sage von Cu Chulainn

Cu Culainn, so heißt der mystische, irische Volksheld, der als tapferer und ehrenhafter Mann durch die reiche Sagen- und Legendenwelt der Grünen Insel streift.

Als kleiner Junge hörte er auf den Namen *Setantia* und war der Ziehsohn von vier alten, würdigen Männern. Diese lehrten ihn die Tugenden der vergangenen Tage – Weisheit, Kriegskunst, Zauberkraft und Dichtung. Als sie ihm anboten, sich zwischen einem langen Leben oder aber dem ewigen Ruhm zu entscheiden, zögerte der begabte Schüler keine Sekunde: Er wählte den Ruhm. So prophezeiten ihm denn seine Lehrmeister, daß er dereinst in einer furchtbaren Schlacht die ersehnte Ehre erlangen werde und daß seine erste wie auch seine letzte Heldentat darin bestünde, einen Hund zu töten. Auch eine Anzahl mythischer Gesetze erlegten ihm die vier Weisen auf: Niemals dürfe er vom Fleisch eines Hundes essen, und wann immer *Setantia* an einem Herd vorbeigehe, müsse er von der dort kochenden Speise kosten.

Kaum war *Setantia* sieben Jahre alt geworden, ging die erste Prophezeiung in Erfüllung. Beim lustigen Ballspiel griff ihn der Hund des Schmieds *Cullen* an. Der Knabe warf seinen Ball in die Schnauze des Hundes und tötete ihn. Als sich *Cullen,* der Schmied, bei *Setantia* wütend über die Tat beschwerte, rief der kleine Held aus: „Ich versprach, für den

Rest meines Lebens der Wachhund von Ulster zu sein." Fortan nannte man ihn *Cu Chulainn* - *Cullens* Hund.

Im Laufe der Jahre mußte der junge Mann weitere schwere Prüfungen bestehen, doch alle Situationen meisterte er mit großem Geschick, heldenhaftem Mut und der ihm verliehenen Zauberkraft. Gern war er am Hofe gesehen, trug dort mit sanfter Stimme Verse vor und war beliebt ob seines edlen Charakters.

Da kam nun die schwerste aller Prüfungen über ihn: Die drei riesenhaften Recken *Thratauna, Trita* und *Apta* forderten *Cu Chulainn* - dessen Kraft auf den Schlachtfeldern gerühmt wurde - zum Kampf heraus. Erschrocken baten ihn alle seine Freunde, von dem selbstmörderischen Unterfangen abzulassen, doch der Held zögerte keine Sekunde, für die Verteidigung seiner Ehre zu kämpfen. Die drei Riesen erwarteten ihn in ihrem Streitwagen, den die Rosse *Rappe von Saingliu* und *Schimmel von Macha* zogen. Ihnen kam der unerschrockene Streiter mit furchteinflößender Bewaffnung entgegengaloppiert: Sein langes Haar flatterte wie eine Fahne im Wind, seine Augen sandten Blitze gegen die Feinde, und sein lauter Schlachtgesang übertönte das Donnern der Hufe. Wie der Wirbelwind kam *Cu Chulainn* über die drei Riesen, geschmeidig, stark und überall zugleich. Rasend vor Zorn metzelte er mit seinen Waffen die Herausforderer nieder, köpfte sie und warf die seelenlosen Körper in den Sand.

Doch der Blutrausch wollte nicht weichen, und am Hofe fürchtete man sein Erscheinen. Doch die Königin von Ulster ersann eine List. Als *Cu Chulainn* eintraf, stellten sich ihm alle Hofdamen splitternackt entgegen, und der Recke schloß - wie es sich gehörte - für einen Moment höflich die Augen. Da konnten ihn die Krieger ergreifen und in eiskaltes Wasser tauchen. So verflog der Taumel des entsetzlichen Kampfes.

In den folgenden Jahren erwarb sich der Held durch seinen Mut den gewählten Ruhm, wurde in vielen Schlachten oft verletzt, doch immer besiegte er seine Feinde. Mit Hilfe des Zauberers *Cu Roi* gelang es ihm und seinen Mannen, in die „Andere Welt" einzudringen, doch als *Cu Chulainn* sich weigerte, die Beute aus jenem Kosmos mit dem Magier zu teilen, grub ihn dieser - mit bösen Mächten im Bunde - bis zu den Schultern ein. Doch unser Recke besaß genügend Kenntnisse der Magie, um sich auch aus dieser Lage zu befreien.

Die dem Held feindlich gesonnene Königin *Medh* sandte einen Fluch aus, der alle Krieger lähmte - nicht aber den tapferen Recken, der *Medhs* Streitmacht mit einer Hand niederwarf. So sandte das rachsüchtige Weib Hexenmeister aus, den Unbesiegbaren zu bezwingen. Und diese erfuhren von den mythischen Gesetzen, die *Cu Chulainn* niemals brechen durfte.

Auf dem Weg in eine neuerliche Schlacht traf der Recke auf drei Zauberinnen, die auf einem Herd am Wegesrand das Fleisch eines Hundes kochten. *Cu Chulainn* kostete unwissend von dem verbotenen Gericht und merkte alsbald, wie seine Kräfte schwanden. In der Schlacht machten ihm seine Gegner fast den Garaus, doch es gelang dem verratenen Helden zu entkommen. An einem Bach wusch er seine Wunden aus, als ein Otter, den man in jenen Tagen auch Wasserhund nannte, herbeischwamm und von dem Blut trank. In wilder Raserei griff der Wasserhund den Helden an und dieser tötete ihn. Nun wußte *Cu Chulainn,* daß auch die letzte Weissagung in Erfüllung gehen wurde. Doch Schwäche wollte er seinen Feinden niemals zeigen, und so band sich der aufrechte Mann an eine Steinsäule, unsd seine Feinde konnten ihn - stehend - töten.

Acht Kilometer westlich von Sligo liegen jeweils auf einer eigenen Halbinsel die beiden winzigen ***Seebäder Strandhill*** und **Rosses *Point.***

Die Umgebung von Sligo ist reich an ***prähistorischen Fundorten;*** 4 km südwestlich befindet sich in Carrowmore der größte megalithische Friedhof der Grünen Insel, viele Dolmen sind allerdings zerstört.

Knocknarea, 7 km südwestlich, ist ein 333 m hoher Gipfel, auf dem ein *Cairn* von 10 m Höhe, ähnlich wie in Newgrange, aufgeschichtet ist.

Ave Maria

Nach Donegal

Von Sligo geht es entlang der N 15 in das 8 km entfernte ***Drumcliff;*** direkt an der Straße befindet sich rund um eine Kirche der Friedhof, auf dem *William Butler Yeats* seine letzte Ruhestätte gefunden hat. Seinen Grabspruch hat er selbst getextet: *Cast a cold eye on life, on death, Horseman pass by.*

Weiter der N 15 folgend, passiert man die nur mäßig interessanten kleinen Seebädchen ***Bundoran*** und ***Ballyshannon*** und gelangt nach 65 km ins Städtchen Donegal.

Tour 7: Der Nordwesten

Überblick

Die gesamte Rundreise hat eine Länge von rund ***600 km.*** Sie führt in den hohen Norden, in das Alaska Irlands, entlang der sturmumtosten Küste. Wahrhaft einzigartig ist ein Besuch der ***Slieve Leagues,*** der höchsten Klippen Europas, die 600 m steil aus dem Atlantik aufragen. Die Strecke führt vorbei an winzigen Weilern wie Glencolumbkille, Ardara, Burtonport.

Ganz im Norden schlängeln sich der ausgeschilderte ***Atlantic Drive*** sowie der ***Fanad Drive*** hoch über der See entlang. Über die einzig größere Ansiedlung Letterkenny und das Dörfchen Glenties geht es zurück nach ***Donegal*** oder hinein nach ***Nordirland.***

Der Angler-Shop Doherty's, Foto: GU

Donegal

Donegal (2500 Einwohner) ist die Verwaltungskapitale der gleichnamigen Grafschaft und Zentrum der Tweed-Industrie sowie Verkehrsknotenpunkt für den Norden der Insel.

Mittelpunkt des geschäftigen Örtchens ist der große, dreieckige Platz The Diamond, auf dem ein 7 m hoher Obelisk die Brüder des lokalen ***Franziskanerklosters*** ehrt. In der Abtei verfaßten und kompilierten im 17. Jh. vier fromme Männer Texte zur frühen Kirchengeschichte Irlands; unsere Kenntnis der Historie jener vergangenen Tage verdanken wir einzig und allein diesen *Annals of the four Masters.*

Einzige Sehenswürdigkeit ist die aus dem 15. Jh. datierende Burg der *O'Donnells,* die im 17. Jh. bedeutende Umwandlungen erfuhr (Juni-Sept. tägl. 10-18 Uhr). Dort, wo der River Eske ins Meer mündet, liegen die Ruinen der Franziskaner-Abtei, die die *O'Donnells* 1474 ins Leben riefen.

Ein wenig außerhalb vom Stadtzentrum an der Straße von Donegal in Richtung Ballyshannon und Sligo gibt es ein kleines *Craft Centre,* in dem man den lokalen Kunsthandwerkern über die Schulter sehen kann. Um die strukturschwachen Gebiete des hohen Nordens für Touristen attraktiver zu machen und damit Arbeitsplätze zu schaffen, hat die *Industrial Development Authority* diese *Craft Village* aus der Taufe gehoben. In einem ansprechenden Gebäude befinden sich ein ganze Reihe von Workshops, in denen „fulltime professional craftworkers" an ihren Produkten arbeiten. So gibt es Töpfer,

Porzellan- und Keramikhersteller, Gold- und Silberschmiede und einen Dudelsackbauer (Mo-Sa 9-18 Uhr, So 11-18 Uhr). Ein kleiner Coffeeshop ist dem Haus angeschlossen.

Tourist Office

- Quay Street.

Unterkunft

- ***The Hyland Central Hotel*****,**
The Diamond, Tel. (073) 21027, Fax 22295;
- ***Abbey House Hotel*****,
The Diamond, Tel. (073) 21014, Fax 21014;
- ***Mrs. Mary Campbell,*** Doonan,
Tel. (073) 21873;
- ***Mrs. Margaret Geary,***
Ballydavitt, Tel. (073) 21052;
- ***Mrs Doreen Keeney,***
Killybegs Road, Tel. (073) 21242;
- ***Mrs. Sheila Gatins,***
Ballyshannon Road, Tel. (073) 21837;
- ***Mrs. Nora MItchell,***
Ballyweel, Tel. (073) 21348;
- ***Mrs. Pearl Timony,***
Killybegs Road, Tel. (073) 21200;
- ***Mrs. Eileen Mulhern,***
Ardlenagh, Tel. (073) 21646;
- ***Ball Hill,*** An-Oige-Jugendherberge,
5 km südlich von Donegal, Tel. (073) 21174;
- ***Donegal Town Independent Hostel,***
IHH-Hostel, Doonan, Tel. (073) 22805.

Restaurants

- Bessere Restaurants nur in den ***Hotels.***
- ***Atlantic Café,*** Main Street, nur bis 21 Uhr, 4-8 Pfund;
- ***Errigal Restaurant,*** Main Street, kleines preisgünstiges Familienunternehmen, 8 Pfund;
- ***The Harbour,*** Quay Street, Pizzen, Pasta, Seafood, sehr gutes Preis-Leistungsverhältnis, 5-7 Pfund;
- ***Belshade Restaurant,*** The Diamond, Restaurant im Kaufhaus *The Magee Shop Donegal,* Seafood und irische Gerichte um 10 Pfund.

Pubs

- ***McGroarty's,*** The Diamond, gemütliche Atmosphäre, sommertags sitzt man auf dem schmalen Bürgersteig;
- ***MacCafarctis Circonaill Bar,*** Diamond Square / Ecke Quay Street, gemütliche Kneipe im Ortszentrum;
- ***The Olde Castle Bar,*** Tirchonail Street, an der Burg, mit angeschlossenem Restaurant, sehr gemütlich;
- ***The Schooner,*** Main Street, regelmäßig Live Sessions.

Rent-a-Bike

- Im Angler Shop Doherty's, Main Street.

Verbindung

- ***Busse*** mehrmals täglich von Sligo, Cork, Dublin, Galway, Killybegs, Limerick.

Killybegs

Von Donegal aus folgt man nun der N 56 Richtung Westen und erreicht bald den Fischerort Killybegs. Seit mit EU-Mitteln der Hafen ausgebaut

Im Hafen von Killybegs

wurde und nun Trawler aus allen Herren Ländern am Pier festmachen, ist in dem 1000 Einwohner zählenden Ort alles auf die ***Fischfangindustrie*** zugeschnitten. Mehrmals in der Woche finden morgens und abends in der Markthalle direkt am Hafen Fischauktionen statt, eindrucksvoll ist es auch, wenn eine Fangflotte gerade unter Sirenengeheul und umflogen von Schwärmen krächzender Möwen in den Hafen einläuft. Leider sucht man in den wenigen örtlichen Restaurants vergebens nach fangfrischen Meeresfrüchten - alles geht gleich in den Export.

Überhaupt hat Killybegs für einen Hafen solcher Größe wenig zu bieten, und nachdem man die Fangschiffe bestaunt hat, zieht es den Besucher rasch weiter zu einem der landschaftlichen Höhepunkte nahebei.

Slieve-Leagues

Anfahrt

Weiter geht es entlang der R 263; wenige Kilometer hinter Killybegs ist ein Sandstrand ausgeschildert, und von einem hochgelegenen Parkplatz an der Straße hat man einen schönen Blick auf das weiße Gestade. In dem kleinen Weiler Carrick weist eine Ausschilderung (Bunglass/Slieve Leagues) links ab zu Europas höchsten Klippen. Zwei unterschiedliche Anfahrtswege führen zu der eindrucksvollen Steilküste.

Slieve-Leagues, die höchsten Klippen Europas

Foto: GU

Variante 1

Ca. 2,5 km hinter Carrick zeigt in einer scharfen Linkskurve ein Wegweiser mit dem Wandersmann-Symbol und der Aufschrift *Slieve Leagues* geradeaus in einen ***Feldweg*** (dieser Pfad ist für größere Wohnmobile nicht befahrbar). Die sehr schmale, schlaglochübersäte Piste windet sich steil den Hügel hoch. Nach einigen hundert Metern geht es rechts ab über eine kleine ***Brücke*** (hier das Schild *road unsuitable for busses),* und ein Stückchen weiter passiert man ein Gatter. Man vergesse nach der Durchfahrt nicht, das ***Gatter*** wieder zu schließen, damit die rechts und links des Weges grasenden Schafe nicht ausreißen! Nach wenigen Minuten Fahrt erreicht man einen kleinen ***Parkplatz*** und ein Warnschild gibt unmißverständlich Auskunft: *Road unsuitable beyond this point.* Der Weg wird sehr bald für Motorfahrzeuge unpassierbar, zudem gibt es keine Wendemöglichkeit!

Vom Parkplatz aus gelangt man nach einer ca. eineinhalbstündigen ***Wanderung*** (gutes Schuhwerk ist vonnöten) entlang eines immer schmaler werdenden Pfads, das letzte Drittel über offenes Gelände, oben auf die Klippen. 600 m über dem Meer schaut man auf die tosende Brandung hinunter, auch hat man die Möglichkeit, weit ins Hinterland zu blicken und erkennt mehrere dunkle Seen.

Variante 2

Diese Anfahrt bietet sich besonders für Fußfaule an. In der besagten Linkskurve von Variante 1 weist ein weiteres

Schild mit der Aufschrift *Bunglass/The Cliffs* und dem Symbol für einen Aussichtspunkt den Weg zu den Klippen.

Auf der linken Straßenseite achte man nun auf ein rostbraun gestrichenes Haus, in dem sich der ***Pub The Rusty Mackereel*** befindet, ca. 150 m weiter geht ein Sträßchen nach rechts ab. Die schmale Trasse schraubt sich steil den Hügel hoch, man passiert ein ***Gatter*** und kommt nun durch den Weiler Bunglass. Nach einigen Minuten Fahrt endet die Straße an einem kleinen ***Parkplatz,*** nur wenige Schritte, und man ist am Rand der Klippen. Atemberaubend ist die Aussicht auf die grandiose Steilküste.

Klippenwanderung

Am Parkplatz beginnt auch der Wanderweg *The One Man's Path,* der - wie der Name schon sagt - so schmal ist, daß keine zwei Personen nebeneinander passen. Der Weg führt direkt an der Abbruchkante entlang und ist an einigen Stellen nicht ungefährlich, vor allem ***muß man schwindelfrei sein,*** will man den Pfad begehen. Bergschuhe und Bergwander-Equipment sind unerläßlich.

Glencolumbkille

Zurück zum Örtchen Carrick, geht es weiter auf der R 263 zu dem kleinen Dorf Glencolumbkille. Auf dem Weg dorthin passiert man die Seen, die man hoch oben von den Klippen gesehen hat, Schafe grasen an den Fahrbahnrändern, und überall sind Torfstecher bei der Arbeit.

Mit dem ca. 150 Seelen zählenden Dorf Glencolumbkille hat es eine besondere Bewandtnis: Um in dem strukturschwachen Gebiet die Abwanderung der jugendlichen Bewohner zu verhindern und den Ort vor dem Aussterben zu bewahren, gründete vor einigen Jahren der Gemeindepfarrer *James McDyer* eine lokale Kooperative zur Ankurbelung des ***Fremdenverkehrs;*** eine Anzahl von Ferienhäusern im Cottage-Stil entstand, und die Bewohner erinnerten sich ihrer kunsthandwerklichen Fähigkeiten. Des weiteren wurde ein ***Folk Museum*** eingerichtet; der Besucher hat die Möglichkeit, in vier unterschiedlich großen, vollständig eingerichteten Cottages die Lebens- und Alltagsumstände der Bewohner im letzten Jahrhundert nachzuvollziehen.

Während der ***Summer Colleges*** kann man die gälische Sprache erlernen sowie an Folk Sessions und Tanzunterricht teilnehmen. Genaue Auskünfte erhält man im nur sommertags geöffneten Tourist Office.

Glencolumbkille hat einen schönen Sandstrand, und in der näheren Umgebung findet man eine Anzahl Relikte aus der frühchristlichen Ära Irlands, so z. B. viele ***verzierte Steine*** aus dem 7. und 8. Jh.

Das *Lacehouse Restaurant* der örtlichen Kooperative liegt oberhalb vom Tourist Office, und nahe am Museumsdorf befindet sich das IHH-Hostel *Dooey Hostel,* (Tel. 073/30130); die Crossroad Bar *Bridget McShane, Roarty's Bar* und die *Glenhead Tavern* haben ***Live Music*** im Angebot. Fährt man vom Folk Museum noch für ca. 3 km weiter die Küste entlang, so erreicht man das einsam gelegene Hotel *Ostan,* das ein Restaurant und eine Bar besitzt. Von den Zimmern hat man eine gute Aussicht auf das windgepeitschte Meer.

Ardara

Weiter geht es von Glencolumbkille über schmale, unklassifizierte Straßen in Richtung Ardara. Ab und an erkennt man nahe der Straße die traditionellen ***strohgedeckten Cottages,*** die auch heute in diesem armen Landstrich noch immer bewohnt sind.

Die Straße windet sich in Haarnadelkurven den Berg hoch, rechts und links bestanden von einem dichten Nadelholzwald. Dieser Streckenabschnitt ist der ***Glengesh-Paß,*** der über die Common Mountains führt. Am höchsten Punkt hat man einen atemberaubenden Blick in das tief unten liegende Tal von Ardara, und in engen Serpentinen führt die Straße extrem steil nach unten.

Typisches Straßenbild im hohen Norden

Ardara (650 Einwohner) gilt als das Zentrum für den berühmten ***Donegal-Tweed;*** in etlichen Crafts Shops kann man sich mit dem edlen Tuch eindecken, und in den Webereien hat der Besucher die Möglicheit, beim Produktionsprozeß zuzuschauen.

Ardara hat auch einen guten Namen für ***Folk Sessions,*** *Local Hero* der örtlichen Musik-Szene ist der mehrfache irische Fiddler-Champion *John Gallagher,* der während der Hauptsaison mehrfach wöchentlich in den verschiedenen Pubs des Örtchens aufspielt.

Unterkunft

- ***Nesbitt Arms Hotel*****, Tel. (075) 41103, Fax 41103;
- ***Mrs. Marian Bennett,*** Portnoo Road, Tel. (075) 41145;
- ***Mrs. Susan McConnell,*** Killybegs Road, Tel. (075) 41168;
- ***Mrs. Eileen Malloy,*** Portnoo Road, Tel. (075) 41129;
- ***Mrs. Therese Campbell,*** Hillhead, Tel. (075) 41246.

Restaurants & Pubs

- ***Woodhill House,*** in einem alten Country-Haus, schöne Ausblicke auf die Highlands, 12 Pfund;
- ***Nancy's Bar,*** wohl die kleinste Kneipe Irlands, besteht seit 200 Jahren, trotz der geringen Grundfläche regelmäßig Folk Sessions;
- ***Central Bar,*** gemütliche Kneipe mit offenem Kamin, der Wirt spielt manchmal selbst auf;
- ***Doherty's,*** guter Pub Grub.

Rent-a-Bike

- ***Byrnes of Ardara,*** am Ortseingang in einem Privathaus.

Verbindung

- ***Busse von Donegal*** nur einmal die Woche und zwar am Freitag;
- ***Busse von Killybegs*** nur an Werktagen mehrmals am Tag.

Portnoo, Rossberg

Von Ardara folgt die Route der R 261, biegt aber alsbald, den Ausschilderungen Portnoo und Rossbeg folgend, gen Westen ab. Die beiden kleinen Streusiedlungen haben nahebei mehrere schöne ***Sandstrände,*** und ***Hochseeangler*** können hier Bootstouren buchen.

Dunglow

Weiter der R 261 entlang, mündet diese in die N 56, und es geht Richtung Norden zum Städtchen Dunglow (900 Einwohner), das sich stolz die Hauptstadt der Rosses - so heißt die rauhe, naturbelassene Landschaft der Umgebung - nennt. Geschäfte reihen sich beiderseits der sehr langen Hauptstraße.

Ende Juli/Anfang August geht es beim ***Festival Mary of Dunglow*** hoch her; in den Pubs ist die Sperrstunde aufgehoben, überall in den Straßen wird musiziert und getanzt, und zum Abschluß steht die Wahl der Miss Dunglow an. Das Städtchen hat nicht sonderlich viel Atmosphäre, und, sieht man einmal von dem Festival ab, das nur ins Leben gerufen wurde, um den Fremdenverkehr zu fördern, keinerlei Attraktionen.

Traumstrand im hohen Norden

Burtonport

Interessanter ist da schon der kleine Hafenort Burtonport, der nach 8 km auf der R 259 erreicht ist. Angeblich werden an keinem anderen Pier in Irland mehr Lachse und Hummer umgeschlagen als in Burtonport – schaut man auf den wahrhaft ***winzigen Hafen,*** so kommen Zweifel an dieser Behauptung auf.

Ein Bier oder ein Pub Grub lohnen in der Hafenkneipe *O'Donnell* oder in der *Skipper's Tavern.* Im *Harbour Bar Restaurant* sowie in *Kelly's Arran Bar* gibt es preisgünstige Mahlzeiten, der *Lobster Pot* bietet frische Meeresfrüchte ab 8 Pfund, und direkt am Pier sorgt das B & B *McGinley* für Unterkunft.

Aranmore-Insel

Burtonport ist Ausgangspunkt für eine Überfahrt zu der Aranmore-Insel; eine kleine ***Autofähre*** verkehrt sechsmal am Tag hin und zurück (sonntags nur viermal), die Mitnahme des Wagens auf das 10 km² große Eiland lohnt jedoch nicht. Mit rund 1000 Einwohnern ist die Insel recht dicht besiedelt, doch konzentrieren sich die Häuseransammlungen an der Südostküste. Die westlichen und nördlichen Regionen sind sehr einsam.

Den besten Aussichtspunkt auf die Klippen und das Meer hat man vom ***Leuchtturm,*** der am nördlichen Zipfel des Eilands die Schiffsrouten sichert, nahebei erstreckt sich auch einer der schönsten Strände. Da es keine Polizeistation gibt, tragen die wenigen Autos keine Steuerplakette, und Sperrstunden in den Pubs, z. B. in *Coxe's Bar,* sind unbekannt. Unterkunft bieten das preiswerte *Gien Hotel,* Tel. (075) 21505, ein paar B & B sowie eine nicht telefonisch zu buchende An-Oige-Jugendherberge.

Crolly

Von Burtonport führt die R 259 in einem großen Bogen zu der unattraktiven Streusiedlung Crolly.

Am Beginn des Weilers, von Burtonport kommend, ist ***Leo's Tavern*** ausgeschildert, die Attraktion des Ortes. Der Pub wird von *Leo Brennan,* dem Vater von drei Mitgliedern der Folkrock-Gruppe *Clannad* geführt. Mitte Juli, zur Jack's Fair, gibt es das Beste an Musik weit und breit, auch zu anderen Zeiten verspricht ein Schild: *Live Music Every Night, Home of Good Music, Bar Snacks and Seafood.* Noch ein Geheimtip ist bei Crolly das *Screag an Iolair Centre* (Creative Arts Centre), ein ***Hostel,*** 5 km von Crolly und 8 km von Dungloe gelegen; ideal zum Bergwandern. Der *Warden Eamonn Jordan* hält Kurse in Irisch, Traditional Irish Music und Meditation ab; genaue Adresse: *An Tor, Crolly,* Co. Donegal, Tel. (075) 48593, bei Anruf wird man abgeholt.

Tory-Insel

Von Crolly geht es über die R 257 nach ***Bunbeg,*** entlang der Straße reihen sich endlos die Flachbauten mit B-&-B-Unterkünften aneinander.

Mehrmals in der Woche verkehrt ein ***Postboot*** von Bunbeg zu der 20 km vor der Nordküste liegenden Tory-Insel (Fahrten je nach Wetterbedingungen, telefonische Auskünfte im Post Office von Bunbeg unter der Nummer 072/31055).

Auf das 200 Seelen zählende Eiland verirren sich nur wenige Besucher, zwei Häuseransammlungen - ***East Town*** und ***Westtown*** - haben einige wenige Food Stores sowie ein paar B & B. Im Winter, wenn der Atlantik im Tory-Sund tobt und hohe Brecher an die Klippen der Südwestküste anbranden, kann die Verbindung zum Festland manchmal wochenlang nur per Hubschrauber gehalten werden.

Foto: WS

Insel Inishbofin

Weiter geht es von Bunbeg entlang der R 257 nach Norden; der Zipfel, der hier ins Meer ragt, wird ***Bloody Forehead*** genannt, da während des abendlichen Sonnenuntergangs die Felsen rötlich schimmern sollen.

Bald ist nun ***Gortahork*** erreicht, wieder eine der vielen Streusiedlungen im County Donegal.

Wenige Kilometer nordwestlich des Örtchens befindet sich an einem langen Sandstrand der Magheraroarty-Pier. Hier kann man mit den Fischern eine ***Überfahrt zur Insel*** Inishbofin (nicht zu verwechseln mit dem gleichnamigen Eiland in der Beschreibung von Tour 6) aushandeln. Der kleine Felsbuckel im Meer ist nur während der Sommermonate von etwa 40 Personen bevölkert, deren Haupteinnahmequelle der Fischfang ist. Es gibt keine Geschäfte oder Unterkünfte auf dem Eiland. Wer mehrere einsame Tage dort verbringen möchte, decke sich mit Campingartikeln und Verpflegung ein.

Dunfanaghy

Von Gortahork führt die N 56 entlang der Küste zu dem Dörfchen Dunfanaghy, ebenfalls ein typischer Donegal-Weiler. Über eine 6 km lange Stichstraße gelangt man vorbei an Mooren zu den 200 m hohen ***Klippen von Horn Head.*** Weiter der N 56 folgend und vorbei am Ards Forest Park - ein Abstecher lohnt sehr -, führt ab dem Örtchen Creeslough die

R 245 nach ***Carrickart.*** Hier beginnt der ausgeschilderte *Atlantic Drive.*

Atlantic Drive

Die 12 km lange Panoramastrecke sollte man unbedingt mit dem ***Fahrrad*** entdecken. (Vermietung bei *Charlie Coyle,* leider ist das Rent-a-Bike-Büro nicht leicht zu finden: 2 km vor Carrickart liegt an der R 245 von Süden kommend auf der rechten Seite das kleine weiße Haus von Mr. Coyle; ein besserer Orientierungspunkt ist die schräg gegenüber gelegene Autowerkstatt mit Tankstelle, hier bekommt man freundlich Auskunft).

Über die R 248 geht es nach ***Downies,*** während der Fahrt hat man gute Ausblicke aufs Meer und die gegenüberliegende Fanad-Halbinsel. Am schönen Strand von Downies verschandeln die endlosen, tiefgestaffelten Caravansiedlungen für die nordirischen und englischen Touristen das Landschaftsbild jedoch beträchtlich.

Ein Stückchen hinter Downies achte man auf das nach links in eine Stichstraße weisende Schild ***„Singing Pub“,*** in der Taverne gibt es regelmäßig Folk Sessions. Ca. 3 km weiter sorgt die An-Oige-Jugendherberge *Tra na Rosann* (Tel. 074/ 55374) für Unterkunft, ein schöner Sandstrand liegt direkt vor der Haustür.

2 km weiter taucht ein weiterer einladender, weißer Strand auf, den man jedoch unbedingt meiden sollte, eine große Warntafel weist auf die Gefahren hin. Schon der gälische Name *Boveeghter* – ***Mörderloch*** – spricht eine mehr als deutliche Sprache, gefährliche Strömungen ziehen selbst den guten Schwimmer auf das offene Meer.

Wenige Meter weiter ist die Trasse zu Ende und zum ***Melmore Head,*** dem nördlichsten Zipfel der Halbinsel, geht es nur per pedes weiter.

Fanad-Halbinsel

Rathmelton

Zurück in Carrickart, führt die R 245 über Millford nach Rathmelton – und hier beginnt der 80 km lange, ausgeschilderte ***Fanad Drive,*** die Rundfahrt auf der Fanad-Peninsula. Man sollte unbedingt der hier vorgeschlagenen Route folgen. Zwar könnte man schon von Millford gen Norden und im Uhrzeigersinn den Fanad Drive befahren und damit einige Kilometer einsparen, doch dagegen spricht ein Grund, der sich allerdings erst während der Tour offenbart.

Rathmullan

Von Rathmelton (leider kein Fahrradverleih; wer die Tour auf der Fanad-Peninsula radelnd zurücklegen möchte, findet nur in Letterkenny Mietfahrräder, s. u.) geht es entlang der R 247 zum Örtchen Rathmullan, das mit seiner netten Häuserreihe entlang der Seefront recht heimelig und gemütlich wirkt. Zum Schwimmen und Baden eignet sich der Strand leider nicht, da zwei Abwasserrohre den Unrat des Dorfes hier ins Meer leiten.

Im Hafen

Ca. 2 km vor dem Ortseingang lockt das *Water Edge Restaurant* mit seinen guten Meeresfrüchten, und in *Murray's Bar* kann man seinen Durst löschen. Am winzigen Hafen befindet sich das *Pier Hotel* und daneben der Pub *The Coachman's Inn*. Mitten im Ort ragt die ***Ruine eines Klosters*** auf, das im Jahre 1508 für den Karmeliterorden errichtet, aber schon 1595 geplündert wurde. Danach diente es als Armeeunterkunft, und ab 1618 residierte ein Bischof in den Gemäuern.

In der kleinen Befestigungsanlage am Hafen macht das *Heritage Centre* „The Flight of the Earls" mit der Geschichte des hohen Nordens und den Ursprüngen des Nordirland-Konfliktes bekannt.

Portsalon

Weiter führt nun eine unklassifizierte Straße in Richtung auf Portsalon zu. Die Straße ist auf den ersten Kilometern dicht mit Bäumen bestanden, so daß kaum Blicke auf das Meer möglich sind. Dann jedoch geht es steil bergauf, und die Trasse folgt dem Küstenverlauf – nun hat man eine gute Aussicht auf die See und die gegenüberliegende Inishowen-Halbinsel.

Sechs Kilometer vor Portsalon biegt man dann um eine Felsnase, und dem Fahrer bietet sich ein wahrhaft atemberaubender ***Ausblick:*** Tief unten leuchtet ein mehrere Kilometer langer, elegant geschwungener ***Sandstrand*** vor den türkisblauen Fluten. Eine Ausbuchtung am Straßenrand sorgt dafür, daß man in Ruhe diesen landschaftlichen Höhepunkt betrachten kann. Wäre man die Strecke in umgekehrter Richtung gefahren, hätte man diese Aussicht höchstwahrscheinlich nicht bemerkt. Das Gestade ist sicherlich das schönste von ganz Irland.

In Serpentinen windet sich die Straße steil nach unten; am Strand angekommen, weist ein Schild den interessierten Besucher darauf hin, daß hier regelmäßig die Beschaffenheit des Wassers mittels Analyseproben kontrolliert wird.

Ein Stückchen weiter dann ist das winzige, aber sehr freundlich wirkende Dörfchen ***Portsalon*** erreicht, das am Ortseingang einen kleinen Strand mit zugehörigem Picknickplatz sowie einen Neun-Loch-Golfplatz zu bieten hat. Am Pier von Portsalon befinden sich ein weiterer kleiner und geschützter Strand sowie das Pier Restaurant und das immer noch grandios anzuschauende, allerdings völlig verfallene ehemalige Strandhotel. Seltsamerweise stört die Ruine das Gesamtbild überhaupt nicht. In Portsalon können kleine Ferienhäuschen gemietet werden, einige B & B sind ebenfalls vorhanden.

Fanad Head

Weiter geht es gen Norden auf unklassifizierten Straßen und vorbei an einem Café. Nach ca. 6 km weist eine Ausschilderung nach rechts, und es geht ungefähr 1,5 km eine Schot-

Auf der Fanad-Halbinsel

terpiste entlang zu dem *The Arch of Doaghbeg* genannten, riesigen Felsbogen, der an der Steilküste in der Brandung steht. Wenige Minuten Fahrt, und man gelangt zum Fanad Head, der mit einem Leuchtturm bewehrt ist.

Wer Hunger oder Durst verspürt, kann nahe dem Leuchtturm in der *Lighthouse Tavern* etwas trinken oder bekommt über Mittag eine Reihe von Pub Grubs serviert.

Carrowkeel

Im weiteren Verlauf führt der ausgeschilderte Fanad Drive wieder nach Süden zum Örtchen Carrowkeel. Kurz bevor man das Dorf erreicht, hat man einen guten Blick auf die Broad Water Bay und die dahinterliegende Rosguill-Halbinsel.

Carrowkeel hat das beste Musikangebot auf der Fanad-Peninsula, so z.B. in der *McGinley Bar,* nahebei das Familienrestaurant *The Village Inn.*

Letterkenny

Entlang der Küstenstraße geht es über Millford und Rathmelton nun „in einem Rutsch" über die R 245 nach Letterkenny, dem ökonomischen Zentrum des County Donegal.

Die über 5000 Einwohner zählende Stadt und damit die Metropole Donegals eignet sich gut als Standquartier, um das Inland oder den Norden zu erkunden. Sehenswürdigkeiten gibt es keine, und die Stadt hat auch wenig Atmosphäre.

Das mag vielleicht an der ***extrem langen Hauptstraße*** liegen, an der rechts und links die Häuser und Geschäfte au[illegible]eiht sind. Aus der Not eine Tugen[illegible]chend, brüstet sich Letterkenny, die längste Main Street aller irischen Orte zu haben - was mit Sicherheit keine Lüge ist!

Alljährlich im Juli startet in Letterkenny die ***Donegal International Motor Rally,*** zu der alle Tourenwagenbegeisterten pilgern, und im August dann findet das ***Letterkenny International Folk Festival*** statt, zu dem auch ausländische Interpreten immer gerne kommen.

Tourist Office

- Ca. 2 km außerhalb des Zentrums an der Straße nach Derry, Tel. (074) 21160, Fax 25180.

Unterkunft

- ***Mount Errigal Hotel*****,** Ballyraine, Tel. (074) 22700, Fax 25085;
- ***Gallagher's Hotel****,** Upper Main Street, Tel. (074) 22066, Fax 21016;
- ***Mrs. Jenny Bradley,*** Kilmacrennan Road, Tel. (074) 22090;
- ***Mrs. Sandra Carron,*** Rathmelton Road, Tel. (074) 24310;
- ***Mrs. Rosaleen Gill,*** Convent Road, Tel. (074) 22330;
- ***Mrs. May Herrity,*** Leck Road, Tel. (074) 21570;
- ***Mrs. Margret Maguire,*** Sligo Road, Tel. (074) 22300;
- ***Mrs. Claran Neary,*** Rathmelton Road, Tel. (074) 22403;
- ***Mrs. Maureen McCleary,*** Rathmelton Road, Tel. (074)24393;
- ***The Manse Hostel,*** IHH-Hostel, Main Road, Tel. (074) 25238;

Am Fanad Head

Restaurants

- ***The Mews Restaurant*** **,** Lower Main Street, in einem Hinterhof neben dem Pub McGinley's, freundliches kleines Restaurant mit französischem Einschlag, bis 12 Pfund;
- ***Taj Mahal,*** Upper Main Street, preiswertes indisches Restaurant, bis 8 Pfund;
- ***Castle Grove Country House and Restaurant,*** an der R 245 Richtung Rathmelton, ca. 4,5 km außerhalb von Letterkenny, elegantes georgianisches Haus mit eigenem Park, gut und teuer;
- ***Carolina House Restaurant***, Loughnagin, nettes und gutes Lokal, über 8 Pfund;
- ***Pat's Pizza,*** Market Street, am Schnittpunkt von Upper and Lower Main Street, sehr populäre und gute Pizzeria, 4-8 Pfund.

Pubs

- ***Cottage Bar,*** Upper Main Street, neben der Post, regelmäßig Live Music;
- ***McGinley's,*** Lower Main Street, sehr gemütliche Pub-Atmosphäre um den runden Tresen, beliebteste Kneipe im Örtchen, regelmäßig Live Music;
- ***Downtown,*** Lower Main Street, in der Saison regelmäßig Live Music;

Rent-a-Bike

- ***Church Street Cycles,*** Church Street.

Verbindung

- ***Busse*** mehrmals täglich von Dublin, Cork, Limerick, Sligo, Donegal und Galway.

Glenveagh-Nationalpark

Nordwestlich von Letterkenny, erreichbar über die R 250 und R 251 (ausgeschildert), erstreckt sich rund um den Lough Veagh der erst 1986 eingeweihte und 10.000 ha große Glenveagh-Nationalpark und lockt mit seiner reichen Vegetation die Besucher an. Naturlehrpfade und viele Wanderwege durchziehen das geschützte Areal. Im ***Visitor's Centre,*** am Nordostende des Lough Veagh, bekommt man Informationen zur Flora und Fauna. Vorsichtshalber sollte man bei Touren in die Umgebung das Ziel und die ungefähre Rückkehrzeit im Visitor's Centre hinterlassen.

3 km vom Besucherzentrum entfernt liegt am Seeufer das aus dem 19. Jh. datierende ***Schloß Glenveagh Castle,*** dessen historische Ausstellung besichtigt werden kann. Ein kleines Café befriedigt leibliche Genüsse. Bis vor einigen Jahren gehörte das Anwesen einem Amerikaner irischer Abstammung, der die umgebenden Ländereien an den Staat verkaufte, Schloß und zugehörige Gärten aber dem irischen Volk stiftete (Ostern bis Okto-

Der Glenveagh-Nationalpark

Die gepflegten Gartenanlagen von Schloß Glenveagh mit ihren vielen ***exotischen Pflanzen*** stehen im starken Kontrast zu der umgebenden Bergwelt des Nationalparks. Die Hügelflanken und die Täler sind mit Torfmoosen und Heidekräutern bewachsen, während des Frühjahrs und auch im Sommer geben die blühenden Pflanzen dieser eintönig grünen Decke eine Menge Farbtupfer, dann erstrahlen der Blutwurz *(Potentilla erecta)* und die Moorlilie *(Narthecium ossifragum)*. Drei kleine Regionen des Nationalparks sind mit Eichen und Birken bewaldet, ein gezieltes Aufforstungsprogramm ist im Gange. Zwischen den Bäumen wächst der Hautfarn *(Hymenophyllum)*.

Reich ist die ***Vogelwelt,*** Kolkraben *(Corvus corax)* und Moorschneehühner *(Lagopus scoticus)* sind in dieser Bergkette heimisch. Geübte Ornithologen erkennen aber auch den Wanderfalken *(Falco peregrinus)*, den *Merlin (Falco columbarius)*, Wiesenpieper *(Anthus pratensis)* und das Schwarzkehlchen *(Saxicola torquata)*. Seit langem äst hier auch die größte Population an Rotwild der Art *Cervus elaphus;* schon seit dem 19. Jh. schützt die Tiere ein fast 50 km langer Zaun.

Im Lough Veagh tummeln sich viele ***Fische,*** vor allem *Seeforellen (Salmo trutta lacustris)*, geringer ist der Bestand an Meerforellen *(Salmo trutta trutta)*, doch selbst Lachse *(Salmo salar)* sind vorhanden. Das Angeln ist erlaubt, allerdings nicht vom Ufer aus, sondern nur vom Boot.

ber 10.30-18.30 Uhr, Juni bis August So bis 19.30 Uhr, September/Oktober Mo geschlossen).

Grianan of Aileach

Unbedingt sollte man von Letterkenny eine ca. 30 km lange ***Fahrt*** in Richtung Londonderry unternehmen und das Steinfort *Grianan of Aileach* – "Palast der Sonne", so die Übersetzung des gälischen Namens - besuchen. Von der Hauptstraße N 13 weist eine Ausschilderung nach rechts, und über ein 5 km langes Sträßchen erreicht man die eindrucksvolle Befestigungsanlage.

Die runde ***Steinmauer*** ist 4 m dick und 5 m hoch und entstand wahrscheinlich im 1. oder 2. nachchristlichen Jahrhundert. Vom 5. Jh. dann diente Grianan für 700 Jahre als Sitz der lokalen Könige und wurde im 12. Jh. vom Herrscher von Munster als Rache für den Angriff auf seinen Königssitz zerstört. Wie die ***Legende*** überliefert, befahl er seinen Mannen, daß jeder einen Stein mitnehmen müsse. 1870 renovierte ein gewisser *Dr. Bernhard* aus Derry mit viel Engagement das Ringfort. Ihm verdanken wir die heute intakte Anlage.

Von den Mauern des Ringforts hat man einen ***phantastischen Ausblick*** auf die grüne, leichtgewellte Hügellandschaft, dann weiter über den Lough-Swilly-Fjord bis zur Fanad-Halbinsel.

Von hier aus nun ist es nur noch ein Katzensprung bis nach ***Derry,*** ins krisengeschüttelte ***Nordirland.***

Glenties

Zurück zum Ausgangspunkt der Tour nach Donegal, geht es von Letterkenny nun die R 250 in Richtung Südwesten vorbei an einer grünen Hügellandschaft auf das sympathische Dörfchen Glenties zu. Glenties ist in der Vergangenheit mehrfach zum saubersten Örtchen der Region gekürt worden, so teilt es das Ortseingangsschild *(Glenties Tidy Town Winner)* dem Besucher mit.

Attraktion ist das erst vor wenigen Jahren eröffnete ***Museum and Heritage Centre*** (Juni bis September Mo-Fr 11-13, 14.30-17 Uhr, Sa/So 14.30-18 Uhr), das eine Vielzahl von Exponaten zur lokalen Kulturgeschichte aufbewahrt.

Unterkunft

- ***Highland Hotel*****, Tel. (075) 51222, Fax 51564;
- ***Mrs. M. McCafferty,*** Tel. (075) 51113;
- ***Mrs. J. Porter,*** Tel. (075) 51291;
- ***Mrs. M. Ward,*** Tel. (075) 51223;
- ***Mrs. T. O'Donnel,*** Tel. (075) 51262.
- ***Campbell's Holiday Hostel,*** IHH-Hostel, Tel. (057) 51491;

Restaurants & Pubs

- ***Malloy's,*** während der Saison fast täglich Live Music;
- Restaurant vom ***Highland Hotel;***
- ***John Joe's Bar,*** ab und an Folk;
- ***Paddy's Bar,*** guter Pub Grub, Folk und ein ***B & B;***

Verbindung

- ***Bus von Dublin und Donegal*** nur freitags;
- ***Bus von Killybegs*** werktags mehrmals täglich.

Das Steinfort Grianan of Aileach

Foto: GU

Tour 8: Entlang des River Shannon

Überblick

Diese Tour führt entlang der schiffbaren Strecke des Shannon durch die ***zentrale Kalksteinebene*** der Insel. Landschaftliche Höhepunkte darf man nicht erwarten; die Region ist fruchtbar und grün, auf Dauer damit aber auch eintönig und langweilig. Vorbei an kleinen Örtchen rechts und links des Shannon passiert man die beiden einzig bemerkenswerten Städte ***Carrick-on-Shannon*** und ***Athlone.***

Mit dem Auto oder mit öffentlichen Verkehrsmitteln lohnt es sich nicht, diese Streckentour abzufahren. Die Region bietet nur demjenigen etwas, der ***mit dem Kabinenkreuzer*** auf dem Shannon und den vielen Seen kreuzen möchte.

Der Shannon

Mitten durch die zentrale irische Kalksteinebene (wegen der zahlreichen Seen auch die ***irische Seenplatte*** genannt) und vorbei an sattgrünen Feldern und Wiesen schlängelt sich der längste Fluß Irlands, der Shannon, bis er hinter Limerick in den Atlantik mündet. In seinem Verlauf bildet er Hunderte von kleinen Seitenarmen und verbreitert sich an mehreren Stellen zu großen Seen; von Nord nach Süd: Lough Allen, Lough Key, Lough Boderg, Lough Bofin, Lough Forbes, Lough Ree und Lough Derg.

Im Verlauf der Historie kämpften die einzelnen Stämme immer wieder um die Herrschaft über diese Wasserstraße, die Wikinger zogen mit ihren Booten entlang des Shannon zu Raubzügen ins Hinterland aus, die Anglo-Normannen und später die

Mit dem Hausboot auf dem Shannon

Briten sicherten sich ebenfalls mit Waffengewalt die Kontrolle über den Fluß und seine Seen. Im Jahre 1925 verabschiedete die Regierung des erst wenige Jahre unabhängigen Irlands die *Shannon Bill,* mit der der Fluß zur Energiegewinnung genutzt werden sollte, um dem Import britischer Kohle zu entgehen.

Der Shannon entspringt im County Cavan, im sogenannten *Shannon Pot,* und ist bis zu seiner Mündung bei Limerick 368 km lang; die Quelle liegt 152 m über NN. Auf den ersten 15 km bis zum Lough Allen beträgt der Höhenunterschied 104 m, von Drumshanbo bis Killaloe fällt die Wasserstraße nur um 18 m ab, und von Killaloe bis Limerick beträgt das Gefälle 30 m. Von Drumshanbo im Norden bis Killaloe im Süden kann der Fluß von Booten befahren werden; rechnet man alle Seitenarme und die Seen zusammen, so kommt der Hobbykapitän auf eine Gesamtstrecke von 1800 km, die mit dem Kabinenkreuzer zu entdecken sind.

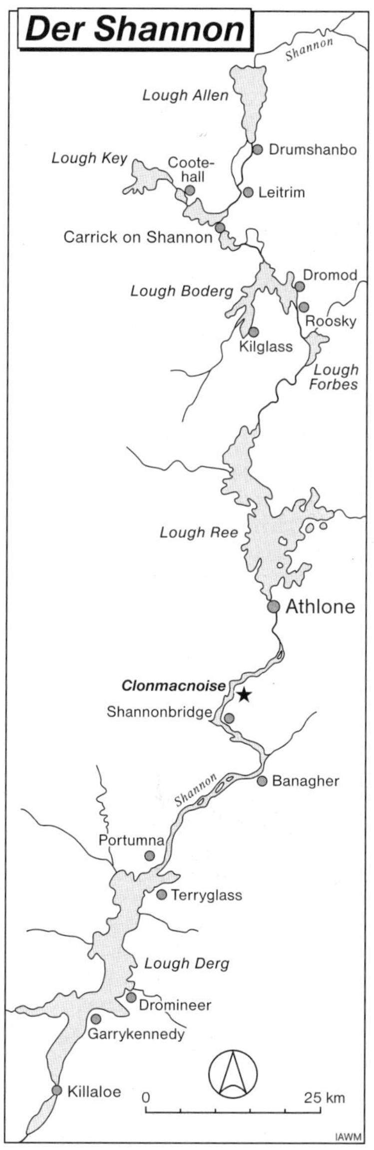

Bootsfahrt von Nord nach Süd

Modalitäten

Die einzigen nennenswerten Städte sind Carrick-on-Shannon und Athlone. Hier kann man auch Kabinenkreuzer mieten, ein Motorbootführerschein ist nicht erforderlich, das Mindestalter muß jedoch 21 Jahre betragen. Es empfiehlt sich aber vor allem während der Hauptsaison, bereits in

Deutschland ein Boot gebucht zu haben. Auf einer kleinen Probefahrt wird man in alle technischen Details eingeweiht und bekommt eine detaillierte Karte, auf der Tankstellen, Anlegeplätze, Untiefen, Schleusen, Pubs und Restaurants eingezeichnet sind. Die besten Stützpunkte für Bootsanmietungen sind wegen ihrer günstigen Lage und der damit verbundenen vielen Möglichkeiten, unterschiedliche Regionen kennenzulernen, die Orte Banagher und Athlone.

Routen

Je nach Übergabeort des Bootes und nach Zeit lassen sich die folgenden Touren unternehmen:

- ***Von Carrick-on-Shannon*** hat man die Möglichkeit, den Lough Key zu erkunden, interessanter noch ist es, durch den Lough-Allen-Kanal entlang der Ufer des Allen-Sees zu kreuzen; gen Süden geht es in den Lough Boderg, wo eine Fahrt auf dem teilweise schiffbaren Mountain River lohnt. Abwechslungsreich ist auch die kanalisierte Strecke über den Lough Bofin bis in den Lough Ree.
- ***Von Athlone*** nach Norden geht die Fahrt ebenfalls in den Lough Ree, nicht versäumen sollte man einen Besuch auf Hare Island. Die meisten Skipper aber wird es von Athlone gen Süden nach Clonmacnoise, der berühmten frühchristlichen Klostersiedlung, ziehen.
- Das Örtchen ***Banagher*** liegt günstig sowohl für Fahrten über Clonmacnoise nach Norden in den Lough Ree als auch gen Süden in den Lough Derg.
- Von ***Killaloe*** geht es in den Lough Derg, wo der sicher schönste Anlegeplatz am Örtchen Garrykennedy liegt (häufig überfüllt).

Drumshanbo

Sehr schön am Südende des Lough Allen liegt das kleine Dorf Drumshanbo (500 Einwohner) mit seinem heimeligen Ortskern. Alljährlich im Juni findet ein ***Tanz- und Folk-Festival,*** das *Drumshanbo Festival of Irish Traditional Music, Song and Dance* auf den Straßen und in den Pubs statt. Dann liegen die Kabinenkreuzer in dichten Reihen am Anlegeplatz.

Wer nach mehreren Tagen auf dem engen Boot nach körperlicher Ertüchtigung sucht, sollte mit dem Fahrrad von Drumshanbo auf der ausgeschilderten, 48 km langen ***Leitrim Scenic Lakeland Tour*** den Lough Allen entgegen dem Uhrzeigersinn umrunden. Die Strecke führt sehr schön an den Gestaden des Sees entlang.

Tourist Office

- Im B & B von Mrs. Mooney, High Street/ Ecke Carrick Road.

Unterkunft

- ***Mrs. M. Heron,*** Tel. (078) 41260;
- ***Mrs. M. Costello,*** Tel. (078) 41243;
- ***Mrs. B. McKeaon,*** Tel. (078) 41106;
- ***Mrs. E. Mooney,*** Tel. (078) 41013;
- 2 km außerhalb Richtung Carrick kann man nahe dem See kleine ***Cottages*** mieten.

Restaurants

- Schlechte Versorgungslage; 2 km außerhalb in Richtung Carrick gibt es an der Ferienhaussiedlung das preisgünstige Restaurant ***McGuire's.***

Pubs

- **Berry's Tavern,** High Street, gemütliche Kneipe;
- **Conway's,** The Square, sehr gemütlicher Pub, erste Adresse für irische Live Music im Orte;
- **Monica's,** High Street, regelmäßig Traditional Music.

Rent-a-Bike

- In der Garage in der Convent Street.

Verbindung

- **Bus** von Sligo nur werktags;
- **Busse** von Dromod und Carrick-onShannon nur an Werktagen.

Die Marina von Carrick-on-Shannon

Leitrim

Entlang der R 281 geht es gen Süden; nach wenigen Minuten Fahrt ist der Weiler Leitrim erreicht. Das Straßendörfchen wird von einem ***Kanal*** durchflossen, dessen Bootsverkehr man schön vom unmittelbar daneben gelegenen Pub *G. W. Carthy* beobachten kann.

Carrick-on-Shannon

Schnell ist nun Carrick-on-Shannon (2000 Einwohner) erreicht. Der Administrationssitz des County Leitrim und die große Marina sorgen für den sichtbaren Wohlstand im gepflegten Örtchen. Eine alte Steinbrücke führt über den Shannon, und eine Reihe von Kunsthandwerksgeschäften und Ang-

Ging's Pub am Shannon in Carrick

lerausrüstungsläden, kleinen Food Stores, Pubs und Restaurants machen Carrick zu einem ***Zentrum der Freizeitkapitäne.***

Ein Kuriosum ist die winzige, 4,80 m lange und 3,60 m breite, 17 m² große ***Costello Memorial Chapel*** an der Ecke Bridge Street/Main Street. *Edward Costello,* ein Bürger Carricks, ließ 1877 diese Kapelle im Gedenken an seine im Alter von 46 Jahren verstorbene Frau errichten. Links im Boden eingelassen und mit einer Glasplatte bedeckt, ruht die Gemahlin in einem Sarg, rechts liegt der Gatte, der im Jahre 1891 das Zeitliche segnete. Angeblich ist die Kapelle die zweitkleinste der Welt (der Besucher bekommt jedoch leider nicht mitgeteilt, wo die kleinste steht).

Tourist Office

- Unterhalb der Brücke über den Shannon an der Marina.

Unterkunft

- ***Bush Hotel*****, Tel. (078) 20014;
- ***Alsleigh Guest House****, Dublin Road, Tel. (078) 20313, Fax 20313;
- ***Mrs. Valerie Cahill,*** Dublin Road, Tel. (078) 20955;
- ***Mrs. Margaret Clarke,*** Station Road, Tel. (078) 20988;
- ***Mrs. Valerie Rowley,*** Dublin Road, Tel. (078) 20228;
- ***Mrs. Eleanor Shortt,*** Dublin Road, Tel. (078) 20325;
- ***Mrs. Helen Dee,*** St. Mary's Close, Tel. (078) 20311;
- ***The Townclock Hostel,*** IHH-Hostel, Main Street, Tel. (078) 20068.

Restaurants

- ***Chung's Chinese Restaurant,*** Main Street, preiswertes chinesisches Restaurant;
- ***Coffey's Pastry Case,*** Bridge Street, home-baked meals, preisgünstige Snacks;

Pubs

- ***Anchorage Bar,*** Bridge Street, beliebt beim Jungvolk von Carrick;
- ***Burke's Singing Pub,*** Bridge Street, gemütliche Kneipe; wie der Name schon sagt, regelmäßig Folk;
- ***Ging's Shannon View Lounge,*** schön an der Uferfront des Shannon gelegen, mit Biergarten;
- ***Cryan's,*** Bridge Street, mit angeschlossenem Restaurant, auch vegetarische Speisen, Gerichte zwischen 7 und 14 Pfund;
- ***The Oarsman,*** Bridge Street, established 1879, unten ein Pub, oben das gute *Boat House Restaurant* mit Gerichten zwischen 8 und 13 Pfund, auch vegetarische Speisen;
- ***Paddy's Bar,*** ein Stück zurückversetzt von der Main Street, sehr gemütliche Pub-Atmosphäre, stilvolle Kneipeneinrichtung;

Rent-a-Bike

- Im Angler-Shop Geraghty's, Main Street.

Verbindung

- ***Busse*** mehrmals täglich von Dublin, Sligo, Dromod, Galway, Athlone.

Dromod und Roosky

Über die N 4 geht es weiter nach Süden; am Lough Bofin passiert man dabei die beiden winzigen Siedlungen Dromod und Roosky. Ca. 500 m vom Zentrum entfernt hat Dromod einen kleinen, schön angelegten Hafen, umgeben von gepflegten Grünflächen, auf denen die Bootsbesatzungen wie auch die Besucher an warmen Tagen picknicken. Im nicht einmal 100 m lan-

Am kleinen Yachthafen von Dromod

gen Dörfchen sorgt *Jimmy's Bar* und Restaurant für leibliche Genüsse. Unwesentlich größer ist Roosky, wo das Pub Restaurant *The Crew Inn* für die Versorgung mit Speise und Trank bereitsteht. Nicht mehr weit ist es nun bis Athlone, das am südlichen Ende des Lough Ree liegt.

Athlone

Athlone ist mit 14.000 Einwohnern die größte Stadt der *Lakelands* und liegt geographisch in der Mitte der Grünen Insel. Die kleine Metropole ist das ***ökonomische Zentrum*** eines weiten Einzugsgebietes und Sitz einer Technischen Hochschule. Die sehr befahrene N 6, Verbindungsstraße zwischen Dublin und Galway, führt mitten durch den Ort, der deshalb immer von Staus gequält ist. Eine Umgehungsstraße ist dringend notwendig.

Im 13. Jh. erbauten die Normannen eine starke Befestigung an dieser strategisch günstigen Stelle; drei Versuche benötigten im 17. Jh. die Truppen *Wilhelms von Oranien,* um die mächtigen Bollwerke einzunehmen. Heute befindet sich in der Festung ein ***Heimatmuseum*** (Juni bis September Mo-Sa 11.30-18 Uhr). Rund um die Burg in den Straßen Main Street und Castle Street ist noch so etwas wie Atmosphäre zu finden, an der es der Stadt sonst gebricht.

Athlone ist Zentrum des Angler- und Bootstourismus für den größten aller Shannon-Seen, den Lough Ree. Von der Uferpromenade ***Strand*** kann man Bootsausflüge zur frühchristlichen Klosteranlage Clonmacnoise unternehmen oder aber auch auf einer Kreuzfahrt den Lough Ree kennenlernen.

Vom Strand erkennt man auch gut das flußabwärts gelegene, halbkreisförmige ***Wehr,*** an dem viele Angler in ihren Booten sitzen und fischen. Kabinenboote können dieses Wehr durch eine Schleuse durchfahren. Am Strand befindet sich auch ein Angler-Shop.

Tourist Office

- Church Street, in der Burg.

Unterkunft

- ***Ballykeeran Lakeside Hotel **,*** Ballykeeran, Athlone, Tel. (0902) 85163, Fax 85431; ***Hodson Bay Hotel******, Tel. (092) 92444, Fax 92688;
- ***Royal Hotel******, Mardyke Street, Tel. (0902) 72924, Fax 75194;
- ***Mrs. Joan Colleran,*** Galway Road, Tel. (0902) 73425;
- ***Mrs. Joan Collins,*** Dublin Road, Tel. (0902) 75360;
- ***Mrs. Kay Cole,*** Roscommon Road, Tel. (0902) 94410;
- ***Mrs. Jean Dowd,*** Dublin Road, Tel. (0902) 74323;
- ***Mrs. Nancy Denby,*** Retreat Road, Tel. (0902) 72245;
- ***Mrs. Mary Linnane,*** Dublin Road, Tel. (0902) 75157;
- ***Mrs. Ann Lyons,*** Clonown Road, Tel. (0902) 92480;
- ***Mrs. Mary Moran,*** Dublin Road, Tel. (0902) 72363;
- ***Mrs. Audrie O'Brien,*** Roscommon Road, Tel. (0902) 94255;
- ***Campingplatz*** Hodson Bay Caravan and Camping Park, Tel. (0902) 92448, auf einer

Am Lough Ree bei Athlone

Landzunge am Lough Ree gelegen, von Athlone auf der N 61 wenige Kilometer nach Norden, dann links ab zum Hodson Bay Park.

Restaurants

- ***Bonne Bouche,*** Church Street, tagsüber Snacks, abends preisgünstiges Dinner, um 10 Pfund;
- ***The Left Bank Bistro,*** Bastion Street, mehrfach preisgekröntes kleines und gemütliches Bistro;
- ***Le Chateau,*** St. Peter's Port, Athlones bestes Restaurant direkt am Shannon in einer ehemaligen Kirche, gute Weinkarte, teuerste Gerichte über 20 Pfund;
- ***The Olive Grove Restaurant,*** Strand Street, am Ufer des Shannon, gemütliches kleines Lokal, Preise zwischen 7 und 9 Pfund;
- ***Imperial Chinese Restaurant,*** North Gate Street, hinter einer schlichten Hausfassade ein gemütliches, kleines Restaurant, preisgünstiger, aber guter Chinese, um 7 Pfund;
- ***Row Inn Chinese,*** The Bawn, off Mardyke Street, 6-8 Pfund.

Pubs

- ***North Gate Inn,*** North Gate Street, Live Entertainment während der Saison;
- ***Conlon's,*** Mardyke Street, kleiner, gemütlicher Pub;
- ***Sean's Bar,*** Main Street, an der Burg, interessantester Pub von Athlone und angeblich der älteste Irlands, seit 1630, ein langer niedriger und dunkler Raum, die Einrichtung scheint aus jenem Jahrhundert zu stammen, nach hinten ein etwas ramponierter Biergarten, von dort nur wenige Schritte bis zum Shannon, guter Lachs, regelmäßig Folk Music;
- ***The Castle Inn,*** Main Street, und
- ***Angler's Rest,*** Castle Street, ebenfalls zwei alte Pubs unterhalb der Burg.

Verbindung

- ***Busse*** mehrmals täglich von Dublin, Westport, Cork, Sligo, Carrick-on-Shannon, Galway und Roscommon.
- ***Züge*** mehrmals täglich von Dublin, Westport und Galway.

Clonmacnoise

Von Athlone geht es nun ein Stück die N 6 in Richtung Dublin, dann rechts ab in die N 62 nach Süden und bald wieder rechts ab, der Ausschilderung Clonmacnoise folgend, kommt man zu der nach Glendalough bedeutendsten ***frühchristlichen Klosteranlage*** Irlands, Clonmacnoise. Natürlich kann man die Entfernung auch mit dem Boot zurücklegen. Direkt unterhalb der Klosteranlage befindet sich die Bootsanlegestelle.

Landschaftlich sehr schön eingerahmt vom Shannon liegen die Ruinen oberhalb des Flusses. Um das Jahr 550 gründete der *hl. Kieran,* ein Glaubensbruder des in Irland nicht minder berühmten *hl. Kevin,* diese Mönchssiedlung, die dank ihres Abtes schnell zu einem bekannten Zentrum kirchlicher Gelehrsamkeit heranwuchs.

Glaubt man der ***Legende,*** so soll *Kieran* nicht nur die Menschen, sondern auch die Tiere des Waldes in seinen heiligen Bann geschlagen haben: Ein Fuchs nämlich trug ihm den Psalter, und ein Hirsch stellte dem Heiligen sein ausladendes Geweih als Lesepult für die Bibel zur Verfügung.

Natürlich blieb auch das reiche Clonmacnoise während des 9. bis 13. Jh. nicht von den Raubzügen der Wikinger und später von den Plünderungen der Anglo-Normannen verschont. Schenkt man den alten Chroniken Glauben, so plante der

Der Rundturm von Clonmacnoise

Wikinger-Fürst *Turgesius* gar die Ausrottung der Christenheit, ließ daher im Jahre 845 seine Frau *Ota* als Orakel auf dem Hochaltar fungieren und heidnische Bräuche zelebrieren. All dies überstand das Kloster, doch nachdem die Engländer 1552 sämtliche Kirchenschätze und das gesamte liturgische Gerät geraubt hatten, erholte sich diese geistige Stätte nicht mehr und verfiel zusehends.

Vor dem Eingang des Klosterareals breitet sich ein ehemaliges ***Normannen-Kastell*** aus, dessen Erdwälle noch gut erkennbar sind. Im Besucherzentrum hat man die Möglichkeit, eine Anzahl von ***frühchristlichen Grabsteinen*** zu bewundern, die aus dem 8. und 12. Jh. datieren und einst flach auf den Gräbern lagen. Darüber hinaus informiert das Visitor's Centre über die Geschichte der Anlage.

Im Mittelpunkt des Komplexes ragt die ***Kathedrale*** auf, deren einzelne Bauteile aus dem 10-15. Jh. stammen. Über dem Nordportal erkennt man neben anderen großen Kirchenmännern den *hl. Patrick.*

Östlich der Kathedrale befindet sich die kleine Kirche ***Temple Kieran*** (9. Jh.), in der sich das Grab des Klostergründers befinden soll. Im Norden des Bezirks stehen ***Temple Connor,*** eine aus dem 11. Jh. datierende, heute protestantische Kirche, und ***Temple Finian,*** das aus dem 12. Jh. stammende Gotteshaus mit einem an den Chor angebauten, 17 m hohen Rundturm. Ein weiterer, 18 m hoher ***Rundturm,*** der O'Rourke's Tower, steht frei auf dem Gelände.

Drei beachtenswerte ***Hochkreuze*** schmücken die Klosteranlage; das Inschriftenkreuz, das nach einhelliger Meinung von Kunsthistorikern zu den schönsten seiner Art in ganz Irland gehört, erhebt sich vor der Kathedrale. An der Westseite sieht man den Verrat von Judas, die Gefangennahme Christi, den Gekreuzigten und die Bewachung seines Grabes; an der östlichen Seite erkennt man unten, wie *König Dermot* dem *hl. Kieran* beim Kirchenbau zur Hand geht, oben tagt das Jüngste Gericht. Auf der Südseite sieht man einen Bischof sowie *David* mit der Harfe, auf der Nordseite dann einen weiteren Bischof, eine Figur mit Flöte sowie einen Falkner, am Sockel Reiter, Kriegswagen, Jäger und verschiedene Tiere. Zwei weitere Hochkreuze stehen nördlich bzw. südlich von diesem.

Am Eingang lohnen rund 200 ***Grabsteine*** aus dem 8-12. Jh. einen längeren Blick, deutlich erkennt man die Unterschiede der über die Jahrhunderte entstandenen Steinmetzkunst. Häufig findet sich die eingemeißelte Formulierung „OR DO...", was soviel wie „ein Gebet für ..." bedeutet.

Außerhalb des ummauerten Klosterareals befindet sich die guterhaltene, 1167 vollendete ***Nun's Church*** (Nonnenkirche). Jährlich am 9. September, dem Tag des *hl. Kieran,* gibt es eine Wallfahrt nach Clonmacnoise, vor einem überdachten Freialtar zelebriert ein Priester die Messe. Das Klostergelände ist immer zugänglich, das Besucherzentrum ist geöffnet von November bis Mitte März täglich von 10-17 Uhr; Mitte März bis Mai und September/Oktober 10-18 Uhr; Juni bis Anfang September 9-19 Uhr.

Shannonbridge

Von Clonmacnoise geht es weiter in südlicher Richtung zum winzigen Straßendorf Shannonbridge. Wie der Name schon sagt, überspannt hier eine schmale Brücke den River Shannon; sie ist mit einer Ampelanlage gesichert. Unterhalb der Flußüberspannung befindet sich die kleine Anlegestelle für Boote.

Gleich am Ortseingang lockt der Music Pub Killeen's Village Tavern, gleich daneben lohnt ein Besuch im Maisies; ein Fast-Food-Take-away-Kiosk, zwei B & B sowie ein Food Store vervollständigen die Infrastruktur von Shannonbridge.

Portumna

Durch das ***Straßendorf Banagher*** (Biergarten im Pub des *Shannon Hotel,* Restaurant *The Vine House* nahebei, hier manchmal Live Music, Pubs *Flynn's* und *The Boat House Restaurant,* alles am unteren Ende der langen Hauptstraße, direkt am Shannon gelegen) geht es weiter nach Portumna, der traditionellen Marktstadt am Nordende des Lough Derg. Darüber hinaus profitiert das Örtchen vom Bootstourismus, und die Freizeitkapitäne finden hier alle Geschäfte für die Selbstversorgung.

Die ***Marina*** von Portumna liegt etwas außerhalb des Örtchens. Die Zufahrt befindet sich bei der Tourist Information.

Nahe am Gestade des Lough Derg und oberhalb der Marina befindet sich die ***Portumna Priory,*** eine aus dem 15. Jh. datierende Dominikaner-Abtei, die auf den Resten einer früheren Zisterziensergründung errichtet wurde. Nicht weit entfernt steht ***Portumna Castle,*** kein Schloß, sondern ein im 17. Jh. erbautes Herrenhaus (nicht zu besichtigen). Um die „Burg" erstreckt sich ein Forest Park, in dem eine Rotwildherde sowie japanische Sika-Rehe äsen.

Terryglass

Nächste Station ist das Örtchen Terryglass, das - so meldet es stolz ein Ortseingangsschild - der *National Tidy Town Winner* von 1983 war. *Paddy's Bar* hat eine gemütliche Einrichtung und serviert einen guten Pub Grub, die Kneipe hat einen Preis für das beste Pub-Essen gewonnen; auch im Pub *The Derg Inn* lohnt die Einkehr. Wer möchte, kann einen Blick in den Crafts Shop werfen und Andenken erstehen. Die Marina liegt ca. 750 m vom kaum erkennbaren Ortskern entfernt.

Dromineer

Einige Meilen weiter südlich liegt an einem Zipfel des Lough Derg das gleichfalls winzige Örtchen Dromineer mit seinem schönen Yachthafen. *The Whiskey Still* versorgt hier den Durstigen und auch Hungrigen, und im *Dromineer Bay Hotel* gibt es ein richtiges Restaurant.

Garrykennedy

Garrykennedy, wiederum einige Kilometer weiter südlich, hat sicherlich die schönste Marina von allen Shan-

Foto: GU

non-Orten zu bieten, und die ist dementsprechend oft überfüllt. Direkt am Hafen locken die Pubs *Larkin's* und *Ciss Ryan's,* beide immer mit Freizeitkapitänen überfüllt - damit ist die Angebotspalette von Garrykennedy dann aber auch schon erschöpft.

Killaloe

Letzte Station der Shannon-Reise ist nun Killaloe, hier endet die Schiffbarkeit des Shannon. Das Städtchen hat eine große Marina sowie sämtliche Versorgungsstationen für den Bootstourismus, ist jedoch trotz allem wenig attraktiv. Eine alte Steinbrücke führt über den Shannon und verbindet die beiden Teile von Killaloe.

The Anchor Inn, an einem Ende der Flußüberspannung, bietet unregelmäßig Live Entertainment - Killaloe ist kein guter Platz für Live Music. Auf der gegenüberliegenden Flußseite besitzt das *Lakeside Hotel* ein gutes Restaurant, und nahebei, direkt an der Brücke, lockt das Pub-Restaurant *Irish Molly's* mit Steaks and Seafood sowie ab und an Traditional Music.

Tour 9: Nordirland

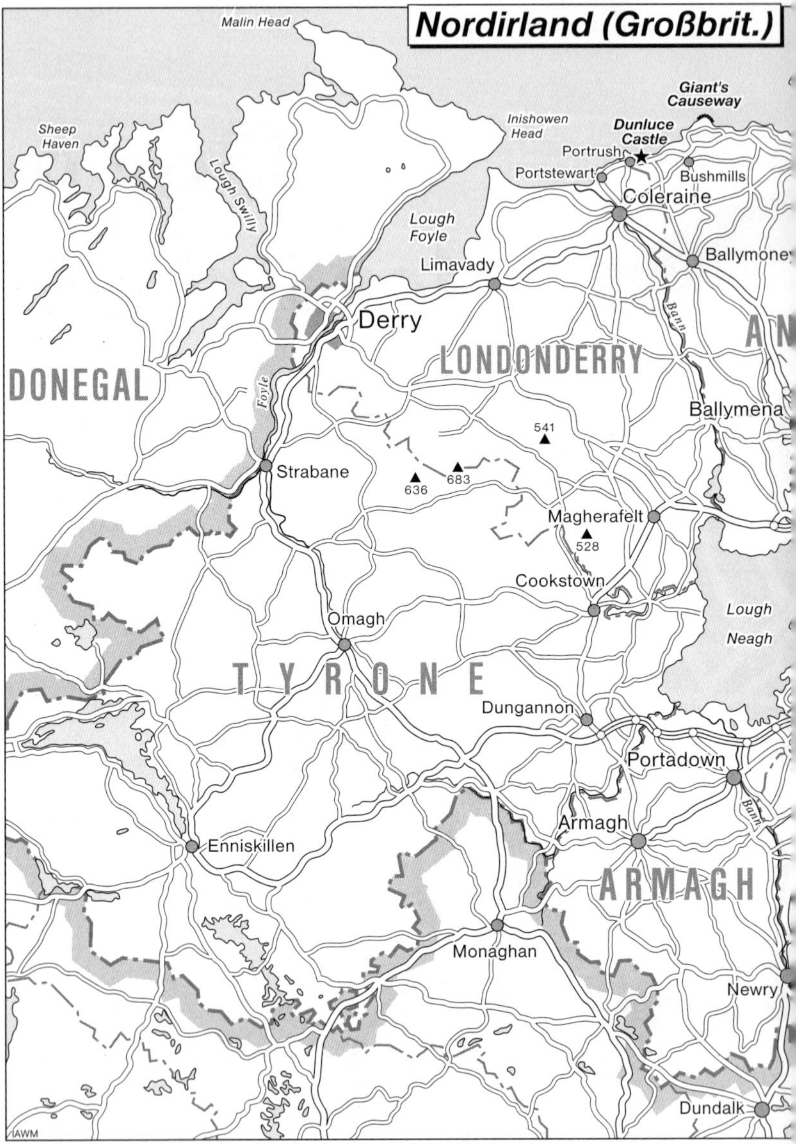

Nordirland (Großbrit.)

Malin Head
Sheep Haven
Lough Swilly
Inishowen Head
Giant's Causeway
Dunluce Castle
Portrush
Portstewart
Bushmills
Coleraine
Lough Foyle
Limavady
Ballymoney
Bann
Derry
LONDONDERRY
DONEGAL
Foyle
Ballymena
541
Strabane
636
683
Magherafelt
528
Cookstown
Lough Neagh
Omagh
TYRONE
Dungannon
Portadown
Armagh
ARMAGH
Enniskillen
Monaghan
Newry
Dundalk
IAWM

Überblick

Vom hohen Norden der Republik Irland geht es hinein in das von London verwaltete und 1,6 Mio. Einwohner zählende Nordirland, in dem seit mehr als 20 Jahren ein ***Bürgerkrieg*** tobt, und der Besucher sollte sich gut überlegen, ob er in den Norden der Insel fährt. Seit die IRA den angebotenen und fast zwei Jahre lang durchgehaltenen Waffenstillstand aufgrund der unverständlichen Haltung und Dickschädeligkeit der britischen Regierung wieder aufgekündigt hat und die protestantischen Aktivisten ebenfalls nach wie vor Gewaltbereitschaft zeigen, kann Reisen in Nordirland nicht als absolut sicher empfohlen werden. Schwere Unruhen erschütterten im Sommer 1996 aufgrund protestantischer Provokationen die Provinz, und ein Ende dieses letzten Religionskrieges in Europa ist leider nicht in Sicht.

Erste Station der rund ***500 km langen Tour*** ist die Stadt Derry, von den protestantischen Bürgern ***Londonderry*** genannt, und von dort geht es hoch an die nordirische Küste zu den beiden kleinen, nur wenige Kilometer auseinanderliegenden Seebädern Portstewart und Portrush. Die berühmte Whiskey-Destille von Bushmills nahebei wird sicherlich kein Besucher auslassen, gleiches gilt für eines der spektakulärsten Naturwunder auf der gesamten Insel, für den Giant's Causeway, den Damm der Riesen, auf dem, glaubt man der Legende, einmal die sagenumwobenen Figuren der irischen Mythologie trockenen Fußes hinüber

nach Schottland spazieren wollten. Weiter führt unsere Fahrt entlang landschaftlich interessanter Plätze die Küste hinunter Richtung Süden und vorbei an einer ganzen Reihe von weiteren Städtchen am Meer, bis schließlich Belfast erreicht ist, die Hauptstadt Nordirlands. Nach einer ausgedehnten Besichtigungstour der Kapitale geht die Fahrt durch das Landesinnere, und ehe man sich versieht, ist das Territorium der Republik Irland wieder erreicht.

Derry

Von Letterkenny aus, hoch oben im Norden der Republik Irland, machen wir uns auf, über die N 13 in das seit Jahren krisengeschüttelte Nordirland hinein nach Derry. Zollkontrollen gibt es keine, und ehe man sich versieht, ist die Grenze passiert, und die Vororte von Derry sind errreicht. Die Stadt liegt am südlichen Ende vom ***Lough Foyle***, dort, wo der gleichnamige Fluß sich zu einem Mündungstrichter verbreitet und in den großen Meeresfjord fließt.

Derry, das von den britischen Besatzern Londonderry getauft wurde, ist Irlands viertgrößte Stadt und nach Belfast die bevölkerungsreichste in Nordirland. Zwei Drittel der Bewohner sind Katholiken.

Geschichte

Der gälische Name der Metropole lautete einmal *Daire Calgaigh* - Eichenwald von Calgaigh - und ging auf einen frühen keltischen Helden zurück, der seine Mannen in eine siegreiche Schlacht geführt hatte. Diese Bezeichnung war noch in Gebrauch, als der heilige *Columban* um 546 hier ein Kloster gründete. Im 10. Jh. dann benannten die Siedler den Flecken um in *Doire Cholmcille*.

Wie in vielen anderen Städten in Irland auch, hatten die Bewohner unter den raubgierigen ***Wikingern*** zu leiden, die regelmäßig einfielen, plünderten, brandschatzten und auch vor Mord nicht zurückschreckten. Kaum waren die Nordmänner 1014 in der Schlacht von Clontarf (bei Dublin) ein für allemal vertrieben, da kamen die ***anglo-normannischen Invasoren*** von der Nachbarinsel und machten den Menschen hier das Leben schwer. Das ließen sich die Bewohner nicht lange bieten, und so kampferprobte Clan-Chefs wie etwa *Shane O'Neill* hauten ordentlich auf die Feinde ein.

1566 schickte die englische Königin *Elisabeth I.* eine Truppe gegen Derry aus, welche die Oberhoheit sicherstellen sollte, doch das Kommando-

- 1 Pub The Bogside Inn
- ★ 2 Free Derry Wall
- ★ 3 Bloody Sunday Memorial
- 4 St Columb's Cathedral
- 5 The City's Chinese Rest.
- 6 The Glue Pot Bar und
- 7 Metro Bar
- 8 Gainsborough Bar
- 9 Tourist Information

Derry City Walls
1
2
Rossville Street
3
Royal Bastion
Butcher's Gate
Castle Gate
Hangman's Bastion
Coward's Bastion
Magazine St.
Palace St.
Society St.
Butcher St.
Castle St.
Double Bastion
6
Shipquay Gate
The Diamond
Shipquay Street
Bishop Street Within
Bishop Gate
5
8
7
London St.
Ferryquay St.
Newmarket St.
4
Busbahnhof
Pump St.
Hall St.
Water Bastion
9
Church Bastion
New Gate
Ferry Bastion
Ferryquay Gate
Newgate Bastion

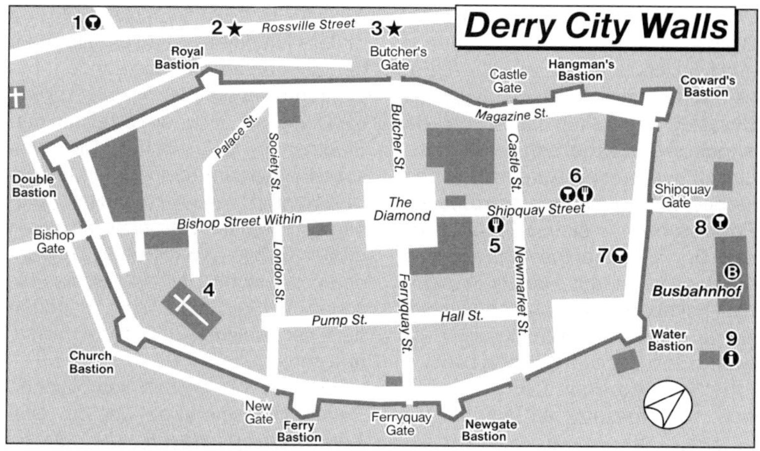

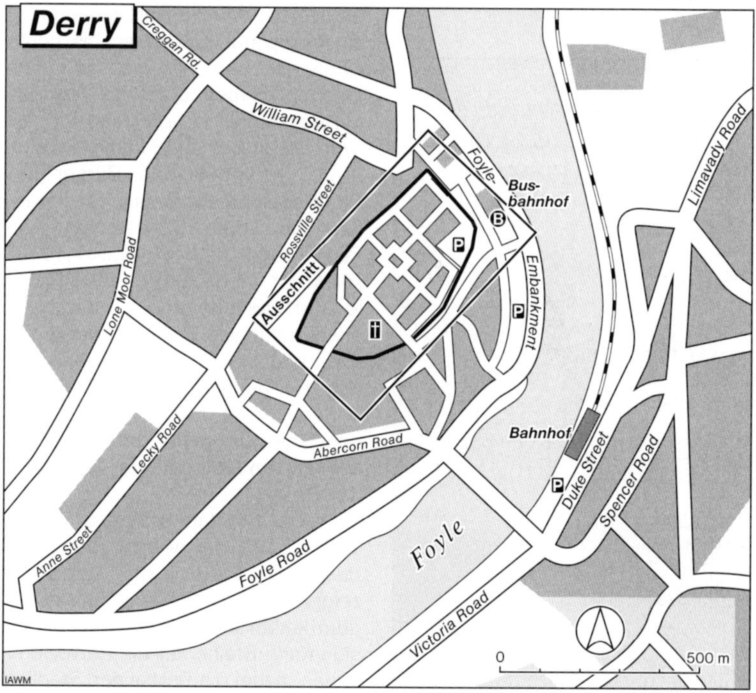

Derry
Creggan Rd.
William Street
Rossville Street
Foyle-
Bus-bahnhof
Embankment
Ausschnitt
Lone Moor Road
Limavady Road
Bahnhof
Lecky Road
Abercorn Road
Duke Street
Spencer Road
Foyle
Anne Street
Foyle Road
Victoria Road
0
500 m
IAWM

Tour 9
Nordirland

unternehmen geriet zu einem Fiasko. Gegen Ende des 16. Jahrhunderts allerdings, nachdem *Hugh O'Neill,* Earl of Tyrone, einen Aufstand gegen die Besatzer angezettelt hatte, war der ***englische Einmarsch*** erfolgreich, und ab nun wurden systematisch englische, vor allem aber ***schottische Protestanten*** in der Region angesiedelt. Den alten Stadtnamen *Doire* anglizierten die neuen Herren in *Derry*, die heimischen Katholiken mußten sich in die Einöde zurückziehen und waren Geächtete im eigenen Land.

1613 dann bekam Derry ein „London" davorgesetzt, in jenem Jahr nämlich übertrug die englische Krone weitere Ländereien rund um die Stadt den Zünften der City von London. Für die Iren heißt die Metropole nach wie vor Derry, dc [illegible] der Streit um den Stadtnamen noch immer. Die britischen Besatzer, bemüht, den Nordirland-Konflikt herunterzuspielen, grüßen den fremden Besucher mit einem großen Schild: „Welcome to Londonderry, a historic city". In den katholischen Vierteln der Stadt dagegen heißt es: „Welcome to Derry, a nuclear free zone".

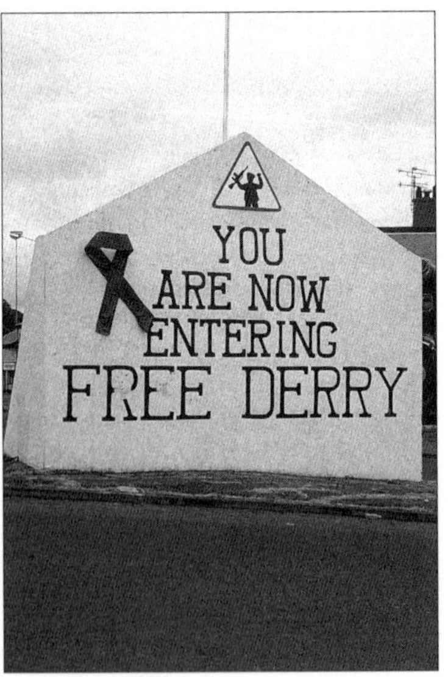

Das berühmte Straßenschild am Eingang zum katholischen Viertel Bogside

Aufgrund der großen katholischen Bevölkerungsmehrheit war die ***Diskriminierung durch die protestantische Minderheit*** immer groß, im Prinzip hat sich daran bis heute nichts geändert. Alle wichtigen Institutionen blieben über die Jahrhunderte in der Hand der Besatzer.

Am 5. Oktober 1968 formierten sich 2000 unterpriviligierte Bürger der Stadt zu einem Protestmarsch, angeführt von dem Protestanten *Ivan Cooper* und dem Katholiken *John Hume,* um friedlich für gleiche Rechte zu demonstrieren. Die Polizei und die berüchtigten Einheiten der *B Specials* knüppelten diese Artikulation der Hoffnung auf unnachahmlich brutale Weise nieder und läuteten damit die ***Geburtsstunde der katholischen IRA,*** der *Irish Republican Army,* ein.

Ein knappes Jahr später, im August 1969, sollte der Marsch der *Protestant Apprentice Boys* den Katholiken zeigen, wer Herr in Derry ist. Als aus dem katholischen Wohngebiet Bogside dann Steine auf die Provozierer flogen, nahm die Polizei den Stadtteil unter Belagerung und ging wiederum mit äußerster Brutalität gegen die Bewohner vor. Der damalige irische Premierminister *David Lynch* verlegte Truppen an die Grenze zu Nordirland und ließ Feldlazarette aufstellen, um den geflüchteten und verwundeten nordirischen Katholiken medizinische Hilfe zu leisten. Die britische Armee zog nun in Derry ein, um die Sicherheit wiederherzustellen, doch stattdessen wurde alles noch viel schlimmer.

Am 31. Januar 1972 kam es in Derry zur Katastrophe. Bei einer friedlichen Demonstration unbewaffneter Katholiken eröffneten die britischen Fallschirmjäger das Feuer und erschossen 13 unschuldige Menschen, fortan ging dieser Tag als der ***Bloody Sunday*** in die Geschichte der Britischen Inseln ein. Die schießwütigen britischen Soldaten reklamierten, daß sie unter Feuer genommen worden wären, ein Argument, daß sich schnell als dreiste Lüge entpuppte. Bis heute hat sich die Regierung in London weder für diesen Vorfall entschuldigt noch eine genaue Untersuchung durchführen lassen, wie es dazu kommen konnte.

Seit jenem blutigen Sonntag nun lodert in Nordirland der ***Bürgerkrieg*** mit Abertausenden von Toten in den letzten zweieinhalb Jahrzehnten; im ausgehenden 20. Jh. tobt in Europa noch immer ein Religionskonflikt, der eigentlich in die Zeiten des Mittelalters gehörte. Die konservative britische Regierung ist unfähig, die *Troubles,* wie der Bürgerkrieg verniedlichend im offiziellen Sprachgebrauch heißt, zu beenden.

Wandgemälde mit den Gesichtern der 13 unschuldig erschossenen katholischen Bürger von Derry

Sehenswertes

Daß Derry in der Tat eine Stadt mit reicher historischer Vergangenheit ist, zeigen die hohen ***Stadtmauern,*** die das Zentrum noch immer geschlossen umgeben, aus dem 17. Jh. datieren und sicherlich zu den besterhaltenen in ganz Europa zählen. Ein Spaziergang dort oben auf den durch Bastionen geschützten Befestigungswällen könnte dem fremden Besucher die Anlage der Stadt deutlich machen, doch wegen der „Troubles" ist dies nicht möglich, Sperrgitter unterbrechen den gerade begonnenen

St. Columb's Cathedral in Derry

Fußmarsch. Immerhin gibt es Pläne, die Mauer in voller Länge zu öffnen.

Vier ***Stadttore*** führten und führen auch heute noch in das umwallte Zentrum von Derry – es sind dies das Shipquay-, Butcher-, Bishop- und Ferryquay-Tor.

Ein Besichtigungsgang sollte vor dem ***Shipquay Gate*** beginnen, dort am Guildhall Square, vor der mittelalterlichen Zunfthalle, wo einst die Waren und Handelsgüter am alten Kai des River Foyle umgeschlagen wurden. Den besten Blick darauf hat man von der Stadtmauer, die man hier – nach Durchquerung des Tores, dann sofort links ab in die Straße Bank Place und dort die Treppenstufen hinauf – besteigen kann und auf der eine Reihe von ***alten Kanonen*** ordentlich in Reih und Glied aufgestellt ist. Hier oben befinden sich auch einige Skulpturen des englischen Künstlers *Anthony Gormley.* Nördlich vom Shipquay Gate ist in dem restaurierten O' Doherty Tower eine ***Ausstellung zur Geschichte*** der Stadt und der Umgebung untergebracht (Di-Sa 10-13, 14-17 Uhr).

Die Shipquay Street zieht sich vom gleichnamigen Tor schnurgerade von Osten nach Westen durch das Herz von Derry. Schon nach wenigen Schritten sollte man rechts in das ***Derry Craft Village*** eintreten, ein Stadtprojekt, in dem Kunsthandwerker ihre Artikel ausstellen und verkaufen. Wem nach einer Pause zumute ist, der kann in dem eleganten *Boston Tea Party Coffee Shop* ein wenig verschnaufen und sich mit Tee, Kaffee und Kuchen stärken.

Weiter auf der Shipquay Street ist schnell der quadratische Platz ***The Diamond*** erreicht, von dort führt nun die Bishop Street weiter gen Westen. Wenige Schritte weiter links ab, und schon sieht man den Turm der protestantischen ***St. Columb's Cathedral,*** die 1633 erbaut wurde und damit die erste protestantische Kirche nach der Reformation auf den Britischen Inseln war.

Zurück zur Bishop Street und weiter gen Westen kommt man zum Bishop's Gate, einem weiteren Stadttor in Derrys Zentrum. Rechts davor befindet sich das schwer befestigte und durch Überwachungskameras gesicherte RUC and British Army Fort. Den Durchgang des Bishop's Gate versperrt ein großer Betonklotz, so daß Autos dieses Tor nicht passieren können. Das Viertel jenseits der Stadtmauer heißt Fountains's, und dieses protestantische Wohngebiet ragt wie eine Lanze in das der Katholiken hinein. Die Fenster der Häuser sind mit Maschendraht geschützt.

Gehen wir die Bishop Street zurück bis zum Square The Daimond und dort links in die Butcher Street, erreichen wir Butcher's Gate. Dort ebenfalls links ab, stehen wir nach wenigen Schritten an einer stark befahrenen mehrspurigen Straße. Hier findet sich auf dem begrünten Mittelstreifen eine Betonmauer mit der berühmten Inschrift: „You are now entering Free Derry". Dieses Areal heißt ***Bogside*** und ist das Wohngebiet der Katholiken. Wendet man den Blick nach links die breite Straße hinunter und auf die gegenüberliegende Seite, so fällt der große Pub *The Bogside Inn* ins Auge; die Kneipe war und ist ein inoffizielles Hauptquartier der IRA in Derry. Gegenüber vom Eingang zeigt an einem Haus ein riesiges ***Wandgemälde*** die Gesichter der 13 Personen, die bei dem Blutsonntag von Derry 1972 von den britischen Soldaten erschossen wurden. Wo dies geschah, wenige Schritte die Straße bergauf, befindet sich auf der rechten Seite eine kleine Säule, das Mahnmal für die unschuldigen Opfer.

Eisenbahn-Enthusiasten wird sicherlich das ***Foyle Valley Railway Centre*** interessieren, von wo am Wochenende Fahrten in einem alten Zug mit schnaufender Dampflok ein Stückchen das Foyle-Tal hinaufführen. Viele weitere Maschinen und Ausstellungsstücke informieren über die vergangene Ära der ***Dampflokomotiven*** (Foyle Road, an der Craigavon Bridge, Di-Sa 10-16.30, So 14-17.30 Uhr).

Tourist Information

- 8 Bishop Street, Tel. (01504) 267284

Unterkunft

- ***Beech Hill Country House Hotel******, 32 Ardmore Road, 2,5 km außerhalb des Zentrums, preisgekröntes Haus in einem kleinen Park, Tel. (01504) 49279, Fax 45366;
- ***Clarence House,*** 15 Northland Road, Tel. (01504) 265342;
- ***Florence House,*** 16 Northland Road, Tel. (01504) 268093;
- ***Mrs. J. Pyne,*** 36 Great James Street, Tel. (01504) 269691;
- ***Oak Grove Manor,*** Jugendherberge, Magazine Street, im Stadtzentrum, Tel. (01504) 372273.

Restaurants

- ***Reggie's Seafood Restaurant,*** 165 Strand Road, ausgezeichnet mit dem Preis *„The Taste of Ulster"*, Meeresfrüchte in allen Variationen, Gerichte 12 - 20 Pfund;
- ***The City's Chinese Restaurant,*** Shipquay Street, bis 8 Pfund;
- ***The Galley Restaurant,*** Shipquay Street/ Ecke Castle Street, bis 8 Pfund;
- ***Leprachaun,*** Strand, beliebtes Lokal in Derry, bis 10 Pfund.

Pubs

- ***The Bogside Inn,*** Westland Road,
- ***Metro Bar,*** Bank Place, gemütliche Kneipe an der Stadtmauer nahe dem Shipquay Gate;
- ***The Glue Pot Bar,*** Shipquay Street, Derrys älteste Taverne, established 1684, angeschlossen ist der River Inn Cellars, live Entertainment von montags bis samstags;
- ***Gainsborough Bar,*** Foyle Street/Ecke Shipquay Place, gegenüber der Guildhall, gemütliche alte Kneipe aus dem Jahr 1729;

- ***The Strand Tavern,*** Rock Road, alteingesessener Pub von Derry;
- ***Michael Tracy,*** Waterloo Street/Ecke William Street, seit 1889 kann man hier seinen Durst löschen;
- ***The Dungloe,*** Waterloo Street/Ecke High Street, traditional music nightly.

Verbindung

- Mehrmals täglich ***Züge*** von und nach Belfast, Dublin und Portrush;
- ***Busse*** nach Dublin, Donegal und Sligo.

Portstewart

Von Derry geht es auf der A 2 gen Osten bis zum Städtchen Limavady und von dort über die A 37 über Coleraine in das Seebad Portstewart.

Im letzten Jahrhundert war das ***Seaside Resort*** sehr beliebt, davon künden noch immer die gepflegten ***viktorianischen Fassaden*** rechts und links der Straßen. Das Städtchen hat durchaus ein wenig Flair. Einen Steinwurf westlich vom Zentrum erstreckt sich der lange und ***breite Sandstrand,*** gleichermaßen beliebt bei den Windsurfern und der Bucket-and-Spade-Brigade, bei den Kleinen, die sommertags mit Schäufelchen, Eimer und Förmchen fröhlich zugange sind. Einen Spaziergang lohnt der Cliffside Walk, ein Weg, der Stadt und Strand miteinander verbindet und wo dem Flaneur ordentlich der Seewind um die Nase wehen kann.

Tourist Information

- ***Town Hall,*** Tel. (01265) 832286

Portstewart

Unterkunft

- ***Edgewater Hotel*****, 88 Strand Road, Tel. (01265) 833314, Fax 832224;
- Viele ***B & B*** entlang der Hauptstraße;
- ***Causeway Coast Hostel,*** IHH-Hostel, 4 Victoria Terrace, Tel. (01265) 833789.

Restaurant und Pub

- ***Morelli's,*** am Meer gelegen, kleine Snacks und italienische Gerichte, bis 8 Pfund;
- ***Nero's,*** diesem Nachtclub ist ein lebhafter Pub angeschlossen.

Portrush

Geht es in Portstewart eher gemütlich zu, so herrscht in Portrush direkt am Strand Kirmesatmosphäre. Ein Teil des lärmigen Rummelplatzes ist in einer großen Halle untergebracht, damit auch bei schlechtem Wetter das Vergnügen nicht gestört wird.

Lange Sandstrände ziehen sich sowohl nach Osten als auch in westliche Richtung. Östlich enden die Gestade am ***White Rock,*** wo Wind, Wetter und Wellen dem weichen Kalkstein hart zugesetzt haben. Am Hafen gibt es ein großes ***Hallenbad,*** *Waterworld* genannt, in dem verschiedene Schwimmbecken, Fun-Rutschen, ein Restaurant und Saunen zusammengefaßt sind; hier kann man sich auch bei Regen und Wind den ganzen Tag im Wasser vergnügen, vor allem für Kinder ein Riesenspaß.

Auch außerhalb der Saison macht das Städtchen einen recht geschäftigen Eindruck. Dies mag an den vielen Studenten der University of Ulster liegen, die das Seebad dem Hochschulsitz im nahegelegenen Coleraine vorziehen.

Tourist Information

- ***Dunluce Centre,*** Tel. (01265) 823333

Unterkunft

- ***Magherabuoy Hotel******, 41 Magherabuoy Road, Tel. (01265) 823507, Fax 824687;
- ***Eglington Hotel*****, 49 Eglington Street, Tel. (01265) 823371, Fax 823155;
- ***Clarmont Guesthouse,*** 10 Lansdowne Crescent, Tel. (01265) 822397, Fax 822397.

Restaurants und Pubs

- Preiswerte Fish-&-Chips-Restaurants sowie ebenso preiswerte chinesische Lokale und Pubs reihen sich entlang der Hauptstraße.

Verbindung

- ***Züge*** von und nach Derry

Dunluce Castle

Nach wenigen Minuten Fahrt in Richtung Osten auf das Dörfchen Bushmills zu erreicht man Dunluce Castle (April-Sept. Di-Sa 10-17 Uhr, So 14-17 Uhr).

Die Burg datiert aus dem 16. Jh. und gab den Führern des *McDonell-Clans* einen sicheren Zufluchtsort. Hier residierte *Sorley Boy McDonnell,* der als ***Lord of the Isles*** den Nordosten von Ulster regierte. 1584 belagerten die Engländer unter *Sir John Perrot* die Festung und konnten sie einnehmen. Kaum hatte *Perrot* den Ort seines Sieges jedoch verlassen und eine Garnison in den Mauern stationiert, da kletterten die Recken

von *Sorley Boy McDonnell* von unten die steilen Klippen hoch, drangen auf diesem unerwarteten Weg in die Festung ein und holten sich ihren Besitz wieder. Doch *Sorley Boy* war klar, daß er auf Dauer nichts gegen die Engländer würde ausrichten können, also verbündete er sich mit ihnen, und zum Dank dafür bekam sein Sohn von *James I.* den Titel *Viscount Dunluce and Earl of Antrim.* Derlei frevelhafte Tat, den Anschluß an die verhaßten Besatzer, ließ Gott jedoch nicht ungesühnt. In einer stürmischen Nacht des Jahres 1639 stürzte die komplette Küche der Burg, inklusive Koch, Bediensteten und dem abendlichen Dinner über die Klippen in die Tiefe. Da zogen die *McDonnells* schleunigst aus und Dunluce Castle stand fortan leer.

Bushmills

Whiskey-Trinker dürfen auf gar keinen Fall an dem kleinen Dörfchen Bushmills vorbeifahren: Hier brennt die berühmte ***Old Bushmills Destillery*** ihren sanften Rachenputzer. Seit 1608 wird legal das Wasser des Lebens gebrannt, und die Bushmill-Destille ist damit die älteste der Welt. Führungen durch das Produktionsgelände, das ein wenig außerhalb des Ortszentrums liegt und ausgeschildert ist, finden mehrmals täglich (montags bis donnerstag 9-12 und 13.30-15.30 sowie freitags von 9-12 Uhr) statt. Selbstverständlich gibt es nach der Besichtigung ein Glas Whiskey, und man kann sich dann von der Qualität des Lebenswassers überzeugen.

Giant's Causeway

Eine der bedeutendsten landschaftlichen Attraktionen Nordirlands ist zweifellos die kuriose Felsenansammlung Giant's Causeway, etwas nördlich von Bushmills an der Küste gelegen. Seit die *Royal Geographical Society* im Jahre 1693 dieses ***Naturwunder*** beschrieben hat, ist der Besucherstrom nicht abgerissen, und die meisten waren sehr beeindruckt von dem, was sie dort sahen. Nicht so der englische Dichter *William Thackeray,* der sich recht abfällig über den Giant's Causeway ausließ: „Ich bin 150 Meilen gereist, um mir diese Lächerlichkeit anzusehen." Auch äußerte er sich 1842 schon recht ärgerlich über die touristische Vermarktung des Causeway: „Kaum ist der Reisende aus der Hintertür einer Kneipe getreten und dahingehend informiert worden, daß von hier der Weg zum Causeway verläuft, da stürzt sich auch schon ein Führer auf ihn."

Von einem Visitor Centre, das umfassend über die geologischen Grundlagen berichtet, fährt für fußmüde Besucher ein Minibus die kurze Strecke. Ist man nun vor Ort, so sind die rund ***40.000 sechseckigen Steinsäulen,*** die unterschiedlich hoch aus dem Wasser ragen, doch eine landschaftliche Attraktion sondergleichen. Die ungewöhnlichen Felsformationen entstanden vor rund 60 Mio. Jahren, als eine unterseeische vulkanische Eruption Lava an die Oberfläche schleuderte, die hier zu diesen vollkommen regelmäßigen polygonalen Formen

Whiskey – das Wasser des Lebens

Wie der Geschmack in den Whiskey kommt, das ist in diesem Band schon in einem anderen Exkurs erzählt worden, jetzt soll es darum gehen, wie denn genau der ***Brennvorgang*** aussieht.

1494, also vor rund 500 Jahren, wurde in Schottland zum ersten Mal die Destillation von Whiskey urkundlich erwähnt. Ein gewisser *Friar John Cor* hatte mehrere Scheffel Gerste eingekauft – *wherewith to make aqua vitae* – um, wie die Chronik berichtet, daraus ein hochprozentiges Wasser des Lebens zu brennen.

Keltische Mönche waren es, die im 6. Jh. in Irland die Geheimnisse der Destillation erforschten, den ersten Whiskey brannten und ihm alsbald tatkräftig zusprachen. *Uisce Beathad*, Lebenswasser, nannten die frommen Brüder auf gälisch den starken Fusel und hörten fortan nicht mehr auf, das scharfe Zeug durch ihre Kehlen zu schütten.

Der Sprit aus jener frühchristlichen Ära hat natürlich nichts gemein mit dem heutigen aromatischen Malt Whiskey, sind doch die Brennmethoden in den letzten 1400 Jahren enorm verfeinert worden.

Echter Malz-Whiskey, der *Pure Single Malt*, ist nicht vergleichbar mit den billigen Rachenputzern aus deutschen Supermarktregalen, nein, hier handelt es sich wahrhaft um das Wasser des Lebens.

Der Produktionsprozeß beginnt in den *kilns*. In diesen Darrehäusern wird ***angefeuchtete Gerste*** (*barley*) zum Mälzen gebracht und danach über einem rauchigen ***Torffeuer*** wieder getrocknet. Der dichte, durch die Gerste ziehende Torfrauch verleiht dem Korn eine ganz eigene Würze, und je nach Dauer und Intensität beeinflußt dieser Vorgang bereits den späteren Geschmack des Whiskey.

Die feingemahlene Gerste, *grist* genannt, wird nun mit reinem, heißem ***Quellwasser*** gemischt. Das heiße Wasser löst den ***Zucker*** aus dem Grist und diese süße Flüssigkeit, die Maische, nennen die Brenner *wort*. Wenn die Maische abgekühlt ist, kommt Hefe hinzu, die den Zucker im *wort* zu Alkohol umwandelt. In riesigen, hohen Bottichen, die teilweise über 50.000 Liter Fassungsvermögen haben, gärt das Gebräu blubbernd zum *wash*, auf dessen Oberfläche sich während der ***Fermentierung*** graue Schaumberge türmen. Ein süßlicher, leicht fauliger und nicht gerade angenehmer Geruch steht über diesen Gärfässern, und so mancher Besucher rümpft die Nase und fragt sich, wie letztendlich ein derart aromatisches Getränk aus so einer blubbernden, streng riechenden Flüssigkeit wird.

Der Wash nun wird in Brennblasen, den sogenannten *pot stills*, ***destilliert.*** Diese kupfernen Kessel spielen eine wichtige Rolle, denn sie dienen der Kondensierung verschiedener Aromastoffe und verhindern die Bildung giftiger Verbindungen wie etwa dem Dimethylsulfid, das zu Bewußtlosigkeit und in höheren Dosierungen zum Tode führen kann. Jede Destille hat für ihre Pot Stills ein eigenes Design, lange Kondensatorenhälse der Kessel beispielsweise bringen einen leichten Whiskey, kurze Hälse einen schwereren und öligeren Brannt hervor.

Bis zu zwei Mal, in der Bushmill-Destillery gar bis zu drei Mal, läuft das Destillat durch die Brennblasen, und der kenntnisreiche Brennmeister, der *stillman,* entscheidet, welches Destillat zur Reife gelagert wird. Damit der Obrigkeit auch keine Steuereinnahmen durch heimlich abgezweigten Brannt entgehen, ist der sogenannte *spirit safe,* durch die der destillierte Alkohol fließt, zollamtlich versiegelt. Mit großen kupfernen Handrädern öffnet der Brennmeister Ventile und leitet den leitungswasserklaren, noch kaum trinkbaren Whiskey in die Fässer. Und in diesen ***Holzfässern*** nun wandelt sich der Sprit nach ***langen Reifejahren*** zu einem aromatischen Getränk. 12, 15, 18, ja gar 25 Jahre lagert der Alkohol bis das Faß wieder hervorgeholt und der edle Tropfen auf Flaschen gezogen wird. Pro Jahr beträgt die Verdunstungsquote etwa 2 %; diesen Schwund nennen die Brenner recht nett und liebevoll *angel's share.*

Gewichtsbewußte Zecher übrigens sind mit einem Whiskey gut beraten, denn der hat weniger Kalorien als ein kleines Bier oder ein Glas Wein.

Am Giant's Causeway

erstarrte. Der gleiche Vorgang ereignete sich auch vor der schottischen Küste, dort finden wir auf der Insel Staffa die gleichen regelmäßigen Basaltsäulen wie hier.

Den Namen *Giant's Causeway,* Damm der Riesen, hat das Areal bekommen, weil laut der Legende Riesen auf diesem Damm trockenen Fußes von Irland nach Schottland spazieren wollten. Eine Variante der Geschichte enthält eine romantische Liebesbotschaft; danach baute der Riese *Finn McCool,* jener mythische Recke der irischen Sagenwelt, den Causeway, um vom schottischen Staffa aus eine Riesin, in die er sich hoffnungslos verliebt hatte, in die Heimat zu holen. Einer anderen Version zufolge lag *Finn McCool* mit einem schottischen Riesen im Streit, legte den Damm an und zog gegen den Feind zu Felde. Als er in Schottland angekommen war und die Größe des Widersachers sah, verließ ihn allerdings der Mut, und schnell stolperte er wieder zurück nach Irland. Nun machte sich aber der schottische Recke auf den Weg, um mit *Finn* abzurechnen, und auch er kam über den Damm. *Finns* Frau jedoch - eine kluge und gewitzte Gemahlin - steckte ihren Mann in riesige Babykleider, verpaßte ihm einen überdimensionalen Schnuller und legte ihn draußen in einem gigantischen Kinderbett ab. Als der Schotte nun die Größe des vermeintlichen Babys sah, drehte er sich in Panik um, gab Fersengeld und ward nie wieder in Irland gesehen.

Ballycastle

Eine landschaftlich attraktive Route, die A 2, führt an der Küste entlang zum Örtchen Ballycastle. Die lebendige Marktstadt gibt sich als freundliches Familien-Seebad zu erkennen, liegt an der weitgeschwungenen, gleichnamigen Bay und am Ende zweier *Glens* (Täler), Glenshesk und Glentaise, die sich die Antrim Mountains bis zum Meer hinunterziehen.

Alljährlich im Juni findet ein ***Folk Festival*** im Städtchen statt, das *Flead Amhran Agus Rince,* und dann im August die *Oulde Lammas Fair.* Während ersteres auf die Aktivitäten der Fremdenverkehrsplaner zurückgeht, kann die *Old Lammas Fair* schon auf viele Jahrhunderte zurückblicken. 1606 rief der lokale Clan der *McDonnells* einen Pferde- und Viehmarkt ins Leben, und nachdem tagsüber kräftig gehandelt und geschachert worden war, vergnügte man sich abends bei Gesang, Musik und Tanz, und natürlich flossen auch Whiskey und Bier in Strömen.

Ballycastle hat zwei ungewöhnliche und daher gewöhnungsbedürftige ***lokale Spezialitäten:*** einmal eßbaren Seetang (engl. *Dulse),* die sogenannte Speiserotalge, und dann eine gelbe Bonbonart, die wegen ihrer Farbe *Yellow Man* genannt wird und eisenhart ist. Wem Zahnkronen, Brücken und Füllungen lieb und teuer sind, der verzichte besser auf den süßen Stoff. So heißt es in einem Lied über Ballycastle: Did you treat your Mary Ann / To dulse and yellow man / At the Ould Lammers Fair in Ballycastle, oh?

Technikgeschichte im Ort schrieb der Italiener *Marcooni,* der die ***drahtlose Telegraphie*** erfand. 1898 übertrug er zum ersten Mal eine Nachricht per Funk auf die vorgelagerte Insel Rathlin.

Nahe dem kleinen Hafen gibt es einen ***Sandstrand.*** 1996 wurde der Hafen tiefer ausgebaggert und das Kai-Areal vergrößert.

Tourist Information

- ***Sheskburn House,*** Mary Street, Tel. (012657) 62024

Unterkunft

- ***Marine Hotel******, North Street, Tel. (012657) 69507;
- In der Quay Road am Hafen reiht sich ein ***B & B*** ans andere, so etwa ***Ardagh House*** in Nummer 50, Tel. (012657) 63875;
- ***Castle Hostel,*** IHH-Hostel, Quay Road, Tel. (012657) 62337.

Restaurants und Pubs

- ***The Diamond Bar,*** am zentralen Platz The Diamond, wo auch das Marktkreuz aufragt;
- ***The Cellar,*** The Diamond, Pizza und Pasta zwischen 5 und 8 Pfund in einem kleinen Kellerlokal;
- ***Good Season Chinese Restaurant,*** Anne Street, bis 8 Pfund;
- ***Central Bar,*** Anne Street, ansprechender Pub in einem alten Gemäuer;
- ***The Strand,*** am Hafen, Restaurant mit angeschlossener Wine Bar, bis 8 Pfund;
- Von den beiden Pubs ***Harbour Bar*** und ***Angler's Arms*** am Hafen hat man gute Ausblicke auf den Strand und das Meer.

Rathlin Island

Wie ein großes umgekehrtes und auf die Nase gefallenes „L“ liegt 8 km vor der Küste von Ballycastle und inmitten der gleichnamigen Bay die Insel Rathlin. Das Eiland ist nur 18 km von der langgestreckten schottischen ***Halbinsel Mull of Kintyre*** entfernt, die durch einen Song von *Paul McCartney* bekannte wurde. Der Ex-Beatle bewirtschaftet dort eine Farm.

Während der Saison verkehren täglich Fähren von Ballycastle nach Rathlin, wintertags allerdings nur dreimal die Woche, vorausgesetzt, Wind, Wetter und Wellen lassen eine Überfahrt zu. Der Bootstrip dauert eine gute Dreiviertelstunde. Angelegt wird in Church Quarter.

Rathlin war das erste irische Stück Land, das 795 von den ***Wikingern*** überfallen wurde. 1595 schickte der *McDonnell*-Clan Alte, Frauen und Kinder zum Schutz vor den Engländern auf das Eiland. Doch die Flotte der verhaßten Nachbarn unter der Führung des Earl of Essex nahm Kurs auf Rathlin und ermordete gnadenlos die gesamte Bevölkerung. Für viele Jahrzehnte danach blieb der Steinsplitter im Meer unbewohnt.

Alle drei Ecken der L-förmigen Insel werden von Leuchttürmen gesichert, und bis auf die Ostseite umziehen ***hohe Klippen*** das Eiland. Die *Bird Watchers,* die hier ihren gefiederten Freunden nachspüren, kommen sehr auf ihre Kosten, viele Seevögel nisten in den Felsen. Am westlichsten Punkt, Bull Point, befindet sich eine Reihe von ***Höhlen*** unterhalb des Leuchtturmes. Nur bei ruhigem Wetter sind sie mit dem Boot zu erreichen.

Ebenfalls eine ***große Grotte*** durchzieht den Felsen am nordöstlichsten Punkt unterhalb vom Lighthouse. Ihren Namen hat die Kaverne von dem schottischen König *Robert Bruce* bekommen, der sich hier 1306, nach seiner Niederlage bei Perth gegen die Engländer, versteckt hielt. Seine Gegner, so heißt es, waren ihm sehr hart auf den Fersen; als er in die Höhle schlüpfte und kaum drin war, sponn eine Spinne flugs ein Netz vor den Eingang und hielt die Schergen von einer genauen Untersuchung ab. Derlei als göttliches Zeichen wertend, kehrte *Robert Bruce* nach Schottland zurück und verpaßte den Engländern eine vernichtende Schlappe beim Örtchen Bannockburn (heute ein Stadtteil von Stirling).

Ein Guesthouse, ein B & B mit angeschlossenem kleinen Campingplatz, ein Pub, ein einfaches Restaurant und zwei Läden halten die touristische Infrastruktur aufrecht. Seit 1992 versorgen sich die wenigen Insulaner selbst mit Energie, die von Windrädern in das Netz eingespeist wird.

Die Meerenge zwischen der Küste von Antrim, der nordöstlichsten Grafschaft Irlands, und Schottland heißt ***Sea of Moyle.*** Diese Wasser sind verknüpft mit einer der tragischsten Legenden der irischen Sagenwelt, mit der ***Geschichte der Kinder von Lir*** (gälisch: *Oidheadh Cloinne Lir).*

Lir heiratet *Aebh,* die schöne Tochter von *Bodh Derg,* dem König von Connacht; diese gebiert ihm die Zwillinge *Fionula* und *Aodh* und danach zwei weitere Kinder, *Fiachra* und *Conn.* Leider stirbt die Mutter bald darauf und *Lir* vermählt sich nun mit ihrer bösen Schwester *Aoife,* die schnell mit großer Eifersucht auf *Lirs* Liebe zu seinen Kindern blickt. Mit Hilfe eines ebenso schwarzseeligen Druiden verzaubert sie die vier in Schwäne und spricht einen Fluch über sie aus. Die nächsten 300 Jahre müssen die Schwanenkinder nun ihr Leben auf dem Lough Derravaragh (Co. Westmeath, nördlich der Stadt Mullingar) verbringen, weitere 300 Jahre auf der Sea of Moyle und schließlich noch einmal 300 Jahre vor der nordwestlichsten Stelle Irlands, vor Erris Head. In letzter Sekunde gewährt die schlechte *Aoife* den Kleinen eine Bitte, schenkt den Schwänen die Gabe der Sprache und des Gesangs.

Als *Lir* von der entsetzlichen Tat Wind bekommt, verzaubert er sein rachgieres Weib in einen häßlichen Geier. In der Zwischenzeit haben sich die Söhne von *Bodh Derg,* die beiden Brüder von *Aoife,* auf die Spur der Kinder gesetzt, und nach langer Suche finden sie die vier im Sea of Moyle, vor unserer Insel Rathlin. Doch trotz aller Mühen gelingt es ihnen nicht, den Fluch zu lösen, die Kinder entgehen ihrer Verheißung nicht, und so machen sich die sprechenden Schwäne auf zu ihrem letzten Ziel, dem Meer vor Erris Head. Auf dem Weg dorthin suchen sie den Palast ihres Vaters, doch finden sie nur noch Ruinen vor, denn inzwischen sind ja 600 Jahre vergangenen. Als sie endlich ihre Zeit vor dem rauhen Erris Head hinter sich haben, werden sie wieder zu Menschen, um jedoch gleich ihren letzten Atemzug zu tun. Sie sterben und finden an der nordwestlichsten Stelle Irlands ihre letzte Ruhestätte.

Bonarmargy Friary

Einen Steinwurf nur von Ballycastle entfernt und an der rechten Seite der Hauptstraße nach Cushendall gelegen, ragen die Ruinen der Bonarmargy Friary auf, eines von dem Clan der *McQuillans* um 1500 gegründeten ***Klosters.*** Nicht nur die Mitglieder der Stifter-Familie haben hier ihre letzte Ruhestätte gefunden, auch die Angehörigen der mit den *McQuillans* eigentlich verfeindeten *McDonnells* ruhen in der Erde von Bonarmargy, so auch der einstige Besitzer von Dunluce Castle, *Sorley Boy McDonnell* und sein Sohn *Randall,* der erste Earl of Antrim.

Cushendun

Cushendun ist ein winziges, pittoreskes Örtchen, das zwischen 1912 und 1925 am Reißbrett und als ***Seaside Resort*** geplant wurde. Architekt war *Clough William Ellis,* der eine solche Idee zuvor bereits in Portmeiron (Wales) umgesetzt hatte, dort allerdings mit mehr designerischem Erfolg. Portmeiron nämlich besitzt mit seinem Campanile eine italienisch inspirierte Architektur, und eine solche mediterrane Atmosphäre sucht man hier vergebens. Immerhin ist das Örtchen nett anzusehen, hat ein Puppenstuben-Ambiente und einen eher musealen Charme.

Von Cushendun verläuft eine Küstenstraße nach Norden und bringt uns zu den ***Klippen von Torr Head.*** Bei gutem Wetter kann man die schottische Küste der Halbinsel Mull of Kintyre erkennen, die nur 18 km entfernt liegt; dies ist die kürzeste Entfernung zwischen Irland und Schottland. In früheren Tagen - so heißt es - ruderten die in Nordirland angesiedelten schottischen Protestanten mit ihren Booten hinüber, um sonntags am Kirchgang auf heimischem Boden teilnehmen zu können.

Carnlough

Carnlough ist ein freundliches kleines Nest an der Küste, das vor allem sommertags bei Sonnenschein heiter auf das Gemüt des Besuchers wirkt. Dies liegt daran, daß die Häuser allesamt aus schneeweißem Stein erbaut sind, der in den Sonnenstrahlen leuchtet und funkelt. Bis 1960 wurde in den Kreidefelsbrüchen rund um Carnlough der weiße Stein gewonnen, und so lag nahe, daß die Bewohner ihre Häuser aus diesem Material erbauten.

Die Anlage der Stadt geht auf die Initiative des Marquess of Londonderry zurück, der 1854 seine Planungen in die Tat umsetzen ließ. Besonderheit des Ortes ist die ***schneeweiße Kalksteinbrücke,*** die sich über die Hauptstraße spannt und auf der in früheren Tagen der gewonnene Stein aus den Brüchen mittels einer schnaufenden Eisenbahn zum Hafen geschafft wurde. Heute kann man von dort oben einen Blick über Carnlough, den Hafen und das Meer werfen. Am Kai vervollständigen ein massiver Uhrturm und ein Rathaus - beide natürlich ebenfalls aus Kalkstein - das angenehm anzuschauende Gesamtensemble des Städtchens.

Tourist Information

- Harbour Road, im Post Office, Tel. (01574) 885210

Unterkunft

- ***Londonderry Arms Hotel*****, Harbour Road, Tel. (01574) 885255, Fax 885236, das efeubewachsene Hotel wurde 1848 als Postkutschengasthof von Lady Londonderry angelegt, 1921 erbte es ihr Urenkel Sir Winston Churchill.

Restaurant und Pubs

- ***The Bridge Inn Charles McCauley,*** Bridge Street/Ecke Harbour Road, Pub mit gemütlichem Ambiente in einem schönen alten Fachwerkhaus aus dem Jahr 1912, hier auch einige preiswerte Fremdenzimmer;
- ***The Coach House,*** Harbour Road, dem oben genannten Londonderry Inn Hotel angeschlossener Pub, ebenfalls sehr gemütlich, hier auch das einzig gute Restaurant des Örtchens;
- ***Harbour Town's Tea Rooms,*** direkt am Hafen, Tee, Kaffee, Kuchen und kleine Snacks.

Glenarm und Ballygalley

In den vielen kleinen Küstenstädtchen könnte man leicht vergessen, daß in Nordirland der Bürgerkrieg tobt, fährt man hingegen in ***Glenarm*** ein, so wird der Besucher abrupt mit den Problemen der Region konfrontiert. Auf der rechten Straßenseite befindet sich kurz vor dem Ort die mit Eisengittern schwer verbarrikadierte und zusätzlich mit Stacheldrahtrollen sowie mit Überwachungskameras gesicherte ***Polizeistation*** des Städtchens - ein deutlicher Hinweis, daß auch fernab der Metropolen von Derry oder Belfast die Welt nicht in Ordnung ist.

Glenarm Village selbst ist ganz nett anzusehen und besitzt eine Reihe von bonbonbunten Häuschen entlang der Haupstraße. Eine touristische Infrastruktur wird man allerdings vergeblich suchen, im Zentrum gibt es ein kleines Café, das Snacks und wenige Fremdenzimmer anbietet, und die *Heather Dew Tavern* serviert einen guten Pub Grub.

Wenige Kilometer weiter südlich entlang der Küste fahren wir in ***Ballygalley*** ein, dessen einzige Attraktion eine ***Burg aus dem 17. Jh.*** ist. Sehr wehrhaft kommt die einstige Festung nicht mehr daher, in den dicken Gemäuern ist heute recht stilvoll das *Ballygalley Castle Hotel* untergebracht. Von den Zimmern und dem Restaurant hat man gute Blicke aufs Meer, und in der Kellerbar, treffend *The Dungeon* genannt, erschreckt der Barkeeper Leichtgläubige gern mit Erzählungen über das Hausgespenst.

Etwas billiger als im Hotelrestaurant speist man im Lokal *Lough's,* ebenfalls preisgünstiger kann man in der Jugendherberge (210 Coast Road) übernachten.

Das Ballygally Castle Hotel in der alten Burganlage des Städtchens

Larne

Von Larne aus verkehren ***Autofähren*** zu den schottischen Städten Stranraer und Cairnryan, und ein Besuch des Ortes lohnt sich eigentlich nur, wenn man per Schiff auf die Nachbarinsel Großbritannien möchte. Larne besitzt keinerlei Charme und ist auch arm an Sehenswürdigkleiten.

Im Laufe der Historie landeten an dieser prominenten Stelle immer wieder fremde Eroberer. Im 10. und 11. Jh. erschienen die Segel nordischer Piraten am Horizont, die überall Angst und Schrecken unter der Bevölkerung verbreiteten. 1315 kam *Edward,* der Bruder des schottischen Königs *Robert Bruce,* mit mehr als 5000 Mann und versuchte, die Iren zu einem Aufstand gegen die anglonormannischen Invasoren aufzustacheln, und 1914 schließlich nahmen hier in Larne die *Ulster Volonteers* - Gegner der *Home-Rule-Bewegung* - ins Land geschmuggelte Waffen in Empfang.

Nahe dem Hafengebiet ragt wie ein hohler Zahn eine alte, schwarze Burgruine auf, das Olderfleet Castle aus dem 16. Jh., und ebenfalls an den Kai-Anlagen befindet sich ein Round Tower, der jedoch nicht aus früheren Zeiten datiert, sondern eine moderne Nachbildung ist. Ein Besuch lohnt sich jedoch nicht. Das Beste an Larne, so berichtet eine englische Quelle, ist die Straße, die nach Belfast führt, und beim Herausfahren aus der Stadt wird wohl kaum jemand die Aufforderung auf dem Ortsausgangsschild, „Kommen Sie bald wieder", ernst nehmen.

Carrickfergus

Auf dem Weg von Larne nach Belfast sollte man der Küstenroute den Vorzug geben und einen Stopp im Örtchen Carrickfergus einlegen. Hier nämlich reckt sich direkt am Meer Irlands größte und mächtigste ***Festungsanlage*** drohend in die Höhe und beeindruckt den Besucher mit ihren dicken Mauern (Mo-Sa 10-18 Uhr, So 14-18 Uhr).

1180 begannen die anglo-normannischen Eroberer – in jenen Tagen die besten Burgenbauer Europas – mit der Errichtung der Festung, und bis in unsere Tage hinein, bis 1928, saßen die Militärs hinter den dicken Wällen. 1315 belagerte der schottische König *Robert Bruce* zusammen mit den Streitkräften seines Bruders *Edward* das Fort. Ein geschlagenes Jahr lang berannten sie unermüdlich die Mauern der Festung, bis ihnen endlich die Einnahme gelang. Doch die Engländer holten sich die für sie unter strategischen Gesichtspunkten unersetzliche Burg schnell zurück und hielten sie auch für die kommenden 300 Jahre. 1760 aber griff ein französisches Kommandounternehmen zu und besetzte Carrickfergus Castle, doch wieder gelang den Engländern nach kurzer Zeit die Rückeroberung.

1778 kämpfte der Amerikaner *John Paul Jones* vor der Küste von Carrickfergus gegen das englische Kriegsschiff HMS Drake und konnte seinen Gegenspieler bezwingen – es war dies der erste maritime Sieg des noch so jungen Staates. All diese militärischen Taten erzählt das ***Cavalry***

Der Bürgerkrieg in Nordirland

Die Ursachen des Bürgerkriegs in Nordirland haben ihre Wurzeln im ***16. Jh.*** Damals, im Jahr 1595, wagten *Red Hugh O'Donnell* und *Hugh O'Neill* im nordirischen Ulster einen ***Aufstand gegen die Engländer.*** Nach mehrjährigen Kämpfen gelang ihnen 1598 ein größerer Sieg gegen die verhaßten Besatzer. In den folgenden Jahren jedoch konnten die Engländer die Rebellion niederschlagen, und die Iren mußten eine tiefgreifende Veränderung ihres sozialen und politischen Lebens hinnehmen. Das alte gälische Recht verlor seine Bedeutung, und eine ***englische Zentralgewalt*** etablierte sich in Dublin.

1607 gingen im Zuge der sogenannten Flucht der Grafen viele irische Adlige, unter ihnen auch die Ulster-Führer *Red Hugh O'Donnell* und *Hugh O'Neill,* ins Exil. Die Bevölkerung im Norden, nun um ihre fähigsten Köpfe gebracht, vermochte den großen ***Umsiedlungsprogrammen*** der Engländer nichts entgegenzusetzen, und so kamen scharenweise ***protestantische Schotten*** ins Land und bekamen die fruchtbarsten Ländereien im Norden. Diese neuen Siedler erwiesen sich als die besten Verbündeten der Engländer und befürworteten die Union mit England. Denn der Boden versprach reiche Ernte, und aufgrund der im 18. Jh. entstandenen Leinenindustrie ging es mit ihnen wirtschaftlich stetig aufwärts. Die schottischen Protestanten beherrschten das soziale, kulturelle und politische Leben in der Provinz Ulster, die katholischen Iren fristeten ein kümmerliches Dasein auf kargen Böden und hatten im eigenen Lande nichts zu bestellen.

Als dann ***1921*** der ***Freistaat Irland*** ausgerufen wurde, stimmten die Protestanten, die drei Viertel der nordirischen Bevölkerung ausmachen, für einen Verbleib bei Großbritannien, bekamen ein eigenes Parlament und weitreichende Selbstverwaltungsrechte in innenpolitischen Angelegenheiten. 1949 passierte der *Ireland Act* das Londoner Unterhaus, in dem der ***Verbleib Nordirlands bei Großbritannien*** so lange garantiert wurde, wie eine Mehrheit dies wünsche.

Im Jahre ***1968*** formierte sich eine ***friedliche Bürgerrechtsbewegung,*** deren Emanzipationsbestrebungen jedoch sofort von militanten Protestanten im Keim erstickt wurden. Die Antwort der Katholiken ließ nicht lange auf sich warten, und die ***IRA*** *(Irish Republican Army)* griff in die Auseinandersetzungen ein. Am 14.8.1969 intervenierte Großbritannien mit ***Truppen*** in Nordirland. Am 30.1.1972 dann, dem ***Blutsonntag von Derry,*** erschossen britische Soldaten 14 unbewaffnete Bürgerrechtler, und seitdem herrschen Terror und Angst.

In den Jahren 1978 und 1981 machten IRA-Häftlinge mit ihren ***Hungerstreiks*** Schlagzeilen in der internationalen Presse. Schon vom Tode gezeichnet, wurde der Führer der Inhaftierten, *Bobby Sands,* in das Parlament von Westminster gewählt - kurze Zeit darauf starben er und neun weitere Gefangene an Unterernährung.

Im Verlauf des Jahres 1991 führte der britische Nordirland-Minister *Brooke* eine Reihe von ***Friedensgesprächen,*** doch mußte er gegen Ende des Jahres seine Bemühungen als gescheitert ansehen. Terror, Gewalt und Gegengewalt haben zu ***unüberbrückbaren Gegensätzen*** geführt.

Doch dann, im September ***1994,*** rief *Garry Adams* von der Partei *Sinn Fein* - dem politischen Flügel der IRA - zum Erstaunen aller Beobachter einen ***einseitigen Waffenstillstand*** aus. Nun lenkte auch die britische Regierung ein, *John Major* flog nach Belfast und erklärte seine Bereitschaft, mit Gesprächen über die Zukunft Nordirlands zu beginnen. Doch die regierenden Konservativen in London zeigten sich letztendlich nicht friedensbereit. Gebetsmühlenartig wiederholten *Major* und seine Kabinettskollegen, daß die IRA erst alle Waffen abgeben müsse, bevor es zu Verhandlungen käme. Der Publizist *Ralph Giordano* schrieb in seinem sehr lesenwerten „Irischen Tagebuch", wer so etwas als Vorbedingung fordere, wolle keinen Frieden - recht hat er!

Die IRA kündigte daraufhin den Waffenstillstand auf und legte ***1996*** mit einer Riesenbombe das Geschäftszentrum von Manchester in Schutt und Asche. Im Sommer 1996 kam es in Nordirland zu den schlimmsten ***Straßenschlachten*** seit Jahren; die Polizei hatte den Protestanten einen Marsch durch katholische Wohngegenden gestattet.

Irlands mächtigste Burg -
die Befestigungsanlage von Carrickfergus

Regimental Museum, das in der Burg untergebracht ist.

Es ging aber nicht nur martialisch zu in Carrickfergus. Der englische Dramatiker *William Congreve* (1670-1729) wuchs in der Festung auf und hatte seinen Spielplatz hinter den dicken Mauern. Sein Vater war hier als Soldat stationiert. *Jonathan Swift* (1667-1745), bekannt geworden durch "Gullivers Reisen", schrieb einen Steinwurf nur entfernt von Carrickfergus seinen Roman "The Tale of the Tub", und auch der nordirische Poet *Frederick Louis MacNeice* (1907-1963) verbrachte seine Kindertage im Örtchen.

Die Eltern eines gewissen *Andrew Jackson* wanderten im 18. Jh. von Carrickfergus in die USA aus, und ihr Sohn sollte dort der 7. Präsident der Vereinigten Staaten werden. Daran erinnert das ***Andrew Jackson Centre*** im Örtchen; dies ist zwar nicht das originale Haus der Eltern, aber der Nachbau des reetgedeckten Cottage entspricht denjenigen aus dieser Ära.

Alljährlich Anfang August wird in Carrickfergus die *Lughnasa* gefeiert, und dann treten viele Besucher des Städtchens in mittelalterlicher Bekleidung auf.

Tourist Office

- Town Hall, Tel. (019603) 51604

Belfast

Belfast ist die ***Hauptstadt Nordirlands,*** das urbane Zentrum der Provinz Ulster, in dem mehr als ein Viertel der Gesamtbevölkerung des Nordens lebt. Wohl kaum eine Stadt Europas macht mit so vielen Negativ-Schlagzeilen auf sich aufmerksam wie die Kapitale der nordirischen Provinz, hier sind die ***Auswirkungen des Bürgerkriegs*** im Alltagsleben immer gegenwärtig. Polizisten mit kugelsicheren Westen, bewaffnete Soldaten, gepanzerte Fahrzeuge patrouillieren im Strom der Passanten und inmitten des Verkehrs, über dem Zentrum kreisen unermüdlich ein, zwei Hubschrauber, um das Geschehen aus der Luft verfolgen zu können, Straßen lassen sich durch Klappbarrikaden innerhalb von Sekunden sperren, und an Check Points werden Autos und Passanten durchsucht. In einer derlei angstgeschwängerten Atmosphäre staunt der fremde Besucher über die Freundlichkeit der Menschen.

In Belfast dominiert die protestantische Bevölkerungsminderheit. Die Stadt ist Sitz eines katholischen Bischofs und eines Bischofs der Church of England, besitzt eine Universität, mehrere technische Colleges, eine Reihe von Museen, Galerien, Theatern und eine Oper. Die Textil-, Lebensmittel- und Tabakwarenindustrie sichert Arbeitsplätze, der Schiffbau befindet sich wie andernorts auch in einer tiefen Krise. Neuere Industriezweige sind der Flugzeug-, Maschinen- und Elektrogerätebau sowie eine Ölraffinerie.

Geschichte

Die Urzelle von Belfast lag in einer kleinen ***Befestigungsanlage,*** welche die Furt durch den River Farset sicherte. Dieser Fluß verläuft heute unterirdisch und kanalisiert durch die Stadt. 1177 erbauten die anglo-normannischen Invasoren eine Burganlage, doch schon rund ein Jahrhundert später hatten sie die Kontrolle über die Region wieder verloren. Der Clan der *O'Neills of Clandeboy,* der Weidegründe in den Tälern der Castleragh Hills besaß, hielt die Region gut im Griff. Das änderte sich erst um das Jahr 1604, als der Ritter *Sir Arthur Chichester* von *James I.* als Gouverneur für den hohen Norden eingesetzt wurde. Seine Bemühungen waren so erfolgreich, daß die kleine Ansiedlung schon neun Jahre später die Stadtrechte bekam, was sich angesichts der wenigen Häuser wie blanker Hohn ausnahm.

Im 17. Jh. dann begann der Aufschwung des Städtchens, den vom Kontinent geflüchtete ***Hugenotten*** einläuteten. Die fleißigen Einwanderer etablierten eine ***Leinenindustrie,*** schnell florierte der Handel, und um die Jahrhundertwende war die Einwohnerzahl auf über 2000 Menschen angestiegen.

1708 brach ein ***Feuer*** aus und verwüstete fast die gesamte Stadt; nachdem sich die Bürger von diesem Schock erholt hatten, gingen sie zielstrebig den Neuaufbau an. Zum Tuchhandel gesellte sich nun der ***Schiffbau,*** die Stadt wuchs weiter, die Menschen kamen zu Wohlstand, und dort, wo keine ökonomi-

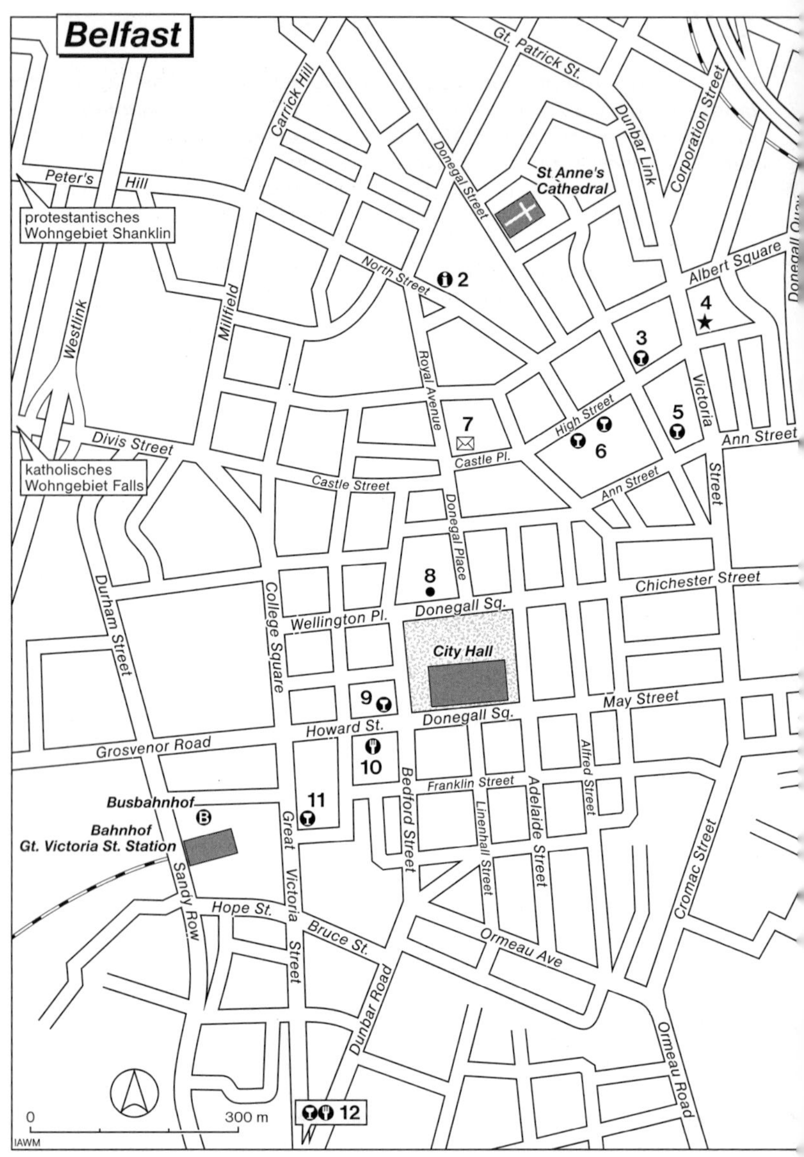
Belfast
Gt. Patrick St.
Carrick Hill
Dunbar Link
Corporation Street
Donegal Street
St Anne's Cathedral
Peter's Hill
protestantisches Wohngebiet Shanklin
North Street
Albert Square
Millfield
Westlink
Royal Avenue
Victoria Street
High Street
Ann Street
Divis Street
Castle Pl.
katholisches Wohngebiet Falls
Castle Street
Donegal Place
Chichester Street
Durham Street
College Square
Wellington Pl.
Donegall Sq.
City Hall
May Street
Howard St.
Grosvenor Road
Alfred Street
Bedford Street
Franklin Street
Adelaide Street
Linenhall Street
Busbahnhof
Bahnhof Gt. Victoria St. Station
Great Victoria Street
Sandy Row
Hope St.
Bruce St.
Ormeau Ave
Cromac Street
Dunbar Road
Ormeau Road
0
300 m
IAWM

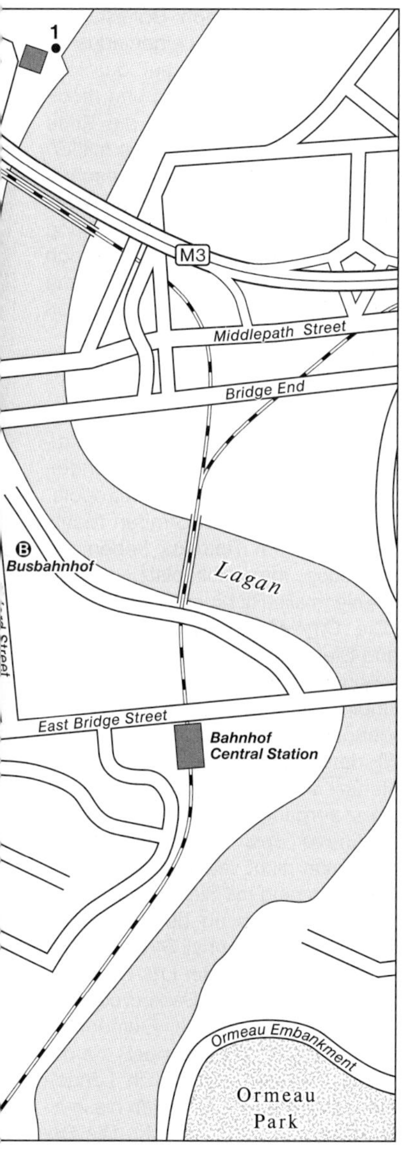

- ● 1 Terminal für Fähren nach Stranraer und zur Isle of Man
- 2 Tourist Information Centre
- 3 Pub The Crow's Nest
- ★ 4 Albert Memotral
- 5 Pub The Roost
- 6 Pubs O'Niell's und The Morning Star
- ✉ 7 Post
- ● 8 Linnenhall Library
- 9 PubShananagan's
- 10 Pubs Crown Liquor Saloon und Robinson's
- 11 The Howard Restaurant Skandia
- 12 Viertel Golden Mile mit
  - Pub Robinson's,
  - Restaurants Harvey's, Ristorante Pizzeria Speranza, Summer Palace, Ponte Vecchio
  - ● und Queen's University,
  - ★ Botanic Gardens Park

schen Sorgen drücken, gesellt sich zur prosperierenden Wirtschaft politische Liberalität. 1784 zeigten sich die Protestanten großzügig und stifteten Gelder für den Bau eines katholischen Gotteshauses. Sieben Jahre später gründeten Presbyterianer in Irland die *United Irishmen Society,* in der Katholiken wie Protestanten für eine gemeinsame irische Nationalität kämpften. Belfast stand im Zentrum dieser Bewegung.

Als es 1798 in Irland zu Aufständen der *United Irishmen* kam, reagierte die Besatzungsmacht schnell, und die Protestanten verabschiedeten sich von der Idee einer gemeinsamen nationalen Identität. Innerhalb nur weniger Jahre wurde aus der liberalen Stadt eine ***geteilte Stadt.*** Während des 19. Jh. machten in Belfast die Protestanten gezielt Politik gegen die Katholiken, und die Religionsgemeinschaften drifteten weiter denn je auseinander. 1835 wurden im protestantischen Viertel Sandy Row mehrere Menschen getötet – solche Gewalttaten in katholischen wie protestantischen Stadtteilen halten bis heute an.

Auch in unserem Jahrhundert sah die Stadt keine angenehmen Seiten. Mit der Gründung des irischen Freistaats 1921 avancierte Belfast zur Kapitale des bei London verbliebenen Nordirlands, langsam, aber stetig verfiel über die Jahrzehnte die Wirtschaft, besonders schnell nach dem Zweiten Weltkrieg.

Heutzutage kämpfen die Stadtväter um eine Verbesserung der ökonomischen und sozialen Situation, aus London sowie von der EU flossen reichlich Gelder nach Belfast. Die fast verschwundene Leinenindustrie konzentriert sich nun auf qualitativ hochwertige Verarbeitung und modische Schnitte, und auch die Krise der verbliebenen Werften hat mittlerweile wohl die Talsohle durchschritten. Mit dem ***Aufschwung der Wirtschaft*** geht ein Gefühl der Hoffnung für die Zukunft einher, das jedoch wohl nur dann realistisch ist, wenn der Religionskonflikt in der Region endlich gelöst werden kann.

Sehenswertes

Der Donegall Square markiert zusammen mit der dort aufragenden City Hall das Zentrum der Metropole. In den flankierenden Straßen rechts und links vom Rathaus haben die Stadtbusse ihren Halteplatz, von dem aus sie in alle Richtungen verkehren.

Die ***City Hall,*** aus weißem Portland-Stein errichtet, zeigt die typisch imperiale Architektur des einstigen Empire – Türmchen, Kuppeln und schnörkelige Verzierungen zuhauf. Vor dem Gebäude demonstriert eine Statue von Königin *Victoria* den Glanz vergangener Zeiten. Eine Besichtigung des stattlichen Hauses sollte man nicht versäumen. Der Besuchereingang mit Sicherheitsschleuse befindet sich an der Rückseite, dort, wo die Linnenhall Street auf Donegall Square mündet (Juli-Sept. tgl. 10.30-14.30 Uhr). Beeindruckendstes architektonisches Element ist zweifellos die große Kuppel, die der von St. Paul's Cathedral in London nachempfunden ist und sich bis in eine Höhe von 52 m streckt. Die Bemalung zeigt die Zeichen des Tierkreises.

Am Donegall Square North befindet sich die ***Linnenhall Library,*** Belfasts älteste Bibliothek, die 1788 ihre Pforten öffnete. Bücher zur gälischen Sprache und zur irischen Literatur, Nachschlagewerke aller Art und Druckerzeugnisse aus früheren Jahrhunderten, die in Belfast hergestellt wurden, sind Kernstücke der Bestände. Besondere Bedeutung kommt der sogenannten *Political Collection* zu, hier werden seit 1968 all jene Bücher gesammelt, die sich mit nordirischen Themen beschäftigen; mittlerweile umfaßt dieser Teil der Sammlung an die 50.000 Werke. Wer sich über die aktuellen Ereignisse des Tages informieren möchte, findet eine Reihe von Tageszeitungen, und ein kleiner Tea Room lädt zu einer Verschnaufpause ein.

Vom Donegall Square gen Norden gelangen wir in das ***Geschäftszentrum*** mit großen Kaufhäusern und Läden aller Art. Die verkehrsberuhigte Fußgängerstraße Cornmarket ist ebenfalls von Geschäften gesäumt. Dieser ganze Bereich kann durch schwenkbare Barrikaden in Sekundenschnelle abgeriegelt werden.

Zwischen Anne Street und High Street verlaufen schmale Durchlässe, die sogenannten *Entries,* hier findet sich eine ganze Reihe von alten und ***berühmten Pubs.*** Im *Crown Entry* wurde die *Society of United Irishmen* (s. o.) gegründet, und einer ihrer Führer, *Samuel Nielson,* druckte hier seine Zeitung, den *Northern Star,* der die Ideale der französischen Revolution den Iren nahebringen wollte.

Kommt man von der Cornmarket auf die High Street und geht diese in östlicher Richtung, taucht schnell das ***Albert Memorial*** auf, ein hoher, im neogotischen Stil errichteter Uhrturm, der 1869 eingeweiht werden konnte. Acht Jahre zuvor war *Prinz Albert von Sachsen-Coburg,* der Ehemann von *Königin Victoria* gestorben, und die Herrscherin hat den frühen Tod ihres geliebten Gatten ein Leben lang nicht verwunden. Im ganzen Königreich ließ sie zur Erinnerung Denkmäler errichten, und so bekam auch Belfast sein Albert Memorial. Daß *Prinz Albert* in seinem Leben mit der Stadt keinerlei Berührungspunkte hatte, war bei der Errichtung nur von untergeordneter Bedeutung.

Hinter dem Prinz-Albert-Uhrturm sieht man die gigantischen Kräne der Werft *Harland & Wolff* aufragen, die zu den größten der Welt zählen und demzufolge Samson und Goliath genannt werden. Die Werft soll auch über das größte Trockendock verfügen, das mit einer Länge von rund 550 m und einer Breite von ca. 90 m in der Tat recht eindrucksvolle Dimensionen aufweist. Hier wurde übrigens die ***Titanic*** auf Kiel gelegt, und nach ihrer Fertigstellung stach im Frühjahr 1912 das zur *White Star Line* gehörende größte Passagierschiff der Welt zu seiner Jungfernfahrt in Richtung Amerika in See.

Kurz vor dem Prince Albert Memorial zweigt von der High Street links die Skipper Street ab und führt uns zur protestantischen ***St. Anne's Cathedral*** an der Donegall Street/ Ecke York Street. 1899 wurde mit dem Bau begonnen. Im Innern liegt

Neues zur Titanic

In den frühen Morgenstunden des 15. April 1912 rauschte die Titanic mit dem Bug voran in die schwarze Tiefe und riß 1513 Passagiere und Besatzungsmitglieder in den Tod. Nur 711 Menschen konnten gerettet werden. Am Vorabend war der Ozeanriese mit einer Geschwindigkeit von 22 Knoten (40,7 km/h) auf einen Eisberg gekracht und leck geschlagen.

1985 fand der Unterwasserexperte *Robert Ballard* das Wrack der Titanic 680 km südöstlich vor Neufundland in einer ***Tiefe von 3795 m.*** Mit Hilfe eines ferngesteuerten Mini-U-Bootes konnte er ***Aufnahmen*** von der Titanic machen. Bis zum Sommer des Jahres 1993 arbeiteten die Teams von insgesamt fünf Expeditionen mit Unterwasserrobotern und bemannten Mini-U-Booten an dem Wrack. Neben Münzen, Porzellan und Taschenuhren wurden auch ***Teile des Rumpfes*** geborgen, für die sich eine Gruppe von Schiffsbau- und Materialexperten besonders interessierte.

Im September 1993 legten die Wissenschaftler auf einer Konferenz von Schiffs- und Maschinenbauern in New York ihren Bericht vor. Danach war der Rumpf des 269 m langen Schiffes aus ***„Stahl minderer Qualität"*** mit einem zu hohen Schwefelanteil zusammengenietet worden. Dieser Werkstoff neigt bei niedrigen Temperaturen zu sogenannten ***Sprödbrüchen.*** Schon damals waren bessere Stähle bekannt - aber auch teurer. Während hochwertiger Stahl sich unter Belastung verformt, bevor er bricht, splitterte das Billigeisen der Titanic im eiskalten Wasser (minus 1 ° C) wie Glas.

William Garzke, amerikanischer Schiffsbauingenier, hält es sogar für denkbar, daß sich das Unglück schon am Abend vorher ankündigte. Bei der offiziellen Seeamts-Untersuchung hatten Überlebende von ***Grummel- und Knacktönen*** tief im Innern des Ozeanriesen berichtet; die Experten jedoch taten dies als Maschinengeräusche ab. *William Garzke* nun glaubt, daß es sich bei den unerquicklichen Geräuschen bereits um Verformungen des Billigstahls im kalten Wasser handelte. Hätten die Belfaster Schiffsbauer die Titanic aus bereits bekanntem, hochwertigen Material hergestellt, so wäre laut *Garzke* der Riß, den der Eisberg schlug, kleiner gewesen; mithin wären geringere Wassermassen in den Schiffsbauch geflossen, wodurch wiederum ***mehr Zeit für Rettungsmaßnahmen*** zur Verfügung gestanden hätte. Im Sprödrumpf der Titanic reichte der Riß fast über die gesamte Länge des Schiffes.

Nicht die Stärke des Eisbergs, sondern die Schwäche des Stahlmantels ist demnach der Titanic zum Verhängniß geworden.

der zu seinen Lebzeiten heftig umstrittene ***Lord Edward William Carson*** (1854-1935) begraben. Sein Name steht als Symbol für die Teilung in einen irischen Freistaat und ein bei Großbritannien verbleibendes nordirisches Territorium; die einen sehen in ihm den Retter von Ulster, die anderen halten ihn für denjenigen, der die Unabhhängigkeit des Landes sabotierte. *Carson* glaubte nicht, daß Irland ohne Großbritannien in wirtschaftlicher und sozialer Hinsicht hätte existieren können.

Spaziert man von Donegall Square South, im Rücken die City Hall, ein kurzes Stück die Straße gen Westen, so ist schnell Great Victoria Street mit dem ***Opernhaus*** erreicht. Das Areal entlang der Great Victoria Street gen Süden und ihre Verlängerungen University Street, Malone Street, Stranmillis Street sowie die abzweigenden Seitenstraßen vom

Opera House bis hin zur Universität wird in Belfast auch als ***Golden Mile*** bezeichnet. Hier reihen sich teure wie preisgünstige Restaurants, Pubs, Bars, Hotels und viele Bed-&-Breakfast-Unterkünfte aneinander, dies ist - wie sich leicht denken läßt - der lebhafteste Bezirk von ganz Belfast, und nicht nur am Wochenende, sondern auch an Werktagen geht es hier abends ungeheuer geschäftig zu.

Nicht versäumen darf man gleich auf den ersten Metern von Great Victoria Street auf der linken Strassenseite den im Besitz des *National Trust* befindlichen Pub ***The Crown Liquor Saloon,*** in früheren Tagen auch als *Gin Palace* apostrophiert. Das reiche viktorianische Interieur ließ den englischen Poeten *John Betjeman* von einer „vielfarbigen Kaverne" sprechen. Wer ungestört sein Bier trinken möchte, ziehe sich in eine der Snugs zurück und schließe die Tür. Dies ist zweifellos einer der schönsten und atmosphärereichsten Pubs auf der gesamten Grünen Insel.

Die Great Victoria Street und deren Verlängerung University Street führen zur Universität der nordirischen Kapitale, zur ***Queen's University.*** Daneben erstreckt sich der ***Botanische Garten,*** ein Fleckchen der Ruhe. 1827 wurde die große grüne Lunge der Stadt eröffnet, und wie es heißt, ist es die beliebteste Belfaster Örtlichkeit. Mittendrin befindet sich das Palm House, ein beheiztes Glashaus, das auf jene berühmten Gewächshäuser des Londoner Kew Garden zurückgeht und dessen Besuch man nicht versäumen sollte. Im Botanischen Garten finden wir auch das ***Ulster Museum*** (Mo-Fr 10-17 Uhr, So 14-17 Uhr), das eine weitgespannte Palette an Ausstellungsstücken dem Besucher offeriert und dessen Exponate hervorragend präsentiert werden. Da gibt es Mineralien, Steine und Fossilien zu sehen, womit die geologischen Formationen erklärt werden, die Flora und Fauna der Grünen Insel wird umfassend dokumentiert. Der Besucher erfährt viel über die Vorgeschichte der Erde, so etwa über die Saurier, archäologische Funde der Umgebung sind ausgestellt, aber auch alte

Die Kathedrale von Belfast

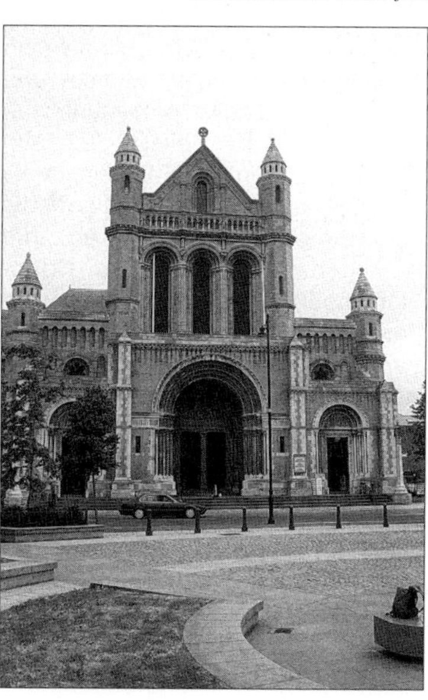

Antriebsmaschinen. In der Art Collection schließlich hängen Bilder der großen englischen und irischen Meister.

In ***West Belfast*** schließlich werden die Troubles Nordirlands wieder lebendig und künden von den Problemen der Provinz. Schon im 18. Jh. war dies der ***Arbeiterbezirk*** der Metropole, bis heute hat sich daran nichts geändert. In dem Viertel, das nach der zentralen Durchgangsstraße ***The Falls,*** im offiziellen Sprachgebrauch aber ***Andersontown*** genannt wird, wohnen die Katholiken von Belfast. 1968/1969, bei den schlimmsten Ausschreitungen, die die Stadt seit annähernd einem Jahrhundert gesehen hatte, vertrieben bewaffnete, militante Protestanten 8000 Familien aus ihren Häusern.

Nördlich von The Falls befindet sich zwischen den Straßen Shankill und Crumlin Road das protestantische Viertel von West Belfast. Schauen wir uns zuerst in The Falls ein wenig um. Von der Straße Millfield geht die Divis Street nach Westen ab, ihre Verlängerung ist die ***Falls Road.*** Hier finden wir wie schon zuvor in Derry an den Häusern große ***Wandgemälde,*** welche die Auseinandersetzungen aus der Sicht der katholischen Bevölkerung dokumentieren.

Ebenfalls mit großen Wandgemälden ist das protestantische Viertel nördlich von The Falls versehen, hier findet der Besucher das genaue Gegenteil dargestellt. Da kann man lesen: *One faith, one crown* oder auch *United we stand* oder *No Surrender, Compromise or Conflict.*

Tourist Information

- 59 North Street, Tel. (01232) 246609

Unterkunft

- ***Stormont Hotel*******, Upper Newtownsard Road, Tel. (01232) 658621, Fax 480240;
- ***Dukes Hotel******, 65 University Street, Tel. (01232) 236666, Fax 237177;
- ***Forte Posthause Belfast******, 300 Kingsway, Dunmurry, Tel. (01232) 612101, Fax 626546;
- ***Wellington Park Hotel******, 21 Malone Road, Tel. (01232) 381111, Fax 665410;
- ***Holiday Inn Garden Court Belfast*****, 15 Brunswick Street, Tel. (01232)
- ***Balmoral Hotel*****, Blacks Road, Dunmurry, Tel. (01232) 301234, Fax 601455;
- ***Renshaws Hotel****, 75 University Street, Tel. (01232) 333366, Fax 333399;
- ***La Mon House Hotel****, 41 Gransha Road, Castlereagh, Tel. (01232) 448631, Fax 448026;
- ***Botanic Lodge Guest House,*** 237 Strandmillis Road, Tel. (01232) 667965;
- ***East Sheen House,*** 91 Eglatine Avenue, Tel. (01232) 667585;
- ***Arnie's Backpacker,*** IHH-Hostel, 63 Fitzwilliam Street, Tel. (01232) 242867;
- ***Belfast International Youth Hostel,*** 11 Saintfield Road, Tel. (01232) 647865.

Restaurants

- ***Ashoka Restaurant,*** 365 Lisburn Road, indische und veget. Gerichte, bis 8 Pfund;
- ***Nicks's Warehouse,*** 35 Hill Street, Seafood und vegetarisch, bis 12 Pfund;
- ***Roscoff,*** 7 Lesley House, Shaftesbury Square, Seafood, mediterrane und kalifornische Küche, bis 15 Pfund;
- ***Saints & Scholars,*** 3 University Street, Seafood, Geflügel, europäische Küche, bis 13 Pfund;
- ***Harvey's,*** Great Victoria Street, Golden Mile, Pizzen und Pasta, bis 8 Pfund;
- ***Ristorante Pizzeria Speranza,*** Great Victoria Street, Pizzen und Pasta, bis 8 Pfund;

• ***Summer Palace,*** Great Victoria Street, Golden Mile, chinesische Küche, bis 8 Pfund;
• ***Ponte Vecchio,*** Great Victoria Street, italienische Küche, bis 10 Pfund;
• ***The Howard Restaurant Skandia,*** 50 Howard Street, europäische und kreolische Küche, ausgezeichnet mit dem Preis „A Taste of Ulster", Gerichte bis 13 Pfund;
• ***La Belle Epoque,*** 61 Dublin Road, an der Golden Mile gelegen, ebenfalls versehen mit dem Titel „A Taste of Ulster", Gerichte zwischen 12 und 20 Pfund.

Pubs

• ***O'Neill's,*** Joy Entry, off High Street, Bar und Bistro, seit dem 17. Jh. gibt es hier eine gemütliche Kneipe, gute Bar Meals;
• ***The Morning Star,*** Pottinger's Entry, off High Street, ebenfalls eine alte und traditionsreiche Kneipe der Stadt;
• ***The Roost,*** Church Lane, sehr gemütlicher und atmosphärereicher Pub, established 1777, Free House, reichhaltiges Angebot guter Pub Grubs zur Mittagszeit;
• ***Crow's Nest,*** Skipper Street, regelmäßig Live Music;
• ***Crown Liquor Saloon,*** Great Victoria Street, Golden Mile,
• ***Robinson's,*** Great Victoria Street, Golden Mile, große atmosphärereiche Taverne;
• ***Shananagan's,*** Howard Street, established 1877, großer, dennoch gemütlicher Pub.

Verbindung

• ***Züge*** und ***Busse*** von Dublin und Londonderry

Armagh

Armagh, die südwestlich von Belfast im Inland gelegene Verwaltungshauptstadt des gleichnamigen County, nennt sich auch das Irische Rom, denn wie die berühmte Schwesterstadt in Italien ist auch sie auf sieben Hügeln erbaut. Die kleine Administrationsmetropole kann auf eine lange Geschichte zurückblicken, ihre Wurzeln reichen bis tief zurück in das Dunkel der Mythologie.

Glaubt man der legendenhaften Überlieferung, so hat Armagh seinen Namen vom gälischen *Ard Mhacha,* der Höhe von Mhacha, bekommen. Königin *Mhacha,* Gemahlin des *Newry,* soll mit ihrem Gatten rund 600 Jahre nach der Sintflut ins Land gekommen sein. Begraben wurde sie auf der Spitze eines Hügels, auf dem sich heute die protestantische Kathedrale erhebt.

Gesicherter ist, daß um 445 der heilige *Patrick* diese legendäre Hügelspitze als zukünftigen Bischofssitz kürte, die Iren der Umgebung zum rechten Glauben bekehrte und ein erstes Gotteshaus erbauen ließ. Schnell avancierte die kleine frühchristliche Gemeinde zu einem Zentrum der Gelehrsamkeit. Vom 9. bis zum 11 Jh. versetzten wie andernorts auch die räuberischen Wikinger die Bevölkerung immer wieder in Angst und Schrecken, und es blieb dem irischen König *Brian Boru* vorbehalten, die Nordmänner endgültig aus dem Land zu treiben. 1014 fand die Schlacht von Clontarf (bei Dublin) statt, in der die Wikinger sich verdienterweise eine blutige Nase hol-

ten. Auch *Brian Boru* fand bei den Kämpfen den Tod, seine sterbliche Hülle fand ihre letzte Ruhe hier in der Kathdrale von Armagh. In den folgenden Jahrhunderten verfiel der kirchliche Einfluß von Armagh langsam, aber zusehends. Im 18. und 19. Jh. nahm die Stadt noch einmal einen architektonischen Aufschwung, viele der damals errichteten Häuser stehen noch heute. In Armagh stellen die Katholiken die Bevölkerungsmehrheit.

Sehenswertes

Durch das Zentrum von Armagh verläuft ***The Mall,*** die Straße, die noch fast vollständig von georgianischen Gebäuden bestanden ist. Viele dieser Häuser hier und in den Nebenstraßen stammen von dem in Armagh geborenen Architekten *Francis Johnson,* der auch für einige der schönsten georgianischen Stadtpaläste von Dublin verantwortlich zeichnete. In früheren Zeiten wurde The Mall einmal für Pferderennen genutzt.

An The Mall East befindet sich das ***County Museum*** und macht mit seinen Exponaten die Geschichte der Stadt und der Region ein wenig lebendiger (Mo-Sa 10-13, 14-17 Uhr); dem Ausstellungsgebäude ist eine kleine Art Gallery angeschlossen.

Die Straße College Hill verläuft vom Nordende von The Mall gen Westen, und nach kurzem Fußweg ist das ***Planetarium*** erreicht, der Stolz der Stadt. (Mo-Fr 14-16.45, Sa 13.30-16.45 Uhr). Es entstand Ende der 60er Jahre, das dahinterliegende Observatorium, das leider nicht zu besichtigen ist, gibt es schon seit über 200 Jahren, und es ist noch immer in Betrieb. Im Planetarium ist eine ganze Anzahl astronomischer Gerätschaften und alter Fernrohre ausgestellt, mit denen die Wissenschaftler des Oberservatoriums in den letzten beiden Jahrhunderten in die Weite des Weltalls geblickt haben.

Die ***St. Patrick's Church of Ireland Cathedral*** liegt im Stadtzentrum am Cathedral Close, an jener Stelle, an der der heilige *Patrick* um 445 ein erstes Gotteshaus errichten ließ.

Freunde alter Bücher dürfen nahe der Kathedrale eine Besichtigung der ***Public Library*** nicht versäumen (Mo-Fr 10-12.30, 15-16 Uhr). Die Herzstücke der Sammlung sind eine Ausgabe von *Sir Walter Raleighs* "History of the World" von 1614 und der berühmte Band von *Jonathan Swift,* „Gullivers Reisen". Die Bibliothek wurde 1771 von Erzbischof *William Robinson* ins Leben gerufen.

Eine zweite Kathdrale, die ***Catholic St. Patrick's Cathedral,*** liegt etwas außerhalb des Zentrums oberhalb der Cathedral Road. Zu ihren Füßen gibt es alltäglich einen Markt, der *The Shambles* genannt wird.

Tourist Information

- 40 English Street, Tel. (01861) 521800

Unterkunft

- ***Charlemont Arms Hotel****, 63 English Street, Tel. (01861) 522028, Fax 526979;
- ***Drumsill Hotel****, 35 Moy Road, Tel. (01861) 522009, Fax 525624;

Das Bullet-Spiel

Autofahrer sollten auf den Straßen rund um Armagh zurüchhaltend fahren und den Fuß vom Gas nehmen. In der Region um das Städtchen wird nämlich ein seltsames Spiel getrieben, das außer in Armagh nur noch um Cork und sonst nirgendwo auf der Welt gespielt wird - ***The Game of Bullet.*** Eine ***Eisenkugel*** von der Größe eines Tennisballes, aber unvergleichlich schwerer, nämlich gut eineinhalb Pfund, muß mit Schlägen die Landstraße entlang über eine ***Strecke von rund 4 km*** getrieben werden. Da sollte der Spieler den Verlauf der geteerten Trasse schon ganz gut kennen, will er nicht, daß sein eiserner Ball auf dem Feld oder in einer Hecke landet. Noch schlimmer wäre ein schwungvoller Hieb durch eine Fensterscheibe hindurch.

Echte Könner dieses Spiels benötigen weniger als ***20 Schläge,*** bis sie ihre Kugel im Ziel haben. Natürlich folgt eine große Menschenmenge den Akteuren, und da die Iren ja bekanntermaßen wettfreudig sind, werden am Rande des Geschehens von den Zuschauern hohe Summen gesetzt. Autos, die des Weges kommen, hält eine Vorhut an. Gespielt wird in der Regel sonntags. Alljährlich am ersten Sonntag im August werden die ***„Weltmeisterschaften" des Bullet Game*** in Armagh und am letzten Sonntag des Monats in Cork ausgetragen. Natürlich wird das ganze Jahr über der eiserne Ball zu Trainingszwecken über den Asphalt gejagt. Wer sich dieses Spektakel einmal ansehen möchte, frage in der Tourist Information oder beim abendlichen Bier den Wirt im Pub, wann so ein Ereignis wieder einmal ansteht.

- ***Mrs. S. McParland,*** 1 Alexander Gardens, Tel. (01861) 525289.

Restaurants und Pubs

- ***Rainbow Restaurant and Coffee Shop,*** Russel Street, ein kleines Billigrestaurant in der Fußgängerzone;
- ***The Glencoe,*** Scotch Street/Ecke Thomas Street, alter Stadt-Pub;
- ***Jodie's Restaurant,*** Scotch Street, im ersten Stock gelegen, man läuft leicht an der Tür vorbei, bis 9 Pfund;
- ***The Kerry Inn,*** Scotch Street, kleines Restaurant, bis 7 Pfund;
- ***Calvert's Tavern,*** Scotch Street, gemütlicher Pub mit angeschlossenem Restaurant, Steaks 11 Pfund.

Verbindung

- ***Busse*** nach Belfast und Dublin

Downpatrick

Downpatrick ist die Verwaltungskapitale des County Down, südlich von Belfast, und kann auf eine große historische Vergangenheit zurückblicken. Auf dem Hill of Down, dort, wo heute der Turm der Kathedrale in den wolkigen Himmel ragt, stand schon in frühester Zeit eine Befestigung. Die Hügelspitze, ein strategisch günstiger Ort, war lange vor der Zeit des heiligen *Patrick* mit einer **keltischen Burg** gesichert, die *Dun Cealtchair* genannt wurde, Cealtchairs Fort. Der Namensgeber gehörte zu den Rittern des Königs von Ulster, *Conor Mac-Nessa,* und war, folgen wir den Beschreibungen von

ihm im *Book of the Dun Cow,* „ein ärgerlicher, schrecklicher, grauenhafter Mann mit einer langen Nase, riesigen Ohren, Apfel-Augen und ungepflegtem, dunkelgrauem Haar".

Ende des 12. Jh. kam der anglonormannische Adlige *John de Courcy* von Süden herangezogen und fand bereits eine respektable Siedlung vor. Nachdem der Recke mit seinen Truppen die Gefolgsleute des Königs von Ulster, *Rory MacDonlevy,* geschlagen hatte, richtete er auf dem Hügel eine Benediktiner-Abtei ein, und um der geistlichen Stätte gleich einen hohen Stellenwert mitzugeben, ließ er die Gebeine des heiligen *Columba* und die sterblichen Reste der heiligen *Brigid* in sein neues Kloster überführen.

Da man zudem glaubte, daß auch der Missionar Irlands, der heilige *Patrick,* hier begraben sei, entwickelte sich die Örtlichkeit schell zu einem Wallfahrtsort; die Pilger scheuten weder Kosten noch Mühe, und kamen von weit her angereist. Um an die heiligen Gebeine zu kommen und eine Reliquie mit nach Hause nehmen zu können, buddelten ganz Unermüdliche gar ein Loch in den Boden, doch weiß man nicht, ob solch frevelhafte Tat erfolgreich war.

Heute bedeckt neben der Kathedrale eine große ***Granitplatte*** - gelegt im Jahr 1900 - die vermeintlichen letzten Ruhestätten. Das Gotteshaus, das *de Courcy* errichtete, wurde im 14. Jh. zerstört. Auch der Nachfolgebau, im 16. Jh. hochgezogen, überdauerte die Zeiten nicht, die ***Kathedrale,*** die wir heute sehen, datiert aus den Anfängen unseres Jahrhunderts.

Von der Kathedrale aus, die sich von Belfast kommend am Ortseingang befindet, flaniert der Besucher nun über die English Street ins Zentrum. Die Straße ist rechts und links mit georgianischen Häusern bestanden. Aus dem 18. Jh. datiert das einstige Stadtgefängnis, in dem heute das ***Down Museum*** und das ***St. Patrick Heritage Centre*** untergebracht sind (im Sommer Mo-Fr 11-17, Sa/So 14-17 Uhr, im Winter So/Mo geschlossen).

Das Heritage Centre macht in einer audivisuellen Vorführung mit dem Leben des heiligen *Patrick* vertraut, dem großen Missionar und ersten Bischof der Grünen Insel. Dabei kommt der Kirchenvater - auch als der „Apostel Irlands" bezeichnet - selbst zu Worte, denn eine Ausstellung zitiert aus seinem autobiographischen Werk „Confessio", in dem *Patrick* seinen kirchlichen Werdegang schildert.

Im ***Governor's House*** informiert die Ausstellung über die Geschichte des County Down, vor allem eine große Anzahl von historischen Schwarzweißfotos dokumentiert das Leben in der Region um die Jahrhundertwende. In dem einstigen Gefängnis saß vor 200 Jahren ein gewisser *Thomas Russel* ein, der zu den *United Irishmen* gehörte. Beim Aufstand von 1798 kam er noch glimpflich davon, doch dann, bei der Rebellion von *Thomas Emmet* im Jahre 1803, wurde er für schuldig befunden, hier in Downpatrick eingekerkert und hingerichtet.

Gegenüber vom Stadtzentrum, auf der anderen Seite des ***River Quoile*** in den Auen des Flüßchens gelegen, befindet sich ***Inch Abbey.*** Um dorthin zu gelangen, muß man der Belfast Road rund 2 km folgen und kurz vor dem *Abbey Lodge Hotel* links abbiegen. Ausschilderungen helfen dem Besucher, den Weg zu finden. Das Areal rund um die ***kleine Abtei*** war in früheren Zeiten einmal eine Insel im Fluß, auf der schon immer eine Kirche gestanden hatte. Der schon erwähnte Anglo-Normanne *John de Courcy* ließ diese kurzerhand abreißen und stattdessen eine Zisterzienser-Abtei errichten. Die Mönche kamen vom englischen Lancashire, genauer gesagt von der Furness Abbey, herüber nach Irland, um den englischen Einfluß im Lande entscheidend zu stärken. Folgerichtig war es den irischen Brüdern verboten, in Inch Abbey ihrem Herrn nahe zu sein. Derlei rigide Abschottung schaffte keine Sympathie, und schon 1404 ging das Kloster in Flammen auf. In der Mitte des 16. Jh. dann verließen es die letzten Mönche.

Von Downpatrick geht es nun entweder entlang der Küste über die A 2 oder direkt über die A 25 zur Marktstadt Newry, dahinter ist der Besucher, ohne daß er es merkt, schnell wieder in der Republik Irland. Zoll- und Grenzformalitäten gibt es keine. Die N 1 führt in Richtung Süden nach Dublin.

Tourist Information

- Market Street, Tel. (01396) 612233

Unterkunft

- ***Abbey Lodge Hotel*****, 30 Belfast Road, Tel. (01396) 614511, Fax 616415;
- ***Hillcrest House,*** 157 Strangford Road, Tel. (01396) 612583.

Restaurants und Pubs

- Das beste Restaurant von Downpatrick befindet sich im oben genannten ***Abbey Lodge Hotel;***
- ***Dinvir's,*** English Street, gemütlicher Pub mit Lunch-Angeboten zur Mittagszeit;
- ***MacGivern's Bar,*** Irish Street, mit angeschlossenem Restaurant.

Anhang

Literaturtips

Hinweise auf Werke berühmter irischer Autoren finden sich im Exkurs „Irische Schriftsteller von Weltruhm". Zur Einstimmung auf den Irland-Besuch seien dem Leser die folgenden Bücher empfohlen:

Reiseberichte

- ***Irland – ein Reise-Lesebuch,*** *Volker Bartsch,* Hamburg 1985. (Bilder und Texte stimmen auf den Besuch der Grünen Insel ein.)
- ***Irisches Tagebuch,*** *Heinrich Böll,* München 1991. („Es gibt dieses Irland: Wer aber hinfährt und es nicht findet, hat keine Ersatzansprüche an den Autor", so schreibt Heinrich Böll in den ersten Zeilen.)
- ***Irland,*** Heimat der Regenbogen, *A. E. Johann.* (Eine Reiseerzählung über die Grüne Insel.)
- ***Wanderungen in Irland,*** *Henry V. Morton.* (Kurz nach Gründung des Freistaates bereiste der englische Schriftsteller *Henry V. Morton* als einer der ersten Touristen das unabhängige Irland; heute zu lesen als historische Momentaufnahme jener Tage.)
- ***Mein irisches Tagebuch,*** *Ralph Giordano,* Köln 1996

Geschichte

- ***Geschichte Irlands,*** *James C. Becket,* Stuttgart 1982. (Ein Abriß der irischen Geschichte.)
- ***Granuaile – The Life and Times of Grace O'Malley,*** *Anne Chambers,* Dublin 1988. (Über das Leben und die Zeit der Piratin Grace O,Malley.)
- ***Ireland – A History,*** *Robert Kee,* London 1980. (Eine interessant geschriebene Darstellung der irischen Geschichte.)

Landeskunde

- ***Das irische Hochkreuz. Entwicklung, Gestalt, Ursprung,*** *Bettina Brandt-Förster,* Stuttgart 1978. (Kunsthistorische Betrachtungen über das irische Hochkreuz.)
- ***Die Boote fahren nicht mehr aus,*** *Tomas O'Crohan,* Göttingen 1988. (Über das harte Leben der Menschen auf den Blasket Islands.)
- ***Die Reise in die Anderswelt, Feengeschichten und Feenglaube in Irland,*** *Frederik Hetmann,* Düsseldorf/Köln 1981. (Irische Sagen und Legenden aus alten Tagen.)
- ***Irischer Zaubergarten,*** *Frederik Hetmann,* München 1992. (Märchen, Sagen und Geschichten von der Grünen Insel.)
- ***Irland – eine geographische Landeskunde,*** *Helmut Jäger,* Darmstadt 1990. (Aus der Reihe der Wissenschaftlichen Länderkunden der Wissenschaftlichen Buchgesellschaft.)
- ***Keltische Sagen aus Irland,*** *Martin Löpelmann,* München 1992.
- ***Die Megalith-Kulturen,*** *Sybille von Reeden,* Köln 1982. (Erschöpfende Darstellung über die Megalith-Kulturen in ganz Europa, sehr genaue Beschreibung von Newgrange.)
- ***Irland, Aktuelle Länderkunde,*** *Manfred T. Tieger,* München 1991. (Eine gute Landeskunde vor allem für denjenigen, der nach Irland übersiedeln möchte; neben Hinweisen über Land und Leute Informationen für Einwanderer.)
- ***Irland. Landschaften, Pflanzen- und Tierwelt,*** *Gerhild Tieger,* Hannover 1987. (Alles über die Flora und Fauna der Grünen Insel, ein Natur-Reiseführer.)

Sprache

- ***Irisch-Gälisch Wort für Wort,*** Kauderwelsch Band 90, *Lars Kabel,* Reise Know How Verlag Peter Rump, Bielefeld .

Zeitschriften

- ***Irland Journal,*** erscheint viermal im Jahr; Abonnement: 40,-; zu beziehen über: Verlag Irland Journal, Dorfstraße 7, 47447 Moers, 02841-31863.

Auf Englisch

- ***Guests of the Nations – People of Ireland versus the Multinationals,*** *Robert Allen, Tara Jones,* London, Earthscan, 1990. (Enthüllungen über umweltschädigende Machenschaften von Regierung und ausländischen Konzernen, vgl. Kap. Umweltschutz.)

●***The Green Guide of Ireland,*** *John Gromley,* Dublin 1990. (Probleme des Umweltschutzes in Irland einschließlich Tourismusproblematik, vergl. Kap. Umweltschutz.)

●***Guide to the National Monuments,*** *Peter Harbison,* Dublin 1987. (Beschreibung aller Monumente, die sich im Staatsbesitz befinden.)

●***The Blaskets,*** *Muiris MacConghail,* Dublin 1987. (Alles über das harte Leben der Blasket-Bewohner, illustriert mit vielen historischen Fotos.)

●***A Pocket History of Ireland,*** *Brendan O'Heithir,* Dublin 1989. (Ein Schnelldurchgang durch die irische Geschichte.)

●***Field and Shore. Daily Life and Traditions, Aran Islands,*** *Paul O'Sullivan,* Dublin 1977. (Alles über Arbeit und Leben auf den Aran-Inseln.)

●***The Blasket Islands. Next Parish America,*** *Joan* and *Ray Stagles,* Dublin 1988. (Ebenfalls eine gute Beschreibung des Lebens der Menschen auf den Blasket Islands.)

Anhang

Kauderwelsch?
Kauderwelsch!

Die **Sprachführer der Reihe Kauderwelsch** helfen dem Reisenden, wirklich zu sprechen und die Leute zu verstehen. Wie wird das gemacht?

- Die **Grammatik** wird in einfacher Sprache so weit erklärt, daß es möglich wird, ohne viel Paukerei mit dem Sprechen zu beginnen, wenn auch nicht gerade druckreif.
- Alle Beispielsätze werden doppelt ins Deutsche übertragen: zum einen **Wort-für-Wort,** zum anderen in "ordentliches" Hochdeutsch. So wird das fremde Sprachsystem sehr gut durchschaubar. Ohne eine Wort-für-Wort-Übersetzung ist es so gut wie unmöglich, einzelne Wörter in einem Satz auszutauschen.
- Die **Autorinnen und Autoren** der Reihe sind Globetrotter, die die Sprache im Lande gelernt haben. Sie wissen daher genau, wie und was die Leute auf der Straße sprechen. Deren Ausdrucksweise ist häufig viel einfacher und direkter als z.B. die Sprache der Literatur. Außer der Sprache vermitteln die Autoren Verhaltenstips und erklären Besonderheiten des Landes.
- **Jeder Band** hat 96 bis 160 Seiten. Zu fast allen Titeln ist eine begleitende **Tonband-Kassette** (60 Min.) erhältlich. Buch und Kassette kosten jeweils ca. DM 14,80.
- **Kauderwelsch-Sprachführer** gibt es für über 70 Sprachen in **mehr als 100 Bänden**, z.B.:

Englisch – Wort für Wort
Band 64, 128 Seiten, ISBN 3-89416-484-6
Irisch-Gälisch – Wort für Wort
Band 90, 160 Seiten, ISBN 3-89416-281-3
Scots – die Sprache der Schotten
Band 86, 112 Seiten, ISBN 3-89416-277-5

Reise Know-How Verlag Peter Rump GmbH, Bielefeld

HILFE!

Dieses Reisehandbuch ist gespickt mit unzähligen Adressen, Preisen, Tips und Infos. Nur vor Ort kann überprüft werden, was noch stimmt, was sich verändert hat, ob Preise gestiegen oder gefallen sind, ob ein Hotel, ein Restaurant immer noch empfehlenswert ist oder nicht mehr, ob ein Ziel noch oder jetzt erreichbar ist, ob es eine lohnende Alternative gibt usw.

Unsere Autoren sind zwar stetig unterwegs und versuchen, alle zwei Jahre eine komplette Aktualisierung zu erstellen, aber auf die Mithilfe von Reisenden können sie nicht verzichten.

Darum: Schreiben Sie uns, was sich geändert hat, was besser sein könnte, was gestrichen bzw. ergänzt werden soll. Nur so bleibt dieses Buch immer aktuell und zuverlässig. Gut verwertbare Informationen belohnt der Verlag mit einem Sprechführer Ihrer Wahl aus der über 100 Bände umfassenden Reihe „Kauderwelsch" (siehe unten). Wenn sich die Infos direkt auf das Buch beziehen, würde die Seitenangabe uns die Arbeit sehr erleichtern.

Bitte schreiben Sie an:
REISE KNOW-HOW Verlag Peter Rump GmbH, Hauptstr. 198, D-33647 Bielefeld,
oder per e-mail an: info@reise-know-how.de

Danke!

Kauderwelsch-Sprechführer –
sprechen und verstehen rund um den Globus

Afrikaans • Ägyptisch-Arabisch • Albanisch • Allemand • American Slang • Amharisch
Aussie-Slang • Bairisch • Bengali • Brasilianisch • British Slang • Bulgarisch
Burmesisch • Canadian Slang • Chinesisch (Mandarin) • Dänisch • Duits • Englisch
Esperanto • Estnisch • Finnisch • Franko-Kanadisch • Französisch
Französisch Slang • Französisch für Afrika • Galicisch • Georgisch • German
Griechisch • Guarani • Hausa • Hebräisch • Hieroglyphisch • Hindi • Hocharabisch
Indonesisch • Irisch-Gälisch • Isländisch • Italienisch • Italienisch für Opernfans
Italo-Slang • Japanisch • Jemenitisch-Arabisch • Jiddisch • Kantonesisch
Kasachisch • Katalanisch • Khmer • Kisuaheli • Kiwi-Slang • Kölsch • Koreanisch
Kroatisch • Kurdisch • Laotisch • Lettisch • Lëtzebuergesch • Lingala • Litauisch
Madagassisch • Malaiisch • Maltesisch • Mandinka • Marokkanisch-Arabisch
Mongolisch • More American Slang • Nepali • Niederländisch • Norwegisch
Palästinensisch/Syrisch-Arabisch • Paschto • Patois • Persisch (Farsi)
Pidgin-English • Polnisch • Portugiesisch • Quechua • Rumänisch • Russisch
Sächsisch • Schwedisch • Schwiizertüütsch • Scots • Serbisch • Sizilianisch
Slowakisch • Slowenisch • Spanisch • Spanisch Slang • Spanisch für Lateinamerika
Spanisch für Argentinien • Spanisch für Chile • Spanisch für Costa Rica
Spanisch für Cuba • Spanisch für Ecuador • Spanisch für Guatemala
Spanisch für Honduras • Spanisch für Mexiko • Spanisch für Nicaragua
Spanisch für Panama • Spanisch für Venezuela • Sudanesisch-Arabisch • Tagalog
Tamil • Thai • Tibetisch • Tschechisch • Tunesisch-Arabisch • Türkisch
Ukrainisch • Ungarisch • Vietnamesisch • Wienerisch • Wolof

Ab

April 1999

neu bei

Reise Know-How!

ReiseWortSchatz

– das Wörterbuch zum Kauderwelsch

Hier finden Sie auf ca. 250 Seiten die **6.000 Wörter und Ausdrücke,** die Sie wirklich brauchen, um jede Situation sprachlich zu meistern - egal ob und wie viele Vorkenntnisse Sie haben.

- Neben Grund- und Aufbauwortschatz bieten die Bände ein spezielles, für jedes Land **individuell zusammengestelltes Reise- und Landeskunde-Vokabular.**
- Die **einfach zu lesende Lautschrift,** identisch mit der im Kauderwelsch-Band, macht es überflüssig, die Aussprache extra zu büffeln.
- Hinter jedem Verb finden Sie die kompletten **Gegenwartsformen** sowie das **Partizip Perfekt.**
- Auch **konjugierte Formen** der wichtigsten Verben sind alpha-

Im April 1999 erscheinen:

Afrikaans, Englisch, Französisch, Italienisch, Spanisch und **Vietnamesisch.** Weitere Bände folgen.

Jeder Band ca.: DM 19,80; SFr 19,30; ÖS 145,00

Großbritannien & Co.

Die schönsten Ferienziele richtig erleben! Die Reiseführer der Reihe **Reise Know-How** bieten Insider-Informationen und Hintergrundwissen von Spezialisten.

Hans-Günter Semsek

England - Der Süden

Handbuch für individuelles Reisen und Entdecken mit 10 Wanderungen
480 Seiten, 34 Karten und Pläne,
48seitiger *City-Guide London* zum Herausnehmen.
ISBN 3-89416-676-2

Hans-Günter Semsek

London und Umgebung

Zwölf Streifzüge durch eine Weltstadt
336 Seiten, 21 Karten und Pläne,
durchgehend illustriert,
ISBN 3-89416-673-8

Izabella Gawin, Dieter Schulze

Oxford und Umgebung

Der komplette Stadtführer mit Spezialinfos für Gastschüler, Studenten, Sprachurlauber
288 Seiten, 25 Karten und Pläne,
durchgehend illustriert,
ISBN 3-89416-211-2

A. Braun, H. Cordes, A. Großwendt, H. Semsek

Großbritannien

England, Wales, Schottland
552 Seiten, 30 Karten und Pläne, über 100 Fotos,
48seitiger *City-Guide London* zum Herausnehmen
ISBN 3-89416-617-7

A. Braun, H. Cordes, A. Großwendt

Schottland

Mit Hebriden, Orkney und Shetland
552 Seiten, 50 Pläne und Karten, über 180 Fotos,
ISBN 3-89416-621-5

19.80 - 39.80 DM

Anhang

Programm-übersicht

Reise Know-How Bücher werden von Autoren geschrieben, die Freude am Reisen haben und viel persönliche Erfahrung einbringen. Sie helfen dem Leser, die eigene Reise bewußt zu gestalten und zu genießen. Wichtig ist uns, daß der Inhalt nicht nur im reisepraktischen Teil „Hand und Fuß" hat, sondern daß er in angemessener Weise auf Land und Leute eingeht. Die Reihe Reise Know-How soll dazu beitragen, Menschen anderer Kulturkreise näherzukommen, ihre Eigenarten und ihre Probleme besser zu verstehen. Wir achten darauf, daß jeder einzelne Band gemeinsam gesetzten Qualitätsmerkmalen entspricht. Um in einer Welt rascher Veränderungen laufend aktualisieren zu können, drucken wir bewußt kleine Auflagen.

RAD & BIKE:
Reise Know-How Rad & Bike sind Radführer von lohnenswerten Reiseländern bzw. Radreise-Stories von außergewöhnlichen Radtouren durch außereuropäische Länder und Kontinente. Die Autoren sind entweder bekannte Biketouren-Profis oder „Newcomer", die mit ihrem Bike in kaum bekannte Länder und Regionen vorstießen. Wer immer eine Fern-Biketour plant – oder nur davon träumt – kommt an unseren Rad & Bike-Bänden nicht vorbei!

Welt

Abent. Weltumradlung (Rad & Bike)
ISBN 3-929920-19-0
Äqua-Tour (Rad & Bike)
ISBN 3-929920-12-3
Auto(fern)reisen
ISBN 3-921497-17-5
CD-Rom Reise-Infos Internet
ISBN 3-89416-658-4
Fahrrad-Weltführer
ISBN 3-9800975-8-7
Der Kreuzfahrtführer
ISBN 3-89416-663-0
Motorradreisen
ISBN 3-89662-020-7
Outdoor-Praxis
ISBN 3-89416-629-0
Um-Welt-Reise (Reise Story)
ISBN 3-9800975-4-4
Die Welt im Sucher
ISBN 3-9800975-2-8
Wo es keinen Arzt gibt
ISBN 3-89416-035-7

Europa

Amsterdam
ISBN 3-89416-231-7
Bretagne
ISBN 3-89416-175-2
Budapest
ISBN 3-89416-660-6
Bulgarien
ISBN 3-89416-220-1
Costa Brava
ISBN 3-89416-646-0
Dänemarks Nordseeküste
ISBN 3-89416-634-7
England, der Süden
ISBN 3-89416-224-4
Europa Bike-Buch (Rad & Bike)
ISBN 3-89662-300-1
Gran Canaria
ISBN 3-89416-665-7
Großbritannien
ISBN 3-89416-617-7
Hollands Nordseeinseln
ISBN 3-89416-619-3
Irland-Handbuch
ISBN 3-89416-636-3
Island
ISBN 3-89662-035-5
Kärnten
ISBN 3-89662-105-x

Europa

Litauen & Königsberg
ISBN 3-89416-169-8
London
ISBN 3-89416-199-x
Madrid
ISBN 3-89416-201-5
Mallorca
ISBN 3-89662-156-4
Mallorca für Eltern und Kinder
ISBN 3-89662-158-0
Mallorca, Reif für die Insel
ISBN 3-89662-168-8
Mallorca, Wandern auf
ISBN 3-89662-162-9
Malta
ISBN 3-89416-659-2
Nordtirol
ISBN 3-89662-107-6
Oxford
ISBN 3-89416-211-2
Paris
ISBN 3-89416-667-3
Polen: Ostseeküste/Masuren
ISBN 3-89416-613-4
Prag
ISBN 3-89416-204-x
Provence
ISBN 3-89416-609-6
Pyrenäen
ISBN 3-89416-610-x
Rom
ISBN 3-89416-670-3
Schottland-Handbuch
ISBN 3-89416-621-5
Sizilien - Liparische Inseln
ISBN 3-89416-627-4
Skandinavien - der Norden
ISBN 3-89416-653-3
Toskana
ISBN 3-89416-664-9
Tschechien
ISBN 3-89416-600-2
Warschau/Krakau
ISBN 3-89416-209-0
Wien
ISBN 3-89416-213-9

Deutschland

Berlin mit Potsdam
ISBN 3-89416-226-0
Borkum
ISBN 3-89416-632-0
Harz/Ost
ISBN 3-89416-228-7
Harz/West
ISBN 3-89416-227-9
Mecklenburg/Brandenburg Wasserwandern
ISBN 3-89416-221-x
Mecklenburg/Vorpommern Binnenland
ISBN 3-89416-615-0
München
ISBN 3-89416-672-x
Norderney
ISBN 3-89416-652-5
Nordfriesische Inseln
ISBN 3-89416-601-0
Nordseeinseln
ISBN 3-89416-197-3
Nordseeküste Niedersachsens
ISBN 3-89416-603-7
Ostdeutschland individuell
ISBN 3-89622-480-6
Ostfriesische Inseln
ISBN 3-89416-602-9
Ostseeküste/Mecklenburg-Vorpom.
ISBN 3-89416-184-1
Ostseeküste Schleswig-Holstein
ISBN 3-89416-631-2
Rügen und Hiddensee
ISBN 3-89416-654-1
Sächsische Schweiz
ISBN 3-89416-630-4
Schwarzwald
ISBN 3-89416-611-8
Schwarzwald/Nord
ISBN 3-89416-649-5
Schwarzwald/Süd
ISBN 3-89416-650-9
Thüringer Wald
ISBN 3-89416-651-7

Afrika

kanische Reise (Reise Story)
N 3-921497-91-4
abenteuer Afrika (Rad & Bike)
N 3-929920-15-8
h Afrika
N 3-921497-11-6
ten individuell
N 3-89662-470-9
ührer Ägypten: Kairo
N 3-921838-91-6
ührer Ägypten: Luxor, Theben
N 3-921838-90-8
dir, Marrakesch
der Süden Marokkos
N 3-89662-072-x
opien
N 3-89662-043-6
ea und Tigray
N 3-89662-044-4
o, Luxor, Assuan
N 3-89662-460-1
erun
N 3-89662-032-0
en
N 3-89662-005-3
agaskar, Seychellen,
ritius, Réunion, Komoren
N 3-89662-062-2
okko
N 3-89662-081-9
ibia
N 3-89662-320-6
ria - hinter den Kulissen
se Story)
N 3-921497-30-2
abwe
N 3-89662-026-2
ania Handbuch
N 3-89662-048-7
sien
N 3-921497-74-4
siens Küste
N 3-89662-076-2
afrika - Küstenländer
N 3-89662-002-9
afrika - Sahel
N 3-89662-001-0
Wolken der Wüste (Reise Story)
N 3-89416-150-7

Asien

Auf nach Asien (Rad & Bike)
ISBN 3-89662-301-x
Bali & Lombok mit Java
ISBN 3-89416-645-2
Bali: Ein Paradies wird erfunden
ISBN 3-89416-618-5
Bangkok
ISBN 3-89416-655-x
China Manual
ISBN 3-89416-626-6
China, der Norden
ISBN 3-89416-229-5
Hongkong, Macau u. Kanton
ISBN 3-89416-235-x
India obscura
ISBN 3-922376-70-3
Indien, der Norden
ISBN 3-89416-223-6
Reisen mit Kindern in Indonesien
ISBN 3-922376-95-9
Israel/Jordanien
ISBN 3-89662-450-4
Jemen
ISBN 3-89622-009-6
Kambodscha
ISBN 3-89416-233-3
Komodo/Flores/Sumbawa
ISBN 3-89416-060-8
Ladakh und Zanskar
ISBN 3-89416-176-0
Laos
ISBN 3-89416-637-1
Malaysia mit Singapur
und Brunei
ISBN 3-89416-640-1
Mongolei
ISBN 3-89416-217-1
Myanmar (Burma)
ISBN 3-89662-600-0
Nepal-Handbuch
ISBN 3-89416-668-1
Oman
ISBN 3-89662-100-9
Phuket (Thailand)
ISBN 3-89416-182-5
Rajasthan
ISBN 3-89416-616-9
Saigon und der Süden Vietnams
ISBN 3-89416-607-x
Singapur
ISBN 3-89416-656-8
Sri Lanka
ISBN 3-89416-170-1

Asien

Sulawesi (Celebes)
ISBN 3-89416-635-5
Taiwan
ISBN 3-89416-614-2
Thailand Handbuch
ISBN 3-89416-675-4
Thailand: Küsten und Stränden
ISBN 3-89416-622-3
Tokyo
ISBN 3-89416-206-6
Vereinigte Arabische Emirate
ISBN 3-89662-022-3
Vietnam-Handbuch
ISBN 3-89416-661-7

Amerika

Amerika von unten (Reise Story)
ISBN 3-9800975-5-2
Argentinien/Urug./Parag.
ISBN 3-89662-051-7
Atlanta & New Orleans
ISBN 3-89416-230-9
Barbados, St. Lucia ...
ISBN 3-89416-639-8
Canada Ost/USA Nord-O
ISBN 3-89662-151-3
Canadas Westen
mit Alaska
ISBN 3-89662-157-2
Chile & Osterinseln
ISBN 3-89662-054-1
Costa Rica
ISBN 3-89416-641-x
Dominikanische Republik
ISBN 3-89416-643-6
Ecuador/Galapagos
ISBN 3-89662-055-x
Guatemala
ISBN 3-89416-214-7
Hawaii
ISBN 3-89416-860-9
Honduras
ISBN 3-89416-666-5
Kolumbien
ISBN 3-89662-058-4
Lateinamerika BikeBuch
ISBN 3-89662-302-8
Mexiko
ISBN 3-89662-310-9
Panama
ISBN 3-89416-671-1

Amerika

Peru/Bolivien
ISBN 3-89662-330-3
Radabenteuer Panamericana
(Rad & Bike)
ISBN 3-929920-13-1
San Francisco
ISBN 3-89416-232-5
St. Lucia, St. Vincent, Grenada
ISBN 3-89416-624-8
Traumstraße Panamerikana
(Reise Story)
ISBN 3-9800975-3-6
Trinidad und Tobago
ISBN 3-89416-638-x
USA/Canada
ISBN 3-89662-154-8
USA/Canada Bikebuch (Rad & Bike)
ISBN 3-929920-17-4
USA mit Flugzeug und Mietwagen
ISBN 3-89662-150-5
USA, Gastschüler in den
ISBN 3-89662-163-7
USA für Sportfans
ISBN 3-89416-633-9
USA-Westen
ISBN 3-89662-165-3
Venezuela
ISBN 3-89662-040-1

Ozeanien

Neuseeland Campingführer
ISBN 3-921497-92-2
Neuseeland (Reise Story)
ISBN 3-921497-15-9
Bikebuch Neuseeland
(Rad & Bike)
ISBN 3-929920-16-6

Edition RKH

Mallorca, Geschichten aus dem
anderen
ISBN 3-89662-161-0
Mallorquinische Reise
ISBN 3-89662-153-x
Yanomami- Massaker
ISBN 3-89416-624-x

Frankreich & Co.

Die schönsten Ferienziele richtig erleben!
Die Reiseführer der Reihe **Reise Know-How** bieten Insider-Informationen und Hintergrundwissen von Spezialisten, genaue Karten, aktuelle Preise, Adressen von guten Restaurants, empfehlenswerten Unterkünften, interessanten Einkaufsmöglichkeiten.

Miller, Nikolaus und Alo

Das Tal der Loire

Handbuch für Touren durch das Loiretal von Sancerre bis Nantes
ca. 500 Seiten, 40 Karten und Pläne,
durchgehend illustriert,
großer Karten- und Fotofarbteil
ISBN 3-89416-681-9

Gabriele Kalmbach

Paris und Umgebung

Streifzüge durch die Metropole des 21. Jahrhunderts
336 Seiten, 30 Karten und Pläne,
durchgehend illustriert,
ISBN 3-89416-667-3

I. Mache, S. Brandenburg

Provence

Malerische Landschaften zwischen Alpen und Rhonetal
576 Seiten, 35 Karten und Pläne,
über 180 Fotos,
großer Farbteil
ISBN 3-89416-609-6

19.80 - 39.80 DM

Reise Know-How Verlag Peter Rump GmbH, Bielefeld

Ortsverzeichnis

Englisch – Gälisch

Ardara	Ard na Ratha
Athlone	Ath Luain
Bantry	Beanntrai
Blarney	Blarna
Caherciveen	Cathair Saibhin
Carrick-on-Suir	Carraig na Siuire
Clifden	Clochan
Cong	Conga
Cork	Corcaigh
Dingle	Daingean
Donegal	Dun na n'Gall
Drogheda	Droichead Atha
Drumcliff	Droim Cliath
Drumshanbo	Droim Sean Bho
Dublin	Ath Cliath
Ennis	Inis
Galway	Gaillimh
Glenbeigh	Gleann Beithe
Glencolumbkille	Glen Cholm Cille
Glengariff	Gleann Garbh
Glenties	Gleannta
Kells	Ceanannas
Kenmare	Neidin
Kilkee	Cill Chaoi
Kilkenny	Cill Chainnigh
Killaloe	Cilla Dulua
Killarney	Cill Airne
Killorglin	Cill Orglan
Killybegs	Cealla Beaga
Kinsale	Cionn t'Saile
Letterkenny	Leitir Ceanainn
Limerick	Luimneach
Lisdoonvarna	Lios Dun Bhearna
Listowel	Lios Tuathail
New Ross	Ros
Oughterard	Uachtar Ard
Rosslare	Ros Lair
Roundstone	Cloch na Ron
Schull	An Scoil
Skerries	Sceiri
Skibbereen	Sciobairin
Sligo	Sligeach
Spiddal	Spideal
Tralee	Tra Li
Tramore	Tra Mhor
Trim	Troim
Waterford	Port Lairge
Wexford	Loch Garman

Gälisch – Englisch

An Scoil	Schull
Ard na Ratha	Ardara
Ath Cliath	Dublin
Ath Luain	Athlone
Beanntrai	Bantry
Blarna	Blarney
Carraig na Siuire	Carrick-on-Suir
Cathair Saibhin	Caherciveen
Cealla Beaga	Killybegs
Ceanannas	Kells
Cill Airne	Killarney
Cill Chainnigh	Kilkenny
Cill Chaoi	Kilkee
Cill Orglan	Killorglin
Cilla Dulua	Killaloe
Cionn t'Saile	Kinsale
Clochan	Clifden
Cloch na Ron	Roundstone
Conga	Cong
Corcaigh	Cork
Daingean	Dingle
Droichead Atha	Drogheda
Droim Cliath	Drumcliff
Droim Sean Bho	Drumshanbo
Dun na n'Gall	Donegal
Gaillimh	Galway
Gleann Beithe	Glenbeigh
Gleann Garbh	Glengariff
Gleannta	Glenties
Glen Cholm Cille	Glencolumbkille
Inis	Ennis
Leitir Ceanainn	Letterkenny
Lios Dun Bhearna	Lisdoonvarna
Lios Tuathail	Listowel
Loch Garman	Wexford
Luimneach	Limerick
Neidin	Kenmare
Port Lairge	Waterford
Ros	New Ross
Ros Lair	Rosslare
Sceiri	Skerries
Sciobairin	Skibbereen
Sligeach	Sligo
Spideal	Spiddal
Tra Li	Tralee
Tra Mhor	Tramore
Troim	Trim
Uachtar Ard	Oughterard

Register

Anhang

Anhang

Der Autor

Hans-Günter Semsek (geboren 1952) studierte Soziologie und Philosophie, u.a. auch einige Zeit in London. Schon früh faszinierten ihn die Britischen Inseln, die er 1967 kennenlernte. Zwei Jahre später besuchte er erstmals Irland, trampte durchs Land und war beeindruckt von der landschaftlichen Schönheit sowie der unkomplizierten Art der Einwohner. Nach vielen Reisen in außereuropäische Länder wandte er sich in den letzten Jahren wieder Großbritannien und Irland zu.

Von Hans-Günter Semsek erschienen außerdem in der Reihe REISE KNOW-HOW der City Guide „London" und die Reisehandbücher „England - der Süden" und „Großbritannien".

Danksagung

Der Autor möchte einen herzlichen Dank all den Lesern aussprechen, die ihre Reiseerfahrungen in zahlreichen Briefen weitergegeben haben. Die Anteilnahme der Leser ist eine immense Hilfe, dieses Buch immer auf dem laufenden zu halten.

Besonders möchten wir uns für ihre hilfreichen Hinweise bei folgenden Irland-Reisenden bedanken:

Monika Körberlein, Schloß Holte; Elisabeth Kapferer, Innsbruck; Andreas Charwat, Rastatt; Björn Eggert, Barmbeck; Christoph Welsner, Markgröningen; Matz Egli, Neerach, Schweiz; Claudia Eichenauer, Düsseldorf.